汽车专项维修资料速查丛书

图解进口车
正时校对速查大全
（2001—2018）

广州瑞佩尔信息科技有限公司　组编
胡欢贵　主编

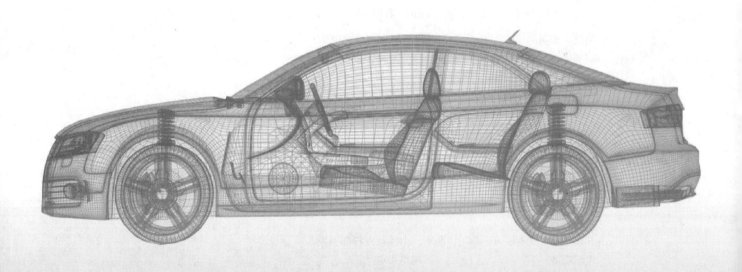

本书正时维修内容涉及汽车年款自 2001 年到 2018 年，几乎涵盖了这 18 年间市面上所有欧美日韩车系的主流进口车型。主要品牌包括大众、通用、丰田、雷克萨斯、本田、讴歌、日产、英菲尼迪、三菱、铃木、马自达、斯巴鲁、现代-起亚、双龙、福特-林肯、克莱斯勒-吉普-道奇、捷豹路虎、宝马-MINI、奔驰-Smart、奥迪、保时捷、玛莎拉蒂等。本书内容编写方式为先给出正时带/链单元结构分解图，然后分步骤详解拆卸、安装及正时校对方法，图示易懂，表述清晰。

本书作为汽车正时维修资料的集大成者，非常适合各汽车维修企业及汽车维修技术人员作为必备工具图书使用。

图书在版编目(CIP)数据

图解进口车正时校对速查大全：2001—2018/胡欢贵主编；广州瑞佩尔信息科技有限公司组编. —北京：机械工业出版社，2018.4

(汽车专项维修资料速查丛书)

ISBN 978-7-111-59350-8

Ⅰ.①图… Ⅱ.①胡…②广… Ⅲ.①汽车-发动机-车辆修理 Ⅳ.①U472.43

中国版本图书馆 CIP 数据核字（2018）第 044354 号

机械工业出版社（北京市百万庄大街22号　邮政编码100037）
策划编辑：赵海青　　　责任编辑：赵海青　丁　锋
责任校对：王　延　肖　琳　封面设计：马精明
责任印制：孙　炜
保定市中画美凯印刷有限公司印刷
2018年6月第1版第1次印刷
210mm×285mm·39.75印张·1190千字
0 001—3 000册
标准书号：ISBN 978-7-111-59350-8
定价：129.00元

凡购本书，如有缺页、倒页、脱页，由本社发行部调换

电话服务　　　　　　　　网络服务
服务咨询热线：010-88361066　机 工 官 网：www.cmpbook.com
读者购书热线：010-68326294　机 工 官 博：weibo.com/cmp1952
　　　　　　　010-88379203　金 书 网：www.golden-book.com
封面无防伪标均为盗版　　教育服务网：www.cmpedu.com

丛书序

什么是发动机正时，相信每个汽车维修人员都懂得。正时就是发动机凸轮轴与曲轴的转角位置要相互对应，以此来保证进、排气门在正确的时刻开启或关闭。如果正时发生错误或正时带/链条损坏，就可能造成活塞顶气门的现象，会严重损坏发动机机体，必须大修才可复原。

在发动机的装配过程中，曲轴、凸轮轴、正时带/链条等正时系统部件都有相应的对齐标记，安装时必须保证三者之间的标记全部对齐，这就是正时校准。只有正时标记都校正了才能获得正确的正时。正确的正时单元（其主要部件为正时带或正时链条）分解图，重要安装标记的位置及其校对方法，正时单元的拆卸步骤及安装步骤、维修规范等资料可以为维修技术人员快捷准确的维修工作提供有力保障。

为满足上述需求，我们特组织专业技术人员编写了《图解进口车正时校对速查大全（2001—2018）》与《图解国产车正时校对速查大全（2001—2018）》这套资料图书。这两册正时资料图书相对其他已出版的各种正时图书，具有如下特点：

1）内容所涵盖的车型新颖而全面，车型年款从2001年到2018年，跨度为18年，车型涉及目前国内主流欧美日韩进口、合资及国产自主品牌车系数十个品牌几百种型号。

2）内容编写以正时带/链单元结构分解、正时系统拆卸步骤、正时系统安装及校正方法的结构来组织材料。正时单元结构相同，拆装及正时校对步骤方法相同的发动机以相互参照的方法进行内容精简，这样可以在有限的版面纳入更多的资料信息。

3）加入了一些搭载柴油发动机车型的正时维修资料。为方便快速查找，在标题上标明了车型起止年款及发动机排量、型号以及适用年款。

本套资料图书由广州瑞佩尔信息科技有限公司组织编写，由胡欢贵主编，参加编写的人员还有朱其谦、杨刚伟、吴龙、张祖良、汤耀宗、赵炎、陈金国、刘艳春、徐红玮、张志华、冯宇、赵太贵、宋兆杰、陈学清、邱晓龙、朱如盛、周金洪、刘滨、陈棋、孙丽佳、周方、彭斌、王坤、章军旗、满亚林、彭启凤、李丽娟、徐银泉。

囿于编者水平，书中错误在所难免，还请广大读者多提宝贵意见，不吝指正，以使本书在再版修订时更臻完美。电子邮箱：www@ruipeier.com。

编　者

检索速查

第1章	大众汽车	1
第2章	通用汽车	66
第3章	丰田汽车	90
第4章	雷克萨斯汽车	115
第5章	本田汽车	153
第6章	讴歌汽车	161
第7章	日产汽车	169
第8章	英菲尼迪汽车	197
第9章	三菱汽车	212
第10章	铃木汽车	227
第11章	马自达汽车	243
第12章	斯巴鲁汽车	246
第13章	现代-起亚汽车	266
第14章	双龙汽车	294
第15章	福特-林肯汽车	303
第16章	克莱斯勒-吉普-道奇汽车	341
第17章	捷豹路虎汽车	368
第18章	宝马-MINI汽车	409
第19章	奔驰-Smart汽车	484
第20章	奥迪汽车	514
第21章	保时捷汽车	582
第22章	玛莎拉蒂汽车	603

目录

丛书序
检索速查

第1章 大众汽车 1

1.1 途锐（2003—2017 年款）............ 1

1.1.1 大众 3.0T CYJA 发动机（2015—2017）................................ 1

1.1.2 大众 3.0T CASA 柴油发动机（2008—2011）................................ 1

1.1.3 大众 3.0T CJTA 发动机（2011—2014）................................ 6

1.1.4 大众 3.0T CMKA 混动发动机（2011）................................ 12

1.1.5 大众 4.2T CGNA 发动机（2011—2014）................................ 12

1.1.6 大众 3.0T CRCA 柴油发动机（2015—2017）................................ 17

1.1.7 大众 3.6L BHK 发动机（2007—2010）................................ 23

1.1.8 大众 4.2L BAR 发动机（2007—2010）................................ 29

1.1.9 大众 6.0L CFRA 发动机（2008—2010）................................ 29

1.1.10 大众 3.6L BHL 发动机（2006—2007）................................ 29

1.1.11 大众 4.2L AXQ 发动机（2003—2007）................................ 29

1.1.12 大众 3.2L AZZ/BAA/BKJ 发动机（2003—2004）................................ 33

1.2 夏朗（2005—2018 年款）............ 34

1.2.1 大众 1.4T CZDA 发动机（2016—2018）................................ 34

1.2.2 大众 2.0T DEDA 发动机（2016—2018）................................ 37

1.2.3 大众 1.8T CDAA 发动机（2013—2016）................................ 37

1.2.4 大众 1.4T CAVA 发动机（2011—2013）................................ 45

1.2.5 大众 2.0T CCZA 发动机（2011—2016）................................ 49

1.3 蔚揽（2014—2018 年款）............ 49

1.3.1 大众 1.4T CZDA 发动机（2015—2018）................................ 49

1.3.2 大众 2.0T CHHB 发动机（2015—2018）................................ 49

1.4 新甲壳虫（2001—2018 年款）...... 49

1.4.1 大众 1.2T CBZB 发动机（2012—2018）................................ 49

1.4.2 大众 1.4T CZDA 发动机（2015—2018）................................ 53

1.4.3 大众 1.4T CTHD/CTKA 发动机（2013—2016）................................ 53

1.4.4 大众 2.0T CPLA/CPPA 发动机（2013—2016）................................ 53

1.4.5 大众 1.6L BFS 发动机（2003—2010）................................ 53

1.4.6 大众 2.0L AZJ/BEV 发动机（2003—2010）................................ 53

1.4.7 大众 1.8L BKF 发动机（2005）...... 55

1.5 迈特威（2004—2017 年款）........ 55

1.5.1 大众 2.0T CJKA 发动机（2011—2017）……………………………………… 55
1.5.2 大众 3.2L BKK 发动机（2004—2009）……………………………………… 56

1.6 凯路威（2014—2018 年款） …… 56
大众 2.0T CJKA 发动机（2012—2018）…… 56

1.7 尚酷（2009—2016 年款） …… 56
1.7.1 大众 1.4T CAXA 发动机（2015）…… 56
1.7.2 大众 1.4T CTHD/CTKA 发动机（2015—2016）…………………………… 56
1.7.3 大众 2.0T CCZB 发动机（2010/2015—2016）……………………………… 56
1.7.4 大众 2.0T CDLC 发动机（2015—2016）……………………………… 56
1.7.5 大众 1.4T CAVD 发动机（2009）…… 58

1.8 EOS（2008—2011 年款） …… 58
1.8.1 大众 2.0T CCZB 发动机（2011）…… 58
1.8.2 大众 2.0T CBFA/CCZA/CCTA 发动机（2008—2010）………………… 58

1.9 辉腾（2007—2015 年款） …… 58
1.9.1 大众 3.0T CPFA 发动机（2012—2015）……………………………… 58
1.9.2 大众 3.6T CMVA 发动机（2009—2015）……………………………… 60
1.9.3 大众 4.2L BGH/BGJ 发动机（2004—2015）……………………………… 60
1.9.4 大众 3.0T CEXA 柴油发动机（2012）……………………………… 60
1.9.5 大众 6.0L BRN/BTT 发动机（2009—2011）……………………………… 60
1.9.6 大众 6.0L BAN/BAP 发动机（2004）…… 61
1.9.7 大众 3.2L AYT/BKL 发动机（2004）…… 65

第 2 章　通用汽车 …………………… 66

2.1 别克昂科雷（2009—2014 年款） …… 66
通用 3.6L LLT 发动机（2009—2014）…… 66

2.2 雪佛兰科迈罗（2003—2017 年款） …… 77
2.2.1 通用 3.6L LFX 发动机（2012—2016）……………………………… 77
2.2.2 通用 6.2L LS3/L99/LSA 发动机（2009—2015）……………………… 77
2.2.3 通用 2.0T LTG 发动机（2016—2017）……………………………… 77

2.3 凯迪拉克凯雷德（2007—2017 年款） …… 79
2.3.1 通用 4.8L LY2 发动机（2007—2009）……………………………… 79
2.3.2 通用 6.0L LFA 混动发动机（2009）……………………………… 79
2.3.3 通用 6.0L LZ1 混动发动机（2010—2014）……………………………… 79
2.3.4 通用 5.3L LMG/LC9 混动发动机（2010—2014）……………………… 81
2.3.5 通用 6.2L L94/L9H 发动机（2010—2017）……………………………… 81
2.3.6 通用 6.0L L96 发动机（2010—2014）……………………………… 81

2.4 凯迪拉克 SRX（2005—2015 年款） …… 81
2.4.1 通用 3.6L LY7 发动机（2005—2010）……………………………… 81
2.4.2 通用 4.6L LH2 发动机（2005—2010）……………………………… 81
2.4.3 通用 3.0L LF1/LFW 发动机（2011—2015）……………………………… 84
2.4.4 通用 2.8L LAU/LBW 发动机（2011）……………………………… 88
2.4.5 通用 3.6L LFX 发动机（2012—2015）……………………………… 89

2.5 凯迪拉克 CTS（2005—2014 年款） …… 89
2.5.1 通用 3.6L LY7 发动机（2005—2009）……………………………… 89
2.5.2 通用 2.8L LP1 发动机（2006—2009）……………………………… 89
2.5.3 通用 3.6L LLT 发动机（2010—2012）……………………………… 89
2.5.4 通用 3.0L LF1 发动机（2010—2012）……………………………… 89
2.5.5 通用 6.2L LS2/LSA 发动机（2009—2013）……………………………… 89
2.5.6 通用 3.0L LFW 发动机（2013）…… 89
2.5.7 通用 3.6L LFX/LF3 发动机（2013—2014）……………………………… 89
2.5.8 通用 2.0T LTG 发动机（2014）…… 89

2.6 凯迪拉克 XTS（2013—2017 年款） …… 89
2.6.1 通用 2.0T LTG 发动机（2013—2017）……………………………… 89
2.6.2 通用 3.6L LFX 发动机（2013—

2014) …………………………………… 89

第3章 丰田汽车 …………………………… 90

3.1 埃尔法（2011—2018年款） …………… 90
3.1.1 丰田3.5L 2GR-FE发动机（2011—2018） …………………………… 90
3.1.2 丰田2.4L 2AZ-FE发动机（2011—2017） …………………………… 93

3.2 威飒（2013—2017年款） ……………… 97
丰田2.7L 1AR-FE发动机（2013—2017） … 97

3.3 普瑞维亚（2002—2017年款） ………… 100
3.3.1 丰田3.5L 2GR-FE发动机（2007—2017） …………………………… 100
3.3.2 丰田2.4L 2AZ-FE发动机（2002—2017） …………………………… 101

3.4 杰路驰（2011—2017年款） …………… 101
丰田2.5L 2AR-FE发动机（2011—2017） … 101

3.5 FJ酷路泽（2007—2017年款） ………… 104
丰田4.0L 1GR-FE发动机（2007—2017） … 104

3.6 普拉多（2003—2016年款） …………… 107
3.6.1 丰田2.7L 2TR-FE发动机（2004—2017） …………………………… 107
3.6.2 丰田4.0L 1GR-FE发动机（2001—2010） …………………………… 109
3.6.3 丰田3.0T 1KZ-TE柴油发动机（2008） ………………………………… 109

3.7 GT86（2009—2017年款） ……………… 111
丰田2.0L FA20发动机（2013—2016） …… 111

3.8 塞纳（2010—2017年款） ……………… 111
3.8.1 丰田2.7L 2TR-FE发动机（2010—2017） …………………………… 111
3.8.2 丰田3.5L 2GR-FE发动机（2010—2017） …………………………… 111
3.8.3 丰田3.3L 3MZ-FE发动机（2005—2009） …………………………… 111

第4章 雷克萨斯汽车 ……………………… 115

4.1 ES系列（2004—2017年款） …………… 115
4.1.1 ES200 6AR-FSE发动机（2015—2017） …………………………… 115
4.1.2 ES250 2AR-FE发动机（2012—2017） …………………………… 121
4.1.3 ES300H 2AR-FXE发动机（2013—2017） …………………………… 121
4.1.4 ES350 2GR-FE发动机（2006—2014） …………………………… 123
4.1.5 ES240 2AZ-FE发动机（2006—2011） …………………………… 123
4.1.6 ES330 3MZ-FE发动机（2004） ……… 123

4.2 GS系列（2005—2017年款） …………… 123
4.2.1 GS200T 8AR-FTS发动机（2016—2017） …………………………… 123
4.2.2 GS300H 2AR-FXE发动机（2014—2017） …………………………… 127
4.2.3 GS450H 2GR-FXE发动机（2014—2017） …………………………… 127
4.2.4 GS450 2GR-FE发动机（2012—2017） …………………………… 127
4.2.5 GS300 3GR-FE发动机（2005—2011） …………………………… 127
4.2.6 GS250 5GR-FE发动机（2012—2014） …………………………… 134
4.2.7 GS460 1UR-FE发动机（2008） ……… 134
4.2.8 GS430 3UZ-FE发动机（2005） ……… 139

4.3 LS系列（2004—2017年款） …………… 141
4.3.1 LS460L 1UR-FE发动机（2006—2017） …………………………… 141
4.3.2 LS600HL 2UR-FE发动机（2007—2017） …………………………… 141
4.3.3 LS430 3UZ-FE发动机（2004） ……… 141

4.4 IS系列（2006—2017年款） …………… 142
4.4.1 IS250 4GR-FSE发动机（2011—2017） …………………………… 142
4.4.2 IS200T 8AR-FTS发动机（2015—2017） …………………………… 142
4.4.3 IS300 3GR-FE发动机（2006—2010） …………………………… 142

4.5 NX系列（2015—2017年款） …………… 142
4.5.1 NX200T 8AR-FTS发动机（2015—2017） …………………………… 142
4.5.2 NX200 3AR-FAE发动机（2015—2017） …………………………… 142
4.5.3 NX300H 2AR-FXE发动机（2009—2014） …………………………… 146

4.6 RX系列（2003—2017年款） …………… 146
4.6.1 RX200T 8AR-FTS发动机（2015—

2017） ………………………… 146
 4.6.2 RX450H 2GR - FXE 发动机（2009—2014） ……………………… 146
 4.6.3 RX350 2GR - FE 发动机（2006—2013） ………………………… 146
 4.6.4 RX270 1AR - FE 发动机（2011—2014） ………………………… 146
 4.6.5 RX400H 3MZ - FE 发动机（2003—2007） ……………………… 146
 4.6.6 RX300 1MZ - FE 发动机（2003—2004） ………………………… 146
4.7 GX 系列（2003—2017 年款） …… 146
 4.7.1 GX400 1GR - FE 发动机（2012—2017） ………………………… 146
 4.7.2 GX460 1UR - FE 发动机（2010—2011） ………………………… 146
 4.7.3 GX470 2UZ - FE 发动机（2003） … 146
4.8 LX 系列（2007—2017 年款） …… 146
 4.8.1 LX570 3UR - FE 发动机（2007—2017） ………………………… 146
 4.8.2 LX470 2UZ - FE 发动机（2009—2014） ………………………… 146
4.9 CT 系列（2011—2017 年款） …… 147
 CT200H 5ZR - FXE 发动机（2011—2017） … 147

第 5 章 本田汽车 …………………… 153

5.1 CR - Z（2012—2017 年款） …… 153
 本田 1.5L LEA1 混动发动机（2012— ）… 153
5.2 音赛特（2012—2017 年款） …… 156
 本田 1.3L LDA3 混动发动机（2012— ）… 156
5.3 飞度 HYBRID（2012—2017 年款） … 156
 本田 1.3L LDA3 混动发动机（2012— ）… 156
5.4 思域 HYBRID（2004—2007 年款） … 156
 本田 1.3L LDA2 混动发动机（2004—2007） ……………………………… 156

第 6 章 讴歌汽车 …………………… 161

6.1 ILX（2013—2017 年款） ……… 161
 6.1.1 本田 1.5L LEA2 混动发动机（2012—2017） ………………………… 161
 6.1.2 本田 2.0L R20A5 发动机（2013—2017） ………………………… 161
6.2 TLX（2015—2017 年款） ……… 163
 本田 2.4L K24W7 发动机（2015—2017） …… 163
6.3 RLX（2013—2017 年款） ……… 166
 本田 3.5L J35Y4 发动机（2013—2017） …… 166
6.4 RDX（2012—2017 年款） ……… 168
 6.4.1 本田 3.5L J35Z2 发动机（2012— ） …………………………… 168
 6.4.2 本田 3.0L J30Y1 发动机（2013— ） …………………………… 168
6.5 MDX（2006—2017 年款） ……… 168
 6.5.1 本田 3.5L J35Y5 发动机（2014—2017） ………………………… 168
 6.5.2 本田 3.7L J37A1 发动机（2006—2011） ………………………… 168
6.6 ZDX（2009—2017 年款） ……… 168
 本田 3.7L J37A5 发动机（2009—2017） …… 168
6.7 TL（2008—2017 年款） ………… 168
 6.7.1 本田 3.5L J35Z6 发动机（2008—2017） ………………………… 168
 6.7.2 本田 3.2L J32A3 发动机（2003—2007） ………………………… 168
6.8 RL（2007—2017 年款） ………… 168
 6.8.1 本田 3.5L J35A8 发动机（2006—2008） ………………………… 168
 6.8.2 本田 3.7L J37A2 发动机（2009—2017） ………………………… 168

第 7 章 日产汽车 …………………… 169

7.1 途乐（2000—2018 年款） ……… 169
 7.1.1 日产 5.6L VK56DE 发动机（2011—2018） ………………………… 169
 7.1.2 日产 5.6L VK56VD 发动机（2000—2010） ………………………… 172
 7.1.3 日产 4.8L TB48DE 发动机（2000—2010） ………………………… 175
7.2 贵士（2005—2017 年款） ……… 178
 日产 3.5L VQ35DE 发动机（2005—2017） … 178
7.3 370Z（2013—2017 年款） ……… 187
 日产 3.7L VQ37VHR 发动机（2013—2017） … 187
7.4 GT - R（2008—2017 年款） …… 189
 日产 3.8T VR38DETT 发动机（2008—2017） ………………………………… 189
7.5 西玛（2004—2017 年款） ……… 190
 日产 4.5L VK45DE 发动机（2004—2017） … 190

7.6 碧莲（2007—2013 年款）………………… 191
  日产 4.5L VK45DE 发动机（2007—2013）… 191
7.7 探路者（2016—2017 年款）……………… 191
  7.7.1 日产 2.5T QR25 混动发动机
    （2016— ）………………………… 191
  7.7.2 日产 3.5L VQ35DE 发动机
    （2016— ）………………………… 196

第 8 章　英菲尼迪汽车 ……………………… 197

8.1 Q50（2014—2017 年款）………………… 197
  8.1.1 日产 2.0T M274.930 发动机（2014—
    2017）……………………………… 197
  8.1.2 日产 3.5L VQ35HR 混动发动机（2014—
    2017）……………………………… 197
  8.1.3 日产 3.7L VQ37VHR 发动机（2014—
    2017）……………………………… 197
8.2 Q60 Paladin（2013—2017 年款）………… 197
  8.2.1 日产 2.0T M274.930 发动机
    （2017— ）………………………… 197
  8.2.2 日产 3.7L VQ37VHR 发动机
    （2013— ）………………………… 197
8.3 Q70L（2011—2017 年款）………………… 197
  8.3.1 日产 2.5L VQ25HR 发动机（2012—
    2017）……………………………… 197
  8.3.2 日产 3.5L VQ35HR 混动发动机（2015—
    2017）……………………………… 197
8.4 QX30（2017 年款— ）…………………… 197
  8.4.1 日产 1.6T M270 发动机
    （2017— ）………………………… 197
  8.4.2 日产 2.0T M274 发动机
    （2017— ）………………………… 197
8.5 QX60 Paladin（2013—2018 年款）………… 197
  8.5.1 日产 2.5T QR25 混动发动机
    （2017— ）………………………… 197
  8.5.2 日产 3.5L VQ35DE 混动发动机（2013—
    2016）……………………………… 203
8.6 QX70（2011—2017 年款）………………… 203
  8.6.1 日产 3.7L VQ37VHR 发动机（2011—
    2017）……………………………… 203
  8.6.2 日产 5.0L VK50VE 发动机（2011—
    2017）……………………………… 203
8.7 QX80（2011—2017 年款）………………… 204
  日产 5.6L VK56VD 发动机（2013—2017）… 204

8.8 ESQ（2014—2017 年款）………………… 204
  8.8.1 日产 1.6L HR16DE 发动机（2014—
    2017）……………………………… 204
  8.8.2 日产 1.6T MR16DTT 柴油发动机
    （2014—2017）…………………… 208
8.9 G 系列（2007—2013 年款）……………… 210
  8.9.1 日产 3.7L VQ37VHR 发动机（2009—
    2013）……………………………… 210
  8.9.2 日产 2.5L VQ25HR 发动机（2010—
    2013）……………………………… 210
  8.9.3 日产 3.5L VQ35DE 发动机（2007—
    2008）……………………………… 210
8.10 M 系列（2007—2012 年款）……………… 210
  8.10.1 日产 2.5L VQ25 发动机（2010—
     2013）…………………………… 210
  8.10.2 日产 3.5L VQ35HR 发动机（2008—
     2012）…………………………… 210
  8.10.3 日产 3.7L VQ37VHR 发动机
     （2011）………………………… 210
  8.10.4 日产 4.5L VK45DE 发动机
     （2003）………………………… 210
8.11 EX 系列（2009—2013 年款）…………… 210
  8.11.1 日产 3.7L VQ37VHR 发动机
     （2013）………………………… 210
  8.11.2 日产 2.5L VQ25 发动机（2010—
     2013）…………………………… 211
  8.11.3 日产 3.5L VQ35HR 发动机（2009—
     2010）…………………………… 211
8.12 FX 系列（2006—2013 年款）…………… 211
  8.12.1 日产 5.0L VK50VE 发动机（2009—
     2013）…………………………… 211
  8.12.2 日产 3.7L VQ37VHR 发动机
     （2013）………………………… 211
  8.12.3 日产 3.5L VQ35HR 发动机（2006—
     2012）…………………………… 211
  8.12.4 日产 4.5L VK45DE 发动机（2007—
     2009）…………………………… 211
8.13 QX 系列（2001—2013 年款）…………… 211
  8.13.1 日产 5.6L VK56VD 发动机（2004—
     2013）…………………………… 211
  8.13.2 日产 3.5L VQ35DE 发动机（2001—
     2003）…………………………… 211

第9章 三菱汽车 ········· 212

9.1 帕杰罗（2001—2017年款） ········· 212
- 9.1.1 三菱3.0L 6G72发动机（2001—2017） ········· 212
- 9.1.2 三菱3.8L 6G75发动机（2005—2012） ········· 214

9.2 欧蓝德（2005—2017年款） ········· 214
- 9.2.1 三菱2.0L 4J11发动机（2013—2017） ········· 214
- 9.2.2 三菱2.4L 4J12发动机（2013—2017） ········· 215
- 9.2.3 三菱2.4L 4B12发动机（2010—2012） ········· 215
- 9.2.4 三菱3.0L 6B31发动机（2005—2012） ········· 217

9.3 蓝瑟翼豪陆神（2006—2010年款） ········· 219
- 三菱2.0T 4B11发动机（2006—2010） ········· 219

9.4 帕杰罗劲畅（2011—2017年款） ········· 221
- 三菱3.0L 6G72发动机（2011—2017） ········· 221

9.5 伊柯丽斯（2006—2011年款） ········· 221
- 三菱2.4L 6G69发动机（2006—2011） ········· 221

9.6 格兰迪（2004—2010年款） ········· 226
- 三菱2.4L 6G69发动机（2004—2010） ········· 226

第10章 铃木汽车 ········· 227

10.1 吉姆尼（2007—2017年款） ········· 227
- 10.1.1 铃木1.3L M13A发动机（2007—2016） ········· 227
- 10.1.2 铃木2.4L J24B发动机（2016—2017） ········· 227

10.2 超级维特拉（2002—2017年款） ········· 231
- 10.2.1 铃木2.4L J24B发动机（2008—2012） ········· 231
- 10.2.2 铃木2.0L J20A发动机（2002—2008） ········· 231
- 10.2.3 铃木1.6L M16A发动机（2002—2006） ········· 238

10.3 凯泽西（2010—2017年款） ········· 238
- 10.3.1 铃木2.4L J24B发动机（2010—2014） ········· 238
- 10.3.2 铃木2.0L J20A发动机（2013—2017） ········· 238

10.4 速翼特（2014—2017年款） ········· 238
- 铃木1.6L M16A发动机（2014—2017） ········· 238

第11章 马自达汽车 ········· 243

11.1 马自达5（2007—2017年款） ········· 243
- 马自达2.0L LF发动机（2007—2017） ········· 243

11.2 CX-7（2010—2017年款） ········· 244
- 马自达2.5L L5发动机（2010—2017） ········· 244

11.3 CX-9（2010—2017年款） ········· 245
- 福特3.7L发动机（2010—2017） ········· 245

11.4 MX-5（2009—2017年款） ········· 245
- 马自达2.0L LF发动机（2010—2017） ········· 245

第12章 斯巴鲁汽车 ········· 246

12.1 森林人（2006—2018年款） ········· 246
- 12.1.1 斯巴鲁2.0L FB20发动机（2011—2018） ········· 246
- 12.1.2 斯巴鲁2.5L FB25发动机（2011—2018） ········· 252
- 12.1.3 斯巴鲁2.5T EJ25发动机（2006—2012） ········· 252
- 12.1.4 斯巴鲁2.5L EJ25发动机（2009—2010） ········· 257
- 12.1.5 斯巴鲁2.0L EJ20发动机（2006—2010） ········· 259

12.2 傲虎-力狮（2004—2018年款） ········· 259
- 12.2.1 斯巴鲁2.0T FB20发动机（2015—2018） ········· 259
- 12.2.2 斯巴鲁2.5L FB25发动机（2011—2018） ········· 259
- 12.2.3 斯巴鲁2.5T EJ25发动机（2006—2012） ········· 259
- 12.2.4 斯巴鲁3.6L EZ36发动机（2010—2014） ········· 259
- 12.2.5 斯巴鲁3.0L EZ30发动机（2004—2008） ········· 262

12.3 翼豹-XV（2014—2018年款） ········· 265
- 12.3.1 斯巴鲁2.0T FB20发动机（2012—2018） ········· 265
- 12.3.2 斯巴鲁2.5T EJ25发动机（2006—2008） ········· 265
- 12.3.3 斯巴鲁2.0L EJ20发动机（2004—2010） ········· 265

12.4 驰鹏（2015—2017 年款） ………… 265
 12.4.1 斯巴鲁 3.6L EZ36 发动机（2008—2011） ………… 265
 12.4.2 斯巴鲁 3.0L EZ30 发动机（2006） ………… 265
12.5 BRZ（2013—2018 年款） ………… 265
 斯巴鲁 2.0L FA20 发动机（2013—2018） … 265
12.6 WRX（2004—2014 年款） ………… 265
 12.6.1 斯巴鲁 2.5T EJ25 发动机（2008—2014） ………… 265
 12.6.2 斯巴鲁 2.0T EJ20 发动机（2004） ………… 265

第13章 现代-起亚汽车 …………… 266

13.1 现代雅科仕（2009—2017 年款） ……… 266
 13.1.1 现代 3.8L G6DJ 发动机（2009—2017） ………… 266
 13.1.2 现代 5.0L G8BE 发动机（2011—2017） ………… 266
13.2 现代捷恩斯（2012—2017 年款） ……… 270
 13.2.1 现代 3.0L G6DG 发动机（2012—2017） ………… 270
 13.2.2 现代 3.3L G6DH 发动机（2012—2017） ………… 271
13.3 现代劳恩斯（2008—2017 年款） ……… 271
 13.3.1 现代 3.0L G6DG 发动机（2012—2017） ………… 271
 13.3.2 现代 3.3L G6DH 发动机（2012—2017） ………… 271
 13.3.3 现代 3.0L G6DB 发动机（2008—2011） ………… 271
 13.3.4 现代 3.8L G6DA 发动机（2008—2011） ………… 271
13.4 现代飞思（2011—2017 年款） ……… 275
 13.4.1 现代 1.6T G4FJ 发动机（2012—2017） ………… 275
 13.4.2 现代 1.6L G4FD 发动机（2011—2017） ………… 276
13.5 现代格越（2011—2017 年款） ……… 276
 13.5.1 现代 2.2T D4HB 柴油发动机（2013—2017） ………… 276
 13.5.2 现代 3.0L G6DG 发动机（2013—2017） ………… 278

 13.5.3 现代 3.3L G6DH 发动机（2013） …… 279
13.6 现代维拉克斯（2006—2017 年款） …… 279
 现代 3.8L G6DA 发动机（2006—2017） … 279
13.7 现代劳恩斯-酷派（2014—2017 年款） ………… 279
 13.7.1 现代 2.0T G4KF 发动机（2009—2017） ………… 279
 13.7.2 现代 3.8L G6DJ 发动机（2009—2017） ………… 281
13.8 现代辉翼 H-1（2011—2017 年款） … 282
 现代 2.4L G4KG 发动机（2011—2017） … 282
13.9 起亚佳乐（2006—2017 年款） ……… 283
 现代 2.0L G4KA 发动机（2006—2017） … 283
13.10 起亚极睿（2016—2017 年款） ……… 283
 现代 1.6L G4LA 混动发动机（2016—2017） ………… 283
13.11 起亚索兰托（2006—2017 年款） …… 286
 13.11.1 现代 2.0T G4KH 发动机（2015—2017） ………… 286
 13.11.2 现代 2.4L G4KJ 发动机（2013—2017） ………… 286
 13.11.3 现代 2.4L G4KE 发动机（2009—2012） ………… 286
 13.11.4 现代 2.2T D4HB 柴油发动机（2011—2017） ………… 286
 13.11.5 现代 3.8L G6DA 柴油发动机（2006—2008） ………… 286
13.12 起亚霸锐（2015—2017 年款） ……… 286
 现代 3.8L G6DA 发动机（2008—2017） … 286
13.13 起亚速迈（2011—2017 年款） ……… 286
 13.13.1 现代 1.6T G4FJ 发动机（2014—2017） ………… 286
 13.13.2 现代 1.6L G4FD 发动机（2010—2013） ………… 286
 13.13.3 现代 2.0L G4NA 发动机（2010—2013） ………… 286
13.14 起亚凯尊（2011—2017 年款） ……… 289
 现代 2.4L G4KE 发动机（2011—2017） … 289
13.15 起亚 K9（2015—2017 年款） ……… 293
 现代 3.8L G6DJ 发动机（2015—2017） … 293

第14章 双龙汽车 …………………… 294

14.1 雷斯特（2002—2017 年款） ………… 294

14.1.1 双龙2.7T D27DT柴油发动机（2006—2017）……294
14.1.2 双龙3.2L M162.990发动机（2002—2011）……295
14.1.3 双龙2.0T D20DT柴油发动机（2011—2017）……296

14.2 柯兰多（2011—2017年款）……299
14.2.1 双龙2.0T D20DTF柴油发动机（2011—2017）……299
14.2.2 双龙2.0L G20DF发动机（2013—2017）……299

14.3 爱腾（2014—2017年款）……301
14.3.1 双龙2.0T D20DT柴油发动机（2006—2017）……301
14.3.2 双龙2.3L G23D发动机（2006—2017）……301

14.4 享御（2006—2017年款）……302
14.4.1 双龙2.0T D20DT柴油发动机（2006—2017）……302
14.4.2 双龙2.3L G23D发动机（2006—2017）……302

14.5 路帝（2005—2017年款）……302
14.5.1 双龙2.0T D20DT柴油发动机（2014—2017）……302
14.5.2 双龙3.2L G32D发动机（2005—2008）……302
14.5.3 双龙2.7T D27DT柴油发动机（2007—2008）……302

14.6 主席（2002—2007年款）……302
双龙3.2L G32D发动机（2002—2007）……302

第15章 福特-林肯汽车……303

15.1 探险者（2010—2017年款）……303
15.1.1 福特2.3T EcoBoost发动机（2016—2017）……303
15.1.2 福特2.0T EcoBoost发动机（2015—2017）……304
15.1.3 福特3.5T EcoBoost发动机（2016—2017）……304
15.1.4 福特3.5L Duratec发动机（2010—2015）……309

15.2 野马（2012—2018年款）……309
15.2.1 福特2.3T EcoBoost发动机（2015—2018）……309
15.2.2 福特5.0L Ti-VCT发动机（2013—2018）……310
15.2.3 福特5.4L发动机（2012—2017）……315

15.3 猛禽F150（2009—2018年款）……315
15.3.1 福特3.5T EcoBoost发动机（2014—2018）……315
15.3.2 福特6.2L发动机（2013—2014）……315
15.3.3 福特5.4L发动机（2009—2010）……319

15.4 福克斯ST（2013—2017年款）……319
福特2.0T EcoBoost（2013—2017）……319

15.5 福克斯RS（2016—2017年款）……319
福特2.3T EcoBoost发动机（2016—2017）……319

15.6 嘉年华ST（2013—2017年款）……319
福特1.6T EcoBoost发动机（2013—2017）……319

15.7 C-MAX（2013—2017年款）……320
福特2.0L 混动发动机（2013—2017）……320

15.8 林肯MKC（2014—2018年款）……323
15.8.1 福特2.3T EcoBoost发动机（2017— ）……323
15.8.2 福特2.0T EcoBoost发动机（2014—2018）……323

15.9 林肯MKZ（2008—2018年款）……323
15.9.1 福特2.0T EcoBoost发动机（2014—2018）……323
15.9.2 福特3.5L Ti VCT发动机（2008—2013）……323

15.10 林肯MKX（2007—2018年款）……323
15.10.1 福特2.7T EcoBoost发动机（2015—2017）……323
15.10.2 福特2.0T EcoBoost T发动机（2015—2018）……326
15.10.3 福特3.7L Duratec发动机（2011—2014）……326
15.10.4 福特3.5L Duratec发动机（2007—2010）……326

15.11 林肯MKT（2009—2017年款）……326
15.11.1 福特3.5T EcoBoost发动机（2009—2017）……326
15.11.2 福特3.7L Duratec发动机（2010）……326

15.12 林肯MKS（2011—2017年款） …… 340
　　福特3.5T EcoBoost发动机（2011—2017） … 340
15.13 林肯领航员（2000—2017年款） …… 340
　15.13.1 福特3.5L Duratec发动机（2015—2017） …… 340
　15.13.2 福特5.4L Duratec发动机（2000—2012） …… 340
15.14 林肯大陆（2017年款起） …… 340
　15.14.1 福特2.0T EcoBoost发动机（2017—　） …… 340
　15.14.2 福特3.0T EcoBoost发动机（2017—　） …… 340

第16章 克莱斯勒-吉普-道奇汽车 …… 341

16.1 克莱斯勒300C（2004—2017年款） …… 341
　16.1.1 克莱斯勒3.6L发动机（2012—2017） …… 341
　16.1.2 克莱斯勒2.7L发动机（2004—2007） …… 346
　16.1.3 克莱斯勒3.0L发动机（2014—2017） …… 349
16.2 克莱斯勒大捷龙（2004—2017年款） …… 350
　16.2.1 克莱斯勒3.6L发动机（2012—2017） …… 350
　16.2.2 克莱斯勒2.4L发动机（2004） …… 350
　16.2.3 克莱斯勒3.3L发动机（2004） …… 351
16.3 道奇酷威（2009—2017年款） …… 352
　16.3.1 克莱斯勒2.4L发动机（2013—2017） …… 352
　16.3.2 克莱斯勒3.6L发动机（2013） …… 353
　16.3.3 克莱斯勒2.7L发动机（2009—2011） …… 353
16.4 道奇酷博（2008—2011年款） …… 353
　　克莱斯勒2.0L发动机（2008—2011） …… 353
16.5 道奇凯领（2006—2008年款） …… 353
　16.5.1 克莱斯勒3.0L发动机（2007—2008） …… 353
　16.5.2 克莱斯勒3.3L发动机（2006） …… 353
16.6 道奇锋哲（2006—2007年款） …… 353
　　克莱斯勒2.4L发动机（2006—2007） …… 353
16.7 道奇公羊（2006—2015年款） …… 354
　　克莱斯勒5.7L发动机（2006—2015） …… 354

16.8 吉普大切诺基（2002—2017年款） …… 355
　16.8.1 克莱斯勒3.0L发动机（2014—2017） …… 355
　16.8.2 克莱斯勒3.6L发动机（2011—2017） …… 355
　16.8.3 克莱斯勒5.7L发动机（2010—2017） …… 355
　16.8.4 克莱斯勒6.4L发动机（2012—2014） …… 355
　16.8.5 克莱斯勒3.7L发动机（2008—2010） …… 355
　16.8.6 克莱斯勒4.7L发动机（2007） …… 360
　16.8.7 克莱斯勒4.0L发动机（2002） …… 362
16.9 吉普牧马人（2004—2017年款） …… 363
　16.9.1 克莱斯勒3.0L发动机（2014—2017） …… 363
　16.9.2 克莱斯勒3.6L发动机（2012—2013） …… 363
　16.9.3 克莱斯勒3.8L发动机（2007—2010） …… 363
　16.9.4 克莱斯勒2.4L发动机（2004） …… 363
　16.9.5 克莱斯勒4.0L发动机（2004） …… 365
16.10 吉普指南者（2012—2017年款） …… 365
　16.10.1 克莱斯勒2.0L发动机（2011—2017） …… 365
　16.10.2 克莱斯勒2.4L发动机（2007—2017） …… 367
16.11 吉普自由光（2014—2017年款） …… 367
　16.11.1 克莱斯勒2.4L发动机（2014—2017） …… 367
　16.11.2 克莱斯勒3.2L发动机（2014—2017） …… 367

第17章 捷豹路虎汽车 …… 368

17.1 XE（2015—2018年款） …… 368
　17.1.1 捷豹2.0T GTDI发动机（2015—2018） …… 368
　17.1.2 捷豹3.0T V6SC发动机（2015—2017） …… 373
17.2 XF（2007—2018年款） …… 373
　17.2.1 捷豹2.0T GTDI发动机（2013—2018） …… 373
　17.2.2 捷豹3.0T V6SC发动机（2013—

17.2.3 捷豹3.0L NAV6 – AJ27发动机（2008—2012）··· 373

17.2.4 捷豹2.7TD 柴油发动机（2007）··· 376

17.2.5 捷豹5.0L V8发动机（2008—2011）··· 378

17.2.6 捷豹4.2T发动机（2008）··· 383

17.3 XJ（2005—2018年款） ··· 383

17.3.1 捷豹2.0T GTDI 发动机（2013—2017）··· 383

17.3.2 捷豹3.0T V6SC 发动机（2013—2018）··· 383

17.3.3 捷豹3.0L V6 发动机（2007—2012）··· 384

17.3.4 捷豹5.0T V8 发动机（2011—2013）··· 384

17.3.5 捷豹5.0L 发动机（2009—2012）··· 384

17.3.6 捷豹4.2L 发动机（2005—2007）··· 384

17.4 F–PACE（2016—2017年款） ··· 384

17.4.1 捷豹2.0T GTDI 发动机（2016—2017）··· 384

17.4.2 捷豹3.0T V6SC 发动机（2016—2017）··· 384

17.5 F–TYPE（2013—2018年款） ··· 384

17.5.1 捷豹3.0T V6SC 发动机（2013—2018）··· 384

17.5.2 捷豹5.0T V8 发动机（2013—2018）··· 384

17.6 揽胜–行政版（2005—2018年款） ··· 384

17.6.1 路虎3.0T V6SC 发动机（2013—2018）··· 384

17.6.2 路虎5.0T GTDI 发动机（2010—2018）··· 384

17.6.3 路虎5.0L V8 发动机（2010—2013）··· 384

17.6.4 路虎4.4L V8 发动机（2005—2009）··· 384

17.6.5 路虎4.2T 发动机（2007—2009）··· 389

17.7 揽胜–运动版（2006—2018年款） ··· 389

17.7.1 路虎2.0T GTDI 发动机（2016—2017）··· 389

17.7.2 路虎3.0T V6SC 发动机（2010—2018）··· 389

17.7.3 路虎5.0T GTDI 发动机（2010—2018）··· 389

17.7.4 路虎5.0L V8 发动机（2010—2013）··· 389

17.7.5 路虎3.6TD V8 柴油发动机（2010）··· 389

17.7.6 路虎4.4L 发动机（2006—2009）··· 394

17.7.7 路虎4.2T 发动机（2006—2009）··· 394

17.8 揽胜极光（2011—2018年款） ··· 394

17.8.1 路虎2.0T GTDI 发动机（2011—2018）··· 394

17.8.2 路虎2.2TD 柴油发动机（2013）··· 394

17.9 发现5（2017年款起） ··· 396

路虎3.0T V6SC 发动机（2017— ）··· 396

17.10 神行者2（2009—2017年款） ··· 397

17.10.1 路虎2.0T GTDI 发动机（2013—2017）··· 397

17.10.2 路虎2.2TD 柴油发动机（2010—2017）··· 397

17.10.3 路虎3.2L I6 发动机（2009—2011）··· 397

17.11 发现神行（2015—2018年款） ··· 399

路虎2.0T GTDI 发动机（2015—2018）··· 399

17.12 发现4（2009—2016年款） ··· 399

17.12.1 路虎3.0T V6SC 发动机（2013—2016）··· 399

17.12.2 路虎3.0L TDV6 柴油发动机（2010—2016）··· 399

17.12.3 路虎5.0L V8 发动机（2010—2013）··· 402

17.12.4 路虎2.7L TDV6 柴油发动机（2010—2013）··· 402

17.12.5 路虎4.0L V6 发动机（2010）··· 402

17.13 卫士（2010—2012年款） ··· 405

17.13.1 路虎2.2T ID4 柴油发动机（2010）··· 405

17.13.2 路虎2.4T ID4 柴油发动机（2010）··· 408

第18章 宝马–MINI 汽车 ··· 409

18.1 B系列发动机 ··· 409

18.1.1 宝马B36发动机 ··· 409

18.1.2 宝马 B38 发动机	409
18.1.3 宝马 B46 发动机	413
18.1.4 宝马 B48 发动机	413
18.1.5 宝马 B58 发动机	416
18.2 N 系列发动机	**418**
18.2.1 宝马 N12 发动机	418
18.2.2 宝马 N13 发动机	420
18.2.3 宝马 N14 发动机	423
18.2.4 宝马 N16 发动机	423
18.2.5 宝马 N18 发动机	423
18.2.6 宝马 N20 发动机	423
18.2.7 宝马 N26 发动机	427
18.2.8 宝马 N40 发动机	427
18.2.9 宝马 N42 发动机	431
18.2.10 宝马 N43 发动机	431
18.2.11 宝马 N45 发动机	434
18.2.12 宝马 N46 发动机	434
18.2.13 宝马 N47 发动机	438
18.2.14 宝马 N51 发动机	440
18.2.15 宝马 N52 发动机	442
18.2.16 宝马 N53 发动机	444
18.2.17 宝马 N54 发动机	446
18.2.18 宝马 N55 发动机	446
18.2.19 宝马 N57 发动机	449
18.2.20 宝马 N62 发动机	449
18.2.21 宝马 N73 发动机	456
18.2.22 宝马 N74 发动机	456
18.3 M 系列发动机	**462**
18.3.1 宝马 M52 发动机	462
18.3.2 宝马 M54 发动机	462
18.3.3 宝马 M56 发动机	467
18.4 S 系列发动机	**467**
18.4.1 宝马 S63 发动机	467
18.4.2 宝马 S65 发动机	471
18.5 W 系列发动机	**475**
18.5.1 宝马 W10 发动机	475
18.5.2 宝马 W11 发动机	477
18.5.3 宝马 W16 发动机	477
18.5.4 宝马 W17 发动机	479
18.5.5 宝马 W20 发动机	481
第 19 章 奔驰-Smart 汽车	**484**
19.1 2 系列发动机	**484**
19.1.1 奔驰 M270 发动机	484
19.1.2 奔驰 M271 发动机	485
19.1.3 奔驰 M272/M273 发动机	487
19.1.4 奔驰 M274 发动机	489
19.1.5 奔驰 M275 发动机	491
19.1.6 奔驰 M276/M278 发动机	494
19.1.7 奔驰 M279 发动机	497
19.1.8 奔驰 M266 发动机	498
19.2 1 系列发动机	**499**
19.2.1 奔驰 M176/M177/M178 发动机	499
19.2.2 奔驰 M166 发动机	501
19.2.3 奔驰 M157 发动机	502
19.2.4 奔驰 M156 发动机	504
19.2.5 奔驰 M133 发动机	505
19.2.6 奔驰 M132 发动机	505
19.2.7 奔驰 M113 发动机	506
19.2.8 奔驰 M112 发动机	509
19.3 6 系列发动机	**509**
19.3.1 奔驰 OM642 柴油发动机	509
19.3.2 奔驰 OM654 发动机	511
第 20 章 奥迪汽车	**514**
20.1 A1（2011—2017 年款）	**514**
20.1.1 奥迪 1.4T CAXA/CNVA 发动机（2011—2014）	514
20.1.2 奥迪 1.4T CZCA 发动机（2015—2017）	514
20.2 A3（2008—2017 年款）	**514**
20.2.1 奥迪 1.8T CJSA/CJSB 发动机（2013—2016）	514
20.2.2 奥迪 2.0T CHHB 发动机（2015—2016）	526
20.2.3 奥迪 1.4T CUKB 混动发动机（2015—2017）	527
20.2.4 奥迪 1.4T CAXC 发动机（2008—2012）	527
20.2.5 奥迪 1.8T CDAA 发动机（2009—2012）	529
20.3 A4（2001—2017 年款）	**529**
20.3.1 奥迪 2.0T CYMC/CYRB 发动机（2016—2017）	529
20.3.2 奥迪 2.0T CDNC 发动机（2009—2015）	529
20.3.3 奥迪 2.0T CNCD 发动机（2014—2015）	529
20.3.4 奥迪 2.0T BWE/BWT 发动机（2006—2008）	529
20.3.5 奥迪 2.7L BSG 柴油发动机（2006—2008）	529

20.3.6 奥迪 1.6L ALZ 发动机（2001—2005） ………………………………… 529
20.3.7 奥迪 1.9T BKE 柴油发动机（2004—2005） ………………………… 529
20.3.8 奥迪 1.8T BFB 发动机（2005—2008） ………………………………… 533

20.4 A5（2008—2017 年款） ………… 536
20.4.1 奥迪 1.8T CJEE 发动机（2016— ） ………………………………… 536
20.4.2 奥迪 2.0T CNCD 发动机（2013—2016） ………………………………… 536
20.4.3 奥迪 2.0T CNCE 发动机（2016） ………………………………… 536
20.4.4 奥迪 3.0T CMUA 发动机（2012—2014） ………………………………… 536
20.4.5 奥迪 2.0T CDNC/CAEB 发动机（2009—2016） …………………………… 536
20.4.6 奥迪 3.2L CALA 发动机（2008—2011） ………………………………… 536

20.5 A6（2005—2018 年款） ………… 536
20.5.1 奥迪 2.0T CHJA 混动发动机（2012—2015） …………………………… 536
20.5.2 奥迪 3.0T CREC 发动机（2015—2018） ………………………………… 536
20.5.3 奥迪 2.0T BPJ 发动机（2005—2011） ………………………………… 545
20.5.4 奥迪 2.4L BDW 发动机（2005—2008） ………………………………… 545
20.5.5 奥迪 2.8L BDX 发动机（2005—2008） ………………………………… 550
20.5.6 奥迪 3.1L BKH 发动机（2005—2009） ………………………………… 550

20.6 A7（2011—2018 年款） ………… 550
20.6.1 奥迪 1.8T CYGA 发动机（2016—2018） ………………………………… 550
20.6.2 奥迪 2.0T CYNB/CYPA 发动机（2016—2018） …………………………… 550
20.6.3 奥迪 3.0T CREC 发动机（2015—2018） ………………………………… 550
20.6.4 奥迪 2.5T CLXB 发动机（2013—2014） ………………………………… 550
20.6.5 奥迪 2.8L CNYA 发动机（2008—2014） ………………………………… 551
20.6.6 奥迪 3.0T CTTA/CTUA 发动机（2013—2014） …………………………… 551
20.6.7 奥迪 3.0T CGWB/CHMA 发动机（2011—2012） …………………………… 551
20.6.8 奥迪 2.8L CHVA 发动机（2011—2015） ………………………………… 551

20.7 A8L（2006—2017 年款） ……… 551
20.7.1 奥迪 2.0T CYPA 发动机（2016—2017） ………………………………… 551
20.7.2 奥迪 3.0T CREG 发动机（2014—2017） ………………………………… 552
20.7.3 奥迪 3.0T CTDA 发动机（2014—2017） ………………………………… 552
20.7.4 奥迪 4.0T CTGA 发动机（2014—2017） ………………………………… 552
20.7.5 奥迪 6.3L CTNA 发动机（2014—2017） ………………………………… 559
20.7.6 奥迪 2.5L CVBA 发动机（2014—2016） ………………………………… 565
20.7.7 奥迪 2.0T CHJA 混动发动机（2013—2016） …………………………… 565
20.7.8 奥迪 2.5L CPAA 发动机（2013—2014） ………………………………… 566
20.7.9 奥迪 3.0T CGWA 发动机（2011—2013） ………………………………… 566
20.7.10 奥迪 3.0T CGXA 发动机（2011—2013） ……………………………… 566
20.7.11 奥迪 4.0T CEUA 发动机（2012—2013） ……………………………… 566
20.7.12 奥迪 6.3L CEJA 发动机（2011—2013） ……………………………… 566
20.7.13 奥迪 2.8L BDX 发动机（2008—2010） ………………………………… 566
20.7.14 奥迪 2.8L CJBA 发动机（2009—2010） ……………………………… 566
20.7.15 奥迪 4.2L BVJ 发动机（2007—2010） ………………………………… 566
20.7.16 奥迪 6.0L BTE/BSB 发动机（2005—2010） …………………………… 567
20.7.17 奥迪 3.2L BPK 发动机（2006—2010） ………………………………… 567

20.8 R8（2007—2017 年款） ………… 567
20.8.1 奥迪 4.2T CNDA 发动机（2011—2015） ………………………………… 567
20.8.2 奥迪 5.2L CSPA 发动机（2016—

2017）……………………………… 569

20.8.3 奥迪5.2L CSPB发动机（2016—2017）……………………………… 570

20.8.4 奥迪5.2L CTYA发动机（2013—2015）……………………………… 570

20.8.5 奥迪5.2L BUJ发动机（2010—2012）……………………………… 571

20.8.6 奥迪4.2L BYH发动机（2007—2011）……………………………… 571

20.9 TT（2001—2017年款） ………… 571

20.9.1 奥迪2.0T CHHC发动机（2015—2017）……………………………… 571

20.9.2 奥迪2.0T CJXG发动机（2015—2017）……………………………… 571

20.9.3 奥迪2.0T CETA/CESA发动机（2011—2014）……………………………… 571

20.9.4 奥迪2.0T CDLB发动机（2008—2014）……………………………… 571

20.9.5 奥迪2.0T CCTA/CCZA发动机（2009—2010）……………………………… 571

20.9.6 奥迪2.0T BWA发动机（2007—2010）……………………………… 571

20.9.7 奥迪3.2L BUB发动机（2007—2010）……………………………… 571

20.9.8 奥迪3.2L BHE/BPF发动机（2004—2006）……………………………… 571

20.9.9 奥迪1.8L BAM/BEA发动机（2001—2006）……………………………… 572

20.10 Q7（2007—2018年款） ………… 572

20.10.1 奥迪3.0T CREC发动机（2016—2018）……………………………… 572

20.10.2 奥迪2.0T CVJA/CYMC发动机（2016—2017）……………………………… 572

20.10.3 奥迪3.0T CLZB/CRCA柴油发动机（2012—2015）…………………… 572

20.10.4 奥迪3.0T CJTC发动机（2011—2015）……………………………… 579

20.10.5 奥迪3.0T CJTB发动机（2011—2015）……………………………… 579

20.10.6 奥迪3.0T CASA柴油发动机（2008—2010）……………………………… 579

20.10.7 奥迪3.6L BHK发动机（2007—2010）……………………………… 579

20.10.8 奥迪4.2L BAR发动机（2007—2010）……………………………… 579

20.11 S3（2015—2017年款） ………… 579

奥迪2.0T CJXF发动机（2015—2016）……… 579

20.12 S5（2010—2017年款） ………… 579

20.12.1 奥迪3.0T CWGD发动机（2017— ）……………………………… 579

20.12.2 奥迪3.0T CREC发动机（2015—2016）……………………………… 579

20.12.3 奥迪3.0T CAKA发动机（2010—2011）……………………………… 579

20.13 S6（2012—2018年款） ………… 579

20.13.1 奥迪4.0L CTGE发动机（2015—2018）……………………………… 579

20.13.2 奥迪4.0L CEUC发动机（2012—2014）……………………………… 579

20.14 S7（2012—2018年款） ………… 579

20.14.1 奥迪4.0L CTGE发动机（2015—2018）……………………………… 579

20.14.2 奥迪4.0L CEUC发动机（2012—2014）……………………………… 579

20.15 S8（2014—2017年款） ………… 580

奥迪4.0L CTFA发动机（2014—2017）……… 580

20.16 RS5（2010—2017年款） ………… 580

奥迪4.2L CFSA发动机（2010—2016）……… 580

20.17 RS6（2015—2017年款） ………… 580

奥迪4.0L CWUB发动机（2015—2017）……… 580

20.18 RS7（2015—2017年款） ………… 581

20.18.1 奥迪4.0L CWUB发动机（2015—2017）……………………………… 581

20.18.2 奥迪4.0L CWUC发动机（2016—2017）……………………………… 581

第21章 保时捷汽车 …………………… 582

21.1 卡宴（2003—2018年款） ………… 582

21.1.1 保时捷3.0T CJT发动机（2013—2018）……………………………… 582

21.1.2 保时捷3.6T发动机（2015—2017）……………………………… 582

21.1.3 保时捷4.8T M4851T发动机（2007—2017）……………………………… 582

21.1.4 保时捷3.2L BFD发动机（2003—2008）……………………………… 586

21.1.5 保时捷4.5L M48/00发动机（2008）……………………………… 586

21.1.6　保时捷4.5T M48/50发动机（2008） ……… 589
21.1.7　保时捷4.8L M48/01发动机（2007—2012） ……… 589
21.1.8　保时捷3.6L M55/01发动机（2007—2009） ……… 590
21.2　帕拉梅拉（2010—2017年款） ……… 590
21.2.1　保时捷3.0T CWD/CWF发动机（2012—2017） ……… 590
21.2.2　保时捷3.0T CGE混动发动机（2012—2017） ……… 590
21.2.3　保时捷4.0T发动机（2017—　） ……… 590
21.2.4　保时捷3.6L M4640V发动机（2010—2013） ……… 590
21.2.5　保时捷4.8T M4870T发动机（2006—2014） ……… 590
21.2.6　保时捷4.8L M4820V发动机（2010—2014） ……… 590
21.3　迈凯（2014—2017年款） ……… 590
21.3.1　保时捷2.0T CNC发动机（2014—2017） ……… 590
21.3.2　保时捷3.0T CTM发动机（2014—2017） ……… 590
21.3.3　保时捷3.6T CTL发动机（2014—2017） ……… 590
21.4　卡曼（2006—2017年款） ……… 590
21.4.1　保时捷3.4L MA121C发动机（2005—2012） ……… 590
21.4.2　保时捷2.7L MA122CV发动机（2013—2015） ……… 590
21.4.3　保时捷2.9L MA120C发动机（2009—2012） ……… 590
21.4.4　保时捷3.3L发动机（2006） ……… 590
21.5　博克斯特（2003—2017年款） ……… 591
21.5.1　保时捷3.4L MA121发动机（2005—2014） ……… 591
21.5.2　保时捷2.7L MA122V发动机（2003—2015） ……… 591
21.5.3　保时捷3.4L M97/21发动机（2005—2008） ……… 591
21.5.4　保时捷2.7L M96/25发动机（2003—2008） ……… 595
21.5.5　保时捷2.9L发动机（2005—2009） ……… 595

21.5.6　保时捷3.2L M96/26发动机（2005） ……… 595
21.6　718（2016—2017年款） ……… 596
　保时捷2.0T DDP发动机（2016—　） ……… 596
21.7　911（2004—2017年款） ……… 596
21.7.1　保时捷3.0T发动机（2016—2017） ……… 596
21.7.2　保时捷3.4L MA104发动机（2012—2015） ……… 596
21.7.3　保时捷3.8L MA103发动机（2005—2015） ……… 602
21.7.4　保时捷3.8T发动机（2004—2015） ……… 602
21.7.5　保时捷4.0L发动机（2015） ……… 602
21.7.6　保时捷3.6L发动机（2004—2011） ……… 602
21.8　918（2011—2014年款） ……… 602
21.8.1　保时捷4.6L混动发动机（2014） ……… 602
21.8.2　保时捷4.0L发动机（2011—　） ……… 602

第22章　玛莎拉蒂汽车 ……… 603

22.1　总裁（2003—2017年款） ……… 603
22.1.1　玛莎拉蒂3.0T M156C发动机（2013—2017） ……… 603
22.1.2　玛莎拉蒂3.8T M156A发动机（2013—2017） ……… 607
22.1.3　玛莎拉蒂4.7L M145发动机（2008—2011） ……… 612
22.1.4　玛莎拉蒂4.2L M139P发动机（2003—2009） ……… 614
22.2　吉博力（2013—2017年款） ……… 615
　玛莎拉蒂3.0T M156B发动机（2013—2017） ……… 615
22.3　莱万特（2016—2017年款） ……… 615
　玛莎拉蒂3.0T M156E发动机（2016—2017） ……… 615
22.4　GT（2009—2017年款） ……… 615
22.4.1　玛莎拉蒂4.7L M145T发动机（2009—2017） ……… 615
22.4.2　玛莎拉蒂4.2L M139P发动机（2009—2013） ……… 615
22.5　GC（2010—2017年款） ……… 615
　玛莎拉蒂4.7L M145发动机（2010—2017） ……… 615

第1章 大众汽车

1.1 途锐（2003—2017年款）

1.1.1 大众3.0T CYJA发动机（2015—2017）

该发动机正时维修与CJTA发动机相同，相关内容请参考1.1.3小节。

1.1.2 大众3.0T CASA柴油发动机（2008—2011）

1. 正时链单元部件分解

发动机正时链单元部件如图1-1～图1-5所示。

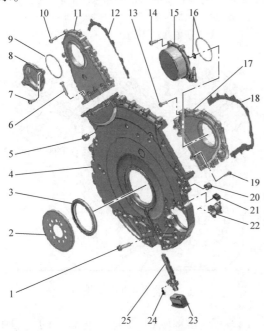

图1-1　正时链罩盖

1、7、13、14、24—螺栓，9N·m　2—传感轮，用于发动机转速传感器G28　3—正时链侧的曲轴密封环　4—正时链下盖板　5、20—定位套，2个　6—螺栓　8—密封盖　9、16—O形环，更换　10—螺栓，更换　11—正时链左侧盖板　12、18—密封件，更换　15—真空泵　17—正时链右侧盖板　19—螺栓　21—密封件，2个　22—盖板，用于起动机　23—盖板，用于发动机转速传感器G28　25—发动机转速传感器G28

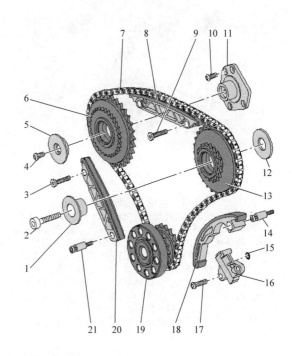

图1-2　配气机构正时传动链

1—传动链轮支承销　2—螺栓，45N·m　3、4、9、10—螺栓，更换，5N·m+继续转动90°（1/4圈）　5—传动链轮止推垫片　6—左侧正时传动链轮　7—配气机构正时传动链，拆卸前先用彩笔标记运转方向　8—滑轨，注意安装位置　11—传动链轮支座　12—止推垫片　13—右侧正时链传动链轮　14、21—支承销，12N·m，用防松剂进行安装　15—O形环，更换　16—链条张紧器　17—螺栓，12N·m　18—张紧轨　19—曲轴，带链轮　20—滑轨

2. 凸轮轴正时链单元拆装步骤

（1）拆卸步骤　变速器已拆下。小心不要损坏气门和活塞顶。仅在链条传动装置完整安装的情况下，才允许转动曲轴和凸轮轴。

1）拆卸从动盘。

2）拆卸正时链盖板。

3）用两个旧从动盘螺栓（箭头）将扳手T40049安装在曲轴后，如图1-6所示。

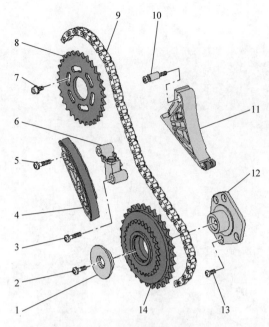

图1-3 左侧凸轮轴正时链
1—止推垫片,用于传动链轮 2—螺栓 3、5—螺栓,更换,5N·m+继续转动90°(1/4圈) 4—滑轨,注意安装位置 6—链条张紧器,用于左侧凸轮轴正时链 7—螺栓,23N·m 8—凸轮轴链轮,用于进气凸轮轴,安装位置:带标记的一侧指向前方 9—左侧凸轮轴正时链,从凸轮轴上取下,拆卸前先用彩笔标记运转方向 10—螺栓,带轴套,更换,5N·m+继续转动90°(1/4圈) 11—张紧轨 12—轴承座,用于传动链轮 13—螺栓 14—传动链轮,用于左侧凸轮轴正时链

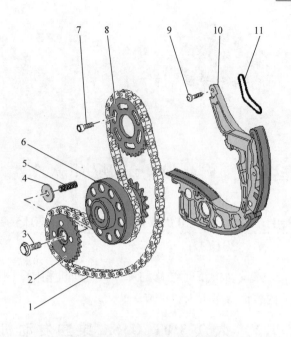

图1-5 平衡轴和机油泵链
1—辅助传动链 2—机油泵传动链轮,安装位置:有标记的一侧指向发动机 3—螺栓,62N·m,如果螺栓无法拧紧到规定力矩,则要拆卸油底壳下半部分和机油防溅板,并用呆扳手反向固定机油泵传动轴 4—止推垫片 5—压簧 6—曲轴 7—螺栓,23N·m 8—平衡轴链轮,安装位置:带标记的一侧指向变速器 9—螺栓,9N·m,4个 10—链条张紧器,带滑轨 11—密封件,更换

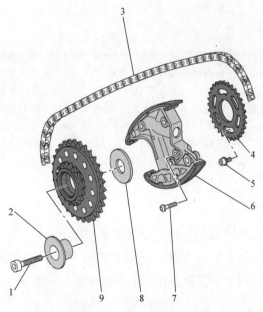

图1-4 右侧凸轮轴正时链
1—螺栓 2—支承销,用于传动链轮 3—右侧凸轮轴正时链,拆卸前先用彩笔标记运转方向 4—凸轮轴链轮,用于进气凸轮轴,安装位置:带标记的一侧指向前方 5—螺栓,23N·m 6—链条张紧器,用于右侧凸轮轴正时链 7—螺栓,更换,5N·m+继续转动90°(1/4圈),3个 8—止推垫片,用于传动链轮 9—传动链轮,用于右侧凸轮轴正时链

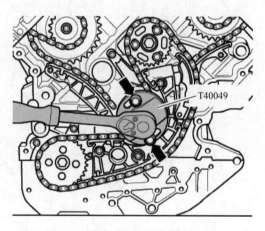

图1-6 安装专用工具到曲轴后端

调整销T40060有一处地方是扁平的(图中2处),使凸轮轴和气缸盖的插孔稍微错开一点就可以轻松插入调整销。首先插入调整销,使螺栓1横向对着凸轮轴中轴线。为了到达正确的上止点位置,螺栓1必须摆动90°(箭头),使螺栓垂直于凸轮轴中轴线,如图1-7所示。

4)将曲轴转动至上止点,小心因凸轮轴正时链跳齿而损坏。仅沿发动机运转方向转动曲轴。

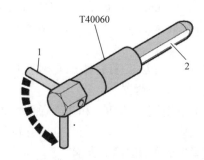

图 1-7 调整销结构

凸轮轴必须用调整销 T40060 锁定。调整销 T40060 的螺栓（箭头）必须垂直于气缸列 1（右侧）凸轮轴的中心轴线，如图 1-8 所示。调整销 T40060 的螺栓（图中箭头）必须垂直于气缸列 2（左侧）凸轮轴的中心轴线，如图 1-9 所示。

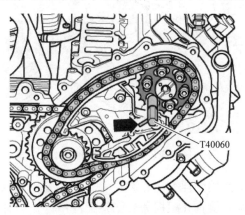

图 1-8 右侧气缸调整销安装位置

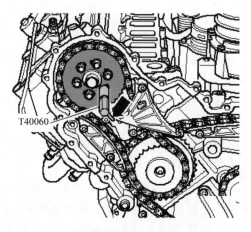

图 1-9 左侧气缸调整销安装位置

5）从油底壳上半部分旋出螺旋塞。用手指接触上止点孔时小心受伤。不要转动曲轴 1，如图 1-10 所示。

6）用 20N·m 的力矩将固定螺栓 3242 拧入孔中，如图 1-10 所示；必要时略微来回转动曲轴，以便完全对中螺栓。

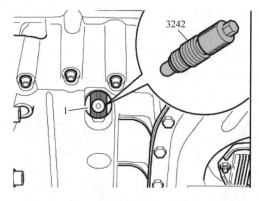

图 1-10 安装曲轴正时销

7）为了避免割伤，用绝缘带包裹直径为 3.3mm 钻头的尖头和刀刃。

8）沿箭头方向压左侧凸轮轴正时链链条张紧器的张紧轨，并用直径为 3.3mm 的钻头 1 锁定链条张紧器，如图 1-11 所示。凸轮轴正时链如已用过，反向运转时可能会损坏。用彩色箭头标记凸轮轴正时链的运转方向，以便重新安装。

图 1-11 插入销以锁定张紧器
1—钻头

9）取出两个凸轮轴中的调整销 T40060。

10）拧下螺栓并取下张紧轨。

11）拧下滑轨的螺栓和凸轮轴链轮的螺栓。

12）取下左侧凸轮轴链轮、滑轨和凸轮轴正时链。

13）用同样的方法拆卸右侧正时链部件。

（2）安装步骤　准备工作：将曲轴用固定螺栓 3242 固定在上止点位置。已安装配气机构正时传动链。更换上止点标记处的螺旋塞密封环。更换需要通过继续拧一定角度拧紧的螺栓。旋转凸轮轴时，曲轴上不得有任何活塞位于上止点位置。

小心不要损坏气门和活塞顶。

1）检查两个气缸盖的凸轮轴是否位于上止点位置。凸轮轴必须用调整销T40060锁定。调整销T40060的螺栓（箭头）必须垂直于气缸列1（右侧）凸轮轴的中心轴线，如图1-12所示。调整销T40060的螺栓（箭头）必须垂直于气缸列2（左侧）凸轮轴的中心轴线，如图1-13所示。

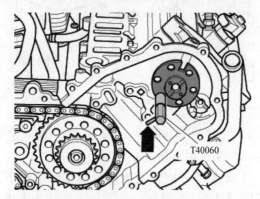

图1-12　右侧气缸调整销安装位置

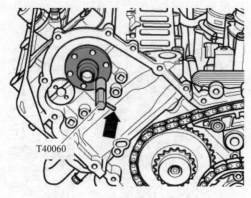

图1-13　左侧气缸调整销安装位置

2）取出两个凸轮轴中的调整销T40060。旋转凸轮轴时，曲轴上不得有任何活塞位于上止点位置。小心不要损坏气门和活塞顶。

如果无法锁定凸轮轴，可以用适配接头T40061略微调整凸轮轴位置，为此应在凸轮轴中拧入凸轮轴链轮螺栓。

3）安装左侧凸轮轴正时链及凸轮轴链轮、滑轨和张紧轨。凸轮轴链轮上的长孔必须位于凸轮轴螺纹孔的中间位置。

4）拧紧张紧轨和滑轨的螺栓。

5）拧入凸轮轴链轮的两个螺栓，但不要拧紧。凸轮轴链轮必须仍然可以在凸轮轴上转动，但不得倾斜。

6）用调整销T40060锁定左侧凸轮轴。调整销T40060的螺栓必须垂直于凸轮轴的中心轴线。

7）将钻头从定位孔中拔出，从而松开左侧链条张紧器。

8）用同样方法安装右侧凸轮轴正时链及凸轮轴链轮和链条张紧器。

9）用适配接头T40062和扭力扳手以20N·m力矩的沿图中箭头方向将右侧凸轮轴链轮预张紧，并保持预紧度，如图1-14所示。

10）拧紧螺栓1和2，如图1-14所示。

11）拆下适配接头T40062和调整销T40060。

12）拧紧右侧凸轮轴链轮的其余螺栓。

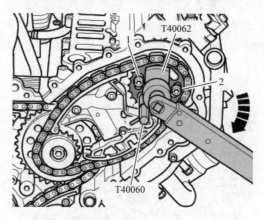

图1-14　安装右侧凸轮轴链轮螺栓

13）用同样方法安装左侧。

14）检查并根据需要调整配件相位。

15）拧紧油底壳上半部分中上止点标记处的螺旋塞。

16）安装正时链盖板。

17）安装从动盘。

18）加注发动机机油，并检查发动机机油油位。

3. 发动机正时检查与调整

（1）检查配气相位

1）用扳手T40049转动曲轴两圈，直至曲轴即将重新位于上止点前。

2）用20N·m的力矩转动固定螺栓3242，使曲轴停止转动并锁定。上止点位置如果不准确，则会产生调整误差。即使曲轴向外转动只是略微超出上止点，也必须首先往回转动曲轴约10°，以使曲轴重新沿发动机运转方向转到上止点。

3）检查两个气缸盖的凸轮轴是否位于上止点位置。

凸轮轴必须用调整销T40060锁定。调整销

T40060 的螺栓必须垂直于气缸列 1（右侧）凸轮轴的中心轴线。调整销 T40060 的螺栓必须垂直于气缸列 2（左侧）凸轮轴的中心轴线。

（2）修正配气相位

1）如果无法锁定一侧凸轮轴，将相关凸轮轴链轮的所有螺栓松开约 1 圈。

2）将适配接头 T40061 安装在螺栓松开后的螺栓头上。

3）用适配接头 T40061 略微来回转动凸轮轴，直到可以装入调整销 T40060。调整销 T40060 的螺栓必须垂直于凸轮轴的中心轴线。

4）仍装有适配接头 T40061 并插入调整销 T40060 时，用约 5N·m 的力矩拧紧凸轮轴链轮螺栓。

5）拆下调整销 T40060 和适配接头 T40061。

6）最终拧紧凸轮轴链轮螺栓。

7）如有必要，对其他的气缸列重复此操作。

8）拆下固定螺栓 3242。

9）再次检查配气相位。

4. 配气机构正时链拆装步骤

（1）拆卸步骤

1）沿箭头方向压传动链链条张紧器的张紧轨，并用定位销 T40071 锁定链条张紧器，如图 1-15 所示。传动链如已用过，反向运转时可能会损坏。用彩色箭头标记传动链的运转方向，以便重新安装。

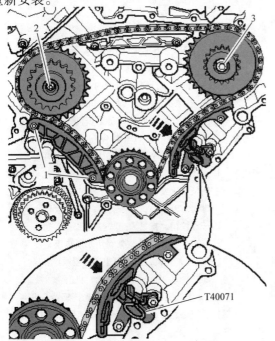

图 1-15　配气机构正时链拆卸图解

2）拧下螺栓 1 并取下滑轨。

3）拧下螺栓 2 和 3，拆下传动链和链轮，如图 1-15 所示。

（2）安装步骤　安装以倒序进行：

1）安装辅助传动链。

2）安装凸轮轴正时链。

3）安装正时链盖板。

4）安装从动盘。

5）加注发动机机油，并检查发动机机油油位。

5. 平衡轴与机油泵链条拆装步骤

（1）拆卸步骤

1）拆卸从动盘。

2）拆卸正时链盖板。

3）用两个旧从动盘螺栓将扳手 T40049 安装在曲轴后。

4）从油底壳上半部分旋出螺旋塞。用手指接触上止点孔时小心受伤。不要转动曲轴。

5）用 20N·m 的力矩将固定螺栓 3242 拧入孔中；必要时略微来回转动曲轴，以便完全对中螺栓。辅助传动链如已用过，反向运转时可能会损坏。用彩色箭头标记辅助传动链的转动方向，以便重新安装。

6）用柴油喷射泵定位销 3359 在发动机后部锁定平衡轴，然后松开平衡轴链轮螺栓。

7）为了避免割伤，用绝缘带包裹直径为 3.3mm 钻头的尖头和刀刃。

8）沿箭头方向压链条张紧器的滑轨，并用直径为 3.3mm 的钻头 4 锁定链条张紧器，如图 1-16 所示。

9）拧下螺栓 1 和 2，拆下链条张紧器、平衡轴链轮 3 和链条，如图 1-16 所示。

（2）安装步骤

1）将曲轴用固定螺栓 3242 固定在上止点位置。

2）用柴油喷射泵定位销 3359 在发动机后部锁定平衡轴。

3）连同链条和平衡轴链轮一起安装链条张紧器。链轮上的长孔必须位于平衡轴螺纹孔的中间位置。

4）拧紧链条张紧器的螺栓。

5）拧入链轮的螺栓（箭头），但不要拧紧，如图 1-17 所示。链轮必须可以在平衡轴上转动，

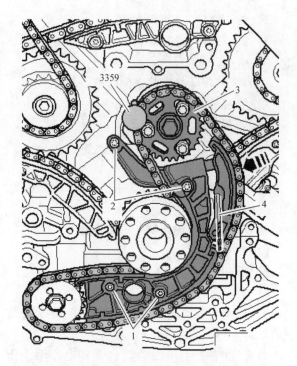

图1-16 平衡轴与机油泵链条拆卸图解

但不得倾斜。

6) 将钻头从定位孔中拔出,从而松开链条张紧器。

7) 用螺钉旋具沿箭头方向推动链条张紧器滑轨,同时拧紧链轮的螺栓1,如图1-17所示。

图1-17 推动张紧滑轨

8) 将柴油喷射泵定位销3359从平衡轴中拔出。后续安装以倒序进行。

9) 安装正时链盖板。

10) 安装从动盘。

11) 加注发动机机油,并检查发动机机油油位。

1.1.3 大众3.0T CJTA发动机(2011—2014)

1. 正时链单元部件分解

发动机正时链单元部件如图1-18、图1-22、图1-23、图1-24、图1-26所示。

更换通过继续旋转拧紧的螺栓。支架(箭头)A、B与正时链左侧盖板拧在一起,如图1-19所示。按指定顺序分2步拧紧螺栓。步骤1:5N·m;步骤2:继续旋转90°。

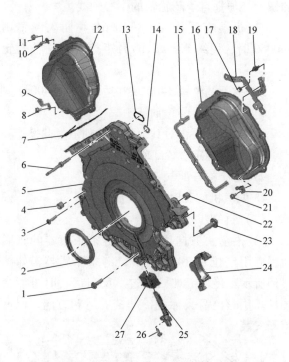

图1-18 正时链盖板

1—螺栓,拧紧力矩和拧紧顺序如图1-21所示
2—轴密封环,用于变速器侧的曲轴,更换
3—螺栓,拧紧力矩和拧紧顺序如图1-21所示
4、22—定位套,2个 5—正时链下盖板 6—螺纹销
7—左侧气缸盖密封件 8、11—螺栓,更换,拧紧力矩和
拧紧顺序如图1-19所示 9、10—支架,用
于线束 12—正时链左侧盖板 13、14—密封件,更换
15—右侧气缸盖密封件 16—正时链右侧盖板
17—螺母,9N·m 18—支架,用于电线
19—螺纹销,拧紧力矩和拧紧顺序如
图1-20所示 20—支架,用于隔热板
21—螺栓,更换,拧紧力矩和拧紧顺序
如图1-21所示 23—螺栓,更换
24—盖板,未安装 25—发动机转速传感器G28
26—螺栓 27—盖板,用于发动机转速传感器G28

分2步拧紧螺栓，见图1-20。步骤1：5N·m；步骤2：继续旋转90°。

更换通过继续旋转拧紧的螺栓。按如下所述分8步拧紧螺栓，见图1-21。

步骤	螺栓	拧紧力矩/继续旋转角度
1	箭头	3N·m
2	1~10	3N·m，沿对角交叉
3	1、2、4、5、7和箭头	继续旋转90°
4	8、9、10	8N·m
5	8、9、10	继续旋转90°
6	3	16N·m
7	6	20N·m
8	6	继续旋转90°

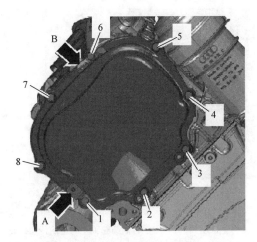

图1-19 正时链左侧盖板拧紧力矩和拧紧顺序

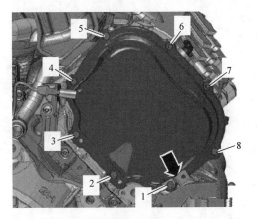

图1-20 正时链右侧盖板拧紧力矩和拧紧顺序

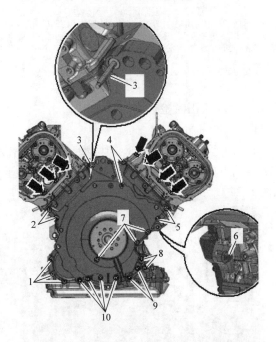

图1-21 正时链下盖板拧紧力矩和拧紧顺序

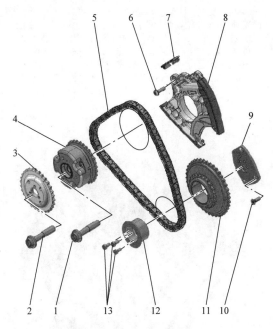

图1-22 左侧凸轮轴正时链

1、2—螺栓，更换，80N·m+90°
3—凸轮轴链轮，用于排气凸轮轴 4—凸轮轴调节器，用于进气凸轮轴 5—左侧凸轮轴正时链，用彩笔标记转动方向，以便重新安装 6—螺栓，9N·m 7—滑块 8—链条张紧器，用于左侧凸轮轴正时链 9—支撑板，用于传动链轮 10—螺栓，更换，8N·m+45° 11—传动链轮，用于左侧凸轮轴正时链 12—支承销，用于左侧凸轮轴正时链传动链轮 13—螺栓

更换通过继续旋转拧紧的螺栓。按指定顺序

右侧凸轮轴正时链传动链轮支承销中的定位销3必须插入止推垫片1和气缸体的孔中。

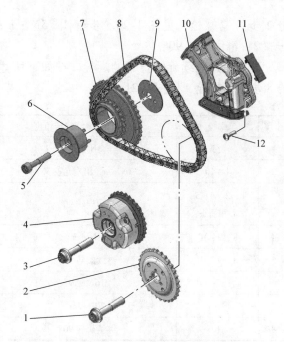

图 1-23 右侧凸轮轴正时链

1、3—螺栓,更换,80N·m+90° 2—凸轮轴链轮,用于排气凸轮轴 4—凸轮轴调节器,用于进气凸轮轴 5—螺栓 6—支承销,用于右侧凸轮轴正时链传动链轮,结构不对称 7—传动链轮,用于右侧凸轮轴正时链 8—右侧凸轮轴正时链,用彩笔标记转动方向,以便重新安装 9—止推垫片,用于右侧凸轮轴正时链传动链轮,结构不对称 10—链条紧器,用于右侧凸轮轴正时链 11—滑块 12—螺栓,9N·m

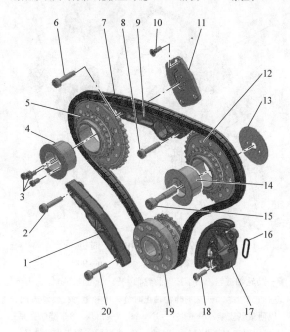

图 1-24 配气机构正时传动链

1、9—滑轨 2、6、8、20—螺栓,更换,10N·m+90° 3—螺栓,更换,5N·m+60° 4—支承销,用于传动链轮 5—传动链轮,用于左侧正时链 7—传动链,用于正时驱动,用彩笔标记转动方向,以便重新安装 10—螺栓,更换,8N·m+45° 11—支撑板,用于右侧凸轮轴正时链传动链轮,结构不对称 12—传动链轮,用于右侧正时链 13—止推垫片,结构不对称 14—支承销,用于传动链轮,结构不对称,如图1-25所示 15—螺栓,30N·m+90° 16—密封件,更换 17—链条张紧器 18—螺栓,9N·m 19—曲轴

图 1-25 右侧凸轮轴正时链传动链轮支承销的安装位置

1—止推垫片 2—用于右侧凸轮轴正时链的传动链轮
3—定位销 4—螺栓

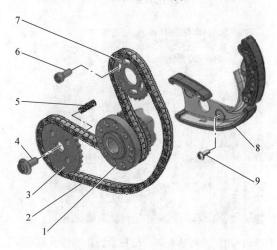

图 1-26 辅助驱动装置传动链

1—曲轴 2—传动链,用于辅助驱动装置,用彩笔标记转动方向,以便重新安装 3—传动链轮,用于机油泵,安装位置:有标记的一侧指向发动机 4—螺栓,更换,30N·m+90° 5—压簧 6—螺栓,更换,15N·m+90° 7—平衡轴链轮,安装位置:带标记的一侧指向变速器 8—链条张紧器,带滑轨 9—螺栓,更换,10N·m+45°

2. 发动机正时检查

1)拆卸气缸盖罩。

2)用适配接头 T40058 和弯型环形扳手沿发动机转动方向(箭头)将曲轴置于上止点位置,如图1-27所示。

图 1-27 设置曲轴于上止点位置

如图 1-28 所示，缺口 A 必须与分隔缝（箭头）重合。

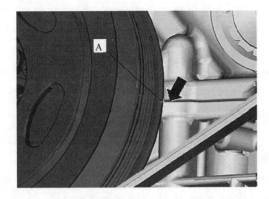

图 1-28　曲轴皮带轮位置

凸轮轴中的螺纹孔（箭头）必须朝上，如图 1-29 所示。

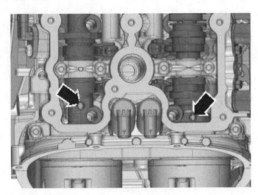

图 1-29　凸轮轴位置

如果错过了上止点，则必须再将曲轴转回大约 30°，然后重新转向上止点。

3）从气缸体内旋出曲轴上止点标记处的密封塞（箭头），如图 1-30 所示。

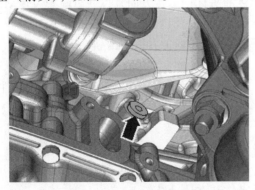

图 1-30　取下缸体堵塞

4）如图 1-31 所示，将固定螺栓 T40069 以 20N·m 的力矩旋入孔内。固定螺栓 T40069 必须嵌入曲轴上的固定孔 1 内。

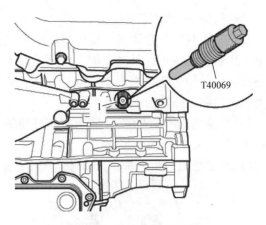

图 1-31　安装曲轴正时销

5）气缸列 1 凸轮轴必须用凸轮轴固定件 T40133/1 固定在上止点位置，如图 1-32 所示。

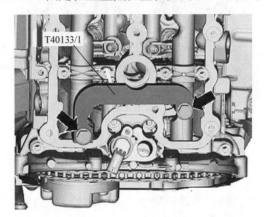

图 1-32　安装气缸列 1 凸轮轴固定件

6）气缸列 2 凸轮轴必须用凸轮轴固定件 T40133/2 固定在上止点位置，如图 1-33 所示。如果没有固定凸轮轴，则必须调整配气相位。

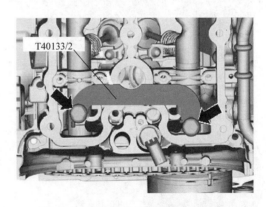

图 1-33　安装气缸列 2 凸轮轴固定件

3. 凸轮轴正时链单元拆装

（1）拆卸步骤

1）拆卸正时链下部盖板。

2）拆卸凸轮轴调节器。

凸轮轴正时链如已用过，反向运转时可能会损坏。用彩色箭头标记转动方向，以便重新安装左侧和右侧凸轮轴正时链。不要通过冲压、切割或类似方法标记凸轮轴正时链。

3）移除定位销 T40071 并取下左侧凸轮轴正时链，如图 1-34 所示。

4）拧出螺栓 1 和 2 并取下右侧链条张紧器。

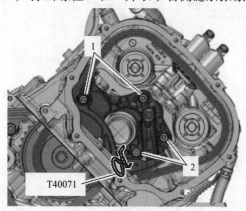

图 1-34　取出张紧器定位销

5）沿箭头方向按压配气机构正时链的链条张紧器滑轨，并用定位销 T40071 锁定链条张紧器，如图 1-35 所示。

6）旋出传动链轮支承销的螺栓 1，如图 1-35 所示。

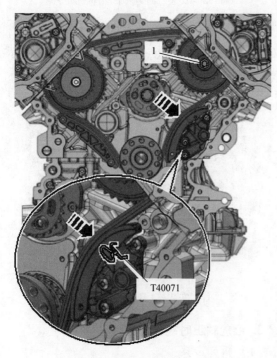

图 1-35　用定位销锁定张紧器

7）拔下传动链轮和支承销并将右侧凸轮轴正时链向上取出。

（2）安装步骤　将张紧件从链条张紧器内取出后，注意安装位置：壳底中的孔朝向链条张紧器，活塞朝向张紧轨。更换需要通过继续拧一定角度拧紧的螺栓。

旋转凸轮轴时，曲轴上不得有任何活塞位于上止点位置。小心不要损坏气门和活塞顶。

1）根据拆卸时所做的标记将左侧凸轮轴正时链置于传动链轮上并向上移至气缸盖。

2）压下凸轮轴正时链链条张紧器的滑轨，并用定位销 T40071 锁定链条张紧器。

3）根据拆卸时所做的标记将右侧凸轮轴正时链置于传动链轮上并向上移至气缸盖。

4）安装传动链轮。

5）拧紧传动链轮支承销的螺栓。

6）取下定位销 T40071。

7）在右侧气缸盖上安装链条张紧器。

8）拧紧张紧器螺栓。

9）安装凸轮轴调节器。

10）安装正时链下盖板。

4. 配气机构正时链拆装

（1）拆卸步骤

1）拆卸正时链下部盖板。

2）拆卸凸轮轴调节器。

3）拆卸辅助驱动装置传动链。

4）沿箭头方向压传动链链条张紧器的滑轨，并用定位销 T40071 锁定链条张紧器，如图 1-36 所示。传动链如已用过，反向运转时可能会损坏。用彩色箭头标记运转方向，以便重新安装传动链。不要通过冲压、切割或类似方法标记传动链。

5）拧下螺栓 1 并取下滑轨。

6）拧出螺栓 2，并取下链条张紧器。

7）取下配气机构正时传动链。以上部件如图 1-36 所示。

（2）安装步骤　更换通过继续旋转拧紧的螺栓。

1）根据在拆卸时所做的标记将配气机构正时传动链装在传动链轮上。

2）安装滑轨并拧紧螺栓 1。

3）安装链条张紧器并拧紧螺栓 2。

4）沿箭头方向压传动链链条张紧器的滑轨，并将定位销 T40071 从链条张紧器中拔出，如图

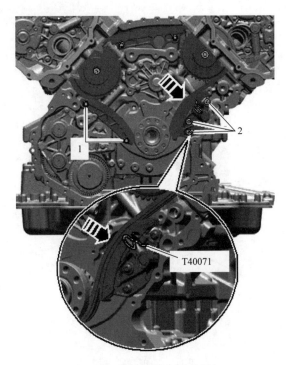

图1-36 配气机构正时链拆卸

1-36所示。

5）安装辅助驱动装置传动链。

6）安装凸轮轴调节器

7）安装正时链下盖板。

5. 辅助驱动装置链条拆装

（1）拆卸步骤

1）拆卸正时链下部盖板。小心螺栓螺纹过长而损坏传动链。拧紧扳手T40049时，仅允许使用螺纹 a 最长为22mm的螺栓，如图1-37所示。如果只有超过该长度的螺栓，放置螺栓头时，必须使剩余的螺纹长度仍为22mm。

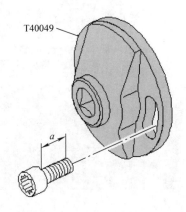

图1-37 拧紧扳手紧固螺栓长度

2）在曲轴后部用两个螺栓安装扳手T40049。

3）从气缸体内旋出曲轴上止点标记处的密封塞。

4）用适配接头T40058和弯型环形扳手沿发动机转动方向将曲轴转到上止点位置。缺口A必须与分隔缝（箭头）重合，如图1-38所示。

5）以20N·m的力矩将固定螺栓T40069拧入孔中；如有必要，略微来回旋转曲轴来完全定心螺栓。

6）沿箭头方向按压链条张紧器的滑轨，并用定位销T40071锁定链条张紧器，如图1-38所示。传动链如已用过，反向运转时可能会损坏。用彩色箭头标记运转方向，以便重新安装传动链。不要通过冲压、切割或类似方法标记传动链。

7）拧出螺栓3并取下平衡轴的链轮。

8）旋出螺栓1和2并取下链条张紧器和链条。以上部件如图1-38所示。

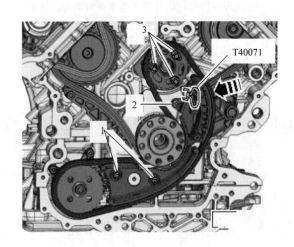

图1-38 辅助驱动链拆卸

（2）安装步骤

1）将曲轴用固定螺栓T40069固定在上止点位置。

安装中注意更换通过继续旋转拧紧的螺栓。

2）连同链条和平衡轴链轮一起安装链条张紧器。

3）将平衡轴用固定销T40116锁定在上止点位置。平衡轴链轮上的长孔必须位于平衡轴螺纹孔的中间位置。必要时将链条错开一个齿位。

4）拧紧链条张紧器的螺栓。

5）拧入链轮的螺栓1，但不要拧紧。链轮必须可以在平衡轴上转动，但不得倾斜。

6）取下定位销T40071以松开链条张紧器。

7）用螺钉旋具顶住链条张紧器的滑轨（箭头），同时拧紧链轮的螺栓1，如图1-39所示。

图1-39 用螺钉旋具顶住链条张紧器的滑轨

8）将固定销T40116从平衡轴内拔出。

9）安装正时链下盖板。

10）安装曲轴上止点标记处的密封塞。

1.1.4 大众3.0T CMKA混动发动机（2011）

该发动机正时维修与CJTA发动机相同，相关内容请参考1.1.3小节。

1.1.5 大众4.2T CGNA发动机（2011—2014）

1. 正时链单元部件分解

发动机正时链单元部件如图1-40、图1-44、图1-45、图1-47、图1-48所示。

如图1-41所示，按照1~8的顺序用9N·m的力矩拧紧螺栓。

如图1-42所示，按1~8的顺序用9N·m的力矩拧紧正时链右侧盖板的螺栓。支架（箭头）A、B与正时链左侧盖板拧在一起。

更换需要通过继续转动一定角度拧紧的螺栓。

如图1-43所示，按如下所述分6步拧紧螺栓：

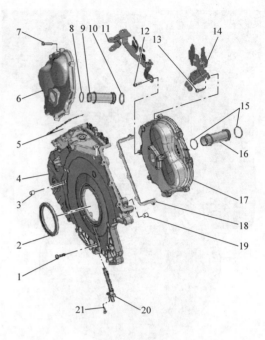

图1-40 正时链盖板

1—螺栓，拧紧力矩和拧紧顺序如图1-43所示 2—轴密封环，用于变速器侧的曲轴 3、19—定位套，2个 4—正时链下盖板 5—左侧气缸盖密封件 6—正时链左侧盖板 7—螺栓，拧紧力矩和拧紧顺序如图1-41所示 8、10、15—O形环，更换 9—左侧冷却液中间管，用芯棒敲出 11—支架，用于左侧氧传感器的电气插头连接 12、13—螺栓，拧紧力矩和拧紧顺序如图1-42所示 14—支架，用于右侧氧传感器的电气插头连接 16—右侧冷却液中间管，用芯棒敲出 17—正时链右侧盖板 18—右侧气缸盖密封件 20—发动机转速传感器G28 21—螺栓

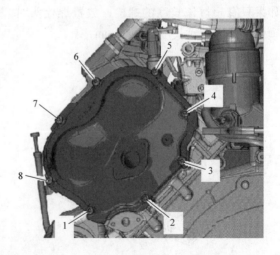

图1-41 正时链左侧盖板拧紧力矩和拧紧顺序

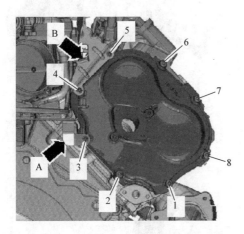

图1-42 正时链右侧盖板拧紧力矩和拧紧顺序

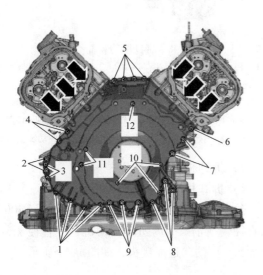

图1-43 正时链下盖板拧紧力矩和拧紧顺序

步骤	螺栓	拧紧力矩/继续旋转角度
1	箭头	涂抹防松剂后装入，5N·m
2	1～12	8N·m，沿对角交叉
3	箭头	8N·m
4	2、7、8、9	22N·m，沿对角交叉
5	1、3、4、5、6、10、11、12	沿对角交叉，继续旋转90°
6	箭头	继续旋转90°

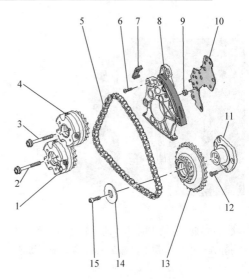

图1-44 左侧凸轮轴正时链

1—凸轮轴调节器，用于排气凸轮轴，标记"EXHAUST（排气）" 2、3—螺栓，更换，80N·m+90° 4—凸轮轴调节器，用于进气凸轮轴，标记"INTAKE（进气）" 5—左侧凸轮轴正时链，拆卸前先用彩笔标记运转方向 6—螺栓，更换，5N·m+90° 7—滑块 8—链条张紧器，用于左侧凸轮轴正时链 9—滤油网，安装在链条张紧器中，注意外圆上的锁止凸耳 10—密封件，更换，夹到链条张紧器上 11—轴承座，用于传动链轮，图中显示的与车内的实物有差异 12—螺栓，9N·m 13—传动链轮，用于左侧凸轮轴正时链 14—止推垫片，用于传动链轮 15—螺栓，22N·m

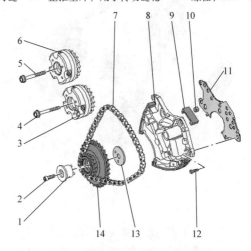

图1-45 右侧凸轮轴正时链

1—支承销，用于右侧凸轮轴正时链传动链轮，结构不对称，如图1-46所示 2—螺栓，42N·m 3—凸轮轴调节器，用于排气凸轮轴，标记"EXHAUST（排气）" 4、5—螺栓，更换，80N·m+90° 6—凸轮轴调节器，用于进气凸轮轴，标记"INTAKE（进气）" 7—右侧凸轮轴正时链，拆卸前先用彩笔标记运转方向 8—链条张紧器，用于右侧凸轮轴正时链，图中显示的与车内的实物有差异 9—滑块 10—滤油网，安装在链条张紧器中，安装位置：注意外圆上的锁止凸耳 11—密封件，更换，夹到链条张紧器上 12—螺栓，更换，5N·m+90° 13—止推垫片，用于传动链轮 14—传动链轮，用于右侧凸轮轴正时链

图1-46 右侧凸轮轴正时链传动链轮支承销的安装位置
1—止推垫片 2—用于右侧凸轮轴正时链的传动链轮
3—定位销 4—螺栓

右侧凸轮轴正时链传动链轮支承销中的定位销3必须插入止推垫片1和气缸体的孔中。

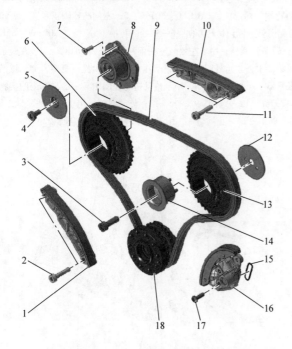

图1-47 配气机构正时传动链
1、10—滑轨 2、11—螺栓，更换，17N·m+90°
3、4、7—螺栓 5—止推垫片，用于传动链轮 6—传动链轮，用于左侧正时链 8—支承销，用于右侧凸轮轴正时链传动链轮，结构不对称 9—传动链，用于正时驱动，拆卸前先用彩笔标记运转方向 12—止推垫片 13—传动链轮，用于右侧正时链 14—支承销，用于传动链轮 15—密封环，更换 16—链条张紧器 17—螺栓，更换，5N·m+90° 18—曲轴

2. 凸轮轴正时链拆装步骤

（1）拆卸步骤 在以下说明中，凸轮轴正时链留在发动机上。

1）拆卸发动机。

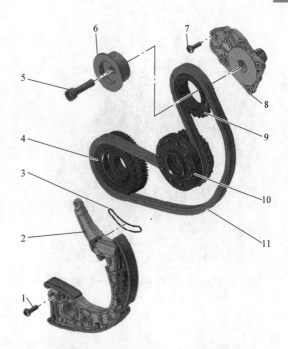

图1-48 辅助驱动装置传动链
1、7—螺栓，更换，5N·m+90° 2—链条张紧器，带滑轨 3—密封件，更换 4—传动链轮，用于辅助驱动装置，正时齿轮传动器的部件 5—螺栓，42N·m 6—支承销，用于转向链轮 8—轴承座，用于转向链轮 9—转向链轮，用于辅助驱动装置传动链 10—曲轴 11—传动链，用于辅助驱动装置

2）拆卸相应的气缸盖罩。

3）拆卸相应的正时链盖板。

4）按以下提示插入适配接头导向销T40058：大直径侧（箭头1）朝向发动机，小直径侧（图中箭头2）朝向适配接头，如图1-49所示。

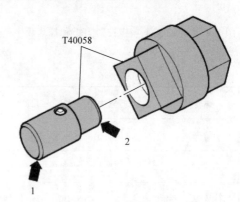

图1-49 配置适配器接头

5）用适配接头T40058沿发动机运转方向将曲轴转动至上止点位置。减振器上的标记1和气缸体上的标记2必须相对，如图1-50所示。凸轮轴中的螺纹孔（箭头）必须朝上，如图1-51所示。

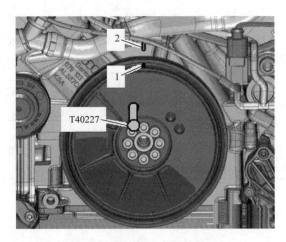

图 1-50　减振器标记对齐位置

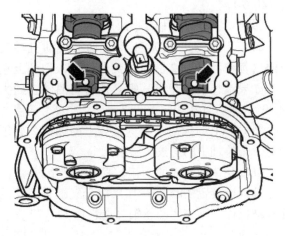

图 1-51　凸轮轴螺纹孔应朝上

6）如图 1-52 所示，用 25N·m 的力矩拧紧两个气缸盖上的凸轮轴固定装置 T40070（箭头）。如果用于气缸盖螺栓的孔未被挡住，则表明凸轮轴固定装置 T40070 安装正确。

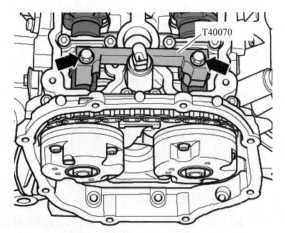

图 1-52　安装凸轮轴固定装置

7）用手将固定螺栓 T40227 穿过减振器的孔拧入气缸体至贴紧为止。必要时，略微来回转动曲轴，以使螺栓完全对中。

8）用螺钉旋具 1 将左侧凸轮轴正时链链条张紧器的滑块向内压至限位位置，并用定位销 T40071 锁定链条张紧器，如图 1-53 所示。

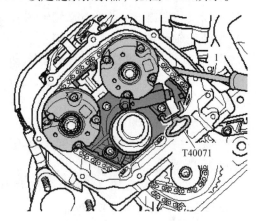

图 1-53　用定位锁锁定张紧器

链条张紧器使用油来减振，只能用匀力慢慢压紧。

9）用螺钉旋具将右侧凸轮轴正时链链条张紧器的滑块向内压至限位位置，并用定位销 T40071 锁定链条张紧器。链条张紧器使用油来减振，只能用匀力慢慢压紧。

10）用彩笔标记凸轮轴调节器的安装位置，以便重新安装。为防止小件物体可能通过正时链箱开口而意外落入发动机，用干净的抹布盖住开口。

11）拧出左侧气缸盖凸轮轴调节器紧固螺栓并取下两个凸轮轴调节器。

12）用彩笔标记凸轮轴调节器的安装位置，以便重新安装。

13）拧出右侧气缸盖螺栓并取下两个凸轮轴调节器。

（2）安装步骤　更换需要通过继续转动一定角度拧紧的螺栓。无须注意凸轮轴调节器的安装位置。旋转凸轮轴时，曲轴上不得有任何活塞位于上止点位置。

已安装配气机构正时传动链。

已用固定螺栓 T40227 在上止点位置锁定曲轴。

已用 25N·m 的力矩拧紧两个气缸盖上的凸轮轴固定装置 T40070。

1）重新安装左侧气缸盖上的凸轮轴调节器。

2）将凸轮轴正时链安装到传动链轮和凸轮轴调节器上，拧入固定螺栓，但不要拧紧。凸轮轴上的两个凸轮轴调节器必须可以转动，但不允许倾斜。

3）取下定位销 T40071。

4）重新安装右侧气缸盖上的凸轮轴调节器。

5）将凸轮轴正时链安装到传动链轮和凸轮轴调节器上，拧入固定螺栓，但不要拧紧。凸轮轴上的两个凸轮轴调节器必须可以转动，但不允许倾斜。

6）取下定位销 T40071。

7）将扳手头 T40079 安装到左侧气缸盖上的进气凸轮轴调节器上。

8）用定位工具 V.A.G 1332/9 将扭力扳手 V.A.G 1332 安装到扳手头 T40079 上。

9）让另一名机械师用 40N·m 的力矩沿箭头方向（图 1-54）预紧。

10）按照以下所述拧紧螺栓，同时继续保持凸轮轴调节器的预紧力：

步骤	螺栓	拧紧力矩
1	在排气凸轮轴上	60N·m
2	在进气凸轮轴上	60N·m

11）将扳手头 T40079 安装到右侧气缸盖上的排气凸轮轴调节器上。

12）用定位工具 V.A.G 1332/9 将扭力扳手 V.A.G 1332 安装到扳手头 T40079 上。

13）让另一名机械师用 40N·m 的力矩沿箭头方向预紧。

14）按照以下所述拧紧螺栓，同时继续保持凸轮轴调节器的预紧力：在进气凸轮轴上螺栓 1 60N·m；在排气凸轮轴上螺栓 2 60N·m，如图 1-54 所示。

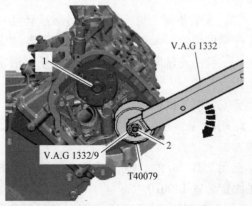

图 1-54　拧紧进排气凸轮轴调节器螺栓

15）拆下扳手头 T40079。

16）如下所述拧紧左侧气缸盖上的凸轮轴调节器螺栓：

步骤	螺栓	拧紧力矩
1	①	80N·m + 继续旋转 90°
2	②	80N·m + 继续旋转 90°

17）如下所述拧紧右侧气缸盖上的凸轮轴调节器螺栓：

步骤	螺栓	拧紧力矩
1	①	80N·m + 继续旋转 90°
2	②	80N·m + 继续旋转 90°

18）拆下两个气缸盖上的凸轮轴固定装置 T40070。

19）拆下固定螺栓 T40227。

20）用扳手头 T40058 将曲轴沿发动机转动方向（箭头）转动 2 圈，直到曲轴再次回到上止点。如果错过了上止点，则必须再将曲轴转回大约 30°，然后重新转向上止点。

减振器上的标记 1 和气缸体上的标记 2 必须相对。凸轮轴中的螺纹孔必须朝上。

21）用 25N·m 的力矩拧紧两个气缸盖上的凸轮轴固定装置 T40070。如果用于气缸盖螺栓的孔未被挡住，则表明凸轮轴固定装置 T40070 安装正确。

22）用手将固定螺栓 T40227 穿过减振器的孔拧入气缸体至贴紧为止。固定螺栓 T40227 必须插入气缸体上的定位孔中，否则应重新调整。

23）如果调整正确，则从发动机上拆下两个气缸盖中的凸轮轴定位装置。

24）拆下固定螺栓 T40227。

25）安装正时链盖板。

26）装气缸盖罩。

3. 配气机构传动链拆装

（1）拆卸步骤

1）拆卸发动机。

2）脱开发动机和变速器。

3）拆卸正时链下盖板。

4）从凸轮轴上取下凸轮轴正时链。

5）拆卸辅助驱动装置传动链。

6）沿箭头方向（图 1-55）压传动链链条张紧器的滑轨，并用定位销 T40071 锁定链条张紧器。传动链如已用过，反向运转时可能会损坏。用彩色箭头标记传动链的运转方向，以便重新安装。

7）拧下螺栓1并取下滑轨。

8）拧出螺栓2并取下链条张紧器。

9）取下配气机构正时传动链。以上部件如图1-55所示。

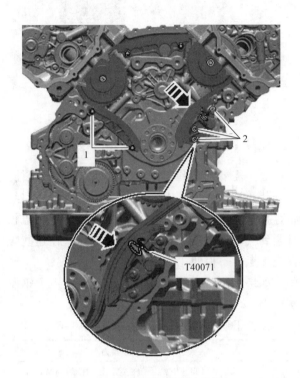

图1-55 配气机构传动链条拆卸

（2）安装步骤 安装以倒序进行，同时要注意更换需要通过继续转动一定角度拧紧的螺栓。

1）根据在拆卸时所做的标记将配气机构正时传动链装在传动链轮上。

2）安装滑轨并拧紧螺栓1。

3）安装链条张紧器并拧紧螺栓2。

4）沿箭头方向（图1-55）压传动链链条张紧器的滑轨，并将定位销T40071从链条张紧器中拔出。

5）安装辅助驱动装置传动链。

6）将凸轮轴正时链装到凸轮轴上。

7）安装正时链下盖板。

4. 辅助驱动链拆装

（1）拆卸

1）拆卸发动机。

2）脱开发动机和变速器。

3）拆卸正时链下盖板。传动链如已用过，反向运转时可能会损坏。用彩色箭头标记辅助传动装置传动链的转动方向，以便重新安装。

4）沿箭头方向（图1-56）按压张紧轨并用锁定销T40011固定链条张紧器。

5）拧出螺栓1并取下转向链轮。

6）拧出螺栓3、2、4并取下链条张紧器。

7）取下辅助传动装置传动链。以上部件如图1-56所示。

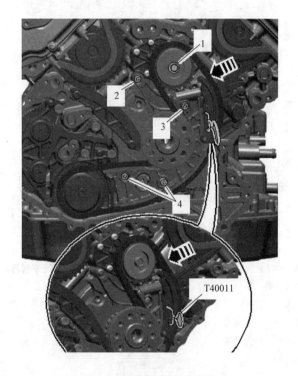

图1-56 辅助驱动链条拆卸

（2）安装步骤 安装以倒序进行，同时要注意以下几点：

更换密封件。

更换需要通过继续拧一定角度拧紧的螺栓。

安装正时链下盖板。

1.1.6 大众3.0T CRCA柴油发动机（2015—2017）

1. 正时链单元部件分解

发动机正时链单元部件如图1-57、图1-61、图1-62所示。

更换需要通过继续拧一定角度拧紧的螺栓。按指定顺序分5步拧紧螺栓（图1-58）：

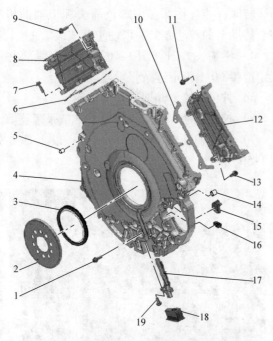

图1-57 正时链盖板

1—螺栓，更换，拧紧力矩和拧紧顺序如图1-59所示
2—传感轮，用于发动机转速传感器G28　3—轴密封环，用于变速器侧的曲轴　4—正时链下盖板　5—定位套，2个　6—密封件，更换　7、9、11、13—螺栓，更换，拧紧力矩和拧紧顺序如图1-58所示　8—正时链左侧盖板　10—密封件，更换　12—正时链右侧盖板　14—定位套，2个　15—盖板，起动机的开口　16—密封件，2个　17—发动机转速传感器G28　18—盖板，用于发动机转速传感器G28　19—螺栓

图1-58 正时链上盖板拧紧力矩和拧紧顺序

步骤	螺栓	拧紧力矩/继续旋转角度
1	1, 2, 3	用手拧入至贴紧
2	4~7	用手拧入至贴紧
3	1~7	8N·m
4	1~7	8N·m，这种措施考虑了正时链盖板的安装特性
5	1~7	继续旋转90°

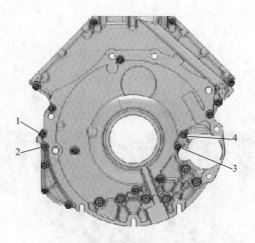

图1-59 正时链下盖板拧紧力矩和拧紧顺序

更换需要通过继续拧一定角度拧紧的螺栓。在安装正时链下盖板时，如果混淆了铝制螺栓，将存在损坏危险。在序号1~4上将正时链下盖板拧紧到气缸体上时，仅使用钢制螺栓。在这些螺栓连接点上不得使用铝制螺栓。

如果出厂时安装了铝制螺栓，准备4个钢制螺栓M6×20用于拧紧正时链下盖板。

按如下所述分6步拧紧螺栓（图1-60）：

步骤	螺栓	拧紧力矩
1	1	将正时链下盖板涂抹密封剂后与密封件一起放到气缸体上
2	1~4	用9N·m的力矩拧紧钢制螺栓M6×20
3	1~20	3N·m
4	1~20	3N·m，这种措施考虑了正时链下盖板的安装特性
5	1~6	8N·m
6	1~20	继续旋转90°

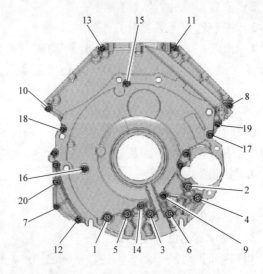

图1-60 正时链下盖板螺栓拧紧顺序

第1章 大众汽车

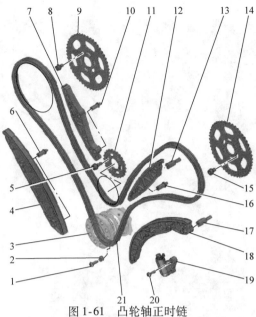

图1-61 凸轮轴正时链

1—螺栓，9N·m 2—防跳齿保护 3—曲轴，带凸轮轴正时链的链轮 4、7、12—滑轨，注意安装位置 5—螺栓 6、16—导向销，用于滑轨，更换，5N·m+90° 8、15—螺栓，23N·m 9、14—凸轮轴链轮，用于进气凸轮轴，安装位置：从后面可以看到有标记的一侧 10—导向销，用于滑轨，更换，5N·m+90° 11—链轮，用于平衡轴 13—导向销，用于滑轨，23N·m 17—导向销，用于张紧轨，23N·m 18—张紧轨 19—链条张紧器，用于凸轮轴正时链，为了进行拆卸，要拆卸正时链下盖板 20—螺栓，更换，5N·m+90° 21—凸轮轴正时链，拆卸前先用彩笔标记运转方向

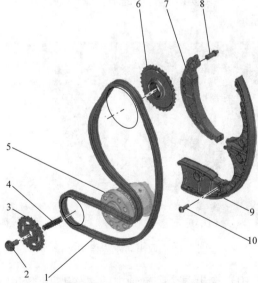

图1-62 机油泵和高压泵传动链

1—机油泵和高压泵传动链 2—螺栓，更换，30N·m+45° 3—传动链轮，用于机油泵，安装位置：有标记的一侧指向发动机 4—压簧 5—曲轴，带机油泵和高压泵传动链的齿轮 6—传动链轮，用于高压泵，安装位置：从后面可以看到有标记的一侧 7—滑轨 8—导向销，用于滑轨，更换，5N·m+90° 9—链条张紧器，带滑轨 10—螺栓，更换，5N·m+90°

2. 正时链单元拆装步骤

（1）拆卸步骤

1）拆卸正时链下盖板。

拧紧扳手T40049时，仅允许使用螺纹 a 最长为22mm的螺栓，如图1-63所示。

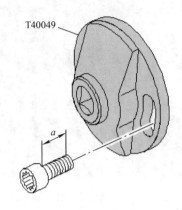

图1-63 拧紧扳手螺栓长度

如果只有超过该长度的螺栓，放置螺栓头时，必须使剩余的螺纹长度仍为22mm。小心螺栓螺纹过长而损坏传动链。

2）将扳手T40049拧紧在曲轴后端。为此应使用从动盘的两个旧螺栓和插入式螺母M12。小心因凸轮轴正时链跳齿而损坏。仅沿发动机运转方向转动曲轴。

调整销T40060有一处地方是扁平的（图1-64中2），使凸轮轴和气缸盖的插孔稍微错开一点就可以轻松插入调整销，如图1-64所示。首先插入调整销，使圆杆横向对着凸轮轴中轴线。为了到达正确的上止点位置，螺栓1必须摆动90°（图1-64箭头），使螺栓垂直于凸轮轴中轴线。

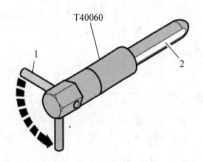

图1-64 调整销结构

3）将曲轴转动至上止点：凸轮轴必须用调整销T40060锁定。调整销T40060的螺栓（箭

头）必须垂直于气缸列1（右侧）凸轮轴的中心轴线，如图1-65所示。调整销T40060的螺栓（箭头）必须垂直于气缸列2（左侧）凸轮轴的中心轴线，如图1-66所示。

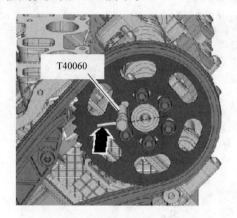

图1-65　右侧气缸列调整销位置

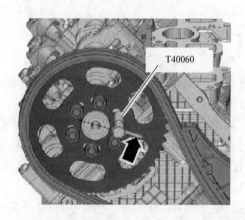

图1-66　左侧气缸列调整销位置

4）将螺旋塞从油底壳上半部分拧出。将抹布置于油底壳上半部分下方，以便收集溢出的发动机机油。

5）如图1-67所示，用20N·m的力矩将固定螺栓3242拧入孔中；必要时略微来回转动曲轴，以便完全对中螺栓。

6）为了避免割伤，用绝缘带包裹直径为3.3mm钻头的尖头和刀刃。

7）沿箭头方向按压凸轮轴正时链链条张紧器的张紧轨。用直径为3.3mm的钻头1锁定链条张紧器，如图1-68所示。

8）拧下导向销2并取下张紧轨，如图1-68所示。凸轮轴正时链如已用过，反向运转时可能会损坏。用彩色箭头标记凸轮轴正时链的运转方向，以便重新安装。

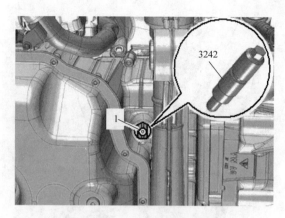

图1-67　安装曲轴固定螺栓

图1-68　拆下张紧轨

9）拧出防跳齿保护螺栓（箭头），如图1-69所示。

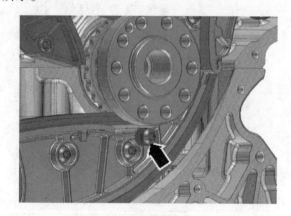

图1-69　取出防跳齿保护螺栓

10）取出两个凸轮轴中的调整销T40060。

11）旋出凸轮轴链轮螺栓。

12）旋出另一侧凸轮轴链轮螺栓。

13）取下凸轮轴链轮和凸轮轴正时链。

（2）安装步骤　将曲轴用固定螺栓3242固定在上止点位置。更换需要通过继续拧一定角度拧紧的螺栓。

1）检查两个气缸盖的凸轮轴是否位于上止点位置。凸轮轴必须用调整销T40060锁定。

调整销T40060的螺栓（箭头）必须垂直于气缸列1（右侧）凸轮轴的中心轴线，如图1-70所示。

调整销T40060的螺栓（箭头）必须垂直于气缸列2（左侧）凸轮轴的中心轴线，如图1-71所示。

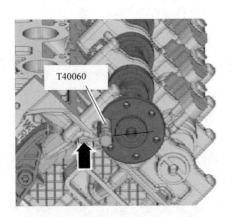

图1-70 气缸列1调整销位置

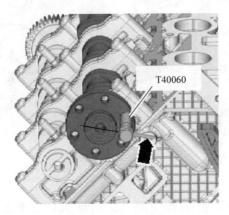

图1-71 气缸列2调整销位置

2）取出两个凸轮轴中的调整销T40060。

如果不能锁定凸轮轴，则使用适配接头T40061略微调整凸轮轴位置。为此应将凸轮轴链轮的螺栓拧入凸轮轴中。旋转凸轮轴时，曲轴上不得有任何活塞位于上止点位置。

3）装上左侧凸轮轴链轮和凸轮轴正时链。凸轮轴链轮上的长孔必须位于凸轮轴螺纹孔的中间位置。

4）首先拧入凸轮轴链轮的两个螺栓，但不要拧紧。凸轮轴链轮必须仍然可以在凸轮轴上转动，但不得倾斜。用调整销T40060锁定左侧凸轮轴。调整销T40060的螺栓必须垂直于凸轮轴的中心轴线。

5）装上右侧凸轮轴链轮和凸轮轴正时链。凸轮轴链轮上的长孔必须位于凸轮轴螺纹孔的中间位置。

6）首先拧入凸轮轴链轮的两个螺栓，但不要拧紧。凸轮轴链轮必须仍然可以在凸轮轴上转动，但不得倾斜。

7）用调整销T40060锁定右侧凸轮轴。调整销T40060的螺栓必须垂直于凸轮轴的中心轴线。

8）用导向销拧紧张紧轨。

9）将钻头从定位孔中拔出，从而松开右侧链条张紧器。

10）松开螺栓2。

11）如图1-72所示，用柴油喷射泵定位销3359锁定平衡轴3。必要时，拧出螺栓并使平衡轴就位。

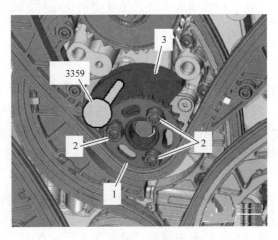

图1-72 用定位销锁定平衡轴

12）拧入螺栓2，但不要拧紧。链轮1必须可以在平衡轴上转动，但不允许倾斜。

13）由另一位机械师用适配接头T40062和扭矩扳手以20N·m的力矩顺时针将右侧凸轮轴链轮预紧并保持预紧力。

14）拧紧右侧凸轮轴链轮上的螺栓1和2，如图1-73所示。

15）继续保持预紧力并拧紧左侧凸轮轴链轮上的螺栓。

16）拧紧平衡轴3、链轮1的螺栓2。

17）取出柴油喷射泵定位销3359、适配接头T40062和调整销T40060。

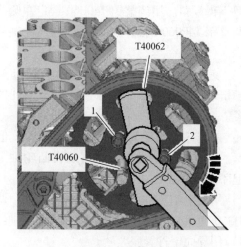

图 1-73 拧紧右侧凸轮轴链轮螺栓

18）拧紧左侧和右侧凸轮轴链轮的其余螺栓。

19）拆下固定螺栓 3242。

20）检查并调整正时。

21）拧紧油底壳上半部分中上止点标记处的螺旋塞。

22）安装正时链下盖板。

3. 发动机正时检查与调整

（1）检查

1）转动曲轴两圈，直至曲轴即将重新位于上止点前。只能沿发动机运转方向（箭头）转动曲轴。

2）用 20N·m 的力矩转动固定螺栓 3242，使曲轴停止转动并锁定。上止点位置如果不准确，则会产生调整误差。如果转过了上止点：再转动曲轴两圈，直至曲轴即将重新位于上止点前。然后转动固定螺栓 3242，使曲轴停止转动并锁定。

3）检查两个气缸盖的凸轮轴是否位于上止点位置。凸轮轴必须用调整销 T40060 锁定。

调整销 T40060 的螺栓必须垂直于气缸列 1（右侧）凸轮轴的中心轴线。

调整销 T40060 的螺栓必须垂直于气缸列 2（左侧）凸轮轴的中心轴线。

（2）调整

1）如果无法锁定一侧凸轮轴，将相关凸轮轴链轮的所有螺栓松开约 1 圈。

2）将适配接头 T40061 安装在螺栓松开后的螺栓头上。

3）用适配接头 T40061 略微来回转动凸轮轴，直到可以装入调整销 T40060。调整销 T40060 中的圆杆必须垂直于凸轮轴的中轴线。

4）仍装有适配接头 T40061 并插入调整销 T40060 时，用约 5N·m 的力矩拧紧凸轮轴链轮螺栓。

5）拆下调整销 T40060 和适配接头 T40061。

6）最终拧紧凸轮轴链轮螺栓。

7）如有必要，对其他的气缸列重复此操作。

8）拆下固定螺栓 3242。

9）再次检查配气相位。

4. 机油泵和高压泵传动链拆装

（1）拆卸步骤　变速器已拆下。将曲轴用固定螺栓 3242 固定在上止点位置。

1）拆卸正时链下盖板。

2）拆卸凸轮轴正时链。

3）取下凸轮轴正时链的两个上滑轨。

4）用定位销 T40245 锁定高压泵链轮，如图 1-74 所示。

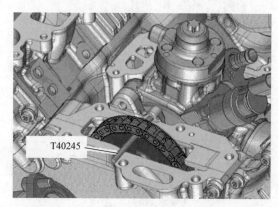

图 1-74 用定位销锁定高压泵链轮

5）为了避免割伤，用绝缘带包裹直径为 3.3mm 钻头的尖头和刀刃。

6）沿箭头方向按压链条张紧器的张紧轨。用直径为 3.3mm 的钻头 2 锁定链条张紧器，如图 1-75 所示。

7）拧下螺栓 1 并取下张紧轨，如图 1-75 所示。

8）将螺栓 1、2、3 拧出并取下机油泵和高压泵传动链的链条张紧器，如图 1-76 所示。

9）取下机油泵和高压泵传动链。

（2）安装步骤　安装以倒序进行，同时请注意下列事项：

将曲轴用固定螺栓 3242 固定在上止点位置。

1.1.7 大众 3.6L BHK 发动机（2007—2010）

1. 正时链单元部件分解

发动机正时链单元部件如图 1-77、图 1-78 所示。

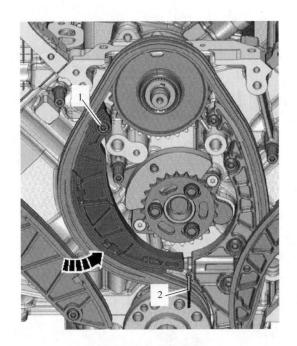

图 1-75 取下张紧轨

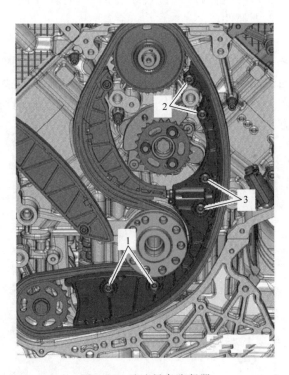

图 1-76 取出链条张紧器

用定位销 T40245 锁定高压泵链轮。

1）安装凸轮轴正时链。
2）安装正时链下盖板。

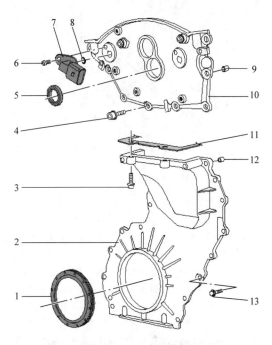

图 1-77 正时链盖板

1—密封环，用于曲轴 2—密封法兰，变速器侧 3—螺栓，23N·m 4—螺栓，对角交替分步拧紧，8N·m 5—密封环，2件，用于凸轮轴调节阀 1 N205 和排气凸轮轴调节阀 1 N318，泄漏或损坏时更换 6、13—螺栓，10N·m 7—霍尔传感器，霍尔传感器 G40 和霍尔传感器 2 G163 8—O 形环，2件，更换 9—固定销，2件 10—盖板，图为未配备机械制动真空泵车型上的样子，拆下发动机后方可更换 11—气缸盖密封件，清洁孔并填充密封剂 12—固定销

拆下前标记正时链（例如用颜色、指向转动方向的箭头等）。不要通过冲窝、切口或类似做法标记链条。

2. 发动机正时检查

（1）2008 年 11 月前生产机型的检查方法

1）拆卸隔音垫，进行外部车身装配工作。

2）配备单件式进气歧管的车辆：拆卸整个进气歧管。

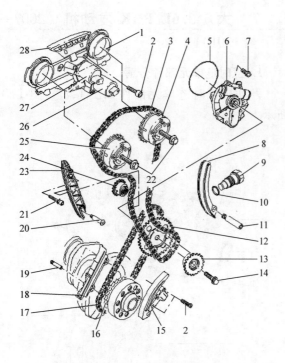

图1-78 发动机正时链单元

1—正时齿轮箱,安装前给密封环的接触面上油,安装前检查正时齿轮箱的滤网是否有污物 2—8N·m,在正时齿轮箱的紧固螺栓上涂防松剂 D 000 600 A2 后安装 3—凸轮轴正时链,拆卸前标记转动方向(安装位置),如图1-79所示 4—排气凸轮轴调节器,标记:32A 5—密封环,更换 6—机油泵 7—8N·m,涂防松剂 D 000 600 A2 后安装 8—张紧轨,用于凸轮轴正时链 9—链条张紧器,50N·m,用于凸轮轴正时链,安装了链条张紧器后才可旋转发动机 10—密封环,损坏或泄漏时更换 11—轴销,10N·m,用于张紧轨 12—链轮,用于正时链 13—链轮,用于凸轮轴正时链 14—60N·m+1/4圈继续旋转(90°),仅使用强度等级10.9的螺栓,更换 15—带张紧轨的链条张紧器,用于正时链,安装前用小螺钉旋具松开链条张紧器中的锁止啮合齿并将张紧轨压向链条张紧器,安装了链条张紧器后才可旋转发动机 16—驱动齿轮,安装在曲轴中,磨削的齿指向轴承开缝=气缸上止点1 17—正时链,拆卸前标记转动方向(安装位置),如图1-79所示 18—滑轨,与正时链一起拆卸和安装 19—无凸肩螺栓,10N·m,用于滑轨 20—10N·m 21—23N·m 22—60N·m+1/4圈继续旋转(90°),更换,螺栓头上传感轮的接触面在安装时必须干燥,拆卸和安装时用呆扳手SW 27固定住凸轮轴 23—滑轨,用于凸轮轴正时链 24—高压泵驱动齿轮,带有内置式滚针轴承,滚针轴承安装前上油 25—进气凸轮轴调节器,标记:24E 26—排气凸轮轴调节阀1 N318,用于排气凸轮轴,拔出之前标记插头与部件的对应关系 27—凸轮轴调节阀1 N205 28—滑轨,用于凸轮轴正时链,用夹子固定在正时齿轮箱上

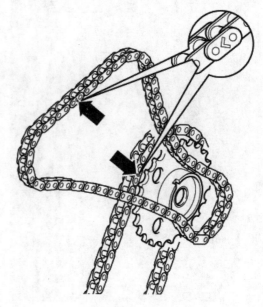

图1-79 标记正时链

3)配备两件式进气歧管的车辆:拆卸进气歧管上部件。

4)拆卸气缸盖罩。

5)在减振器的紧固螺栓上沿发动机转动方向把曲轴转至气缸1上止点标记处(箭头),如图1-80所示。气缸1的凸轮A必须相互指向对方,如图1-81所示。

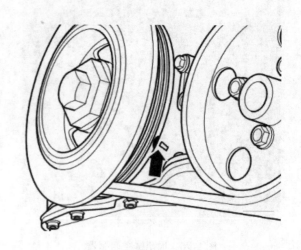

图1-80 曲轴减振器上止点标记

6)凸轮轴尺T10068 A插入两个轴槽中,如图1-82所示。由于凸轮轴调节器功能的限制,凸轮轴的凹槽有可能不是完全水平。因此,如有必

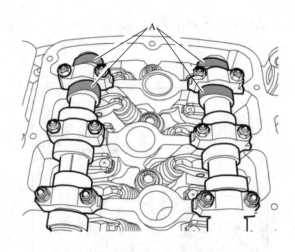

图 1-81 凸轮轴凸轮指向

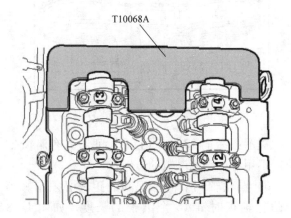

图 1-82 安装凸轮轴尺

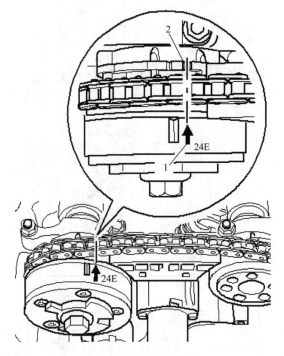

图 1-83 进气凸轮轴调节器上正时标记

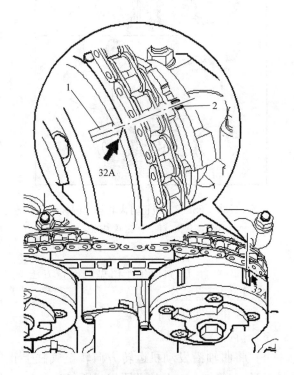

图 1-84 排气凸轮轴调节器上的标记

要,安装凸轮轴尺 T10068 A 时用呆扳手略微来回旋转凸轮轴。

用正时齿轮箱上的标记检查凸轮轴调节器设定标记:

进气凸轮轴的凸轮轴调节器的标记 1（箭头）必须和正时齿轮箱最右侧的切口 2 对齐,如图 1-83 所示。正时齿轮箱上的标记如图 1-86 所示。

排气凸轮轴的凸轮轴调节器上的标记 1,如图 1-84 箭头所示,必须和正时齿轮箱最右侧的切口 2 对齐。正时齿轮箱上的标记如图 1-86 所示。

提示:标记 1 和切口 2 之间允许有略微错位。

7) 凸轮轴调节器标记间的距离必须刚好等于凸轮轴正时链 16 个滚子的长度,如图 1-85 所示。

8) 如果标记不对齐:调整配气相位。
9) 如果这些标记对齐,则安装气缸盖罩。
10) 安装进气管。

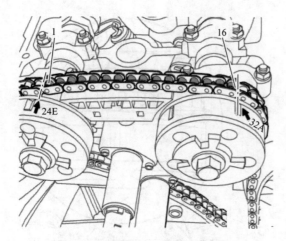

图1-85 凸轮轴调节器标记之间距离

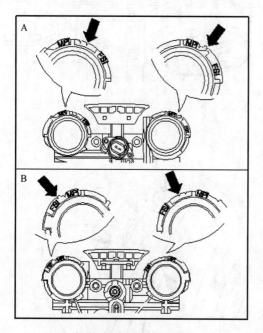

图1-86 FSI发动机正时齿轮箱上的标记

注：1. A为飞轮侧视图，B为减振器侧视图。
　　2. 切口（箭头）是凸轮轴调节器标记的基准点。

(2) 2008年11月起生产机型的检查方法

1) 拆卸隔音垫。
2) 拆卸进气歧管上部件。
3) 拆卸气缸盖罩。
4) 将曲轴沿发动机运转方向转至气缸上止点标记处。气缸1的凸轮必须相互指向对方。
5) 将凸轮轴尺T10068 A插入两个轴槽中。

由于凸轮轴调节器功能的限制，凸轮轴的凹槽有可能不是完全水平。因此，如有必要，安装凸轮轴尺T10068 A时用呆扳手略微来回旋转凸轮轴。

用正时齿轮箱上的标记检查凸轮轴调节器设定标记：

凸轮轴调节器上的箭头必须对准正时齿轮箱的右侧切口，如图1-87所示。正时齿轮箱上的标记如图1-89所示。

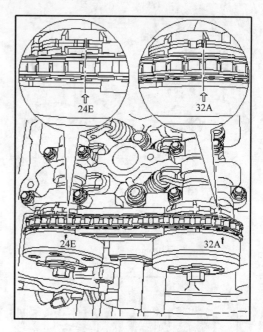

图1-87 凸轮轴调节器上标记

提示：标记32A和切口之间允许有略微错位。不用考虑铜色链节的位置。

6) 凸轮轴调节器标记间的距离必须刚好等于凸轮轴正时链16个滚子的长度，如图1-88所示。

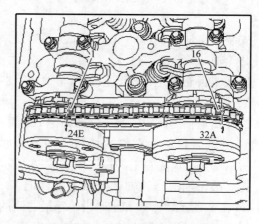

图1-88 凸轮轴调节器标记间距

7) 如果标记不对齐：调整配气相位。
8) 如果这些标记对齐：安装气缸盖罩。
9) 安装进气歧管上部件。

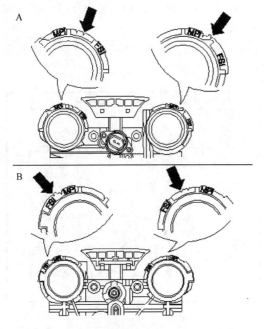

图1-89 FSI发动机正时齿轮箱上的标记

注：1. A为飞轮侧视图，B为减振器侧视图。
  2. 切口（箭头）是凸轮轴调节器标记的基准点。

3. 油泵传动正时链的安装

以下操作步骤只能在发动机拆下后进行。
操作条件：
发动机已拆卸。
从动盘或飞轮已拆卸。
油底壳已拆卸。
密封法兰已拆卸。
气缸盖已拆卸。

对于所有的装配工作，特别是在发动机舱中的装配工作，由于安装空间紧凑，请注意下列说明：

正确敷设所有类型的管路和线路以及电气线路，恢复原始的管路和线路安装。注意管线应与所有可移动或发热的部件保持足够的间距。

下列工作步骤的前提是发动机已拆下。可以根据发动机被分解的程度从相应的部位开始设置。油箱已拆下，并且只能在安装了密封法兰之后才能将其重新安装上。

安装正时链和带张紧轨的油泵传动链条张紧器：

1）首先将曲轴置于气缸1的上止点1，同时将驱动齿轮上的磨削轮齿（箭头）对准轴承开缝，如图1-90所示。

2）安装滑轨上的两个无凸肩螺栓，并用

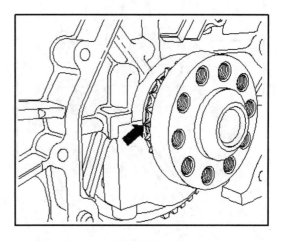

图1-90 设置曲轴位于上止点

10N·m力矩拧紧。将滑轨插到螺栓上。

3）将机油泵轴1扁平一侧（箭头）水平置于机油泵上标记2处，如图1-91所示。对于已经使用过的正时链，注意转动方向标记。

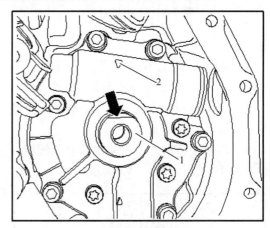

图1-91 将机油泵轴水平端朝上

4）将正时链安装到滑轨中并套到曲轴上。

5）正时链上大链轮的安装要保证链轮的凸缘对准气缸体后面的标记B。

6）将链轮插到中间轴上。

安装时请注意，正时链在滑轨中笔直地从曲轴伸展至中间轴。传动链轮磨削的齿必须对准轴承开缝（箭头A）。中间轴链轮的凸缘必须与后部的标记（箭头B）对齐，如图1-92所示。

7）如果大链轮无法装入，略微向下旋转机油泵。

8）安装链条张紧器。

9）同时必须用一把小螺钉旋具松开链条张紧器的锁止啮合，并将张紧导轨压进链条张紧器。

10）在这个位置安装链条张紧器并用8N·m

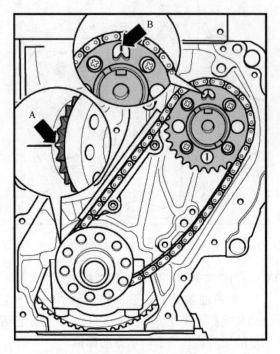

图1-92 正时链标记

的力矩拧紧。

11）若气缸盖已经拆卸，则先安装气缸盖。

12）将凸轮轴尺T10068 A插入两个轴槽中。

13）将凸轮轴和高压泵的驱动链从上穿过气缸盖或气缸盖密封件上的开口。

14）将装上链条的小驱动齿轮置入凹槽（箭头）并用手拧紧，如图1-93所示。

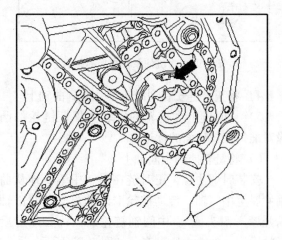

图1-93 安装小驱动齿轮

15）用止动器T10069锁定减振器。

16）用一个新的紧固螺栓将机油泵轴上的两个链轮以60N·m的力矩拧紧固定，接着继续转动1/4圈（90°）。仅使用强度等级10.9的螺栓。注意，应该更换链轮上所有的紧固螺栓。

17）将滑轨2穿过气缸盖的开口，并用紧固螺栓1和3拧紧。

18）装入张紧轨4，用轴承螺栓5将其固定在气缸体上，如图1-94所示。

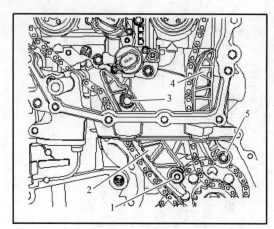

图1-94 安装张紧轨

未配备机械制动真空泵的车辆：

19）用干净的发动机油浸润驱动齿轮2内的滚针轴承内侧，并将其连同装上的链条置入轴承座中。注意链条在滑轨上移动时要保持绷紧。推入支座轴3。

20）注意，定位套1已安上。它只用于固定调整工具，如图1-95所示。

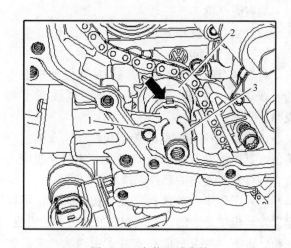

图1-95 安装驱动齿轮

21）用调整工具T10332固定高压泵驱动齿轮，如图1-96所示。

配备了机械制动真空泵的车辆：

22）如图1-97所示，装上安装了链条的传动链轮1。注意链条在滑轨上移动时要保持绷紧。提示切口（箭头）必须位于上方。

第 1 章 大众汽车

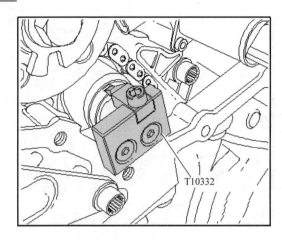

图 1-96 安装调整工具

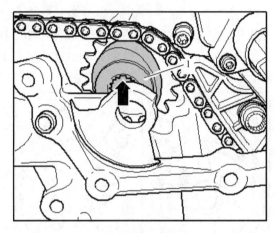

图 1-97 安装传动链轮
1—传动链轮

23）用干净的发动机机油涂抹驱动轴 4 并马上推入。

24）注意：定位套 5 已安上。它只用于固定调整工具 T10363，如图 1-98 所示。

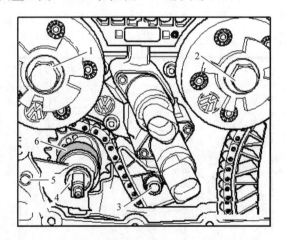

图 1-98 安装定位套
1、2—凸轮轴链轮紧固螺栓 3—滑轨
4—驱动轴 5—定位套 6—传动链轮

25）此外，用调整工具 T10363 固定高压泵驱动齿轮。高压泵驱动凸轮的标记 A 必须位于上方，如图 1-99 所示。

26）安装凸轮轴调节器。

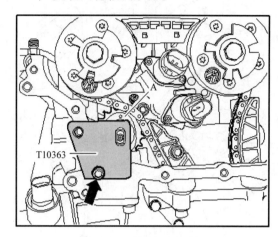

图 1-99 安装调整工具

1.1.8　大众 4.2L BAR 发动机（2007—2010）

该发动机正时维修与 CGNA 发动机相同，相关内容请参考 1.1.5 小节。

1.1.9　大众 6.0L CFRA 发动机（2008—2010）

该发动机正时维修与 BAN 发动机相同，相关内容请参考 1.9.6 小节。

1.1.10　大众 3.6L BHL 发动机（2006—2007）

该发动机正时维修与 BHK 发动机相同，相关内容请参考 1.1.7 小节。

1.1.11　大众 4.2L AXQ 发动机（2003—2007）

1. 正时带单元部件分解

发动机正时带单元部件如图 1-100 所示。

2. 正时带单元拆卸步骤

对于所有的装配工作，特别是在发动机舱中的装配工作，由于安装空间紧凑，请注意下列说明：

正确铺设所有类型的管路（例如燃油、液压、活性炭罐装置、冷却液和制冷剂、制动液、

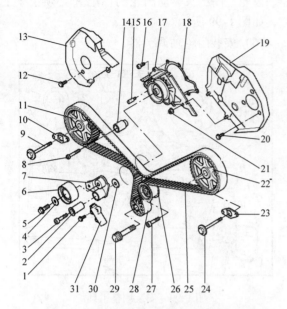

图1-100 大众AXQ发动机正时带传动装置

1—10N·m 2—轴套 3—20N·m+继续旋转1/4圈(90°)，更换 4—垫片，用于张紧轮 5—40N·m 6—张紧轮 7—张紧杆 8—22N·m 9、24—55N·m，更换，给螺纹和头部接触面上油 10、23—固定板，更换，注意安装位置：标有文字的面朝后 11—右侧凸轮轴正时齿轮，用双臂起拔器T40001和起重爪T40001/2从凸轮轴上拔出 12、20—10N·m，涂防松剂D 000 600 A2安装 13—右后正时带护罩 14—导向辊 15—螺栓,6N·m 16—15N·m 17—冷却液泵 18—密封件，更换 19—左后正时护罩 21—10N·m 22—左凸轮轴正时齿轮，用双臂起拔器T40001和起重爪T40001/2从凸轮轴上拔出 25—正时带，拆卸前标记转动方向，检查磨损情况，不得弯折 26—偏心辊 27—45N·m 28—曲轴正时带轮，只能在一个位置安装，用固定螺栓3242固定，以便拆卸曲轴 29—200N·m+继续旋转1/2圈(180°)，更换，不用另外上油，继续转动可以分多步进行 30—垫片，用于张紧杆 31—张紧件

真空系统)和电路，以便重建原始布线。注意与所有可移动或发热的部件之间保持足够的间距。

1) 拆卸减振盘。
2) 拆卸冷却液风扇及其支架。
3) 将前围支架置于保养位置。
4) 标注楔形带并将其拆卸。
5) 拆卸右侧和左侧正时带护罩。
6) 用彩笔标记正时带的转动方向。
7) 将曲轴置于上止点位置。正时带护罩上的标记A必须与带轮上的切口B对齐，如图1-101所示。

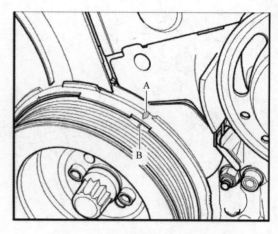

图1-101 将曲轴置于上止点位置

8) 检查凸轮轴正时齿轮的位置。固定板上较大的孔（箭头）必须向内对准，如图1-102所示。如果大孔位于正时带轮的外侧，那么必须将曲轴沿发动机转动方向再转动一圈。

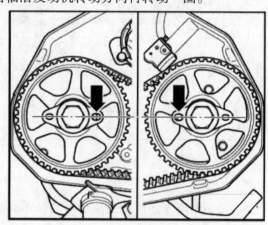

图1-102 检查凸轮轴正时齿轮位置

9) 如图1-103所示，将密封塞从左侧气缸体（箭头）中旋出。螺塞孔后面的曲轴上止点孔必须可以看到或可以接触到。

图1-103 拆出缸体密封塞

10）将固定螺栓 3242 小心地旋入孔中，直到极限位置为止，锁死曲轴以防转动，如图 1-104 所示。

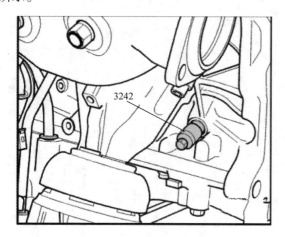

图 1-104　安装曲轴固定螺栓

11）拆下中间正时带护罩。

12）旋下减振器。用 8 个紧固螺栓将减振器固定在曲轴上。

13）拧出发电机紧固螺栓。将发电机稍向侧面按压。

14）先将螺栓 1 从机油滤清器外壳上旋下，然后将正时带张紧元件盖板的螺栓 2 旋下，如图 1-105 所示。

15）取下盖板。

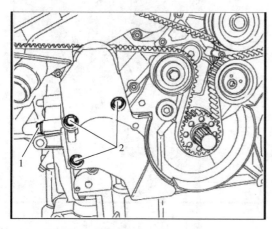

图 1-105　拆卸张紧件盖板
1、2—螺栓

16）如有必要，在张紧前用尖嘴钳或细金属丝校准外壳内和张紧元件活塞上的孔。正时带张紧元件是使用油来作为减振介质的。因此它只可被慢慢地压紧。使用锁止杆 T40011 锁死张紧元件。

17）将正时带张紧轮的张紧杆 1 用内六角扳手沿箭头方向旋拧，如图 1-106 所示。

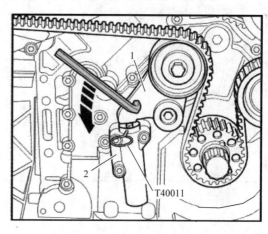

图 1-106　安装张紧轮

18）如果正时带张紧轮的张紧杆 2 已压紧，使外壳和活塞内的孔对齐，用定位销 T40011 固定张紧元件。

19）将凸轮轴固定装置 T40005 插入凸轮轴固定板中，然后拧松紧固螺栓大约 5 圈，如图 1-107 所示。

20）再次取下凸轮轴固定装置 T40005。

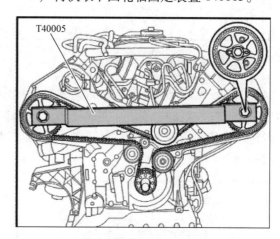

图 1-107　安装凸轮轴固定工具

21）用双臂拉拔器 T40001 和钩 T40001/2 将凸轮轴正时齿轮从锥面上拉下，如图 1-108 所示。

22）如图 1-109 所示，松开张紧辊（箭头），并取下正时带。

3. 正时带单元安装步骤

1）对于已经运转的正时带，请注意转动方向的标记。

2）将正时带首先装到曲轴的正时带轮 1 上，然后装到正时带张紧器的导向辊 2 上，接着装到

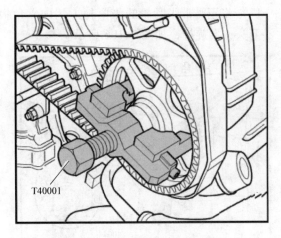

图1-108　拆卸凸轮轴正时齿轮

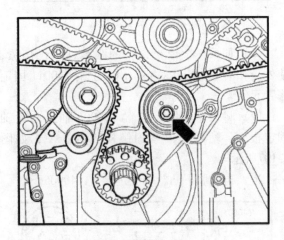

图1-109　松开张紧辊

张紧辊3上。然后如图1-110所示装到凸轮轴正时齿轮和冷却液泵的带轮上。正确调整凸轮轴正时齿轮,使其在凸轮轴的圆锥体上处于恰好可以转动的状态。

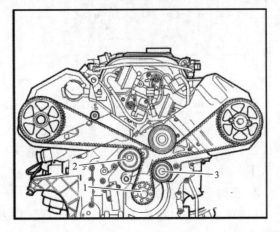

图1-110　安装正时带

3)再次将凸轮轴固定装置T40005插入到凸轮轴正时齿轮上。

4)将一个5mm的钻头置于张紧杆和张紧元件的活塞之间(箭头),如图1-111所示。

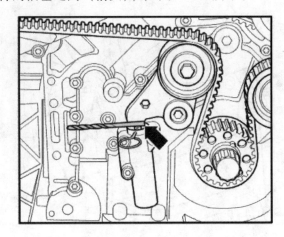

图1-111　设置张紧元件

5)张紧仍松动的张紧轮(使用扭力扳手V.A.G 1410),然后将插入的棘轮扳手VAS 5122用张紧轮扳手T40009逆时针方向以4N·m的力矩预紧。

6)在该位置上用45N·m的力矩拧紧螺栓。

7)然后再次取出5mm钻头。

8)将正时带张紧轮的张紧杆1用内六角扳手沿箭头方向旋拧,如图1-112所示。

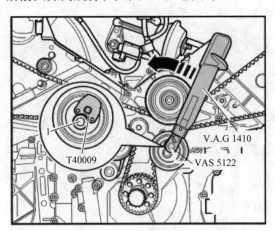

图1-112　拧紧张紧杆

9)如果张紧杆将正时带张紧元件内的活塞压紧,则拔出固定销T40011,如图1-113所示。

10)将正时带张紧轮的张紧杆1用内六角扳手沿箭头方向旋转,然后在外壳和张紧杆之间放置一个7mm钻头。

11)用55N·m的力矩拧紧凸轮轴正时齿轮。

12)再次取下凸轮轴固定装置T40005。

第1章 大众汽车

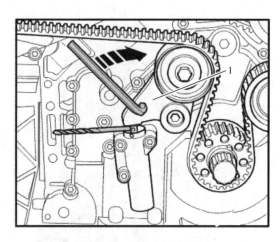

图1-113 取出固定销

13) 再次取出插在外壳和张紧杆之间的钻头。

14) 将固定螺栓3242从孔中拧出,然后拧入螺旋塞,并用30N·m的力矩将其拧紧。

15) 将曲轴沿发动机转动方向转两圈,并检查调整尺寸 a。标准值为5mm,如图1-114所示。

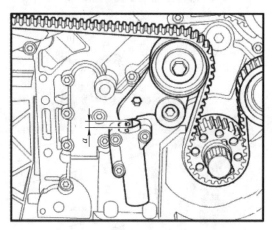

图1-114 检查调整尺寸

其余的组装工作与拆卸顺序相反。

1.1.12 大众3.2L AZZ/BAA/BKJ发动机(2003—2004)

该发动机正时维修与BHK发动机相同,相关内容请参考1.1.7小节,这里补充中间驱动链安装的正时对齐方式。

1) 将正时链放在凸轮轴调节器上,使两个铜色的链节4与凸轮轴调节器上的标记3和正时齿轮箱上的标记5对齐。

2) 将中间轴的小链轮装入正时链中。标记2必须与中间的铜色链节1对齐,如图1-115所示。

3) 将小链轮以及装入的正时链装在中间轴上。只能在一个位置上安装。

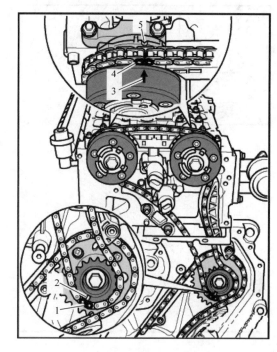

图1-115 安装中间轴小链轮

4) 用夹具T10069锁定减振器,如图1-116所示。

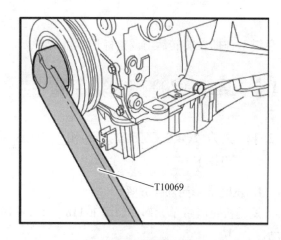

图1-116 锁定减振器

5) 以60N·m的力矩将中间轴链轮新的紧固螺栓旋转90°(1/4圈)拧紧(继续转动可分多步进行)。

6) 再次检查曲轴相对于中间轴的位置。传动链轮磨削的齿必须与支座接缝对齐(箭头B)。中间轴链轮的凸缘必须与后部的标记(箭头C)对齐,如图1-117所示。

7) 检查铜色链节相对于调整标记的位置,

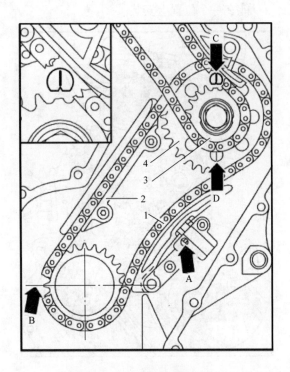

图 1-117　对齐中间轴链轮标记
1—驱动链　2—滑轨　3—小链轮　4—大链轮
A—链条张紧器设定孔位　B—传动链轮定位位置
C—大链轮定位位置　D—小链轮定位位置

铜色链节在曲轴旋转后与调整标记不再对齐。

1.2　夏朗（2005—2018 年款）

1.2.1　大众 1.4T CZDA 发动机（2016—2018）

1. 正时带单元部件分解

发动机正时带单元部件如图 1-118、图 1-119 所示。

2. 发动机正时检查方法

1）将 1 缸活塞调整至上止点位置。

① 旋出气缸体上止点孔锁定螺栓，如图 1-120 所示。

② 将定位销 T10340 或 CT10340 旋入至极限位置，并以 30N·m 的力矩拧紧，将曲轴沿发动机工作时的运转方向转至极限位置，此时定位销与曲轴臂充分接触。

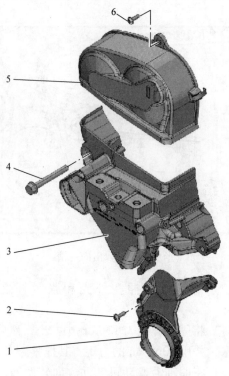

图 1-118　正时带护罩
1—下部正时带护罩　2、6—螺栓，8N·m
3—发动机支撑　4—螺栓　5—上部正时带护罩

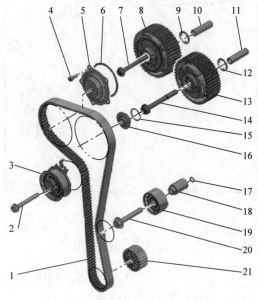

图 1-119　正时带，发动机标识字母 CSSA、CZDA、CZEA
1—正时带，拆卸前用粉笔或记号笔标记转动方向，检查磨损情况　2—螺栓，25N·m　3—张紧轮　4—螺栓，拆卸后更换，8N·m+45°　5—封盖　6、15—O 形环，拆卸后更换　7—螺栓，拆卸后更换，50N·m+135°　8、14—排气凸轮轴的凸轮轴正时齿轮，带凸轮轴调节器　9、12—金刚石垫圈，不是在所有型号上都存在，拆卸后更换　10、19—导向套　13—进气凸轮轴的凸轮轴正时齿轮，带凸轮轴调节器　16—螺塞，20N·m　17—O 形环，防丢失装置，拆卸后更换　18—间隔轴套　19—导向辊　20—螺栓，45N·m　21—曲轴正时带轮，在正时带轮和曲轴之间的接触面上不允许有油，只能在一个位置安装

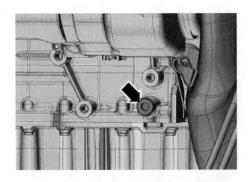

图1-120 气缸体上止点锁定螺栓安装位置

注意定位销T10340或CT10340无法旋至极限位置时说明1缸活塞必定不在上止点位置,可以通过允许旋入定位销的程度去判断1缸活塞所处的位置。

当允许旋入定位销长度较短时,1缸活塞处于上止点附近(已过上止点),此时应旋出定位销,将曲轴沿发动机工作时的运行方向旋转约270°。然后将定位销拧至极限位置,并以30N·m的力矩拧紧,继续将曲轴沿发动机工作时的运转方向旋转至止动位置。

当允许旋入定位销长度较长时,1缸活塞处于下止点附近(已过下止点),此时应旋出定位销,将曲轴沿发动机工作时的运行方向旋转约90°。然后将定位销拧至极限位置,并以30N·m的力矩拧紧,继续将曲轴沿发动机工作时的运转方向旋转至止动位置。

使用扳手3415或S 3415和固定工具CT80009转动曲轴,如图1-121所示(状态1)。

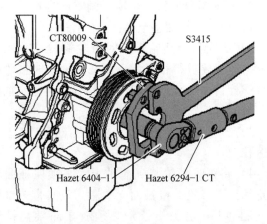

图1-121 曲轴转动专用扳手(状态1)

使用扳手3415或S 3415和固定工具CT80012转动曲轴,如图1-122所示(状态2)。

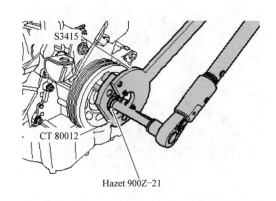

图1-122 曲轴转动专用扳手(状态2)

调整1缸活塞上止点时,可结合飞轮侧凸轮轴的状态进行进一步判断。如图1-123所示,变速器侧的两个凸轮轴上,每个凸轮轴上各有两个不对称的槽(箭头)。在排气凸轮轴上,可以通过冷却液泵带轮上的孔看到凸轮轴上两个不对称的槽(箭头)。在进气凸轮轴上,凹槽(箭头)位于凸轮轴中部上方。

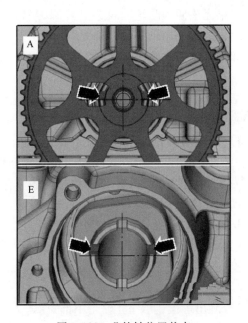

图1-123 凸轮轴位置状态
A—排气侧 E—进气侧

2)凸轮轴位置不在描述位置时,旋松定位销T10340或CT10340,并再转动曲轴,直至到达上止点位置。

如图1-124所示,凸轮轴固定工具T10494必须能很容易放入安装位置。不能使用其他工具敲击凸轮轴固定工具,以使其能安装到位。

图1-124 安装凸轮轴固定工具

如果凸轮轴固定工具T10494不能很容易地放入安装位置：

① 用手从上方向下按压正时正时带。

② 同时将凸轮轴固定工具T10494插入凸轮轴内，直至止动位置。

③ 用手拧紧固定工具上螺栓，如图1-124箭头所指。

如果无法插入凸轮轴固定工具T10494，则调整正时，取下凸轮轴上的正时带。

如果可以插入凸轮轴固定工具T10494，则正时正常。

结束工作之前检查是否已经取下定位销T10340或CT10340和凸轮轴固定工具T10494。

3) 其余的安装以拆卸的相反顺序进行。

更换采用角度控制方式拧紧的螺栓（如拧紧要求为30N·m+继续旋转90°）。

锁定螺栓O形圈损坏时须及时更换。

3. 正时带单元拆卸步骤

1) 设置气缸1位于上止点位置，方法参考正时检查。

2) 拆卸曲轴带轮。

3) 旋出螺栓，取下正时带下部盖罩。

4) 松开固定卡子，脱开燃油供油管和活性炭罐电磁阀连接管。

5) 旋出上部盖罩固定螺栓。

6) 松开固定卡子，取下正时带上部盖板。

7) 旋出螺栓，取下排气凸轮轴密封盖。为了保护正时带，在排气凸轮轴密封盖下方放置一块抹布，用于收集溢出的机油。

8) 使用定位扳手T10172或CT10172、适配器T10172/2或CT10172/2和扭力扳手Hazet 6290-1 CT或V.A.G 1331旋出进气侧凸轮轴正时带轮的密封螺栓。

9) 使用定位扳手T10172或CT10172、适配器T10172/2或CT10172/2和扭力扳手Hazet 6292-1 CT或V.A.G 1332旋松螺栓1一圈。

10) 使用定位扳手T10172或CT10172、适配器T10172/1或CT10172/1和扭力扳手Hazet 6292-1 CT或V.A.G 1332旋松螺栓2一圈。螺栓位置如图1-125所示。

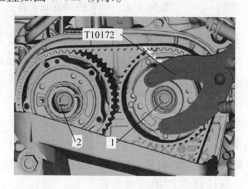

图1-125 旋松凸轮轴齿轮螺栓

11) 使用30mm特殊扳手T10499或CT10499固定偏心轮上的张紧轮，松开螺栓。

12) 将正时带从凸轮轴上脱开。

正时带安装方向应与其原有运转方向保持一致，否则有损坏的危险。因此，拆卸正时带时，用粉笔或记号笔标出其运转方向，用于重新安装。

13) 取下正时带。

14) 取下正时带轮。

4. 正时带单元安装步骤（调整正时）

1) 调整1缸活塞至上止点位置。

2) 更换两个凸轮轴正时带轮螺栓，并将其拧入，但不要拧得很紧。只要凸轮轴正时带轮能够绕螺栓自由旋转且转动过程中不会在螺栓轴向方向来回运动即可。

3) 检查张紧轮的凸耳是否啮合在气缸盖的铸造孔上。

4) 将正时带轮装到曲轴上。必须保证曲轴带轮和正时带轮的接触面无油脂。正时带轮铣切面（图1-126箭头指处）必须放在曲轴销铣切面上。

5) 首先将正时带套在正时带的下部。

6) 安装正时带下部盖罩。

7) 安装曲轴带轮。

第1章 大众汽车

图1-126 曲轴带轮安装

8）安装正时带时注意安装顺序：向上拉正时带，并置于导向轮1、张紧轮2、排气凸轮轴正时带轮3和进气凸轮轴正时带轮4上，如图1-127所示。

图1-127 安装正时带

9）沿图1-128箭头方向转动30mm特殊扳手T10499或CT10499（即转动张紧轮偏心轮2），直到设置指示针3位于设置窗右侧10mm处。

10）回转偏心轮，直到指示针正好位于设置窗口内。

11）使用13mm特殊环形扳手T10500或CT10500将偏心轮保持在该位置，拧紧螺栓1至额定要求。发动机转动或运行后，指示针3位置和设置窗口之间的距离可能会出现细小差异，这对正时带张紧并没有影响。

12）使用带适配器T10172/1或CT10172/1的定位扳手T10172或CT10172和扭力扳手Hazet 6292-1 CT或V.A.G 1332以50N·m的力矩拧紧2个凸轮轴带轮螺栓。

13）旋出定位销T10340或CT10340。

14）旋出螺栓，取出凸轮轴固定工具T10494。

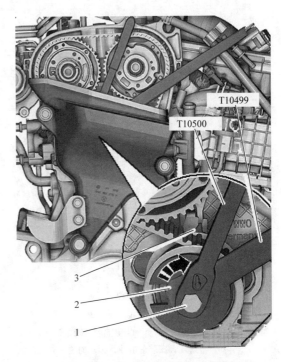

图1-128 转动张紧轮到既定位置

15）检查正时，参考上述内容。

16）使用带适配器T10172/1或CT10172/1的定位扳手T10172或CT10172、扭力扳手Hazet 6292-1 CT或V.A.G 1332和角度盘Hazet 6690将凸轮轴带轮螺栓拧紧至额定要求。

17）使用带适配器T10172/2或CT10172/2-的定位扳手T10172或CT10172和扭力扳手Hazet 6290-1 CT或V.A.G 1331拧紧密封螺栓。

18）维修工作结束后，需检查是否已经取下定位销T10340或CT10340和凸轮轴固定工具T10494。

进一步的安装以拆卸的相反顺序进行。

1.2.2 大众2.0T DEDA发动机（2016—2018）

该发动机正时维修与CJSA发动机相同，相关内容请参考20.2.1小节。

1.2.3 大众1.8T CDAA发动机（2013—2016）

1. 正时链单元部件分解

发动机正时链单元部件如图1-129、图1-133、图1-135所示。

按照图1-30所示顺序分两步拧紧螺栓1~5：

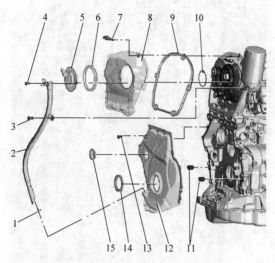

图 1-129 正时链盖板

1、10—O形环，更换，安装前上油 2—机油尺导管 3、4—螺栓，9N·m 5—凸轮轴调节阀1 N205 6—密封环，安装前上油，损坏时更换，拆下盖板方便更换 7—螺栓 8—正时链上部盖板，拧紧顺序如图1-130所示 9—密封件，损坏时更换 11—固定销，盖板定心 12—正时链下部盖板，带15个螺栓的拧紧如图1-131所示，带8个螺栓的拧紧如图1-132所示 13—螺栓，更换，盖板的拧紧顺序，带15个螺栓，如图1-131所示，盖板的拧紧顺序，带8个螺栓，如图1-132所示 14—轴密封环，用于减振器，更换 15—密封塞，更换

图 1-130 正时链上盖板拧紧顺序

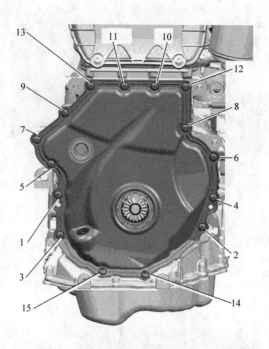

图 1-131 正时链下盖板拧紧顺序，用15个螺栓

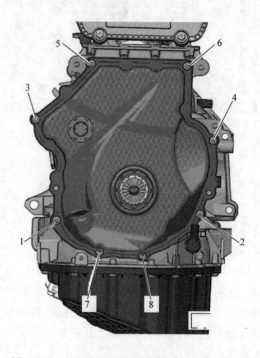

图 1-132 正时链下盖板拧紧顺序，用8个螺栓

步骤1，均匀用手拧紧螺栓；步骤2，用9N·m的拧紧力矩拧紧螺栓。

按照图1-131所示顺序分两步拧紧螺栓1~15：步骤1，用8N·m的拧紧力矩拧紧螺栓；步骤2，将螺栓继续转动45°。

按照图1-132所示顺序分两步拧紧螺栓1~8：步骤1，用4N·m的拧紧力矩拧紧螺栓；步骤2，将螺栓继续转动45°。

两个面（箭头）必须相对，见图1-134。

平衡轴管的轴颈必须卡入凹槽（箭头）见图1-136。

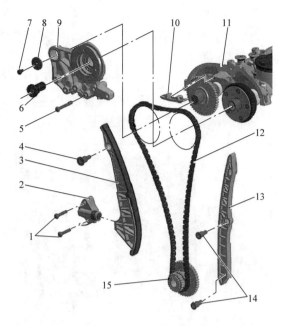

图1-133 凸轮轴正时链

1、5—螺栓，9N·m 2—链条张紧器，处于弹簧压力下，由于规格的不同用定位销T40011或定位工具T40267固定
3—正时链张紧轨 4、14—导向销，20N·m
6—控制阀，左旋螺纹，35N·m 7—螺栓。更换。M6：8N·m+继续旋转90°，M8：20N·m+继续旋转90° 8—垫片
9—轴承桥 10、13—凸轮轴正时链的滑轨 11—凸轮轴壳罩
12—凸轮轴正时链，拆卸前先用彩笔标记运转方向
15—链轮，曲轴安装位置如图1-134所示

图1-134 曲轴链轮安装位置

更换O形环1并上油，见图1-137。轴承销的定位销（箭头）必须卡入气缸体的孔中。用机油润滑轴承销。

必须更换中间轴轮，否则会导致齿隙不正确使发动机损坏；新的中间轴轮有一个滑动漆层，经过一段较短的运行时间后会发生磨损，由此使齿隙得到自动调整。

拧紧新螺栓步骤，见图1-138如下所示。

1）用扭力扳手以10N·m的拧紧力矩预拧紧。

2）转动中间轴轮。

中间轴轮不得有间隙，否则应松开并再次拧紧。

3）用25N·m的拧紧力矩拧紧螺栓。

4）用刚性扳手继续转动90°。

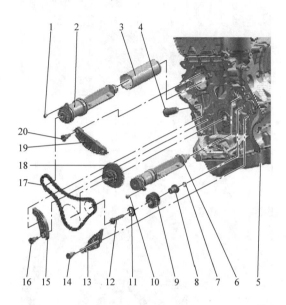

图1-135 平衡轴正时链

1、10—螺栓，拆卸后更换，9N·m 2—平衡轴，排气侧，在拆卸后必须更换。给支座抹上发动机机油 3—平衡轴管，安装位置如图1-136所示 4—链条张紧器，65N·m 5—气缸体 6—平衡轴，进气侧，在拆卸后必须更换。给支座抹上发动机机油 7—O形环，涂上发动机机油 8—支承销，涂上发动机机油。安装位置如图1-137所示 9—中间轴轮，用于平衡轴，螺栓松动后，必须更换中间轴轮 11—垫片 12—螺栓，螺栓松动后，必须更换中间轴。拧紧顺序如图1-138所示
13—滑轨，用于正时链 14、16、20—导向销，20N·m
15—张紧轨，用于正时链 17—正时链 18—链轮
19—滑轨，用于平衡轴正时链

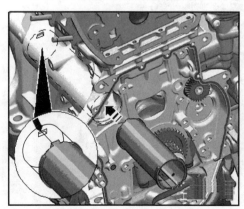

图1-136 平衡轴管安装位置

图1-137 支承销安装位置

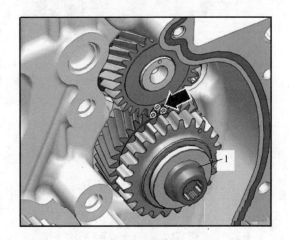

图1-138 中间轴轮拧紧顺序
1—平衡轴中间链轮

2. 发动机正时检查

1）拆卸正时链上盖板。

2）用套筒扳手卡口SW 24从上部将曲轴沿发动机旋转方向转动，直至标记（箭头）几乎处于上部，如图1-139所示。

图1-139 凸轮轴链轮标记朝上

3）将火花塞从气缸1拆下。

4）将千分表适配接头T10170/A拧入火花塞螺纹，直至限位位置。

5）将千分表VAS 6079用延长件T10170A/1装入限位位置，并用夹紧螺母（箭头）夹紧，如图1-140所示。

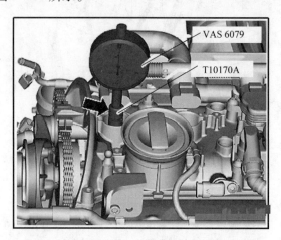

图1-140 安装千分表

6）沿发动机旋转方向缓慢地旋转曲轴，直到最大的指针摆动。如果达到最大指针摆幅（指针换向点），则螺栓位于上止点。

如果曲轴转动超过上止点多于0.01mm，则将曲轴沿发动机运转方向的反方向再转动2圈。

7）如图1-141所示测量从棱边左外缘A至进气凸轮轴标记B的间距。额定值：61~64mm。

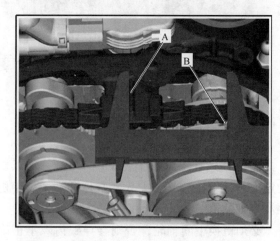

图1-141 测量正时数据一

8）如果达到额定值，则测量进气凸轮轴B上的标记和排气凸轮轴C上的标记之间的距离，如图1-142所示。额定值：124~126mm。错开1个齿意味着与额定值偏离约6mm。如果确定有错位，则重新挂上正时链。

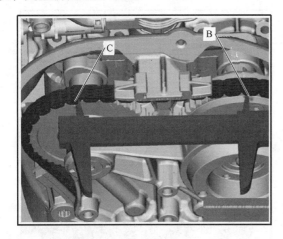

图1-142 测量正时数据二

3. 凸轮轴正时链拆装步骤

（1）拆卸步骤

1）拆卸正时链上盖板。

2）用固定支架T10355将减振器转到上止点位置（箭头）。减振器上的切口必须与正时链下盖板上的箭头标记相对。凸轮轴的标记1必须朝上，如图1-143所示。

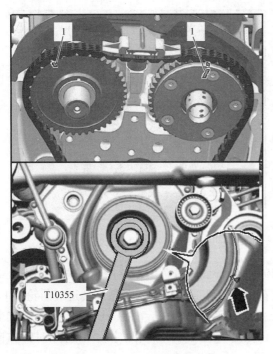

图1-143 对齐正时标记

3）拆下减振器。

4）拆卸正时链下盖板。

5）用装配工具T10352（发动机型号代码为CCZA、CCZB、CDAA、CDAB；装配工具T10352/

1）沿顺时针方向拆卸控制阀。注意控制阀具有左旋螺纹。

6）拧出螺栓并拆下轴承桥。

7）沿箭头方向压机油泵的链条张紧器并用定位销T40011固定。

8）拆卸机油泵的链条张紧器1。

9）取下机油泵的链条张紧器，如图1-144所示。

图1-144 拆卸链条张紧器

10）拧出螺栓（箭头），如图1-145所示。

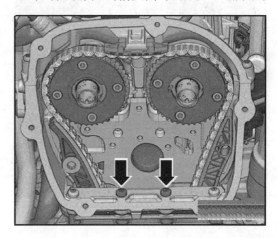

图1-145 拆下正时室内螺栓

根据车型的不同，安装了不同规格的张紧器。

类型1：

11）拧入装配杆T40243（箭头）。

12）将链条张紧器的固定楔抬起（箭头1）。为此应将定位销T40011的末端磨尖。也可以使用刀头宽度约为1.5mm的螺钉旋具。链条张紧器有损坏的危险，应小心操作。

13）将装配杆T40243，应缓慢地沿箭头方向2按压并固定，如图1-146所示。

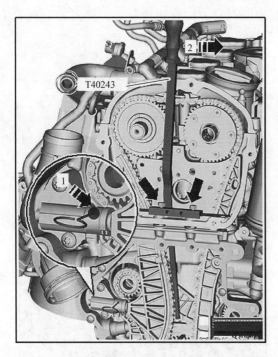

图 1-146 安装装配杆

14) 用定位销 T40011 固定链条张紧器，如图 1-147 所示。

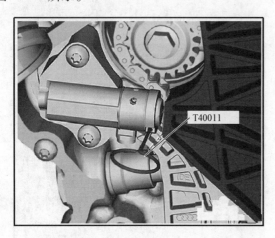

图 1-147 用定位锁固定张紧器

类型 2：

15) 拧入装配杆 T40243（箭头）。

16) 挤压链条张紧器 1 的卡环并固定。

17) 将装配杆 T40243 缓慢的沿箭头方向按压并固定，如图 1-148 所示。

18) 链条张紧器用定位工具 T40267 固定，如图 1-149 所示。

所有的：

19) 拆下装配杆 T40243。

20) 如图 1-150 所示，凸轮轴固定件

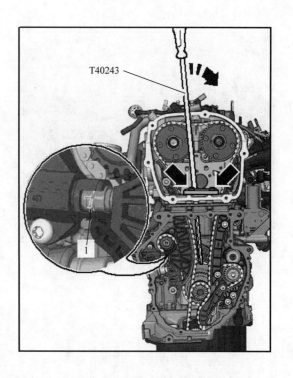

图 1-148 设置链条张紧器

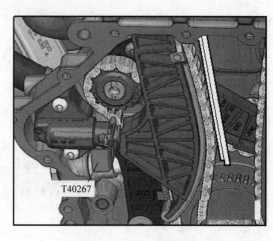

图 1-149 固定张紧器

T40271/2 拧到气缸盖上，并沿箭头方向 2 推入链轮花键中，必要时用扳手略微旋转进气凸轮轴 1。

21) 将凸轮轴固定件 T40271/1 拧到气缸盖上，如图 1-151 所示。用呆扳手沿着顺时针方向（箭头）固定凸轮轴。

22) 拧出螺栓 A，拆卸张紧轨，继续固定凸轮轴。

23) 将凸轮轴固定件 T40271/1 推入链轮花键中 2。必要时沿着顺时针方向继续旋转排气凸轮轴 1，直至可将凸轮轴固定件推入，如图 1-152

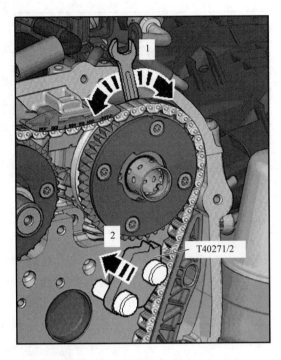

图 1-150　安装凸轮轴固定件

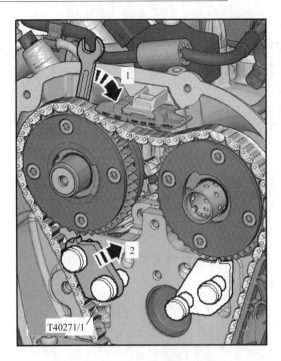

图 1-152　顺时针转动排气凸轮轴

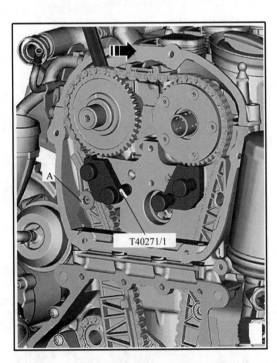

图 1-151　安装另一侧凸轮轴固定件
A—螺栓

所示。凸轮轴正时链松散地放在链轮之间。

24）拆卸凸轮轴正时链的滑轨。

25）取下正时链。

（2）安装步骤　安装正时链需要请另一名机械师帮忙。正时链的彩色链环必须定位在链轮的标记上，如图 1-153 所示。

1）将正时链放置到进气凸轮轴上。

2）将正时链放置到排气凸轮轴上。

3）将正时链放置到曲轴上并固定。

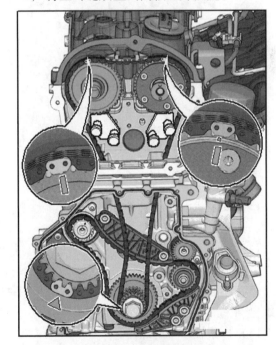

图 1-153　对齐正时标记

4）安装凸轮轴正时链的滑轨并拧紧螺栓。

5）沿顺时针方向缓慢地旋转排气凸轮轴，直至可将凸轮轴固定件 T40271/1 从链轮花键中拉出。固定排气凸轮轴时需要另外一名机械师的帮助。

6）小心地松开凸轮轴，直至凸轮轴正时链紧贴到滑轨上。将凸轮轴固定在该位置。安装张紧轨前务必检查彩色链环与曲轴的标记是否一致。

7）继续固定凸轮轴，安装凸轮轴正时链的张紧导轨。拧紧螺栓。

8）拆下凸轮轴固定件 T40271/1。

9）将凸轮轴固定件 T40271/2 从链轮花键推出，必要时略微旋转进气凸轮轴。

10）拆下凸轮轴固定件 T40271/2。

11）由于规格的不同去除定位销 T40011 或定位工具 T40267。

12）检查颜色链节相对于标记的位置，如图 1-154 所示。

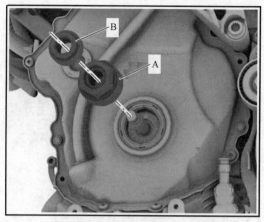

图 1-155 安装曲轴转动工具

提示：图中显示的是正时链下方带有盖板的发动机。受传动比影响，彩色链环不再与发动机旋转方向一致。因此必须用千分表检查配气相位。

20）将发动机朝发动机运转方向旋转 2 圈并检查配气相位。

其余的组装工作大体上与拆卸顺序相反。

4. 平衡轴正时链拆装步骤

（1）拆卸步骤

1）拆卸正时链下盖板。

2）拆卸正时链上盖板。

3）拆卸凸轮轴正时链。

4）拆卸凸轮轴正时链的滑轨 1。

5）拆卸凸轮轴正时链的链条张紧器 3，如图 1-156 所示。

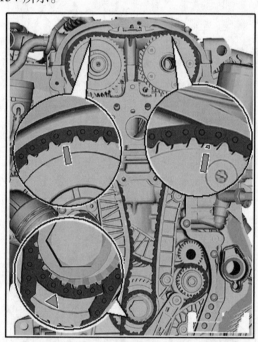

图 1-154 对齐正时链标记

13）安装机油泵传动链和链条张紧器。拧紧螺栓，去除定位销 T40011。

14）拧入螺栓（箭头）并拧紧，螺栓位置如图 1-145 所示。

15）小心地插上轴承桥，不要歪斜。用手拧入螺栓。

16）拧紧轴承桥的螺栓。

17）安装控制阀。

18）将旋转工具 A 插到张紧销上，同时注意链轮的齿廓。工具的上方平面位于上止点位置。将旋转工具用带肩螺母 B 拧紧，如图 1-155 所示。

19）现在可以在六角头上转动曲轴。

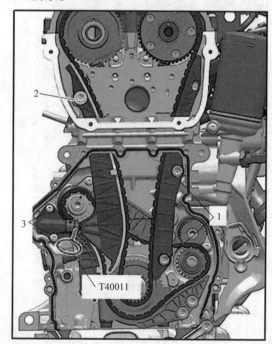

图 1-156 拆卸张紧器

6）拆卸平衡轴正时链的链条张紧器1。

7）拆卸张紧轨2。

8）拆卸滑轨3。

9）拆卸滑轨4。以上部件见图1-157。

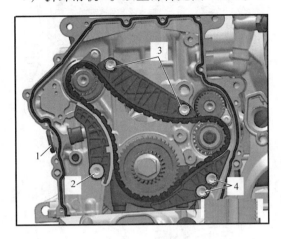

图1-157 拆卸滑轨

10）取下正时链。

（2）安装步骤

1）将中间轴轮/平衡轴转到标记（箭头）处。受传动比影响，这些标记每7圈对齐一次，如图1-158所示。

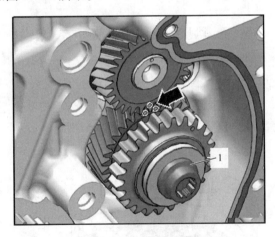

图1-158 对齐中间轴轮的标记

2）放置正时链，正时链的彩色链必须定位在链轮的标记上，如图1-159所示。

3）安装正时链张紧轨并拧紧螺栓2。

4）安装正时链滑轨并拧紧螺栓4。

5）安装正时链滑轨并拧紧螺栓3。

6）安装链条张紧器1，如图1-157所示。拧紧力矩85N·m。

7）再次检查调整情况。

8）检查中间轴轮/平衡轴的标记。

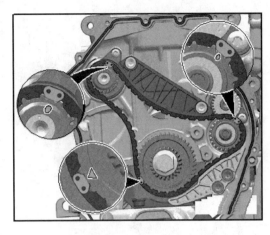

图1-159 对齐正时链标记

为了更好地展示，在拆下的链条上显示中间轴轮/平衡轴的标记。

其余的组装工作大体上与拆卸顺序相反。

1.2.4 大众1.4T CAVA 发动机（2011—2013）

1. 正时链单元部件分解

发动机正时链单元部件如图1-160所示。

2. 正时链单元拆卸步骤

1）拆下气缸1的火花塞。

2）将千分表适配接头T10170拧入火花塞螺纹孔至极限位置。

3）将带加长件T10170/1的千分表VAS 6079安装到千分表适配接头中至极限位置并拧紧夹紧螺母。

4）将曲轴朝发动机运转方向转到气缸1的上止点。记下千分表指针的位置。

5）凸轮轴上的孔必须处于图1-161所示的位置。必要时，将曲轴再旋转一圈（360°）。

提示：如果曲轴转动超过上止点0.01mm，则将曲轴逆着发动机运转方向再转动约45°。接着将曲轴朝发动机运转方向转动到气缸1上止点位置。气缸1上止点允许的偏差：0.01mm。

6）如图1-162所示，将凸轮轴固定件T10171 A插入到凸轮轴开口中，直到极限位置。定位销箭头1必须嵌入孔箭头2中。必须可以从上方看到标记"TOP"（箭头3）。

7）在相应的孔中用手拧入一个螺栓M6，固定凸轮轴固定件T10171 A，不要拧紧。

8）拆卸正时齿轮箱罩。

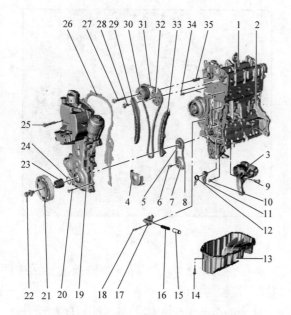

图1-160 大众CAVA发动机正时链单元

1—带有凸轮轴壳体的气缸盖,密封表面不得再次加工,集成了凸轮轴轴承,拆卸密封剂残余物,在安装前涂一层DCN154103Z1。安装时,从上部垂直安装,使得定位销进入气缸盖上的孔中 2—气缸体 3—辅助支架,用于张紧器和空调压缩机 4—罩盖 5—曲轴链轮,用于驱动机油泵和正时链条,接触表面必须无油脂和机油 6—螺栓,拧紧力矩:20N·m+继续旋转90°(1/4圈),更换 7—链轮,使用定位扳手T10172锁定链轮 8—正时链条,在拆卸之前,标出旋转方向(用于安装位置) 9—螺栓,拧紧力矩:23N·m 10—螺栓,拧紧力矩:15N·m 11—带有张紧板的链条张紧器,用于驱动机油泵 12—张紧弹簧 13—油底壳,在安装之前清洁密封表面,用硅酮密封剂DCN176600Z1安装 14—螺栓,拧紧力矩:9N·m 15—活塞,用于驱动链轮张紧器 16—弹簧 17—链条张紧器 18—螺栓,拧紧力矩:9N·m 19—气门正时壳体,使用密封剂DCN176501Z1进行安装。安装时,在凸轮轴壳体和气缸体上安装两个M6×80无头螺栓作为导向,要导向气门正时壳体,用两个螺栓固定油底壳到位 20—螺栓,拧紧力矩:10N·m 21—曲轴带轮,接触表面必须无油脂和机油,用扳手3415固定曲轴带轮 22—螺栓,拧紧力矩:150N·m+继续旋转180°(1/2圈),更换。固定螺栓的接触表面必须无油脂和机油,在安装之前对螺纹进行润滑,用扳手3415固定曲轴带轮,可以使用角度盘Hazet 6690测量角度 23—轴承套,接触表面必须无油脂和机油 24—O形圈,更换 25—螺栓,拧紧力矩:50N·m 26—密封件 27—螺栓,拧紧力矩:40N·m+继续旋转90°(1/4圈),使用定位扳手T10172固定住排气凸轮轴链轮,螺栓是左螺纹,更换 28—螺栓,拧紧力矩:50N·m+继续旋转90°(1/4圈),更换 29—张导轨,用于正时链条 30—凸轮轴调节器,不得分解 31—正时链,拆卸前标出旋转方向 32—链轮,用于排气凸轮轴,使用定位扳手T10172固定住链轮 33—导轨,用于正时链条 34—导向销,拧紧力矩:20N·m 35—导向套

9)从机油泵上拔出盖板。

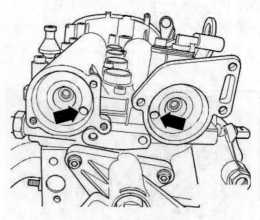

图1-161 凸轮轴孔位

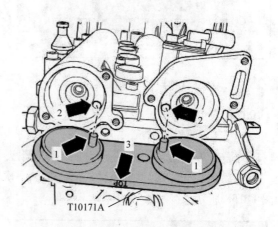

图1-162 专用工具的使用

10)用记号笔标记正时链3的运转方向。注意凸轮轴调节器1的紧固螺栓2为左旋螺纹。

11)用固定支架T10172固定凸轮轴正时齿轮5,松开螺栓2和4,如图1-163所示。

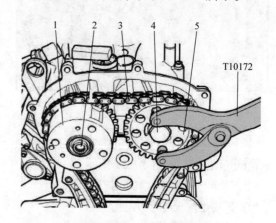

图1-163 凸轮轴拆卸

12)如图1-164所示,沿箭头方向压张紧轨并用定位销T40011固定链条张紧器的活塞。

13)将凸轮轴调节器和正时链一起取下。

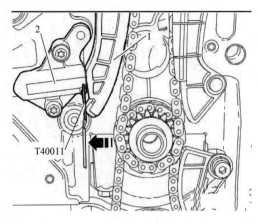

图1-164 拆卸张紧器图

14）用固定支架T10172固定机油泵的链轮并松开紧固螺栓。

15）将固定销上的张紧弹簧用一把螺钉旋具撬出并取出张紧弹簧。

16）旋出紧固螺栓并取下链条张紧器。

17）用记号笔标记机油泵驱动链的运转方向。

18）拧下链轮的紧固螺栓并将链轮连同机油泵驱动链一起取下。

3. 正时链单元安装步骤

说明：曲轴必须位于气缸1的上止点位置。

1）如图1-165所示，沿箭头方向推链轮直到曲轴轴颈的极限位置。注意与链轮铸在一起的凸缘必须插入曲轴轴颈的凹槽中。

2）用记号笔标记链轮和气缸体、曲轴的位置。

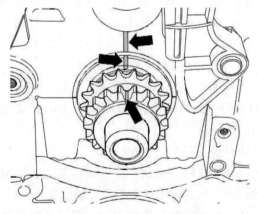

图1-165 对正曲轴正时标记

3）将机油泵驱动链放到链轮上并同时将链轮放到机油泵的驱动轴上。提示：注意机油泵驱动链上的运转方向标记。机油泵驱动轮只在一个位置与机油泵驱动轴（箭头）匹配，如图1-166所示。

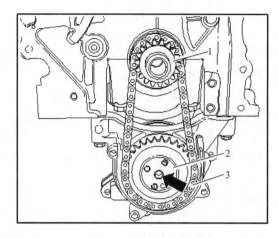

图1-166 安装机油泵驱动链
1—曲轴链轮　2—机油泵链轮　3—链条

4）将机油泵驱动轴用固定支架T10172固定。

5）将新的固定螺栓用20N·m的力矩拧紧并继续转动1/4圈（90°）。

6）将链条张紧器安装到机油泵驱动链上并用15N·m的力矩拧紧紧固螺栓。

7）将张紧弹簧用一把螺钉旋具安装到固定销上。

8）用手给链轮拧上一个新的紧固螺栓。

9）将正时链装到曲轴链轮、排气凸轮轴链轮和凸轮轴调节器上，并用手给凸轮轴调节器拧上一个新的紧固螺栓。

注意正时链上的运转方向标记。导向套安装在进气凸轮轴和凸轮轴调节器之间。凸轮轴调节器的紧固螺栓为左旋螺纹。

10）安装链条张紧器并用9N·m的力矩拧紧紧固螺栓。

11）从链条张紧器中拔出定位销T40011，张紧正时链。

12）检查曲轴链轮和气缸体上的标记，它们必须相互重叠。

13）用40N·m的力矩拧紧紧固螺栓，并用50N·m的力矩拧紧螺栓（使用固定支架T10172）。检查过配气相位后，继续转动1/4圈（90°）拧紧紧固螺栓。凸轮轴调节器的紧固螺栓为左旋螺纹。

14）拧下螺栓并将凸轮轴固定件T10171 A从

凸轮轴箱上取下。

15）检查配气相位（方法如同拆卸步骤1～6）。

16）将凸轮轴正时齿轮用固定支架 T10172 固定并用一把刚性扳手将紧固螺栓（左旋螺纹）继续转 1/4 圈（90°）。

提示：凸轮轴调节器的紧固螺栓为左旋螺纹。在拧紧螺栓时，凸轮轴正时齿轮不允许转动。

17）安装机油泵齿轮盖板。

18）安装正时齿轮箱罩。

19）安装油底壳。

20）安装曲轴带轮。

21）安装多楔传动带。

4. 发动机正时调整方法

1）拆卸第1缸带功率输出级的点火线圈。

2）用火花塞扳手 Hazet 4766-1 拆下第1缸火花塞。

3）将测量表适配器 T10170 旋入到火花塞孔直到止位。

4）将百分表 V/35.1 和延长件 T10170/1 旋入到止位并使用图 1-167 所示箭头所指处锁止螺母锁定。

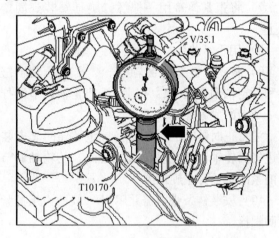

图 1-167　安装百分表

5）按照发动机运转方向转动曲轴直到第1缸的上止点。注意百分表上小针的位置。

6）然后将曲轴按照发动机旋转的相反方向转动 45°。

7）沿箭头方向压下张紧导轨1，并用销子 T40011 锁止，如图 1-168 所示。

8）使用彩色记号笔标记出正时链条3的旋转方向。凸轮轴调节器固定螺栓2是左旋螺纹。

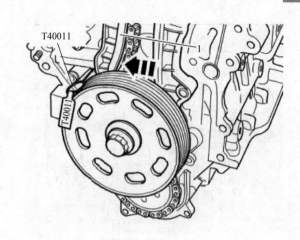

图 1-168　固定张紧轨

9）使用定位扳手固定住排气凸轮轴正时齿轮5，旋出螺栓2和4并取下凸轮轴调节器1和正时链条3。

10）再次安装凸轮轴调节器1。

11）旋入螺栓2和4。（使用定位扳手 T10172）固定螺栓2的拧紧力矩为 40N·m + 继续旋转 90°（1/4 圈），固定螺栓4的拧紧力矩为 50N·m + 继续旋转 90°（1/4 圈）。步骤 8～11 图示如图 1-163 所示。

12）转动进气和排气凸轮轴直到凸轮轴锁止器 T10171 A 可以插入到凸轮轴孔中直到止位。

13）箭头1处锁止销必须卡入箭头2处孔中。必须可以从上面看到"TOP"箭头3。凸轮轴在转动时不能轴向推动。步骤 12 和 13 图示如图 1-162 所示。

14）将一个 M6 螺栓用手拧紧到凸轮轴锁止器上的孔中（但是不要拧紧）以固定凸轮轴锁止器 T10171 A。注意凸轮轴锁止器 T10171 A 上有两个孔，适用于多种车型。

15）拆卸凸轮轴链轮螺栓。必须使用定位扳手 T10172。凸轮轴锁止器 T10171 A 不能被用作反向固定工具。

16）拆下一个凸轮轴链轮。

17）把正时链条放在凸轮轴链轮上，注意链条的转动方向，并重新安装凸轮轴链轮。

18）旋入新的凸轮轴螺栓，保证凸轮轴链轮仍然可以相对于凸轮轴转动。

19）通过拆下销子 T40011 张紧正时链条。

20）沿发动机转动方向将曲轴转动到1缸的上止点。与气缸1上止点的允许偏差：±0.01mm。

如果曲轴转动超过上止点 0.01mm，则将曲轴按发动机转动的相反方向转动 45°。按照发动机运转方向转动曲轴直到第 1 缸的上止点。

21) 从曲轴箱上旋开塞子。

22) 将定位销 T10340 旋入曲轴箱到止位，如图 1-169 所示。

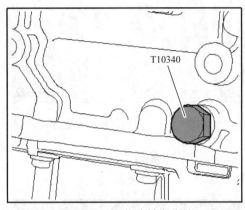

图 1-169　安装曲轴定位销

23) 拧紧定位销 T10340。拧紧力矩：30N·m，定位销 T10340 能够锁止曲轴按照发动机运转的方向转动。

24) 用定位扳手 T10172 固定住排气凸轮轴，拧紧螺栓 2（左旋螺纹）到 40N·m，拧紧螺栓 4 到 50N·m。在拧紧凸轮轴螺栓时，不得转动曲轴，正时链 3 必须保持两侧张紧。部件图示如图 1-163 所示。

25) 拆卸凸轮轴锁止器 T10171 A。

26) 从曲轴箱上旋出定位销 T10340。

27) 按照发动机运转方向转动曲轴直到第 1 缸的上止点。与第 1 缸上止点的允许偏差：±0.01mm。

28) 将凸轮轴锁止器 T10171 A 插入到凸轮轴孔中直到止位。

29) 如果不能安装凸轮轴锁止器 T10171 A，重复进行调整。

30) 如果能安装凸轮轴锁止器 T10171 A，将定位销 T10340 旋入曲轴箱到止位。拧紧定位销 T10340，拧紧力矩：30N·m。拆卸凸轮轴锁止器 T10171 A，用定位扳手 T10172 把持住排气凸轮轴链轮并用扳手将螺栓 2（左旋螺纹）和 4 继续旋转 90°（1/4 圈）。

提示：在拧紧时凸轮轴链轮不能在凸轮轴上转动。其余的安装以拆卸的相反顺序进行，安装过程中要注意下列事项：定位销 T10340 保持在曲轴箱内直到安装好曲轴带轮。

1.2.5　大众 2.0T CCZA 发动机（2011—2016）

该发动机正时维修与 CDAA 发动机相同，相关内容请参考 1.2.3 小节。

1.3　蔚揽（2014—2018 年款）

1.3.1　大众 1.4T CZDA 发动机（2015—2018）

该款发动机也搭载在夏朗车型上，相关内容请参考 1.2.1 小节。

1.3.2　大众 2.0T CHHB 发动机（2015—2018）

该款发动机也搭载在奥迪 A3 车型上，相关内容请参考 20.2.2 小节。

1.4　新甲壳虫（2001—2018 年款）

1.4.1　大众 1.2T CBZB 发动机（2012—2018）

1. 正时链单元部件分解

发动机正时链单元部件如图 1-170 所示。

2. 发动机正时检查

1) 拧出用于固定冷却液管的螺栓。

2) 拧出紧固螺栓并取下冷却液管支架。

3) 拧出气缸体上的螺旋塞。

4) 在气缸体中拧入紧固销 T10340 直至限位位置，如图 1-171 所示。如果紧固销 T10340 无法拧至限位位置，则表明曲轴位置不正确。这种情况下请进行如下操作。

5) 拧出紧固销。

6) 沿发动机运转方向将曲轴继续旋转 1/4 圈（90°）。

7) 在气缸体中拧入紧固销 T10340 直至限位位置。

8) 以 30N·m 的力矩拧紧紧固销 T10340。

9) 沿发动机运转方向将曲轴旋转至限位位置。用紧固销 T10340 沿发动机转动方向卡止

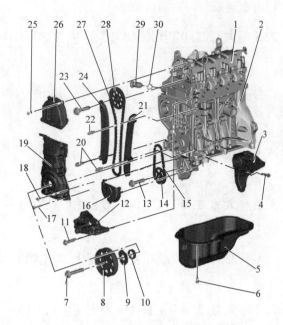

图 1-170 发动机正时链单元

1—带气缸盖罩的气缸盖，不得修整密封面，带内置凸轮轴轴承，用两种不同的密封剂密封气缸盖罩 2—气缸体，不允许拆下曲轴。曲轴轴承盖的螺栓松动会导致气缸体轴承座变形。变形会导致轴承间隙变小。即使不更换轴瓦，也可能因为轴承间隙变化导致轴承损坏。如果轴承盖螺栓松动，必须一同更换气缸体和曲轴。用维修站工具无法测量曲轴轴承间隙 3—下部辅件支架，带张紧元件（未配备空调的车辆）或用于张紧元件和空调压缩机（配备空调的车辆） 4—螺栓，25N·m 5—油底壳，装配前先清洁密封面，涂敷硅酮密封剂 D 176 600 A1 后再安装 6—螺栓，13N·m 7—螺栓，紧固螺栓的压紧面上必须无机油且无油脂，润滑后再装入（螺纹），用固定工具 3415 固定带轮以防转动，继续旋转可分多步进行，继续转动角度可以用通用型量角仪来测量，拆卸后更换，150N·m+180° 8—带轮，用于曲轴，带金刚石涂层垫片（卡在带轮上），压紧面上必须无机油且无油脂，用固定工具 3415 固定带轮以防转动 9—金刚石涂层垫片，卡在带轮上 10—密封环，拆卸后更换 11—螺栓，50N·m 12—发动机支承，用于动力总成支承 13—螺栓，拆卸后更换，20N·m+90° 14—链轮，用于机油泵驱动装置，压紧面上必须无机油且无油脂，用固定工具 T10172 固定链轮 15—机油泵传动链，拆卸前先标记运转方向（安装位置） 16—盖板 17—螺栓，M6×40，使用扭力扳手 V.A.G 6583，拆卸后更换，5N·m+30° 18—螺栓，M6×20，使用扭力扳手 V.A.G 6583，拆卸后更换，5N·m+30° 19—下部正时罩盖，涂敷硅酮密封剂 D 176 600 A1 后再安装 20、22—轴承销，18N·m 21—滑轨，用于正时链 23—螺栓，拆卸后更换，50N·m+90° 24—张紧轨，用于正时链 25—螺栓，8N·m 26—上部正时罩盖，涂敷密封剂 D 176 501 A1 后再安装 27—正时链 28—链轮，用固定工具 T10172 固定链轮 29—链条张紧器，用于正时链，60N·m 30—密封环，拆卸后更换

曲轴。

10）从单向阀上拔下两根软管 1。

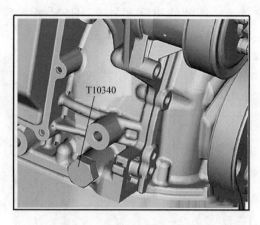

图 1-171 安装曲轴限位工具

11）拧出紧固螺栓 2，并从气缸盖罩中拔出单向阀，如图 1-172 所示。

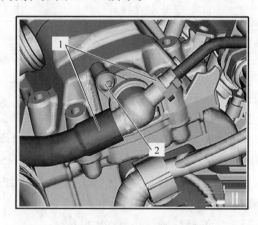

图 1-172 取出单向阀软管

凸轮轴凹槽（箭头）必须位于图 1-173 所示位置。

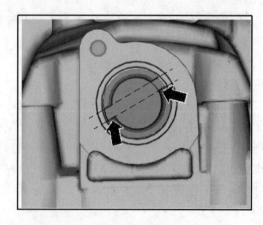

图 1-173 凸轮轴凹槽位置

12）在气缸盖罩中装入锁定销 T10414，直至

限位位置，如图 1-174 所示。如果锁定销 T10414 无法插入到凸轮轴开口的限位位置，则表明正时不正确且必须调整。

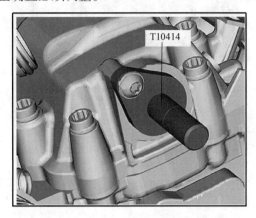

图 1-174 安装凸轮轴锁定销

如果锁定销 T10414 可以推入气缸盖罩的限位位置，则表明正时正常。

13）拆下锁定销 T10414 和紧固销 T10340。其他组装工作大体上与拆卸顺序相反。

3. 发动机正时调整

1）排出发动机冷却系统和增压空气冷却系统中的冷却液。

2）打开弹簧卡箍并拔下冷却液软管 1 和 2。

3）按压冷却液软管下方的锁止件 3 并向上拉软管，如图 1-175 所示。

4）向后放下冷却液软管。

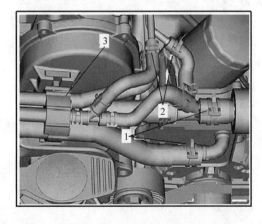

图 1-175 拔下冷却液软管

5）从单向阀上拔下两根软管 1，如图 1-175 所示。

6）拧出紧固螺栓 2，并从气缸盖罩中拔出单向阀。

7）拧出正时罩盖上的所有紧固螺栓。

8）取下正时罩盖。

9）拧出用于固定冷却液管 4 的螺栓 3。

10）拧出紧固螺栓 2 并取下冷却液管支架 1，如图 1-176 所示。

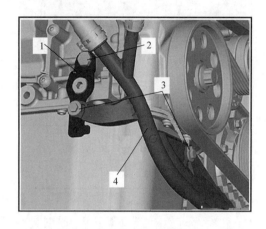

图 1-176 取下冷却液管支架

11）拧出气缸体上的螺旋塞。

12）在气缸体中拧入紧固销 T10340 直至限位位置。

13）沿发动机运转方向将曲轴旋转至限位位置。如果紧固销 T10340 无法拧至限位位置，则表明曲轴位置不正确。这种情况下请进行如下操作。

14）拧出紧固销。

15）沿发动机运转方向将曲轴继续旋转 1/4 圈（90°）。

16）在气缸体中拧入紧固销 T10340 直至限位位置。

17）以 30N·m 的力矩拧紧紧固销 T10340。

18）沿发动机运转方向将曲轴旋转至限位位置。用紧固销 T10340 沿发动机转动方向卡止曲轴。

19）从机油泵上拔下盖板。

20）拧出正时链的链条张紧器（箭头），如图 1-177 所示。

21）松开凸轮轴齿轮的紧固螺栓 1。

22）用固定工具 T10172 固定住凸轮轴齿轮，如图 1-178 所示。

23）一同取下凸轮轴齿轮和紧固螺栓。

24）正时链置于正时罩盖内的浇铸凸耳上。正时罩盖内侧的浇铸凸耳可防止正时罩盖滑落。

25）将凸轮轴齿轮安装到凸轮轴上，并以 50N·m 的力矩拧紧紧固螺栓。

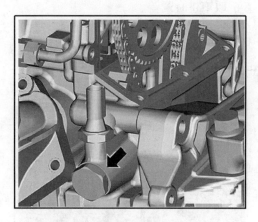

图 1-177　取出正时链张紧器

图 1-179　安装正时链

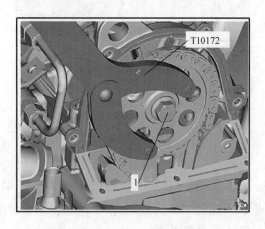

图 1-178　松开凸轮轴齿轮螺栓

提示：以 50N·m 的力矩拧紧凸轮轴齿轮，以便可以如下所述将凸轮轴旋转入位。

26）用固定工具 T10172 固定住凸轮轴齿轮。

27）逆着发动机运转方向将曲轴往回旋转 1/4 圈（90°）。在接下来调整凸轮轴时，逆着发动机运转方向旋转曲轴会损坏气门。

28）旋转凸轮轴，直至凹槽位于正确位置。

29）在气缸盖罩中装入锁定销 T10414，直至限位位置。

30）用力拧紧锁定销紧固螺栓。

31）沿发动机运转方向将曲轴旋转至限位位置。

32）拆下凸轮轴齿轮。

33）用固定工具 T10172 固定住凸轮轴齿轮。

34）用安装工具 T10118 抬高正时链。

35）将正时链置于链轮上。正时链必须贴紧滑轨区域并略微张紧，如图 1-179 所示。

36）用力拧紧凸轮轴齿轮的新紧固螺栓。必须将正时链置于张紧轨中间。

37）以 60N·m 的力矩拧紧链条张紧器。

38）以 50N·m 的力矩拧紧凸轮轴链轮紧固螺栓。在操作步骤结束时检查正时后，再将紧固螺栓继续旋转 1/4 圈（90°）。

39）同时用固定工具 T10172 固定住凸轮轴齿轮。

40）从凸轮轴中取出锁定销 T10414。

41）从气缸体上拧出紧固销 T10340。

42）沿发动机运转方向将曲轴旋转 2 圈。

43）在气缸体中拧入紧固销 T10340 直至限位位置。

44）沿发动机运转方向将曲轴旋转至限位位置。如果锁定销 T10414 可以插入凸轮轴中，则表明正时正常。

如果正时不正常：

45）重复调整正时。

46）紧固凸轮轴链轮螺栓继续旋转 1/4 圈（90°）。

47）用固定工具 T10172 固定住凸轮轴齿轮。

48）拆下锁定销 T10414 和紧固销 T10340。

49）安装上部正时罩盖。

50）安装单向阀。紧固螺栓的拧紧力矩：8N·m。

51）插上软管。

52）安装螺旋塞。拧紧力矩：30N·m。

53）加注冷却液。

其他组装工作大体上与拆卸顺序相反。

1.4.2 大众 1.4T CZDA 发动机（2015—2018）

该款发动机也搭载在夏朗车型上，相关内容请参考1.2.1小节。

1.4.3 大众 1.4T CTHD/CTKA 发动机（2013—2016）

该款发动机正时维修与CAVA发动机相同，相关内容请参考1.2.4小节。

1.4.4 大众 2.0T CPLA/CPPA 发动机（2013—2016）

该款发动机正时维修与CDAA发动机相同，相关内容请参考1.2.3小节。

1.4.5 大众 1.6L BFS 发动机（2003—2010）

该款发动机正时维修与BFB发动机相同，相关内容请参考20.3.8小节。

1.4.6 大众 2.0L AZJ/BEV 发动机（2003—2010）

1. 正时带单元部件分解

发动机正时带单元部件如图1-180所示。

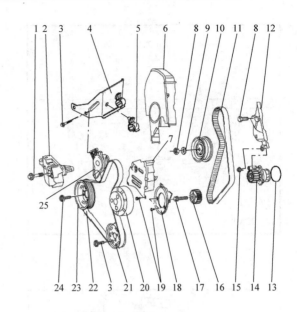

图1-180　发动机正时带部件
1—45N·m　2—发动机支架　3—25N·m　4—支架，不同规格　5—卡箍，不是在所有发动机上都安装　6—正时带护罩上部　7—正时带护罩中部　8—20N·m　9—垫片　10—张紧轮　11—正时带，在拆卸前标记转动方向，检查磨损情况，不得弯折　12—后部正时带护罩　13—O形环，更换　14—冷却液泵，检查是否运行自如，如果出现损坏或泄漏，必须整体更换　15—15N·m　16—正时带轮-曲轴　17—90N·m+继续旋转90°（1/4圈），更换，螺纹和凸肩上必须没有油脂，松开和拧紧时使用固定支架3415　18—正时带护罩下部　19—10N·m，更换　20—电磁离合器，空调压缩机　21—带轮，用于助力转向机构叶片泵　22—多楔带，在拆卸前标记转动方向，检查磨损情况，不得弯折　23—带轮/减振器，只能在一个位置装配（孔错位），安装正时带时注意其位置　24—螺栓，螺栓抗拉强度为8.8用25N·m的力矩拧紧，螺栓抗拉强度为10.9用40N·m的力矩拧紧　25—多楔带的张紧件，用呆扳手来回摇动松开多楔带

2. 正时带单元拆卸步骤

1）在导向件10-222 A/21上钻一个直径为12.5mm的孔（箭头），如图1-181所示。

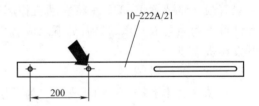

图1-181　修改导向件

2）拆卸右侧隔音垫。
3）拆下发动机罩。
4）拆下多楔带。
5）拆下多楔带的张紧元件。
6）拆下冷却液补偿罐（冷却液软管保持连接状态）。
7）拆下正时带护罩上部。
8）转动曲轴，使凸轮轴正时齿轮位于气缸1上止点的标记处，如图1-182所示。凸轮轴正时齿轮的标记必须与正时带护罩的箭头齐平（箭头）。
9）如图1-183所示，安装支撑装置10-222 A和底座10-222 A/8。
10）按如下方式拆下动力总成支承1：
①拧出螺栓（箭头）。
②松开螺栓（箭头A），如图1-184所示。

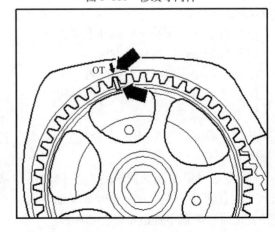

图1-182　对齐凸轮轴齿轮标记

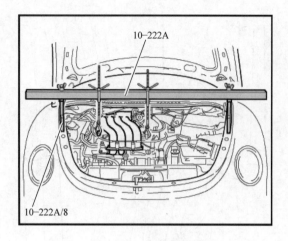

图1-183 安装支撑架

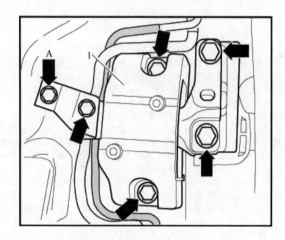

图1-184 松开支承架螺栓

只有当支撑装置10 222 A将发动机撑起后,才允许拆下动力总成支承。只有拆下总成后才可松开发动机支架。

11)拆下减振器/带轮。

12)从气缸体上拧下发动机支架。为了松开发动机支架的前部螺栓,必须用支撑装置略微举起发动机。

13)拆下正时带护罩中部和下部。

14)标记正时带的转动方向。

15)松开张紧轮并取下正时带。

16)然后将曲轴略微朝反方向旋转。

3. 正时带单元安装

条件:活塞禁止位于上止点位置,必要时使曲轴略微回转。

1)将正时带安装到曲轴正时齿轮和冷却液泵上(注意转动方向)。在已拆下发动机时,首先安装正时带护罩下部以及减振器/带轮。

转动凸轮轴时曲轴不允许停在上止点位置处,否则可能对气门/活塞头造成损伤。

2)使凸轮轴正时齿轮上的标记与正时带护罩上的标记一致(箭头),如图1-185所示。

发动机已安装:

3)将曲轴置于气缸1的上止点处(带手动变速器的汽车),如图1-185所示。

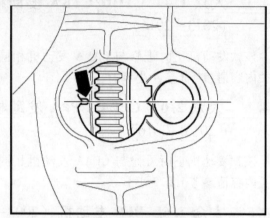

图1-185 曲轴上止点标记(MT)

4)将曲轴置于气缸1的上止点处(带自动变速器的汽车),如图1-186所示。

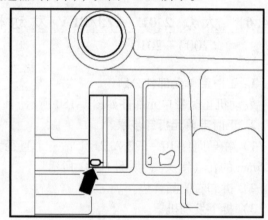

图1-186 曲轴上止点标记(AT)

发动机已拆卸:

5)将减振器安装到气缸1的上止点处(箭头),如图1-187所示。

以下步骤适用于两种情况:

6)将正时带安装到张紧轮和凸轮轴正时齿轮上。

4. 正时带张紧操作步骤

前提条件:发动机允许的最高温度为手温。曲轴位于气缸1的上止点位置。

在张紧正时带之前,用双孔螺母扳手T10020左右旋转凸轮上的张紧轮5次,直至其达到限位

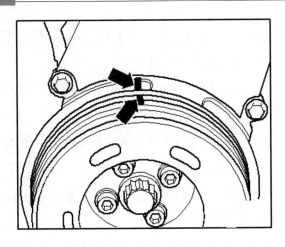

图 1-187 对齐上止点标记

位置。

1）张紧正时带。为此，向左（箭头方向）旋转凸轮上的双孔螺母扳手 T10020，直至其达到限位位置，如图 1-188 所示。

2）然后松开正时带，直至刻槽 1 和指针 2 相互对准（使用镜子），如图 1-188 所示。

3）用 20N·m 的力矩拧紧固定螺母。

4）沿发动机旋转方向继续旋转曲轴两圈，直至发动机再次位于气缸 1 的上止点处。同时重要的是，应不中断地旋转最后 45°（1/8 圈）。

5）检查正时带张紧度，额定值：指针位于刻槽对面。继续安装整个正时带。

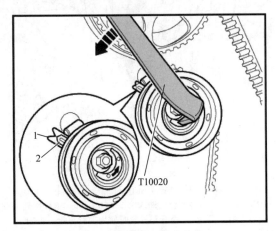

图 1-188 设置张紧度
1—刻槽 2—指针

6）安装正时带护罩中部和下部。

7）安装减振器/带轮。拧紧力矩：25N·m。

8）将发动机支架安装到气缸体上。拧紧力矩：45N·m。

9）安装正时带护罩上部。

10）安装多楔带张紧元件。拧紧力矩：25N·m。

1.4.7 大众 1.8L BKF 发动机（2005）

该款发动机正时维修与 AZJ 发动机相似，相关内容请参考 1.4.6 小节。图 1-189 所示为发动机正时带部件分解。

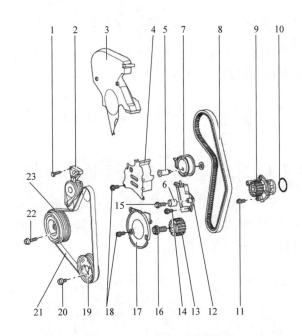

图 1-189 发动机正时带部件
1、20、22—25N·m 2—多楔带的张紧装置，用呆扳手来回摇动以松开多楔带 3—正时带护罩上部 4—正时带护罩中部 5—27N·m 6—导向轮 7—张紧轮 8—正时带，在拆卸前标记转动方向，检查磨损情况，不得弯折 9—冷却液泵 10—O形环，每次更换 11、14—15N·m 12—正时带张紧装置 13—曲轴正时带轮 15—20N·m 16—90N·m+继续旋转 90°（1/4 圈），更换，松开和拧紧时使用固定支架 3415，螺纹和凸肩上必须没有油和油脂 17—正时带护罩下部 18—10N·m，涂防松剂 D 000 600 A2 后安装 19—带轮，用于转向助力器叶片泵 21—多楔带，在拆卸前标记转动方向，检查磨损情况，不得弯折 23—带轮/减振器，只能在一个位置装配（孔错位）

1.5 迈特威（2004—2017 年款）

1.5.1 大众 2.0T CJKA 发动机（2011—2017）

该款发动机正时维修与 CDAA 发动机相同，相关内容请参考 1.2.3 小节。

1.5.2 大众 3.2L BKK 发动机（2004—2009）

该款发动机正时维修与 BHK 发动机相同，相关内容请参考 1.1.7 小节。

1.6 凯路威（2014—2018 年款）

大众 2.0T CJKA 发动机（2012—2018）

该款发动机正时维修与 CDAA 发动机相同，相关内容请参考 1.2.3 小节。

1.7 尚酷（2009—2016 年款）

1.7.1 大众 1.4T CAXA 发动机（2015）

该款发动机正时维修与 CAVA 发动机相同，相关内容请参考 1.2.4 小节。图 1-190 所示为发动机正时链单元部件分布。

1.7.2 大众 1.4T CTHD/CTKA 发动机（2015—2016）

该款发动机正时维修与 CAVA 发动机相同，相关内容请参考 1.2.4 小节。

1.7.3 大众 2.0T CCZB 发动机（2010/2015—2016）

该款发动机正时维修与 CDAA 发动机相同，相关内容请参考 1.2.3 小节。

1.7.4 大众 2.0T CDLC 发动机（2015—2016）

1. 正时带单元部件分解

发动机正时带单元部件如图 1-191 所示。

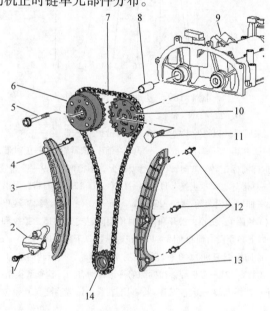

图 1-190　发动机正时链单元部件
1—螺栓，9N·m　2—链条张紧器，处于弹簧张紧状态，拆卸前用定位销 T40011 固定住　3—张紧轨　4—导向销，18N·m　5—螺栓，左旋螺纹螺栓。更换，松开和拧紧时用固定支架 T10172 锁住凸轮轴链轮，40N·m　6—凸轮轴调节器，用于进气凸轮轴，不允许分解　7—凸轮轴正时链，拆卸前，用颜色标记转动方向
8—轴套，用于凸轮轴调节器　9—凸轮轴外壳　10—凸轮轴链轮，用于排气凸轮轴　11—螺栓，更换，松开和拧紧时用固定支架 T10172 锁住凸轮轴链轮，50N·m+90°　12—导向销，18N·m　13—滑轨　14—链轮，用于机油泵驱动链和凸轮轴正时链，插在曲轴上，接触面必须无机油和油脂

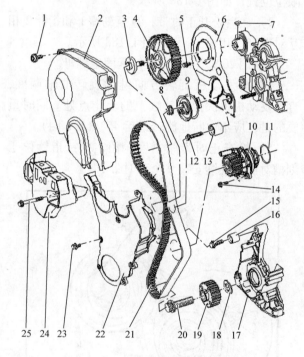

图 1-191　发动机正时带单元部件
1—10N·m　2—正时带上部护罩　3—50N·m+继续旋转 180°（1/2 圈），更换，松开和拧紧时使用夹具 3036　4—凸轮轴齿轮，安装位用盘式弹簧固定　5—10N·m，涂抹防松剂后装入　6—正时带后部护罩　7—盘式弹簧，检查是否牢固　8、12—25N·m　9—半自动张紧辊　10—冷却液泵　11—O 形环，更换　13、16—阻尼轮　14—15N·m　15—35N·m
17—密封法兰　18—金刚石垫圈，更换
19—曲轴正时带轮，在正时带轮、金刚石垫圈和曲轴之间的接触面上不允许有油。只能安装在同一位置　20—90N·m+继续旋转 90°（1/4 圈），更换，不要上油，松开和拧紧时使用夹具 3415　21—正时带，拆卸前先用粉笔或记号笔标记运转方向，检查磨损情况　22—正时带下部护罩　23—紧固螺栓，用于正时带下部护罩，7个，8N·m　24—发动机支架　25—45N·m

2. 正时带单元拆卸步骤

1）拧出螺栓，并取下正时带护罩。

2）拆卸隔音垫。

3）拆卸右侧轮罩板前部件或右前轮罩板。

4）拧出螺栓并拆下增压空气管及其软管。

5）转动着将凸轮轴正时齿轮安装到曲轴上的上止点标记处。凸轮轴正时齿轮的标记必须与正时带护罩的箭头齐平，如图1-192所示。

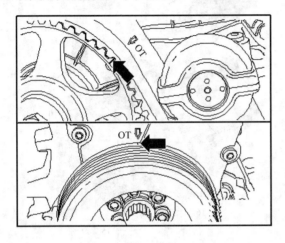

图1-192 对齐凸轮轴齿轮与曲轴带轮标记

6）拆下带轮的减振器。在取下减振器之前上止点标记必须一致。曲轴不得再扭转，直至上止点位置通过辅助标记标识出。

7）从正时带护罩下部旋出下方螺栓。

8）标记出上止点位置（箭头），如图1-193所示。

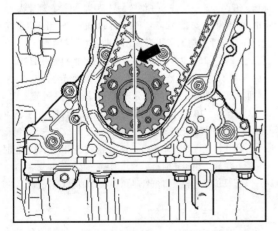

图1-193 减振器上止点位置

9）拧出正时带护罩上方的两个螺栓并向下从发动机中取出正时带护罩。

10）从发动机中向上取出发动机支架。

11）标记正时带的运转方向。

12）松开张紧轮并取下正时带。

13）略微往回转动曲轴。

3. 正时带单元安装步骤

提示：在转动凸轮轴时不允许将曲轴停在上止点处（有损坏气门/活塞头的危险）。发动机允许的最高温度为手温。执行下列作业：

1）使凸轮轴和曲轴位于上止点标记处，如图1-194所示。

2）将正时带安装到曲轴正时带轮上（注意转动方向）。

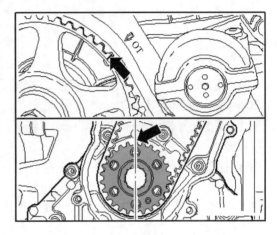

图1-194 凸轮轴与曲轴上止点位置

3）将正时带依次安装在张紧轮、凸轮轴齿轮、冷却液泵上，最后再进行导轮的安装。注意气缸盖中张紧辊的正确安装位置。

4）张紧正时带 向右旋转内六角扳手（箭头方向），直到缺口位于凸缘上方（正时带过度拉紧），如图1-195所示。

5）重新松开正时带。

6）张紧正时带，直至缺口与凸缘相对。

7）用25N·m的力矩拧紧固定螺母。

8）将曲轴沿发动机旋转方向继续转动2圈，直至发动机再次停到上止点上。同时重要的是，应连续地旋转最后45°（1/8圈）。

9）检查正时带张紧情况。额定值：凸缘和缺口相对。

10）检查配气相位 标记必须一致（箭头），如图1-194所示。

11）如果标记不符这一要求：重复调整配气相位。

12）如果标记符合这一要求：将发动机支架

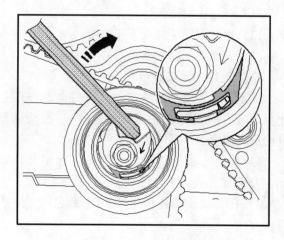

图 1-195 设置张紧度

重新放回安装位置。

13）从下方安装正时带护罩。

14）用新螺栓安装上减振器/带轮，拧紧力矩：20N·m+继续旋转90°。

15）检查配气相位；标记必须一致（箭头），如图 1-192 所示。

16）拧紧正时带护罩上方的两个螺栓。

1.7.5 大众 1.4T CAVD 发动机（2009）

该款发动机正时维修与 CAVA 发动机相同，相关内容请参考 1.2.4 小节。

1.8 EOS（2008—2011 年款）

1.8.1 大众 2.0T CCZB 发动机（2011）

该款发动机正时维修与 CDAA 发动机相同，相关内容请参考 1.2.3 小节。

1.8.2 大众 2.0T CBFA/CCZA/CCTA 发动机（2008—2010）

该款发动机正时维修与 CDAA 发动机相同，相关内容请参考 1.2.3 小节。

1.9 辉腾（2007—2015 年款）

1.9.1 大众 3.0T CPFA 发动机（2012—2015）

该款发动机正时维修与 BHK 发动机相同，下文未提及的其他内容请参考 1.1.7 小节。

1. 正时链单元部件分解

图 1-196 所示为发动机正时链单元部件分布。以下补充一下正时标记位置。

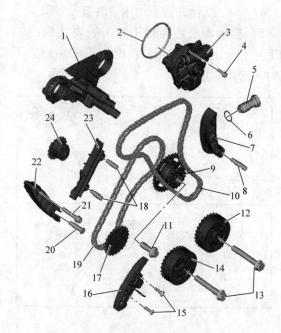

图 1-196 凸轮轴正时链

1—正时齿轮箱，安装前给密封环的接触面上油
2—密封环，更换　3—机油泵　4—8N·m，涂防松剂 D 000 600 A2 后安装　5—链条张紧器，50N·m，只旋转装有链条张紧器的发动机　6—密封环，损坏或泄漏时更换
7—张紧轨，用于凸轮轴正时链　8—支承销，10N·m，用于张紧轨
9—链轮，根据安装状态为单件式或两件式　10—凸轮轴正时链，用于凸轮轴传动，拆卸前标记转动方向（安装位置）
11—60N·m+继续旋转90°，更换　12—排气凸轮轴调节器，标记：32A　13—60N·m+继续旋转90°，更换，螺栓头上传感轮的接触面在安装时必须干燥，拆卸和安装时用开口宽度为27 的呆扳手反向固定凸轮轴14—进气凸轮轴调节器，标记：24E　15—10N·m　16—带张紧轨的链条张紧器，只旋转装有链条张紧器的发动机　17—传动链轮，已装入曲轴，磨削的齿指向轴承分开缝=气缸1的上止点1
18—无肩螺栓，10N·m，用于滑轨　19—正时链，用于驱动机油泵，拆卸前标记转动方向（安装位置）　20—支承销，10N·m，用于滑轨　21—23N·m　22—滑轨，用于凸轮轴正时链
23—滑轨，用于正时链，与正时链一起拆卸和安装
24—高压泵传动链轮，带滚针轴承，滚针轴承安装前应上油

2. 正时链单元拆卸

1）拆卸发动机。

2）从发动机上拆下变速器。

3）拆下油底壳。

4）拆卸从动轮。

5）拆卸变速器侧密封法兰。

6）拆卸气缸盖罩。

7）将发动机的减振器转到调整标记处。传动链轮的磨削齿必须对准轴承分开缝（箭头 A）。孔的标记（箭头 B）必须对准机油泵上的标记。每次转到第 4 圈时才能到这个位置，如图 1-197 所示。

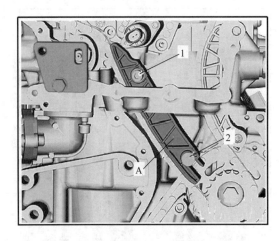

图 1-198 安装滑轨

1、2—螺栓

3）首先将正时链装到机油泵链轮上。标记必须与中间的铜色链节 A 对齐。

4）将正时链装到高压泵传动链轮上。标记必须与铜色链节对齐，如图 1-199 所示。

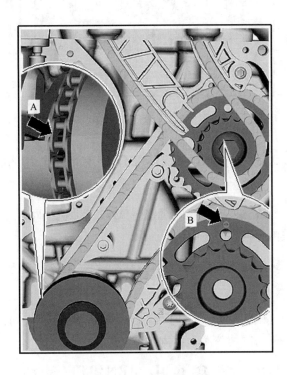

图 1-197 传动链轮标记位置

气缸 1 的凸轮必须相对。

8）拆下两个凸轮轴调节器。

9）拧出紧固螺栓并拆下滑轨。

10）向上取出正时链。

3. 正时链单元安装：

条件：曲轴位于上止点位置；高压泵传动链轮已用调整工具 T10363 固定好；凸轮轴已用凸轮轴尺 T10068 A 固定好。

1）从上方沿机油泵方向将正时链穿过气缸盖中的孔装上。

2）安装滑轨先只拧紧螺栓 2，如图 1-198 所示。

正时链上的一些链节为铜色。这些链节用于辅助装配。将 3 个相连的铜色链节放到机油泵链轮上。

图 1-199 对准高压泵传动链轮标记

5）拧紧滑轨螺栓 1，如图 1-198 所示。

6）将正时链装到凸轮轴调节器上。标记必须与铜色链节对齐。

7）将装上正时链的凸轮轴调节器插到凸轮轴上。用手拧紧紧固螺栓。

8）检查铜色链节相对于调整标记的位置，如图 1-200 所示。铜色链节在曲轴旋转后与调整标记不再对齐。

9）安装正时链的链条张紧器（箭头），如图 1-201 所示。拧紧力矩 50N·m。

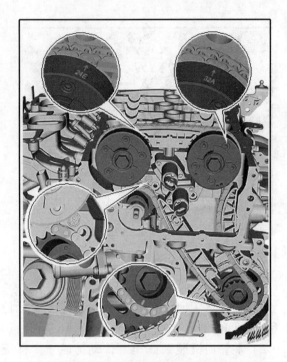

图 1-200 对准正时链正时标记

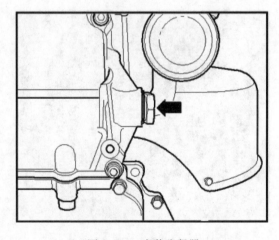

图 1-201 安装张紧器

10）如图 1-202 所示，取出凸轮轴尺 T10068 A 并拧紧凸轮轴调节器。拧紧力矩：60N·m + 继续旋转 1/4 圈（90°）。

用开口宽度为 27 的呆扳手反向固定凸轮轴。拧紧或松开凸轮轴调节器时不得插入凸轮轴尺 T10068 A。

其余的组装以倒序进行。

1.9.2　大众 3.6T CMVA 发动机（2009—2015）

该款发动机正时维修与 CPFA 发动机相同，相关内容请参考 1.9.1 小节。

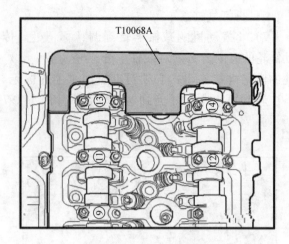

图 1-202 取出凸轮轴尺

1.9.3　大众 4.2L BGH/BGJ 发动机（2004—2015）

该款发动机正时维修与 AXQ 发动机相同，相关内容请参考 1.1.11 小节。

1.9.4　大众 3.0T CEXA 柴油发动机（2012）

该款发动机正时维修与 CASA 发动机相同，相关内容请参考 1.1.2 小节。

1.9.5　大众 6.0L BRN/BTT 发动机（2009—2011）

该款发动机正时维修与 BAN 发动机相似，相关内容请参考 1.9.6 小节。下面补充不同的操作部分内容。

1）将曲轴置于气缸 1 的上止点。曲轴带轮上标记必须与气缸体分界缝对齐。

2）凸轮轴尺 T10068 A 必须能插入两个轴槽中。如有必要，用呆扳手（开口宽度 32）将凸轮轴轻轻转至正确位置。不要在气缸盖拆下及曲轴固定的情况下转动凸轮轴超过 1/4 圈。可以将气门装入活塞中。

如果不能将凸轮轴尺 T10068 A 插入，则沿发动机转动方向继续旋转曲轴一圈。将凸轮轴尺 T10068 A 插入。凸轮轴尺 T10068 A 必须在整个工作步骤中插在轴槽中。

3）从左下气缸体中拆下螺旋塞。

4）将固定螺栓 3242 旋入孔中，以防曲轴转动。

如果拆下了中间轴，安装中间轴：

5）如图1-203所示，切口朝上安装中间轴支座（箭头），然后用新螺栓以15N·m的力矩紧固。

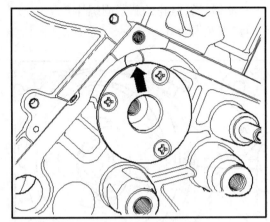

图1-203 安装中间轴支座

安装滚子链（曲轴/中间轴）：

6）下面铜色链节必须与气缸体分界缝对齐。顶部铜链节B必须位于中间轴链轮的标记1上方。

7）如果滚子链与滑轨3平行，则必须将中间轴2沿箭头方向推入。

8）将链条张紧器连同止动垫圈一起拧上。拧紧力矩：8N·m。以上部件如图1-204所示。

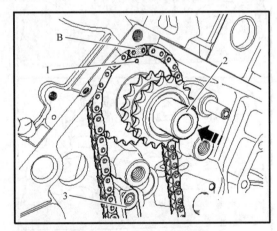

图1-204 安装中间轴链轮

9）用手紧固中间轴的新紧固螺栓（左旋螺纹1），如图1-205所示。

10）用固定支架T10069锁定减振器，但不要转动曲轴。

11）通过左旋螺纹将螺栓在中间轴上以60N·m的力矩拧+90°（1/4圈）。

12）重新取下固定支架T10069。

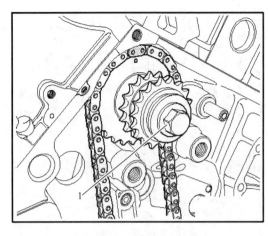

图1-205 中间轴紧固螺栓

13）余下的安装步骤请参考BAN发动机。

1.9.6 大众 6.0L BAN/BAP 发动机（2004）

1. 正时链单元部件分解

发动机正时链单元部件如图1-206所示。

2. 发动机正时调整

以下工作步骤只能在发动机拆下后进行。可以根据发动机被分解的程度从相应的部位开始设置操作。对于已经使用过的滚子链，应注意转动方向标记。滚子链必须笔直地在滑轨和张紧轨上运转。请注意，链轮的所有紧固螺栓都必须更换。

1）将曲轴置于气缸1的上止点。标记1必须与气缸体分界缝2对齐，如图1-207所示。

2）将气缸盖中的凸轮轴置于气缸上止点位置。

3）凸轮轴尺T10068 A必须能插入两个轴槽中，如图1-208所示。

4）如有必要，用呆扳手（开口宽度32mm）将凸轮轴轻轻转至正确位置。必须将凸轮轴尺T10068 A插入。如果没有，则将曲轴向发动机旋转方向继续旋转一圈。不要在气缸盖拆下及曲轴固定的情况下转动凸轮轴超过1/4圈。可以将气门装入活塞中。

5）将固定螺栓3242旋入孔中，以防曲轴转动，如图1-209所示。

安装滚子链（曲轴/中间轴）：

6）安装中间轴。链轮定位销必须朝上。

7）与中间轴链轮2一起安装滚子链（曲轴/中间轴）1。铜链节（箭头A）必须与气缸体分界

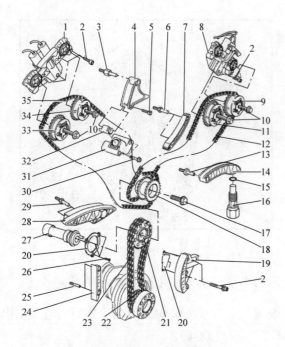

图1-206 链条驱动装置部件－发动机型号代码 BAN 和 BAP

1—正时齿轮箱，气缸列2，安装前给密封环的接触面略微上油 2—8N·m 3—支承销，18N·m，用于张紧轨 4—张紧轨，用于凸轮轴滚子链 5—20N·m 6—支承销，18N·m，用于滑轨 7—滑轨，用于凸轮轴滚子链 8—正时齿轮箱，气缸列1，安装前给密封环的接触面略微上油 9—排气凸轮轴调节器，气缸列1，标记：B1 和 A9，带固定销，仅在凸轮轴的一个特定位置上才可安装，转动只安装了凸轮轴调节器的发动机 10—60N·m＋继续旋转1/4圈（90°），更换，螺栓头上脉冲信号轮的接触面在安装时必须干燥，拆装时用呆扳手（开口宽度32）固定在凸轮轴上 11—进气凸轮轴调节器，气缸列1，标记：B1 和 A2，带固定销，仅在凸轮轴的一个特定位置上才可安装，转动只安装了凸轮轴调节器的发动机 12—凸轮轴滚子链，气缸列1，拆卸前标记转动方向（安装位置） 13—支承销，12N·m，用于张紧轨 14—张紧轨，用于凸轮轴滚子链，拆卸时必须拆下后部密封法兰 15—密封环，损坏或泄漏时更换 16—链条张紧器，40N·m，用于凸轮轴滚子链，旋转只安装了链条张紧器的发动机 17—60N·m＋继续旋转1/4圈（90°），更换，松开和拧紧时使用固定支架 T10069 18—链轮，用于凸轮轴滚子链 19—带张紧轨的链条张紧器，用于滚子链，用钻头（直径为3.5mm）锁定链条张紧器，旋转只安装了链条张紧器的发动机 20—固定板 21—链轮，用于滚子链 22—主动齿轮，已在曲轴中磨合 23—滚子链，拆卸前标记转动方向（安装位置） 24—滑轨，用于滚子链 25—无肩螺栓，10N·m，用于滑轨 26—10N·m，涂防松剂 D 000 600 A2 后安装 27—中间轴 28—滑轨，用于凸轮轴滚子链，拆卸时必须拆下后部密封法兰 29—支承销，10N·m，用于滑轨 30—9N·m 31—链条张紧器，用于凸轮轴滚子链，用钻头（直径为3.5mm）锁定链条张紧器，旋转只安装了链条张紧器的发动机 32—挡块，用于链条张紧器 33—排气凸轮轴调节器，气缸列2，标记：B2 和 A9，带固定销，仅在凸轮轴的一个特定位置上才可安装，转动只安装了凸轮轴调节器的发动机 34—进气凸轮轴调节器，气缸列2，标记：B2 和 A2，带固定销，仅在凸轮轴的一个特定位置上才可安装，转动只安装了凸轮轴调节器的发动机 35—凸轮轴滚子链，气缸列2

缝3对齐。铜链节（箭头 B）必须位于中间轴链轮2面。

8）将链轮（中间轴/凸轮轴调节器）4安装到中间轴链轮2上。

9）略微拧紧链轮的新紧固螺栓5。

10）安装滑轨6。

图1-207 曲轴于上止点标记

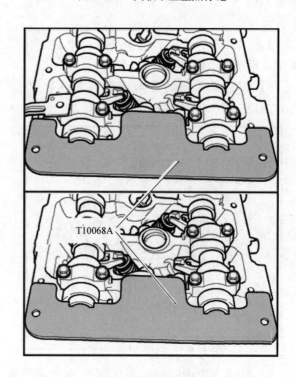

图1-208 安装凸轮轴尺

从左下气缸体中拆下螺旋塞。

11）安装链条张紧器7与防松片。拧紧力矩：8N·m。

12）松开链条张紧器7。以上部件如图1-210所示。

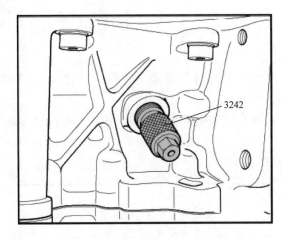

图 1-209 安装曲轴固定工具

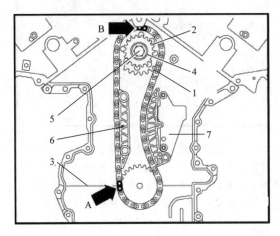

图 1-210 安装滚子链

安装滚子链（中间轴/气缸列 1 的凸轮轴调节器）：

13）与凸轮轴调节器一起安装滚子链（中间轴/气缸列 1 凸轮轴调节器）1。

进气凸轮轴调节器标记：B1 和 A2。

排气凸轮轴调节器标记：B1 和 A9。

凸轮轴调节器可以沿两个方向转动。安装前应注意，将用于霍尔传感器的脉冲信号轮转至相应的限位位置。

通过凸轮轴调节器内的定位销可以将其固定到凸轮轴的一个唯一位置上。因此，当滚子链正确插入调节器后将其轻轻地拧紧到凸轮轴上。

14）气缸列 1 的进气凸轮轴调节器：将用于霍尔传感器的脉冲信号轮沿顺时针方向转至极限位置。

15）气缸列 1 的排气凸轮轴调节器：将用于霍尔传感器的脉冲信号轮沿逆时针方向转至限位位置。

铜链节（箭头 A）必须位于中间轴链轮 4 上面。凸轮轴滚子链的铜链节（箭头）必须与进气凸轮轴调节器上的箭头 1 一致。

凸轮轴滚子链的铜链节（箭头）必须与排气凸轮轴调节器上的箭头 1 一致，如图 1-211 所示。

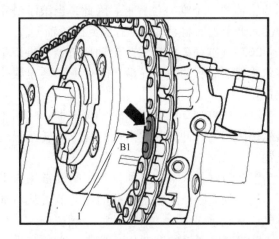

图 1-211 对齐气缸列 1 的凸轮轴调节器标记
1—箭头

16）略微拧紧凸轮轴调节器的新紧固螺栓 5。

17）安装滑轨 6。

18）安装张紧轨 7。以上部件如图 1-212 所示。

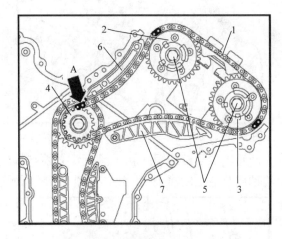

图 1-212 安装气缸列 1 滚子链
1—滚子链 2—进气凸轮轴调节器 3—排气凸轮轴调节器
4—中间轴链轮 5—凸轮轴调节器紧固螺栓 6—滑轨
7—张紧轨 A—中间轴链轮正时链对齐标志

安装滚子链（中间轴/气缸列 2 的凸轮轴调节器）：

19）与凸轮轴调节器一起安装滚子链（中间轴/气缸列 2 凸轮轴调节器）1。

进气凸轮轴调节器标记：B2 和 A2。

排气凸轮轴调节器标记：B2 和 A9。

凸轮轴调节器可以沿两个方向转动。安装前应注意，将用于霍尔传感器的脉冲信号轮转至相应的限位位置。

通过凸轮轴调节器内的定位销可以将其固定到凸轮轴的一个唯一位置上。因此，当滚子链正确插入调节器后将其轻轻地拧紧到凸轮轴上。

20）气缸列 2 的进气凸轮轴调节器：将用于霍尔传感器的脉冲信号轮沿顺时针方向转至限位位置。

21）气缸列 2 的排气凸轮轴调节器：将用于霍尔传感器的脉冲信号轮沿逆时针方向转至限位位置。

铜链节（箭头 A）必须位于中间轴链轮 4 上面。气缸列 2 的凸轮轴滚子链的铜链节可从后部看见。

凸轮轴滚子链的铜链节（箭头）必须与进气凸轮轴调节器上的箭头 1 一致，如图 1-213 所示。

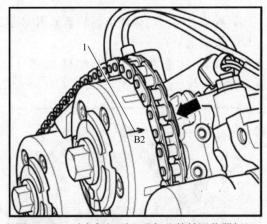

图 1-213　对齐气缸列 2 进气凸轮轴调节器标记

凸轮轴滚子链的铜链节（箭头）必须与排气凸轮轴调节器上的箭头 1 一致，如图 1-214 所示。

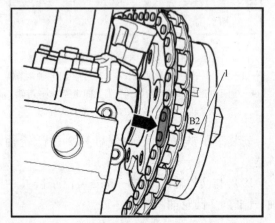

图 1-214　对齐气缸列 2 排气凸轮轴调节器标记

22）略微拧紧凸轮轴调节器的新紧固螺栓 5。

23）安装滑轨 6。

24）安装张紧轨 7。

25）安装链条张紧器的限位装置 8。拧紧力矩：20N·m。

26）安装链条张紧器 9。拧紧力矩：9N·m。

27）松开链条张紧器 9。以上部件见图 1-215。

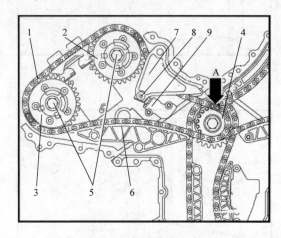

图 1-215　安装气缸列 2 滚子链
1—滚子链　2—进气凸轮轴调节器　3—排气凸轮轴调节器
4—中间轴链轮　5—凸轮轴调节器紧固螺栓　6—滑轨
7—张紧轨　8—张紧器限位位置　9—链条张紧器
A—中间轴链轮正时链对齐标志

28）拧下螺栓 3242。

29）将螺旋塞旋入气缸体中。拧紧力矩：20N·m。

30）取出凸轮轴尺 T10068 A。

31）用固定支架 T10069 锁定减振器。

32）接着将中间轴的链轮紧固螺栓用 60N·m + 90°（旋转 1/4 圈）拧紧。只能用呆扳手（开口宽度 32）固定凸轮轴。拧紧或松开凸轮轴调节器时不得插入凸轮轴尺 T10068 A。

33）固定凸轮轴。

34）以 60N·m 的力矩拧紧凸轮轴调节器的紧固螺栓并转动 90°（1/4 圈）（继续转动可分多步进行）。

35）将密封环放入从动盘密封法兰内。

36）在密封法兰的密封面上涂抹密封剂 D 176 501 并进行安装。

安装盖板部件（气缸列 1 和 2）：

37）清洁密封面和盖板部件中的密封槽以及从动盘密封法兰的密封面。密封面上必须无油脂。

38）给油道密封用 O 形环（仅气缸列 1）上油，然后装入盖板部件中。

39）将密封剂 D 176 501 的管状喷嘴从前部标记处剪开（喷嘴直径约 2mm）。

40）将密封剂涂到气缸盖部件的干净密封面上以及后部密封法兰的密封面上。密封剂条必须：大约 2mm 厚；走向沿着螺栓孔区域的内侧；盖板部件必须在涂敷密封剂后 5min 内安装。

41）立即安装盖板部件，安装所有紧固螺栓并略微拧紧：

42）首先拧紧盖板部件/密封法兰紧固螺栓。拧紧力矩：8N·m。

43）然后从中部向外以交叉方式拧紧覆盖件/气缸盖紧固螺栓。拧紧力矩：8N·m。

44）除去多余的密封剂。

气缸列 1：

45）安装凸轮轴滚子链的链条张紧器。拧紧力矩：40N·m。

气缸列 1 和 2：

46）安装气缸盖罩。

1.9.7 大众 3.2L AYT/BKL 发动机（2004）

该款发动机正时维修与 BHK 发动机相同，相关内容请参考 1.1.7 小节。

第2章 通用汽车

2.1 别克昂科雷（2009—2014年款）

通用3.6L LLT发动机（2009—2014）

1. 正时链单元结构图解

本发动机配备有3条正时链条：主正时链条1、右侧次正时链条2和左侧次正时链条3，如图2-1所示。

主正时链条将曲轴链轮4和左、右侧中间传动轴链轮5连接在一起。

各机油压力支持的中间链轮驱动次正时链条，然后次正时链条驱动各自的气缸盖凸轮轴位置执行器6。

两个固定式正时链条导板7和活动式正时链条蹄片8控制次正时链条间隙。

每个次正时链条蹄片处在液压型张紧器9的张力之下。为控制主正时链条上的间隙，采用了两个固定式正时链条导板10和一个带有内置蹄片的液压型张紧器11。

张紧器将正时链条的噪声降到最小，并且通过保持正时链条张紧度，不断调节正时链条的磨损情况，使气门工作正常。张紧器有一个柱塞，随着磨损向外调整，以减小齿隙。张紧器配有机油喷嘴，可在发动机运行时将机油喷射在正时部件上。每个张紧器都用带橡胶包层的钢衬垫密封在气缸盖或缸体上。衬垫带有足够的储备机油以保证车辆起动时安静。

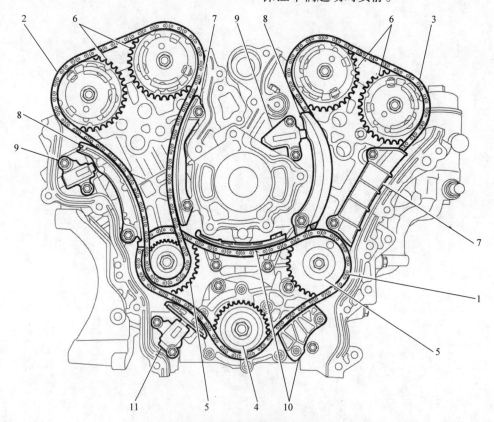

图2-1 正时链单元分布图

1—主正时链条　2—次正时链条，右侧　3—次正时链条，左侧　4—曲轴链轮　5—中间传动轴链轮　6—凸轮轴位置执行器　7—次正时链条导板　8—次正时链条蹄片　9—次正时链条张紧器　10—主正时链条导板　11—主正时链条张紧器

安装主正时链条和左侧次正时链条,其正时标记如图2-2所示。

安装右侧次正时链条,其正时标记如图2-3所示。

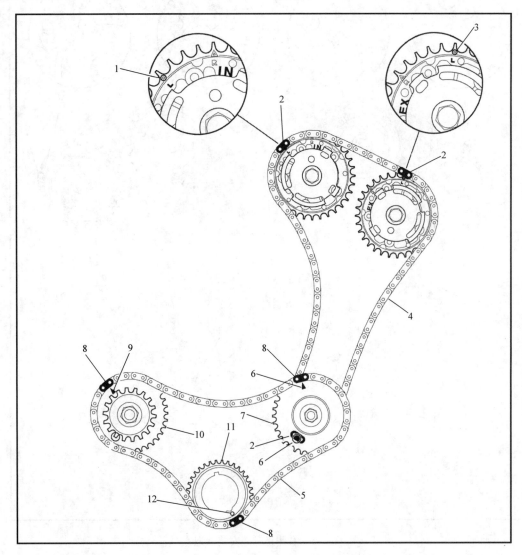

图2-2 主正时链条和左侧次正时链条安装标记

1—进气凸轮轴位置(CMP)执行器正时标记,左侧 2—次正时链条光亮电镀的链节,左侧
3—排气凸轮轴位置(CMP)执行器正时标记,左侧 4—次正时链条,左侧 5—主正时链条
6—凸轮轴中间传动轴链轮正时标记,左侧 7—凸轮轴中间传动轴链轮,左侧 8—主正时链条光亮电镀的链节
9—凸轮轴中间传动轴链轮正时标记,右侧 10—凸轮轴中间传动轴链轮,右侧 11—凸轮轴链轮 12—凸轮轴链轮正时标记

2. 正时链单元拆卸步骤

(1) 右侧次正时链条 特别注意事项:拆卸上进气歧管和火花塞后,堵塞所有开口以防止灰尘或其他污染物进入。

1)拆卸发动机前盖总成。
2)拆卸火花塞以便于凸轮轴/发动机旋转。
3)将工具EN-46111 1安装到曲轴2上,如图2-4所示。
4)用工具EN-46111 1沿顺时针方向旋转曲轴,直到曲轴链轮正时标记2对准机油泵外壳上的标定标记3,如图2-5所示。

5)对准曲轴链轮正时标记后,检查右侧气缸盖后部的凸轮轴凸台1是否与凸轮轴盖顶面平行,如图2-6所示。

6)如果凸轮轴凸台不平行,则旋转曲轴360°。

7)将工具EN 46105-1 1安装到右气缸盖凸轮轴2后部,如图2-7所示。

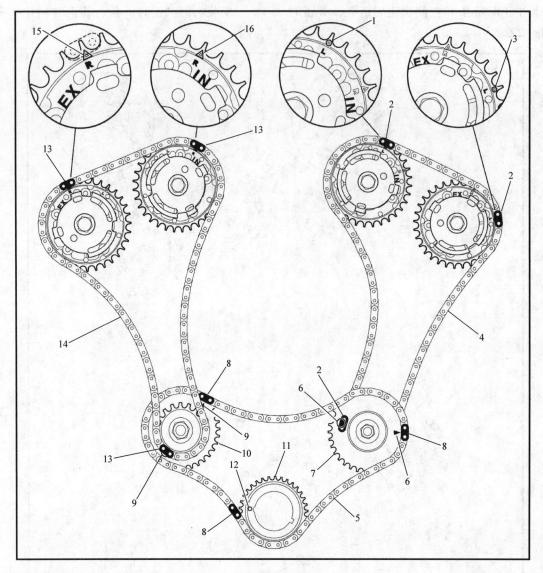

图2-3 右侧正时链安装标记

1—进气凸轮轴位置（CMP）执行器正时标记，左侧 2—次正时链条光亮电镀的链节，左侧 3—排气凸轮轴位置（CMP）执行器正时标记，左侧 4—次正时链条，左侧 5—主正时链条 6—凸轮轴中间传动链条链轮正时标记，左侧 7—主凸轮轴中间传动链条链轮，左侧 8—主正时链条光亮电镀的链节 9—凸轮轴中间传动链条链轮正时标记，左侧 10—凸轮轴中间传动链条链轮，左侧 11—凸轮轴链轮 12—凸轮轴链轮正时标记 13—次正时链条光亮电镀的链节，右侧 14—凸轮轴中间传动链条，右侧 15—排气凸轮轴位置（CMP）执行器正时标记，右侧 16—进气凸轮轴位置（CMP）执行器正时标记，右侧

8）将工具EN 46105-2 1安装到左气缸盖凸轮轴2的后部，如图2-8所示。

9）拆卸右侧次正时链条张紧器螺栓并拆卸张紧器。

重要注意事项：拆卸张紧器螺栓时要小心。张紧器柱塞上有弹簧张紧力，拆卸张紧器过程中柱塞可能会弹开。

10）从张紧器2拆卸张紧器衬垫1并将衬垫报废，如图2-9所示。

11）检查右侧气缸盖上的张紧器安装面上是否有任何影响新张紧器衬垫密封的毛刺或缺陷。

12）拆卸右侧次正时链条蹄片螺栓。

13）拆卸右侧次正时链条蹄片。

14）拆卸两个右侧次正时链条导板螺栓和导板。

15）从凸轮轴位置执行器2和凸轮轴中间传动轴链轮3上拆卸右侧次正时链条1，如图2-10所示。

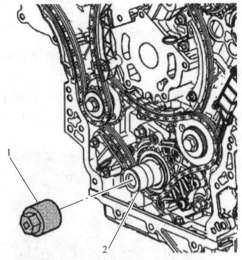

图 2-4　安装专用工具到曲轴

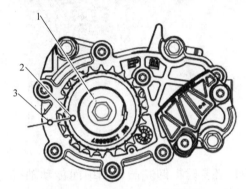

图 2-5　用专用工具旋转曲轴

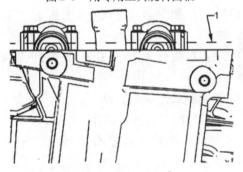

图 2-6　检测对准线位置

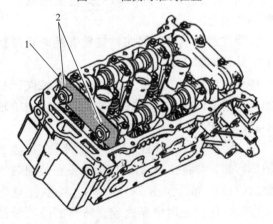

图 2-7　安装专用工具到凸轮轴（一）

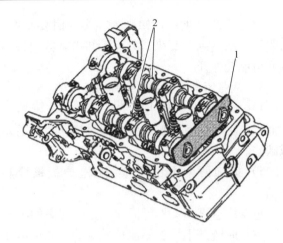

图 2-8　安装专用工具到凸轮轴（二）

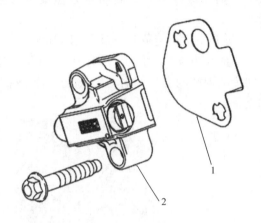

图 2-9　拆卸张紧器衬垫

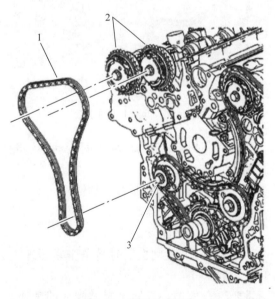

图 2-10　拆卸正时链条

(2) 主正时链条

1) 拆卸右侧次正是链条。

2) 拆卸两个主正时链条张紧器螺栓和张紧器。

重要注意事项：拆卸张紧器螺栓时要小心。张紧器柱塞上有弹簧张紧力，拆卸张紧器过程中柱塞可能会弹开。

3）从张紧器上拆卸衬垫并报废衬垫。

4）检查发动机体上的主正时链条张紧器安装面上是否有任何影响新张紧器衬垫密封的毛刺或缺陷。

5）拆卸两个主正时链条的上导板螺栓和导板。

重要注意事项：不得拆卸主正时链条的下导板。主正时链条下导板不能单独维修。如果需要更换主正时链条下导板，则机油泵总成也必须更换。

6）拆卸主正时链条1，如图2-11所示。

重要注意事项：为便于拆卸，在尝试从凸轮轴中间传动轴链轮上拆卸前，先从凸轮轴链轮上拆卸链条。

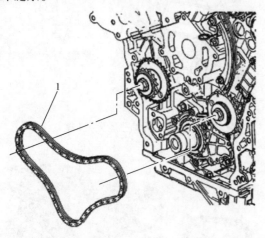

图2-11 拆卸主正时链条

7）必要时拆卸右凸轮轴中间传动轴链轮螺栓并拆卸链轮。

8）必要时从曲轴上拆卸曲轴链轮。

（3）左侧次正时链条

1）拆卸主正时链条。

2）拆卸两个左侧次正时链条张紧器螺栓并拆卸张紧器。

重要注意事项：拆卸张紧器螺栓时要小心。张紧器柱塞上有弹簧张紧力，拆卸张紧器过程中柱塞可能会弹开。

3）从张紧器上拆卸衬垫并将其报废。

4）检查左侧气缸盖上的张紧器安装面上是否有任何影响新张紧器衬垫密封的毛刺或缺陷。

5）拆卸左侧次正时链条蹄片螺栓。

6）拆卸左侧次正时链条蹄片。

7）拆卸两个左侧次正时链条导板螺栓和导板。

8）从凸轮轴位置执行器2和凸轮轴中间传动轴链轮上拆卸左侧次正时链条1，如图2-12所示。

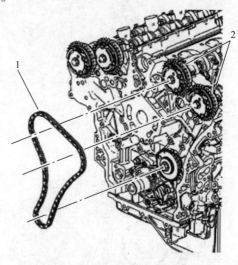

图2-12 拆卸左侧正时链条

9）必要时拆卸左凸轮轴中间传动轴链轮螺栓和链轮。

10）从左侧气缸盖凸轮轴上拆卸工具EN 46105-2。

11）从右侧气缸盖凸轮轴上拆卸工具EN 46105-1。

3. 正时链单元安装步骤

（1）左侧次正时链条部件

1）将曲轴链轮安装至曲轴上，使键槽对准曲轴上的键。

2）将曲轴链轮套到曲轴上，直至曲轴链轮接触到曲轴上的凸台。

重要注意事项：确保曲轴链轮安装时正时标记1可见，如图2-13所示。

特别注意事项：要将工具EN 46105安装到凸轮轴上，沿逆时针方向旋转凸轮轴。旋转凸轮轴时不必超过45°，如图2-14所示。

3）将工具EN 46105-1 1安装到左气缸盖凸轮轴2后部，并将工具EN 46105-2安装到右气缸盖凸轮轴后部，如图2-15所示。特别注意事项：在安装任何正时链条之前，所有的凸轮轴都必须锁定到位。

图 2-13 曲轴链轮正时标记

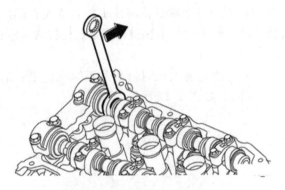

图 2-14 逆时针旋转凸轮轴

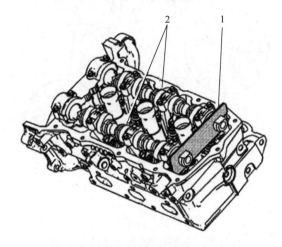

图 2-15 安装专用工具到左气缸盖

4）确保工具 EN 46105-1 完全就位到凸轮轴上。

5）使用工具 EN 46111 1 沿顺时针方向旋转曲轴，直到曲轴链轮正时标记2对准机油泵外壳上的标定标记3，如图2-16所示。

6）安装左侧次正时链条，按以下方式对准链条：

① 将次正时链条套在两个左执行器传动链

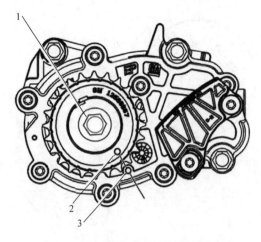

图 2-16 用专用工具顺时针旋转曲轴

轮上。

② 确保每个凸轮轴位置执行器链轮顶部有两个光亮电镀链节。

特别注意事项：将左侧次正时链条对准凸轮轴执行器链轮时，确保使用的是链轮上的圆形正时标记，而不是三角形标记，如图2-17所示。

图 2-17 对准正时标记

将光亮电镀的正时链条链节1对准左排气凸轮轴位置执行器链轮圆形定位标记2，如图2-18所示。

③ 将光亮电镀的正时链条链节1对准进气凸轮轴位置执行器链轮圆形定位标记2，如图2-19所示。

特别注意事项：左侧凸轮轴中间传动轴链轮1上有字母"LB"和"FRONT（前）"标记，右侧链轮2上有字母"RB"和"RONT（前）"标记。确保使用的是正确的链轮，而且安装时字母"FRONT"面向前方，如图2-20所示。

7）确保选择的是左侧凸轮轴中间传动轴链

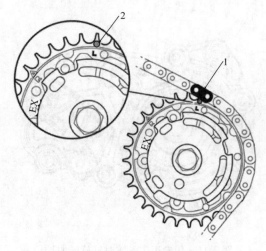

图2-18 左排气凸轮轴对准标记

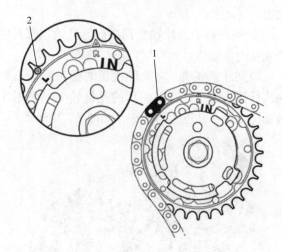

图2-19 左进气凸轮轴对准标记

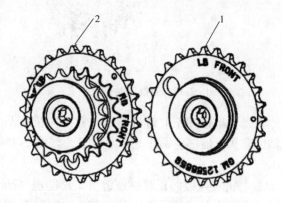

图2-20 中间传动链轮对准标记（一）

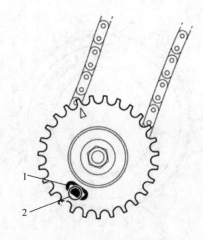

图2-21 中间传动链轮对准标记（二）

10）安装传动轴链轮螺栓1并紧固至正确的规格。凸轮轴中间传动轴链轮固定螺栓拧紧力矩：58.0~72.0N·m。

11）检查左侧次正时链条的正时标记是否对准（1~6），如图2-22所示。

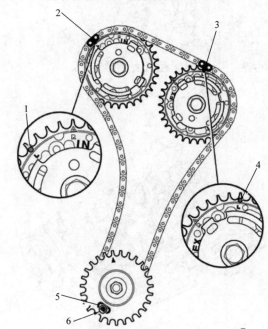

图2-22 左侧次正时链条的正时标记

特别注意事项：左侧次正时链条导板上有字母"LH"标记。确保在本程序中安装到左侧时使用的是正确的蹄片，而且安装时字母"LH"应朝向车辆前方。

12）确保选择的是左侧次正时链条导板且安装方向正确。

13）安装左侧次正时链条导板。

14）安装次正时链条导板螺栓并紧固至正确

轮并且安装方向正确。

8）将左侧次正时链条套在左凸轮轴中间传动轴内侧链轮上，使光亮电镀链节1对准外侧链轮上的检修孔2，如图2-21所示。

9）将左凸轮轴中间传动轴链轮装到气缸体上。

的规格。次正时链条导板固定螺栓拧紧力矩：20.0～26.0N·m。

注意：左侧次正时链条蹄片上有字母"LH"标记，在正时链条蹄片的背面。确保安装到左侧时使用的是正确的蹄片。

15）确保选择的是左侧次正时链条蹄片且安装方向正确。

16）安装左侧次正时链条蹄片。

17）安装左侧次正时链条蹄片螺栓并紧固至正确的规格。次正时链条蹄片固定螺栓拧紧力矩20.0～26.0N·m。

注意：确保次正时链条蹄片离开左侧次正时链条张紧器安装衬垫，然后再紧固固定螺栓。

18）确保选择的是左侧次正时链条张紧器且安装方向正确。

19）重新设置左侧次正时链条张紧器。

注意：为重新调整张紧器，使用尺寸合适的一字槽螺钉旋具或工具J 45027，沿顺时针方向将柱塞转入张紧器轴。

20）将张紧器轴安装到左侧次正时链条张紧器体中。

特别注意事项：如果工具EN 46112 1未插入张紧器体2中，则张紧器轴3将保持在锁定位置，如图2-23所示，对正时链条没有张紧作用，因此会损坏发动机。

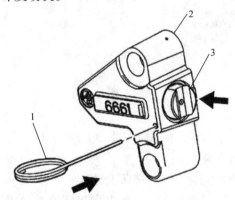

图2-23 插入专用工具锁定张紧器

21）将张紧器轴压入张紧器体内，然后将工具EN 46112插入张紧器体侧面的检修孔，以锁定左侧次正时链条张紧器。

22）缓慢释放左侧次正时链条张紧器上的压力。张紧器应保持压紧。

23）将新的左侧次正时链条张紧器衬垫安装到张紧器上。

24）通过张紧器和衬垫安装左侧次正时链条张紧器螺栓。

25）确保左侧气缸盖上的左侧次正时链条张紧器安装面上没有任何影响新衬垫密封的毛刺或缺陷。

26）将左侧次正时链条张紧器安装到位，然后将螺栓松弛地安装到气缸盖上。

27）确认左侧次正时链条张紧器衬垫的凸舌位置正确。

28）紧固左侧次正时链条张紧器螺栓至正确的规格。

次正时链条张紧器固定螺栓拧紧力矩：20.0～26.0N·m。

29）拉出工具EN 46112并解锁张紧器轴，以释放左侧次正时链条张紧器。

30）检查左侧次正时链条正时标记是否对准。

（2）主正时链条部件

1）如果之前已将左侧次正时链条部件拆卸，则先将其安装好。

特别注意事项：右凸轮轴中间传动轴链轮2上有字母"RB"和"FRONT（前）"标记，左侧链轮1上有字母"LB"和"FRONT（前）"标记。确保使用的是正确的链轮，而且安装时字母"FRONT（前）"朝向前方，如图2-24所示。

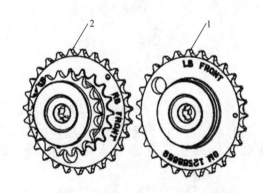

图2-24 中间传动轴链轮上的安装标记

2）确保选择的是右凸轮轴中间传动轴链轮而且安装方向正确。

3）安装右凸轮轴中间传动轴链轮。

4）安装传动轴链轮螺栓并紧固至正确的规格。凸轮轴中间传动轴链轮固定螺栓拧紧力矩：58.0～72.0N·m。

5）确保曲轴链轮正时标记对准机油泵外壳

上的标定标记。

6）安装主正时链条。

7）将主正时链条套在各凸轮轴中间传动轴链轮的大链轮上，曲轴链轮对准光亮电镀的链条链节，如图2-25所示。

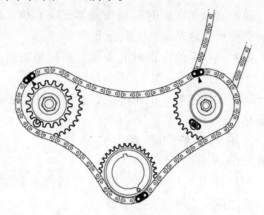

图2-25 主正时链条安装标记对准位置

① 左凸轮轴中间传动轴链轮正时标记1应对准光亮电镀的主正时链条链节2，如图2-26所示。

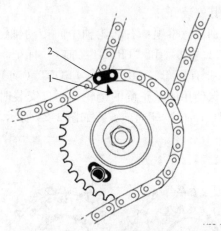

图2-26 左凸轮轴中间传动轴链轮正时标记对准

② 右凸轮轴中间传动轴链轮正时标记1应对准光亮电镀的主正时链条链节2，如图2-27所示。

③ 曲轴链轮正时标记1应对准光亮电镀的正时链条链节2，如图2-28所示。

8）确保全部正时标记1、2、3都正确对准光亮电镀的正时链条链节4、5、6，如图2-29所示。

重要注意事项：禁止拆卸主正时链条下导板。主正时链条下导板不能单独维修。如果必须将其更换，则机油泵总成也必须更换。

9）确保选择的是主正时链条上导板而且安

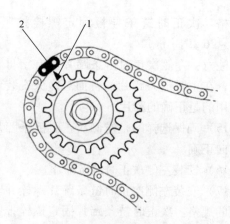

图2-27 右凸轮轴中间传动轴链轮正时标记对准

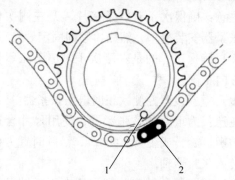

图2-28 曲轴链轮正时标记对准

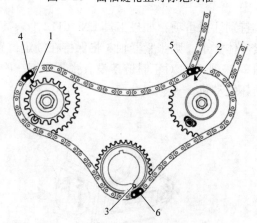

图2-29 主正时链正时标记检查

装方向正确。

10）安装主正时链条上导板。

11）安装主正时链条上导板螺栓并紧固至正确的规格。主正时链条上导板固定螺栓拧紧力矩：22.0~26.0N·m。

12）确保正在安装的是主正时链条张紧器。

13）重新设置主正时链条张紧器。

注意：为重新调整张紧器，使用尺寸合适的一字槽螺钉旋具或工具J 45027，沿顺时针方向将柱塞转入张紧器轴。

14）将张紧器蹄片总成安装到主正时链条张

紧器体中。

注意：如果工具 EN 46112 未插入张紧器体中，则柱塞将保持在锁定位置，对正时链条没有张紧作用。

15）将蹄片总成压进张紧器体中，然后将工具 EN 46112 插入张紧器体侧面的检修孔内，以锁定主正时链条张紧器。

16）缓慢释放主正时链条张紧器上的压力。主正时链条张紧器应保持压紧。

17）将新的主正时链条张紧器衬垫安装到张紧器上。

18）将主正时链条张紧器螺栓穿过张紧器和衬垫，安装螺栓。

19）确保发动机体上的主正时链条张紧器安装面上没有任何影响新衬垫密封的毛刺或缺陷。

20）将主正时链条张紧器安放到位，然后将螺栓松弛地安装至发动机体。

21）确认主正时链条张紧器衬垫的凸舌位置正确。

22）紧固主正时链条张紧器螺栓至正确的规格。主正时链条张紧器固定螺栓拧紧力矩：22.0~26.0N·m。

23）拉出工具 EN 46112 并松开张紧器轴，以释放主正时链条张紧器。

24）检查主正时链条和左侧次正时链条的正时标记是否对准（1~12），如图 2-30 所示。

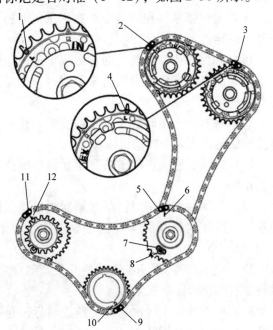

图 2-30　检查主正时链条和左侧次正时链条的正时标记

25）从左、右气缸盖凸轮轴上拆卸工具 EN 46105。

（3）右侧次正时链条部件

1）安装主正时链条部件。

2）使用工具 EN 46111，沿顺时针方向旋转曲轴，直到曲轴链轮正时标记对准机油泵外壳上的标定标记。

特别注意事项：要将工具 EN 46105 安装到凸轮轴上，应旋转凸轮轴。旋转凸轮轴时不必超过 45°。

3）将工具 EN 46105-1 安装到右侧气缸盖凸轮轴后部。

4）将工具 EN 46105-2 安装到左侧气缸盖凸轮轴后部。

5）将右侧次正时链条安装到凸轮轴执行器上，右凸轮轴中间传动轴链轮对准链条，如下所示：

①将次正时链条套在右凸轮轴中间传动轴的外侧链轮上，使光亮电镀的正时链条链节 1 对准内侧链轮中的定位检修孔 2，如图 2-31 所示。

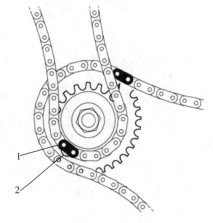

图 2-31　对准正时标记

②将次正时链条套在两个右执行器传动链轮上。

注意：将右侧次正时链条对准右凸轮轴执行器链轮时，确保使用的是链轮上的三角形正时标记 1，而不是圆形标记，如图 2-32 所示。

③将光亮电镀的正时链条链节 2 对准排气执行器链轮的三角形定位标记 1，如图 2-33 所示。

④将光亮电镀的正时链条链节 1 对准进气执行器链轮的三角形定位标记 2，如图 2-34 所示。

特别注意事项：确保在本程序中安装到右侧时使用的是右侧次正时链条导板。

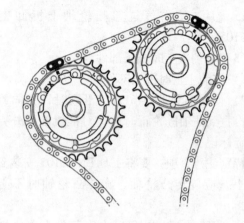

图2-32 右侧次正时链条对准右凸轮轴执行器链轮

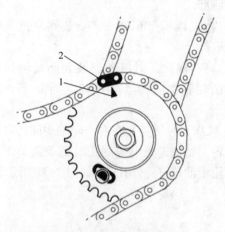

图2-33 对准排气执行器链轮的三角形定位标记

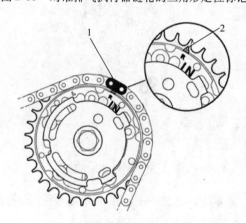

图2-34 对准进气执行器链轮的三角形定位标记

6) 确保选择的是右侧次正时链条导板而且安装方向正确。

7) 定位链条导板。

8) 安装次正时链条导板螺栓并紧固至正确的规格。次正时链条导板固定螺栓拧紧力矩：20.0~26.0N·m。

注意：右侧次凸轮轴传动蹄片上有字母"RH"标记。确保在本程序中安装到右侧时使用的是右侧传动蹄片，而且安装时字母"RH"应朝向车辆前方。

9) 确保选择的是右侧次正时链条蹄片而且安装方向正确。

10) 定位右侧次正时链条蹄片。

11) 安装次正时链条蹄片螺栓并紧固至正确的规格。次正时链条蹄片固定螺栓拧紧力矩：20.0~26.0N·m。

12) 确保选择的是右侧次正时链条张紧器而且安装方向正确。

13) 重新设置右侧次正时链条张紧器。

注意：为重新调整张紧器，使用尺寸合适的一字槽螺钉旋具或工具J 45027，沿顺时针方向将柱塞转入张紧器轴。

14) 将张紧器轴安装到右侧次正时链条张紧器体中。

特别注意事项：如果工具EN 46112未插入张紧器体，则柱塞将保持在锁定位置，对正时链条没有张紧作用，因此会损坏发动机。

15) 将张紧器轴压进张紧器体，然后将工具EN 46112插入张紧器体侧面的检修孔，以锁定张紧器。

16) 缓慢释放右侧次正时链条张紧器上的压力。张紧器应保持压紧。

17) 将新的右侧次正时链条张紧器衬垫安装到张紧器上。

18) 通过张紧器和衬垫安装右侧次正时链条张紧器螺栓。

19) 确保右侧气缸盖上的右侧次正时链条张紧器安装面上没有任何影响新张紧器衬垫密封的毛刺或缺陷。

20) 将右侧次正时链条张紧器安置到位，并将螺栓松弛地安装至发动机体。

21) 确认右侧次正时链条张紧器衬垫的凸舌位置正确。

22) 紧固右侧次正时链条张紧器螺栓至正确的规格。次正时链条张紧器固定螺栓拧紧力矩：20.0~26.0N·m。

23) 拉出工具EN 46112并松开张紧器柱塞，以释放右侧正时链条张紧器。

24) 检查所有主、次正时链条正时标记是否对准（1~18），如图2-35所示。

25) 从左、右气缸盖凸轮轴上拆卸工具EN

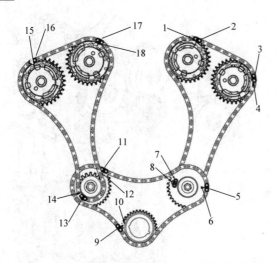

图 2-35 检查主、次正时链条正时标记是否对准

46105 和 EN 46105-2。

26）重新安装火花塞。

27）重新安装发动机前盖总成。

2.2 雪佛兰科迈罗（2003—2017 年款）

2.2.1 通用 3.6L LFX 发动机（2012—2016）

该发动机正时维修与 LLT 相同，相关内容请参考 2.1 小节。

2.2.2 通用 6.2L LS3/L99/LSA 发动机（2009—2015）

该发动机正时维修与 LZ1 相同，相关内容请参考 2.3.3 小节。

2.2.3 通用 2.0T LTG 发动机（2016—2017）

1. 正时链单元拆卸

1）拆下发动机前盖。

2）拆下正时链条上导板螺栓。

3）拆下正时链条上导板。

4）拆下正时链条张紧器螺栓和正时链条张紧器。

5）拆下正时链条张紧器枢轴臂螺栓。

6）拆下正时链条张紧器枢轴臂。

7）拆下正时链条导板螺栓。

8）拆下正时链条导板。

9）拆下正时链条。

10）拆下正时链条机油喷嘴。

2. 正时链单元安装

确保正时链条机油喷嘴转动时槽口向上，并且喷嘴对准发动机气缸体上的凸舌。

1）安装正时链条机油喷嘴 1，见图 2-36。

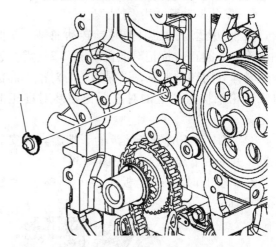

图 2-36 安装链条机油喷嘴

2）将正时链条包绕到进气和排气凸轮轴执行器上，同时将唯一颜色的链节 2 对准排气凸轮轴执行器 3 上的正时标记，见图 2-37。进气执行器所对应的相同颜色链节在最初时不对准进气执行器正时标记，唯一颜色的正时链节也不对准曲轴链轮正时标记。注意正时链条上有 3 节彩色链节。颜色相同的两节链节对准执行器上的正时标记。唯一颜色的正时链节对准曲轴链轮上的正时标记。使用下面的程序将链节对准执行器。定位链条，使彩色链节可见。

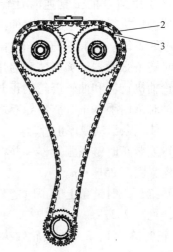

图 2-37 对准正时链条标记

3）确保曲轴上的键处于12点钟位置。将曲轴链轮包绕到曲轴链轮上。注意在安装导板螺栓并进行最终紧固前进行正时。

4）安装正时链条导板和上部螺栓，并仅用手拧紧。

5）安装正时链条张紧器枢轴臂。

6）安装枢轴臂并用手拧紧。

7）使用适合的工具逆时针转动曲轴，使曲轴链轮1上的正时标记对准正时链节2。需要连续逆时针方向转动曲轴，以保持正时对准。确保排气凸轮轴执行器上的对准标记始终对准正时标记。

8）将固定正时链条导板的下端旋转到安装位置，并安装下部螺栓3，见图2-38。

9）将正时链条导板上、下部螺栓紧固至25N·m。

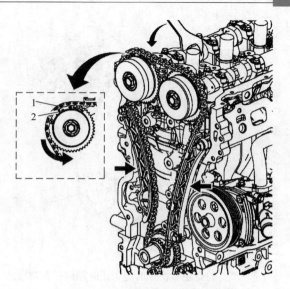

图2-39 对准凸轮轴链轮正时标记

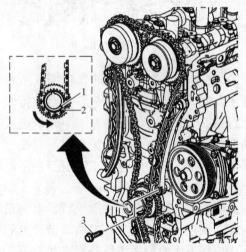

图2-38 对准曲轴链轮正时标记

10）使用适合的工具逆时针转动进气凸轮轴，直到进气执行器2上的正时标记对准正时链节1，见图2-39。保持进气凸轮轴上的张紧力，直到正时链条张紧器能够安装和启用。已完成了排气凸轮轴执行器和曲轴链轮的正时。逆时针旋转凸轮轴时，用手在正时链条导板之间施加或释放压力，使链条滑动或停止滑动。

11）安装正时链条张紧器，并将正时链条张紧器螺栓紧固至25N·m。

12）确认正时链条上的正时链节正确对准正时标记，见图2-37：

① 正时链节1、2对准凸轮轴执行器6、3上相应的正时标记。

② 唯一颜色的链节对准曲轴链轮4上的正时标记。

13）否则，重复必要的部分程序以对准正时标记。

14）安装正时链条导板和螺栓，并用手拧紧。

15）按顺序分两遍将凸轮轴前盖螺栓紧固至10N·m。

16）顺时针转动曲轴，查看执行器或曲轴链轮上是否出现正时链条跳齿现象。如果发生跳齿，则重复执行程序，对准正时标记。

17）确认平衡链条上的正时链节正确对准正时标记，见图2-40。

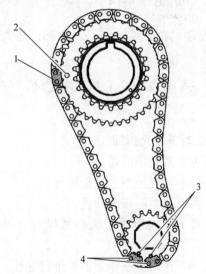

图2-40 平衡轴正时链标记

① 正时链节1对准曲轴链轮2上的正时标记。

② 相邻正时链节 4 对准平衡轴驱动链轮上的两个正时标记 3。

18）安装发动机前盖。

2.3 凯迪拉克凯雷德（2007—2017 年款）

2.3.1 通用 4.8L LY2 发动机（2007—2009）

该发动机正时维修与 LZ1 相同，相关内容请参考 2.3.3 小节。

2.3.2 通用 6.0L LFA 混动发动机（2009）

该发动机正时维修与 LZ1 相同，相关内容请参考 2.3.3 小节。

2.3.3 通用 6.0L LZ1 混动发动机（2010—2014）

1. 正时链条拆卸

专用工具：EN 46330 正时链张紧器固定销；J 8433 拔出器杆；J 41478 曲轴前油封安装工具；J 41558 曲轴链轮拆卸工具；J 41665 曲轴平衡器和链轮安装工具；J 41816-2 曲轴端部保护装置；J 42386-A 飞轮夹持工具；J 45059 角度测量仪

1）拆下机油泵。

2）转动曲轴链轮直到凸轮轴位置（CMP）执行器定位标记 1 和曲轴链轮定位标记 2 对正，见图 2-41。

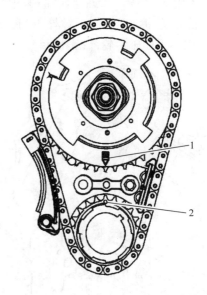

图 2-41 转动曲轴链轮对正位置

3）如图 2-42 所示，安装 J 42386-A 飞轮夹持工具 1 和螺栓。使用正确的工具进行操作，即一个 1.5×120mm 的 M10 螺栓和一个 1.5×45mm 的 M10 螺栓。确保 J 42386-A 飞轮夹持工具的卡齿和发动机飞轮齿啮合。将 J 42386-A 飞轮夹持工具螺栓紧固至 50N·m。

4）拆下并废弃凸轮轴位置执行器电磁阀 234。

拆卸或安装过程中，不要推拉凸轮轴位置（CMP）执行器的变磁阻轮。磁阻轮由 3 个滚柱销钉固定在凸轮轴位置执行器前端。推拉转子可能导致转子从执行器前端脱落。执行器复位弹簧处于张紧状态下有可能导致脱落的变磁阻轮旋转，并造成人身伤害。

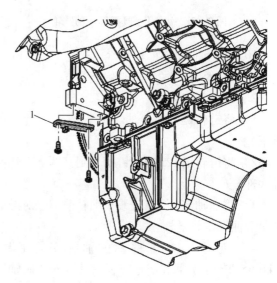

图 2-42 安装飞轮夹持工具

5）从凸轮轴处松开并分离凸轮轴位置执行器和正时链条。从执行器链轮后面将执行器从凸轮轴前侧拉下。在尝试拆下执行器时切勿拉动变磁阻轮。

6）拆下凸轮轴位置执行器 235 和正时链条 208。正时链条拆下之后切勿转动曲轴总成，以防止损坏活塞总成或气门。

7）将捆扎带穿过执行器中心和变磁阻轮使其固定。

8）拆下正时链条张紧器螺栓 231 和张紧器 232。

9）使用 J 41816-2 曲轴端部保护装置 1、J 41558 曲轴链轮拆卸工具 2、螺栓 3 和 J 8433 拔出器杆 4 以拆下曲轴链轮，见图 2-43。

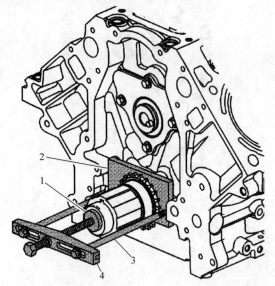

图 2-43　用专用工具拆卸曲轴链轮

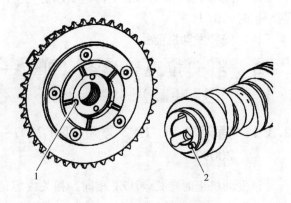

图 2-44　定位凸轮轴链轮

10）拆下曲轴链轮 207。

11）必要时，拆下曲轴链轮键。

2. 正时链安装程序

1）将链轮键安装至曲轴链轮键槽（若之前拆下）。

2）将链轮键 122 敲入键槽直到其两端到达曲轴底部。

3）将曲轴链轮 207 安装至曲轴前端。对准曲轴键和曲轴链轮键槽。

4）使用 J 41478 曲轴前油封安装工具、J 41665 曲轴平衡器和链轮安装工具以安装曲轴链轮。将链轮安装至曲轴，直到完全就位至曲轴凸缘。

5）压住正时链条张紧器导板并安装 EN 46330 正时带张紧器固定销。

6）安装正时链条张紧器 232 和螺栓 231。紧固螺栓至 25N·m。

7）找到凸轮轴位置执行器后面的定位孔 1 和凸轮轴前面的定位销 2，见图 2-44。正确定位凸轮轴位置执行器至凸轮轴定位销。链轮齿和正时链条齿必须啮合。必须正确对准凸轮轴和曲轴链轮的定位标记。切勿重复使用凸轮轴位置电磁阀。装配时，安装新的凸轮轴位置阀。

8）对正凸轮轴位置执行器后，使正时标记位于 6 点钟位置。

9）安装凸轮轴位置执行器 235 和正时链条 208。对正凸轮轴位置执行器正面的定位孔和凸轮轴前面的定位销。

拆卸或安装过程中，不要推拉凸轮轴位置（CMP）执行器的变磁阻轮。磁阻轮由 3 个滚柱销钉固定在凸轮轴位置执行器前端。推拉转子可能导致转子从执行器前端脱落。执行器复位弹簧处于张紧状态下有可能导致脱落的变磁阻轮旋转，并造成人身伤害。

10）务必将执行器完全安装至凸轮轴前侧。从执行器链轮的前面将执行器推至凸轮轴前侧。在尝试安装执行器时切勿推动变磁阻轮。

11）将直尺放在发动机气缸体前侧以检查凸轮轴位置执行器和正时链条是否正确安装。凸轮轴位置执行器正确安装至凸轮轴前侧后，正时链条不会从发动机气缸体的前侧突出来。

12）安装新的凸轮轴位置执行器阀 234。凸轮轴位置执行器正确定位至凸轮轴时，可以用手将凸轮轴位置执行器电磁阀完全旋入凸轮轴。用手紧固直到密合。

13）检查链轮是否正确定位。CMP 1 行器链轮上的标记应位于 6 点钟位置，并且曲轴链轮 2 上的标记应位于 12 点钟位置，见图 2-41。

14）拆下 EN 46330 正时带张紧器固定销。

15）紧固凸轮轴位置执行器电磁阀。第一遍将螺栓紧固至 65N·m。使用 J 45059 角度测量仪，最后一遍将螺栓再次紧固 90°。

16）拆下 J 42386-A 飞轮夹持工具和螺栓。

17）安装机油泵。

2.3.4 通用 5.3L LMG/LC9 混动发动机（2010—2014）

该发动机正时维修与 LZ1 相同，相关内容请参考 2.3.3 小节。

2.3.5 通用 6.2L L94/L9H 发动机（2010—2017）

该发动机正时维修与 LZ1 相同，相关内容请参考 2.3.3 小节。

2.3.6 通用 6.0L L96 发动机（2010—2014）

该发动机正时维修与 LZ1 相同，相关内容请参考 2.3.3 小节。

2.4 凯迪拉克 SRX（2005—2015 年款）

2.4.1 通用 3.6L LY7 发动机（2005—2010）

该发动机正时维修与 LLT 相同，相关内容请参考 2.1 小节。

2.4.2 通用 4.6L LH2 发动机（2005—2010）

1. 发动机正时部件与标记

发动机正时部件与标记位置如图 2-45 所示。

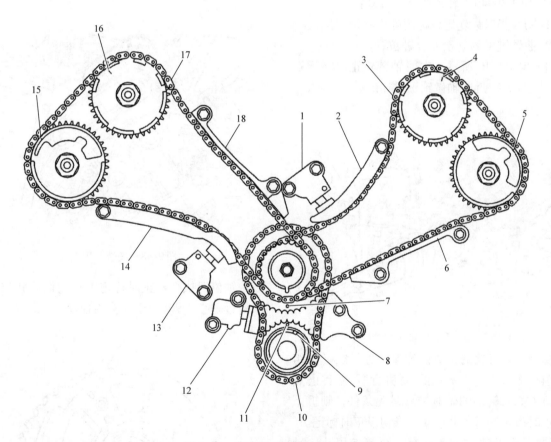

图 2-45 发动机正时部件与标记位置

1—左侧次级正时链条张紧器　2—左侧次级正时链条支撑板　3—左侧次级正时链条　4—左侧进气凸轮轴位置执行器正时标记
5—左侧排气凸轮轴位置执行器正时标记　6—左侧次级正时链条导板　7—中间位置执行器正时标记　8—初级正时链条导板
9—曲轴位置执行器销定位槽　10—初级正时链条　11—曲轴位置执行器正时标记　12—初级正时链条张紧器
13—右侧次级正时链条张紧器　14—右侧次级正时链条支撑板　15—右侧排气凸轮轴位置执行器正时标记
16—右侧进气凸轮轴位置执行器正时标记　17—右侧次级正时链条　18—右侧次级正时链条导板

2. 凸轮轴正时设置

专用工具：EN 46328 凸轮轴固定工具；J39946 曲轴套筒。

每当凸轮轴传动系统受到扰动以致链条和链轮之间的相对位置发生改变时，都需要设置凸轮轴正时。

当曲轴链轮和中间轴链轮上的正时标记对准，且所有4个凸轮轴位置执行器正时标记在它们转动位置顶部附近垂直（90°）于气缸盖顶面时，曲轴和凸轮轴正时正确。

1）拆下以下部件检查：左侧凸轮轴盖、右侧凸轮轴盖、发动机前盖、机油泵。特别注意事项：设置左侧或右侧次级凸轮轴正时之前，初级链轮和链条必须被正确地正时。

2）用 J 39946 1 转动曲轴，直到：

① 初级正时齿轮定位标记处于其顶部位置。

② 曲轴键槽约处于1点钟位置。

③ 如图2-46所示，中间轴链轮正时标记在其旋转底部，接近曲轴齿轮正时标记。

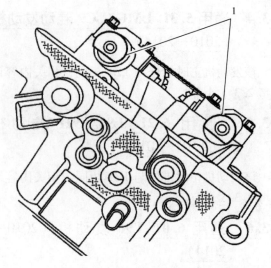

图2-47　安装凸轮轴固定工具

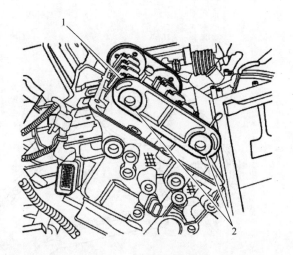

图2-48　安装专用工具

凸轮轴位置执行器正时标记1在它们旋转位置顶部附近垂直（90°）于气缸盖顶面。

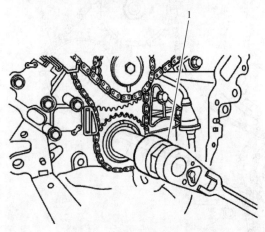

图2-46　设置曲轴键位置

初级正时链轮的正时：确保1号气缸（缸组1右前气缸）活塞在开始做功行程的上止点（TDC）。如果转动曲轴时未满足此条件，则拆下初级正时齿轮和链条并重新对准初级正时标记。

3）每个凸轮轴的后部有一个与专用凸轮轴固定工具 EN 46328 1 配合的机加工平面（图2-47），以防止气门弹簧张力引起凸轮轴意外转动。当每个凸轮轴缸组正确就位以便次级正时对准时，进气和排气凸轮轴机加工平面将互相平行。

4）允许将 J 39946 安装在图2-48所示2处，防止凸轮轴在气门弹簧张力作用下意外转动。

5）如图2-49所示，使缸组2（左侧）两个

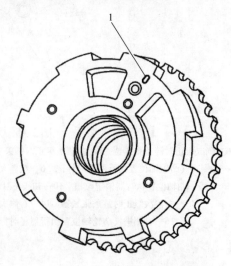

图2-49　凸轮轴执行器正时标记

6）每个次级正时链条有 3 个黑色链节 1、2、3，有助于次级凸轮轴位置执行器与中间链轮正时。仅维修一个次级正时链条或执行器总成时，不需要使用黑色链节。另一个节省时间的方法是，将拆解前用油性笔在每个靠近凸轮轴执行器正时标记的链条链节上做的标记和中间链轮轮齿相匹配。

7）中间链轮上有代表左缸组的字母 LB 和一个三角形标记。三角形定位点对准次级正时链条上的黑色链节。

8）将左侧次级正时链条装配到左侧进气凸轮轴位置执行器和左侧中间正时链轮上，使定位标记靠近上述的黑色链节 1、3。

9）如图 2-50 所示，装配左侧排气凸轮轴位置执行器，使其正时标记与次级正时链条上的黑色链节 2 对准。中间链轮标记如图 2-51 所示。

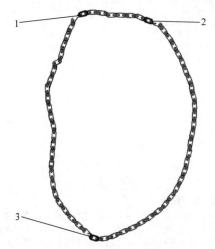

图 2-50　正时链正时标记

10）每个凸轮轴后部的 2 个机加工平面朝下，并相互平行。如图 2-52 所示，将 J 39946 安装在凸轮轴端部上，向下旋转两个翼形螺钉直到它们接触凸轮轴。

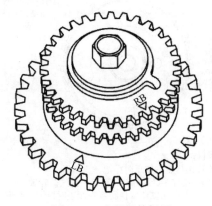

图 2-51　中间链轮标记

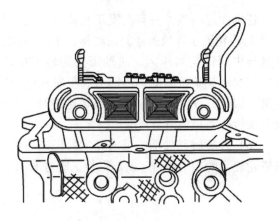

图 2-52　安装专用工具

特别注意事项：在设置缸组 1（右侧）凸轮轴正时前，必须正确正时缸组 2（左侧）凸轮轴位置执行器和中间正时链轮。

11）在缸组 1（右侧）进气凸轮轴位置执行器被装配到凸轮轴上时，旋转执行器，使正时标记在其旋转位置顶部附近垂直（90°）于气缸盖顶面。

12）中间正时齿轮外部的大部分链轮正时标记用右缸组（RB）字母符号。三角形定位点与右侧次级正时链条上的黑色链节同步。

13）将右缸组中间链轮正时标记与次级链条上的黑色链节对准。

14）将次级正时链条的黑色链节与右侧进气凸轮轴位置执行器上的正时标记对准。

15）如图 2-53 所示，将缸组 1（右侧）排气凸轮轴位置执行器的正时标记与次级正时链条上的黑色链节（对准，然后将执行器装配到排气凸轮轴上。

图 2-53　对准凸轮轴位置执行器与正时链标记

特别注意事项：一旦次级正时链条黑色链节2、3与凸轮轴位置执行器的正时标记1、4对准，并且与中间链轮对准后，曲轴需要旋转126转，才能使次级链条所有的黑色链节和正时标记再次对准。因此，仅维修一个次级正时总成时，不需要将次级链条黑色链节对准正时标记。

16）在拆解部件前，用油性笔标记链条链节与链轮轮齿的相对位置，就能保持正确对准。

2.4.3　通用 3.0L LF1/LFW 发动机（2011—2015）

1. 正时链单元结构分解

LF1 发动机正时链结构分解如图 2-54 所示。

2. 凸轮轴正时传动链条定位图

凸轮轴位置执行器正时标记如图 2-55 所示。

第一阶段，如图 2-56 所示。

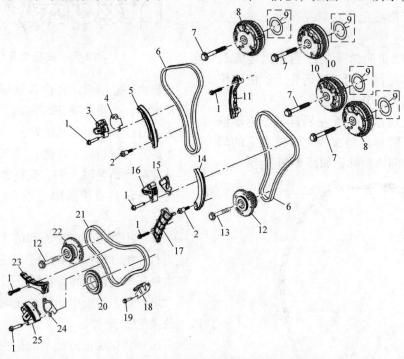

图 2-54　LF1 发动机正时链单元结构分解
1—初级正时链条张紧器螺栓　2—左侧次级正时链条支撑板螺栓　3—左侧次级正时链条张紧器　4—右侧次级正时链条张紧器衬垫　5—右侧次级正时链条支撑板　6—次级正时链条　7—凸轮轴位置执行器螺栓　8—排气凸轮轴位置执行器　9—凸轮轴位置执行器止推垫圈　10—进气凸轮轴位置执行器　11—右侧次级正时链条导板　12—左侧凸轮轴中间传动轴链轮　13—凸轮轴中间传动链轮螺栓　14—左侧次级正时链条支撑板　15—左侧次级正时链条张紧器衬垫　16—左侧次级正时链条张紧器　17—左侧次级正时链条导板　18—初级正时链条下导板　19—初级正时链条下导板螺栓　20—曲轴链轮　21—初级正时链条　22—右侧凸轮轴中间传动轴链轮　23—初级正时链条上导板　24—初级正时链条张紧器衬垫　25—初级正时链条张紧器

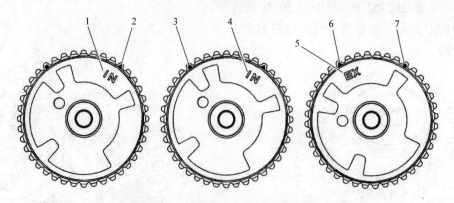

图 2-55　凸轮轴位置执行器正时标记
1—右侧进气凸轮轴位置执行器识别符　2—右侧进气凸轮轴位置执行器右侧正时标记，三角形　3—左侧进气凸轮轴位置执行器左侧正时标记，圆形　4—左侧进气凸轮轴位置执行器识别符　5—排气凸轮轴位置执行器识别符　6—排气凸轮轴位置执行器右侧正时标记，三角形　7—排气凸轮轴位置执行器左侧正时标记，圆形

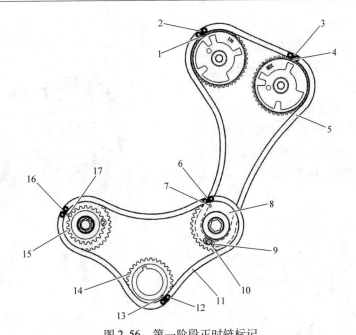

图 2-56 第一阶段正时链标记

1—左侧进气凸轮轴位置（CMP）执行器正时标记，圆形 2—左侧进气次级凸轮轴正时传动链条正时链节 3—左侧排气次级凸轮轴正时传动链条正时链节 4—左侧排气凸轮轴位置（CMP）执行器正时标记，圆形 5—左侧次级凸轮轴正时传动链条 6—左侧初级凸轮轴中间传动链条链轮的初级凸轮轴传动链条正时链节 7—初级凸轮轴传动链条的左侧初级凸轮轴中间传动链条链轮正时标记 8—左侧初级凸轮轴中间传动链条链轮 9—左侧次级凸轮轴正时传动链条正时链节（左侧初级凸轮轴中间传动链条链轮的孔后） 10—左侧次级凸轮轴正时传动链条正时链节的左侧初级凸轮轴中间传动链条链轮正时窗 11—初级凸轮轴传动链条 12—曲轴链轮的初级凸轮轴传动链条正时链节 13—曲轴链轮正时标记 14—曲轴链轮 15—右侧初级凸轮轴中间传动链条链轮 16—右侧初级凸轮轴中间传动链条链轮的初级凸轮轴传动链条正时链节 17—右侧初级凸轮轴中间传动链条链轮正时标记

第二阶段如图 2-57 所示。

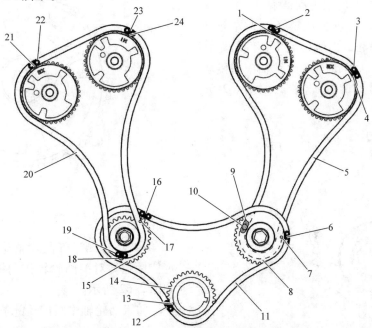

图 2-57 第二阶段正时链标记

1—左侧进气凸轮轴位置（CMP）执行器正时标记，圆形 2—左侧进气次级凸轮轴正时传动链条正时链节 3—左侧排气次级凸轮轴正时传动链条正时链节 4—左侧排气凸轮轴位置（CMP）执行器正时标记，圆形 5—左侧次级凸轮轴正时传动链条 6—左侧初级凸轮轴中间传动链条链轮的初级凸轮轴传动链条正时链节 7—初级凸轮轴传动链条的左侧初级凸轮轴中间传动链条链轮正时标记 8—左侧初级凸轮轴中间传动链条链轮 9—位于链轮中孔后的左侧初级凸轮轴中间传动链条链轮的左侧次级凸轮轴正时传动链条正时链节 10—左侧初级凸轮轴中间传动链条链轮正时窗 11—初级凸轮轴传动链条 12—曲轴链轮的初级凸轮轴传动链条正时链节 13—曲轴链轮正时标记 14—曲轴链轮 15—右侧初级凸轮轴中间传动链条链轮 16—右侧初级凸轮轴中间传动链条链轮的初级凸轮轴传动链条正时链节 17—初级凸轮轴传动链条的右侧初级凸轮轴中间传动链条链轮正时标记 18—右侧次级凸轮轴正时传动链条的右侧初级凸轮轴中间传动链条链轮正时标记/窗 19—右侧初级凸轮轴中间传动链条链轮的右侧次级凸轮轴正时传动链条正时链节 20—右侧次级凸轮轴正时传动链条 21—右侧排气凸轮轴位置（CMP）执行器正时标记，三角形 22—右侧排气次级凸轮轴正时传动链条正时链节 23—右侧进气次级凸轮轴正时传动链条正时链节 24—右侧进气凸轮轴位置（CMP）执行器正时标记，三角形

3. 正时链单元安装步骤

1）将专用工具安装到左侧凸轮轴的后部。

注意：在安装任何凸轮轴传动链条前，所有的凸轮轴都必须锁定到位。

2）确保专用工具完全就位于凸轮轴上。

3）使用套筒，确保曲轴在第一阶段正时位置时，曲轴链轮正时标记1对准机油泵盖2上的第一阶段正时标记，如图2-58所示。

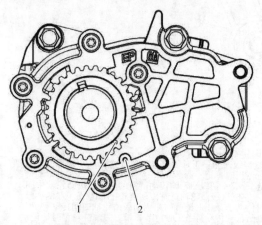

图2-58 曲轴链轮正时标记对准机油泵盖标记

4）安装左侧次级凸轮轴传动链条。

5）将左侧次级凸轮轴传动链条套在左侧凸轮轴中间传动链条惰轮的内侧链轮上，使凸轮轴传动链条的正时链节1对准左侧凸轮轴中间传动链条惰轮外侧链轮上的检修孔2，如图2-59所示。

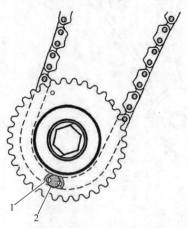

图2-59 凸轮轴传动链条的正时链节对准检修孔

6）将次级凸轮轴传动链条套在两个左执行器传动链轮上。

7）确保凸轮轴位置执行器链轮上的凸轮轴传动链条的正时链节之间有10个链节1，如图2-60所示。

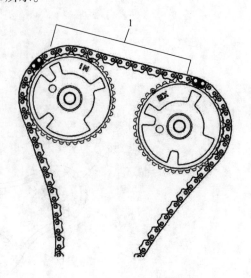

图2-60 安装正时链检查

8）将左侧排气凸轮轴位置执行器链轮圆形定位标记2对准凸轮轴传动链条正时链节1，如图2-61所示。

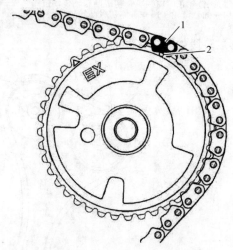

图2-61 定位标记对准正时链节

9）将左侧进气凸轮轴位置执行器链轮圆形定位标记1对准凸轮轴传动链条正时链节（2），如图2-62所示。

初级凸轮轴中间传动链条的安装：

1）安装初级凸轮轴传动链条。注意：确保曲轴位于第一阶段正时传动装配位置，如图2-63所示。

2）将初级凸轮轴传动链条套在各凸轮轴中间传动链条惰轮的大链轮和曲轴链轮上。

3）左侧凸轮轴中间传动链条惰轮正时标记1应对准凸轮轴传动链条正时链节2，如图2-64

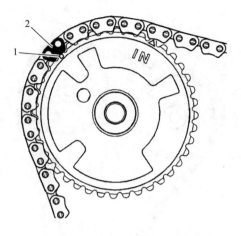

图 2-62　定位标记对准正时链节

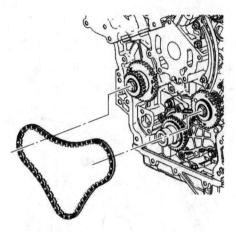

图 2-63　安装初级凸轮轴传动链条

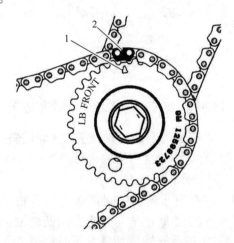

图 2-64　左正时标记对准正时链节

4）右侧凸轮轴中间传动链条惰轮正时标记 2 应对准凸轮轴传动链条正时链节 1，如图 2-65 所示。

5）曲轴链轮正时标记 2 应对准凸轮轴传动链条正时链节 1，如图 2-66 所示。

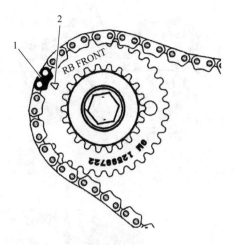

图 2-65　右正时标记对准正时链节

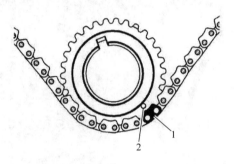

图 2-66　曲轴链轮正时标记对准正时链节

6）确保全部正时标记 2、3、6 都正确对准凸轮轴传动链条正时链节 1、4、5，如图 2-67 所示。

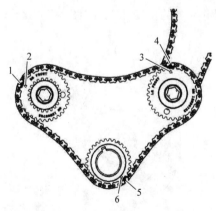

图 2-67　检查正时标记对准情况

右侧次级凸轮轴中间传动链条的安装：

1）确保曲轴在第二阶段正时传动装配位置 1，如图 2-68 所示。

2）安装右侧次级凸轮轴传动链条，如图 2-69 所示。

3）将次级凸轮轴传动链条套在右侧凸轮轴中间传动链条惰轮的外侧链轮上，使凸轮轴传动

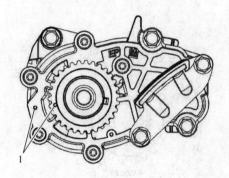

图2-68 检查曲轴装配位置

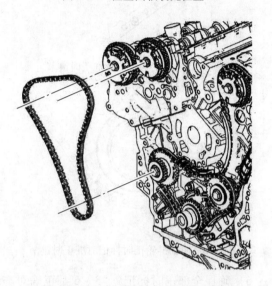

图2-69 安装右侧次级凸轮轴传动链条

链条正时链节1对准右侧凸轮轴中间传动链条惰轮内侧链轮上的检修孔2,如图2-70所示。

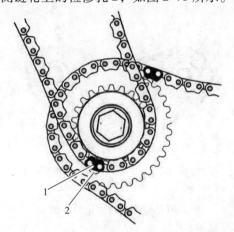

图2-70 使凸轮轴传动链条正时链节对准检修孔

4)将次级凸轮轴传动链条套在两个右执行器传动链轮上。

5)确保凸轮轴位置执行器链轮上的凸轮轴传动链条的正时链节之间有10个链节1,如图2-71所示。

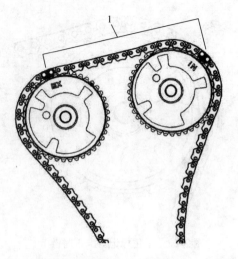

图2-71 检查正时链安装情况

6)将右侧排气凸轮轴位置执行器链轮的三角形定位标记1对准凸轮轴传动链条正时链节2,如图2-72所示。

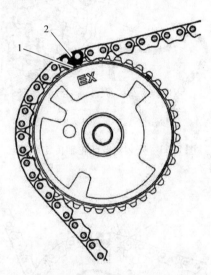

图2-72 使右排气定位标记对准正时链节

7)将右侧进气凸轮轴位置执行器链轮的三角形定位标记2对准凸轮轴传动链条正时链节1,如图2-73所示。

8)在右侧凸轮轴中间传动链条惰轮上的凸轮轴传动链条正时链节与各个右侧凸轮轴位置执行器链轮上的凸轮轴传动链条正时链节之间应有22个链节1,如图2-74所示。

2.4.4 通用2.8L LAU/LBW发动机(2011)

该发动机正时维修与LF1相同,相关内容请参考2.4.3小节。

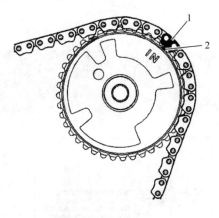

图 2-73 使右进气定位标记对准正时链节

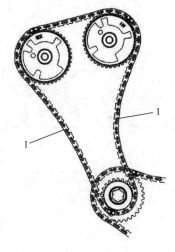

图 2-74 检查正时传动链安装情况

2.4.5 通用 3.6L LFX 发动机（2012—2015）

该发动机正时维修与 LLT 相同，相关内容请参考 2.1 小节。

2.5 凯迪拉克 CTS（2005—2014 年款）

2.5.1 通用 3.6L LY7 发动机（2005—2009）

该发动机正时维修与 LLT 相同，相关内容请参考 2.1 小节。

2.5.2 通用 2.8L LP1 发动机（2006—2009）

该发动机正时维修与 LF1 相同，相关内容请参考 2.4.3 小节。

2.5.3 通用 3.6L LLT 发动机（2010—2012）

该发动机也搭载在昂科雷上，相关内容请参考 2.1 小节。

2.5.4 通用 3.0L LF1 发动机（2010—2012）

该发动机也搭载在 SRX 车型上，相关内容请参考 2.4.3 小节。

2.5.5 通用 6.2L LS2/LSA 发动机（2009—2013）

该发动机正时维修与 LZ1 相同，相关内容请参考 2.3.3 小节。

2.5.6 通用 3.0L LFW 发动机（2013）

该发动机也搭载在 SRX 车型上，相关内容请参考 2.4.3 小节。

2.5.7 通用 3.6L LFX/LF3 发动机（2013—2014）

该发动机正时维修与 LLT 相同，相关内容请参考 2.1 小节。

2.5.8 通用 2.0T LTG 发动机（2014）

该发动机也搭载在科迈罗车型上，相关内容请参考 2.2.3 小节。

2.6 凯迪拉克 XTS（2013—2017 年款）

2.6.1 通用 2.0T LTG 发动机（2013—2017）

该发动机也搭载在科迈罗车型上，相关内容请参考 2.2.3 小节。

2.6.2 通用 3.6L LFX 发动机（2013—2014）

该发动机正时维修与 LLT 相同，相关内容请参考 2.1 小节。

第3章 丰田汽车

3.1 埃尔法（2011—2018 年款）

3.1.1 丰田 3.5L 2GR-FE 发动机（2011—2018）

1. 正时链单元拆卸步骤

1）将1号气缸设置到压缩上止点。

① 暂时紧固带轮固定螺栓。

② 顺时针转动曲轴，以将右侧缸体孔径中心线（压缩上止点）与曲轴转角信号盘上的正时标记对准，见图3-1。

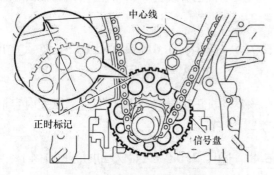

图3-1 设定气缸1至上止点位置

③ 如图3-2所示，检查并确认凸轮轴正时齿轮的正时标记与轴承盖的正时标记对准。如果没有对准，则顺时针转动曲轴1圈（360°），并如上所示对准正时标记。

2）拆卸1号链条张紧器总成。

① 向上移动挡片以松开锁，并将柱塞推入张紧器。

② 向下移动挡片以卡紧锁，并将直径为1.27mm的销插挡片孔，见图3-3。

③ 拆下2个螺栓和1号链条张紧器总成，见图3-4。

3）拆卸链条张紧器导板。

4）拆卸链条分总成。

① 逆时针转动曲轴10°以松开曲轴正时链轮链条，见图3-5。

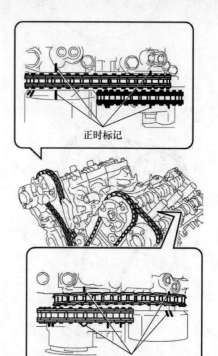

图3-2 检查凸轮轴齿轮正时标记

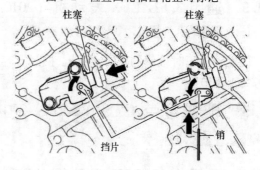

图3-3 设置1号链条张紧器

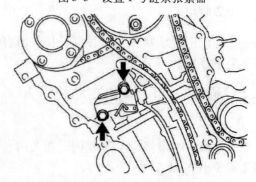

图3-4 拆下张紧器

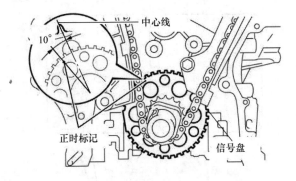

图 3-5 松开曲轴正时链轮链条

② 拆下带轮固定螺栓。

③ 从曲轴正时链轮上拆下链条分总成,并将其放在曲轴上,见图 3-6。

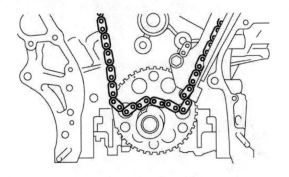

图 3-6 旋转链条至曲轴上

④ 如图 3-7 所示,顺时针旋转 B1 上的凸轮轴正时齿轮总成(约 60°),并如图 3-7 所示进行固定。务必松开气缸组间的链条分总成。

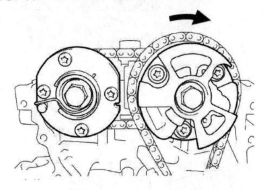

图 3-7 顺时针旋转 B1 上的凸轮轴正时齿轮

⑤ 拆下链条分总成。

5)用 10mm 六角扳手拆下 2 号惰轮轴、张紧链轮总成和 1 号惰轮轴,见图 3-8。

6)拆下 2 个螺栓和 1 号链条振动阻尼器。

7)拆下 2 号链条振动阻尼器,见图 3-9。

8)拆卸曲轴正时链轮。

① 从曲轴上拆下曲轴正时链轮。

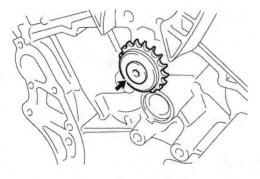

图 3-8 拆下 2 号惰轮轴

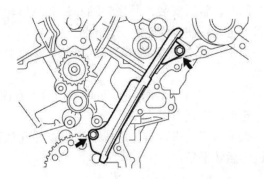

图 3-9 拆下 2 号链条振动阻尼器

② 从曲轴上拆下 2 个键,见图 3-10。

图 3-10 拆下曲轴链轮

9)拆卸凸轮轴正时齿轮和 2 号链条(B1)。

10)拆卸 2 号链条张紧器总成。

11)拆卸凸轮轴轴承盖(B1)。

12)拆卸凸轮轴。

13)拆卸 2 号凸轮轴。

14)拆卸右侧凸轮轴壳分总成。

15)拆卸凸轮轴正时齿轮和 2 号链条(B2)。

16)拆卸 3 号链条张紧器总成。

2. 正时链单元安装步骤

1)安装 3 号链条张紧器总成。

2)安装凸轮轴正时齿轮和 2 号链条(B2)。

3)安装 2 号链条张紧器总成。

4)安装凸轮轴正时齿轮和 2 号链条(B1)。

5）用2个螺栓安装1号链条振动阻尼器。拧紧力矩：23N·m。

6）安装2号链条振动阻尼器，见图3-9。

7）如图3-10所示，安装2个键和曲轴正时链轮。

8）安装张紧链轮总成。

① 在1号惰轮轴的旋转表面上涂抹一薄层发动机机油。

② 使1号惰轮轴的锁销与气缸体的锁销槽对准的同时，暂时安装1号惰轮轴和带2号惰轮轴的张紧链轮。注意惰轮的安装位置。

提示：检查并确认1号和2号惰轮轴上无异物。

③ 如图3-11所示，用10mm六角扳手紧固2号惰轮轴。拧紧力矩：60N·m。

提示：安装张紧链轮总成后，检查并确认张紧链轮运转平稳。

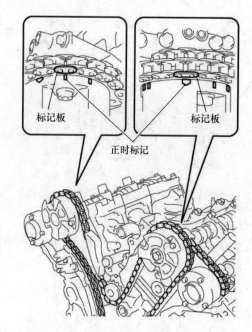

图3-12 对准标记板和正时标记

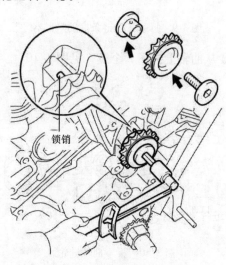

图3-11 安装张紧链轮总成

9）安装链条分总成。

① 如图3-12所示，对准标记板和正时标记，并安装链条。凸轮轴标记板为橙色。

② 不要将链条穿过曲轴，只需暂时将其放在曲轴上。

③ 如图3-13所示，逆时针转动B1上的凸轮轴正时齿轮总成，以紧固气缸组间的链条。

重复使用张紧链轮总成时，将链条板与其原来所在位置的标记对准，以紧固气缸组间的链条。

④ 如图3-14，对准标记板和正时标记，并将链条安装到曲轴正时链轮上。曲轴标记板为黄色。

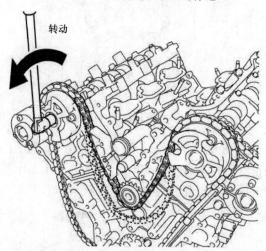

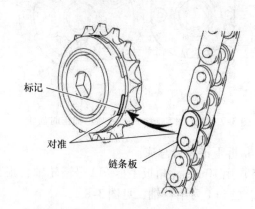

图3-13 紧固气缸组间链条

⑤ 暂时紧固带轮固定螺栓。

⑥ 如图3-1所示，顺时针转动曲轴，将其定位至右侧缸体孔径中心线（压缩上止点）位置。

第 3 章 丰田汽车

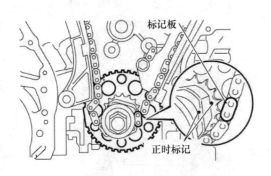

图 3-14 对准曲轴正时标记

10) 安装链条张紧器导板。

① 安装链条张紧器导板。

② 检查并确认各凸轮轴正时标记位于图 3-15 所示部位。

进气凸轮轴：务必在标记 B、C 和 D 位于同一直线处时检查标记 A，见图 3-16。如果从其他观察点检查标记，则不能正确检查。

③ 如果气门正时错位，则重新安装正时链条。

④ 拆下带轮固定螺栓。

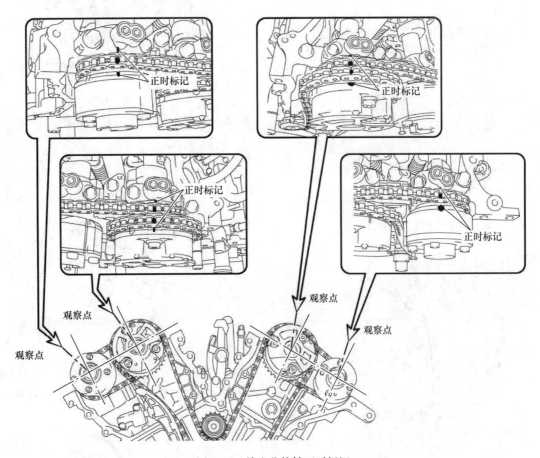

图 3-15 检查凸轮轴正时标记

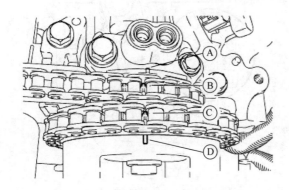

图 3-16 进气凸轮轴正时标记观察点

3.1.2 丰田 2.4L 2AZ–FE 发动机 (2011—2017)

1. 正时链单元拆卸步骤

1）拆卸 1 号曲轴位置传感器齿板，见图 3-17。

2）拆卸螺栓和链条张紧器滑块，见图 3-18。

3）拆卸 2 个螺栓和 1 号链条减振器，见图 3-19。

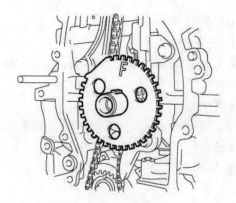

图3-17 拆卸曲轴位置传感器齿板

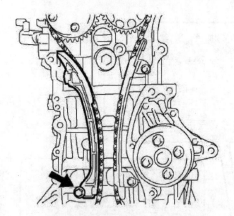

图3-18 拆下链条张紧器

图3-19 拆下链条减振器

4)拆卸螺栓和正时链条导向器,见图3-20。

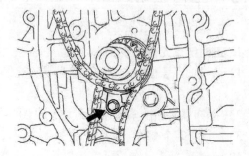

图3-20 拆下链条导向器

5)拆卸链条分总成,见图3-21。

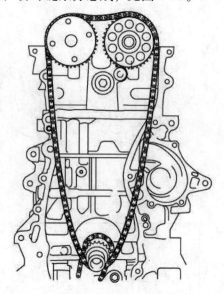

图3-21 拆下链条

6)拆卸曲轴正时链轮,见图3-22。

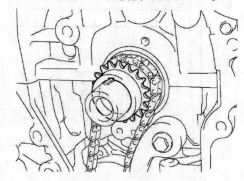

图3-22 拆下曲轴正时链轮

7)拆卸2号链条分总成。

① 按逆时针方向转动曲轴90°,使机油泵驱动轴链轮的调节孔与机油泵的槽对准,见图3-23。

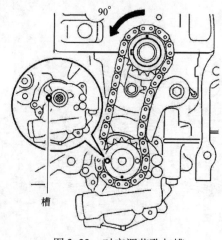

图3-23 对齐调节孔与槽

② 将一个直径为 4mm 的销插入机油泵驱动轴链轮的调节孔内，将齿轮锁止，然后拆卸螺母，见图 3-24。

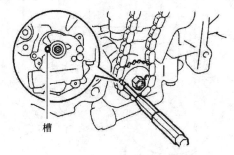

图 3-24　插入销锁止齿轮

③ 拆卸螺栓、链条张紧器板和弹簧，见图 3-25。

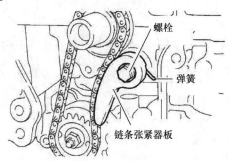

图 3-25　折下张紧器板

④ 拆卸链条张紧器、机油泵从动链轮和链条。

2. 正时链单元安装步骤

1) 安装 2 号链条分总成。

① 将曲轴键置于左侧水平位置。

② 转动驱动轴，使缺口朝上，见图 3-26。

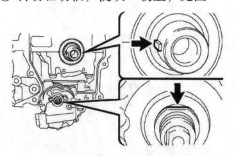

图 3-26　使曲轴驱动轮缺口朝上

③ 如图 3-27 所示，将黄色标记连杆与各齿轮的正时标记对准。

④ 用齿轮上的链条，将链轮安装到曲轴和机油泵上。

⑤ 用螺母暂时拧紧机油泵驱动轴链轮。

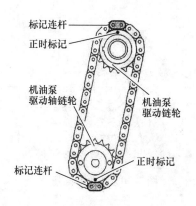

图 3-27　对齐黄色标记与正时标记

⑥ 如图 3-28 所示，将缓冲弹簧插入调节孔内，然后用螺栓安装链条张紧器板。拧紧力矩：12N·m。

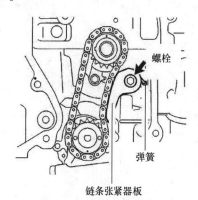

图 3-28　安装链条张紧器板

⑦ 对准机油泵驱动轴链轮的调节孔与机油泵的槽。

⑧ 将一个直径为 4mm 的销插入机油泵驱动轴齿轮的调节孔内，将齿轮锁止，然后拧紧螺母，见图 3-29。拧紧力矩：30N·m。

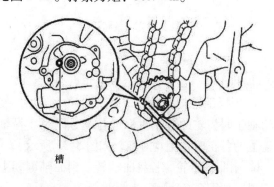

图 3-29　锁止齿轮

⑨ 按顺时针方向转动曲轴 90°，并将曲轴键朝上，如图 3-30 所示。

2) 安装曲轴正时链轮，见图 3-31。

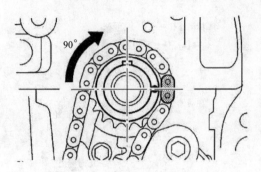

图 3-30 使曲轴键朝上

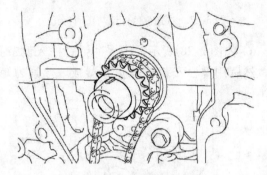

图 3-31 安装曲轴正时链轮

3）如图 3-32 所示，用 2 个螺栓安装 1 号链条减振器。拧紧力矩：9.0N·m。

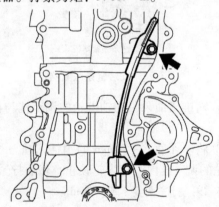

图 3-32 安装链条减振器

4）安装链条分总成。

① 将 1 号气缸设定为压缩上止点（TDC）。

a. 用扳手转动凸轮轴（使用六角顶部），使凸轮轴正时齿轮的各正时标记与 1 号以及 2 号轴承盖上的各正时标记均对准，如图 3-33 所示。

b. 用曲轴带轮螺栓将曲轴转动到曲轴键朝上的位置，如图 3-34 所示。

② 将链条安装到曲轴正时链轮上，使金色或粉色标记连杆与曲轴上的正时标记对准，见图 3-35。

③ 如图 3-36 所示，用 SST 和锤子敲入曲轴正时链轮。SST09309-37010。

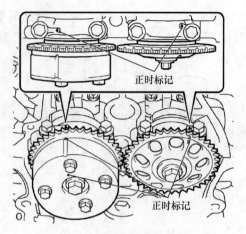

图 3-33 设定气缸 1 到 TDC 位置

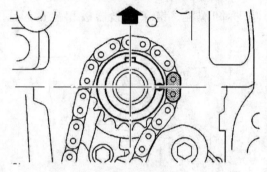

图 3-34 使曲轴键朝上

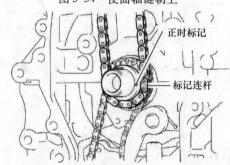

图 3-35 对齐曲轴正时链轮标记

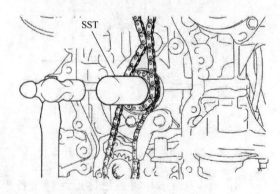

图 3-36 安装曲轴正时链轮

④ 如图 3-37 所示，将金色或黄色标记连杆对准凸轮轴正时齿轮和链轮上的各正时标记，然后安装链条。

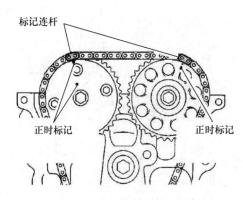

图 3-37　对齐凸轮轴链轮正时标记

5）用螺栓安装链条张紧器滑块，见图 3-38。拧紧力矩：19N·m。

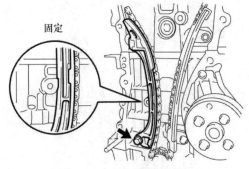

图 3-38　安装张紧器滑块

6）用螺栓安装正时链条导向器。拧紧力矩：9.0N·m。

7）安装 1 号曲轴位置传感器齿板，让"F"标记朝上，见图 3-39。

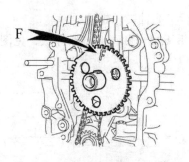

图 3-39　安装曲轴位置传感器齿板

8）安装正时链条箱油封。

9）安装正时链盖分总成。

3.2　威飒（2013—2017 年款）

丰田 2.7L 1AR-FE 发动机（2013—2017）

1. 正时链单元拆卸步骤

1）拆卸正时链条盖分总成。

2）将 1 号气缸设置到压缩上止点。

① 暂时安装曲轴带轮螺栓。提示："A"并非正时标记。

② 顺时针旋转曲轴以使曲轴正时齿轮和凸轮轴正时齿轮上的正时标记如图 3-40 所示。如果正时标记没有对准，则再次顺时针旋转曲轴以将其对准。

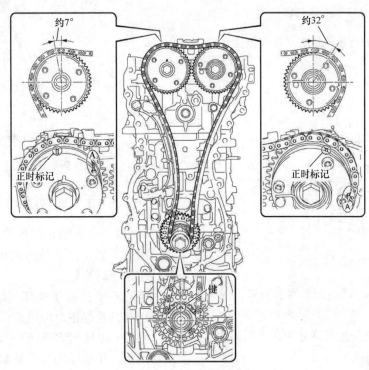

图 3-40　检查正时标记

③ 拆下曲轴带轮螺栓。

3）拆下螺栓和正时链条导板，见图3-41。

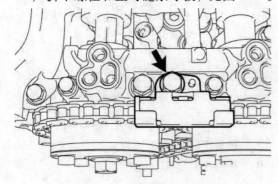

图3-41 拆下正时链条导板

4）拆卸1号链条张紧器总成。

① 稍微伸长柱塞，然后逆时针旋转挡片并松开锁。一旦松开锁后，将柱塞推入张紧器，见图3-42。

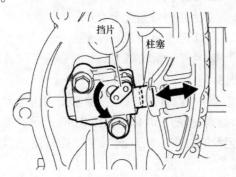

图3-42 松开锁推入柱塞

② 顺时针移动挡片以卡紧锁，并将销插入挡片孔中，见图3-43。

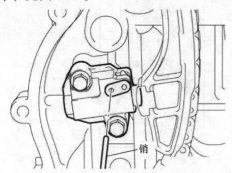

图3-43 将销插入挡片孔

③ 拆下2个螺栓、链条张紧器和衬垫，见图3-44。

5）拆下螺栓和链条张紧器导板，见图3-45。

6）拆卸链条分总成。

7）拆下2个螺栓和链条振动阻尼器，见

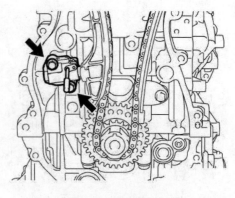

图3-44 拆下张紧器

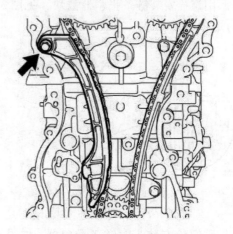

图3-45 拆下张紧器导板

图3-46。

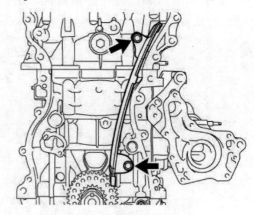

图3-46 拆下振动阻尼器

8）拆卸凸轮轴正时齿轮总成。如图3-47所示，用扳手固定凸轮轴的六角部位，并拆下螺栓和凸轮轴正时齿轮。

小心不要让扳手损坏气缸盖或火花塞套管。不要拆解凸轮轴正时齿轮。

9）拆卸排气凸轮轴正时齿轮总成。如图3-48所示，用扳手固定凸轮轴的六角部位，并拆下螺栓和排气凸轮轴正时齿轮。

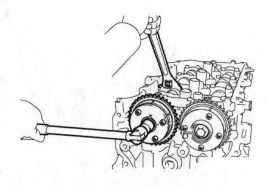

图3-47 拆下凸轮轴正时齿轮总成

小心不要让扳手损坏气缸盖或火花塞套管。不要拆解排气凸轮轴正时齿轮。

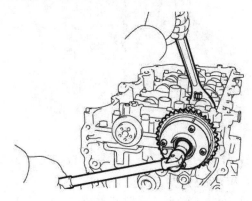

图3-48 拆下排气凸轮轴正时齿轮

2. 正时链单元安装步骤

1）将1号气缸设置到压缩上止点。

① 暂时安装曲轴带轮螺栓。

② 如图3-49所示，将曲轴逆时针转动40°以定位曲轴带轮键。

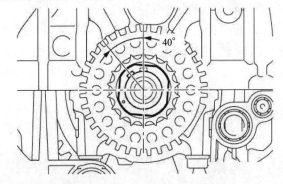

图3-49 设置气缸1到TDC位置

③ 检查并确认凸轮轴正时齿轮的正时标记如图3-50所示。

提示："A"并非正时标记。

2）用2个螺栓安装链条振动阻尼器，见图3-46。拧紧力矩：21N·m。

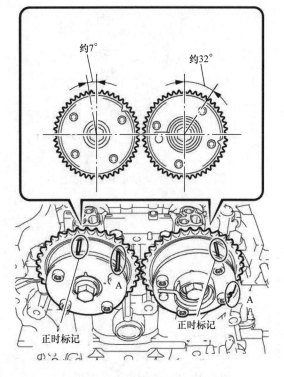

图3-50 检查正时标记

3）安装链条分总成。

① 将链条置于凸轮轴正时齿轮和曲轴正时链轮上。

确保链条的标记板远离发动机。无须将链条安装到齿轮齿和链轮齿上。

② 如图3-51所示，将链条的标记板（黄色或金色）与排气凸轮轴正时齿轮的正时标记对准，并将链条安装到排气凸轮轴正时齿轮上。

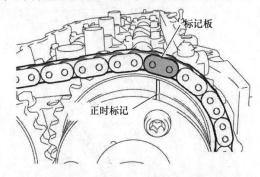

图3-51 对齐排气凸轮轴正时齿轮标记

③ 如图3-52所示，将链条的标记板（粉红色或金色）与曲轴正时链轮的正时标记对准，并将链条安装到曲轴正时链轮上。

④ 在曲轴正时链轮上系一根绳子以确保链条牢固，见图3-53。

⑤ 如图3-54所示，使用进气凸轮轴的六角

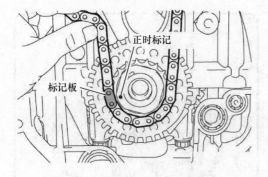

图 3-52　对齐曲轴正时齿轮标记

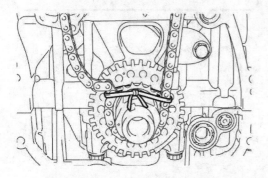

图 3-53　固定正时链条到曲轴链轮

部位，用扳手逆时针转动进气凸轮轴，将凸轮轴正时齿轮的正时标记与链条的标记板（黄色或金色）对准并将链条安装到凸轮轴正时齿轮上。

提示：用扳手固定进气凸轮轴，直至安装好链条张紧器。

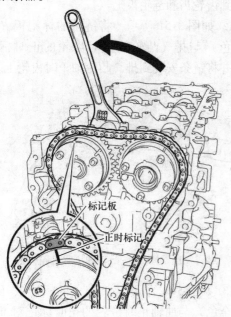

图 3-54　对齐凸轮轴正时齿轮总成标记

⑥ 松开曲轴正时链轮上的绳子，顺时针转动曲轴并松开链条以安装链条张紧器导板，见图 3-

55。确保链条牢固。

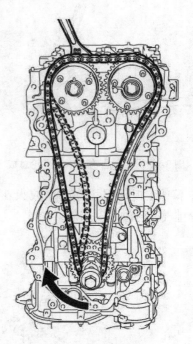

图 3-55　安装正时链条

4）用螺栓安装链条张紧器导板，见图 3-45。拧紧力矩：21N·m。

5）安装 1 号链条张紧器总成。

① 用 2 个螺栓安装新的衬垫和链条张紧器，见图 3-44。拧紧力矩：10N·m。

② 从挡片上拆下销。

6）用螺栓安装正时链条导板，见图 3-41。拧紧力矩：21N·m。

7）检查 1 号气缸压缩上止点。

① 暂时安装曲轴带轮螺栓。

② 顺时针旋转曲轴，检查并确认曲轴正时链轮和凸轮轴正时齿轮上的正时标记如图 3-40 所示。

提示："A" 并非正时标记。

③ 拆下曲轴带轮螺栓。

8）安装正时链条盖分总成。

3.3　普瑞维亚（2002—2017 年款）

3.3.1　丰田 3.5L 2GR-FE 发动机（2007—2017）

该发动机也搭载在埃尔法车型上，相关内容请参考 3.1.1 小节。

3.3.2 丰田 2.4L 2AZ-FE 发动机（2002—2017）

该发动机也搭载在埃尔法车型上，相关内容请参考 3.1.2 小节。

3.4 杰路驰（2011—2017 年款）

丰田 2.5L 2AR-FE 发动机（2011—2017）

1. 正时链单元拆解步骤

1）拆卸正时链条盖总成。

2）将 1 号气缸设定至压缩上止点。提示："A"不是正时标记。

① 暂时安装曲轴带轮螺栓。

② 顺时针旋转曲轴，使曲轴正时齿轮和凸轮轴正时齿轮上的正时标记位于图 3-56 所示位置。提示：如果正时标记未对准，则再次顺时针转动曲轴并对准正时标记。

③ 拆下曲轴带轮螺栓。

3）拆下螺栓和正时链条导板，如图 3-57 所示。

4）拆卸 1 号链条张紧器总成。

① 稍微伸出柱塞，然后逆时针转动挡片以松开锁扣。松开锁扣后，将柱塞推入张紧器，见图 3-58。

② 顺时针移动挡片以固定锁扣，然后将销插入挡片孔，见图 3-59。

③ 如图 3-60 所示，拆下 2 个螺栓、1 号链条张紧器总成和衬垫。

5）拆下螺栓和链条张紧器导板，见图 3-61。

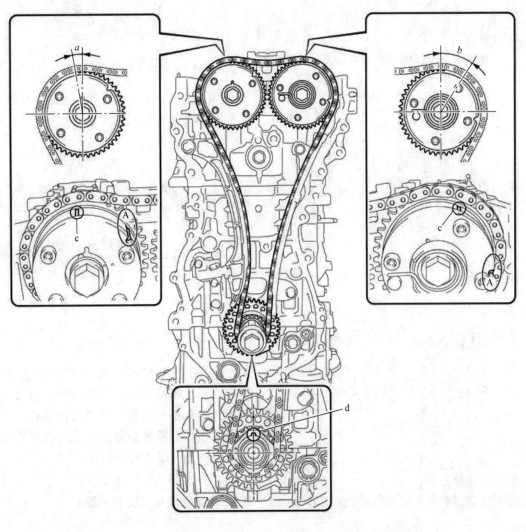

图 3-56 设定气缸 1 到 TDC 位置

a—约 7°　b—约 32°　c—正时标记　d—键

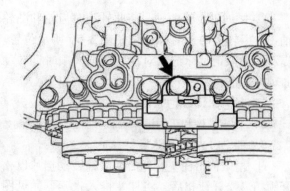

图 3-57 拆下正时链条导板

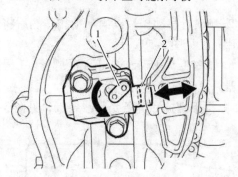

图 3-58 松开锁扣推入柱塞
1—挡片 2—柱塞

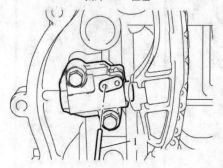

图 3-59 插入销
1—销

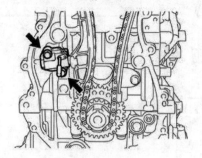

图 3-60 拆下张紧器总成

6）拆卸链条分总成。
7）拆下 2 个螺栓和 1 号链条振动阻尼器，见图 3-62。
8）如图 3-63 所示，用扳手固定凸轮轴的六角部分并拆下螺栓和凸轮轴正时齿轮总成。小心

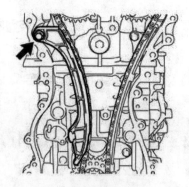

图 3-61 拆下张紧器导板

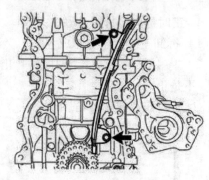

图 3-62 拆下振动阻尼器

不要用扳手损坏凸轮轴壳分总成或火花塞套管。不要拆解凸轮轴正时齿轮总成。

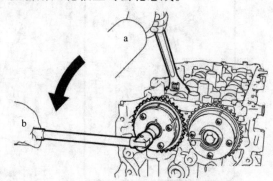

图 3-63 拆下进气凸轮轴齿轮
a—固定 b—转动

9）拆卸排气凸轮轴正时齿轮总成。如图 3-64 所示，用扳手固定 2 号凸轮轴的六角部分并拆下螺栓和排气凸轮轴正时齿轮总成。小心不要用扳手损坏凸轮轴壳分总成或火花塞套管。不要拆解排气凸轮轴正时齿轮总成。
10）拆卸凸轮轴壳分总成。

2. 正时链单元安装步骤

1）将 1 号气缸设定至压缩上止点。
① 暂时安装曲轴带轮螺栓。
② 逆时针转动曲轴 40° 以将曲轴带轮定位键

置于图3-65所示位置。

③ 检查并确认凸轮轴正时齿轮的正时标记位于图3-66所示位置。提示:"A"不是正时标记。

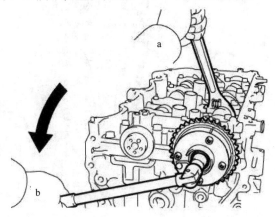

图3-64 拆卸排气凸轮轴齿轮
a—固定 b—转动

图3-65 设定气缸1到TDC

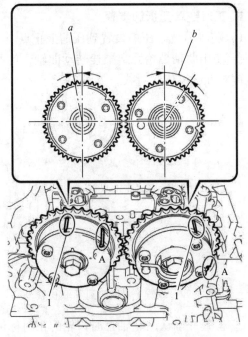

图3-66 凸轮轴链轮正时标记
1—正时标记 a—大约7° b—大约32°

④ 拆下曲轴带轮螺栓。

2) 用2个螺栓安装1号链条振动阻尼器。拧紧力矩:21N·m。

3) 安装链条分总成。

① 将链条置于曲轴正时齿轮和曲轴正时链轮上。提示:确保链条的标记板朝向远离发动机的一侧。无须将链条分总成安装到齿轮和链轮上。

② 如图3-67所示,将链条的标记板(橙色)对准排气凸轮轴正时齿轮总成的正时标记,并将链条分总成安装到排气凸轮轴正时齿轮总成上。

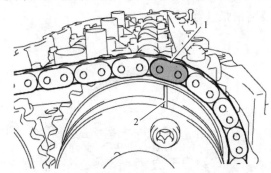

图3-67 对准排气凸轮轴正时链轮标记
1—标记板 2—正时标记

③ 如图3-68所示,将链条的标记板(黄色)对准曲轴正时链轮的正时标记并将链条分总成安装到曲轴正时链轮上。

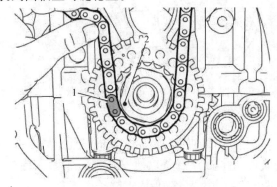

图3-68 对齐曲轴链轮正时标记
1—标记板 2—正时标记

④ 在曲轴正时链轮上方系一条细绳以固定链条,见图3-69。

⑤ 如图3-70所示,使用进气凸轮轴的六角部分,用扳手逆时针转动进气凸轮轴并对准凸轮轴正时齿轮总成的正时标记和链条的标记板(橙色)以将链条分总成安装到凸轮轴正时齿轮总成上。

提示:用扳手将进气凸轮轴固定到位,直至

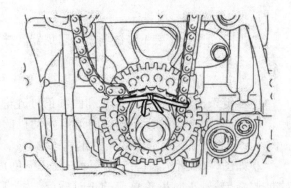

图3-69　用细绳固定链条

安装链条张紧器。

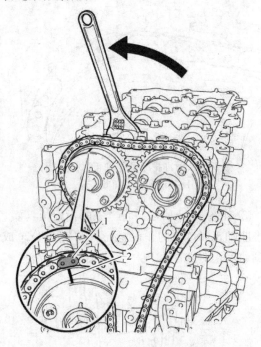

图3-70　对齐凸轮轴齿轮正时标记
1—标记板　2—正时标记

⑥松开曲轴正时链轮上方的细绳，顺时针转动曲轴，并松开链条以便安装链条张紧器导板，见图3-71。小心：确保固定链条。

4）用螺栓安装链条张紧器导板。拧紧力矩：21N·m。

5）安装1号链条张紧器总成。

①用2个螺栓安装新衬垫和1号链条张紧器总成。拧紧力矩：10N·m。

②从挡片上拆下销。

6）用螺栓安装正时链条导板。拧紧力矩：21N·m。

7）检查1号气缸至压缩上止点。

①暂时安装曲轴带轮螺栓。

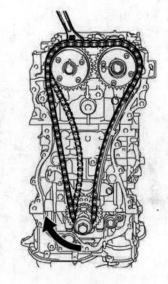

图3-71　固定链条

②顺时针旋转曲轴，检查并确认曲轴正时链轮和凸轮轴正时齿轮上的正时标记位于图3-56所示位置。提示："A"不是正时标记。

③拆下曲轴带轮螺栓。

8）安装正时链条盖总成。

3.5　FJ酷路泽（2007—2017年款）

丰田4.0L 1GR-FE发动机（2007—2017）

1. 正时链单元拆卸步骤

1）将1号气缸压缩设置到压缩上止点。

①使用曲轴带轮固定螺栓转动曲轴，使曲轴定位键对准气缸体正时线，见图3-72。

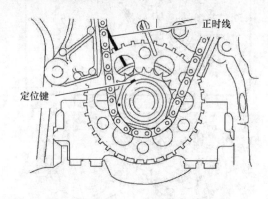

图3-72　设置1号气缸到TDC位置

②检查并确认凸轮轴正时齿轮的正时标记如图3-73所示对准轴承盖的正时标记。

如果没有对准，则转动曲轴 1 圈（360°），使上述正时标记对准。

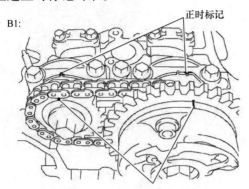

图 3-73 检查凸轮轴正时标记位置

2）拆卸 1 号链条张紧器总成。在拆下链条张紧器后，切勿转动曲轴。

在拆下链条张紧器后转动凸轮轴时，先从 TDC 逆时针转动曲轴 40°。

① 如图 3-74 所示，向上转动张紧器挡片时，将链条张紧器推入柱塞中。

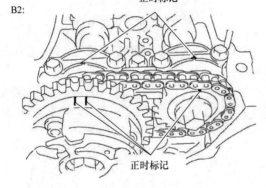

图 3-74 设置张紧器

② 当向下转动张紧器挡片时，将一个 3.5mm 的杆插入到挡片和张紧器孔中，以固定挡片。

③ 拆下 2 个螺栓，然后拆下链条张紧器。

3）拆卸链条张紧器导板。

4）使用 10mm 六角扳手拆下 2 号惰轮轴、1 号惰轮和 1 号惰轮轴，见图 3-75。

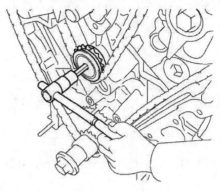

图 3-75 拆卸 1 号惰轮

5）拆下 2 号链条振动阻尼器。

6）拆卸链条分总成。

2. 正时链单元安装步骤

1）安装链条张紧器导板。

2）安装 1 号链条张紧器总成。

① 如图 3-76 所示，顺时针转动张紧器挡片时，将张紧器推入柱塞中。

② 当逆时针转动张紧器挡片时，将一个 35mm 的杆插入到挡片和张紧器孔中，以固定挡片。

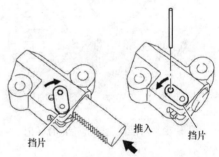

图 3-76 设置张紧器

③ 用 2 个螺栓安装链条张紧器。拧紧力矩：10N·m。

3）安装链条分总成。

① 将 1 号气缸设置到压缩上止点。

a. 对准凸轮轴正时齿轮和轴承盖的正时标记，见图 3-73。

b. 使用曲轴带轮固定螺栓转动曲轴，使曲轴定位键对准气缸体正时线，见图 3-77。

② 将黄色链条标记对准曲轴正时链条的正时标记，见图 3-78。

③ 将橙色链条标记对准凸轮轴正时齿轮的正时标记并安装链条，见图 3-79。

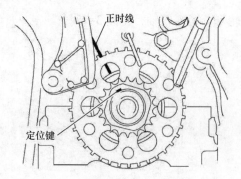

图 3-77　使曲轴定位键对准气缸体正时线

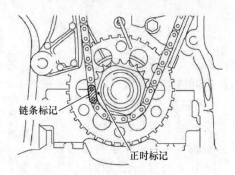

图 3-78　对准曲轴正时标记

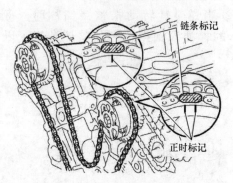

图 3-79　对准凸轮轴链轮正时标记

4) 安装 2 个 2 号链条振动阻尼器。

5) 安装 1 号惰轮轴。

① 在 1 号惰轮轴的旋转表面上涂抹一薄层发动机机油。

② 使 1 号惰轮轴的锁销对准气缸体的锁销槽的同时，暂时安装 1 号惰轮轴和 2 号惰轮轴，见图 3-80。

小心：正确定位惰轮轴。

③ 用 10mm 六角扳手紧固 2 号惰轮轴。拧紧力矩：60N·m。

④ 从链条张紧器上拆下杆。

6) 安装正时齿轮箱或正时链条箱油封。

7) 安装正时链条或正时带盖分总成。

① 清除所有旧密封胶（FIPG）涂料。

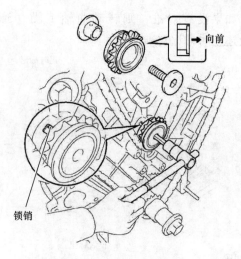

图 3-80　安装 1 号惰轮轴

切勿将机油滴在正时链条盖、气缸盖和气缸体的接触表面。

② 如图 3-81 所示，将一个新的 O 形圈安装到气缸盖 B2 上。

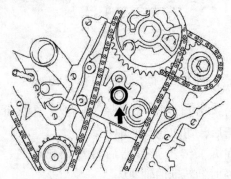

图 3-81　安装新的 O 形圈

③ 在图 3-82 所示的 4 个部位上涂抹一条连续的密封胶（直径 3~4mm）。

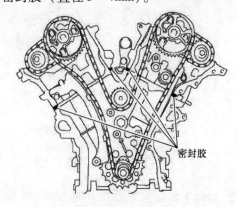

图 3-82　涂抹密封胶

密封胶：丰田原厂黑密封胶、Three-Bond1207B 或同等产品。

④ 在安装链条盖前，保持图 3-83 所示的气

缸体和气缸盖之间的密封表面没有机油。

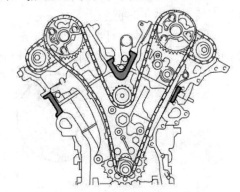

图 3-83 不能有机油的部位

⑤ 如图 3-84 所示，在正时链条盖上涂抹一条连续的密封胶（直径 3~4mm）。

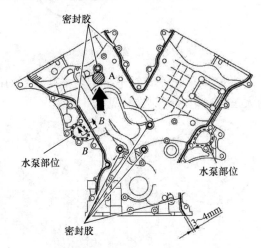

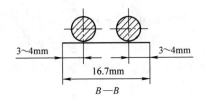

图 3-84 密封胶涂抹规范

密封胶：

水泵部件：丰田原厂密封胶 1282B、Three-Bond1282B 或同等产品。

其他部件：丰田原厂黑密封胶、Three-Bond1207B 或同等产品。

涂抹密封胶后 3min 内安装正时链条盖。必须在安装的 15min 内紧固正时链条盖螺栓和螺母。否则，必须清除密封胶并重新涂抹。

切勿在图中所示的 A 部位涂抹密封胶。

⑥ 将机油泵主动转子的键槽与曲轴正时齿轮的矩形部件对准，并将正时链条盖滑动到位，见图 3-85。

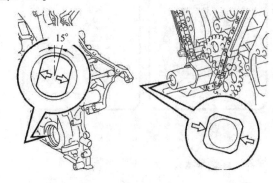

图 3-85 安装机油泵主动转子

⑦ 用 24 个螺栓和 2 个螺母安装正时链条盖。分几个步骤均匀地紧固螺栓和螺母，见图 3-86。拧紧力矩：23N·m。

注意不要在正时链条盖密封线以外罩住链条和导板。

各螺栓的长度如下：A 为 25mm；B 为 55mm。

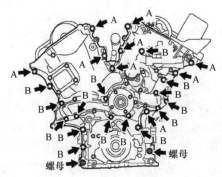

图 3-86 安装正时链室盖罩

3.6 普拉多（2003—2016 年款）

3.6.1 丰田 2.7L 2TR-FE 发动机（2004—2017）

1. 正时链条拆卸步骤

1）拆卸正时链条盖分总成
2）将 1 号气缸设定至压缩上止点。
① 暂时安装曲轴带轮螺栓。
② 顺时针旋转曲轴，使曲轴正时齿轮和凸轮轴正时齿轮上的正时标记位于图 3-87 所示位置。如果正时标记没有对准，则再次顺时针旋转曲轴并对准正时标记。

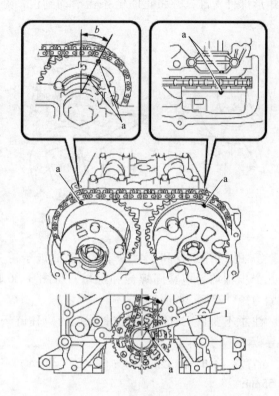

图3-87 发动机TDC位置标记

1—曲轴带轮定位键　a—正时标记　b—约13°　c—约30°

③ 拆下曲轴带轮螺栓。

3）拆卸正时链条导板。

4）拆卸1号链条张紧器总成。注意拆下链条张紧器时，不要旋转曲轴，链条拆下需要旋转凸轮轴时，向右旋转曲轴90°。向上移动挡片以解除锁止，并将柱塞推入张紧器。向下移动挡片以设定锁止，并将直径为3.0mm的杆插入挡片孔中，见图3-88。拆下螺栓、螺母、链条张紧器和衬垫。

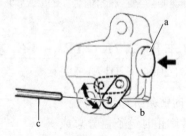

图3-88 设置链条张紧器

a—柱塞　b—挡片　c—六角扳手

5）拆卸链条张紧器导板。

6）拆卸链条振动阻尼器。

7）拆卸链条分总成。

2. 正时链单元安装步骤

1）安装平衡轴正时链条：

① 如图3-89所示，对准标记板与链轮和齿轮上的正时标记，将链条安装到链轮和齿轮上。

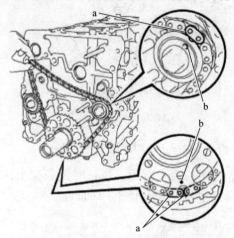

图3-89 对齐正时标记

② 将链条的另一个链节标记与平衡轴主动齿轮的大正时标记后面对准，见图3-90。

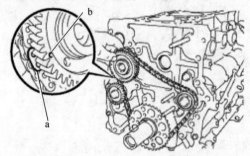

图3-90 对准大正时标记

a—标记板（黄色）　b—大正时标记

③ 将平衡轴主动齿轮轴穿过平衡轴主动齿轮，使其插入止推板的孔中。

④ 将平衡轴主动齿轮的小正时标记与平衡轴正时齿轮的大正时标记对准，见图3-91。

⑤ 将螺栓安装到平衡轴主动齿轮上。拧紧力矩：25N·m。

⑥ 如图3-92所示，检查并确认各正时标记与相应的链节标记对准。注意：检查并确认1号气缸在TDC且1号和2号平衡轴的配重在下止点。

2）安装主正时链：

① 如图3-93所示，将链条分总成安装到排气凸轮轴正时齿轮总成和凸轮轴正时齿轮总成上，使标记板与排气凸轮轴正时齿轮总成和凸轮轴正

第3章 丰田汽车

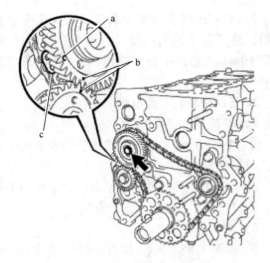

图3-91 对正大小正时标记
a—大正时标记 b—小正时标记
c—标记板（黄色）

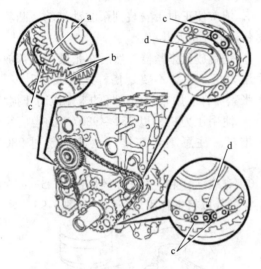

图3-92 检查2号链条正时标记
a—大正时标记 b—小正时标记
c—标记板（黄色） d—正时标记

时齿轮总成上的正时标记对准。

② 用绳系住曲轴正时齿轮或链轮的链条分总成。将绳系在曲轴正时齿轮或链轮附近。

注意：安装好链条张紧器后，必须解下绳。

3）安装链条张紧器导板。拧紧力矩：21N·m。

4）安装链条张紧器总成。向上移动挡片以解除锁止，并将柱塞推入张紧器。向下移动挡片以设定锁止，并将六角扳手插入挡片孔中，用螺栓和螺母安装新衬垫和链条张紧器。拧紧力矩：10N·m。

5）安装正时链条盖分总成。

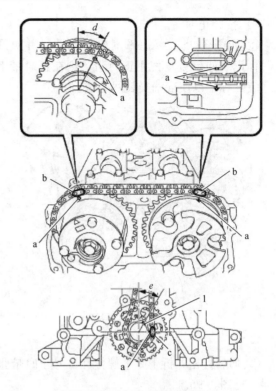

图3-93 主正时链正时标记
1—曲轴带轮定位键 a—正时标记
b—标记板（粉色） c—标记板（黄色）
d—约13° e—约30°

3.6.2 丰田4.0L 1GR-FE发动机（2001—2010）

该机型也搭载在FJ酷路泽车型上，相关内容请参考3.5小节。

3.6.3 丰田3.0T 1KZ-TE柴油发动机（2008）

1. 正时带单元拆卸

1）拆卸正时带盖：拆下6个螺栓、6个垫圈和正时带盖，见图3-94。

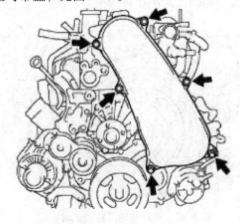

图3-94 正时带盖

2）拆卸正时带。

① 如图3-95所示，顺时针转动曲轴并对准正时标记。如果重复使用正时带，则在正时带上做好装配标记以便准确安装回原位。

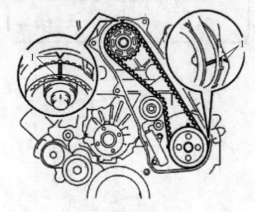

图3-95　对齐正时标记
1—正时标记

② 均匀拧松并拆下2个螺栓和1号正时带张紧器，见图3-96。

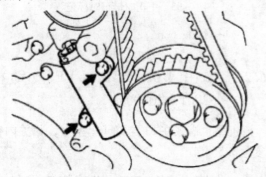

图3-96　拆下张紧器

③ 拆下正时带。正时带拆下时如果转动凸轮轴，则如图3-97所示逆时针转动曲轴90°。安装正时带时，转动凸轮轴以对准正时标记，然后顺时针转动曲轴以对准正时标记。

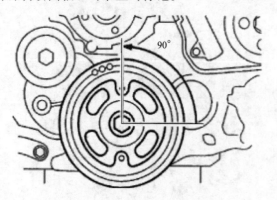

图3-97　转动曲轴以对准正时标记

3）拆卸正时带惰轮分总成。检查正时带惰轮时，注意除非绝对必要，否则不要将其拆下。使用10mm六角扳手拆下螺栓、1号正时带惰轮和垫圈。

2. 正时带单元安装步骤

1）安装正时带惰轮分总成。

① 使用10mm六角扳手，用螺栓安装新垫圈和正时带惰轮。

② 检查并确认惰轮移动平衡。如果移动不平衡，则检查惰轮和垫圈的安装情况。

2）安装正时带。

① 如图3-95所示，检查并确认正时标记对准。如果重复使用正时带，则对准拆卸时标记的点，安装正时带并使箭头指向曲轴旋转方向。注意确保发动机冷却，否则转动曲轴时，气门头部将碰撞活塞。不要过度转动曲轴。

② 依次使正时带安装到泵驱动带轮、凸轮轴正时带轮和正时带惰轮上。

③ 垂直放置张紧器，然后在张紧器顶部放置一个压力机。注意不要划伤杆末端或使其变形。压入张紧器杆。用布包住推杆的末端以防止损坏。

④ 使用压力机，以981～9807N的力度缓慢推入推杆。注意不要在推杆上施加超过9807N的力。

⑤ 对准推杆和壳的孔，然后将1.5mm六角扳手穿过孔以将推杆固定到位，见图3-98。

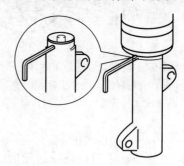

图3-98　插入六角扳手

⑥ 向正时带推惰轮的同时，用2个螺栓暂时安装正时带张紧器。

⑦ 紧固2个螺栓：13N·m。注意均匀拧紧2个螺栓。

⑧ 从张紧器上拆下1.5mm六角扳手。

⑨ 如图3-95所示，顺时针转动曲轴720°，检查并确认正时标记对准。

3）安装正时带盖。用六个螺栓安装正时带

盖，拧紧力矩：6.0N·m。

3.7 GT86（2009—2017年款）

丰田2.0L FA20发动机（2013—2016）

该款发动机也搭载在斯巴鲁BRZ车型上，相关内容请参考12.5小节。

3.8 塞纳（2010—2017年款）

3.8.1 丰田 2.7L 2TR-FE 发动机（2010—2017）

该款发动机也搭载在普拉多车型上，相关内容请参考3.6.1小节。

3.8.2 丰田 3.5L 2GR-FE 发动机（2010—2017）

该款发动机也搭载在埃尔法车型上，相关内容请参考3.1.1小节。

3.8.3 丰田 3.3L 3MZ-FE 发动机（2005—2009）

1. 正时带单元拆卸步骤

1) 拆卸发动机室2号左侧盖。
2) 拆卸发动机室侧盖。
3) 拆卸右前轮。
4) 拆卸发动机1号底罩。
5) 分离右前翼子板挡泥板分总成，拆下螺钉并分离翼子板挡泥板。
6) 拆卸右前挡泥板密封，拆下2个螺栓、卡子和右挡泥板密封。
7) 拆卸右前刮水器臂和刮水片总成。
8) 拆卸左前刮水器臂和刮水片总成。
9) 拆卸前围板上通风栅板分总成。
10) 拆卸风窗玻璃刮水器电动机及连杆总成。
11) 拆卸前围上外板分总成。
12) 拆卸蓄电池。
13) 拆卸蓄电池支架分总成。
14) 拆卸冷气进气管密封件。
15) 拆卸带进气口的空气滤清器盖。
16) 拆卸带谐振器的空气滤清器壳。
17) 分离制动主缸储液罐分总成。
18) 拆卸储液罐支架。
19) 拆卸空气滤清器支架。
20) 拆卸发动机运动控制杆。拆下4个螺栓、发动机运动控制杆和支架。
21) 拆卸发动机右侧2号悬置托架。拆下螺栓、发动机2号悬置托架和发动机2号悬置支架。
22) 拆卸曲轴带轮。用SST拧松带轮螺栓，见图3-99。用SST和带轮螺栓拆下带轮，见图3-100。

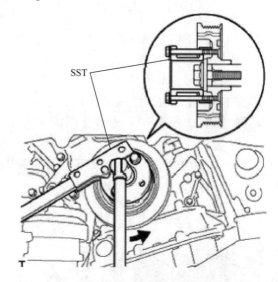

图3-99 拧松带轮螺栓

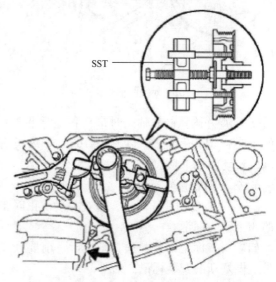

图3-100 拆下曲轴带轮

23) 拆卸1号正时带盖。拆下4个螺栓和正时带1号盖。
24) 拆卸2号正时带盖。将发动机线束保护装置卡夹从正时带 2 号盖上断开。拆下 5 个螺栓，然后拆下正时带盖，见图 3-101。

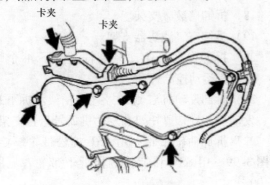

图 3-101 拆下正时带盖

25) 拆卸发动机右侧悬置支架。拆下 2 个螺栓、2 个螺母和发动机右悬置支架。

26) 拆卸 2 号正时带导向装置。

① 将 1 号气缸设置为压缩上止点。

a. 暂时将曲轴带轮螺栓和垫圈安装到曲轴上。

b. 顺时针转动曲轴，对准曲轴正时带轮和机油泵体的正时标记，见图 3-102。

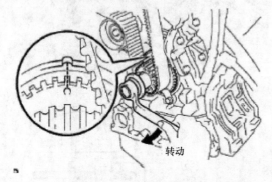

图 3-102 对准曲轴带轮正时

c. 检查并确认凸轮轴正时带轮和正时带 3 号盖的正时标记相互对准，见图 3-103。如果没有对准，转动曲轴 1 圈（360°）。

d. 拆下曲轴带轮螺栓。

② 如果重复使用正时带，检查并确认正时带上的 3 个安装标记。

如果安装标记已经消失，则在拆下前要在正时带上做好新的安装标记，见图 3-104。

③ 将 1 号气缸设置为压缩上止点前约 60°。逆时针转动曲轴约 60°，见图 3-105。

注意：如果正时带未啮合，使曲轴带轮位于错误角度，在拆卸凸轮轴正时带轮和凸轮轴时，将导致活塞头部和气门头部互相接触，从而造成

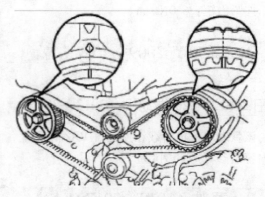

图 3-103 对准凸轮轴带轮标记

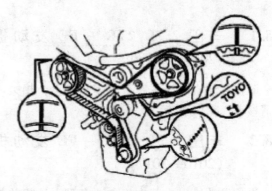

图 3-104 做好安装标记

损坏。因此，务必将曲轴带轮设置在正确的角度。

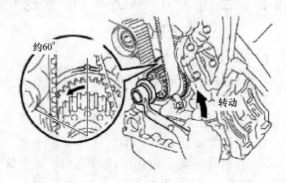

图 3-105 设置 1 号气缸于压缩上止点位置

④ 拆下正时带张紧器。

2. 正时带单元安装步骤

1) 安装正时带，见图 3-106。

① 清除带轮上所有的机油或水，并使其保持清洁。如果正时带上有水和/或机油的痕迹，对泄漏处进行修理，并安装一条新的正时带。只擦拭带轮，不要使用任何清洁剂。

② 检查惰轮。

a. 检查并确认惰轮运转平稳。

b. 目视检查惰轮的密封部分是否有机油泄漏。

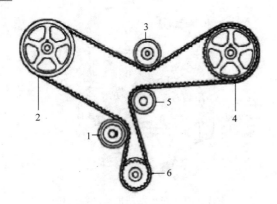

图 3-106　正时带齿轮位置
1—1 号惰轮　2—右凸轮轴正时带轮
3—2 号惰轮　4—左凸轮轴正时带轮
5—水泵带轮　6—曲轴正时带轮

③ 检查水泵。

a. 转动带轮，检查并确认水泵轴承运转平稳且无任何噪声。

b. 目视检查排放口是否有冷却液泄漏。

④ 暂时将曲轴带轮螺栓和垫圈安装到曲轴上。

⑤ 逆时针转动曲轴约 60°。为防止接触到活塞顶部和气门头部，将曲轴带轮设置在压缩上止点前 60°位置。

⑥ 使用 SST 转动正时带轮，使正时带轮和正时带 3 号盖的正时标记对准，见图 3-107。正时标记对准时，确保握住 SST 以免左侧气缸组带轮向右偏离。

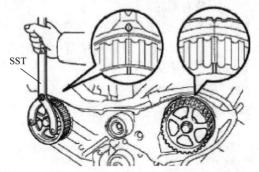

图 3-107　对准凸轮轴带轮正时

⑦ 转动曲轴，对准曲轴正时带轮和机油泵体的正时标记。

⑧ 使正时带的朝前标记朝前。

⑨ 将正时带上的安装标记与曲轴正时带轮上的正时标记对准。

⑩ 将正时带上的安装标记与凸轮轴正时带轮上的正时标记对准。

⑪ 按图 3-108 所示顺序安装正时带。

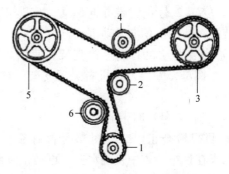

图 3-108　正时带单元安装顺序
1—曲轴正时带轮　2—水泵带轮
3—左凸轮轴正时带轮　4—2 号惰轮
5—右凸轮轴正时带轮　6—1 号惰轮

正时标记对准时，确保握住 SST 以免左侧气缸组带轮向右偏离。

2）安装 1 号链条张紧器总成，见图 3-109。

① 将正时带张紧器直立地放置在压力机上。

② 缓慢地压入推杆。注意：对推杆施加的压力不要超过 9.8kN。

③ 将推杆上的孔与外壳上的孔对齐，将一个 1.5mm 的六角扳手穿过这两个孔，使推杆保持在设定位置。

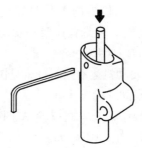

图 3-109　设置张紧器

④ 松开压力机。

⑤ 用 2 个螺栓暂时安装张紧器。交替紧固 2 个螺栓。拧紧力矩：27N·m。

注意：务必均匀地紧固螺栓。倾斜地安装张紧器可能导致操作不正确。

⑥ 将 1.5mm 六角扳手从张紧器上拆下。

⑦ 缓慢地转动曲轴 2 圈，并对准曲轴正时带轮和机油泵体的正时标记。

注意：务必顺时针转动曲轴。

⑧ 检查右侧和左侧正时带轮的正时标记，是否如图 3-103 所示对准 3 号正时带盖上的正时标记。如果标记没有对准，拆下正时带并重新安装。

⑨ 拆下曲轴带轮螺栓。

3）安装 2 号正时带导向装置。安装正时带导向装置，使凹面朝向发动机前方。

4）安装发动机右侧悬置支架。使用 2 个螺栓和 2 个螺母，安装发动机右悬置支架。拧紧力矩：28N·m。

5）安装 2 号正时带盖。

① 目视检查正时带盖衬垫是否有裂纹和断裂。如果在目视检查中发现水迹，更换正时带盖。

② 用 5 个螺栓安装正时带盖。拧紧力矩：8.5N·m。

③ 连接 2 个卡夹。

6）安装 1 号正时带盖。

① 目视检查正时带盖衬垫是否有裂纹和断裂。如果在目视检查中发现水迹，更换正时带盖。

② 安装正时带盖。拧紧力矩：8.5N·m。

③ 将发动机线束保护装置盖安装至正时带 3 号盖。

7）安装曲轴带轮。

① 将带轮键槽与曲轴上的键对准，滑动带轮使其就位。

② 用 SST 安装带轮螺栓。拧紧力矩：220N·m。

8）安装发动机右侧 2 号悬置托架。使用螺栓，安装发动机 2 号悬置托架和发动机 2 号悬置支架。拧紧力矩：64N·m。

9）安装发动机运动控制杆，见图 3-110。

① 临时紧固螺栓 B 和 C。

② 按照顺序，先紧固螺栓 A、B，然后紧固螺栓 C。拧紧力矩：64N·m。

③ 紧固螺栓 D。拧紧力矩：23N·m。

10）安装空气滤清器支架。

11）安装储液罐支架。

12）安装制动主缸储液罐分总成。

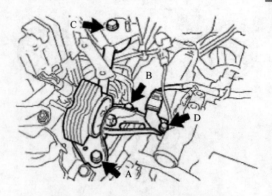

图 3-110　安装发动机运动控制杆

13）安装带谐振器的空气滤清器壳。

14）安装带进气口的空气滤清器盖。

15）安装冷气进气管密封件。

16）安装蓄电池托架分总成。

17）安装蓄电池。

18）安装前围上外板分总成。

19）安装风窗玻璃刮水器电动机及连杆总成。

20）安装前围板上通风栅板分总成。

21）安装左前刮水器臂和刮水片总成。

22）安装右前刮水器臂和刮水片总成。

23）安装右前挡泥板密封，安装 2 个螺栓、卡子和右挡泥板密封。

24）安装右前翼子板挡泥板分总成，用螺钉安装翼子板挡泥板。

25）安装发动机 1 号底罩。

26）安装右前轮。

27）检查点火正时。

28）进行初始化。重新连接蓄电池电缆时，某些系统需要初始化。

29）安装发动机室侧盖。

30）安装发动机室 2 号左侧盖。

第4章 雷克萨斯汽车

4.1 ES系列（2004—2017年款）

4.1.1 ES200 6AR-FSE 发动机（2015—2017）

1. 正时链单元拆卸

1）拆卸正时链条盖分总成。

2）拆卸正时链条盖油封。

3）将1号气缸设定至压缩上止点。

① 暂时安装曲轴带轮定位螺栓。

② 如图4-1所示，顺时针旋转曲轴并对准曲轴带轮定位键。

③ 检查并确认排气凸轮轴正时齿轮总成和凸轮轴正时齿轮总成的正时标记在图4-1所示位置。

提示："A"不是正时标记。

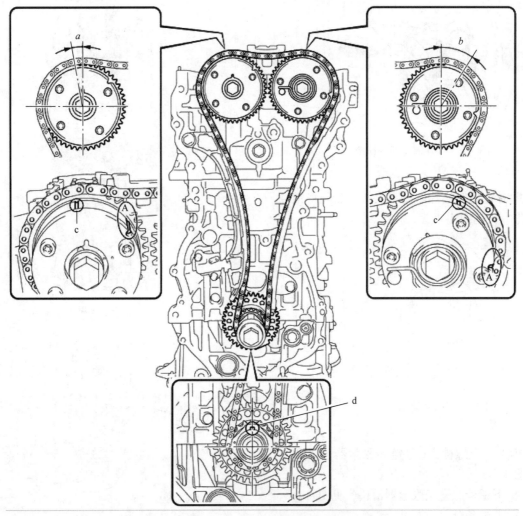

图4-1　顺时针旋转曲轴并对准曲轴带轮定位键
a—约7°　b—约32°　c—正时标记　d—曲轴带轮定位键

④ 拆下曲轴带轮定位螺栓。

4）拆下螺栓和正时链条导向器，见图4-2。

5）拆卸1号链条张紧器总成。

① 使柱塞略微伸出，然后逆时针旋转挡片以

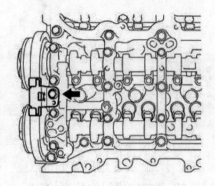

图4-2 拆下正时链条导向器

松开锁扣。如果松开锁扣,则将柱塞推入1号链条张紧器总成,见图4-3。

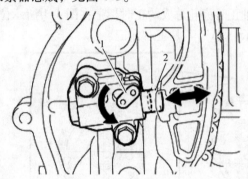

图4-3 松开锁扣推入柱塞
1—挡片 2—柱塞

② 顺时针旋转挡片以设定锁扣,然后将销插入挡片孔中,见图4-4。

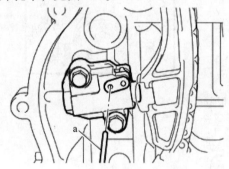

图4-4 设定锁扣并将销插入
a—销

③ 拆下2个螺栓、1号链条张紧器总成和垫片,见图4-5。

6) 拆下螺栓和链条张紧器滑块,见图4-6。

7) 拆下链条分总成。

8) 拆下2个螺栓和1号链条减振器,见图4-7。

9) 从曲轴上拆下曲轴正时链轮,见图4-8。

10) 拆卸凸轮轴正时齿轮总成。如图4-9所

图4-5 拆下1号链条张紧器

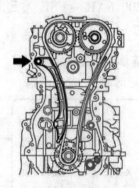

图4-6 拆下链条张紧器滑块

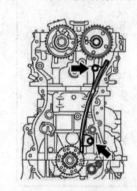

图4-7 拆下1号链条减振器

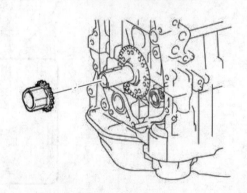

图4-8 拆下曲轴正时链轮

示,用扳手固定凸轮轴的六角头部分,拆下凸轮轴正时齿轮螺栓和凸轮轴正时齿轮总成。小心不要让扳手损坏气缸盖分总成或火花塞套管。不要

拆解凸轮轴正时齿轮总成。

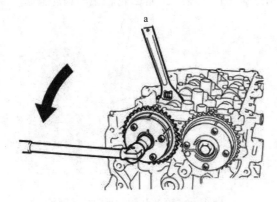

图4-9 拆下凸轮轴正时齿轮总成
a—固定 ➡—转动

11）拆卸排气凸轮轴正时齿轮总成。如图4-10所示，用扳手固定2号凸轮轴的六角头部分，拆下螺栓和排气凸轮轴正时齿轮总成。注意：小心不要让扳手损坏气缸盖分总成或火花塞套管。不要拆解排气凸轮轴正时齿轮总成。

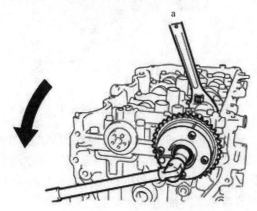

图4-10 拆下排气凸轮轴正时齿轮
a—固定 ➡—转动

2. 正时链单元安装

1）安装排气凸轮轴正时齿轮总成。

① 如图4-11所示，将2号凸轮轴的锁销与排气凸轮轴正时齿轮总成的锁销孔对准并进行安装。小心不要损坏排气凸轮轴正时齿轮总成与2号凸轮轴锁销的接触面。

② 检查并确认排气凸轮轴正时齿轮总成和2号凸轮轴法兰之间无间隙，见图4-12。

③ 用扳手固定2号凸轮轴的六角头部分，安装螺栓，见图4-13。拧紧力矩：85N·m。

注意：小心不要让扳手损坏气缸盖分总成或火花塞套管。不要拆解排气凸轮轴正时齿轮总成。

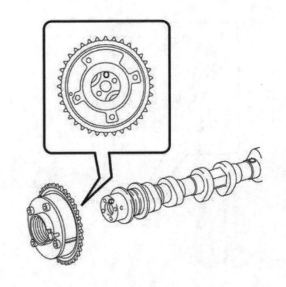

图4-11 安装排气凸轮轴正时齿轮

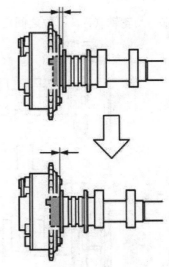

图4-12 检查正时齿轮与法兰间间隙

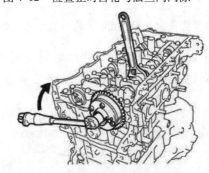

图4-13 安装排气凸轮轴正时齿轮螺栓

2）安装凸轮轴正时齿轮总成。

① 将凸轮轴的锁销和凸轮轴正时齿轮总成的锁销孔对准并进行安装，见图4-14。小心不要损坏凸轮轴正时齿轮总成与凸轮轴锁销的接触面。

② 如图4-15所示，检查并确认凸轮轴正时

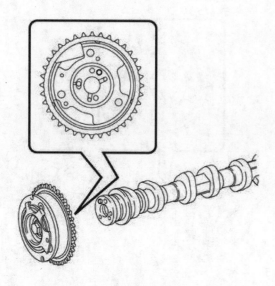

图4-14 安装凸轮轴正时齿轮总成

齿轮总成与凸轮轴（A）部位之间无间隙。

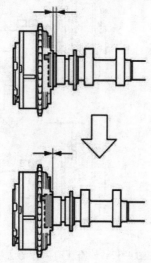

图4-15 检查正时齿轮与法兰间间隙

③ 如图4-16所示，在凸轮轴正时齿轮螺栓各部位上涂抹发动机机油。

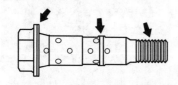

图4-16 在螺栓上涂抹机油

④ 暂时安装凸轮轴正时齿轮螺栓。提示：确保将凸轮轴正时齿轮螺栓至少拧入3道螺纹。

⑤ 如图4-17所示，用扳手固定凸轮轴的六角头部分，紧固凸轮轴正时齿轮螺栓。拧紧力矩：120N·m。

注意：小心不要让扳手损坏气缸盖分总成或火花塞套管。不要拆解凸轮轴正时齿轮总成。

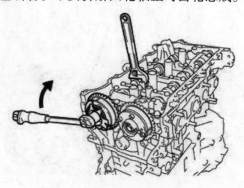

图4-17 安装凸轮轴正时齿轮螺栓

3）如图4-18所示，将曲轴正时链轮安装到曲轴上。

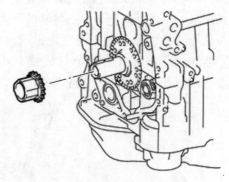

图4-18 安装曲轴正时链轮

4）将50mL的发动机机油添加到图4-19所示的机油孔中。注意：如果拆下气门间隙调节器总成，则必须添加发动机机油。确保低压室和间隙调节器总成的油道已充满发动机机油。

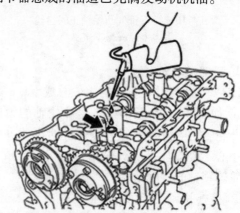

图4-19 添加发动机机油

5）用2个螺栓安装1号链条减振器，见图4-20。拧紧力矩：21N·m。

6）安装链条分总成。

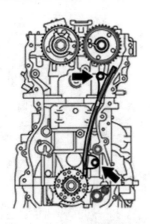

图 4-20　安装 1 号链条减振器

① 暂时安装曲轴带轮定位螺栓。

② 逆时针旋转曲轴 40°以将曲轴带轮键置于图 4-21 所示位置。

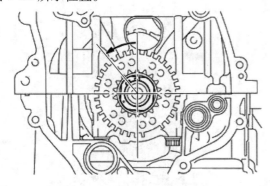

图 4-21　逆时针旋转曲轴 40°

③ 检查并确认排气凸轮轴正时齿轮总成和凸轮轴正时齿轮总成的正时标记在图 4-22 所示位置。提示："A"不是正时标记。

④ 将链条分总成放置到排气凸轮轴正时齿轮总成、凸轮轴正时齿轮总成和曲轴正时链轮上。

提示：确保链条分总成的标记板未朝向发动机。不必将链条分总成安装到齿轮和链轮上。

⑤ 如图 4-23 所示，将链条分总成的标记板（橙色）和排气凸轮轴正时齿轮总成的正时标记对准，并将链条分总成安装到排气凸轮轴正时齿轮总成上。

⑥ 如图 4-24 所示，将链条分总成的标记板（黄色）和曲轴正时链轮的正时标记对准，并将链条分总成安装到曲轴正时链轮上。

⑦ 将细绳系到曲轴正时链轮的上方以固定链条分总成，见图 4-25。

⑧ 如图 4-26 所示，用扳手固定凸轮轴的六角头部分并逆时针转动凸轮轴，使凸轮轴正时

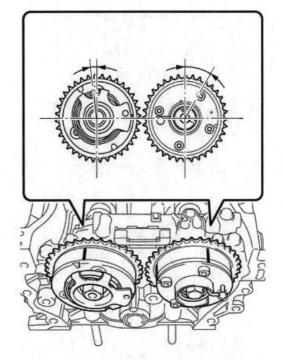

图 4-22　检查凸轮轴正时齿轮标记

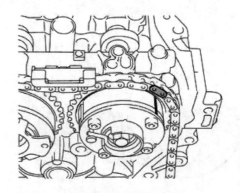

图 4-23　对准排气凸轮轴齿轮正时

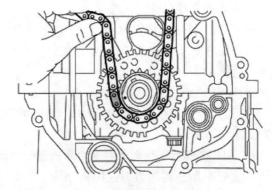

图 4-24　对准曲轴链轮正时

轮总成的正时标记和链条分总成的标记板（橙色）对准，然后将链条分总成安装到凸轮轴正时齿轮总成上。

提示：用扳手将凸轮轴固定到位，直到安装

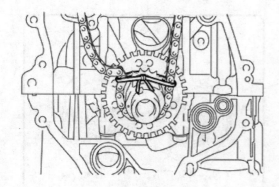

图 4-25 固定正时链

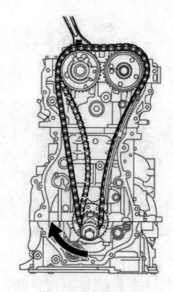

图 4-27 安装正时链

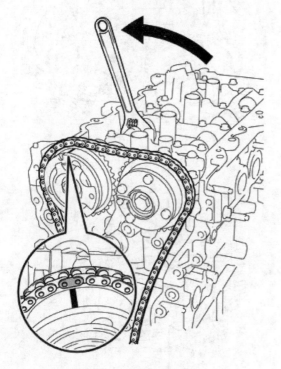

图 4-26 对准凸轮轴齿轮正时

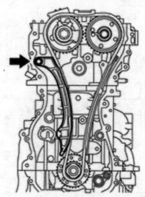

图 4-28 安装张紧器滑块

好 1 号链条张紧器总成。

⑨ 拆下曲轴正时链轮的细绳，顺时针旋转曲轴，然后松开链条分总成以便能安装链条张紧器滑块，见图 4-27。

注意：确保链条分总成牢固。

7）用螺栓安装链条张紧器滑块，见图 4-28。拧紧力矩：21N·m。

8）用 2 个螺栓安装新垫片和 1 号链条张紧器总成，见图 4-29。拧紧力矩：10N·m。

从挡片上拆下销。

图 4-29 安装 1 号链条张紧器总成

9）用螺栓安装正时链条导向器，见图 4-30。拧紧力矩：21N·m。

10）将 1 号气缸设定至压缩上止点。

① 暂时安装曲轴带轮定位螺栓。

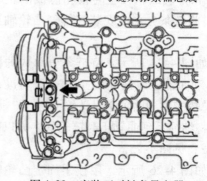

图 4-30 安装正时链条导向器

② 顺时针旋转曲轴并对准曲轴带轮定位键。

③ 检查并确认凸轮轴正时齿轮总成和排气凸轮轴正时齿轮总成的正时标记在图4-1所示位置。提示："A"不是正时标记。

11) 安装正时链条盖分总成。

4.1.2　ES250 2AR-FE 发动机（2012—2017）

该发动机正时维修与6AR-FSE相似，相关内容请参考4.1.1小节。

4.1.3　ES300H 2AR-FXE 发动机（2013—2017）

1. 正时链单元拆卸

1) 将1号气缸设定至压缩上止点。

① 暂时安装曲轴带轮螺栓。提示："A"不是正时标记。

② 顺时针旋转曲轴，使曲轴正时齿轮和凸轮轴正时齿轮的正时标记位于图4-31所示位置。如果未对准正时标记，则再次顺时针旋转曲轴并对准正时标记。

③ 拆下曲轴带轮螺栓。

2) 拆下螺栓和正时链条导向器。

3) 拆卸1号链条张紧器总成

① 使柱塞略微伸出，然后逆时针旋转挡片以松开锁扣。如果锁扣松开，则将柱塞推入张紧器。

② 顺时针移动挡片以设定锁扣，然后将销插入挡片孔中。

③ 拆下2个螺栓、链条张紧器和垫片。

4) 拆下螺栓和链条张紧器滑块。

5) 拆卸链条分总成。

6) 拆卸1号链条减振器。

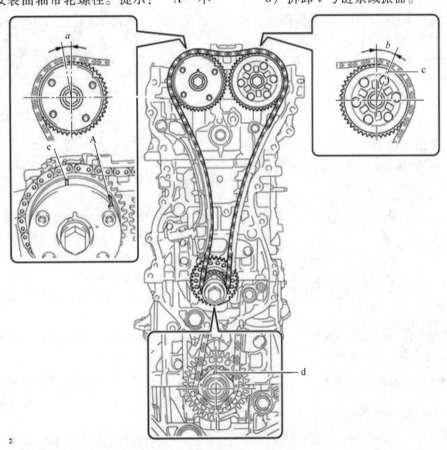

图4-31　检查发动机正时

a—约7°　b—约32°　c—正时标记　d—键

7) 拆卸凸轮轴正时齿轮总成。用扳手固定凸轮轴的六角头部分，并拆下螺栓和凸轮轴正时齿轮。

小心不要让扳手损坏气缸盖或火花塞套管。不要拆解凸轮轴正时齿轮。

8) 拆卸凸轮轴正时链轮。用扳手固定凸轮轴的六角头部分，并拆下螺栓和凸轮轴正时链轮。

小心不要让扳手损坏气缸盖或火花塞套管。

2. 正时链单元安装

1) 安装凸轮轴正时链轮。用扳手固定 2 号凸轮轴的六角头部分，并用螺栓安装凸轮轴正时链轮。拧紧力矩：85N·m。

注意：小心不要让扳手损坏气缸盖或火花塞套管。

2) 安装凸轮轴正时齿轮总成。

① 检查凸轮轴正时齿轮位置。如果凸轮轴正时齿轮未设定到提前位置，则松开锁销并重置凸轮轴正时齿轮。

② 对准并接合 1 号凸轮轴的锁销和凸轮轴正时齿轮的销孔。

③ 检查并确认凸轮轴正时齿轮和凸轮轴法兰之间无间隙。

④ 用扳手固定 1 号凸轮轴的六角头部分，安装螺栓。拧紧力矩：85N·m。

小心不要让扳手损坏气缸盖或火花塞套管。不要拆解凸轮轴正时齿轮。

3) 添加发动机机油。将 50mL 的发动机机油添加到图 4-32 所示的机油孔中。

如果已拆下间隙调节器，则必须添加机油。确保低压室和间隙调节器的油道已充满发动机机油。

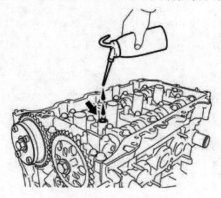

图 4-32　添加发动机机油

4) 用 2 个螺栓安装链条减振器。拧紧力矩：21N·m。

5) 将 1 号气缸设定至压缩上止点。

① 暂时安装曲轴带轮螺栓。

② 逆时针旋转曲轴 40°以将曲轴带轮键置于图 4-33 所示位置。

③ 检查并确认凸轮轴正时齿轮的正时标记位于图 4-34 所示位置。提示："A" 不是正时标记。

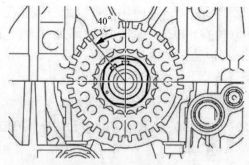

图 4-33　逆时针旋转曲轴 40°

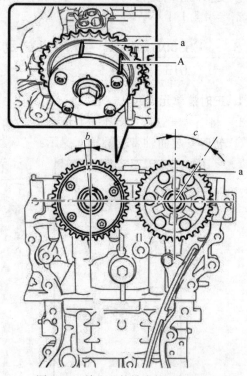

图 4-34　检查凸轮轴齿轮正时标记

a—正时标记　b—约 7°　c—约 32°

6) 安装链条分总成。

① 将链条置于凸轮轴正时齿轮和曲轴正时链轮上。

确保链条的标记板不朝向发动机。不必将链条安装到齿轮和链轮上。

② 将链条的标记板（黄色或金色）和凸轮轴正时链轮的正时标记对准，并将链条安装到凸轮轴正时链轮上。

③ 将链条的标记板（粉色或金色）和曲轴正时链轮的正时标记对准，并将链条安装到曲轴正时链轮上。

④ 将细绳系到曲轴正时链轮的上方以固定链条。

⑤ 用进气凸轮轴的六角头部分和扳手，逆时针旋转进气凸轮轴，使凸轮轴正时齿轮的正时标

第4章 雷克萨斯汽车

记和链条的标记板（黄色或金色）对准，并将链条安装到凸轮轴正时齿轮上。

用扳手将进气凸轮轴固定到位，直到链条张紧器安装完成。

⑥拆下曲轴正时链轮的细绳，顺时针旋转曲轴，然后松开链条以安装链条张紧器滑块。确保链条牢固。

7）用螺栓安装链条张紧器滑块。拧紧力矩：21N·m。

8）安装1号链条张紧器总成。

①用2个螺栓安装新垫片和链条张紧器。拧紧力矩：10N·m。

②从挡片上拆下销。

9）用螺栓安装正时链条导向器。拧紧力矩：21N·m。

10）将1号气缸设定至压缩上止点。

①暂时安装曲轴带轮螺栓。

②顺时针旋转曲轴，检查并确认曲轴正时链轮和凸轮轴正时齿轮的正时标记位于图4-31所示位置。提示："A"不是正时标记。

③拆下曲轴带轮螺栓。

4.1.4 ES350 2GR-FE 发动机（2006—2014）

该发动机也搭载在丰田埃尔法车型上，相关内容请参考3.1.1小节。

4.1.5 ES240 2AZ-FE 发动机（2006—2011）

该发动机也搭载在丰田埃尔法车型上，相关内容请参考3.1.2小节。

4.1.6 ES330 3MZ-FE 发动机（2004）

该款发动机也搭载在丰田塞纳车型上，相关内容请参考3.8.3小节。

4.2 GS系列（2005—2017年款）

4.2.1 GS200T 8AR-FTS 发动机（2016—2017）

1. 正时链单元拆解步骤

1）将1号气缸设定至压缩上止点。

①暂时安装曲轴带轮固定螺栓。

②顺时针转动曲轴，以使凸轮轴正时齿轮总成、排气凸轮轴正时齿轮总成上的正时标记及曲轴正时链轮的曲轴带轮定位键如图4-35所示。提示：如果正时标记未对准，则再次顺时针转动曲轴并对准正时标记。

③拆下曲轴带轮固定螺栓。

2）拆卸1号链条张紧器总成。

①稍微伸出柱塞，然后逆时针转动挡片以松开锁扣。松开锁扣后，将柱塞推入1号链条张紧器总成，见图4-36。

②顺时针转动挡片以固定锁扣，然后将销插入挡片孔，见图4-37。

③拆下螺母、螺栓、1号链条张紧器总成和衬垫，见图4-38。

3）拆下螺栓和正时链条导板，见图4-39。

4）拆下螺栓和链条张紧器导板，见图4-40。

5）拆下链条分总成。

6）拆下2个螺栓和1号链条振动阻尼器，见图4-41。

7）从曲轴上拆下曲轴正时链轮，见图4-42。

2. 正时链单元安装步骤

1）将曲轴正时链轮安装到曲轴上。

2）加注发动机机油。向图4-43所示的油孔内加注50mL的发动机机油。注意：如果拆下气门间隙调节器总成，则确保加注机油。确保低压室和气门间隙调节器总成机油通道注满发动机机油。

3）安装1号链条振动阻尼器。

①用2个螺栓暂时安装1号链条振动阻尼器。

②按图4-44所示顺序，紧固2个螺栓。拧紧力矩：21N·m。

4）安装链条分总成。

①暂时安装曲轴带轮固定螺栓。

②逆时针转动曲轴40°以将曲轴带轮定位键置于图4-45所示位置。

③检查并确认凸轮轴正时齿轮总成和排气凸轮轴正时齿轮总成的正时标记位置如图4-46所示。

④将链条分总成置于凸轮轴正时齿轮总成、排气凸轮轴正时齿轮总成和曲轴正时链轮上。提示：确保链条分总成标记板未朝向发动机前部。无须将链条分总成接合到凸轮轴正时齿轮总成、排气凸轮轴正时齿轮总成和曲轴正时链轮上。

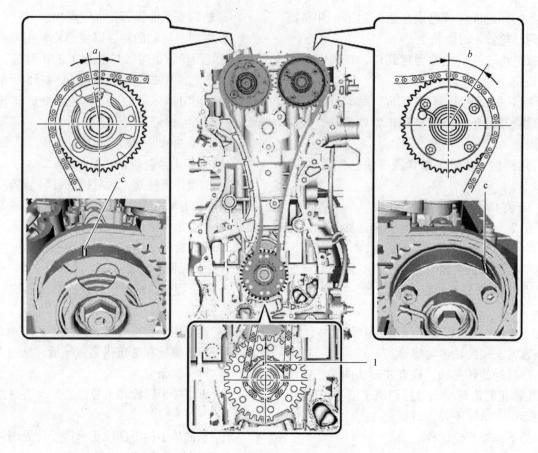

图 4-35 设定气缸 1 到 TDC 位置
1—曲轴带轮定位键　a—约 7°　b—约 32°　c—正时标记

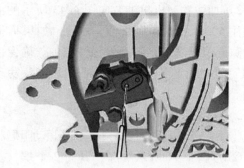

图 4-36 松开锁扣推入柱塞

图 4-38 拆下 1 号链条张紧器

图 4-37 插入销到挡片孔

图 4-39 拆下链条导板

第4章 雷克萨斯汽车

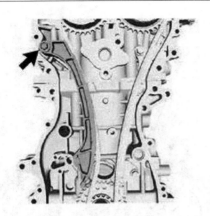

图4-40 拆下张紧器导板

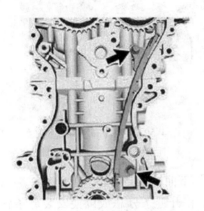

图4-41 拆下振动阻尼器

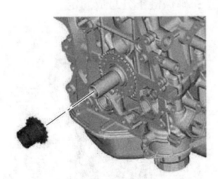

图4-42 拆下曲轴正时链轮

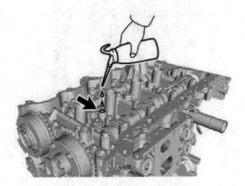

图4-43 加注机油

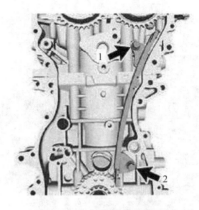

图4-44 安装振动阻尼器

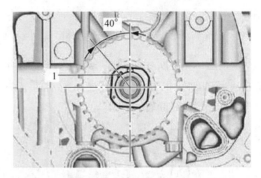

图4-45 逆时针转动曲轴40°
1—曲轴带轮定位键

图4-46 检查凸轮轴齿轮正时
a—正时标记 b—约7° c—约32°

⑤ 如图4-47所示，将链条分总成标记板（橙色）与排气凸轮轴正时齿轮总成的正时标记

对准，并将链条分总成安装到排气凸轮轴正时齿轮总成上。

图 4-47 对准排气凸轮轴齿轮正时
a—标记板（橙色） b—正时标记

⑥ 如图 4-48 所示，将链条分总成的标记板（黄色）与曲轴正时链轮的正时标记对准，并将链条分总成安装到曲轴正时链轮上。

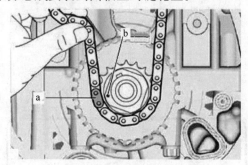

图 4-48 对准曲轴链轮正时
a—标记板（黄色） b—正时标记

⑦ 将细绳系到曲轴正时链轮上，以便固定链条分总成，见图 4-49。

图 4-49 固定正时链条

⑧ 用扳手固定凸轮轴的六角部位，并逆时针转动凸轮轴，将凸轮轴正时齿轮总成的正时标记与链条分总成的标记板（橙色）对准，并将链条分总成安装到凸轮轴正时齿轮总成上，见图4-50。

提示：使用扳手将凸轮轴固定到位，直至安装好1号链条张紧器总成。

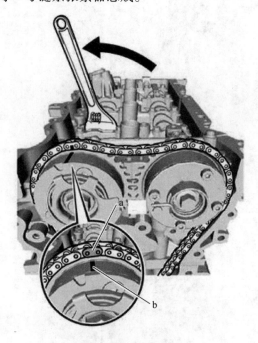

图 4-50 对准凸轮轴齿轮正时
a—标记板（橙色） b—正时标记

⑨ 拆下曲轴正时链轮上的细绳，顺时针旋转曲轴，并松开链条分总成以便安装链条张紧器导板，见图 4-51。

注意：确保链条分总成固定。

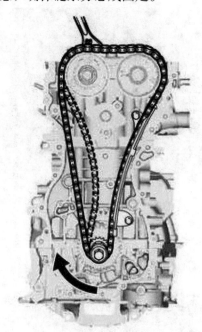

图 4-51 安装正时链

5）用螺栓安装链条张紧器导板。拧紧力矩：21N·m。

6）用螺栓和螺母安装新衬垫和 1 号链条张紧器总成。拧紧力矩：10N·m，从挡片上拆下销。

7）用螺栓安装正时链条导板。拧紧力矩：21N·m。

8）将 1 号气缸设定至压缩上止点。

9）用 4 个螺栓安装新衬垫和正时链条盖板。拧紧力矩：10N·m。

10）安装正时链条盖总成。

4.2.2　GS300H 2AR-FXE 发动机（2014—2017）

该发动机也搭载在 ES300H 车型上，相关内容请参考 4.1.3 小节。

4.2.3　GS450H 2GR-FXE 发动机（2014—2017）

该款发动机正时链单元结构与拆装步骤与 2GR-FE 相同，相关内容请参考 3.1.1 节。

4.2.4　GS450 2GR-FE 发动机（2012—2017）

该发动机也搭载在丰田埃尔法车型上，相关内容请参考 3.1.1 小节。

4.2.5　GS300 3GR-FE 发动机（2005—2011）

1. 正时链单元拆解步骤

1）将 1 号气缸设定至压缩上止点。

① 暂时安装带轮固定螺栓。

② 顺时针旋转曲轴，将曲轴转角信号盘上的正时标记对准右侧缸体孔径中心线，见图 4-52。

③ 如图 4-53 所示，检查并确认凸轮轴正时齿轮的正时标记对准凸轮轴轴承盖的正时标记。如果标记没有对准，则顺时针转动曲轴 1 圈（360°），并按如上所述对准正时标记。

2）拆卸 1 号链条张紧器总成。

① 向上移动挡片以解除锁止，并将柱塞推入张紧器。

② 向下移动挡片以设定锁止，并将六角扳手插入挡片孔，见图 4-54。

③ 拆下 2 个螺栓和 1 号链条张紧器总成，见图 4-55。

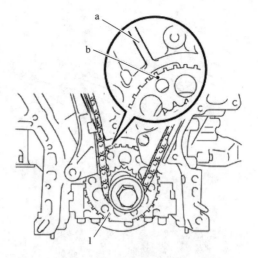

图 4-52　检查正时标记（一）

1—曲轴转角信号盘　a—中心线　b—正时标记

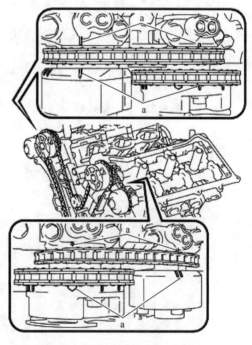

图 4-53　检查正时标记（二）

a—正时标记

3）拆卸链条张紧器导板。

4）拆卸链条分总成。

① 如图 4-56 所示，逆时针转动曲轴 10°以松开曲轴正时齿轮或链轮的链条。

② 拆下带轮固定螺栓。

③ 从曲轴正时齿轮或链轮上拆下链条分总成，并将其放在曲轴上，见图 4-57。

④ 顺时针转动 B1 上的凸轮轴正时齿轮总成约 60°，使其位于图 4-58 所示位置。务必松开气缸组间的链条分总成。小心：务必松开气缸组间

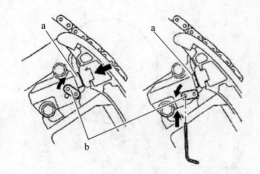

图4-54 设定锁止插入六角扳手
a—柱塞 b—挡片

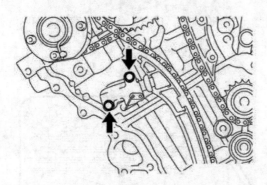

图4-55 拆下张紧器

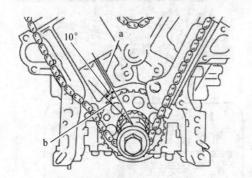

图4-56 松开正时齿轮与链条
a—中心线 b—正时标记

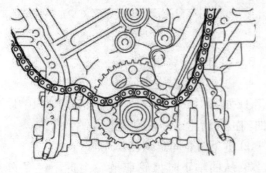

图4-57 将链条旋转于曲轴上

的链条分总成。

⑤拆下链条分总成。

5）使用10mm六角扳手拆下2号惰轮轴、张

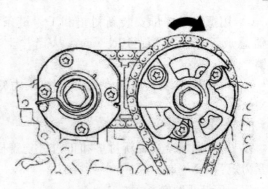

图4-58 松开链条分总成

紧链轮总成和1号惰轮轴，见图4-59。

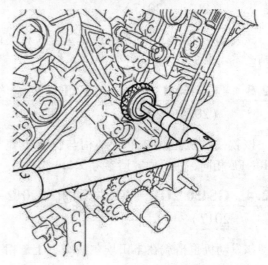

图4-59 拆下1号惰轮轴

6）拆下2个螺栓和1号链条振动阻尼器，见图4-60。

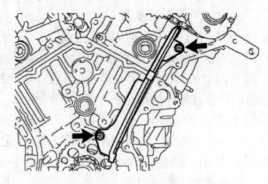

图4-60 拆下1号链条振动阻尼器

7）拆下2个2号链条振动阻尼器，见图4-61。

8）拆卸曲轴正时齿轮或链轮。

①拆下曲轴正时齿轮或链轮。

②从曲轴上拆下2个带轮定位键，见图4-62。

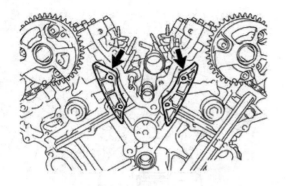

图4-61 拆下2号链条振动阻尼器

图4-62 拆下曲轴带轮

9) 拆卸凸轮轴正时齿轮和2号链条（B1）。

① 如图4-63所示，推入2号链条张紧器总成的柱塞，并将直径为1.0mm的销插入孔中以将柱塞固定到位。

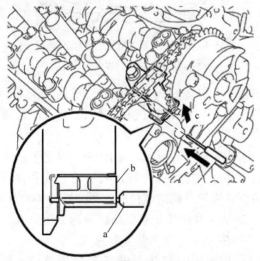

图4-63 拆下2号链条张紧器的柱塞
a—销 b—柱塞 c—推

② 使用SST固定各凸轮轴的六角部位，拧松凸轮轴正时齿轮总成和排气凸轮轴正时齿轮总成的螺栓，见图4-64。

小心：不要拧松其他4个螺栓。如果4个螺栓中的任一螺栓松动，则用新的凸轮轴正时齿轮总成和/或排气凸轮轴正时齿轮总成更换。

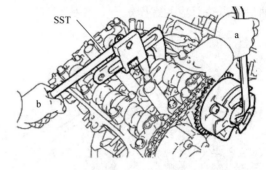

图4-64 拧松凸轮轴正时齿轮螺栓
a—转动 b—固定

③ 将2个螺栓和凸轮轴正时齿轮总成连同2号链条一起拆下。

10) 拆下螺栓和2号链条张紧器总成，见图4-65。

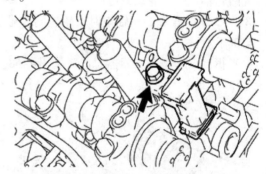

图4-65 拆下2号链条张紧器

11) 拆卸凸轮轴正时齿轮和2号链条（B2）。

① 如图4-66所示，推入3号链条张紧器总成的柱塞，并将直径为1.0mm的销插入孔中以将柱塞固定到位。

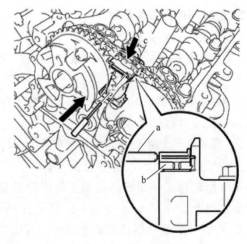

图4-66 拆下2号链条
a—销 b—柱塞 c—推

② 如图4-67所示，使用SST固定各凸轮轴的六角部位，拧松凸轮轴正时齿轮总成和排气凸轮轴正时齿轮总成的螺栓。

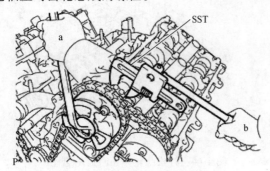

图4-67　松开凸轮轴正时齿轮螺栓
a—转动　b—固定

不要拧松其他4个螺栓。如果4个螺栓中的任一螺栓松动，则用新的凸轮轴正时齿轮总成和/或排气凸轮轴正时齿轮总成更换。

③ 将2个螺栓和凸轮轴正时齿轮连同2号链条一起拆下。

12）拆卸3号链条张紧器总成，见图4-68。

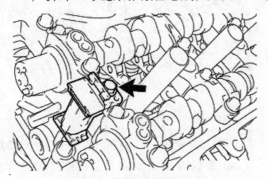

图4-68　拆下3号链条张紧器

2. 正时链单元安装步骤

1）安装3号链条张紧器总成。

① 用螺栓安装3号链条张紧器总成，见图4-69。拧紧力矩：21N·m。

② 推入张紧器的柱塞，并将直径为1.0mm的销插入孔中以将柱塞固定到位。

2）安装凸轮轴正时齿轮和2号链条（B2）。

① 如图4-70所示，使标记板（黄色）与凸轮轴正时齿轮总成和排气凸轮轴正时齿轮总成的正时标记对准。

② 在螺栓螺纹和螺栓座面上涂抹一薄层发动机机油。

③ 使凸轮轴的锁销对准凸轮轴正时齿轮总成

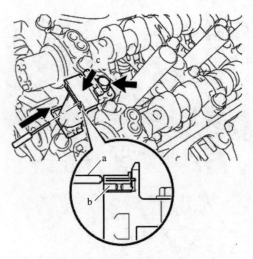

图4-69　安装3号链条张紧器
a—销　b—柱塞　c—推

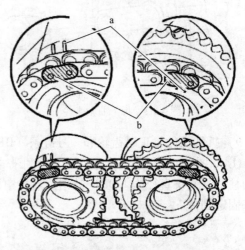

图4-70　检查B2侧凸轮轴齿轮标记
a—正时标记　b—标记板（黄色）

的销孔。在安装好2号链条分总成的情况下，安装凸轮轴正时齿轮总成和排气凸轮轴正时齿轮总成。

④ 如图4-71所示，使用SST固定各凸轮轴的六角部位，拧紧凸轮轴正时齿轮总成和排气凸轮轴正时齿轮总成的螺栓。拧紧力矩：100N·m。

⑤ 从3号链条张紧器总成上拆下销。

3）安装2号链条张紧器总成。

① 用螺栓安装2号链条张紧器总成，见图4-72。拧紧力矩：21N·m。

② 推入2号链条张紧器总成的柱塞，并将直径为1.0mm的销插入孔中以将柱塞固定到位。

4）安装凸轮轴正时齿轮和2号链条（B1）。

① 如图4-73所示，使标记板（黄色）与凸轮轴正时齿轮总成和排气凸轮轴正时齿轮总成的

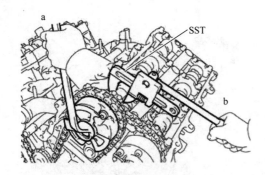

图 4-71 拧紧 B2 侧凸轮轴齿轮螺栓
a—转动　b—固定

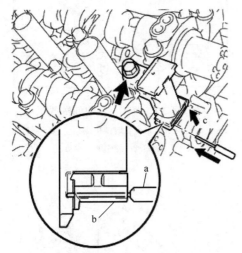

图 4-72 安装 2 号链条张紧器
a—销　b—柱塞　c—推

正时标记对准。

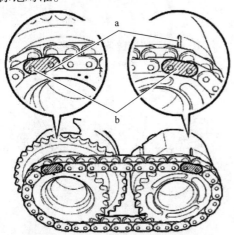

图 4-73 对准 B1 侧凸轮轴齿轮正时
a—正时标记　b—标记板（黄色）

② 在螺栓螺纹和螺栓座面上涂抹一薄层发动机机油。

③ 使凸轮轴的锁销对准凸轮轴正时齿轮总成的销孔。在安装好 2 号链条分总成的情况下，安装凸轮轴正时齿轮总成和排气凸轮轴正时齿轮总成。

④ 如图 4-74 所示，使用 SST 固定各凸轮轴的六角部位，拧紧凸轮轴正时齿轮总成和排气凸轮轴正时齿轮总成的螺栓。拧紧力矩：100N·m。

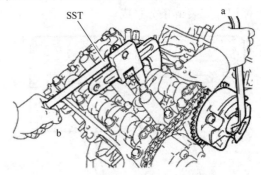

图 4-74 紧固 B1 侧凸轮轴齿轮螺栓
a—转动　b—固定

⑤ 从 2 号链条张紧器总成上拆下销。

5）用 2 个螺栓安装 1 号链条振动阻尼器，部件见图 4-60。拧紧力矩：22.5N·m。

6）安装 2 个 2 号链条振动阻尼器，部件见图 4-61。

7）安装 2 个带轮定位键和曲轴正时齿轮或链轮。部件见图 4-62。

8）安装 1 号惰轮轴。

① 在 1 号惰轮轴的滑动面上涂抹一薄层发动机机油。

② 将 1 号惰轮轴的锁销对准气缸体锁销槽的同时，暂时安装 1 号惰轮轴和带 2 号惰轮轴的张紧链轮总成，见图 4-75。小心：确保张紧链轮总成朝向正确的方向安装。

图 4-75 安装 1 号惰轮轴
a—锁销

③ 使用10mm六角扳手紧固2号惰轮轴。拧紧力矩：60N·m。

9）安装链条分总成。

① 如图4-76所示，对准标记板（橙色）和正时标记并安装链条分总成。

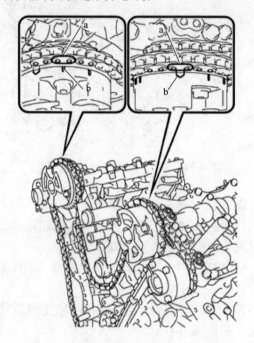

图4-76 安装链条
a—标记板（橙色） b—正时标记

② 不要将链条穿过曲轴，只需将其暂时放在曲轴上。

③ 如图4-77所示，逆时针转动B1上的凸轮轴正时齿轮总成，以紧固气缸组间的链条。重复使用张紧链轮总成时，将链条板对准紧固气缸组之间链条时板的标记。

④ 如图4-78所示，对准标记板（黄色）和正时标记并将链条分总成安装到曲轴正时链轮上。

⑤ 暂时安装带轮固定螺栓。

⑥ 顺时针转动曲轴以将其定位至右侧缸体孔径中心线，见图4-79。

10）安装链条张紧器导板。

11）安装1号链条张紧器总成。

① 顺时针转动张紧器挡片，并如图4-80所示推入张紧器的柱塞。

② 逆时针转动张紧器挡片，并将直径为1.27mm的销插入挡片和张紧器的孔中，以将挡片固定到位。

③ 用2个螺栓安装1号链条张紧器总成，见

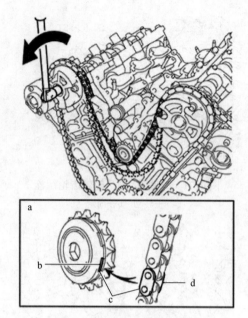

图4-77 紧固气缸组间链条
a—重复使用张紧链轮时 b—标记 c—对准
d—链条板 ➡—转动

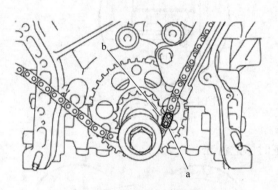

图4-78 安装链条到曲轴链轮上
a—标记板（黄色） b—正时标记

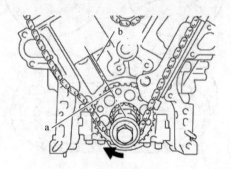

图4-79 顺时针转动曲轴并定位
a—正时标记 b—中心线

图4-81。拧紧力矩：10N·m。

④ 从1号链条张紧器总成上拆下六角扳手。

12）检查气门正时。

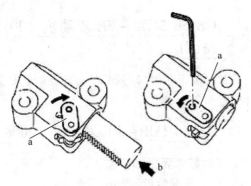

图 4-80 设置 1 号链条张紧器
a—挡片 b—推

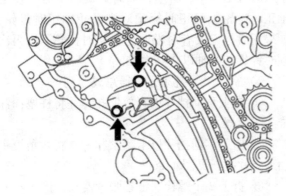

图 4-81 安装 1 号链条张紧器

① 检查凸轮轴正时标记。使视点与凸轮轴的中心和各凸轮轴正时齿轮上的正时标记成一条直线，以检查各正时标记。如果从其他视点检查正时标记，则气门正时看上去可能错位。

② 检查并确认各凸轮轴正时标记都安装到图 4-82 所示位置。

进气凸轮轴：标记 B、C 和 D 在一条直线上时，见图 4-83。务必检查标记 A 在正确的位置。如果从其他视点检查标记，则可能无法正确检查这些标记。

③ 如果气门正时出现偏差，则重新安装正时链条。

④ 拆下带轮固定螺栓。

13）安装曲轴前油封。

14）安装发动机水泵总成。如图 4-84 所示，用 7 个螺栓安装新衬垫和发动机水泵总成。拧紧力矩：11N·m。重复使用前，确保在标示为 A 的螺栓上涂抹粘合剂 1344，或如有必要，则用新的更换。

15）安装正时链条或正时带盖分总成。

16）用 4 个螺栓安装新衬垫和正时链条盖板。拧紧力矩：9.0N·m。

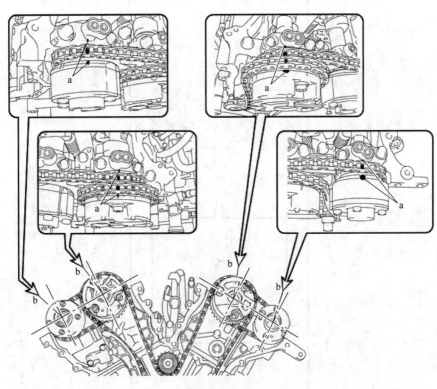

图 4-82 检查发动机凸轮轴正时
a—正时标记 b—视点

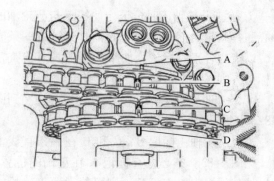

图 4-83 进气凸轮轴标记三点一线

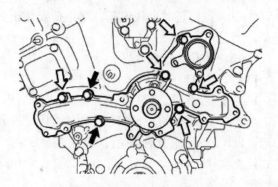

图 4-84 安装新衬垫和发动机水泵总成

➡ 螺栓 A　⇨ 除螺栓 A 外

4.2.6 GS250 5GR-FE 发动机（2012—2014）

该发动机正时维修与 3GR-FE 相同，相关内容请参考 4.2.5 小节。

4.2.7 GS460 1UR-FE 发动机（2008）

1. 正时链单元拆卸步骤

1）将 1 号气缸设置到压缩上止点。

① 暂时紧固带轮固定螺栓。

② 如图 4-85 所示，顺时针旋转曲轴，使曲轴正时齿轮上的正时标记对准凸轮轴正时齿轮。如果正时标记没有对准凸轮轴正时齿轮，则再次顺时针旋转曲轴以将其对准。

2）拆下 1 号链条张紧器总成（列 1）。

① 向上移动挡片以释放锁扣，并将柱塞深深推入张紧器。

② 向下移动挡片以卡紧锁扣，并将六角扳手插入挡片孔，见图 4-86。

③ 拆下 2 个螺栓、链条张紧器和衬垫。

3）拆下链条张紧器导板（列 1）。

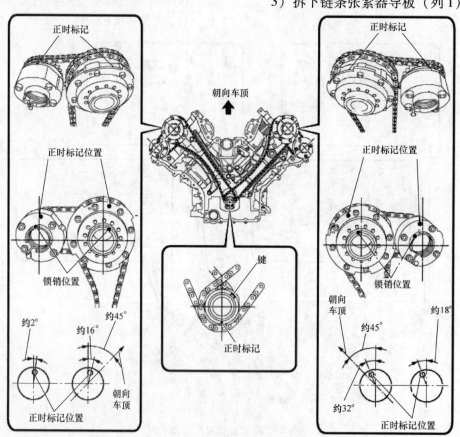

图 4-85 检查正时标记

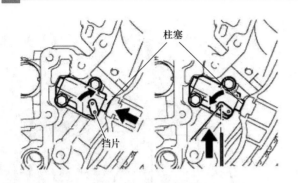

图4-86 设置张紧器

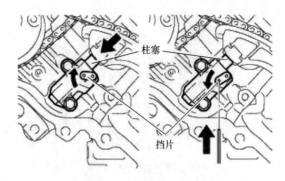

图4-89 拆下链条张紧器

4）如图4-87所示，拆下2个螺栓和1号链条振动阻尼器（列1）。

7）拆下2个螺栓和1号链条振动阻尼器（列2），见图4-90。

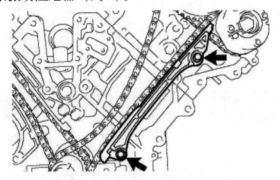

图4-87 拆下振动阻尼器

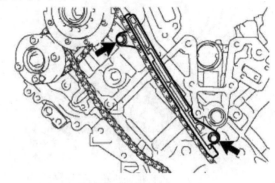

图4-90 拆下1号链条振动阻尼器

5）拆下链条分总成（列1）。

① 推下3号链条张紧器时，将φ1.0mm的销插入孔中以将其固定，见图4-88。

① 拉起2号链条张紧器时，将φ1.0mm的销插入孔中以将其固定，见图4-91。

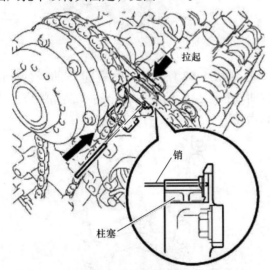

图4-88 固定3号链条张紧器

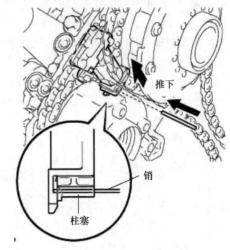

图4-91 设置2号张紧器

② 用12mm六角扳手固定凸轮轴的六角部位，见图4-89。

② 如图4-92所示，用12mm六角扳手固定凸轮轴的六角部位并拧松螺栓。

小心不要让扳手损坏气缸盖。不要拆解凸轮轴正时齿轮。

③ 拆下2个螺栓和链条张紧器。

6）拆下链条张紧器导板（列2）。

③ 用扳手固定凸轮轴的六角部位并拧松螺栓。

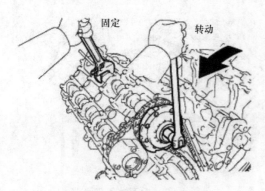

图 4-92 拧松凸轮轴螺栓

小心不要让扳手损坏气缸盖,见图 4-93。

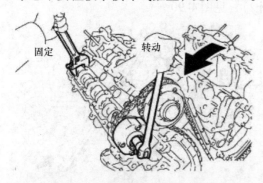

图 4-93 拧松排气凸轮轴螺栓

④ 拆下 2 个螺栓。1 号和 2 号链条仍然与齿轮连接时,拆下凸轮轴正时齿轮总成、排气凸轮轴正时齿轮总成和曲轴正时链轮。

⑤ 从齿轮上拆下 1 号和 2 号链条。

8)拆下 2 个螺栓和链条张紧器,见图 4-94。

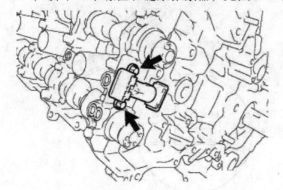

图 4-94 拆下链条张紧器

2. 正时链单元安装步骤

1)安装 2 号链条张紧器总成

① 用 2 个螺栓安装链条张紧器。拧紧力矩:10N·m。

② 拉起 2 号链条张紧器时,将 φ1.0mm 的销插入孔中以将其固定,见图 4-95。

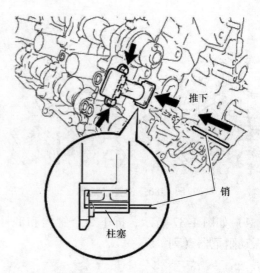

图 4-95 安装 2 号链条张紧器

2)安装链条分总成(列 2)。

① 如图 4-96 所示,将 1 号链条的橙色标记板和凸轮轴正时齿轮的正时标记对准,并将链条连接到齿轮上。

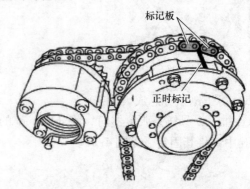

图 4-96 对准正时标记

② 如图 4-97 所示,将 1 号链条的橙色标记板和曲轴正时齿轮的正时标记对准,并将链条连接到齿轮上。

图 4-97 对准曲轴正时标记

③ 如图 4-98 所示,将 2 号链条标记板(黄

色）和凸轮轴正时齿轮总成、排气凸轮轴正时齿轮总成的正时标记对准，并将 2 号链条连接到齿轮上。

将曲轴正时齿轮和排气凸轮轴齿轮总成安装到已连接到齿轮的 1 号和 2 号链条上。

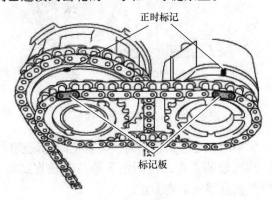

图 4-98　对准凸轮轴正时标记

④ 将曲轴正时齿轮安装到曲轴上。

⑤ 对准并连接 1 号凸轮轴的锁销和凸轮轴正时齿轮总成的销孔。

⑥ 用 2 号凸轮轴的六角部位将 2 号凸轮轴的锁销和排气凸轮轴正时齿轮总成的销孔对准并连接。

⑦ 从 2 号链条张紧器上拆下销。

3）安装 1 号链条振动阻尼器（列 2）。用 2 个螺栓安装链条振动阻尼器，见图 4-99。拧紧力矩：21N·m。

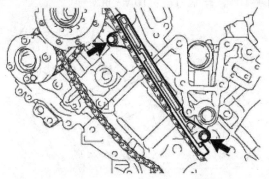

图 4-99　安装 1 号链条振动阻尼器

4）安装链条张紧器导板（列 2）。

提示：如果因链条的张力而无法安装链条张紧器导板，则用凸轮轴的六角部位松开链条后再进行安装。

5）安装 1 号链条张紧器总成（列 2）。

① 向上移动挡片以释放锁扣，并将柱塞深深推入张紧器。

② 向下移动挡片以卡紧锁扣，并将六角扳手插入挡片孔，见图 4-100。

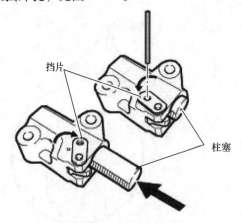

图 4-100　设置张紧器

③ 用 2 个螺栓安装链条张紧器，见图 4-101。拧紧力矩：10N·m。

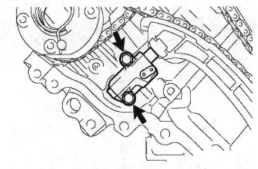

图 4-101　安装链条张紧器

④ 从链条张紧器上拆下六角扳手。

6）安装 3 号链条张紧器总成

① 用 2 个螺栓安装链条张紧器。拧紧力矩：10N·m。

② 推下 2 号链条张紧器时，将 φ1.0mm 的销插入孔中以将其固定，见图 4-102。

7）安装链条分总成（列 1）。

① 如图 4-103 所示，将 1 号链条的橙色标记板和凸轮轴正时齿轮的正时标记对准，并将链条连接到齿轮上。

② 如图 4-104 所示，将 1 号链条的橙色标记板和曲轴正时齿轮的正时标记对准，并将链条连接到齿轮上。

③ 如图 4-105 所示，将 2 号链条标记板（黄色）和凸轮轴正时齿轮总成、排气凸轮轴正时齿轮总成的正时标记对准，并将 2 号链条连接到齿轮上。

提示：将曲轴正时齿轮和排气凸轮轴齿轮总

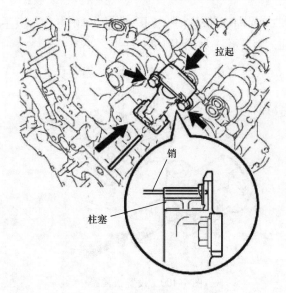

图4-102 安装3号链条张紧器

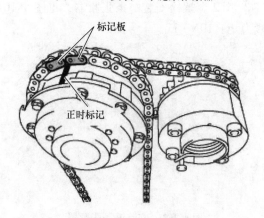

图4-103 对准凸轮轴齿轮正时标记

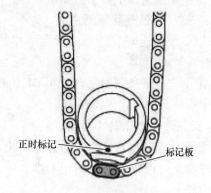

图4-104 对准曲轴正时标记

成安装到已连接到齿轮的1号和2号链条上。

④ 将曲轴正时齿轮安装到曲轴上。

⑤ 对准并连接3号凸轮轴的锁销和凸轮轴正时齿轮总成的销孔。

⑥ 用4号凸轮轴的六角部位将4号凸轮轴的锁销和排气凸轮轴正时齿轮总成的销孔对准并连接。

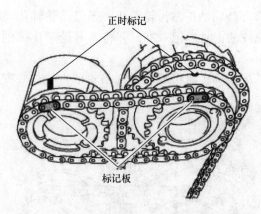

图4-105 对准凸轮轴正时标记

如果因1号链条松动而使齿轮正时标记变位，则用凸轮轴的六角部位固定3号凸轮轴直到将1号链条张紧器安装完为止。

⑦ 从2号链条张紧器上拆下销。

8）安装链条张紧器导板（列1）。

提示：如果因链条的张力而无法安装链条张紧器导板，则用凸轮轴的六角部位松开链条并安装链条张紧器。

9）安装1号链条张紧器总成（列1）。

① 向上移动挡片以释放锁扣，并将柱塞深深推入张紧器。

② 向下移动挡片以卡紧锁扣，并将六角扳手插入挡片孔，见图4-100。

③ 用2个螺栓安装新衬垫和链条张紧器，见图4-106。拧紧力矩：10N·m。

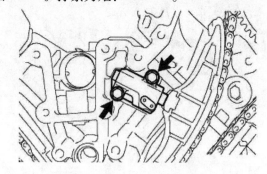

图4-106 安装张紧器

10）安装1号链条振动阻尼器（列1）。

① 用2个螺栓安装链条振动阻尼器，见图4-107。拧紧力矩：21N·m。

② 从1号链条张紧器上拆下六角扳手。

11）紧固凸轮轴正时齿轮总成。

① 列1：

a. 用扳手固定3号凸轮轴的六角部位。

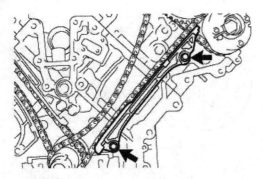

图 4-107　安装 1 号链条振动阻尼器

b. 如图 4-108 所示，用 12mm 六角套筒扳手、1 个新螺栓紧固凸轮轴正时齿轮总成。拧紧力矩：79N·m。

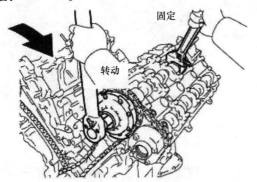

图 4-108　紧固凸轮轴正时齿轮总成

c. 用扳手固定 4 号凸轮轴的六角部位，并用螺栓紧固排气凸轮轴正时齿轮总成，见图 4-109。拧紧力矩：100N·m。

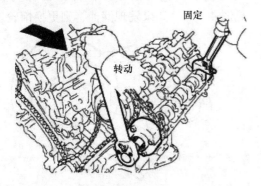

图 4-109　紧固排气凸轮轴正时齿轮总成

② 列 2：

a. 用扳手固定 1 号凸轮轴的六角部位。

b. 如图 4-110 所示，用 12mm 六角套筒扳手、1 个新螺栓紧固凸轮轴正时齿轮总成。拧紧力矩：79N·m。

c. 如图 4-111 所示，用扳手固定 2 号凸轮轴的六角部位，并用螺栓紧固排气凸轮轴正时齿轮

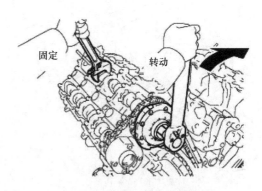

图 4-110　紧固凸轮轴正时齿轮

总成。拧紧力矩：100N·m。

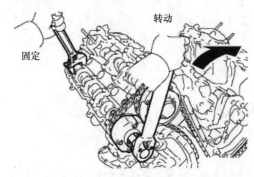

图 4-111　紧固排气凸轮轴正时齿轮总成

12) 检查 1 号气缸是否设置到压缩上止点。

① 暂时安装曲轴带轮螺栓。

② 顺时针旋转曲轴，检查并确认曲轴正时齿轮和凸轮轴正时齿轮上的正时标记如图 4-85 所示。

③ 拆下曲轴带轮螺栓。

13) 安装正时链条盖分总成。

4.2.8　GS430 3UZ-FE 发动机（2005）

1. 正时带单元拆卸步骤

拆卸正时带。

① 如果打算重复使用正时带，须检查正时带上的安装标记。如图 4-112 所示，通过转动曲轴，检查正时带上是否有 3 个安装标记。

如果安装标记已经消失，则在拆下每个零件前，在正时带上标记新安装标记。

② 将 1 号气缸设定在大约压缩上止点前 50°。

a. 使用曲轴扭转减振器螺栓，转动曲轴，以对准曲轴正时带轮和油泵体的正时标记，见图 4-113。

b. 如图 4-114 所示，检查凸轮轴正时带轮的正时标记与正时带板的正时标记是否对准。如果

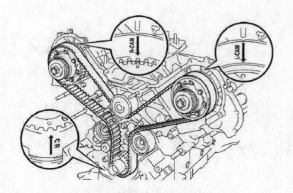

图4-112 检查正时带上的安装标记

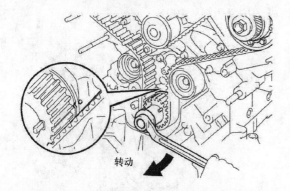

图4-113 对准曲轴带轮与油泵体上的正时

没有对准,转动曲轴1周(360°)。

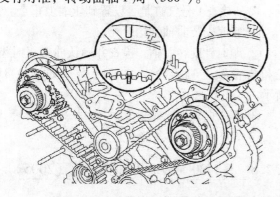

图4-114 检查凸轮轴正时带轮上标记

c. 如图4-115所示,用曲轴减振器螺栓逆时针转动曲轴大约45°。正时带卸下后的曲轴减振器必须在正确的角度,以避免在后面的步骤中被损坏。

③ 交替松开2个螺栓。然后拆除2个螺栓、带张紧轮和防尘套。

④ 如图4-116所示,用SST逆时针略微转动凸轮轴正时带轮(RH列),以放松凸轮轴正时带轮(RH列)和曲轴正时带轮之间的张力。工具号:SST09960-10010(09962-01000,09963-00350)。

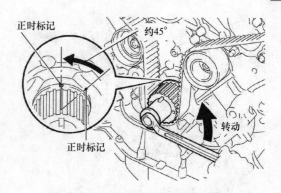

图4-115 逆时针转动曲轴大约45°

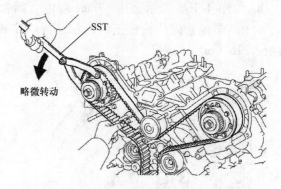

图4-116 用专用工具放松正时带张力

⑤ 将正时带从1号正时带惰轮上断开,并拆除正时带。

2. 正时带单元安装步骤

1)安装正时带。

① 检查1号和2号正时带惰轮。

a. 目视检查惰轮的密封部位是否有机油渗漏,见图4-117。如果发现漏油,则更换惰轮。

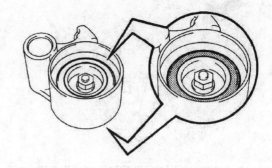

图4-117 检查惰轮密封部位

b. 除去每个带轮上的机油和水渍。保持这些零件清洁。

注意:只擦拭带轮。不要在带轮上使用清洗剂。

c. 使正时带上的朝前标记(箭头)朝前。

d. 将正时带连接到曲轴正时带轮上。将正时带上的安装标记与曲轴正时带轮上的正时标记对准。

e. 将正时带连接到 2 号惰轮。

f. 将正时带连接到凸轮轴正时带轮（LH 列）。将正时带上的安装标记与曲轴正时带轮上的正时标记对准。

g. 将正时带连接到水泵带轮上。

h. 将正时带连接到凸轮轴正时带轮（RH 列）。将正时带上的安装标记与曲轴正时带轮上的正时标记对准，参考图 4-112。

i. 将正时带连接到 1 号惰轮。

② 设定正时带张紧轮。

a. 用压力器以 981～9807N 的力将推杆慢慢压入。

b. 将推杆和壳体的孔对准。将一把 1.27mm 六角扳手穿过孔以保持推杆的设定位置，见图 4-118。

c. 释放压力器。

d. 将防尘套安装在正时带张紧轮上。

③ 安装正时带张紧轮。

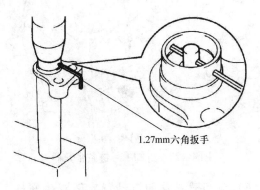

图 4-118　设定张紧轮

a. 用 2 个螺栓暂时安装正时带张紧轮。

b. 交替拧紧 2 个螺栓。拧紧力矩：26N·m。

c. 用钳子从正时带张紧轮上拆下 1.27mm 六角扳手，见图 4-119。

④ 检查气门正时。

a. 如图 4-113 所示，用曲轴扭转减振器螺栓，缓慢地将曲轴正时带轮从上止点到上止点转动 2 圈。

注意：务必顺时针转动曲轴带轮。

b. 如图 4-114 所示，检查各带轮与正时标记是否对准。如果带轮和正时标记没有对准，拆下正时带并重新安装。

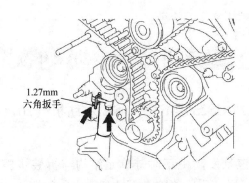

图 4-119　安装张紧轮

c. 拆卸曲轴扭转减振器螺栓。

2）安装 1 号曲轴位置传感器齿板。如图 4-120 所示，安装传感器齿板。注意：注意安装方向。

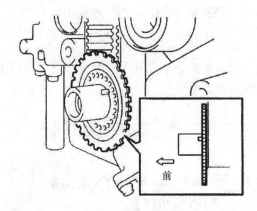

图 4-120　安装传感器齿板

4.3　LS 系列（2004—2017 年款）

4.3.1　LS460L 1UR-FE 发动机（2006—2017）

该款发动机也搭载在 GS460 车型上，相关内容请参考 4.2.7 小节。

4.3.2　LS600HL 2UR-FE 发动机（2007—2017）

该发动机正时链单元结构与拆装维修和 1UR-FE 发动机相同，相关内容请参考 4.2.7 小节。

4.3.3　LS430 3UZ-FE 发动机（2004）

该款发动机也搭载在 GS430 车型上，相关内容请参考4.2.8小节。

4.4 IS系列（2006—2017年款）

4.4.1 IS250 4GR-FSE发动机（2011—2017）

该款发动机正时链单元结构与拆装步骤与3GR-FE相同，相关内容请参考4.2.5节。

4.4.2 IS200T 8AR-FTS发动机（2015—2017）

该款发动机也搭载在GS200T车型上，相关内容请参考4.2.1。

4.4.3 IS300 3GR-FE发动机（2006—2010）

该款发动机也搭载在GS300车型上，相关内容请参考4.2.5小节。

4.5 NX系列（2015—2017年款）

4.5.1 NX200T 8AR-FTS发动机（2015—2017）

该款发动机也搭载在GS200T车型上，相关内容请参考4.2.1。

4.5.2 NX200 3AR-FAE发动机（2015—2017）

1. 正时链单元拆卸步骤

1）将1号气缸设定至压缩上止点。

① 转动曲轴，直至其正时槽口与正时链条盖分总成的正时标记"0"对准。

② 如图4-121所示，检查并确认排气凸轮轴正时齿轮总成和凸轮轴正时齿轮总成上的正时标记朝上。如果标记不在图中所示位置，则转动曲轴1整圈（360°）并对准上述规定标记。

2）拆卸曲轴带轮。

3）拆卸1号链条张紧器总成：拆下2个螺母、支架、1号链条张紧器总成和衬垫，见图4-122。注意：在未安装1号链条张紧器总成的情况下不要转动曲轴。

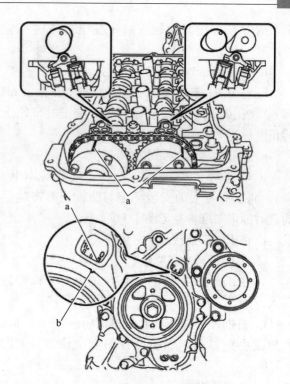

图4-121 设置发动机上止点位置
a—正时标记 b—正时槽口

图4-122 拆卸1号链条张紧器

4）拆卸横置发动机悬置支架双头螺柱，见图4-123。如果双头螺柱变形或螺纹损坏，则将其更换。

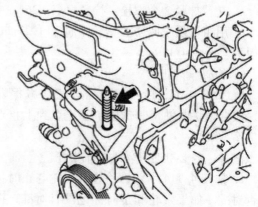

图4-123 拆卸双头螺柱

5）拆卸正时链条盖分总成。

6）拆卸正时链条盖油封。

7）拆卸进水口壳。拆下3个螺栓、进水口壳和衬垫。

8）拆下4个螺栓和1号发电机支架，见图4-124。

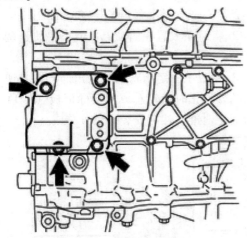

图4-124 拆卸发电机支架

9）从气缸体分总成上拆下链条张紧器导板。

10）拆下2个螺栓和1号链条振动阻尼器。

11）拆卸链条分总成。

① 用扳手固定凸轮轴的六角部位并逆时针转动凸轮轴正时齿轮总成以松开排气凸轮轴正时齿轮总成与凸轮轴正时齿轮总成之间的链条分总成。

② 在链条分总成松动的情况下，从凸轮轴正时齿轮总成上松开链条分总成并将其置于凸轮轴正时齿轮总成上。提示：务必从链轮上完全松开链条分总成。

③ 如图4-125所示，顺时针转动凸轮轴，使其回到原来位置，并拆下链条分总成。

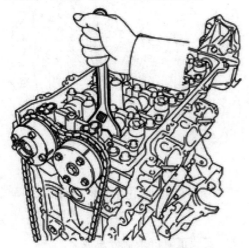

图4-125 拆下正时链条

12）拆卸曲轴正时链轮。

13）拆卸2号链条分总成。

14）拆卸1号曲轴位置信号盘。

15）拆卸曲轴正时齿轮键。使用螺钉旋具，拆下2个曲轴正时齿轮键。使用螺钉旋具之前，请在螺钉旋具头部缠上胶带。

2. 正时链单元安装步骤

1）安装曲轴正时齿轮键：使用塑料锤，敲入2个曲轴正时齿轮键。如图4-126所示，敲入曲轴正时齿轮键，直至其与曲轴接触。

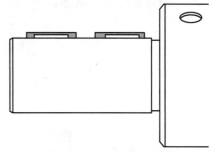

图4-126 安装曲轴齿轮键

2）安装1号曲轴位置信号盘，使"F"标记朝前。

3）安装2号链条分总成。

4）安装曲轴正时链轮。

5）安装1号链条振动阻尼器。用2个螺栓安装1号链条振动阻尼器。拧紧力矩：21N·m。

6）将1号气缸设定至压缩上止点。

① 暂时安装曲轴带轮固定螺栓。

② 逆时针转动曲轴以将曲轴正时齿轮键固定到顶部，见图4-127。

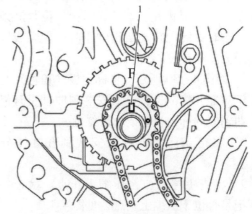

图4-127 安装曲轴位置信号盘
1—曲轴正时齿轮键

③ 检查并确认排气凸轮轴正时齿轮总成和凸轮轴正时齿轮总成上的正时标记如图4-128所示

对准。

④ 拆下曲轴带轮固定螺栓。

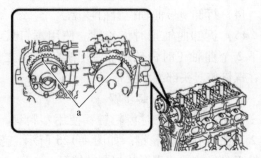

图 4-128　对准凸轮轴标记

a—正时标记

7）安装链条分总成。

① 如图 4-129 所示，将标记板（橙色）与正时标记对准并安装链条分总成。确保使标记板位于发动机前侧。凸轮轴侧的标记板标记为橙色，曲轴侧的标记为紫色。不要将链条分总成绕在凸轮轴正时齿轮总成的链轮上。仅将其放在链轮上。将链条分总成穿过 1 号链条振动阻尼器。

② 将链条放置在曲轴上，但不要使其绕在曲轴上。

③ 用扳手固定凸轮轴的六角部分，并逆时针转动凸轮轴正时齿轮总成，使标记板（橙色）与正时标记对准，然后安装链条分总成。

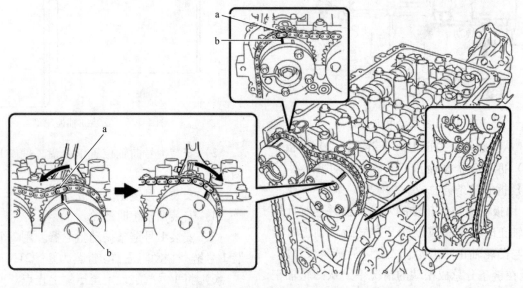

图 4-129　检查凸轮轴正时标记对齐

a—标记板（橙色）　b—正时标记

④ 用扳手固定凸轮轴的六角部位，并顺时针转动凸轮轴正时齿轮总成。提示：为拉紧链条分总成，顺时针缓慢转动凸轮轴正时齿轮总成以防止链条分总成错位。

⑤ 如图 4-130 所示，将标记板（粉色）与正时标记对准并将链条分总成安装到曲轴正时齿轮上。曲轴侧的标记板标记为粉红色。

8）将链条张紧器导板安装到气缸体分总成上。

9）检查 1 号气缸至压缩上止点。检查各正时标记是否位于压缩上止点，见图 4-131。

10）安装 1 号发电机支架：用 4 个螺栓安装 1 号发电机支架。拧紧力矩：24N·m。

11）用 3 个螺栓安装新衬垫和进水口壳。拧紧力矩：21N·m。

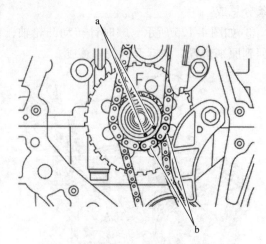

图 4-130　曲轴正时齿轮正时标记

a—正时标记　b—标记板（粉色）

12）安装正时链条盖分总成。

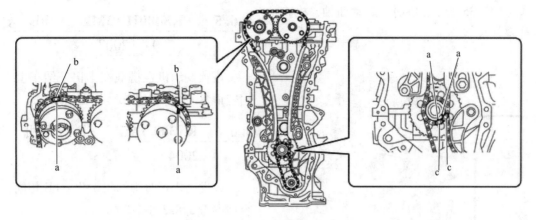

图 4-131 检查正时标记
a—正时标记 b—标记板（橙色） c—标记板（粉色）

13）安装正时链条盖油封。

14）将发动机悬置支架双头螺柱安装到发动机右侧悬置支架上。拧紧力矩：10N·m。

15）安装曲轴带轮。

16）安装 1 号链条张紧器总成。

① 释放凸轮，然后完全推入柱塞并将挂钩与销接合，使柱塞位于图 4-132 所示位置。确保凸轮与柱塞的第一个齿接合，使挂钩穿过销。

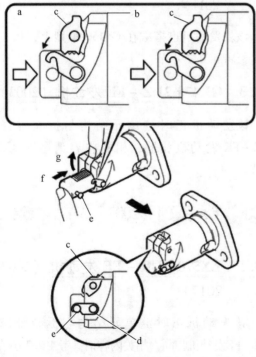

图 4-132 设置张紧器（一）
a—正确 b—错误 c—凸轮 d—挂钩
e—柱塞 f—按下 g—提起

② 用 2 个螺母安装新衬垫、支架和 1 号链条张紧器总成，见图 4-133。拧紧力矩：12N·m。如果安装 1 号链条张紧器总成时挂钩松开柱塞，则再次固定挂钩。

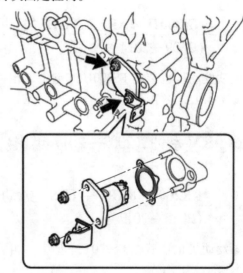

图 4-133 安装链条张紧器

③ 如图 4-134 所示，逆时针轻轻转动曲轴，检查并确认挂钩松开。

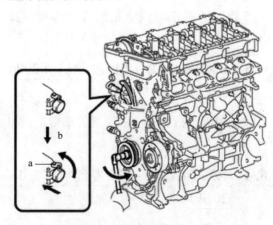

图 4-134 设置张紧器（二）
a—挂钩 b—松开

④ 如图4-135所示，顺时针转动曲轴，检查并确认柱塞伸长。

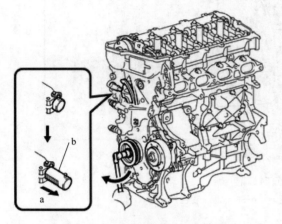

图4-135 设置张紧器（三）
a—柱塞 b—柱塞伸长

4.5.3 NX300H 2AR-FXE发动机（2009—2014）

该款发动机也装在ES300H车型上，相关内容请参考4.1.3小节。

4.6 RX系列（2003—2017年款）

4.6.1 RX200T 8AR-FTS发动机（2015—2017）

该发动机也搭载在GS200T车型上，相关内容请参考4.2.1小节。

4.6.2 RX450H 2GR-FXE发动机（2009—2014）

该款发动机正时链单元结构与拆装步骤与2GR-FE相同，相关内容请参考3.1.1节。

4.6.3 RX350 2GR-FE发动机（2006—2013）

该发动机也搭载在丰田埃尔法车型上，相关内容请参考3.1.1小节。

4.6.4 RX270 1AR-FE发动机（2011—2014）

该发动机也搭载在丰田埃尔法车型上，相关内容请参考3.1.2小节。

4.6.5 RX400H 3MZ-FE发动机（2003—2007）

该款发动机也搭载在丰田塞纳车型上，相关内容请参考3.8.3小节。

4.6.6 RX300 1MZ-FE发动机（2003—2004）

该发动机正时维修与3MZ-FE相同，相关内容请参考3.8.3小节。

4.7 GX系列（2003—2017年款）

4.7.1 GX400 1GR-FE发动机（2012—2017）

该发动机也搭载在丰田FJ酷路泽车型上，相关内容请参考3.5小节。

4.7.2 GX460 1UR-FE发动机（2010—2011）

该款发动机也搭载在GS460车型上，相关内容请参考4.2.7小节。

4.7.3 GX470 2UZ-FE发动机（2003）

该发动机正时链单元结构与拆装维修和3UZ-FE发动机相同，相关内容请参考4.2.8小节。

4.8 LX系列（2007—2017年款）

4.8.1 LX570 3UR-FE发动机（2007—2017）

该发动机正时链单元结构与拆装维修和1UR-FE发动机相同，相关内容请参考4.2.7小节。

4.8.2 LX470 2UZ-FE发动机（2009—2014）

该发动机正时链单元结构与拆装维修和3UZ-FE发动机相同，相关内容请参考4.2.8小节。

4.9 CT 系列（2011—2017 年款）

CT200H 5ZR-FXE 发动机（2011—2017）

1. 正时链单元拆卸

1）将1号气缸设定至压缩上止点：转动曲轴带轮，直至其正时槽口与正时链条盖分总成的正时标记"0"对准。凸轮轴正时链轮上有3个标记。确保正时标记（长方形）位于顶部。

如图4-136所示，检查并确认凸轮轴正时链轮和凸轮轴正时齿轮总成上的正时标记朝上。

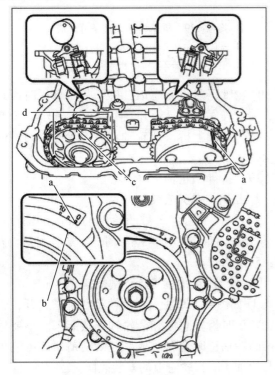

图4-136 发动机正时标记
a—正时标记　b—正时槽口
c—正时标记（长方形）　d—标记（圆形）

如果没有对准，则完全转动曲轴1圈（360°），并按如上所述对准正时标记。

2）拆卸曲轴带轮。

3）拆卸1号链条张紧器总成：从正时链条盖分总成上拆下2个螺母、支架、1号链条张紧器总成和衬垫。在未安装1号链条张紧器总成的情况下不要转动曲轴。

4）拆卸正时链条盖分总成。

① 使用8mm套筒扳手，从发动机右悬置支架上拆下双头螺柱。

② 从正时链条盖分总成上拆下3个螺栓和发动机右悬置支架。

③ 从正时链条盖分总成上拆下4个螺栓和机油滤清器支架。

④ 从正时链条盖分总成上拆下2个机油滤清器支架O形圈。

⑤ 从正时链条盖分总成上拆下18个螺栓和密封垫圈。

⑥ 使用头部缠有保护胶带的螺钉旋具，撬动正时链条盖分总成和气缸盖分总成、凸轮轴壳分总成、气缸体分总成和加强曲轴箱总成之间的部位，以拆下正时链条盖分总成。

小心不要损坏气缸盖分总成、凸轮轴壳分总成、气缸体分总成、加强曲轴箱总成和正时链条盖分总成的接触面。

⑦ 从气缸盖分总成上拆下2个O形圈。

⑧ 从气缸体分总成上拆下O形圈。

5）拆卸发动机水泵总成。从正时链条盖分总成上拆下3个螺栓和发动机水泵总成。从发动机水泵总成上拆下衬垫。

6）拆卸正时链条盖油封。

7）拆卸带节温器的进水口分总成。

8）拆卸带节温器的进水口分总成双头螺柱。使用"TORX"梅花套筒扳手E6，拆下2个带节温器的进水口分总成双头螺柱。

9）拆卸链条张紧器导板。从气缸体分总成上拆下链条张紧器导板。

10）拆卸1号链条振动阻尼器。从气缸体分总成和气缸盖分总成上拆下2个螺栓和1号链条振动阻尼器。

11）拆卸2号链条振动阻尼器。从凸轮轴壳分总成上拆下2个螺栓和2号链条振动阻尼器。

12）拆卸链条分总成。用扳手固定凸轮轴的六角部位并逆时针转动凸轮轴正时齿轮总成以松开凸轮轴正时齿轮总成与凸轮轴正时链轮之间的链条分总成。

链条分总成松开时，从凸轮轴正时齿轮总成上松开链条分总成，并将其置于凸轮轴正时齿轮总成上。

确保从链轮上完全松开链条分总成。

顺时针转动凸轮轴，使其回到原来位置，并拆下链条分总成，见图4-137。

13）拆卸曲轴正时链轮。从曲轴上拆下曲轴

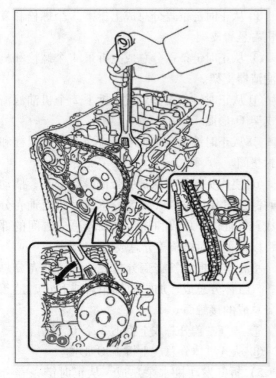

图 4-137 拆卸链条分总成

正时链轮。

14）拆卸 2 号链条分总成：暂时用曲轴带轮固定螺栓安装曲轴带轮。使用 SST，固定曲轴带轮并拆下机油泵驱动轴齿轮螺母。拆下 SST、曲轴带轮固定螺栓和曲轴带轮。拆下螺栓、链条张紧器盖板和链条减振弹簧，见图 4-138。

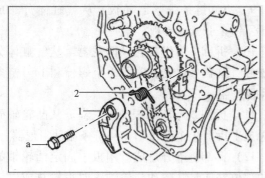

图 4-138 拆下链条张紧器
1—链条张紧器盖板 2—链条减振弹簧 a—螺栓

拆下机油泵主动齿轮、机油泵驱动轴齿轮和 2 号链条分总成，见图 4-139。

15）从曲轴上拆下 1 号曲轴位置信号盘。

16）使用头部缠有保护胶带的螺钉旋具，从曲轴上拆下 2 个曲轴正时齿轮键。

17）检查凸轮轴正时齿轮总成。

18）用扳手固定凸轮轴的六角部位，拆下螺

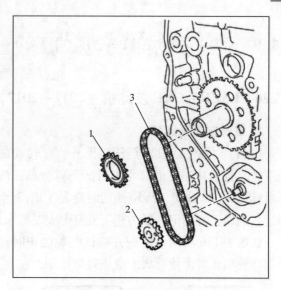

图 4-139 拆下机油泵链条分总成
1—机油泵主动齿轮 2—机油泵驱动轴齿轮
3—2 号链条分总成

栓和凸轮轴正时齿轮总成。拆下凸轮轴正时齿轮总成前，确保锁销已松开。不要拆下另外 4 个螺栓。从凸轮轴上拆下凸轮轴正时齿轮总成时，使其保持水平。

19）拆卸凸轮轴正时链轮。

2. 正时链单元安装

1）用扳手固定 2 号凸轮轴的六角部位，并用螺栓安装凸轮轴正时链轮。拧紧力矩：54N·m。

2）安装凸轮轴正时齿轮总成。

① 如图 4-140 所示，使锁销和键槽错开，将凸轮轴正时齿轮总成和凸轮轴连接起来。不要用力推凸轮轴正时齿轮总成，否则锁销顶部可能损伤凸轮轴正时齿轮总成的安装表面。

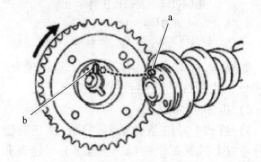

图 4-140 错开锁销和键槽
a—锁销 b—键槽

② 如图 4-141 所示，将凸轮轴正时齿轮总成轻轻推向凸轮轴，转动凸轮轴正时齿轮总成直至

锁销插入键槽。不要使凸轮轴正时齿轮总成朝延迟方向（顺时针）转动。

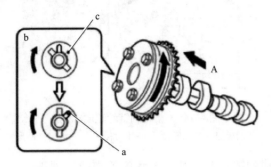

图4-141 将正时齿轮装入凸轮轴
a—键槽 b—旋转方向 c—直销

③ 检查并确认凸轮轴正时齿轮总成与凸轮轴法兰之间无间隙，见图4-142。

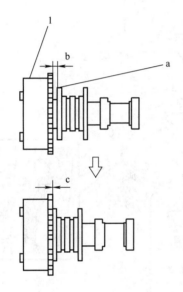

图4-142 检查有无间隙
1—凸轮轴正时齿轮总成 a—凸轮轴法兰
b—间隙 c—无间隙

④ 用扳手固定凸轮轴的六角部位，并用螺栓安装凸轮轴正时齿轮总成。拧紧力矩：54N·m。

⑤ 检查并确认凸轮轴正时齿轮总成可朝延迟方向（顺时针）移动并锁止在最大延迟位置。

3）使用塑料锤，敲入2个曲轴正时齿轮键。敲入曲轴正时齿轮键直至其与曲轴接触。

4）将1号曲轴位置信号盘安装到曲轴上，使"F"标记朝前。

5）安装2号链条分总成。

① 将曲轴带轮固定螺栓暂时安装到曲轴上。

② 如图4-143所示，设定曲轴正时齿轮键。逆时针转动曲轴以将正时齿轮置于9点钟方向。

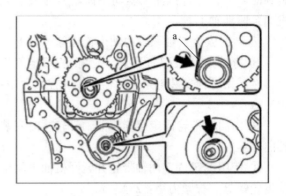

图4-143 设定曲轴正时齿轮键
a—曲轴正时齿轮键

③ 转动机油泵驱动轴，使平面朝上，指向12点钟方向。

④ 从曲轴上拆下曲轴带轮固定螺栓。

⑤ 如图4-144所示，将标记板（黄色）与机油泵主动齿轮和机油泵驱动轴齿轮的正时标记对准。确保2号链条分总成的标记板（黄色）背离发动机总成。

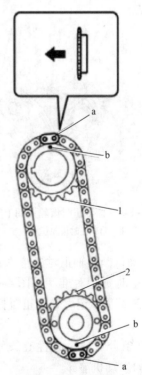

图4-144 机油泵正时链正时标记
1—机油泵主动齿轮 2—机油泵驱动轴齿轮
a—标记板（黄色） b—正时标记
箭头—发动机前部

⑥ 在2号链条分总成环绕在机油泵主动齿轮和机油泵驱动轴齿轮上时，将机油泵主动齿轮安

装到曲轴上，并将机油泵驱动轴齿轮暂时安装到机油泵驱动轴上。

⑦ 暂时安装机油泵驱动轴齿轮螺母。

⑧ 将链条减振弹簧安装到链条张紧器盖板上，然后用螺栓安装链条张紧器盖板。拧紧力矩：10N·m。

⑨ 用曲轴带轮固定螺栓将曲轴带轮暂时安装到曲轴上。

⑩ 使用SST固定曲轴带轮并紧固机油泵驱动轴齿轮螺母。拧紧力矩：28N·m。

⑪ 拆下SST、曲轴带轮固定螺栓和曲轴带轮。

6）将曲轴正时链轮安装到曲轴上。

7）用2个螺栓将1号链条振动阻尼器安装到气缸盖分总成和气缸体分总成上。拧紧力矩：21N·m。

8）将1号气缸设定至压缩上止点。

① 将曲轴带轮固定螺栓暂时安装到曲轴上。

② 顺时针转动曲轴，直至曲轴正时齿轮键朝上，见图4-145。

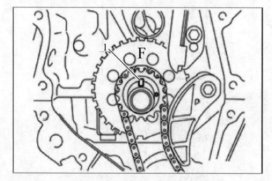

图4-145 曲轴正时齿轮键朝上
1—曲轴正时齿轮键

③ 检查并确认凸轮轴正时齿轮总成和凸轮轴正时链轮上的正时标记对准，见图4-146。凸轮轴正时链轮上有3个标记。确保正时标记（长方形）位于顶部。

9）安装链条分总成。放置链条分总成，确保使标记板朝向发动机前部。

① 如图4-147所示，将标记板（橙色）与正时标记（长方形）对准并安装链条分总成。

· 凸轮轴正时链轮上有3个标记。确保将标记板与正时标记（长方形）对准。

· 凸轮轴侧的标记板为橙色。

· 不要使链条分总成环绕在凸轮轴正时齿轮

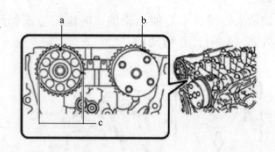

图4-146 凸轮轴链轮正时标记
a—正时标记（长方形） b—正时标记 c—标记（圆形）

总成的链轮上。只可将其放置在凸轮轴正时齿轮总成上。

· 将链条穿过1号链条振动阻尼器。

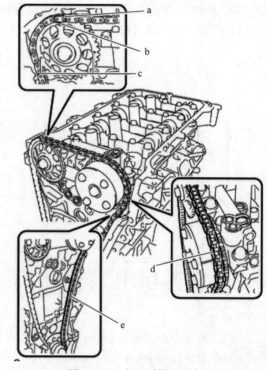

图4-147 主正时链正时标记
a—标记板（橙色） b—正时标记（长方形） c—标记（圆形）
d—将链条置于链轮上 e—将链条穿过阻尼器

② 将链条放置在曲轴上，但不要使其绕在轴上。

③ 用扳手固定凸轮轴的六角部分，并逆时针转动凸轮轴正时齿轮总成，使标记板（橙色）与正时标记对准，然后安装链条分总成，见图4-148。凸轮轴侧的标记板为橙色。

④ 用扳手固定凸轮轴的六角部分，并顺时针转动凸轮轴正时齿轮总成。为张紧链条分总成，顺时针缓慢转动凸轮轴正时齿轮总成，以防链条分总成错位。

⑤ 将标记板（粉色）和正时标记对准并将链条分总成安装到曲轴正时链轮上，见图 4-149。曲轴侧的标记板为粉色。

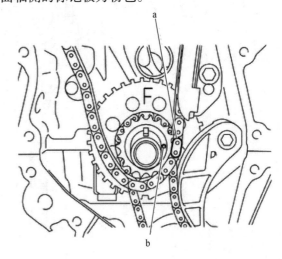

图 4-149　对齐曲轴链轮正时标记
a—标记板（粉色）　b—正时标记

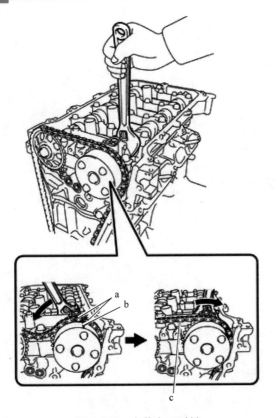

图 4-148　安装主正时链
a—标记板（橙色）　b—正时标记
c—张紧链条分总成

10）将链条张紧器导板安装到气缸体分总成上。

11）检查并确认各正时标记位于压缩上止点，见图 4-150。凸轮轴正时链轮上有 3 个标记。确保正时标记（长方形）位于顶部。

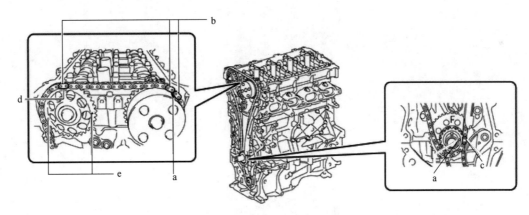

图 4-150　检查发动机正时链上止点位置
a—正时标记　b—标记板（橙色）　c—标记板（黄色或粉色）　d—正时标记（长方形）　e—标记（圆形）

12）用 2 个螺栓将 2 号链条振动阻尼器安装到凸轮轴壳分总成上。拧紧力矩：10N·m。

13）安装带节温器的进水口分总成双头螺柱。如果带节温器的进水口分总成双头螺柱变形或其螺纹损坏，则将其更换。双头螺柱尺寸见图 4-151。

14）安装带节温器的进水口分总成。

15）将新衬垫安装到发动机水泵总成上。确保清洁接触表面。用 3 个螺栓将发动机水泵总成安装到正时链条盖分总成上。拧紧力矩：21N·m。

16）安装正时链条盖分总成。

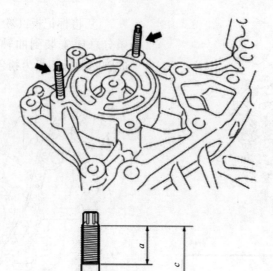

图4-151 双头螺栓尺寸
a—21mm b—9mm c—34mm

第5章 本田汽车

5.1 CR-Z（2012—2017年款）

本田1.5L LEA1混动发动机（2012—　）

1. 正时链单元拆卸步骤

1）拆下缸盖罩。

2）使1号活塞在压缩上止点（TDC）位置。凸轮轴链轮上的"UP"标记A应在顶部，并且凸轮轴链轮上的TDC凹槽B应与气缸盖的顶部边缘对准，见图5-1。

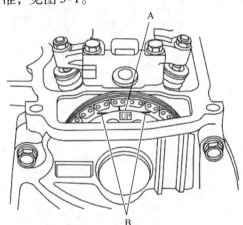

图5-1　1号活塞在压缩上止点（TDC）位置

3）拆下右前轮。

4）拆下右侧挡泥板。

5）松开水泵带轮安装螺栓。

6）拆下传动带。

7）拆下水泵带轮。

8）拆下曲轴带轮。

9）拆下传动带自动张紧器。

10）拆下空调管路托架安装螺栓。

11）在油底壳下放置一个千斤顶和木块，以支撑发动机。

12）拆下搭铁电缆，然后拆下发动机侧支座/托架总成。

13）拆下链条箱。

14）如图5-2所示，测量凸轮链条分离间距。如果间距小于维修极限，更换凸轮链条和凸轮链条张紧器。

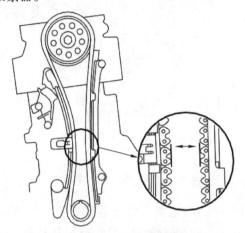

图5-2　测量凸轮轴链条分离间距

标准间距：19mm；维修极限：15mm。

15）在凸轮链条张紧器滑块的滑动表面上涂抹新的发动机机油。

16）用螺钉旋具夹住凸轮链条张紧器滑块，然后拆下螺栓，并松开螺栓。

17）拆下凸轮链条张紧器滑块。

18）拆下凸轮链条张紧器和凸轮链条导板。

19）拆下凸轮链条。

2. 正时链单元安装步骤

1）将曲轴置于压缩上止点（TDC）。将曲轴链轮上的TDC标记A与机油泵上的指针B对准，见图5-3。

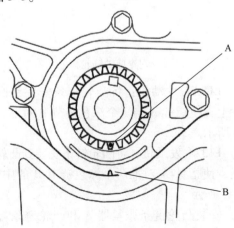

图5-3　将曲轴置于上止点（TDC）

2）拆下曲轴链轮。

3）将凸轮轴设定到 TDC。凸轮轴链轮上的"UP"标记 A 应在顶部,并且凸轮轴链轮上的 TDC 凹槽 B 应与气缸盖的顶部边缘对准,见图 5-4。

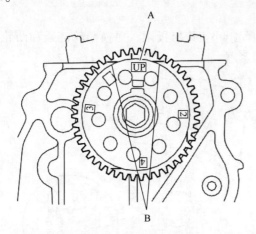

图 5-4　将凸轮轴设定到 TDC

4）将凸轮链条安装在曲轴链轮上,使涂色的链节 A 与曲轴链轮上的 TDC 标记 B 对准,见图 5-5,然后将曲轴链轮安装到曲轴上。

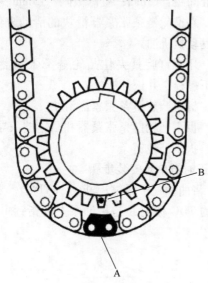

图 5-5　对准曲轴链轮标记

5）L15A7 发动机:将凸轮链条安装到凸轮轴链轮上,使指针 A 与三个涂色链节 B 对准,如图 5-6 所示。

6）L13Z1 发动机:将凸轮链条安装到凸轮轴链轮上,使指针 A 对准两个涂色链节 B 的中间,如图 5-7 所示。

7）安装凸轮链条张紧器 A 和凸轮链条导板 B,见图 5-8。

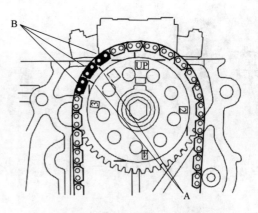

图 5-6　L15A7 发动机凸轮轴链轮标记

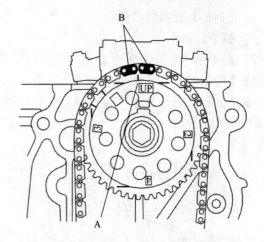

图 5-7　L13Z1 发动机凸轮轴链轮标记

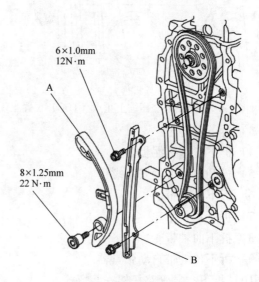

图 5-8　安装张紧器与导板

8）安装凸轮链条张紧器滑块,并松松地紧固螺栓。

9）在凸轮链条张紧器滑块 A 的滑动表面上涂抹新的发动机机油,见图 5-9。

10）顺时针转动凸轮链条张紧器滑块以压紧

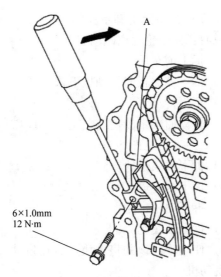

图 5-9 安装张紧器滑块

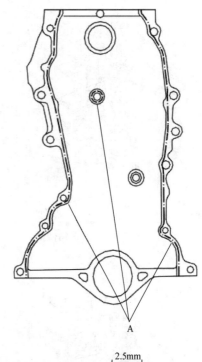

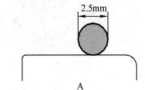

图 5-10 涂抹密封胶

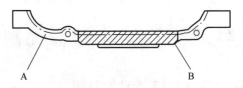

图 5-11 涂抹密封胶部件

凸轮链条张紧器，安装剩余的螺栓，然后紧固螺栓。

11）检查链条箱油封是否损坏。如果油封损坏，应更换链条箱油封。

12）将所有旧的密封胶从链条箱接合面、螺栓和螺栓孔上清除。

13）清洁并风干链条箱接合面。

14）在链条箱的发动机气缸体接合面和螺栓孔的内螺纹上均匀地涂抹密封胶（P/N 08C70-K0234M、08C70K0334M 或 08C70-X0331S）。沿虚线 A 涂抹约 2.5mm（钢圈直径）的密封胶，见图 5-10。

15）在链条箱的油底壳接合面和螺栓孔的内螺纹上均匀地涂抹密封胶（P/N 08C70-K0234M、08C70-K0334M 08C70-X0331S）。沿点画线 A 涂抹约 2.5mm（钢圈直径）的密封胶。在阴影区域 B 涂抹约 5.0mm（钢圈直径）的密封胶，见图 5-11。涂抹密封胶后 5min 内不要安装零部件。否则，清除旧的残胶后重新涂抹密封胶。

16）将链条箱 A 的边缘固定到油底壳 B 的边缘上，然后将链条箱安装到发动机气缸体 C 上，见图 5-12。

安装链条箱时，切勿将底面滑到油底壳安装表面上。在加注发动机机油前，至少等待 30min。安装链条箱后，至少 3h 内不要运行发动机。

17）如图 5-13、图 5-14 所示，紧固链条箱安装螺栓。清除油底壳和链条箱接合部位多余的密封胶。

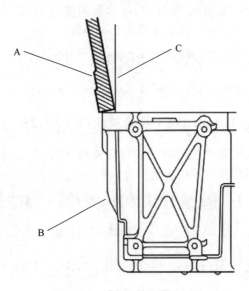

图 5-12 安装链条箱与油底壳

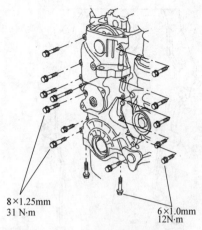

图 5-13　L15A7 发动机链条箱螺栓

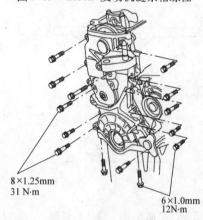

图 5-14　L13Z1 发动机链条箱紧固螺栓

5.2　音赛特（2012—2017 年款）

本田 1.3L LDA3 混动发动机（2012— ）

该发动机正时结构与拆装调整和 LDA2 发动机相似，相关内容请参考 5.4 小节。

5.3　飞度 HYBRID（2012—2017 年款）

本田 1.3L LDA3 混动发动机（2012— ）

该发动机正时结构与拆装调整和 LDA2 发动机相似，相关内容请参考 5.4 小节。

5.4　思域 HYBRID（2004—2007 年款）

本田 1.3L LDA2 混动发动机（2004—2007）

1. 正时链单元结构分解

发动机正时链单元部件如图 5-15 所示。

2. 正时链单元拆卸步骤

说明：使凸轮远离磁场。

1）拆下前车轮。

2）拆下挡泥板与发动机下盖。

3）拆下传动带。

4）转动曲轴带轮使其上止点（TDC）标记 A 与指针 B 对齐，见图 5-16。

5）拆下水泵带轮。

6）拆下缸盖罩。

7）拆下曲轴带轮。

8）拆下油底壳。

9）使用千斤顶并将木块放置在发动机体下，支撑发动机。

10）拆下地线 A，然后拆下发动机侧装配支架 B，见图 5-17。

11）断开曲轴位置（CKP）传感器插头 A，然后拆下量油计软管装配螺栓 B 与线束卡夹 C，见图 5-18。

12）拆下链条罩 A，然后拆下曲轴位置（CKP）脉冲板 B，见图 5-19。

13）如图 5-20 所示，测量凸轮链的间隔。如果间隔小于维修极限，则更换凸轮链与凸轮链张紧器。标准值：19mm；维修极限：15mm。

14）在凸轮链张紧器滑块 A 的滑动面上涂抹新机油。

15）使用螺钉旋具固定凸轮链张紧器滑块，然后拆下螺栓 B，并拧松螺栓 C，见图 5-21。

16）拆下凸轮链张紧器滑块。

17）拆下凸轮链张紧器 A 与凸轮链导轨 B，见图 5-22。

18）拆下凸轮链。

3. 正时链单元安装步骤

1）将曲轴置于上止点（TDC）位置。将曲轴链轮上的 TDC 标记 A 与发动机体上的指针 B 对齐，见图 5-23。

2）将 1 号活塞置于上止点（TDC）位置。凸轮轴链轮上的一个"UP"标记 A 应位于顶部，且凸轮轴链轮上的 TDC 冲印标记 B 应与缸盖的顶部边缘对齐，见图 5-24。

3）使彩色链节 A 与曲轴链轮上的 TDC 标记 B 对齐，将凸轮链安装在曲轴链轮上，见图 5-25。

4）如图 5-26 所示，将指针 A 与两个彩色链节 B 的中间对齐，将凸轮链安装在凸轮轴链轮上。

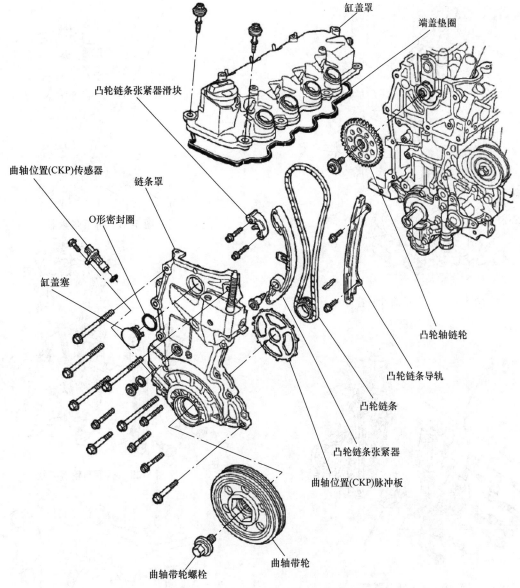

图 5-15 本田 LDA2 发动机正时链单元

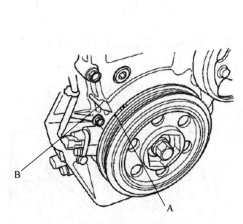

图 5-16 对齐曲轴带轮标记

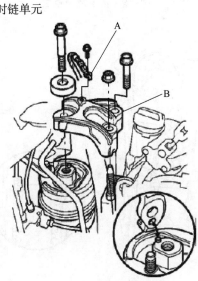

图 5-17 拆下发动机侧装配支架

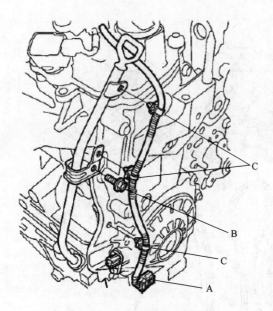

图 5-18 拆下量油计软管

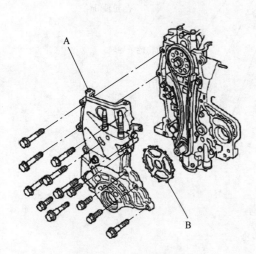

图 5-19 拆下链条罩盖

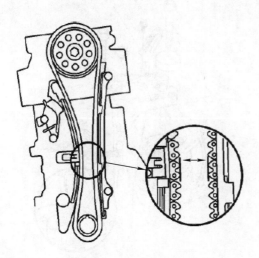

图 5-20 测量链条间隔

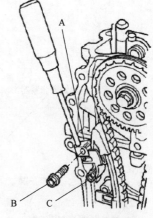

图 5-21 拆下张紧器

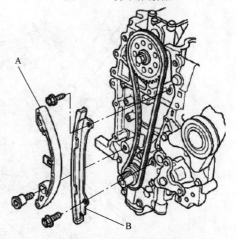

图 5-22 拆下凸轮链导轨

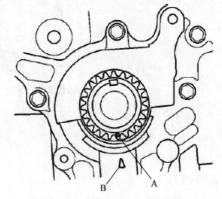

图 5-23 设置发动机 TDC 位置

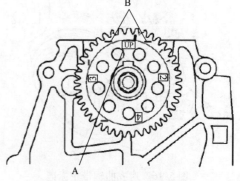

图 5-24 凸轮轴链轮位置

新机油，见图 5-28。

9）顺时针转动凸轮链张紧器压紧凸轮链张紧器滑块。安装剩下的螺栓并将其拧紧。

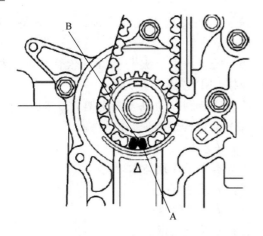

图 5-25　曲轴正时标记

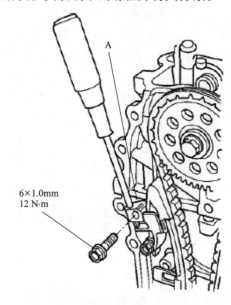

图 5-28　安装张紧器

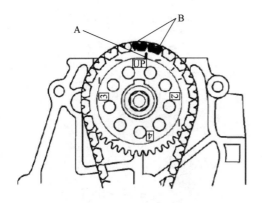

图 5-26　对齐凸轮轴正时链标记

5）在凸轮链张紧器装配螺栓 A 的螺纹上涂抹新机油。

6）安装凸轮链张紧器 B 与凸轮链导轨 C，见图 5-27。

10）检查链条罩油封是否损坏。如果油封损坏，则更换链条罩油封。

11）清除链条罩配合面、螺栓和螺栓孔上的所有旧液体密封剂。

12）清洁链条罩配合面，并将其晾干。

13）在链条罩缸体配合面与螺栓孔内螺纹上涂抹 P/N 08C70 - K0234M、08C70 - K0334M 或 08C70 - X0331S 液体密封剂，见图 5-29。

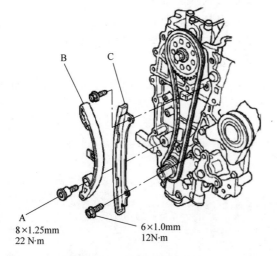

图 5-27　安装凸轮链导轨

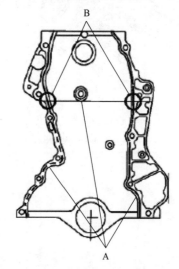

图 5-29　链条罩盖涂抹密封胶

7）安装凸轮链张紧器滑块，并松弛地拧入下侧螺栓。

8）在凸轮链张紧器滑块 A 的滑动面上涂抹

说明：沿着虚线 A 涂抹宽为 1.5mm 的液体密封剂。在链轮与缸体上表面接触部位 B 涂抹宽为

3.0mm 的液体密封剂。

14）在链条罩油底壳配合面与螺栓孔内螺纹上涂抹 P/N 08C70 - K0334M 或 08C70 - X0331S 液体密封剂，见图 5-30。

说明：沿着点画线 A 涂抹宽为 1.5mm 的液体密封剂。在阴影区 B 涂抹宽为 5.0mm 的液体密封剂。涂抹密封剂之后，5min 之内不要安装部件。否则，在清除旧的密封剂之后，重新涂抹液体密封剂。

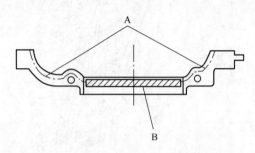

图 5-30 在油底壳配合面上涂抹密封胶

15）安装曲轴位置（CKP）脉冲板 A 与链条罩 B，见图 5-31。

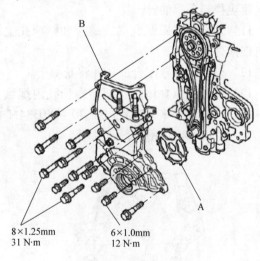

图 5-31 安装正时链盖

说明：在发动机注油之前，至少等待 30s。安装链条罩之后，至少 3h 不得起动发动机。

16）安装线束卡夹与量油计软管装配螺栓，然后连接 CKP 传感器插头。

17）安装侧发动机装配支架 A，然后按照图 5-32 编号顺序拧紧装配螺栓与螺母。

18）安装地线 B。

19）拆下千斤顶与木块。

20）安装油底壳。

21）安装曲轴带轮。

22）安装缸盖罩。

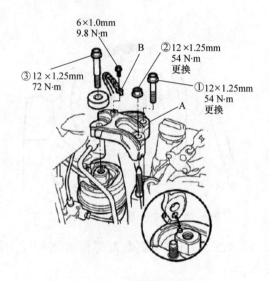

图 5-32 安装装配支架

23）安装水泵带轮。

24）安装传动带。

25）安装挡泥板与发动机下盖。

26）安装前车轮。

27）进行曲轴位置（CKP）模式清除/曲轴位置（CKP）模式学习程序。

第 6 章 讴歌汽车

6.1 ILX（2013—2017 年款）

6.1.1 本田 1.5L LEA2 混动发动机（2012—2017）

该款发动机也搭载在 CR-Z 车型上，相关内容请参考 5.1 小节。

6.1.2 本田 2.0L R20A5 发动机（2013—2017）

1. 正时链单元拆卸步骤

1）1 号活塞在上止点位置（曲轴侧）：转动曲轴使其白色标记 A 与指针 B 对齐，见图 6-1。

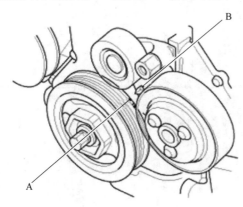

图 6-1 对齐曲轴白色标记与指针

2）拆卸气缸盖罩。

3）检查上止点（TDC）位置的 1 号活塞。凸轮轴链轮上的"UP"标记 A 应在顶部，并且凸轮轴链轮上的 TDC 凹槽 B 应与气缸盖的顶部边缘对齐，见图 6-2。注意：如果标记未对准，转动曲轴 360°，并重新检查凸轮轴带轮标记。

4）拆卸右前轮。

5）拆卸发动机底盖。

6）拆卸传动带自动张紧器。

7）拆卸曲轴带轮。

8）拆卸发动机侧支座。

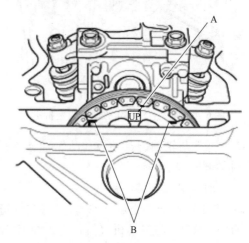

图 6-2 检查发动机 TDC 位置

9）断开 PCV 软管，拆卸机油泵。

10）测量凸轮轴链条自动张紧器体和张紧器连杆平面部分底部之间的张紧器连杆长度。如果长度超出维修极限，则更换凸轮轴链条。张紧器连杆长度维修极限：14.5mm，见图 6-3。

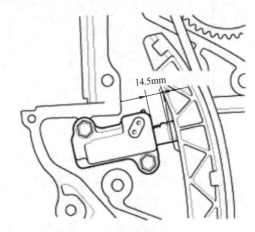

图 6-3 测量张紧器连杆长度

11）松松地安装曲轴带轮。逆时针旋转曲轴，以压缩凸轮轴链条自动张紧器。逆时针旋转曲轴以便对齐锁扣 A 和凸轮轴链条自动张紧器 B 上的孔。将 1.0mm 直径销 C 插入孔中，见图 6-4。顺时针转动曲轴以固定销。注意：如果未对齐锁扣和凸轮轴链条自动张紧器的孔，继续逆时针旋转曲轴直至孔对齐，然后安装销。拆下凸轮轴链条自动张紧器。拆下曲轴带轮。

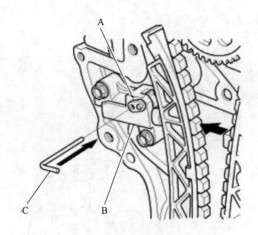

图6-4 插入直销锁定张紧器以便拆下

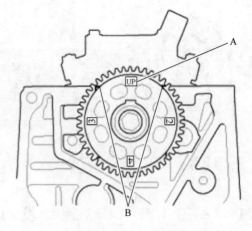

图6-6 凸轮轴正时位置

12）拆下凸轮轴链条导板和凸轮轴链条张紧器臂。拆卸凸轮轴链条。

2. 正时链单元安装步骤

1）将曲轴置于上止点（TDC）。将曲轴链轮上的TDC标记A与发动机气缸体上的指针B对准，见图6-5。

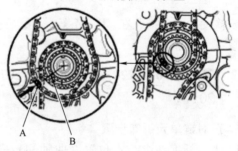

图6-7 曲轴链轮与正时链正时标记

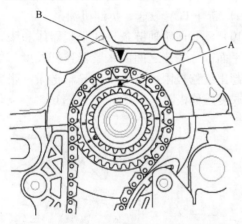

图6-5 将曲轴置于TDC位置

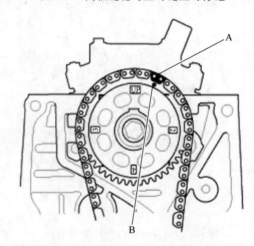

图6-8 凸轮轴链轮与正时链正时标记

2）将凸轮轴设定到TDC。凸轮轴链轮上的"UP"标记A应在顶部，并且凸轮轴链轮上的TDC凹槽B应与气缸盖的顶部边缘对齐，见图6-6。

3）将凸轮轴链条安装在曲轴链轮上，使涂色的链节A与曲轴链轮上的标记B对准，见图6-7。

将凸轮轴链条安装在凸轮轴链轮上，使彩色链节板A与凸轮轴链轮上的标记B对准，见图6-8。

4）安装凸轮轴链条张紧器臂和凸轮轴链条导板，见图6-9。

5）更换凸轮轴链条时，压缩凸轮轴链条自动张紧器。从拆卸过程中安装的凸轮轴链条自动张紧器上拆下销A。逆时针转动板B解除锁止状态，然后压下杆C，将第一个凸轮D固定在齿条E第一边缘位置。将1.0mm直径的销插回到孔F中，见图6-10。注意：如果没有如上所述放置凸轮轴链条自动张紧器，将会损坏凸轮轴链条自动张紧器。

6）安装凸轮轴链条自动张紧器。从凸轮轴链条自动张紧器上拆下销，见图6-11。

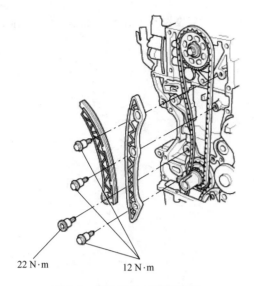

图 6-9 安装导轨与张紧器臂

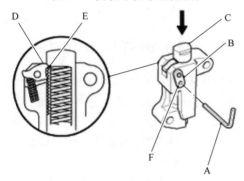

图 6-10 设置张紧器

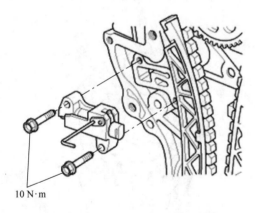

图 6-11 安装张紧器

6.2 TLX（2015—2017 年款）

本田 2.4L K24W7 发动机（2015—2017）

该发动机正时维修与 K24W5 一样，请参考下面内容。

1. 正时链单元拆卸步骤

注意：使凸轮轴链条远离磁场。

1）拆卸右前轮。
2）拆卸发动机底盖。
3）拆卸气缸盖罩。
4）设置 1 号活塞在上止点位置（曲轴侧）：转动曲轴使其白色标记 A 与指针 B 对齐，见图 6-12。

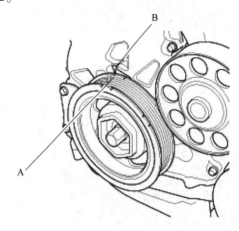

图 6-12 设置 1 号活塞于 TDC 位置

5）设置 1 号活塞在上止点位置（凸轮侧）：使 1 号活塞在上止点（TDC）位置。VTC 执行器上的冲印标记 A 和排气凸轮轴链轮上的冲印标记 B 应该在顶部。对准 VTC 执行器和排气凸轮轴链轮上的 TDC 标记 C，见图 6-13。

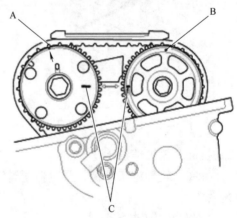

图 6-13 进排气凸轮轴链轮上标记对齐

6）拆卸 VTC 机油控制电磁阀。
7）拆卸摇臂机油控制阀。
8）拆卸曲轴带轮。
9）拆卸发动机侧支座。
10）拆下凸轮轴链条箱 A 和隔垫 B。拆卸凸轮轴链条箱，见图 6-14。

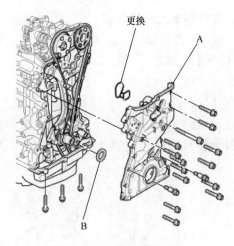

图6-14 拆卸正时链罩盖

11）松松地安装曲轴带轮。逆时针旋转曲轴，以压缩凸轮轴链条自动张紧器。逆时针旋转曲轴以便对齐锁A和凸轮轴链条自动张紧器B上的孔，然后将直径1.2mm的销C插入孔中。顺时针转动曲轴以固定销。注意：如果未对齐锁和凸轮轴链条自动张紧器的孔，继续逆时针旋转曲轴直至孔对齐，然后安装销。拆下凸轮轴链条自动张紧器，见图6-15。

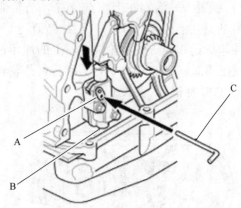

图6-15 设置张紧器并拆下

12）拆卸凸轮轴链条导板B。

13）拆卸凸轮轴链条导板、张紧器子臂和张紧器臂。

14）拆卸凸轮轴链条。

2. 正时链单元安装步骤

注意：执行该程序前，逆时针转动VTC执行器，检查并确认VTC执行器锁止。如果未锁止，顺时针转动VTC执行器直至停止，然后重新检查。如果仍然未锁止，更换VTC执行器。

1）设置1号活塞在上止点位置（曲轴侧）：将曲轴置于上止点（TDC）。将曲轴链轮上的TDC标记A与发动机气缸体上的指针B对准，见图6-16。

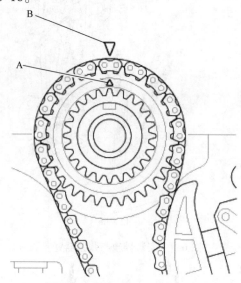

图6-16 曲轴链轮与缸体TDC标记对齐

2）设置1号活塞在上止点位置（凸轮侧）：将凸轮轴设置在上止点位置。VTC执行器上的冲印标记A和排气凸轮轴链轮上的冲印标记B应该在顶部。对准VTC执行器和排气凸轮轴链轮上的TDC标记C，见图6-13。

3）将凸轮轴链条安装在曲轴链轮上，使涂色的链节A与曲轴链轮上的标记B对准，见图6-17。

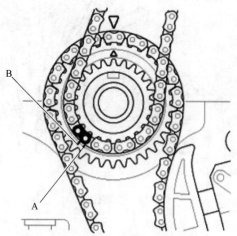

图6-17 曲轴链轮与正时链标记对齐

将凸轮轴链条安装在VTC执行器和排气凸轮轴链轮上，使冲印标记A与两个涂色的链节B的中心对准，见图6-18。

4）安装凸轮轴链条导板、张紧器子臂和张紧器臂，见图6-19。

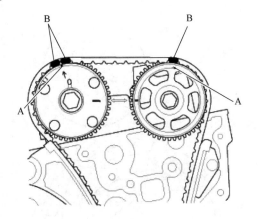

图 6-18 凸轮轴链轮与正时链标记对齐

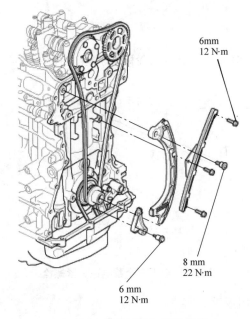

图 6-19 安装导板与张紧器臂

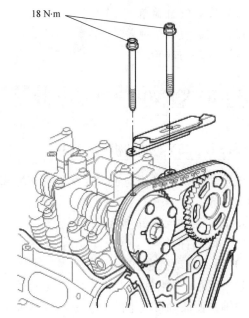

图 6-20 安装上部导板

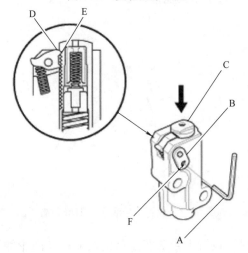

图 6-21 设置张紧器

5）安装凸轮轴链条导板，见图 6-20。

6）更换凸轮轴链条时，压缩凸轮轴链条自动张紧器。从拆卸过程中安装的凸轮轴链条自动张紧器上拆下销 A。逆时针转动板 B 解除锁止状态，然后压下杆 C，将第一个凸轮 D 固定在齿条 E 第一边缘位置。将 1.2mm 直径的销插回到孔 F 中，见图 6-21。注意：如果没有如上所述放置凸轮轴链条自动张紧器，将会损坏凸轮轴链条自动张紧器。

7）安装凸轮轴链条自动张紧器。从凸轮轴链条自动张紧器上拆下销，见图 6-22。

8）安装凸轮轴链条箱。

9）安装发动机侧支座。

10）安装曲轴带轮。安装摇臂机油控制阀。

11）安装 VTC 机油控制电磁阀。

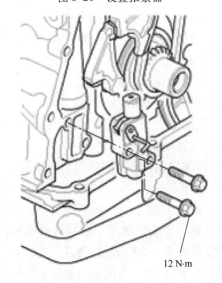

图 6-22 安装张紧器

12）安装气缸盖罩。

13）安装发动机底盖。

14）安装右前轮。

6.3 RLX（2013—2017年款）

本田 3.5L J35Y4 发动机（2013—2017）

该发动机正时维修与 J35Y4 相似，请参考下面相关内容。

1. 正时带单元拆卸步骤

1）拆卸右前轮。

2）拆卸发动机底盖。

3）设置 1 号活塞在上止点位置（曲轴侧）：转动曲轴，使曲轴带轮上的白色标记 A 与指针 B 对齐，未使用其他指针 C，见图 6-23。

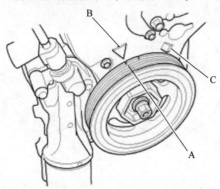

图 6-23 设置 1 号活塞于 TDC 位置

4）设置 1 号活塞在上止点位置（凸轮侧）：检查并确认前凸轮轴带轮上的 1 号活塞上止点（TDC）标记 A 与前上盖的指针 B 对齐，见图 6-24。如果标记未对准，转动曲轴 360°，并重新检查凸轮轴带轮标记。

5）拆卸传动带自动张紧器。

6）拆卸曲轴带轮。

7）在油底壳下放置一个千斤顶和木块，以举升和支撑发动机。

8）拆卸发动机侧支座托架上半部分。

9）拆卸上盖。

10）拆卸下盖。

11）将一个蓄电池夹紧螺栓从蓄电池托架上拆下，然后如图 6-25 所示打磨其末端。

如图 6-26 所示，紧固蓄电池夹紧螺栓，以将正时带调节器固定在其当前位置。用手紧固，切

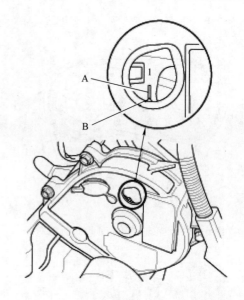

图 6-24 凸轮轴带轮标记与前上盖打针对齐

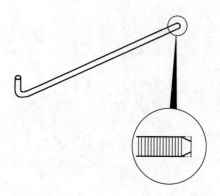

图 6-25 取下一个蓄电池夹紧螺栓

勿使用扳手。

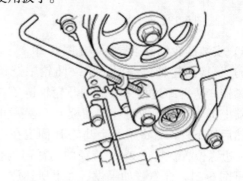

图 6-26 用夹紧螺栓固定正时带调节器

12）拆卸正时带导向板。

13）拆卸发动机侧支座托架下半部分。

14）拆下惰轮螺栓和惰轮。报废惰轮螺栓。拆卸正时带。

2. 正时带单元安装步骤

注意，以下步骤用于安装用过的正时带。清理正时带轮、正时带导向板和上、下盖。

1）设置1号活塞在上止点位置（曲轴侧）：通过将正时带驱动轮齿上的TDC标记A对准机油泵上的指针B，将正时带驱动轮设定到上止点（TDC），见图6-27。

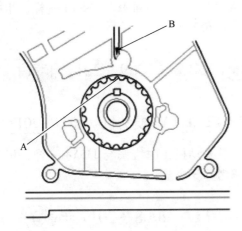

图6-27 驱动轮TDC标记对齐油泵上指针

2）设置1号活塞在上止点位置（凸轮侧）通过将凸轮轴带轮上的TDC标记A对准后盖上的指针B，将凸轮轴带轮设定到TDC，见图6-28。

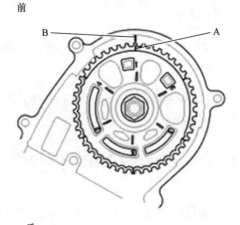

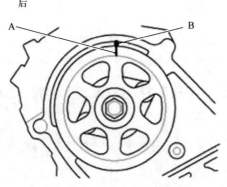

图6-28 凸轮轴带轮标记对准后盖指针

3）用一个新的惰轮螺栓松松地安装惰轮，使惰轮能移动但不会脱落。

4）如果正时带自动张紧器已展开但不能安装正时带，则执行正时带自动张紧器安装程序。从驱动轮开始，按逆时针顺序安装正时带，见图6-29。安装时，小心不要损坏正时带：①驱动轮A；②惰轮B；③前凸轮轴带轮C；④水泵带轮D；⑤后凸轮轴带轮E；⑥调节带轮F。

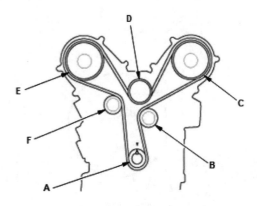

图6-29 正时带安装顺序

5）紧固惰轮螺栓。拧紧力矩：45N·m。

6）拆卸蓄电池夹紧螺栓。

7）安装发动机侧支座托架下半部分。

8）安装正时带导向板。

9）安装正时罩下盖。

10）安装正时罩上盖。

11）安装发动机侧支座托架上半部分。

12）安装曲轴带轮。

13）顺时针方向旋转曲轴带轮约6圈，以将正时带定位在带轮上。转动曲轴带轮，使其白色标记A与指针B对准。注意：未使用其他指针C，见图6-23。

检查凸轮轴带轮标记，见图6-30。注意：如果标记未对齐，旋转曲轴360°，并重新检查凸轮轴带轮标记。如果凸轮轴带轮标记在TDC，转至传动带自动张紧器安装。如果凸轮轴带轮标记不在TDC，则拆下正时带并重新安装正时带。

14）安装传动带自动张紧器。

15）装发动机底盖。

16）安装右前轮。

17）清除/学习CKP模式。

前

后

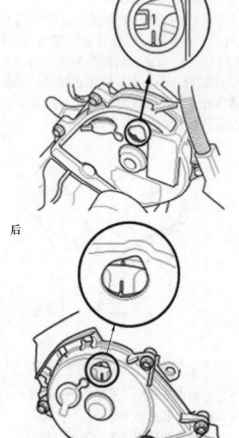

图6-30 凸轮轴带轮标记位置

6.4 RDX（2012—2017年款）

6.4.1 本田3.5L J35Z2 发动机（2012— ）

该款发动机正时维修与J35Y4一样，相关内容请参考6.3小节。

6.4.2 本田3.0L J30Y1 发动机（2013— ）

该款发动机正时维修与J35Y4一样，相关内容请参考6.3小节。

6.5 MDX（2006—2017年款）

6.5.1 本田3.5L J35Y5 发动机（2014—2017）

该款发动机正时维修与J35Y4一样，相关内容请参考6.3小节。

6.5.2 本田3.7L J37A1 发动机（2006—2011）

该款发动机正时维修与J35Y4一样，相关内容请参考6.3小节。

6.6 ZDX（2009—2017年款）

本田3.7L J37A5 发动机（2009—2017）

该款发动机正时维修与J35Y4一样，相关内容请参考6.3小节。

6.7 TL（2008—2017年款）

6.7.1 本田3.5L J35Z6 发动机（2008—2017）

该款发动机正时维修与J35Y4一样，相关内容请参考6.3小节。

6.7.2 本田3.2L J32A3 发动机（2003—2007）

该款发动机正时维修与J35Y4一样，相关内容请参考6.3小节。

6.8 RL（2007—2017年款）

6.8.1 本田3.5L J35A8 发动机（2006—2008）

该款发动机正时维修与J35Y4一样，相关内容请参考6.3小节。

6.8.2 本田3.7L J37A2 发动机（2009—2017）

该款发动机正时维修与J35Y4一样，相关内容请参考6.3小节。

第 7 章 日产汽车

7.1 途乐（2000—2018 年款）

7.1.1 日产 5.6L VK56DE 发动机（2011—2018）

1. 正时链单元分解

发动机正时链单元部件如图 7-1 所示。

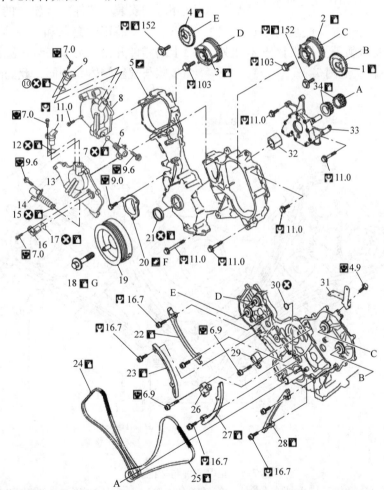

图 7-1 日产 5.6L VK56DE 发动机正时链单元

1—排气凸轮轴链轮（气缸侧体 1） 2—进气凸轮轴链轮（气缸侧体 1） 3—进气凸轮轴链轮（气缸侧体 2） 4—排气凸轮轴链轮（气缸侧体 2） 5—前盖 6—进气门正时控制电磁阀（气缸侧体 2） 7、10、12、15、17、30—O 形圈 8—进气门正时控制电磁阀盖（气缸侧体 2） 9—进气门正时控制位置传感器（气缸侧体 2） 11—进气门正时控制位置传感器（气缸侧体 1） 13—进气门正时控制电磁阀盖（气缸侧体 1） 14—进气门正时控制电磁阀（气缸侧体 1） 16—凸轮轴位置传感器（相位） 18—曲轴带轮螺栓 19—曲轴带轮 20—链条张紧器盖 21—前油封 22—正时链条张紧导板（气缸侧体 2） 23—正时链条松弛导轨（气缸侧体 2） 24—正时链条（气缸侧体 2） 25—正时链条（气缸侧体 1） 26—链条张紧器 27—正时链条松弛导轨（气缸侧体 1） 28—正时链条张紧导板（气缸侧体 1） 29—链条张紧器（气缸侧体 1） 31—支架 32—机油泵驱动隔套 33—机油泵总成 34—曲轴链轮 A—至曲轴 B—至排气凸轮轴（气缸侧体 1） C—至进气凸轮轴 D—至进气凸轮轴 E—至排气凸轮轴（气缸侧体 2） F—在配合面涂抹密封胶 G—拧紧时遵守安装步骤

2. 1号气缸压缩上止点位置设定

1）顺时针旋转曲轴带轮以对齐前盖上带正时指示器的TDC识别槽口（无漆），见图7-2。

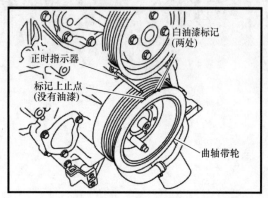

图7-2 曲轴带轮TDC标记对齐

2）此时，确保1号气缸（气缸侧体1）的进气和排气凸轮突起表面朝外。如果该点不朝外，则再转动曲轴带轮一次，见图7-3。

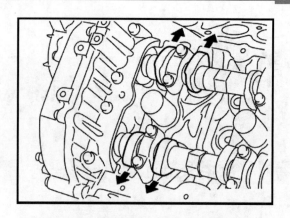

图7-3 1号气缸进排气凸轮轴凸轮位置

3. 正时链单元安装

图7-4显示了每个正时链条上的匹配标记和相应的安装了部件的链轮上的匹配标记之间的关系。要安装正时链条和相关零件，从气缸侧体2上的零件开始。由于安装气缸侧体1上的零件的步骤与气缸侧体2相同，此处略去。

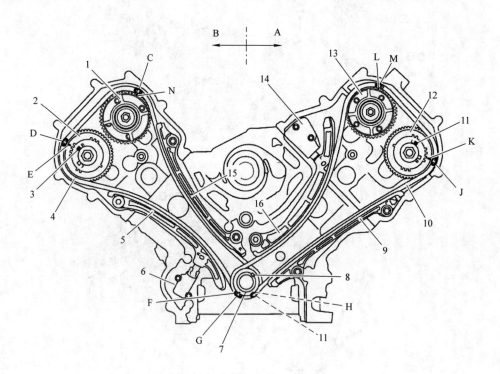

图7-4 正时部件与标记位置

1—进气凸轮轴链轮（气缸侧体2） 2—排气凸轮轴链轮（气缸侧体2） 3—凸轮轴定位销（气缸侧体2） 4—正时链条（气缸侧体2） 5—正时链条松弛导轨（气缸侧体2） 6—链条张紧器（气缸侧体2） 7—曲轴链轮 8—曲轴键 9—正时链条张紧导板（气缸侧体1） 10—正时链条（气缸侧体1） 11—凸轮轴定位销（气缸侧体1） 12—排气凸轮轴链轮（气缸侧体1） 13—进气凸轮轴链轮（气缸侧体1） 14—链条张紧器（气缸侧体1） 15—正时链条张紧导板（气缸侧体2） 16—正时链条松弛导轨（气缸侧体1） A—气缸侧体1 B—气缸侧体2 C、D、J、M—定位标记（链节标色：蓝色） E、K、L、N—定位标记（识别标记） F—气缸侧体1定位标记（槽口） G—气缸侧体1定位标记（链节标色：铜色） H—气缸侧体2定位标记（链节标色：铜色）

1）确保曲轴键、凸轮轴定位销（气缸侧体2）和凸轮轴定位销（气缸侧体1）面向图7-5所示方向。

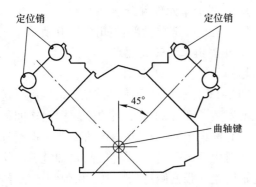

图7-5　曲轴键与凸轮轴定位销位置

2）安装凸轮轴链轮。根据气缸侧体选择性地使用定位销的槽口安装进气凸轮轴链轮A和排气凸轮轴链轮B（用于两个排气缸侧体的普通零件）。使用槽口标记"R"标记气缸侧体2并使用"L"标记气缸侧体1，见图7-6。用和拆卸相同的方式锁止凸轮轴的六角形部分，并拧紧螺栓。

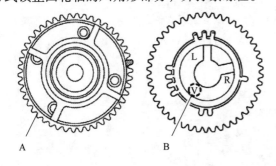

图7-6　标记进排气凸轮轴链轮

3）安装两个气缸侧体的曲轴链轮。安装曲轴链轮（气缸侧体1）B和曲轴链轮（气缸侧体2）C以使其法兰侧A（无齿的较大直径侧）朝向图7-7所示方向。使用相同零件，但是朝向不同。

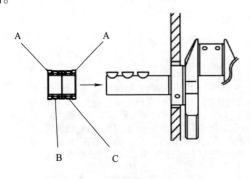

图7-7　安装曲轴链轮

4）安装正时链条和相关零件。安装时对齐每个链轮和正时链条的定位标记。安装正时链条张紧器前，可以改变各链轮上正时链条和每个链轮定位标记的位置。对齐定位标记后，用手将其抓住从而保持其对准状态，检查部件上的正时标志。在链条松弛侧从正确的方向安装链条导轨和张紧侧链条导轨。安装带已用限位销锁止的柱塞的链条张紧器。

注意：安装正时链条张紧器前后，都应确保正时链条上的定位标记没有超出标记的位置。安装正时链条张紧器后，拆下限位销以松开张紧器。确保张紧器已被松开。请勿移动曲轴或凸轮轴直至已安装前盖，以避免遗漏正时链条的链节。

5）安装气缸侧体1上的正时链条和相关零件，方法跟安装气缸侧体2的相同。

6）安装机油泵。

7）按如下步骤，安装油泵驱动隔套：安装时使机油泵驱动隔套前缘上的前标记朝向发动机前端。根据曲轴键和油泵内转子的两个平面的方向插入机油泵驱动隔套，见图7-8。如果位置关系不允许被插入，则旋转油泵内转子至可插入机油泵驱动隔套。

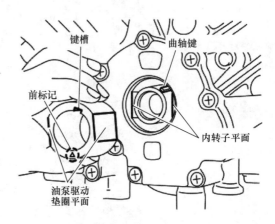

图7-8　安装机油泵驱动隔套

8）使用合适的工具安装前油封。注意切勿划伤或摩擦油封圆周。

9）安装链条张紧器盖。请使用正品液态密封胶或同等产品。

10）如下所示安装前盖：将新O形圈安装到缸体上。切勿重复使用O形圈。按照图7-9所示涂抹密封胶。请使用正品液态密封胶或同等产品。再次检查正时链条和各链轮上的正时定位标记是否对齐。然后安装前盖。

7.1.2　日产 5.6L VK56VD 发动机（2000—2010）

1. 正时链单元部件分解

发动机正时链单元部件如图 7-10 所示。

2. 正时链单元安装要点

切勿重复使用 O 形圈。

图 7-11 显示了每个正时链条上的匹配标记和相应的安装了部件的链轮上的匹配标记之间的关系。带有标识记号（R 或 L）的零件应根据标记安装在对应气缸侧体上：进气凸轮轴链轮、排气凸轮轴链轮、张紧侧链条导轨、松弛侧链条导轨。

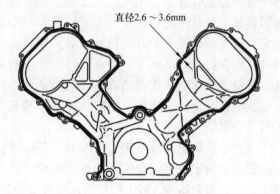

图 7-9　涂抹密封胶部位

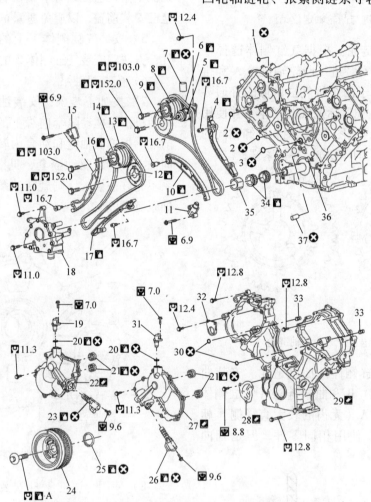

图 7-10　日产 5.6L VK56VD 发动机正时链单元

1、2、3、20、30—O 形圈　4—张紧侧链条导轨（气缸侧体 2）　5—高压燃油泵凸轮轴　6—正时链条（气缸侧体 2）　7—挺柱　8—进气凸轮轴链轮（气缸侧体 2）　9—排气凸轮轴链轮（气缸侧体 2）　10—松弛侧链条导轨（气缸侧体 2）　11—正时链条张紧器（气缸侧体 2）　12—排气凸轮轴链轮（气缸侧体 1）　13—正时链条（气缸侧体 1）　14—进气凸轮轴链轮（气缸侧体 1）　15—正时链条张紧器（气缸侧体 1）　16—松弛侧链条导轨（气缸侧体 1）　17—张紧侧链条导轨（气缸侧体 1）　18—油泵　19—凸轮轴位置传感器（气缸侧体 2）　21—密封圈　22—气门正时控制盖（气缸侧体 2）　23—进气门正时控制电磁阀（气缸侧体 2）　24—曲轴带轮　25—前油封　26—进气门正时控制电磁阀（气缸侧体 1）　27—气门正时控制盖（气缸侧体 1）　28—正时链条张紧器盖　29—前盖　31—凸轮轴位置传感器（气缸侧体 1）　32—凸轮轴支架　33—机油滤清器（用于进气门正时控制电磁阀）　34—曲轴链轮　35—机油泵驱动隔套　36—机油喷嘴（气缸侧体 1）　37—机油喷嘴（气缸侧体 2）　A—拧紧时遵守安装步骤

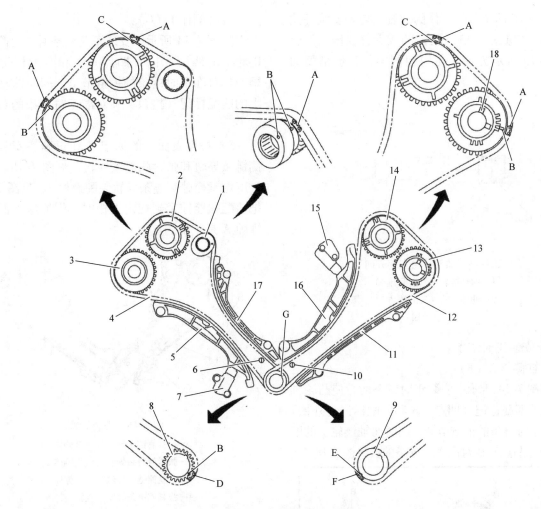

图7-11 正时部件与标记位置

1—高压燃油泵凸轮轴 2—进气凸轮轴链轮（气缸侧体2） 3—排气凸轮轴链轮（气缸侧体2） 4—正时链条（气缸侧体2） 5—松弛侧链条导轨（气缸侧体2） 6—链条机油喷嘴（气缸侧体2） 7—正时链条张紧器（气缸侧体2） 8—曲轴链轮（气缸侧体2） 9—曲轴链轮（气缸侧体1） 10—链条机油喷嘴（气缸侧体1） 11—张紧侧链条导轨（气缸侧体1） 12—正时链条（气缸侧体1） 13—排气凸轮轴链轮（气缸侧体1） 14—进气凸轮轴链轮（气缸侧体1） 15—正时链条张紧器（气缸侧体1） 16—松弛侧链条导轨（气缸侧体1） 17—张紧侧链条导轨（气缸侧体2） 18—定位销 A—匹配标记（铜链节） B—匹配标记（冲孔） C—匹配标记（外槽） D—匹配标记（白色链节） E—匹配标记（有缺口） F—匹配标记（黄色链节） G—曲轴键

要安装正时链条和相关零件，从气缸侧体2上的零件开始。由于安装气缸侧体1上的零件的步骤与气缸侧体2相同，此处略去。

1）确认各凸轮轴的曲轴键1和定位销A如图7-12所示定位。尽管凸轮轴没有停在如图所示的位置，对于凸轮前端的放置，通常是将凸轮轴按图中相同的方向放置。

凸轮轴定位销：在每个气缸侧体的缸盖面朝上侧；曲轴键：在气缸侧体1的缸盖面朝上侧。

2）安装凸轮轴链轮（进气和排气）。检查表面上的标记以安装在正确侧。排气侧：使用扳手固定排气凸轮轴的六边形部分来拧紧装配螺栓。进气侧：使用扳手拧紧装配螺栓，固定驱动轴的

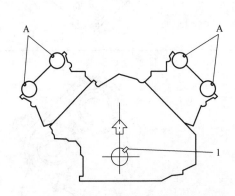

图7-12 曲轴键与凸轮轴定位销位置

六边形部分（位于1号轴颈和2号轴颈之间）。

3）安装高压燃油泵凸轮轴。

4）按如下所示安装正时链条：

① 安装两个气缸侧体的曲轴链轮。安装各曲轴链轮，使其法兰侧（无齿的较大直径侧）A 朝向图 7-13 所示方向。使用相同零件，但是朝向不同。

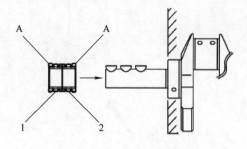

图 7-13　曲轴链轮安装方向
1—曲轴链轮（气缸侧体 1）
2—曲轴链轮（气缸侧体 2）
A—法兰侧

② 安装正时链条。

气缸侧体 2（F）：

如图 7-14 所示，安装正时链条时，使凸轮轴链轮上的匹配标记（凹点）B 和匹配标记（外槽）C 对准正时链条的铜链节 A，同时曲轴链轮上的匹配标记（凹点）B 对准正时链条的黄色链节 D。

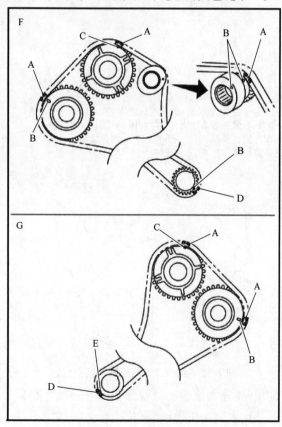

图 7-14　正时链条安装

气缸侧体 1（G）：

如图 7-14 所示，安装正时链条时，使凸轮轴链轮上的匹配标记（凹点）B 和匹配标记（外槽）C 对准正时链条的铜链节 A，同时曲轴链轮上的匹配标记（槽口）E 对准正时链条的黄色链节 D。

5）检查表面上的标记 A 在正确侧安装松弛侧链条导轨和张紧侧链条导轨，见图 7-15。切勿过度拧紧松弛侧链条导轨装配螺栓 2，见图 7-16。把装配螺栓拧紧到规定力矩时，螺栓座下面出现缝隙 A 是正常的。

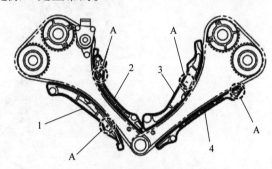

图 7-15　安装导轨
1—松弛侧链条导轨（气缸侧体 2）
2—张紧侧链条导轨（气缸侧体 2）
3—松弛侧链条导轨（气缸侧体 1）
4—张紧侧链条导轨（气缸侧体 1）
A—标记

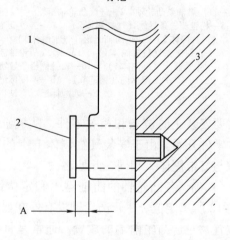

图 7-16　导轨固定螺栓
1—松弛侧链条导轨　2—螺栓　3—缸体　A—缝隙

6）按如下所示安装正时链条张紧器：用限位销将柱塞固定在完全压缩位置。彻底清除正时链条张紧器背面和安装表面上的污垢及异物。安装后将限位销拉出，然后松开柱塞。

7）再次确认链轮和正时链条上的匹配标记

都没有错位。

7.1.3 日产 4.8L TB48DE 发动机（2000—2010）

1. 正时链单元部件分解

发动机正时链单元部件如图 7-17 所示。

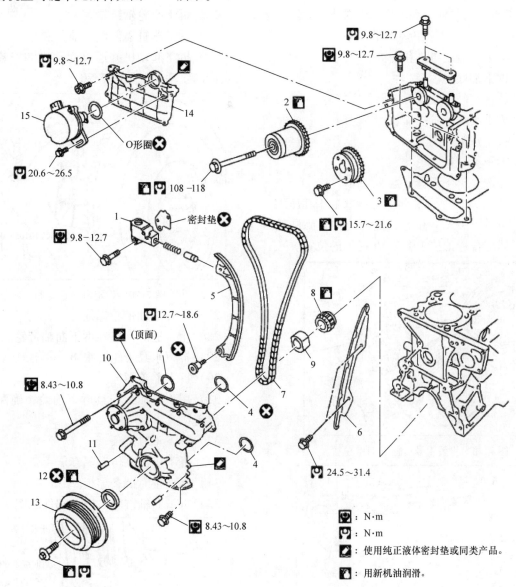

图 7-17 日产 4.8L TB48DE 发动机正时链单元

1—正时链条张紧器 2—进气凸轮轴链轮 3—排气凸轮轴链轮 4—O 形圈 5—正时链条松弛部分导板
6—正时链条张紧部分导板 7—正时链条 8—曲轴链轮 9—机油泵传动隔套 10—前盖 11—定位销
12—前油封 13—曲轴带轮 14—气缸盖前罩 15—凸轮轴位置传感器

2. 正时链单元拆卸步骤

维修注意事项：拆下正时链条后不要单独转动凸轮轴，否则气门会撞击活塞顶。当安装正时链条张紧器油封或其他滑动零件时用新机油润滑接触表面。当安装凸轮轴链轮和曲轴带轮时应在螺栓的螺纹和安装座表面涂上新机油。当拆卸机油泵总成时拆下凸轮轴位置传感器，然后从发动机上拆下正时链条。注意不要损坏传感器尖端。

1）拆下发动机罩。
2）放掉机油。
3）放掉散热器和气缸体中的发动机冷却液。小心不要让冷却液溅到传动带上。

4）拆下散热器和散热器罩。

5）释放燃油压力。

6）拆卸下列传动带：空调压缩机传动带；动力转向泵传动带；交流发电机传动带。

7）拆下风扇耦合器和风扇。

8）拆下动力转向泵和动力转向泵支架。

9）拆下空调压缩机传动带张紧轮。

10）拆下交流发电机和交流发电机支架。

11）拆下油底壳。

12）从进气歧管集气管上拆下空气管。

13）拆下真空软管燃油软管等。

14）拆下点火线圈。

15）拆下火花塞。

16）按顺序拆下摇臂室盖的螺栓。

17）如图7-18所示，将1号活塞置于其压缩行程的上止点（TDC）位置，旋转曲轴直到凸轮轴链轮上的配合标记位于图7-19指示的位置。

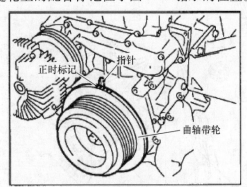

图7-18 设置1号气缸于TDC位置

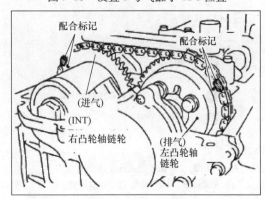

图7-19 凸轮轴链轮正时标记

18）拆下凸轮轴位置传感器：不要让任何磁性材料接触凸轮轴位置传感器，注意不要损坏传感器。

19）用工具油封刀具拆下气缸盖前罩。

20）从凸轮轴支架上拆下正时链条导板。

21）将适当的止动销连接至正时链条张紧器，将柱塞保持在压缩位置。

22）拆下正时链条张紧器。

23）松开将凸轮轴固定在六角区域的凸轮轴链轮螺栓，在正时链条和凸轮轴链轮上涂漆以便安装时对正。

24）拆下凸轮轴链轮。

25）拆下气缸盖前侧的前盖螺栓。

26）拆下起动机并通过起动机的安装螺栓孔设定齿圈止动器，见图7-20。

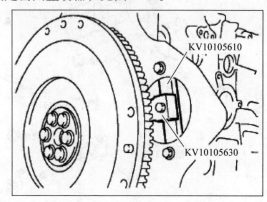

图7-20 设定齿圈止动器

27）松开曲轴带轮螺栓。

28）用合适的顶拔器拆下曲轴带轮。

29）拆下水泵带轮和水泵。

30）拆下前盖螺栓。

31）用工具油封刀具拆下前盖，确保不要损坏气缸盖垫。

32）拆下正时链条。

33）拆下机油泵传动隔套。

34）拆下正时链条导板。

35）拆下曲轴链轮。以上部件见图7-21。

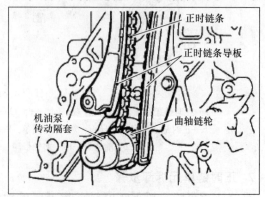

图7-21 拆下正时链部件

36）从前盖上拆下O形圈。

3. 正时链单元安装步骤

1）将曲轴链轮（图7-22）安装到曲轴上，

安装方向未做要求。

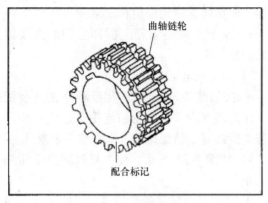

图 7-22　安装曲轴链轮

2）安装曲轴使得 1 号活塞处于 TDC 位置且曲轴键处于 12 点位置，见图 7-23。

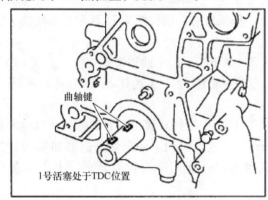

图 7-23　设置气缸 1 上止点位置

3）安装正时链条松弛部分导板和正时链条张紧部分导板。

4）将正时链条安装到曲轴链轮上，用合适的工具支承正时链条以保持配合标记对正，见图 7-24。

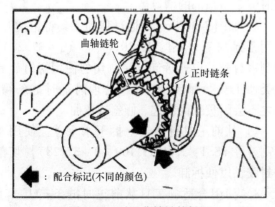

图 7-24　对正曲轴链轮标记

5）安装凸轮轴链轮，通过对准正时链条和凸轮轴链轮上的配合标记设置正时链条，见图 7-25。

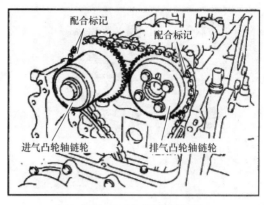

图 7-25　对正凸轮轴链轮标记

6）安装凸轮轴链轮螺栓并拧紧至规定力矩，将凸轮轴固定在六角区域，在螺栓螺纹和接合表面涂上新机油。

7）安装正时链条张紧器：在安装正时链条张紧器之前将一个合适的止动销插入正时链条，张紧器的销孔将柱塞保持在压缩状态，装好正时链条张紧装置之后拆下止动销以释放柱塞，见图 7-26。

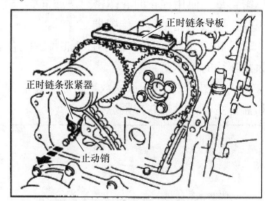

图 7-26　安装张紧器

8）将正时链条导板安装到凸轮轴支架上。

9）更换前油封并用刮刀清除配合表面的所有液体密封垫痕迹，还要除去缸体配合表面上液体密封垫的所有痕迹。

10）如图 7-27 所示，在前盖的配合表面上涂敷连续的液体密封垫，使用纯正的液体密封垫或同类产品。应在涂敷后 5min 内完成安装。

11）安装前盖。

12）将前盖螺栓安装到气缸盖的前侧。

13）安装机油泵传动隔套。

14）安装水泵和水泵带轮。

15）安装惰轮和支架。

16）安装油底壳。

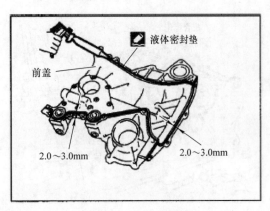

图 7-27 涂抹密封胶

17）安装曲轴带轮。

拧紧步骤：①拧紧螺栓到 113～122N·m；②利用螺栓凸缘上的标记顺时针转动螺栓 60°～65°。转动一个标记相当于 60°。

18）拆下齿圈限位器。

19）安装起动机。

20）安装气缸盖前罩：在气缸盖前罩上涂敷液体密封垫。使用纯正的液体密封垫或同类产品。

21）安装凸轮轴位置传感器。

22）在安装摇臂室盖之前在气缸盖的配合表面涂敷连续的液体密封垫。

23）按图 7-28 中所示的数字顺序安装摇臂室盖和摇臂室盖密封垫并拧紧螺栓。

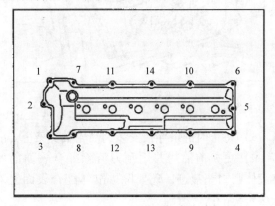

图 7-28 安装摇臂室盖

7.2 贵士（2005—2017 年款）

日产 3.5L VQ35DE 发动机（2005—2017）

1. 正时链单元部件分解

发动机正时链单元部件如图 7-29 所示。

2. 正时链单元拆卸步骤

1）拆卸以下零件：进气歧管总管、摇臂盖（气缸侧体 1 和 2）、油底壳（上和下）和机油集滤器、驱动带、惰轮带轮和支架。

2）从前正时链条箱上拆卸它们的支架以分离发动机线束。

3）拆下凸轮轴链轮盖。

• 按如图 7-30 所示的相反顺序松开装配螺栓。注意轴在内部与凸轮轴链轮（进气）中心孔相连。拆卸时，请保持其水平直至完全断开。

4）如图 7-31 所示，使 1 号气缸位于压缩行程上止点。

① 顺时针旋转曲轴带轮将正时标记（无色槽沟线）（箭头）对准正时指示器。

② 确认 1 号气缸（气缸侧体 1，发动机前端）上的进气和排气凸轮前端在图 7-32 所示位置上。如果没有，请按图 7-31 所示旋转曲轴一圈（360°）并对齐。

5）如下所示拆下曲轴带轮：

① 用带轮夹具（通用维修工具）A 固定曲轴。

② 松开曲轴带轮螺栓，并确定离开螺栓原位 10mm 的螺栓座表面。注意切勿拆卸曲轴带轮螺栓，因为它还能用于支撑合适的顶拔器，见图 7-33。

③ 在曲轴带轮孔上放置合适的拔具凸起，并拉出曲轴带轮，见图 7-34。注意切勿将合适的拔具凸起放置在曲轴带轮上，否则会损坏内缓冲器。

6）如下所示拆卸前正时链条箱：

① 按图 7-35 所示的相反顺序松开装配螺栓。

② 如图 7-36 所示，将合适的工具 A 插入前正时链条箱顶部的槽口。

③ 如图 7-36 所示，通过移动工具将箱撬开。使用密封刮刀［SST：KV10111100（J-37228）］切割密封胶，以便拆卸。注意切勿使用螺钉旋具或类似工具。拆卸后，仔细处理前正时链条箱，使之不会因负载而翘起、倾斜或弯曲。

7）从前正时链条箱上拆下水泵盖。使用密封刮刀［mSST：KV10111100（J-37228）］切割密封胶，以便拆卸。

8）使用合适的工具从前正时链条箱上拆下前油封。使用螺钉旋具拆卸时注意小心不要损坏前正时链条箱。

9）从后正时链条箱上拆下 O 形圈 1，见图 7-37。

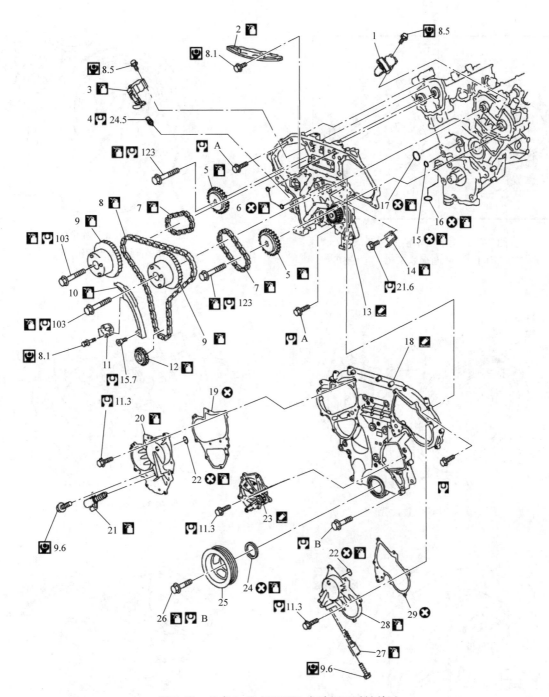

图7-29 日产3.5L VQ35DE发动机正时链单元
1—正时链条张紧器（副）（气缸侧体2） 2—内链条导轨 3—正时链条张紧器（副）（气缸侧体1） 4—机油温度传感器
5—凸轮轴链轮（排气） 6、15~17—O形圈 7—正时链条（副） 8—正时链条（主） 9—凸轮轴链轮（进气）
10—松弛侧链条导轨 11—正时链条张紧器（主） 12—曲轴链轮 13—后正时链条箱 14—张紧侧链条导轨
18—前正时链条箱 19—凸轮轴链轮盖衬垫（气缸侧体1） 20—凸轮轴链轮盖（气缸侧体1）
21—进气门正时控制电磁阀（气缸侧体1） 22—密封圈 23—水泵盖 24—前油封 25—曲轴传动带
26—曲轴带轮螺栓 27—进气门正时控制电磁阀（气缸侧体2） 28—凸轮轴链轮盖（气缸侧体2）
29—凸轮轴链轮盖衬垫（气缸侧体2） A—拧紧时遵守组装步骤 ⊗每次分解后务必更换
—N·m —N·m —应用机油润滑 —密封点

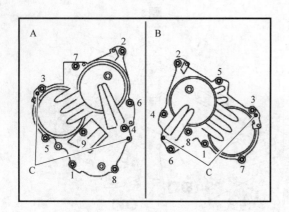

图7-30 拆下凸轮轴链轮盖
A—气缸侧体1 B—气缸侧体2 C—定位销孔

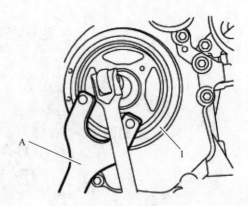

图7-33 松开曲轴带轮螺栓
1—曲轴带轮 A—带轮夹具

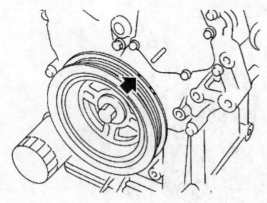

图7-31 TDC位置设置

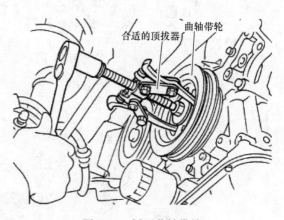

图7-34 拆下曲轴带轮

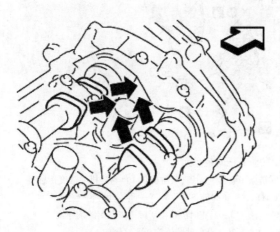

图7-32 凸轮轴凸轮位置

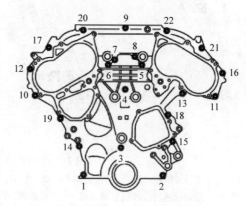

图7-35 拆下前盖螺栓

10）如下所示拆卸正时链条张紧器（主）：
① 拆下下装配螺栓A。
② 慢慢松开上装配螺栓B，然后转动装配螺栓上的正时链条张紧器（主）1，使柱塞C完全伸出。即使柱塞完全伸出，它也不会从正时链条张紧器（主）上掉下，见图7-38。
③ 拆卸上装配螺栓，然后拆卸正时链条张紧器（主）。

11）拆下内链条导轨、张紧侧链条导轨和松紧导杆。拆卸正时链条（主）后可以拆卸张紧导板。注意拆卸正时链条张紧器（主）后，不要分

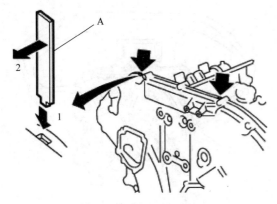

图 7-36 切开前盖密封胶

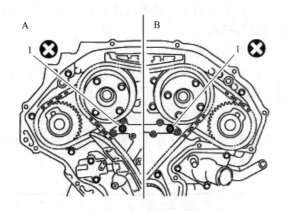

图 7-37 拆下后正时链箱 O 形圈
A—气缸侧体 1 B—气缸侧体 2
1—O 形圈

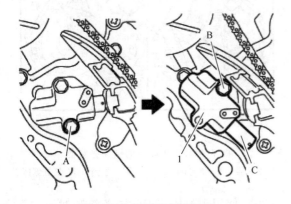

图 7-38 拆下链条张紧器

别旋转曲轴和凸轮轴,否则气门会碰撞活塞盖。

12) 拆卸正时链条(主)和曲轴链轮。

13) 如下所示拆下正时链条(副)和凸轮轴链轮:

① 在气缸侧体 1 A 和气缸侧体 2 C 正时链条张紧器(副)1 上安装合适的定位销 B。使用直径大约 0.5mm 的硬金属销作为限位销,见图 7-39。

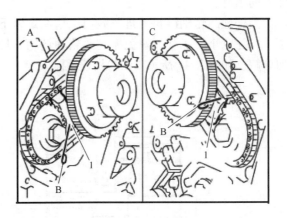

图 7-39 拆下副张紧器

② 拆下凸轮轴链轮(进气和排气)装配螺栓。使用扳手固定凸轮轴的六边形部分来松开装配螺栓。注意切勿松开装配螺栓,而固定凸轮轴六边形以外的其他部分或张紧正时链条。

③ 将正时链条(副)与凸轮轴链轮一起拆卸。稍微转动凸轮轴固定正时链条张紧器(副)侧的正时链条松紧度。

将 0.5mm 厚的金属或树脂板插入正时链条和正时链条张紧器柱塞(导板)E 之间。从导管槽沟松开正时链条,将正时链条(副)2 与凸轮轴链轮一起拆卸,见图 7-40。

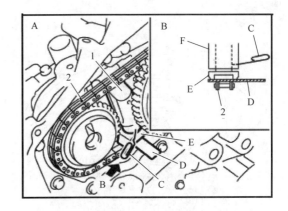

图 7-40 拆下副正时链与凸轮轴链轮
1—正时链条张紧器(副) 2—正时链条 A—气缸侧体 1
B—视图 B C—限位器销 D—板 E—柱塞
F—正时链条张紧器(主体)

注意拆卸正时链条(副)时小心柱塞不要脱落。因为正时链条张紧器(副)的柱塞会在操作时移动,导致固定限位器销脱落。凸轮轴链轮(进气)是用于正时链条(主)和正时链条

（副）的二合一结构链轮。图 7-40 所示是气缸侧体 1 的示例。

当处理凸轮轴链轮（进气）时，请注意以下事项：注意小心操作，避免振动凸轮轴链轮。切勿分解。如图 7-41 所示，切勿松开螺栓 A。

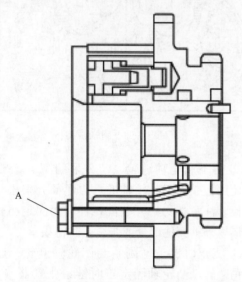

图 7-41 螺栓 A 位置

14）拆卸水泵。

15）拆下油泵。

16）如下所示拆下后正时链条箱：

① 按图 7-42 所示的相反顺序松开并拆卸装配螺栓。

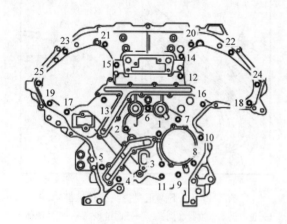

图 7-42 拆下后正时链条箱螺栓

② 用油封刮刀切割密封胶，并拆下后正时链条箱。注意切勿拆卸机油管路的板金属盖 1，见图 7-43。拆卸后，小心处理后正时链条箱，使之不会因负载而翘起、倾斜或弯曲。

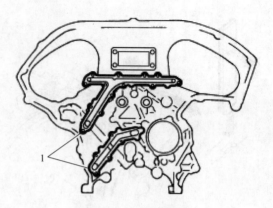

图 7-43 板金属盖位置

17）如有需要，从正时链条箱（后）拆卸燃油温度传感器。

18）从缸体上拆下 O 形圈。

19）如有必要，如下所示从缸盖上拆下正时链条张紧器（副）。

① 拆下凸轮轴支架（1 号）。

② 拆下已装好限位器销 B 的正时链条张紧器（副）1，见图 7-44。

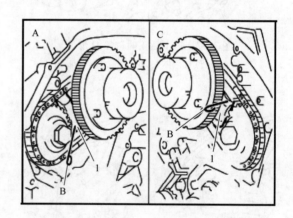

图 7-44 拆下副正时链条张紧器

1—张紧器　A—气缸侧体 1　B—限位器销　C—气缸侧体 2

20）使用刮刀从前正时链条箱和对面的配合面上清除所有旧密封胶遗留痕迹。从螺栓孔和螺纹上清除旧的密封胶。

21）使用刮刀除去油泵盖上的所有旧密封胶。

3. 正时链单元安装步骤

注意切勿重复使用 O 形圈。图 7-45 显示了每个正时链条上的匹配标记和相应的安装了部件的链轮上的匹配标记之间的关系。

4）如下所示安装后正时链条箱：将新 O 形圈安装到缸体上。注意切勿重复使用 O 形圈。

① 用管路压缩机（通用维修工具）在后正时链条箱背面涂抹密封胶。使用原装 RTV 硅密封胶或同等产品。彻底擦净接触到发动机冷却液的部分密封胶。在水泵和缸盖的安装位置全面涂抹密封胶。

② 将后正时链条箱对准缸体上的定位销（气缸侧体 1 和气缸侧体 2），并安装后正时链条箱。确认 O 形圈在安装到缸体和缸盖时已固定到位。

③ 按照图 7-47 中所示数字的顺序拧紧装配螺栓。有两种类型的装配螺栓。有关螺栓位置请参见以下内容。

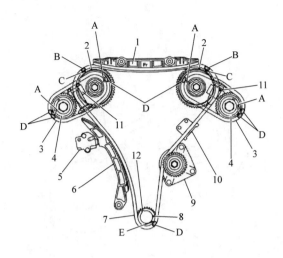

图 7-45 正时链单元部件与正时标记位置
1—内链条导轨 2—凸轮轴链轮（进气） 3—正时链条（副）
4—凸轮轴链轮（排气） 5—正时链条张紧器（主）
6—松弛侧链条导轨 7—正时链条（主） 8—曲轴链轮
9—水泵 10—张紧侧链条导轨 11—正时链条张紧器（副）
12—曲轴键 A—匹配标记 B—匹配标记（粉色链节）
C—匹配标记（冲孔） D—匹配标记（橙色）
E—匹配标记（有缺口）

1）如果已拆卸，请按如下所述将正时链条张紧器（副）安装到缸盖上。安装已装有限位器销和新 O 形圈的正时链条张紧器（副）。

2）安装 1 号凸轮轴支架。

3）测量凸轮轴支架（1 号）和缸盖前端高度。标准：-0.14~0.14mm。测量单个气缸侧体的两个位置（进气和排气侧），见图 7-46。如果测量值超过标准，重新安装凸轮轴支架（1 号）。

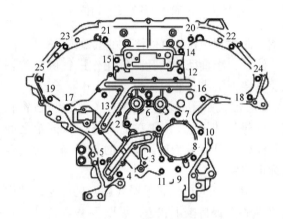

图 7-47 安装紧固螺栓

长度为 20mm 螺栓：1、2、3、6、7、8、9、10；长度为 16mm 的螺栓：除了以上。规定拧紧力矩：12.7N·m。

④ 拧紧所有螺栓后，按图 7-47 所示的数字顺序重新拧紧它们至规定力矩。如果密封胶上有污渍，立即清洗干净。

⑤ 安装后正时链条箱后，检查油底壳（上）安装表面以下零件之间的表面高度差。后正时链条箱至缸体高度标准：-0.24~0.14mm。如果不在标准范围内，重复安装步骤。

5）安装水泵。

6）安装油泵。

7）确认定位销 A 和曲轴键 1 如图 7-48 所示定位（1 号气缸处于压缩上止点）。尽管凸轮轴没有停在如图所示的位置，对于凸轮前端的放置，通常是将凸轮轴按图中相同的方向放置。

凸轮轴定位销：在每个气缸侧体的缸盖面朝

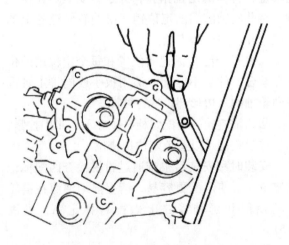

图 7-46 测量气缸侧体位置

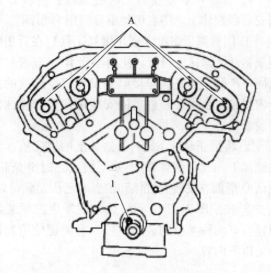

图 7-48　确认凸轮轴定位销位置

上侧；曲轴键：在气缸侧体 1 的缸盖侧。

注意：小直径侧的孔必须用作进气侧定位销孔。不要识别错（忽略大直径侧）。

8）如下所示安装正时链条（副）和凸轮轴链轮（进气和排气）：注意正时链条和链轮之间的匹配标记很容易错位。安装时重复确认所有匹配标记位置。

① 按下正时链条张紧器（副）的柱塞，并用限位器销 A 保持按下状态，见图 7-49。

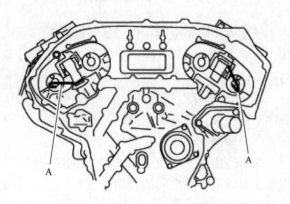

图 7-49　用限位器销保持张紧器柱塞

② 安装正时链条（副）和凸轮轴链轮（进气和排气）。图 7-50 说明了气缸侧体 1（后视图）。

将正时链条（副）（橙色链节）上的匹配标记对准凸轮轴链轮（进气和排气）（冲孔）上的标记，并进行安装。

凸轮轴链轮（进气）的匹配标记位于凸轮轴

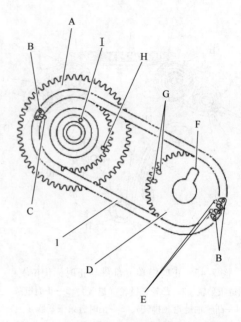

图 7-50　副正时链安装
1—气缸侧体 1　A—凸轮轴链轮（进气）背面　B—橙色链节
C—匹配标记（圆圈）　D—凸轮轴链轮（排气）背面
E—匹配标记（前面上的 2 个圆圈）　F—定位销槽　G—匹配标记（前面上的 2 个椭圆）　H—匹配标记（椭圆）　I—定位销孔

链轮（副）的背面。有两种类型的匹配标记，圆形和椭圆形。它们应分别用于气缸侧体 1 和气缸侧体 2。

气缸侧体 1：使用圆形。

气缸侧体 2：使用椭圆形。

对齐凸轮轴上定位销与链轮上的槽或孔，并安装。在进气侧，将凸轮轴前端的定位销对准凸轮轴链轮背面的定位销孔，并进行安装。在排气侧，将凸轮轴前端的定位销对准凸轮轴链轮上的定位销孔，并进行安装。

如果每个配合标记的位置和每个定位销的位置在配合零件上不匹配，请用扳手或同等工具握住凸轮轴的六边形部位进行微调。

凸轮轴链轮的装配螺栓必须在下一步中拧紧。用手拧紧它们足以避免定位销错位。

安装时和安装后很难通过目视检查匹配标记的错位。要使匹配更容易，请提前用油漆在链轮齿的顶部和延伸管路上做配合标记 A，见图 7-51。

③ 确认配合标记已对齐后，拧紧凸轮轴链轮装配螺栓。用扳手固定凸轮轴的六角部分，以拧紧装配螺栓。

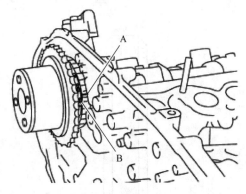

图 7-51 用油漆做标记
A—标记 B—匹配标记（橙色链节）

④ 从正时链条张紧器（副）1 上拉出限位器销 B，见图 7-52。

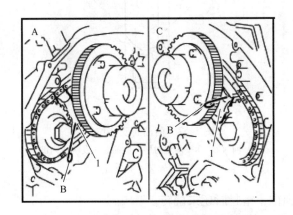

图 7-52 安装限位器销
1—张紧器 A—气缸侧体1 B—销 C—气缸侧体2

9）安装张紧导板。

10）按如下所示安装正时链条（主）：

① 安装曲轴链轮1。确认曲轴链轮上的配合标记朝向发动机前端，见图 7-53。

② 安装正时链条（主）。安装正时链条（主），使凸轮轴链轮（进气）1 上的匹配标记（冲孔）B 与正时链条上的粉色链节 A 对齐，同时曲轴链轮2 上的匹配标记（冲孔）C 与正时链条上的橙色链节 D 对齐，如图 7-54 所示。

- 当很难将正时链条（主）的配合标记对准每个链轮时，使用扳手握住六边形部分慢慢转动凸轮轴使其与配合标记对齐。定位时，小心避免正时链条（副）的配合标记定位发生错位。

11）安装内链条导轨和松紧导杆。注意切勿过度拧紧松弛侧链条导轨装配螺栓。把装配螺栓

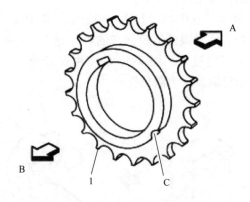

图 7-53 曲轴链轮标记
1—曲轴链轮 A—曲轴侧
B—发动机前端 C—匹配标记（前侧）

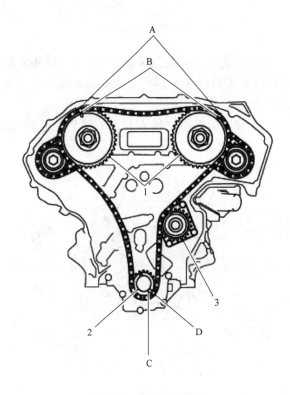

图 7-54 主正时链安装
1—凸轮轴链轮 2—曲轴链轮 3—水泵
A—粉色链节 B、C—匹配标记 D—橙色链节

拧紧到规定力矩时，螺栓座下面出现缝隙是正常的。

12）按照以下步骤安装正时链条张紧器（主）：

① 向上拉出柱塞限位器凸耳 A（或向下转动杆）以拆卸柱塞棘齿 D 上的限位器凸耳。柱塞限位器凸耳和杆 C 是同步的。

② 向张紧器中压入柱塞。

③ 使柱塞限位器凸耳与棘齿端啮合，在完全

压紧的位置按住柱塞。

④ 从杆孔中将销 E 插入张紧器孔 B 中以固定杆。杆零件和限位器是同步的。因此,在这种情况下可固定柱塞。图 7-55 是使用直径为 1.2mm 的细螺钉旋具作为限位销。

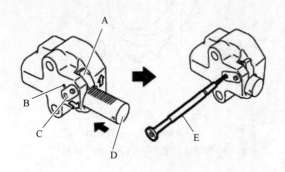

图 7-55　设置张紧器

⑤ 安装正时链条张紧器(主)1。彻底清除正时链条张紧器(主)背面和安装表面上的污垢及异物。

⑥ 安装后将限位销 A 拉出,然后松开柱塞,见图 7-56。

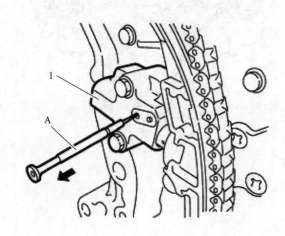

图 7-56　安装张紧器

13)再次确认每个链轮和各正时链条上的配合标记都没有错位。

14)将新 O 形圈安装到后正时链条箱上。切勿重复使用 O 形圈。

15)将新的前油封安装到前正时链条箱上。在油封唇和防尘封唇上涂抹新发动机机油。安装时如图 7-57 所示确定每个密封唇的方向。

使用适当的冲头(外径:60mm)压下固定油封,直至与前正时链条箱端面齐平。确认箍簧

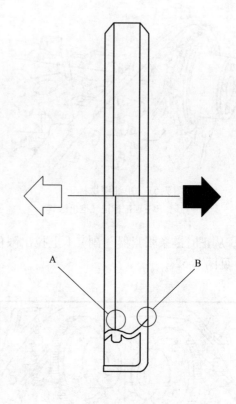

图 7-57　前油封安装位置
A—油封唇　B—防尘封唇　白箭头—发动机内部
黑箭头—发动机外部

到位,密封唇还未翻转。

16)如下所示安装前正时链条箱:

① 用管路压缩机(通用维修工具)在前正时链条箱背面涂抹连续的密封胶。使用原装 RTV 硅密封胶或同等产品。

② 安装前正时链条箱,使它的定位销孔适合后正时链条箱上的定位销。

③ 按照图 7-58 所示的数字顺序拧紧装配螺栓到规定力矩。

• 有两种类型的装配螺栓。有关螺栓位置请参见以下内容。

M8 螺栓:1、2(紧固力矩:28.4N·m)。

M6 螺栓:除了上述情况外(紧固力矩:12.7N·m)。

④ 拧紧所有螺栓后,按照图 7-58 所示的数字顺序重新拧紧它们至规定力矩。注意务必清除油底壳(上)配合面上泄漏出的多余密封胶。

⑤ 安装前正时链条箱后,检查油底壳(上)安装表面以下零件之间的表面高度差。

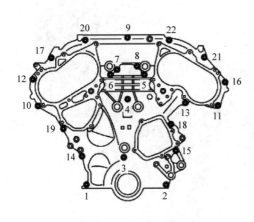

图 7-58 安装紧固螺栓

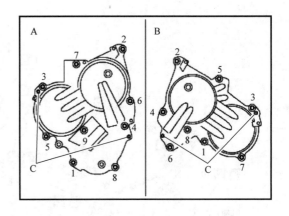

图 7-59 螺栓拧紧顺序
A—气缸体 1 B—气缸体 2 C—定位销孔

- 如果不在标准范围内,重复安装步骤。前正时链条箱到后正时链条箱标准：-0.14～0.14mm。

17）在前正时链条箱上安装水泵盖。用管压缩器（通用维修工具）将密封胶连续地涂抹到水泵盖上。使用原装 RTV 硅密封胶或同等产品。$\phi 2.3\sim 3.3$mm。

18）按如下所述安装进气凸轮轴链轮：

① 将新密封圈安装到轴槽沟中。

② 在前正时链条箱上安装凸轮轴链轮。需对齐进气侧凸轮链轮轴中心孔才可插入。将密封圈安装到轴槽。

③ 小心不要将密封圈从安装槽沟中移开，将前正时链条箱上的定位销对准孔来安装进气侧凸轮链轮盖。

④ 按照图 7-59 中所示数字的顺序拧紧装配螺栓。

19）安装油底壳（上和下）。

20）如下所示安装曲轴带轮：

① 安装曲轴带轮，小心不要损坏前油封。使用塑料锤敲下固定曲轴带轮时，请敲击其中央位置（非边缘位置）。

② 用带轮夹具（通用维修工具）固定曲轴。

③ 拧紧曲轴带轮螺栓。拧紧力矩：44.1N·m。

④ 在曲轴带轮 1 上做一个油漆标记 A，它与曲轴带轮螺栓 2 的角标记 B 对齐。拧紧螺栓 90°（角度拧紧），见图 7-60。

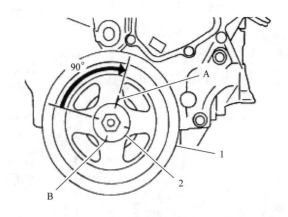

图 7-60 安装曲轴带轮

21）沿正常方向旋转曲轴带轮（从发动机前端查看时是顺时针方向）确认其转动灵活。

22）此步骤之后按照与拆卸相反的顺序安装。

7.3 370Z（2013—2017 年款）

日产 3.7L VQ37VHR 发动机（2013—2017）

该款发动机正时链拆装与调整和 VQ35DE 一样，相关内容请参考 7.2 小节。图 7-61 所示为该发动机正时部件分解。

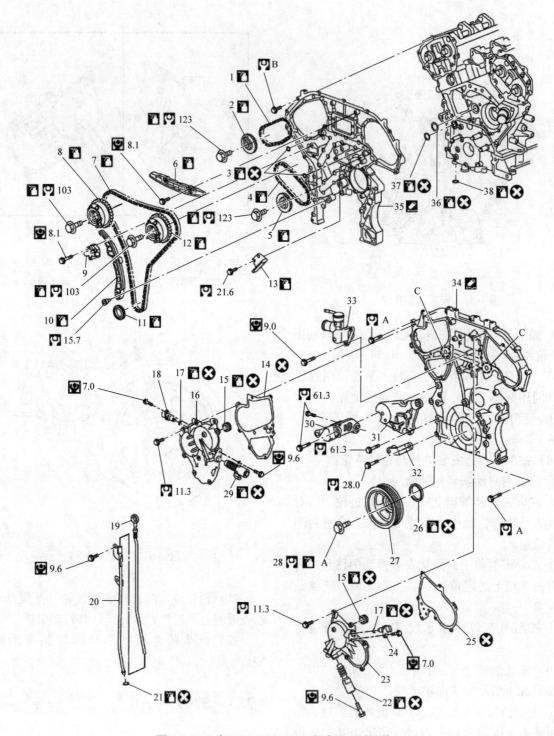

图 7-61　日产 3.7L VQ37VHR 发动机正时链单元

1—正时链条（副）（气缸侧体1）　2—凸轮轴链轮（排气）（气缸侧体1）　3、17、21、36～38—O形圈　4—正时链条（副）（气缸侧体2）　5—凸轮轴链轮（排气）（气缸侧体2）　6—内链条导轨　7—正时链条（主）　8—凸轮轴链轮（进气）（气缸侧体1）　9—正时链条张紧器（主）　10—松弛侧链条导轨　11—曲轴链轮　12—凸轮轴链轮（进气）（气缸侧体2）　13—张紧侧链条导轨　14—进气门正时控制盖衬垫（气缸侧体1）　15—密封圈　16—进气门正时控制盖（气缸侧体1）　18—凸轮轴位置传感器（相位）（气缸侧体1）　19—机油尺　20—机油尺导管　22—进气门正时控制电磁阀（气缸侧体2）　23—进气门正时控制盖（气缸侧体2）　24—凸轮轴位置传感器（相位）（气缸侧体2）　25—进气门正时控制盖衬垫（气缸侧体2）　26—前油封　27—曲轴带轮　28—曲轴带轮螺栓　29—进气门正时控制电磁阀（气缸侧体1）　30—动力转向油泵支架　31—惰轮支架　32—交流发电机支架　33—出水口（前）　34—前正时链条箱　35—后正时链条箱

7.4 GT-R（2008—2017年款）

日产3.8T VR38DETT发动机（2008—2017）

该款发动机正时链拆装与调整和VQ35DE一样，相关内容请参考7.2小节。

1. 正时链单元结构分解

发动机正时链单元部件如图7-62所示。

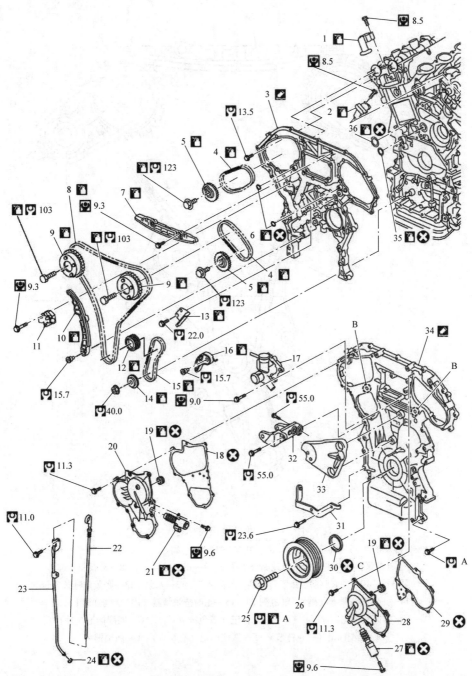

图7-62 日产3.8T VR38DETT发动机正时链单元

1—气缸列1正时链张紧器（次级） 2—气缸列2正时链张紧器（次级） 3—后正时罩 4—正时链（次级） 5—排气凸轮轴链轮 6—O形圈 7—内部链条导轨 8—正时链（主） 9—进气凸轮轴链轮 10—松弛侧导轨 11—正时链张紧器（主） 12—曲轴链轮 13—张紧臂 14—油泵链轮 15—油泵传动链 16—油泵传动链张紧器 17—前出水口 18—垫片 19—橡胶圈 20—进气正时控制阀盖（气缸列1） 21—进气门正时控制电磁阀（气缸列1） 22—油位计 23—油位计导管 24—O形圈 25—曲轴带轮螺栓 26—曲轴带轮 27—进气正时控制电磁阀（气缸列2） 28—进气正时控制阀盖（气缸列2） 29—垫片 30—前油封 31—发动机支架 32—动力转向油泵支架 33—支架 34—前正时罩盖 35—O形圈 36—O形圈 A—遵守紧固时的装配程序 B—机油滤清器 C—在轮沿涂上中性洗涤剂

2. 发动机正时标记位置

图 7-63 显示了每个正时链上的匹配标记与相应链轮上的匹配标记与安装的组件之间的关系。

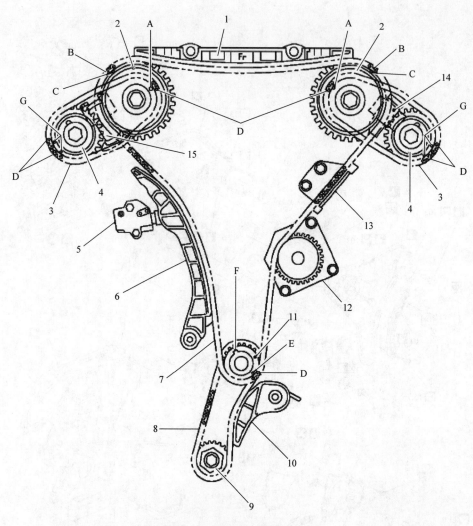

图 7-63　发动机正时标记

1—内链条导轨　2—凸轮轴链轮（进气）　3—正时链（副）　4—凸轮轴链轮（排气）
5—正时链张紧器（主）　6—松弛侧链条导轨　7—正时链（主）　8—油泵驱动链
9—油泵链轮　10—油泵驱动链张紧器　11—曲轴链轮　12—水泵　13—张紧侧链条导轨
14—正时链张紧器（副）（气缸列2）　15—正时链张紧器（副）（气缸列1）
A—匹配标记（冲孔，背面）　B—匹配标记（黄色链节）　C、G—匹配标记（冲孔）
D—匹配标记（橙色链节）　E—匹配标记（有缺口）　F—曲轴键

7.5　西玛（2004—2017 年款）

日产 4.5L VK45DE 发动机（2004—2017）

该发动机正时维修与 VK56DE 相同，相关内容请参考 7.1.1 小节。图 7-64 所示为发动机正时装配标记位置。

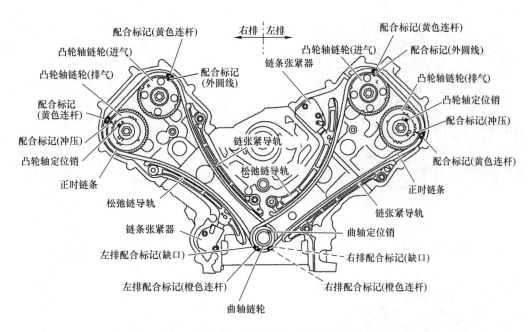

图7-64 发动机正时配对标记

7.6 碧莲（2007—2013年款）

日产4.5L VK45DE发动机（2007—2013）

该发动机正时维修与VK56DE相同，相关内容请参考7.1.1小节。

7.7 探路者（2016—2017年款）

7.7.1 日产2.5T QR25混动发动机（2016— ）

1. 正时链单元拆卸步骤

1) 拆下以下零件：PCV软管、进气歧管、点火线圈、驱动带、驱动带自动张紧器。

2) 拆卸发动机底座支架（右）。

3) 拆下摇臂盖。

4) 拆下油底壳（下部）。

5) 拆下油底壳（上）和机油集滤器。

6) 拆下气门正时控制盖，见图7-65。切勿松开气门正时控制盖背部的螺栓A。

7) 从前盖将凸轮轴链轮之间的链条导板拉出。

8) 按以下步骤将1号气缸置于压缩行程的上止点：

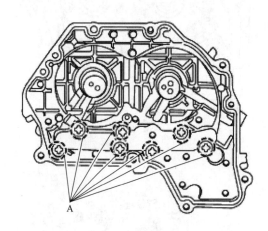

图7-65 不用拆下的螺栓

① 顺时针旋转曲轴带轮1，并将TDC标记B对准前盖上的正时标记A，见图7-66。

② 同时，检查凸轮轴链轮的配合标记是否在图7-67位置。如果不对照的话，就再转动曲轴带轮一次，使匹配标记A与图7-67所示位置一致。

9) 按照以下步骤拆下曲轴带轮：

① 用带轮固定器（通用维修工具）A固定曲轴带轮1，松开曲轴带轮螺栓，并使螺栓座面偏离其原始位置10mm，见图7-68。

② 将带轮顶拔器（SST：KV11103000）A置于曲轴带轮的M6螺纹孔处，然后拆下曲轴带轮，见图7-69。

10) 按以下步骤拆下前盖：按图7-70所示的

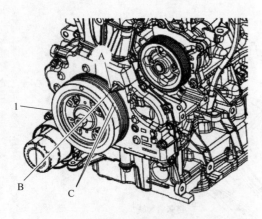

图7-66 设置TDC位置
1—带轮 A、B—标记 C—油漆标记(不用于维修)

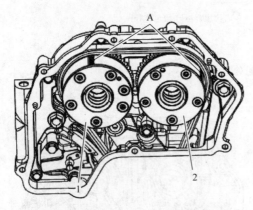

图7-67 凸轮轴链轮正时位置
1—凸轮轴链轮(进气) 2—凸轮轴链轮(排气)
A—标记

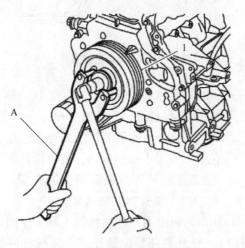

图7-68 松开曲轴带轮螺栓

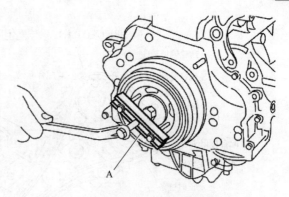

图7-69 拆下曲轴带轮

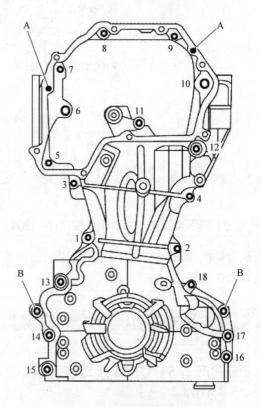

图7-70 前盖螺栓拆卸顺序
A—定位销 B—定位销孔

相反顺序松开并拆卸装配螺栓。

11) 如果前油封需要更换，用合适的工具将其夹起并拆下。小心切勿损坏前盖。

12) 用下列步骤拆下正时链条和凸轮轴链轮：

① 按下链条张紧器柱塞。将限位销A插入链条张紧器体上的孔以固定链条张紧器柱塞并拆下链条张紧器1，见图7-71。使用直径大约为0.5mm的硬金属销作为限位销。

② 用扳手固定凸轮轴的六边形部分。松开凸轮轴链轮装配螺栓并拆下正时链条和凸轮轴链轮。在正时链条拆下时，切勿旋转曲轴或凸轮轴。这会导致气门和活塞之间相互碰撞。

13) 拆下正时链条松弛侧链条导轨、正时链条张紧侧链条导轨和油泵驱动隔套。

第7章 日产汽车

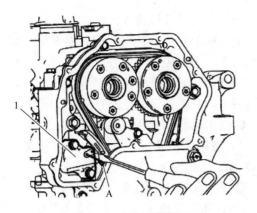

图7-71 拆下张紧器

14）按照以下步骤拆下平衡单元正时链条张紧器：

① 在图7-72方向按下限位器凸耳，朝正时链条张紧器（对于油泵）方向推动正时链条松弛侧链条导轨。通过按下限位器凸耳松开松弛侧链条导轨。这样，便可以移动松弛侧链条导轨。

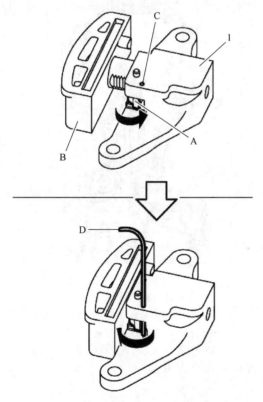

图7-72 设置张紧器

② 在张紧器主体孔内插入限位器销，以固定正时链条松弛侧链条导轨。用直径约1.2mm的硬金属销作为限位销。

③ 拆下平衡单元正时链条张紧器。当无法对齐杆上的孔和张紧器主体上的孔时，略微移动松弛侧链条导轨与孔对齐。

15）拆下平衡单元正时链条和曲轴链轮。

16）按图7-73所示的相反顺序松开装配螺栓，并拆下平衡单元。切勿分解平衡单元。

注：使用TORX套筒（尺寸E14）。

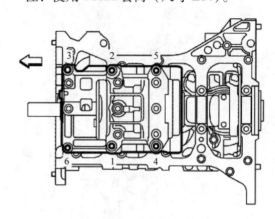

图7-73 松开平衡单元螺栓

2. 正时链单元安装步骤

注意：切勿重复使用O形圈。图7-74显示了每个正时链条上的匹配标记和相应的安装了部件的链轮上的匹配标记之间的关系。

1）检查曲轴键是否朝上。

2）采用以下步骤按图7-73所示顺序拧紧装配螺栓，并安装平衡单元。注意如果重复使用装配螺栓，安装之前必须检查其外径。

① 在螺纹和固定螺栓的底面上涂抹新的发动机机油。

② 拧紧1~5号螺栓。拧紧力矩：42.0N·m。

③ 拧紧6号螺栓。拧紧力矩：36.0N·m。

④ 顺时针拧紧1~5号螺栓120°（定角度拧紧）。注意使用角度扳手（mSST：KV10112100）检查拧紧角度。切勿靠目视检查做出判断。

⑤ 再顺时针旋转6号螺栓90°（定角度拧紧）。

⑥ 完全松开所有螺栓。注意在这一步骤中，按图7-73所示的相反顺序松开螺栓。

⑦ 重复步骤②~⑤。

3）安装曲轴链轮1和平衡单元正时链条2，见图7-75。检查曲轴链轮是否位于缸体和曲轴链轮C接合顶部的装配标记A上。安装时对齐各链轮和平衡单元正时链条上的匹配标记。图中B、D、E均为匹配标记。

4）安装平衡单元正时链条张紧器。小心切

并检查张紧器是否移动自如。

配合标记对准后，用手将其固定从而保持其对准状态。为避免错齿，在安装前盖前，切勿转动曲轴和凸轮轴。安装链条张紧器前，可以改变各链轮上正时链条匹配标记的位置以便对齐。

6）在前盖上安装前油封。

7）按以下步骤安装前盖，注意切勿重复使用O形圈。

① 在缸盖和缸体上安装O形圈。

② 使用胶管挤压器（通用维修工具）以连续点状的方式涂抹液态密封胶到前盖上，如图7-76所示。

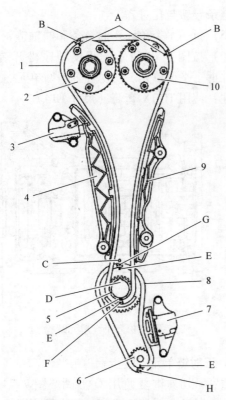

图7-74 正时链部件与正时标记
1—正时链条 2—凸轮轴链轮（进气） 3—链条张紧器
4—正时链条松弛侧链条导轨 5—曲轴链轮 6—平衡单元链轮
7—平衡单元链条张紧器 8—平衡单元正时链条
9—正时链条张紧侧链条导轨 10—凸轮轴链轮（排气）
A—匹配标记（外槽） B—粉红色链节 C—匹配标记（耳状）
D—曲轴键 E—匹配标记（压印） F—橙色链节
G—黄色链节 H—蓝色连杆

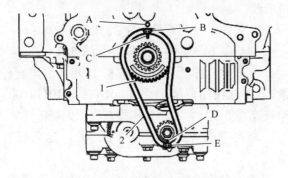

图7-75 平衡单元正时链安装

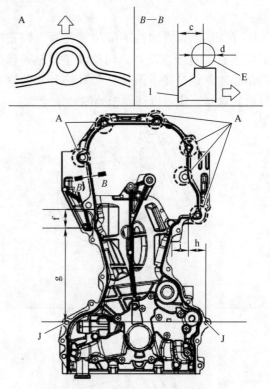

图7-76 前盖涂抹密封胶
1—前盖 A—在螺栓孔外侧涂抹液态密封胶
E—液态密封胶 J—定位销孔 箭头—发动机外侧
注：请使用正品液态密封胶或同等产品。图中位置不同，应用说明也不同。

c：2.6 ~ 3.6mm；d：ϕ3.4 ~ ϕ4.4mm；f：35.7mm，在此区域内涂抹液态密封胶ϕ6.0 ~ ϕ7.0mm。g：179.6mm；h：35.5mm；i：31.3mm，在此区域内涂抹液态密封胶ϕ6.0 ~ ϕ7.0mm。

③ 检查正时链条和各链轮的匹配标记是否仍然对齐。然后安装前盖。小心不要因与曲轴的前端干涉而损坏前油封。

勿使各链轮和正时链条的匹配标记滑动。安装后，确认匹配标记未滑动，然后拆下限位销并松开张紧器套筒。

5）安装正时链条和相关零件。进行安装，使每个链轮和正时链条上的匹配标记对齐，见图7-74。安装链条张紧器前后，再次检查匹配标记是否没有滑动。安装链条张紧器后，拆下限位销

④ 按照图7-77所示数字的顺序拧紧装配螺栓。

⑤ 拧紧所有螺栓后，按图中的数字顺序重新拧紧至规定力矩。

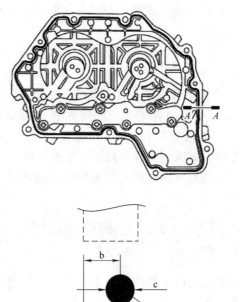

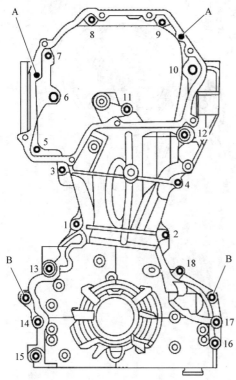

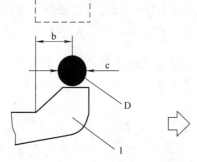

图7-78 气门正时控制盖上密封胶
1—气门正时控制盖　b—4.3~5.3mm
c—ϕ3.4~ϕ4.4mm；D—密封胶　箭头—发动机外侧

图7-77 前盖螺栓拧紧顺序
A—定位销　B—定位销孔

注意：务必擦干净溢出到表面的液态密封胶以固定油底壳。

拧紧力矩：M10螺栓为49.0N·m；M6螺栓为12.7N·m。

8）在凸轮轴链轮之间安装链条导轨。

9）按如下步骤拆卸气门正时控制盖：

① 如拆卸，则将气门正时控制电磁阀安装至气门正时控制盖上。

② 将新的油环安装在气门正时控制盖背部的凸轮轴链轮（进气）插入点上。

③ 将新O形圈安装到前盖上。

④ 如图7-78所示，使用胶管挤压器（通用维修工具）以连续点状的方式在气门正时控制盖上涂抹液态密封胶D。

请使用正品液态密封胶或同等产品。应在涂抹液态密封胶后的5min内进行安装。切勿重复使用O形圈。

⑤ 按照图7-79所示数字的顺序拧紧装配螺栓。

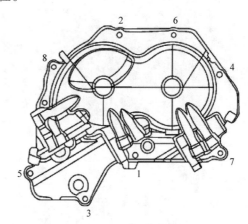

图7-79 螺栓拧紧顺序

10）通过对齐曲轴键插入曲轴带轮。在以塑料锤装上曲轴带轮时，请轻敲它的中心部位（非四周位置）。注意安装时请保护前油封唇缘部分，避免任何损坏。

11）拧紧曲轴带轮螺栓。用带轮固定器（通用维修工具）固定曲轴带轮，并拧紧曲轴带轮螺栓。

按以下步骤执行定角度拧紧。

① 在曲轴带轮螺栓的螺纹和座面上涂抹新的发动机机油。

② 拧紧曲轴带轮螺栓1。拧紧力矩：42.1N·m。

③ 在曲轴带轮2上做一个油漆标记A，使其与螺栓法兰上六个容易识别的角度标记都匹配。

④ 再顺时针旋转60°（角度拧紧）。移动一个角度标记B来检查拧紧角度，见图7-80。

12）按照与拆卸相反的顺序安装所有拆卸的零件。

7.7.2 日产3.5L VQ35DE 发动机（2016— ）

该款发动机也搭载在贵士车型上，相关内容请参考7.2小节。

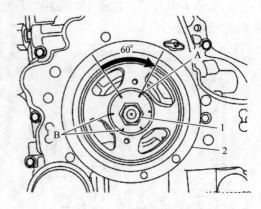

图7-80 安装曲轴带轮

第8章 英菲尼迪汽车

8.1 Q50（2014—2017年款）

8.1.1 日产 2.0T M274.930 发动机（2014—2017）

该发动机为奔驰发动机，相关内容请参考19.1.4小节。

8.1.2 日产 3.5L VQ35HR 混动发动机（2014—2017）

该款发动机正时链拆装与调整和VQ35DE一样，相关内容请参考7.2小节。

8.1.3 日产 3.7L VQ37VHR 发动机（2014—2017）

该款发动机正时链拆装与调整和VQ35DE一样，相关内容请参考7.2小节。

8.2 Q60 Paladin（2013—2017年款）

8.2.1 日产 2.0T M274.930 发动机（2017— ）

该发动机为奔驰发动机，相关内容请参考19.1.4小节。

8.2.2 日产 3.7L VQ37VHR 发动机（2013— ）

该款发动机正时链拆装与调整和VQ35DE一样，相关内容请参考7.2小节。

8.3 Q70L（2011—2017年款）

8.3.1 日产 2.5L VQ25HR 发动机（2012—2017）

该款发动机正时链拆装与调整和VQ35DE一样，相关内容请参考7.2小节。

8.3.2 日产 3.5L VQ35HR 混动发动机（2015—2017）

该款发动机正时链拆装与调整和VQ35DE一样，相关内容请参考7.2小节。

8.4 QX30（2017年款— ）

8.4.1 日产 1.6T M270 发动机（2017— ）

该发动机为奔驰发动机，相关内容请参考19.1.1小节。

8.4.2 日产 2.0T M274 发动机（2017— ）

该发动机为奔驰发动机，相关内容请参考19.1.4小节。

8.5 QX60 Paladin（2013—2018年款）

8.5.1 日产 2.5T QR25 混动发动机（2017— ）

1. 正时链条拆卸步骤

1）拆下以下零件：PCV软管、进气歧管、点火线圈、驱动带、驱动带自动张紧器。

2）拆卸发动机底座支架（右）。

3）拆下摇臂盖。

4）拆下油底壳（下部）。

5）拆下油底壳（上）和机油集滤器。

6）拆下气门正时控制盖，见图8-1。切勿松开气门正时控制盖背部的螺丝A。

7）从前盖将凸轮轴链轮之间的链条导板拉出。

8）按以下步骤将1号气缸置于压缩行程的上止点：

①顺时针旋转曲轴带轮1，并将TDC标记B

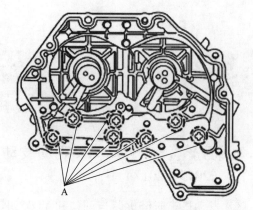

图 8-1 不用拆下的螺丝

对准前盖上的正时标记 A，见图 8-2。

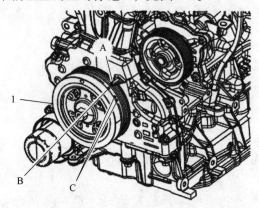

图 8-2 设置 TDC 位置
1—曲轴带轮　A—正时标记　B—TDC 标记
C—油漆标记（不用于维修）

② 同时，检查凸轮轴链轮的配合标记是否在图 8-3 位置。如果不对照的话，就再转动曲轴带轮一次，使匹配标记 A 与图 8-3 所示位置一致。

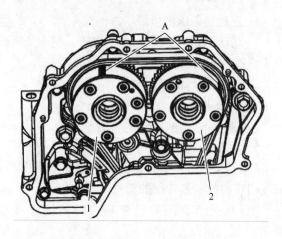

图 8-3 凸轮轴链轮正时位置
1—凸轮轴链轮（进气）　2—凸轮轴链轮（排气）
A—匹配标记

9) 按照以下步骤拆下曲轴带轮：

① 用带轮固定器（通用维修工具）A 固定曲轴带轮 1，松开曲轴带轮螺栓，并使螺栓座面偏离其原始位置 10mm，见图 8-4。

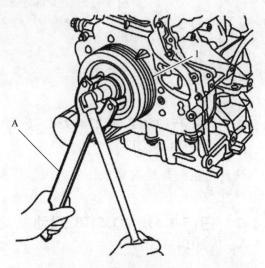

图 8-4 松开曲轴带轮螺栓

② 将带轮拔具（mSST：KV11103000）A 置于曲轴带轮的 M6 螺纹孔处，然后拆下曲轴带轮，见图 8-5。

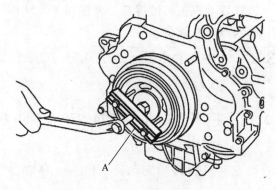

图 8-5 拆下曲轴带轮

10) 按以下步骤拆下前盖：按图 8-6 所示的相反顺序松开并拆卸装配螺栓。

11) 如果前油封需要更换，用合适的工具将其夹起并拆下。小心切勿损坏前盖。

12) 用下列步骤拆下正时链条和凸轮轴链轮：

① 按下链条张紧器柱塞。将限位销 A 插入链条张紧器体上的孔以固定链条张紧器柱塞并拆下链条张紧器 1，见图 8-7。使用直径大约为 0.5mm 的硬金属销作为限位销。

② 用扳手固定凸轮轴的六边形部分。松开凸

链条导轨。通过按下限位器凸耳松开松弛侧链条导轨。这样，便可以移动松弛侧链条导轨。

② 在张紧器主体孔内插入限位器销，以固定正时链条松弛侧链条导轨。用直径约 1.2mm 的硬金属销作为限位销。

③ 拆下平衡单元正时链条张紧器。当无法对齐杆上的孔和张紧器主体上的孔时，略微移动松弛侧链条导轨与孔对齐。

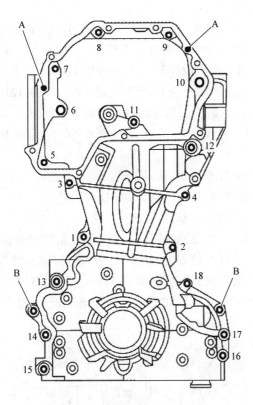

图 8-6　前盖螺栓拆卸顺序
A—定位销　B—定位销孔

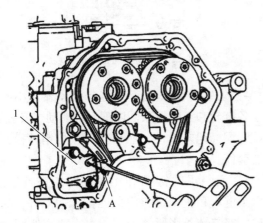

图 8-7　拆下张紧器

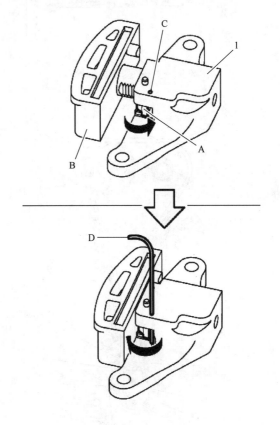

图 8-8　设置张紧器

15）拆下平衡单元正时链条和曲轴链轮。

16）按图 8-9 所示的相反顺序松开装配螺栓，并拆下平衡单元。切勿分解平衡单元。

注：使用 TORX 套筒（尺寸 E14）。

2. 正时链条安装步骤

注意：切勿重复使用 O 形圈。图 8-10 显示了每个正时链条上的匹配标记和相应的安装了部件的链轮上的匹配标记之间的关系。

1）检查曲轴键是否朝上。

2）采用以下步骤按图 7-73 所示顺序拧紧装配螺栓，并安装平衡单元。注意如果重复使用装配螺栓，安装之前必须检查其外径。

① 在螺纹和固定螺栓的底面上涂抹新的发动

轮轴链轮装配螺栓并拆下正时链条和凸轮轴链轮。在正时链条拆下时，切勿旋转曲轴或凸轮轴。这会导致气门和活塞之间相互碰撞。

13）拆下正时链条松弛侧链条导轨、正时链条张紧侧链条导轨和油泵驱动隔套。

14）按照以下步骤拆下平衡单元正时链条张紧器：

① 在图 8-8 方向按下限位器凸耳，朝正时链条张紧器（对于油泵）方向推动正时链条松弛侧

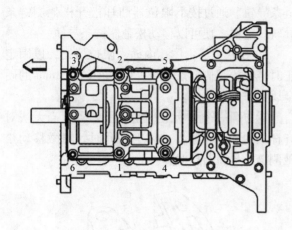

图8-9 松开平衡单元螺栓

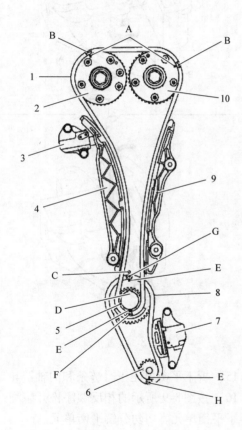

图8-10 正时链部件与正时标记
1—正时链条 2—凸轮轴链轮（进气） 3—链条张紧器
4—正时链条松弛侧链条导轨 5—曲轴链轮 6—平衡单元链轮
7—平衡单元链条张紧器 8—平衡单元正时链条
9—正时链条张紧侧链条导轨 10—凸轮轴链轮（排气）
A—匹配标记（外槽） B—粉红色链节
C—匹配标记（耳状） D—曲轴键
E—匹配标记（压印） F—橙色链节
G—黄色链节 H—蓝色连杆

机机油。

② 拧紧1~5号螺栓。拧紧力矩：42.0N·m。

③ 拧紧6号螺栓。拧紧力矩：36.0N·m。

④ 顺时针拧紧1~5号螺栓120°（定角度拧紧）。注意使用角度扳手（mSST：KV10112100）检查拧紧角度。切勿靠目视检查做出判断。

⑤ 再顺时针旋转6号螺栓90°（定角度拧紧）。

⑥ 完全松开所有螺栓。注意在这一步骤中，按如图8-9所示的相反顺序松开螺栓。

⑦ 重复步骤②~⑤。

3）安装曲轴链轮1和平衡单元正时链条2，见图8-11。检查曲轴链轮是否位于缸体和曲轴链轮C结合顶部的装配标记A上。安装时对齐各链轮和平衡单元正时链条上的匹配标记。图中B、D、E均为匹配标记。

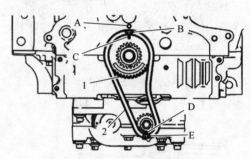

图8-11 平衡单元正时链安装

4）安装平衡单元正时链条张紧器。小心切勿使各链轮和正时链条的匹配标记滑动。安装后，确认匹配标记未滑动，然后拆下限位销并松开张紧器套筒。

5）安装正时链条和相关零件。进行安装，使每个链轮和正时链条上的匹配标记对齐，见图8-12。安装链条张紧器前后，再次检查匹配标记是否没有滑动。安装链条张紧器后，拆下限位销并检查张紧器是否移动自如。

在以下注释中，配合标记对准后，用手将其固定从而保持其对准状态。为避免错齿，在安装前盖前，切勿转动曲轴和凸轮轴。安装链条张紧器前，可以改变各链轮上正时链条匹配标记的位置以便对齐。

6）在前盖上安装前油封。

7）按以下步骤安装前盖，注意切勿重复使用O形圈。

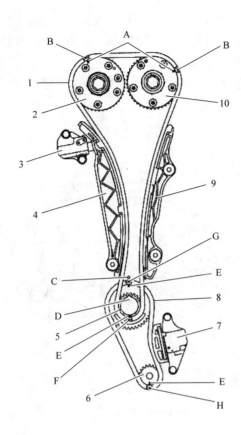

图 8-12 正时链安装部件位置与标记

1—正时链条 2—凸轮轴链轮（进气） 3—链条张紧器
4—正时链条松弛侧链条导轨 5—曲轴链轮 6—平衡单元链轮
7—平衡单元链条张紧器 8—平衡单元正时链条
9—正时链条张紧侧链条导轨 10—凸轮轴链轮（排气）
A—匹配标记（外槽） B—粉红色链节 C—匹配标记（耳状）
D—曲轴键 E—匹配标记（压印） F—橙色链节
G—黄色链节 H—蓝色连杆

① 在缸盖和缸体上安装 O 形圈。

② 使用胶管挤压器（通用维修工具）以连续点状的方式涂抹液态密封胶到前盖上，如图 8-13 所示。

请使用正品液态密封胶或同等产品。位置不同，应用说明也不同。

c：2.6～3.6mm；d：ϕ3.4～4.4mm；f：35.7mm。在此区域内涂抹液态密封胶 ϕ6.0～7.0mm。g：179.6mm；h：35.5mm；i：31.3mm。在此区域内涂抹液态密封胶 ϕ6.0～7.0mm。

③ 检查正时链条和各链轮的匹配标记是否仍然对齐。然后安装前盖。小心不要因与曲轴的前端干涉而损坏前油封。

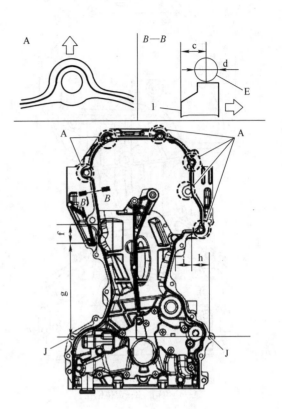

图 8-13 前盖涂抹密封胶

1—前盖 A—在螺栓孔外侧涂抹液态密封胶 E—液态密封胶
J—定位销孔 箭头—发动机外侧

④ 按照图 8-14 所示数字的顺序拧紧装配螺栓。

⑤ 拧紧所有螺栓后，按图示的数字顺序重新拧紧至规定力矩。

注意：务必擦干净溢出到表面的液态密封胶以固定油底壳。

拧紧力矩；M10 螺栓为 49.0N·m；M6 螺栓为 12.7N·m。

8）在凸轮轴链轮之间安装链条导轨。

9）按如下步骤拆卸气门正时控制盖：

① 如拆卸，则将气门正时控制电磁阀安装至气门正时控制盖上。

② 将新的油环安装在气门正时控制盖背部的凸轮轴链轮（进气）插入点上。

③ 将新 O 形圈安装到前盖上。

④ 如图 8-15 所示使用胶管挤压器（通用维修工具）以连续点状的方式在气门正时控制盖上涂抹液态密封胶 D。

请使用正品液态密封胶或同等产品。注意应在涂抹液态密封胶后的 5min 内进行安装。切勿重复使用 O 形圈。

⑤ 按照图 8-16 所示数字的顺序拧紧装配螺栓。

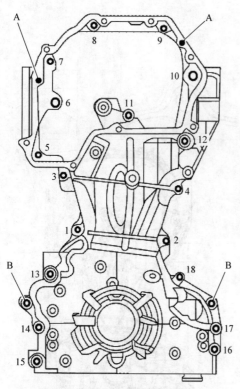

图 8-14 前盖螺栓拧紧顺序
A—定位销 B—定位销孔

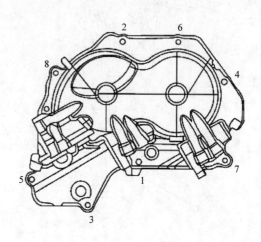

图 8-16 螺栓拧紧顺序

10）通过对齐曲轴键插入曲轴带轮。在以塑料锤装上曲轴带轮时，请轻敲它的中心部位（非四周位置）。注意安装时请保护前油封唇缘部分，避免任何损坏。

11）拧紧曲轴带轮螺栓。用带轮固定器（通用维修工具）固定曲轴带轮，并拧紧曲轴带轮螺栓。

按以下步骤执行定角度拧紧。

① 在曲轴带轮螺栓的螺纹和座面上涂抹新的发动机机油。

② 拧紧曲轴带轮螺栓 1。拧紧力矩：42.1N·m。

③ 在曲轴带轮 2 上做一个油漆标记 A，使其与螺栓法兰上六个容易识别的角度标记都匹配。

④ 再顺时针旋转 60°（角度拧紧）。移动一个角度标记 B 来检查拧紧角度，见图 8-17。

12）按照与拆卸相反的顺序安装所有拆卸的零件。

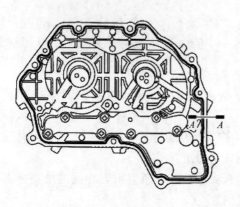

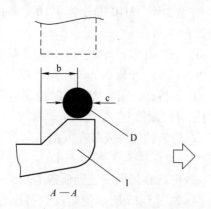

图 8-15 气门正时控制盖上密封胶
1—气门正时控制盖 b—4.3～5.3mm
c—φ3.4～4.4mm D—密封胶 箭头—发动机外侧

第8章 英菲尼迪汽车

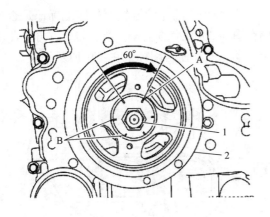

图8-17 安装曲轴带轮

8.5.2 日产3.5L VQ35DE 混动发动机（2013—2016）

该款发动机也搭载在日产贵士车型上，相关内容请参考7.2小节。

8.6 QX70（2011—2017 年款）

8.6.1 日产 3.7L VQ37VHR 发动机（2013—2017）

该款发动机正时链拆装与调整和 VQ35DE 一样，相关内容请参考7.2小节。

8.6.2 日产 5.0L VK50VE 发动机（2011—2017）

该款发动机正时拆装与调整和 VK56VD 相似，其正时链部件和标记如图8-18所示。

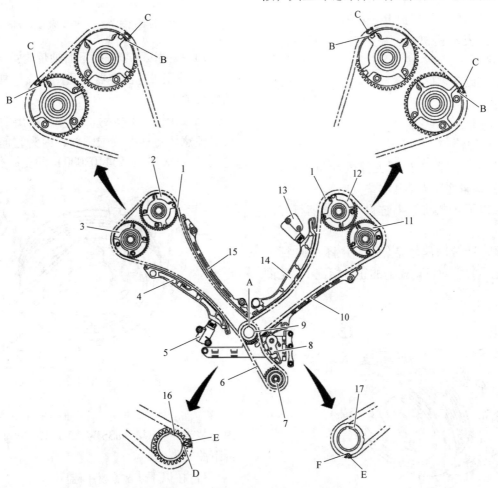

图8-18 发动机正时部件与标记位置
1—正时链 2—凸轮轴链轮（进气）（气缸侧体2） 3—凸轮轴链轮（排气）（气缸侧体2） 4—张紧侧导轨（气缸侧体2）
5—正时链张紧器（气缸侧体2） 6—油泵传动链 7—油泵链轮（油泵侧） 8—油泵传动链张紧器 9—油泵链轮（曲轴侧）
10—凸轮导轨（气缸列1） 11—凸轮轴链轮（EXH）（气缸侧体1） 12—凸轮轴链轮（INT）（组1） 13—正时链张紧器（组1）
14—松弛侧导轨（气缸侧体1） 15—松弛侧导轨（气缸侧体2） 16—曲轴链轮（气缸侧体2侧） 17—曲轴链轮（组1侧）
A—曲轴键 B—匹配标记（外槽） C—匹配标记（铜链节） D—匹配标记（冲孔）
E—匹配标记（黄色链节） F—匹配标记（带凹槽）

8.7　QX80（2011—2017 年款）

日产 5.6L VK56VD 发动机（2013—2017）

该发动机也搭载在日产途乐车型上，相关内容请参考 7.1.2 小节。

8.8　ESQ（2014—2017 年款）

8.8.1　日产 1.6L HR16DE 发动机（2014—2017）

1. 正时链单元拆卸步骤

1）拆下前车轮（右）。
2）拆下前翼子板保护板（右侧）。
3）排放发动机机油。注：在发动机冷却后执行此步骤。
4）拆下以下零件。
- 摇臂盖。
- 驱动带。
- 水泵带轮。

5）使用变速器千斤顶支撑发动机的底部，然后拆下发动机底座支架和隔垫（右）。

6）按以下步骤将第 1 缸设定在压缩行程的上止点：

① 顺时针转动曲轴带轮 2，并将 TDC 标记（非油漆记号）A 对准前盖上的正时标记 1，见图 8-19。

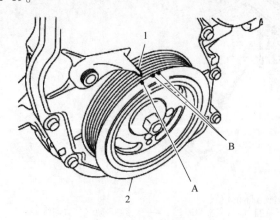

图 8-19　设置 TDC 位置
1—正时标记　2—曲轴带轮　A—TDC 标记
B—白色油漆标记（不用于维修）

② 检查每个凸轮轴链轮上的匹配标记是否都定位在图 8-20 所示的位置。若非如此，再将曲轴带轮转动一圈，使匹配标记在图中所示的位置。

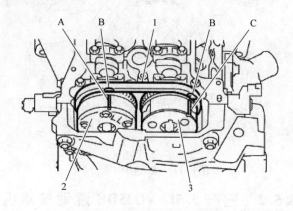

图 8-20　凸轮轴正时标记位置
1—正时链条　2—凸轮轴链轮（排气）
3—凸轮轴链轮（进气）　A—匹配标记（外槽）
B—粉红色链节　C—匹配标记（外槽）

7）按照以下步骤拆下曲轴带轮：

① 使用带轮固定器（通用维修工具）A 固定曲轴带轮 1。

② 如图 8-21 所示，松开并拉出曲轴带轮螺栓。注意切勿拆下装配螺栓，因为它们将用作带轮拔具（mSST：KV11103000）的支撑点。

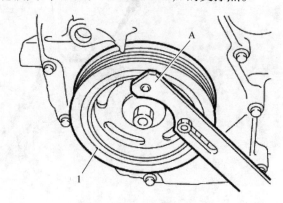

图 8-21　松开曲轴带轮螺栓

③ 如图 8-22 所示，在曲轴带轮的 M6 螺纹孔内安装带轮拔具（mSST：KV11103000）A，然后拆下曲轴带轮。

8）按以下步骤拆下前盖：

① 按照图 8-23 中 15~1 的顺序松开螺栓。

② 撬开图 8-24 所示位置（箭头）来切开液态密封胶，然后拆下前盖。

9）从前盖上拆下前油封。使用合适的工具将其举起后拆下。注意切勿损坏前盖。

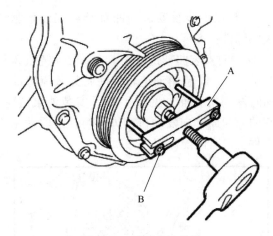

图 8-22 拆下曲轴带轮
A—带轮拔具 B—M6 螺栓

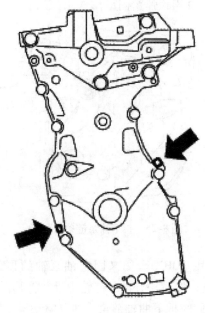

图 8-24 前盖密封胶切开位置

动栓塞来使它们正确啮合并对齐这些孔。

③ 将限位销 D 通过操作杆插入主体的孔中，然后将操作杆固定在上方位置。图 8-25 所示为使用 2.5mm 六角扳手的范例。

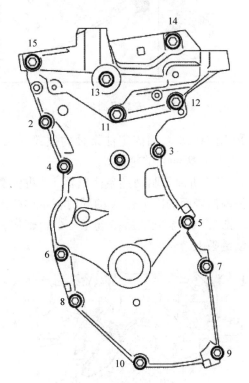

图 8-23 取下前盖螺栓

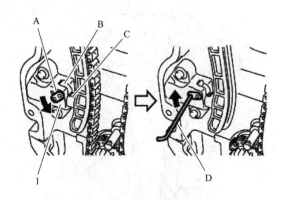

图 8-25 拆下张紧器

10）按以下步骤拆下正时链条张紧器 1。

① 将正时链条张紧器操作杆 A 完全往下推，然后将柱塞 C 推入正时链条张紧器内。

● 将链条张紧器操作杆完全往下推即可释放凸耳 B。这样，柱塞就可以移动。

② 拉起杆，使它的孔与主体上的孔的位置对齐。

● 将操作杆孔与主体孔的位置对齐时，柱塞就会被固定。

● 当柱塞棘齿的凸起部分和凸耳彼此相对时，两个孔的位置并没有对齐。此时，请稍微移

④ 拆下正时链条张紧器。

11）拆下正时链条张紧侧链条导轨和正时链条松弛侧链条导轨。

12）拆下正时链条。朝凸轮轴链轮（排气侧）拉动正时链条的松弛部分，然后拆下。

正时链条应从凸轮轴链轮（排气侧）侧开始拆下。注意在拆下正时链条时，切勿旋转曲轴或凸轮轴。这会导致气门和活塞之间相互碰撞。

13）按以下步骤，拆下与曲轴链轮和油泵驱动相关的零件。

① 如图 8-26 所示，拆下油泵驱动链条张紧

器1。从轴B和弹簧固定孔A上拉出。

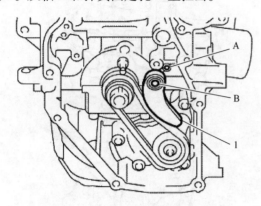

图8-26 拆下油泵链条张紧器

② 用TORX套筒来固定油泵轴的顶部（尺寸：E8），然后松开油泵链轮螺母并将其拆下。

③ 同时拆下曲轴链轮、油泵驱动链条和油泵链轮。

2. 正时链单元安装步骤

图8-27中为已安装的部件、正时链条和相对应链轮匹配标记之间的关系。

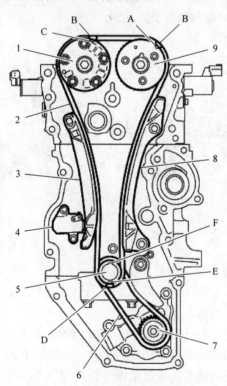

图8-27 正时链部件与正时标记位置
1—凸轮轴链轮（排气） 2—正时链条 3—正时链条松弛侧链条导轨 4—正时链条张紧器 5—曲轴链轮 6—油泵驱动链条 7—油泵链轮 8—正时链条张紧侧链条导轨 9—凸轮轴链轮（进气）
A、C—匹配标记（外槽） B—粉红色链节
D—橙色链节 E—匹配标记（压印） F—曲轴键（垂直向上）

1) 按以下步骤安装与曲轴链轮和油泵驱动相关的部件：

① 同时安装曲轴链轮1、油泵驱动链条2和油泵链轮3。安装曲轴链轮，使其无效齿轮部分A朝向发动机背面，见图8-28。安装油泵链轮，使它的凸起面朝向发动机前方。与油泵驱动相关的零件上没有匹配标记。

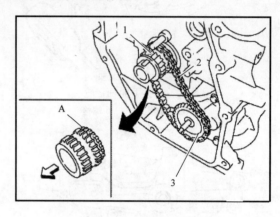

图8-28 安装机油泵链条

② 用TORX套筒固定油泵轴的顶部（尺寸：E8），然后拧紧油泵链轮螺母。

③ 安装机油泵驱动链条张紧器1。将弹簧装入缸体前侧表面的固定孔A的同时将本体插入轴B内，见图8-29。安装后检查张力是否施加在油泵驱动链条上。

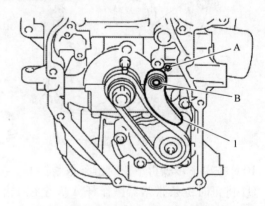

图8-29 安装机油泵驱动链张紧器

2) 按以下步骤安装正时链条。对齐每个链轮和正时链条上的匹配标记来进行安装。如果匹配标记没有对齐，请稍微转动凸轮轴来修正位置。注意基于以下说明，在匹配标记对齐后，请用一手扶住使它们保持对齐，见图8-30。为避免错齿，在安装前盖前，切勿转动曲轴和凸轮轴。

3) 安装正时链条张紧侧链条导轨和正时链

6）将前油封安装到前盖上。

7）按以下步骤安装前盖：

① 使用胶管挤压器（通用维修工具）以连续点状的方式涂抹液态密封胶到前盖上。涂抹正品密封胶（TB 1217H）或同等产品。

② 使用胶管挤压器（通用维修工具）以连续点状的方式涂抹液态密封胶到前盖上，如图8-32所示。涂抹正品密封胶（TB 1217H）或同等产品。

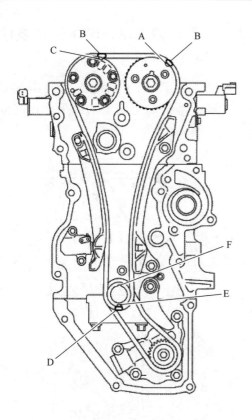

图8-30 正时链安装标记

A、C—匹配标记（外槽） B—粉红色链节
D—橙色链节 E—匹配标记（压印） F—曲轴键（垂直向上）

条松弛侧链条导轨。

4）安装正时链条张紧器1。使用限位销A将柱塞固定在完全压缩的位置，然后安装。安装正时链条张紧器后，用力拉出限位销，见图8-31。

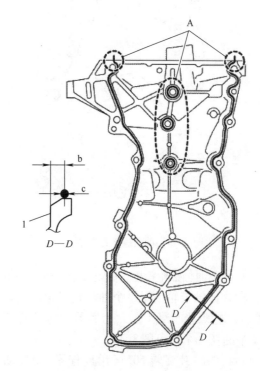

图8-32 前盖边缘涂抹区

1—前盖边缘 A—液态密封胶涂抹区 b—4.0~5.6mm
c—液态密封胶涂抹区域（φ3.0~4.0mm）

③ 按图8-33所示的数字顺序拧紧螺栓。

④ 拧紧所有螺栓后，按图示中1~15的顺序将螺栓再次拧紧至规定力矩。务必将溢出到表面的过多液态密封胶擦干净。

8）通过对齐曲轴链轮键插入曲轴带轮。

- 在以塑料锤装上曲轴带轮时，请轻敲它的中心部位（非四周位置）。注意安装时请保护前油封唇缘部分避免任何损坏。

9）按以下步骤拧紧曲轴带轮螺栓：用带轮固定器（通用维修工具）固定曲轴带轮，并拧紧曲轴带轮螺栓。

① 在曲轴带轮螺栓的螺纹和座面上涂抹新的发动机机油。

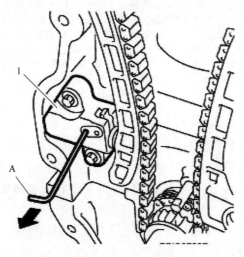

图8-31 安装张紧器

5）再次检查正时链条和每个链轮的匹配标记位置。

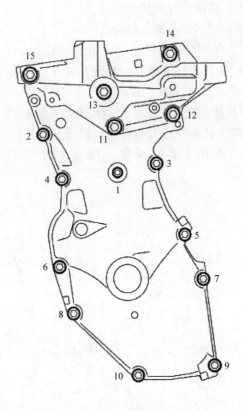

图 8-33 前盖螺栓拧紧顺序

② 拧紧曲轴带轮螺栓。拧紧力矩：35.0N·m。

③ 在曲轴带轮上做一个油漆记号 B，使其对齐曲轴带轮螺栓凸缘 1 上六个容易识别的角度标记 A 中的任一个，见图 8-34。

④ 再顺时针旋转 60°（角度拧紧）。移动一个角度标记来检查拧紧角度。

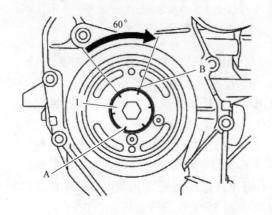

图 8-34 安装曲轴带轮

10）用手顺时针旋转，检查曲轴是否可灵活转动。

11）按照与拆卸相反的顺序安装。

8.8.2 日产 1.6T MR16DTT 柴油发动机（2014—2017）

图 8-35 显示了每个正时链条上的匹配标记和相应的安装了部件的链轮上的匹配标记之间的关系。

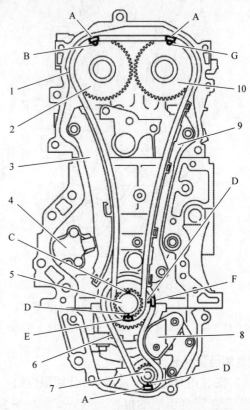

图 8-35 发动机正时链部件与正时标记位置
1—正时链条 2—凸轮轴链轮（排气） 3—松弛侧链条导轨
4—正时链条张紧器 5—曲轴链轮 6—油泵驱动链条
7—油泵链轮 8—油泵驱动链条张紧器 9—张紧侧链条导轨
10—凸轮轴链轮（进气） A—匹配标记（深蓝色链节）
B、G—匹配标记（外槽） C—曲轴键位置（垂直朝上）
D—匹配标记（印记） E—匹配标记（白色链节）
F—匹配标记（黄色链节）

1）检查曲轴键是否朝上。

2）如果拆下张紧导板（前盖侧），则将其安装到前盖上。注意根据声音或感觉检查接头状况。

3）安装曲轴链轮 2、油泵链轮 3 和油泵驱动链条 1，见图 8-36。

- 安装时对齐各链轮和油泵驱动链条上的匹配标记。

- 如果这些匹配标记没有对齐，则略微转动油泵轴以修正位置。

注意安装油泵驱动链条后，再次检查各链轮的匹配标记位置。

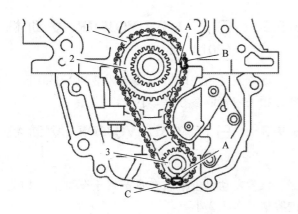

图8-36 机油泵驱动链安装
1—链条 2—曲轴链轮 3—油泵链轮
A—匹配标记（印记） B—匹配标记（黄色链节）
C—匹配标记（深蓝色链节）

4）抓住油泵轴的 WAF 部分（mWAF：10mm）A，然后拧紧机油泵轴链轮螺栓，见图8-37。

注意：抓住油泵轴的 WAF 部分。切勿通过拧紧油泵驱动链条来松开油泵轴链轮螺栓。

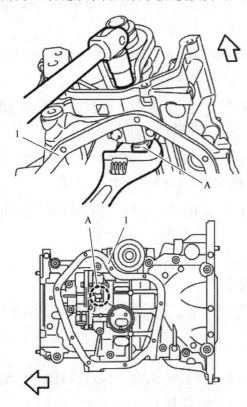

图8-37 安装机油泵链轮螺栓
1—油底壳（上） A—WAF部分 箭头—发动机前端

5）安装油泵链条张紧器1，见图8-38。
- 用限位销 A 将油泵张紧器面固定在完全压缩位置，然后安装。
- 安装油泵链条张紧器后，用力（箭头）拉出限位销。
- 重新检查油泵驱动链条和每个链轮的匹配标记位置。

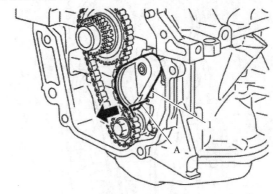

图8-38 安装机油泵驱动链条张紧器

6）对齐各链轮匹配标记与正时链条的匹配标记，见图8-39。如果这些匹配标记没有对齐，则抓住六角形部分略微转动凸轮轴以修正位置。安装正时链条后，再次检查各链轮和正时链条的匹配标记位置。

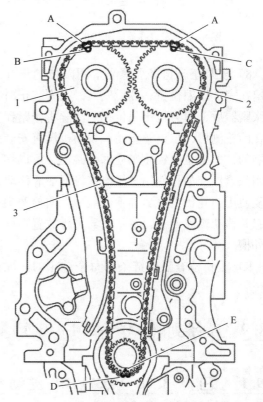

图8-39 正时链条安装
1—凸轮轴链轮（排气） 2—凸轮轴链轮（进气） 3—正时链条
A—匹配标记（深蓝色链节） B、C—匹配标记（外槽）
D—匹配标记（白色链节） E—匹配标记（印记）

7）安装松弛导轨 2 和张紧侧链条导轨 3，见图 8-40。图中 1 为正时链条。

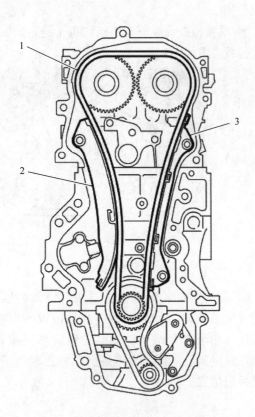

图 8-40　安装链条导轨与张紧器臂

8）安装正时链条张紧器。用限位销将柱塞固定在完全压缩位置，然后安装。在安装正时链条张紧器后，用力拉出限位销。注意将张紧器安装在凸轮侧后，拉出锁止销。发动机没有安装张紧器的，如果拉出锁止销栓塞会跳出，所以切勿使用张紧器（如果使用了，栓塞将不平滑移动）。重复使用凸轮侧的张紧器：安装后，向栓塞尖端拉起并移动棘齿卡子，将张紧器平行放置在栓塞的外槽。

9）重新检查正时链条和每个链轮的匹配标记位置。

8.9　G 系列（2007—2013 年款）

8.9.1　日产 3.7L VQ37VHR 发动机（2009—2013）

该款发动机正时链拆装与调整和 VQ35DE 一样，相关内容请参考 7.2 小节。

8.9.2　日产 2.5L VQ25HR 发动机（2010—2013）

该款发动机正时链拆装与调整和 VQ35DE 一样，相关内容请参考 7.2 小节。

8.9.3　日产 3.5L VQ35DE 发动机（2007—2008）

该款发动机也搭载在日产贵士车型上，相关内容请参考 7.2 小节。

8.10　M 系列（2007—2012 年款）

8.10.1　日产 2.5L VQ25 发动机（2010—2013）

该款发动机正时链拆装与调整和 VQ35DE 一样，相关内容请参考 7.2 小节。

8.10.2　日产 3.5L VQ35HR 发动机（2008—2012）

该款发动机正时链拆装与调整和 VQ35DE 一样，相关内容请参考 7.2 小节。

8.10.3　日产 3.7L VQ37VHR 发动机（2011）

该款发动机正时链拆装与调整和 VQ35DE 一样，相关内容请参考 7.2 小节。

8.10.4　日产 4.5L VK45DE 发动机（2003）

该发动机正时维修与 VK56DE 相同，相关内容请参考 7.1.1 小节。

8.11　EX 系列（2009—2013 年款）

8.11.1　日产 3.7L VQ37VHR 发动机（2013）

该款发动机正时链拆装与调整和 VQ35DE 一样，相关内容请参考 7.2 小节。

8.11.2 日产2.5L VQ25发动机（2010—2013）

该款发动机正时链拆装与调整和VQ35DE一样，相关内容请参考7.2小节。

8.11.3 日产3.5L VQ35HR发动机（2009—2010）

该款发动机正时链拆装与调整和VQ35DE一样，相关内容请参考7.2小节。

8.12 FX系列（2006—2013年款）

8.12.1 日产5.0L VK50VE发动机（2009—2013）

该款发动机正时拆装与调整和VK56VD相似，其正时链部件和标记如图8-18所示。

8.12.2 日产3.7L VQ37VHR发动机（2013）

该款发动机正时链拆装与调整和VQ35DE一样，相关内容请参考7.2小节。

8.12.3 日产3.5L VQ35HR发动机（2006—2012）

该款发动机正时链拆装与调整和VQ35DE一样，相关内容请参考7.2小节。

8.12.4 日产4.5L VK45DE发动机（2007—2009）

该发动机正时维修与VK56DE相同，相关内容请参考7.1.1小节。

8.13 QX系列（2001—2013年款）

8.13.1 日产5.6L VK56VD发动机（2004—2013）

该发动机也搭载在日产途乐车型上，相关内容请参考7.1.2小节。

8.13.2 日产3.5L VQ35DE发动机（2001—2003）

该款发动机也搭载在日产贵士车型上，相关内容请参考7.2小节。

第9章 三菱汽车

9.1 帕杰罗（2001—2017年款）

9.1.1 三菱3.0L 6G72发动机（2001—2017）

1. 正时链单元拆卸

1）使用专用工具曲轴链轮垫圈（MD998769）顺时针转动曲轴，见图9-1，使各正时标记对准并将第1缸调节到压缩上死点，见图9-2。

2）如果要重复使用正时带，则在正时带的平坦侧用粉笔画一个箭头，指明顺时针方向。

3）松开正时带张紧器带轮固定螺栓，然后拆下正时带。

2. 正时链单元安装

将右气缸组凸轮轴链轮正时标记与气缸盖"R"标记一侧的正时标记对齐。

1）如图9-3所示，将凸轮轴链轮上的正时标记与气门室盖上的正时标记对正，以及将曲轴凸轮轴传动链轮上的正时标记与缸体上的正时标记对齐。

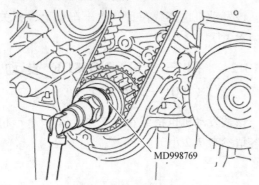

图9-1 顺时针转动曲轴

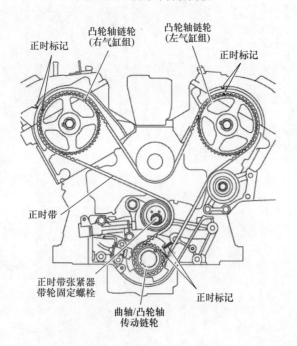

图9-2 检查正时标记对准

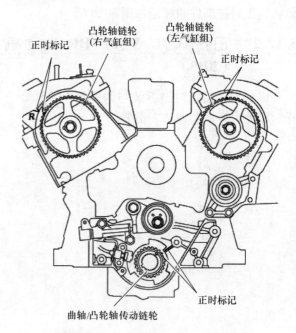

图9-3 对齐各链轮的正时标记

2）按照下列步骤安装正时带，以使正时带中各个链轮和带轮之间没有挠度。

① 曲轴凸轮轴传动链轮。
② 正时带张紧装置带轮。
③ 凸轮轴链轮（左气缸组）。
④ 水泵带轮。
⑤ 凸轮轴链轮（右气缸组）。
⑥ 正时带张紧器带轮。

3）逆时针转动凸轮轴链轮（右气缸组），直到张紧侧的正时带被拉紧。再次检查所有正时标记，见图9-4。

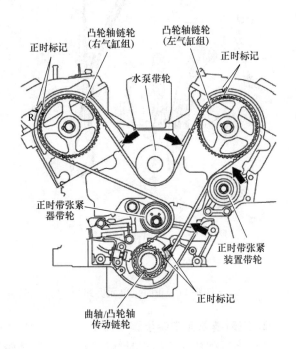

图9-4 检查各链轮正时标记

4）使用专用工具张紧轮套筒扳手（MD998767）将正时带张紧器带轮推入正时带，然后临时拧紧固定螺栓，见图9-5。

图9-5 将张紧带轮推入正时带

5）使用专用工具曲轴链轮隔圈（MD998769）先逆时针转动曲轴1/4圈，然后再顺时针转动，直到对齐正时标记，见图9-6。

拧紧固定螺栓时，注意不要使正时带张紧器带轮随螺栓转动。

6）松开正时带张紧器带轮的固定螺栓。如图9-7所示，使用专用工具（MD998767）和扭力扳手向正时带施加张紧力矩。然后将固定螺栓拧

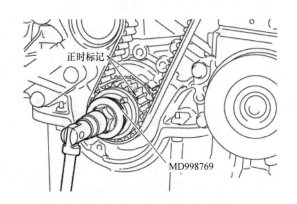

图9-6 转动曲轴对齐正时标记

紧至规定力矩。标准值：4.4N·m（正时带张紧力矩），拧紧力矩：(48±6) N·m。

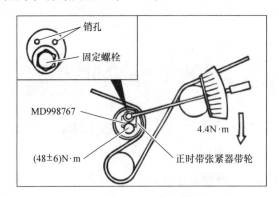

图9-7 固定张紧轮螺栓

7）拆下插入正时带张紧器调节器的定位销，见图9-8。

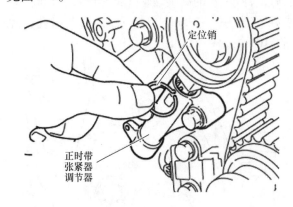

图9-8 插入定位销

8）顺时针转动曲轴两次以对齐正时标记。

9）至少等待5min，然后检查确认正时带张紧器调节器推杆的伸出量处于标准值范围内，见图9-9。标准值（A）：4.8~5.5mm。

10）如果未处于标准值范围内，则重复步骤1)~8)中的操作。

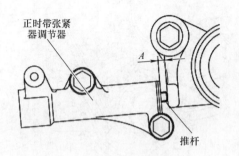

图 9-9 检查柱塞伸出量

11) 再次检查链轮的正时标记是否对齐。

9.1.2 三菱 3.8L 6G75 发动机（2005—2012）

该发动机正时维修与 6G72 相同，相关内容请参考 9.1.1 小节。

9.2 欧蓝德（2005—2017 年款）

9.2.1 三菱 2.0L 4J11 发动机（2013—2017）

1. 正时链单元拆卸步骤

1）正时链条张紧器 1。将平头螺钉旋具插入正时链条张紧器的分离孔，以分开锁栓。用手推动张紧器拉杆，将正时链条张紧器柱塞推到底。然后，将 φ1.5 的高碳钢丝（钢琴丝或类似物体）或六角扳手（1.5mm）插入柱塞装配孔，见图 9-10。

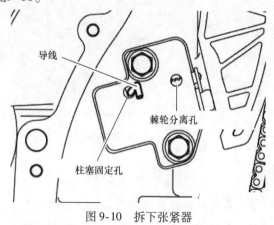

图 9-10 拆下张紧器

2）张紧器拉杆 2。

3）正时链导槽 3。

4）正时链 4。以上步骤所拆卸部件见图 9-11。

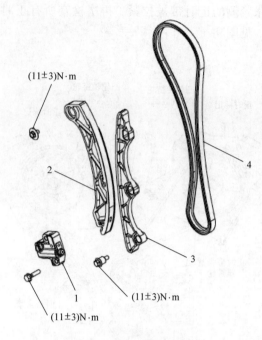

图 9-11 正时链单元拆卸

2. 正时链单元安装步骤

1）将摇臂轴支架的正时标记与 V.V.T. 链轮的一个圆形正时标记对齐，见图 9-12。

2）将曲轴链轮键与图 9-12 位置对齐。

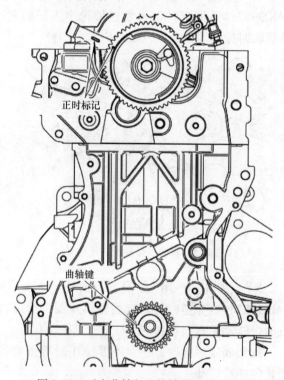

图 9-12 对齐曲轴与凸轮轴链轮正时标记

3）使曲轴链轮的正时标记与循环正时链上的链节（橙色）对齐，见图 9-13。

以使正时链张紧。

9.2.2 三菱 2.4L 4J12 发动机（2013—2017）

该款发动机正时维修与 4J11 相同，相关内容请参考 9.2.1 小节。

9.2.3 三菱 2.4L 4B12 发动机（2010—2012）

1. 正时链单元拆卸步骤

以下步骤所拆部件如图 9-15 所示。

1) 链条上部导槽 1。
2) 正时链条张紧器 2。
3) 张紧器拉杆 3。
4) 正时链导槽 4。
5) 正时链 5。
6) 机油喷嘴 6。
7) 排气 V.V.T. 链轮螺栓 7。
8) 排气 V.V.T. 链轮总成 8。
9) 进气 V.V.T. 链轮螺栓 9。
10) 进气 V.V.T. 链轮总成 10。

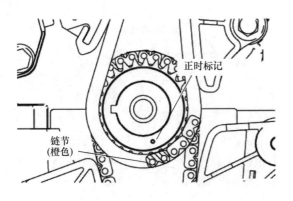

图 9-13 对齐曲轴链轮正时标记

4) 将三个蓝色链节的中心链节与 V.V.T. 链轮的正时标记对齐，然后安装正时链，见图 9-14。

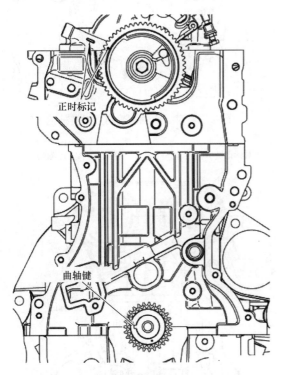

图 9-14 检查链轮与正时链标记对齐

5) 确保每个链轮的正时标记在两个位置上都能与正时链的链节对齐。

6) 将正时链导板安装到气缸体上，并拧紧至规定力矩(11±3)N·m。

7) 将张紧器拉杆安装到气缸体上，并拧紧至规定力矩(11±3)N·m。安装正时链导板和张紧器拉杆。

8) 从正时链条张紧器上拆下 φ1.5 高碳钢丝（钢琴丝或类似物体）、或六角扳手（1.5mm）。这可使正时链条张紧器的柱塞推动张紧器拉杆，

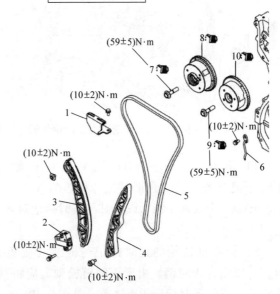

图 9-15 正时链部件拆卸

2. 正时链单元安装步骤

1) 对正 V.V.T. 链轮的正时标记，见图 9-16。
2) 将曲轴链轮键与图 9-16 位置对齐。
3) 将链节（橙色）与排气 V.V.T. 链轮的

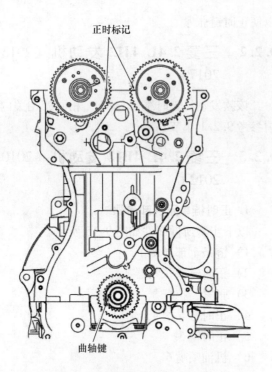

图9-16 对准链轮的正时标记

正时标记对齐,然后闭合正时链,见图9-17。

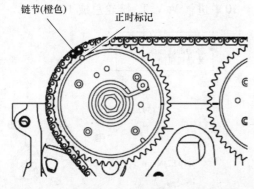

图9-17 对准排气V.V.T链轮与正时链标记

4)将链节(蓝色)与进气V.V.T.链轮的正时标记对齐,以闭合正时链。将进气V.V.T.链轮转动一个或两个齿,以使其与正时标记对齐,见图9-18。

5)使曲轴链轮的正时标记与链节(蓝色)对齐,以闭合正时链。由于正时链松弛,应将其固定住,以防正时标记脱离链节,见图9-19。

6)确保每个链轮的正时标记在三个位置上都能与正时链的链节对齐,见图9-20。

7)安装正时链导槽和张紧器拉杆。

8)将正时链条张紧器安装到气缸体上,并拧紧至规定力矩(10±2)N·m。

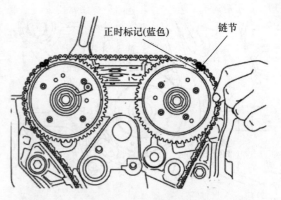

图9-18 对准进气V.V.T链轮与正时链标记

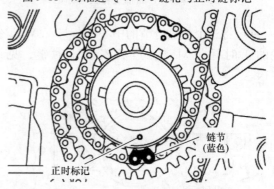

图9-19 对准曲轴链轮与正时链标记

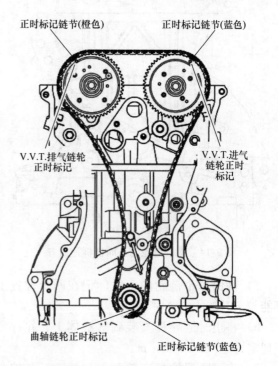

图9-20 检查所有正时标记对准位置

9)从正时链条张紧器上拆下φ1.5高碳钢丝(钢琴丝或类似物体)或六角扳手(1.5mm)。这可使正时链条张紧器的柱塞推动张紧器拉杆,以使正时链张紧,见图9-21。

第9章 三菱汽车

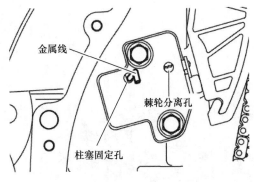

图 9-21 拆下张紧器钢丝

9.2.4 三菱 3.0L 6B31 发动机（2005—2012）

1. 正时带单元拆卸步骤

1) 正时带前部上盖 1，右侧。
2) 正时带前部上盖 2，左侧。
3) 正时带前盖下部 3。
4) 发动机支架 4，右侧。
5) 曲轴角度传感器盖 5。
6) 曲轴角度传感器 6。
7) O 形圈 7。
8) 自动张紧器 8。

拆下自动张紧器的上部紧固螺栓。慢慢松开自动张紧器的紧固螺栓（下部）。将自动张紧器推杆从张紧器臂上拆下，倾斜自动张紧器到挡块位置。拆下自动张紧器的下部紧固螺栓，见图 9-22。

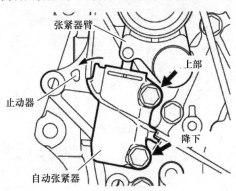

图 9-22 拆卸自动张紧器

9) 正时带 9。拆下正时带前，将凸轮轴链轮和曲轴链轮的标记与压缩行程上死点处的 No.1 对齐。

水或机油会大大缩短正时带的寿命，因此要使拆下的正时带和链轮避免粘上机油和水。不要将零件浸入到清洗剂中。

如图 9-23 所示，将正时带的运动方向做上标记，以便重新安装时参考。

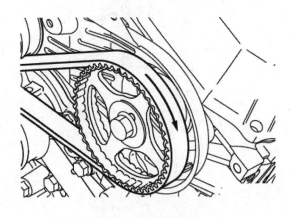

图 9-23 标记正时带

如果零件上粘有机油或水，那么要检查前壳体油封、凸轮轴油封和水泵是否泄漏。拆下正时带后，不要转动曲轴链轮和凸轮轴链轮。

10) 张紧器臂 10。

11) 张紧装置带轮 11。因为内六角螺栓的六角形孔很浅，因此要将工具插牢并小心操作，不要损坏六角形孔。

使用对面宽度为 8mm 的六角形扳手拆卸张紧装置带轮。

12) 曲轴链轮 12。

13) 键 13。

14) 凸轮轴链轮螺栓 14。使用专用工具叉头固定器（MB990767）和销（MD998719）以防止凸轮轴链轮转动，然后松开凸轮轴链轮螺栓，见图 9-24。

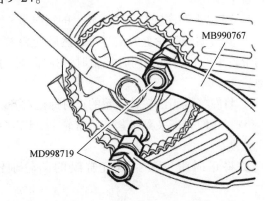

图 9-24 拆卸凸轮轴链轮螺栓

15) 凸轮轴链轮 15。

16) 正时带后盖 16。以上步骤拆卸部件位置如图 9-25 所示。

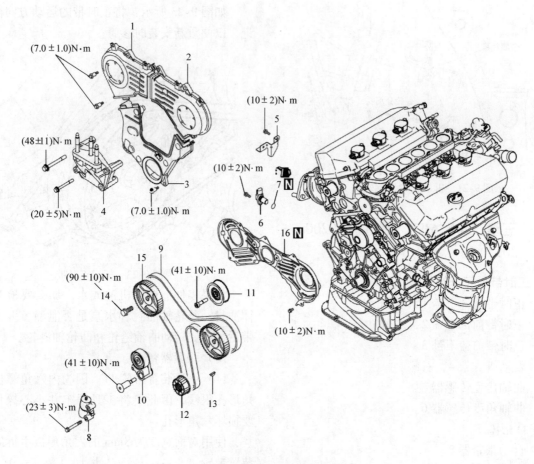

图9-25 正时带拆卸

2. 正时带单元安装步骤

1）检查曲轴链轮和凸轮轴链轮的标记是否与压缩行程上死点处的 No.1 对齐，见图9-26。如果没对齐，那么再次对齐标记，注意气门和柱塞是否干涉。

2）按以下顺序安装每个链轮上的正时带。

① 安装曲轴链轮上的正时带，然后安装水泵驱动带轮上的正时带，同时将正时带拉紧以防止松弛。

② 将左气缸组凸轮轴链轮的正时标记对齐。

③ 将正时带安装到张紧装置带轮上，同时减小松弛度。

④ 将正时带安装到右气缸组的凸轮轴链轮上。

⑤ 将正时带安装到张紧器驱动带轮上。

3）查看所有链轮的正时标记是否对齐，见图9-27。

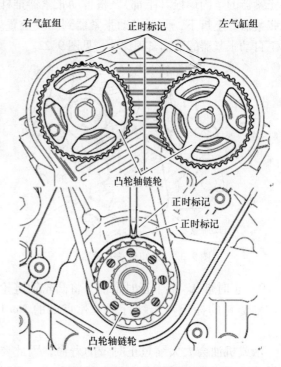

图9-26 检查正时标记是否对齐

第9章 三菱汽车

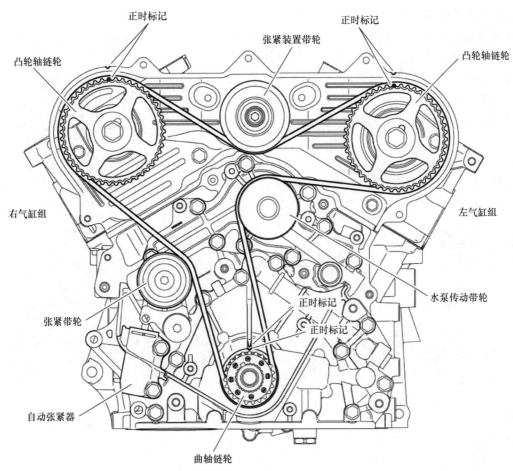

图9-27 检查各个链轮的正时标记

4）使用专用工具曲轴扳手（MD998716）逆时针转动曲轴四分之一圈，然后再顺时针转回来以验证所有的正时标记对齐，见图9-28。

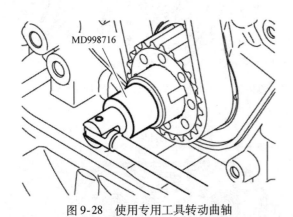

图9-28 使用专用工具转动曲轴

5）拉出自动张紧器销。

6）顺时针转动曲轴两圈，不去动它大约5min。

7）检查自动张紧器推杆的伸出量是否在标准值范围内，见图9-29。标准值：9.1~13.4mm。

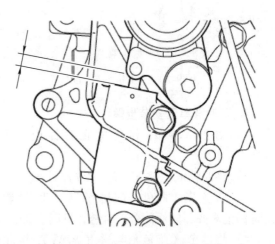

图9-29 检查自动张紧器推杆伸出量

9.3 蓝瑟翼豪陆神（2006—2010年款）

三菱2.0T 4B11发动机（2006—2010）

1. 正时链单元拆卸步骤

1）链条上部导槽1。

2）正时链条张紧器2。
3）张紧器拉杆3。
4）正时链导槽4。
5）正时链5。
6）机油喷嘴6。
7）排气 V.V.T. 链轮螺栓7。
8）排气 V.V.T. 链轮总成8。
9）进气 V.V.T. 链轮螺栓9。
10）进气 V.V.T. 链轮总成10。以上步骤所拆部件如图9-30所示。

安装之前，将所有的移动部件都涂上发动机机油。

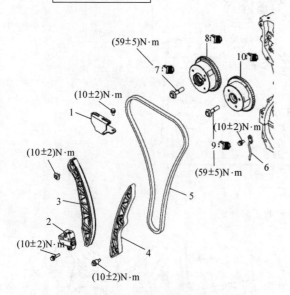

图9-30 正时链部件拆卸

2. 正时链单元安装步骤

1）对正 V.V.T. 链轮的正时标记，见图9-31。

2）将曲轴链轮键与图9-31位置对齐。

3）将链节（橙色）与排气 V.V.T. 链轮的正时标记对齐，然后闭合正时链，见图9-32。

4）将链节（蓝色）与进气 V.V.T. 链轮的正时标记对齐，以闭合正时链。将进气 V.V.T. 链轮转动一个或两个齿，以使其与正时标记对齐，见图9-33。

5）使曲轴链轮的正时标记与链节（蓝色）对齐，以闭合正时链。由于正时链松弛，应将其固定住，以防正时标记脱离链节，见图9-34。

6）确保每个链轮的正时标记在三个位置上都能与正时链的链节对齐，见图9-35。

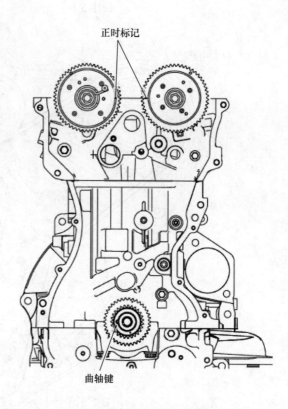

图9-31 对准链轮的正时标记

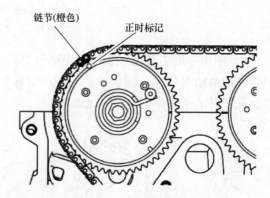

图9-32 对准排气 V.V.T. 链轮与正时链标记

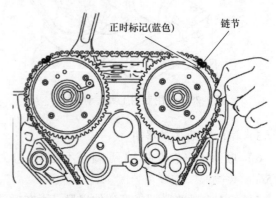

图9-33 对准进气 V.V.T. 链轮与正时链标记

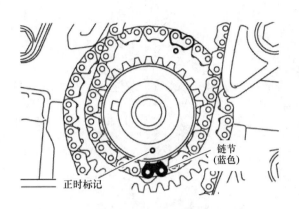

图 9-34 对准曲轴链轮与正时链标记

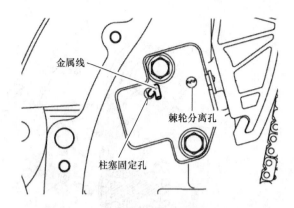

图 9-36 拆下张紧器钢丝

9.4 帕杰罗劲畅（2011—2017 年款）

三菱 3.0L 6G72 发动机（2011—2017）

该发动机也搭载在帕杰罗车型上，相关内容请参考 9.1.1 小节。

9.5 伊柯丽斯（2006—2011 年款）

三菱 2.4L 6G69 发动机（2006—2011）

1. 正时带单元部件分解

正时单元部件分解如图 9-37 所示。

2. 正时带单元拆卸步骤

以下步骤所拆部件位置如图 9-37 所示。

1）插接器支架 1。

2）正时带前上盖 2。

3）正时带前下盖 3。

4）正时带 4。拆下的正时带、链轮和张紧器必须清洗或浸在溶剂中，因为正时带上的水或机油会大大缩短其寿命。如果受到污染，则更换零件。如果所有零部件上都有水或机油，则检查前壳体油封、凸轮轴油封和水泵是否泄漏。

① 为了重新安装，标记正时带的运转方向，见图 9-38。

② 松开张紧轮螺栓，然后拆下正时带。

5）张紧轮 5。

6）张紧器臂 6。

7）自动张紧器 7。

8）张紧装置带轮 8。

9）支架 9。

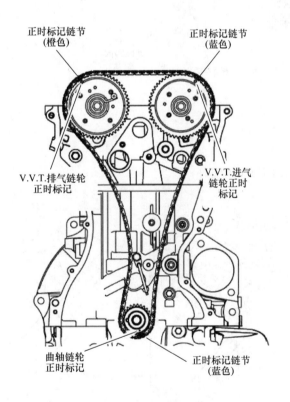

图 9-35 检查所有正时标记对准位置

7）安装正时链导槽和张紧器拉杆。

8）将正时链条张紧器安装到气缸体上，并拧紧至规定力矩 $(10±2)$ N·m。

9）从正时链条张紧器上拆下 $\phi1.5$ 高碳钢丝（钢琴丝或类似物体）或六角扳手（1.5mm）。这可使正时链条张紧器的柱塞推动张紧器拉杆，以使正时链张紧，见图 9-36。

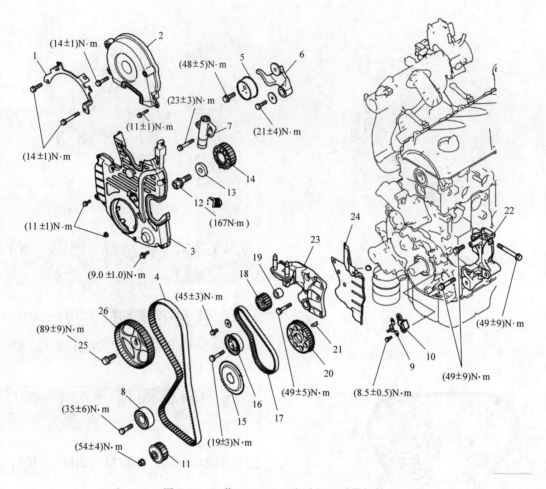

图 9-37 三菱 2.4L 6G69 发动机正时带部件

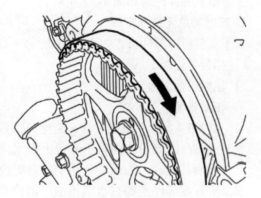

图 9-38 标记正时带转向方向

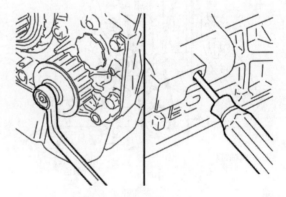

图 9-39 锁止平衡轴

10) 曲轴位置传感器 10。

11) 机油泵链轮 11。

① 拆下气缸体左侧上的旋塞。

② 将螺钉旋具（刀柄直径 8mm）通过塞孔插入，以锁止左侧的平衡轴，见图 9-39。

③ 松开螺母，然后拆下机油泵链轮。

12) 曲轴螺栓 12。

① 安装专用工具 MD998781，以固定驱动盘或飞轮，见图 9-40。

② 松开并拆下曲轴螺栓和垫圈。

13) 曲轴带轮垫圈 13。

14) 曲轴链轮 14。

① 如图 9-41 所示，安装专用工具 MD998778。

② 拧入专用工具的中央螺栓以拆下曲轴

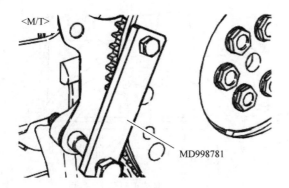

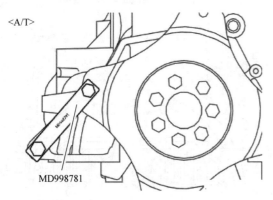

图9-40 安装专用工具固定飞轮

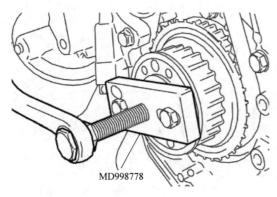

图9-41 安装曲轴链轮专用拆卸工具

链轮。

15）曲轴感应盘15。

16）张紧器B 16。

17）正时带B 17。

18）平衡轴链轮18。

① 如图9-42所示，安装专用工具 MD998785，以防止平衡轴链轮一起转动。

② 松开螺栓并拆下链轮。

19）间隔环19。

20）曲轴链轮B 20。

21）曲轴键21。

22）发电机支架22。

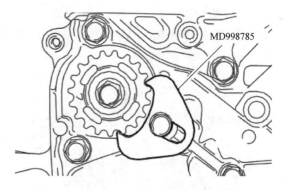

图9-42 拆下平衡轴链轮

23）发动机支架托架23。

24）正时带后盖24。

25）凸轮轴链轮螺栓25。

26）凸轮轴链轮26。

① 用专用工具 MB990767 和 MD998719 固定凸轮轴链轮的同时，松开凸轮轴链轮螺栓，见图9-43。

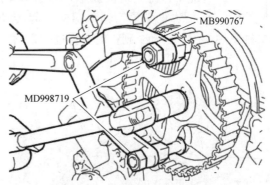

图9-43 拆下凸轮轴链轮螺栓

② 拆卸凸轮轴链轮。

3. 正时带B的安装

1）将曲轴链轮B和平衡轴链轮上的正时标记与前壳体上的标记对齐，见图9-44。

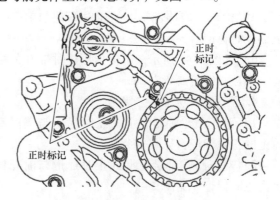

图9-44 对齐正时标记

2）将正时带B安装到曲轴链轮B和平衡轴

链轮上。在张力侧应无松弛。

3）确保张紧轮中央和螺栓中央的位置如图9-45所示。

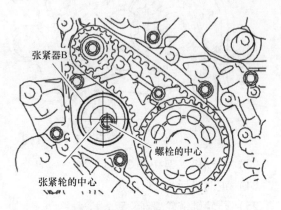

图9-45 张紧轮中央位置

4）用手指给正时带的张紧侧施加足够的张力的同时，按箭头的方向移动张紧器B，见图9-46。在此情况下，拧紧螺栓固定张紧器B。拧紧螺栓时，小心防止张紧轮轴与螺栓一起转动。如果轴下螺栓一起转动，则正时带将过度张紧。

拧紧力矩：(19 ± 3) N·m。

图9-46 安装正时带B张紧器

5）检查并确认链轮上的正时标记与前壳体上的正时标记对齐。

6）如图9-47所示，用食指压正时带B的中心。螺栓必须偏离8～12mm。

4. 正时带单元安装步骤

1）对齐凸轮轴链轮上的正时标记与气门室盖上的正时标记，见图9-48。

2）对齐凸轮轴链轮上的正时标记与前壳体上的正时标记，见图9-49。

3）对齐机油泵链轮上的正时标记与壳体上的标记，见图9-50。

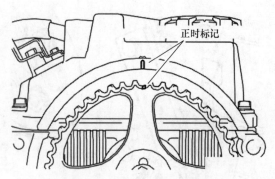

图9-47 测试正时带张紧度

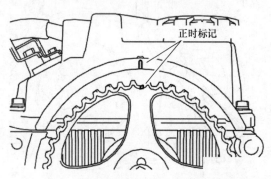

图9-48 对齐凸轮轴链轮与气门室盖上标记

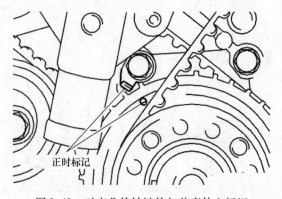

图9-49 对齐凸轮轴链轮与前壳体上标记

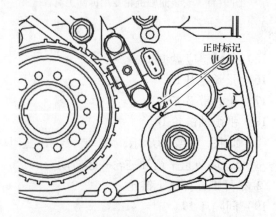

图9-50 对齐机油泵链轮与壳体上的标记

4）拆下气缸体上的火花塞，然后将螺钉旋

具（刀柄直径8mm）通过孔插入，见图9-51。

如果螺钉旋具能插入至少60mm，则正时标记已正确对齐。

如果螺钉旋具的插入深度仅为20～25mm，则将机油泵链轮转一圈，并重新对齐正时标记，然后检查确认螺钉旋具能插入至少60mm。正时带完全安装好之前，让螺钉旋具一直插在里面。

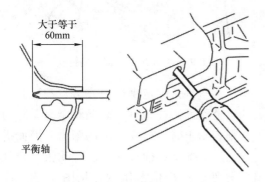

图9-51　插入螺钉旋具

5）安装自动张紧器。如果自动张紧器杆完全伸出，则如下所述重新安装。

① 用软嘴虎钳夹住自动张紧器，见图9-52。

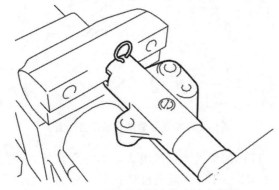

图9-52　用软嘴虎钳夹住自动张紧器

② 用虎钳逐渐地压入杆，直至杆上的定位孔A与油缸上的定位孔B对齐，见图9-53。

③ 将一条钢丝（直径1.4mm）插入定位孔中。该自动张紧器定位钢丝将在正时带的校正中用到。

④ 从虎钳上松开自动张紧器。让安装的钢丝留在自动张紧器中。

⑤ 将自动张紧器安装到前壳体上并拧紧至规定力矩，见图9-54。

拧紧力矩：(23±3)N·m。

⑥ 如图9-55所示，安装专用工具MD998738并拧入工具到插在自动张紧器中的钢丝能轻轻移

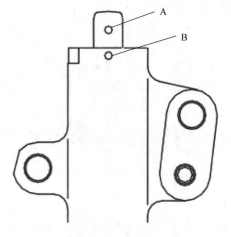

图9-53　对齐AB两孔

图9-54　安装张紧器到发动机上

动的位置。

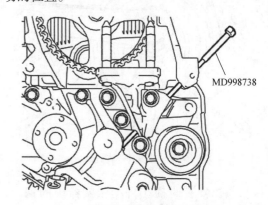

图9-55　插入专用工具

6）依次安装曲轴链轮、机油泵链轮、张紧装置带轮、凸轮轴链轮和张紧轮上的正时带。

7）沿图9-56箭头方向升起张紧轮，然后拧紧中央螺栓。

8）检查确认所有的正时标记对齐。

9）拆下步骤4）中插入的螺钉旋具，然后安

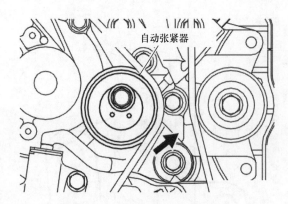

图9-56 升起张紧轮并紧固螺栓

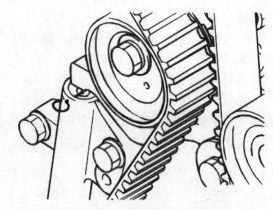

图9-58 拉出张紧器上的钢丝

装火花塞。

10）逆时针转动曲轴1/4圈。然后顺时针转动，直至正时标记再次对齐。

11）将专用工具MD998767、套筒扳手和扭力扳手安装到张紧轮上，然后松开张紧轮的中央螺栓。

注：使用测量范围为0~5.0N·m的扭力扳手。

12）用扭力扳手拧紧至3.5N·m。

13）用专用工具MD998767和扭力扳手固定张紧轮，将中央螺栓拧紧至规定力矩，见图9-57。

拧紧力矩：(48±5)N·m。

16）检查确认固定钢丝（安装自动张紧器时插入的）能否无阻碍地拆下。钢丝能毫无阻力地拆下，则表示正时带已有合适的张力，因而拆下钢丝。在此情况下，检查并确认自动张紧器杆的凸出部分处于标准值范围内，见图9-59。标准值：3.8~4.5mm。

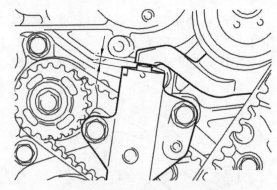

图9-59 检查张紧器柱塞凸出范围

17）如果拆卸钢丝时有阻力，则重复之前的步骤10）~15），直至自动张紧器杆的凸出部分处于标准值范围内。

9.6 格兰迪（2004—2010年款）

三菱2.4L 6G69发动机（2004—2010）

该发动机也搭载在伊柯丽斯车型上，相关内容请参考9.5小节。

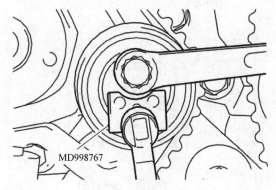

图9-57 拧紧中央螺栓

14）拉出安装时插在自动张紧器中的钢丝，然后用手拆下专用工具MD998738，见图9-58。

15）顺时针转动曲轴两圈。等待15min，然后进行以下的检查步骤。

第 10 章 铃木汽车

10.1 吉姆尼（2007—2017 年款）

10.1.1 铃木 1.3L M13A 发动机（2007—2016）

该发动机正时链拆装与调整和 M16A 发动机一样，相关内容请参考 10.4 小节。

10.1.2 铃木 2.4L J24B 发动机（2016—2017）

1. 正时链单元部件分解

发动机正时链单元部件如图 10-1、图 10-2 所示。

2. 正时链单元拆卸步骤

注意事项：取出正时链后，切勿将曲轴和凸轮轴独立旋转超过指定范围（a 和 b），如图 10-3 所示。

如果这些轴中的任一个转动，活塞与气门和气门本身之间可能会发生干扰，与活塞和气门有关的零件可能会受到损坏。

如果在拆下正时链条后需要旋转凸轮轴，请逆时针转动曲轴，并将键 1 从 TDC 旋转 30°~90°，然后旋转凸轮轴，如图 10-4 所示，并保持气门进入与活塞接触。

1）取下正时链盖。

2）通过在特定位置转动曲轴，使凸轮轴和曲轴对齐。

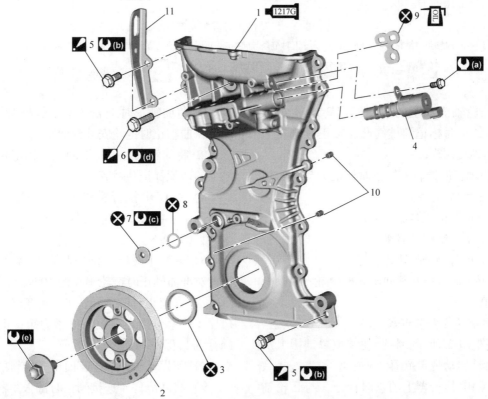

图 10-1 发动机正时链罩

1—正时链罩盖 2—曲轴带轮 3—油封 4—机油控制阀 5—正时链盖螺栓（M8） 6—正时盖螺栓（M10） 7—正时链罩堵塞 8—正时链罩堵塞垫圈 9—垫圈 10—定向销 11—发动机挂钩 (a)—11N·m (b)—25N·m (c)—27N·m (d)—55N·m (e)—150N·m ✕—请勿重复使用 —在滑动面涂上机油

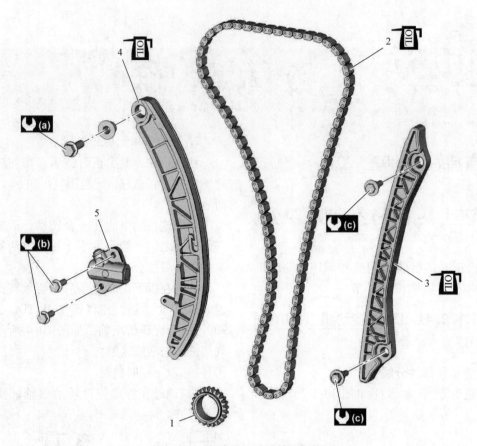

图 10-2　发动机正时链单元部件

1—曲轴正时链轮　2—正时链条　3—正时链条导轨　4—正时链条张紧臂　5—正时链条张紧调节器

(a)—25N·m　(b)—11N·m　(c)—9N·m　OIL—在滑动面涂上机油

① 在凸轮轴壳体上的匹配标记 3 对准 CMP 执行器 1 上的正时标记和排气凸轮轴正时链轮上的正时标记 2，见图 10-5。

② 将曲轴正时链轮上的正时标记 1 与下曲轴箱上的匹配标记 2 对齐。

3）拆下正时链张紧器调节器 3。

4）拆下正时链张紧器 4。

5）拆下正时链条导轨 5。

6）拆下正时链条 6 和曲轴正时链轮 7。以上部件如图 10-6 所示。

3. 正时链单元安装步骤

1）如图 10-7 所示，将凸轮轴位置键槽 1 从上方向逆时针转动规定范围（30~90°）2。

2）将 CMP 执行器上的正时标记 3 与凸轮轴外壳上的匹配标记 4 对齐。

3）将排气凸轮轴正时链轮上的正时标记 5 与凸轮轴轴承座上的匹配标记 4 对齐。

4）将钥匙 6 安装到曲轴的钥匙槽 1 上。

① 将曲轴正时链轮 7 的钥匙槽与钥匙对齐，然后将曲轴正时链轮安装到曲轴上。

② 将曲轴正时链轮上的正时标记 8 与下曲轴箱上的匹配标记 9 对齐。

5）在 CMP 执行器和排气凸轮轴正时链轮上对准两个蓝色板 2 和正时标记 1 时，安装正时链条，见图 10-8。

6）安装正时链，同时将蓝色板 2 与正时标记 1 对准曲轴正时链轮，见图 10-9。

7）安装正时链条导轨 1，并将正时链条导向螺栓 2 拧紧至指定力矩。拧紧力矩：正时链导轨（a）为 9.0N·m。

8）将发动机油用于正时链条导轨的滑动面。

9）将间隔件 4 连接到正时链张紧器 3 上。

10）安装正时链张紧器 3，并将正时链条张紧螺栓 5 拧紧到规定的力矩。拧紧力矩：正时链张紧螺栓（b）为 25N·m。

11）将发动机油用于正时链条张紧器的滑动面。

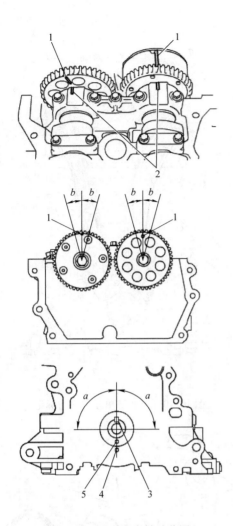

图 10-3 正时安全转动范围
1—凸轮轴正时链轮上的正时标志 2—凸轮轴外壳匹配记号
3—键 4—下曲轴箱匹配标记
5—曲轴正时链轮上的正时标记
a—90° b—15°

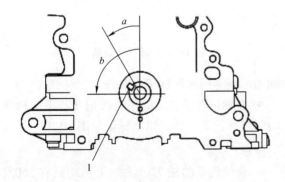

图 10-4 无正时链转动范围
a—30° b—90° 1—键

12）确保所有蓝色板 6 与相应正时链轮上的正时标记 7 对齐。以上部件和标记见图 10-10。

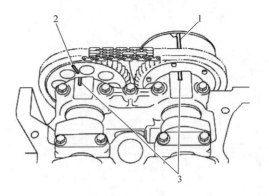

图 10-5 对齐凸轮轴链轮标记

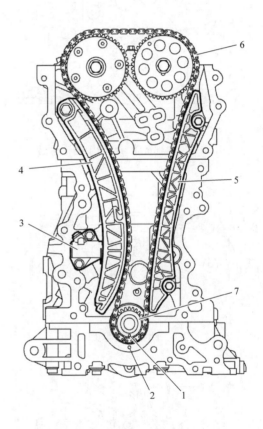

图 10-6 正时链单元部件

13）顺时针拧紧正时链条张紧器调节器 1 的柱塞 2，并安装固定器 3（1.4mm 直径的导线等）以将柱塞固定到位，见图 10-11。

14）用定位器安装正时链张紧器调节器 1。将正时链张紧器调节螺栓 2 拧紧到规定的力矩，然后从正时链条张紧器调节器上拆下保持器。拧紧力矩：正时链张紧器调节螺栓（a）为 11N·m。

15）将发动机机油涂抹到正时链条上，顺时针旋转曲轴 720°，并确认满足以下条件：

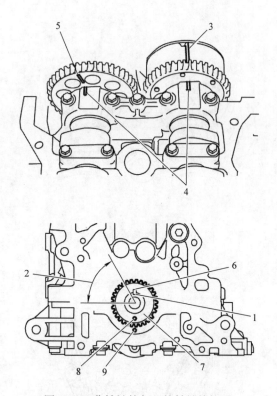

图 10-7 曲轴链轮与凸轮轴链轮标记

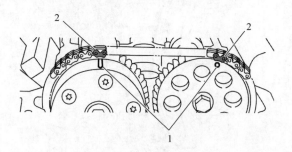

图 10-8 凸轮轴链轮正时标记

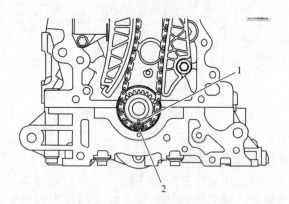

图 10-9 对准曲轴链轮处正时

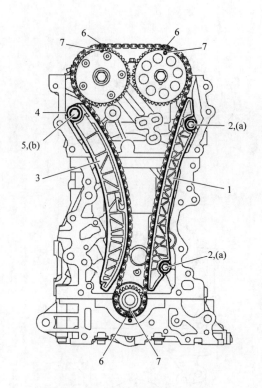

图 10-10 正时链单元部件与标记

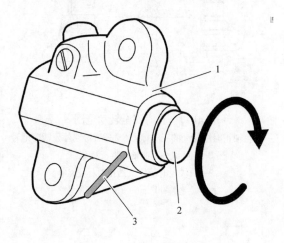

图 10-11 设置张紧器

- CMP 执行器上的正时标记 4 与凸轮轴轴承座上的匹配标记 3 对齐。
- 排气凸轮轴正时链轮上的正时标记 5 与凸轮轴轴承座上的匹配标记 3 对齐。
- 曲轴正时链轮上的正时标记 6 与下曲轴箱上的匹配标记 7 对齐。以上标记见图 10-12。

注意：
- 确保转动曲轴 720°。如果转动只有 360°，CMP 执行机构和排气凸轮轴正时链轮上的正时标志将不符合凸轮轴轴承座的匹配标志。
- 转动曲轴 720°后，正时链条的涂漆环节将不会与 CMP 执行器和排气凸轮链轮上的正时标记对齐，但这是正常现象。

第 10 章 铃木汽车

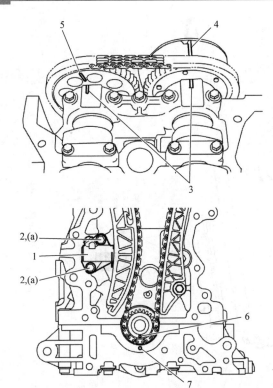

图 10-12 发动机正时标记

16）安装正时链盖。

17）安装气缸盖。

18）安装油底壳。

19）安装发动机总成。

10.2 超级维特拉（2002—2017 年款）

10.2.1 铃木 2.4L J24B 发动机（2008—2012）

该发动机也搭载在吉姆尼车型，相关内容请参考 10.1.2 小节。

10.2.2 铃木 2.0L J20A 发动机（2002—2008）

1. 正时链单元部件分解

发动机正时链单元部件如图 10-13、图 10-14、图 10-15 所示。

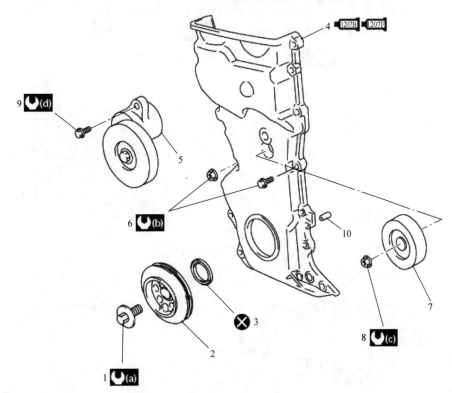

图 10-13 发动机正时链罩

1—曲轴带轮螺栓 2—曲轴带轮 3—油封：将发动机机油涂抹到油封唇口上 4—正时链盖 5—正时带张紧装置
6—正时链罩的螺栓和螺母 7—惰轮 8—惰轮螺母 9—发电机传动带张紧装置螺栓 10—销

(a)—150N·m (b)—11N·m (c)—42N·m (d)—25N·m ✗—请勿重复使用

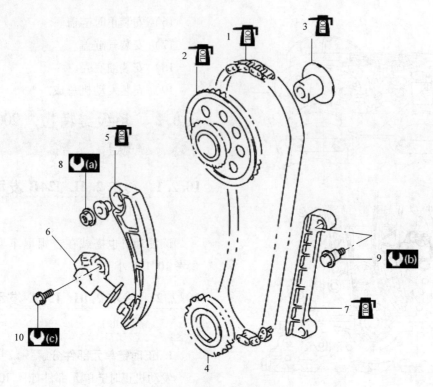

图10-14 第一正时链单元

1—第一正时链条 2—张紧轮 3—张紧轮轴 4—曲轴正时链轮 5—正时链条张紧装置 6—正时链条张紧装置调节器（1号） 7—正时链条导向装置（1号） 8—正时链条张紧装置螺母 9—正时链条导向装置（1号）螺栓 10—正时链条张紧装置调节器（1号）螺栓　(a)—25N·m　(b)—9N·m　(c)—11N·m　—在滑动面涂上机油

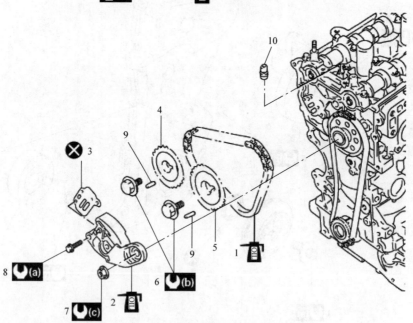

图10-15 第二正时链单元

1—第二正时链条：涂机油 2—正时链条张紧装置调节器（2号）：在滑动面涂上机油 3—张紧装置调节器（2号）密封垫 4—进气凸轮轴正时链轮 5—排气凸轮轴正时链轮 6—凸轮轴正时链轮螺栓 7—正时链条张紧装置调节器（2号）螺母 8—正时链条张紧装置调节器（2号）螺栓 9—销 10—机油溢流阀　(a)—11N·m　(b)—80N·m　(c)—45N·m　—在滑动面涂上机油　✕—请勿重复使用

2. 第一正时链条拆装步骤

（1）拆卸步骤

1）拆卸第二正时链条。
2）拆下正时链条导向装置（1号）1。
3）拆下正时链条张紧装置调节器（1号）2。
4）拆下正时链条张紧装置3。
5）拆下张紧轮4和第一正时链条5。
6）拆下曲轴正时链轮6。以上相关部件位置见图10-16。

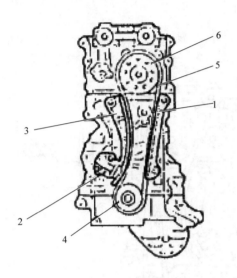

图10-16 第一正时链拆卸

（2）安装步骤

1）安装曲轴正时链轮2，如图10-17所示。

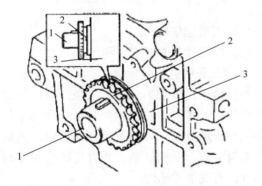

图10-17 安装曲轴链轮

2）确认曲轴正时链轮上的配合标记1与下曲轴箱上的正时标记2相匹配，见图10-18。
3）往张紧轮1的衬套上涂机油。
4）安装张紧轮和链轮轴。
5）对准第一正时链轮3的深蓝色板4和张紧

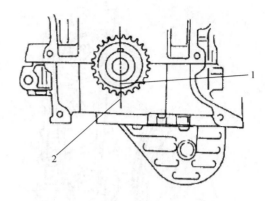

图10-18 匹配曲轴标记

轮1上的配合标记2，安装第一正时链轮，见图10-19。

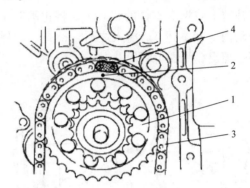

图10-19 对准凸轮轴链轮配合标记

6）使第一正时链条3的金色板4与曲轴正时链轮1上的配合标记2相匹配，见图10-20。

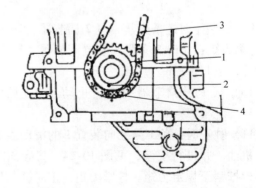

图10-20 对准曲轴链轮配合标记

7）往正时链条张紧装置1的滑动表面上涂机油，并按图10-21所示进行安装。将张紧装置螺母拧紧至规定力矩。拧紧力矩：正时链条张紧装置螺母（a）：25N·m。图中2为螺栓。
8）在张紧装置调节器（1号）的止动销收

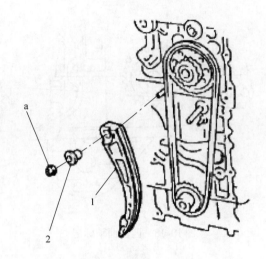

图 10-21　安装张紧装置

回且柱塞 1 被推入本体的状态下，将止动器 4 插入止动销 2 和本体 3。插入之后，检查以确保柱塞不会掉出，见图 10-22。

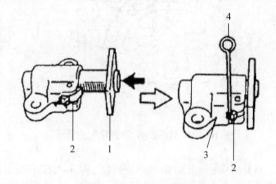

图 10-22　设置张紧器

9）安装正时链条张紧装置 2 调节器（1 号）1。拧紧力矩：正时链条张紧装置调节器（1 号）螺栓（a）：11N·m。

10）从 1 号调节器中拉出止动器 3，见图 10-23。

11）往正时链条 1 号导向装置 1 的滑动表面上涂机油，并进行安装，见图 10-24。将导向装置螺栓拧紧至规定力矩。拧紧力矩：正时链条导向装置（1 号）螺栓（a）：9N·m。

12）检查第一正时链条的深蓝色和黄色板是否分别与链轮上的配合标记相匹配，如图 10-25 所示。

13）安装第二正时链条。

14）安装正时链罩。

15）安装气缸盖罩。

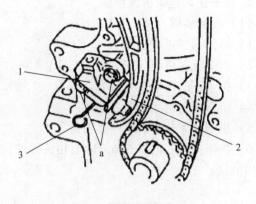

图 10-23　拉出止动器

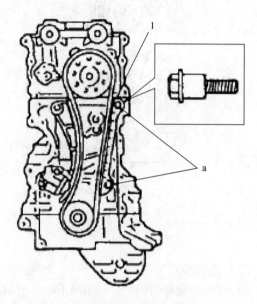

图 10-24　安装导向装置

16）安装油底壳。

17）将发动机总成安装到汽车上。

3. 第二正时链拆装步骤

注意事项：拆下第二正时链条之后，切勿使进气凸轮轴、排气凸轮轴和曲轴各自转动至超出图 10-26 所示范围。否则，活塞和气门之间以及气门本身可能会受到影响，并且可能会损坏与活塞和气门有关的零部件。

（1）拆卸步骤

1）卸下汽车发动机总成。

2）拆下油底壳。

3）拆卸气缸盖罩。

4）拆下正时链罩。

5）顺时针转动曲轴至符合下列条件。

● 曲轴上的键与缸体（Ⅰ）上的标记匹配。

- 张紧轮上的箭头标记指向上方（Ⅱ）。
- 凸轮轴链轮上的标记与气缸盖上的标记匹配（Ⅲ）。
- 曲轴链轮上的标记与下曲轴箱上的标记匹配（Ⅳ）。以上标记位置见图10-27。

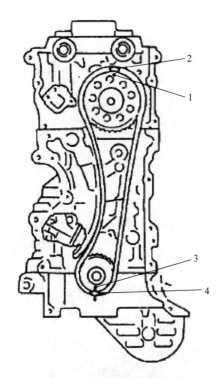

图10-25 检查配合标记
1—张紧轮上的配合标记 2—深蓝色板
3—曲轴正时链轮上的配合标记 4—黄色板

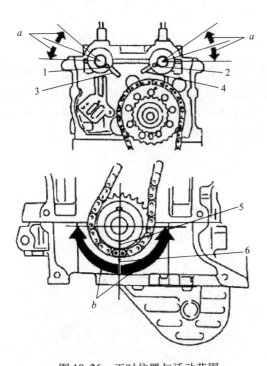

图10-26 正时位置与活动范围
1—进气凸轮轴定位销 2—排气凸轮轴定位销
3—进气侧正时标记 4—排气侧正时标记
5—曲轴正时链轮上的配合标记
6—下曲轴箱上的正时标记
a—凸轮轴（进气和排气）允许转动范围：左右20°以内
b—曲轴允许转动范围：左右90°以内

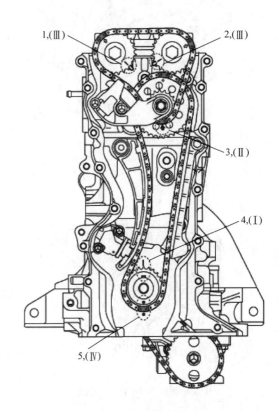

图10-27 发动机正时标记位
1—进气凸轮轴正时链轮的正时标记 2—排气凸轮轴正时链轮的正时标记 3—张紧轮上的箭头标记 4—曲轴上的键
5—曲轴正时链轮的正时标记

6）拆下正时链条张紧装置调节器（2号）1和密封垫。为将其拆下，可沿逆时针方向稍稍转动进气凸轮轴使第二正时链条松弛，同时向后推动垫块，见图10-28。

7）拆下进气和排气凸轮轴正时链轮螺栓1。为将其拆下，可将扳手4装在凸轮轴中央的六角部位3使之固定。

8）拆下凸轮轴正时链轮和第二正时链条2，见图10-29。

（2）安装步骤

1）确认曲轴正时链轮上的配合标记1与下曲轴箱上的正时标记2相匹配，如图10-30所示。

2）确认张紧轮上的箭头标记1朝上，如图10-31所示。

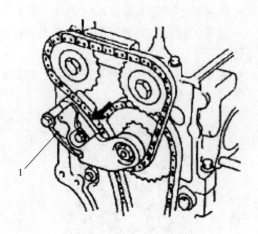

图 10-28 拆下张紧调节器

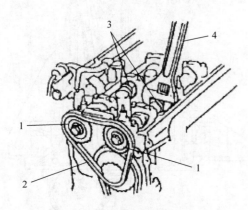

图 10-29 拆下第二正时链

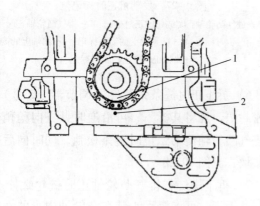

图 10-30 对准曲轴链轮标记

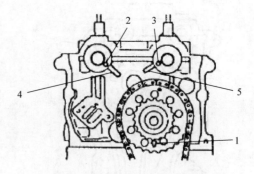

图 10-31 凸轮轴定位销位置
1—标记 2—进气凸轮轴 3—排气凸轮轴
4—进气侧正时标记 5—排气侧正时标记

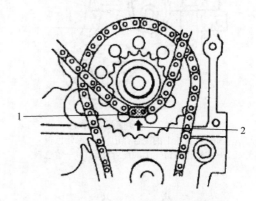

图 10-32 对准第二正时链与张紧轮的标记

气凸轮轴和排气凸轮轴上。注意转动时请勿超出允许范围。如果转动过度，则可能损坏气门和活塞。由于两侧都有箭头标记，凸轮轴正时链轮没有特定的安装方向，见图10-33。

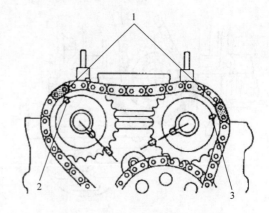

图 10-33 凸轮轴链轮标记位置
1—深蓝色 2—进气凸轮轴正时链轮上的箭头标记
3—排气凸轮轴正时链轮上的箭头标记

3) 确认进气凸轮轴2和排气凸轮轴3的定位销与气缸盖上的正时标记对准，如图10-31所示。

4) 对准第二正时链条黄色板1与张紧轮上的配合标记，安装第2正时链条，见图10-32。图中2为第二正时链条配合标记（箭头标记）。

5) 分别对准第二正时链条上的蓝色板、进气链轮和排气链轮上的配合标记，将链轮装到进

6) 将进气凸轮轴和排气凸轮轴正时链轮螺栓1拧紧至规定力矩。为将其拧紧，可将扳手2装在

凸轮轴中央的六角部位3使之固定，见图10-34。拧紧力矩：凸轮轴正时链轮螺栓（a）：80N·m。

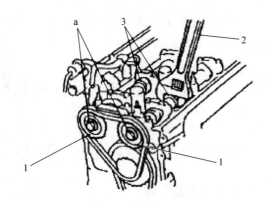

图10-34 安装第二正时链

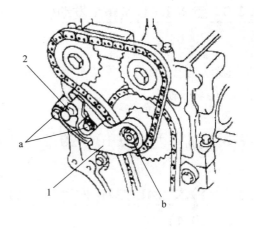

图10-36 拉出止动器

7）将柱塞1推回张紧装置本体2，并将止动器3插入本体，使柱塞固定到位，见图10-35。

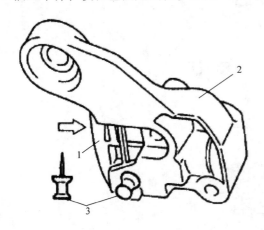

图10-35 设置张紧器

8）安装正时链条张紧装置调节器（2号）1和密封垫。拧紧力矩：正时链条张紧装置调节器（2号）螺栓（a）：11N·m；正时链条张紧装置调节器（2号）螺母（b）：45N·m。

9）从正时链条张紧装置调节器（2号）中拉出止动器2，见图10-36。

10）顺时针转动曲轴两圈，使曲轴上的正时标记1与缸体上的正时标记2对准，如图所示。此时，检查链轮上的正时标记（3、5和7）是否与气缸盖、缸体和下曲轴箱上的正时标记（4、6和8）匹配。同时，确认张紧轮上的箭头标记9朝上，如图10-37所示。

11）往正时链条、张紧装置、张紧装置调节器、链轮和导向装置上涂机油。

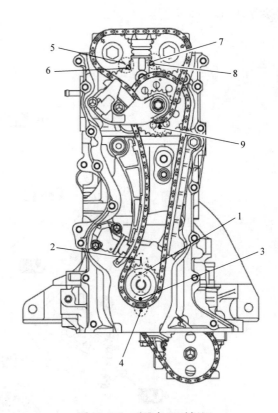

图10-37 对准各正时标记

1—曲轴上的正时标记 2—缸体上的正时标记
3—曲轴正时链轮上的正时标记 4—下曲轴箱上的正时标记
5—进气凸轮轴正时链轮上的正时标记 6—进气凸轮轴正时链轮上的正时标记 7—排气凸轮轴正时链轮上的正时标记
8—排气凸轮轴正时链轮上的正时标记
9—张紧轮上的箭头标记指向上方

12）安装正时链条室盖。

13）安装气缸盖罩。

14）安装油底壳。

15）将发动机总成安装到汽车上。

10.2.3 铃木1.6L M16A发动机（2002—2006）

该发动机也搭载在速翼特车型上，相关内容请参考10.4小节。

10.3 凯泽西（2010—2017年款）

10.3.1 铃木2.4L J24B发动机（2010—2014）

该发动机也搭载在吉姆尼车型上，相关内容请参考10.1.2小节。

10.3.2 铃木2.0L J20A发动机（2013—2017）

该发动机也搭载在超级维特拉车型上，相关内容请参考10.2.2小节。

10.4 速翼特（2014—2017年款）

铃木1.6L M16A发动机（2014—2017）

1. 正时链单元分解

发动机正时链单元部件如图10-38、图10-39所示。

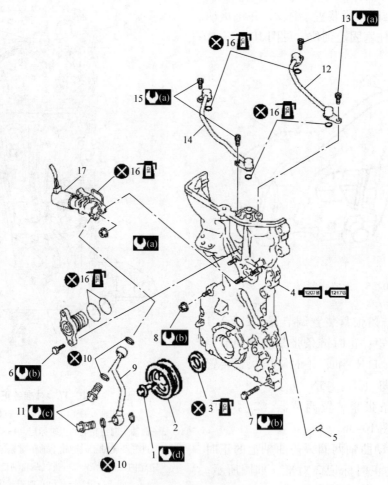

图10-38　发动机正时链罩

1—曲轴带轮螺栓　2—曲轴带轮　3—油封：将发动机机油涂抹到油封唇口上　4—正时链罩：将99000-31140密封剂涂抹到气缸和气缸盖的接合面。在正时链条室盖配合表面上涂密封剂99000-31260　5—销　6—机油控制阀固定螺母　7—正时链罩安装螺栓　8—正时链罩固定螺母　9—1#机油油道管　10—铜垫圈　11—1#机油油道管螺栓　12—2#机油油道管　13—2#机油油道管螺栓　14—3#机油油道管　15—3#机油油道管螺栓　16—O形圈：涂抹机油　17—机油控制阀

(a)—11N·m　(b)—25N·m　(c)—30N·m　(d)—150N·m　✗—请勿重复使用

第10章 铃木汽车

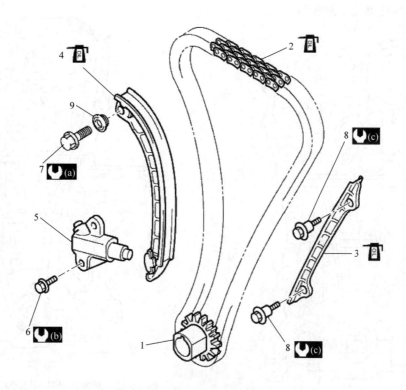

图10-39 铃木1.6L M16A发动机正时链单元

1—曲轴正时链轮 2—正时链条 3—正时链条1#导板 4—正时链条张紧装置 5—正时链条张紧调节器总成 6—链条张紧调节器安装螺栓 7—正时链条张紧装置螺栓 8—正时链条1#导向装置螺栓 9—正时链条张紧装置螺母

—在滑动面涂上机油　(a)—25N·m　(b)—11N·m

2. 正时链单元拆卸

1) 拆卸正时链条盖。

2) 转动曲轴，使进、排气凸轮轴正时链轮上的标记1分别与气缸头上的刻痕2对齐。

3) 拆卸正时链条张紧调节器总成3。

4) 拆卸正时链条张紧器4。

5) 拆卸正时链条1号导板5。

6) 拆卸正时链条6及曲轴正时链轮7。以上部件位置见图10-40。

小心：正时链条拆卸后，不要转动曲轴和凸轮轴超出安装部分所允许的转动范围。如果超出，活塞与气门、气门与气门之间会发生干涉，活塞相关的零部件和气门可能会损坏。

3. 正时链单元安装

小心：正时链条拆卸后，不要转动曲轴和凸轮轴超出图10-41所示a、b所指范围。如果超出，活塞与气门、气门与气门之间会发生干涉，活塞相关的零部件及气门可能会损坏。

1) 如图10-41所示，检查进、排气凸轮轴链轮上的标记1与气缸头上的刻痕2是否对齐。安

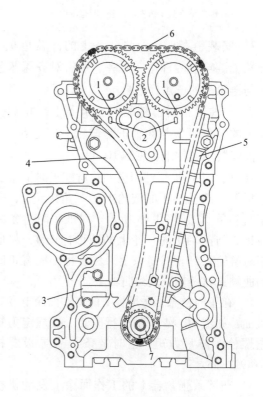

图10-40 正时链部件拆卸顺序

装键3，并旋转曲轴使键位于曲轴的上方。

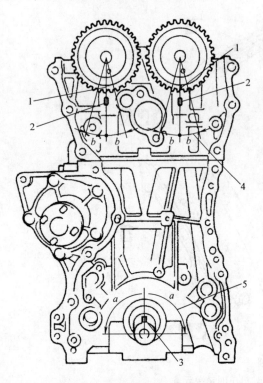

图10-41 对准链轮与缸体标记

1—标记 2—刻痕 3—键 4—a：90°，凸轮轴（进、排气）允许转动范围。凸轮轴链轮上的标记应该在气缸头上的刻痕左右两侧15°范围内 5—b：15°，曲轴允许转动范围。曲轴上的键应该在最上方左右两侧90°范围内

2）安装链条时，应将链条上的深蓝色板1与凸轮轴链轮上的标记2对齐，然后对齐深蓝色板3与链轮上的三角标记4。

3）将曲轴正时链轮装配至链条上，并对齐链条上的金色板5与曲轴正时链轮上标记6，然后一同安装至曲轴上，见图10-42。

针对适配VVT组件的机型：对准正时链条深蓝色板1与凸轮轴正时链轮上的三角标记2，安装正时链条，如图10-43所示。对准正时链条的金属板3与曲轴正时链轮上的圆形标记4，将曲轴正时链轮装到正时链条上。然后将装配有正时链的曲轴正时链轮安装到曲轴上。

4）在正时链条1号导板1的工作面涂上发动机机油，如图10-44所示进行安装。按规定力矩拧紧螺栓。拧紧力矩：正时链条1号导板螺栓（a）：9N·m。

5）在链条张紧器1的工作面涂上发动机机油，然后安装链条张紧器和衬套，见图10-45。

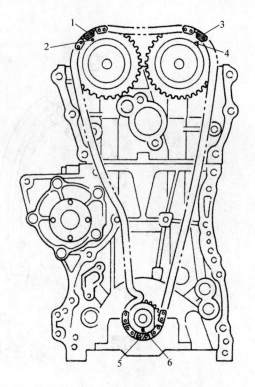

图10-42 对准正时链与链轮标记（无VVT）

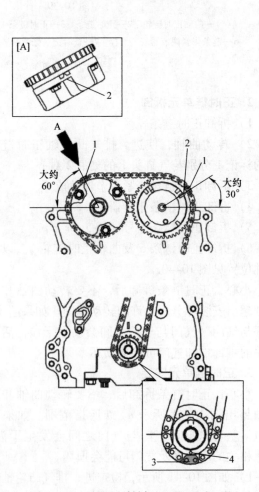

图10-43 对准正时链标记（VVT机型）

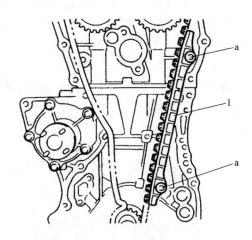

图 10-44 安装 1 号导板

按规定力矩拧紧螺栓。拧紧力矩：正时链条 1 号导板螺栓（a）：22N·m。

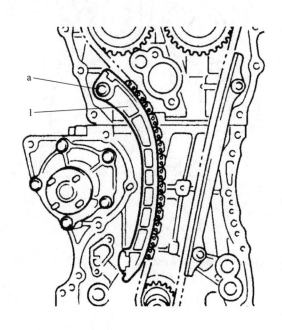

图 10-45 安装导板

6）检查进、排气凸轮轴链轮上的标记 1 是否与正时链条上的深蓝色板 2 对齐，以及曲轴正时链轮上的标记 3 是否与正时链条上的金色板 4 对齐，见图 10-46，配备 VVT 组件机型见图 10-43。

7）按箭头方向将正时链条张紧调节器的顶杆 1 压入调节器 2 内，然后插入保持器 3（金属丝），将顶杆卡住，见图 10-47。

8）连同保持器 2 一起安装正时链条张紧调节

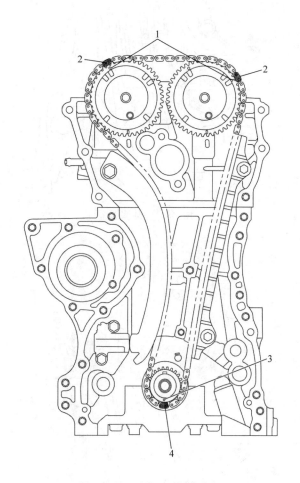

图 10-46 对准正时链条标记

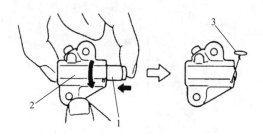

图 10-47 设置张紧器

器总成 1。按规定力矩拧紧螺栓，然后从正时链条张紧调节器总成上拆卸保持器，见图 10-48。拧紧力矩：正时链条张紧调节器螺栓（a）：11N·m。

9）在正时链条涂上发动机机油，顺时针旋转曲轴 2 周，检查进、排气凸轮轴链轮上的标记 1 与气缸头上的标记 2 是否对齐，以及键 3 是否如图 10-49 所示位于曲轴的正上方。如果正时链条上的标记与相应标记没有对齐，则重新调整链轮和正时链条。

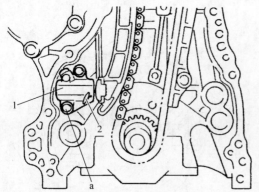

图 10-48 安装张紧器

针对 VVT 机型：向正时链条上涂机油，然后顺时针转动曲轴 2 圈，检查进气和排气凸轮轴正时链轮上的配合标记 1 是否与气缸盖上的切口 2 对准，键 3 是否与缸体上的切口 4 对准，见图 10-50。如果链条上的标记与各配合标记没有对准，则调节各链轮和正时链条。

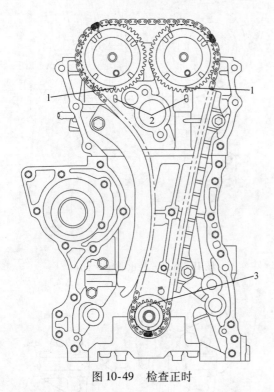

图 10-49 检查正时

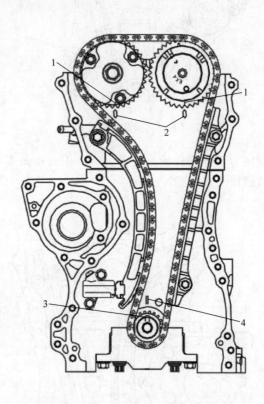

图 10-50 检查正时（VVT 机型）

10）安装正时链条盖。

第11章 马自达汽车

11.1 马自达5（2007—2017年款）

马自达2.0L LF发动机（2007—2017）

1. 正时链单元组装顺序

如图11-1所示，按表11-1中的顺序进行组装。

2. 正时链单元安装说明

1）将专用工具（SST）安装至凸轮轴，见图11-2，然后把凸轮轴的位置与TDC对齐。

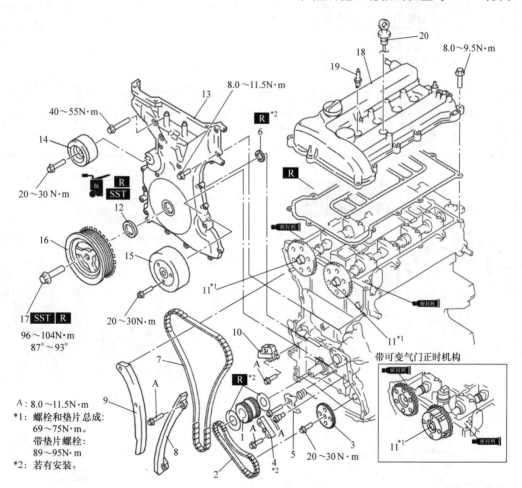

图11-1 正时链单元部件

表11-1 正时链单元安装顺序

安装顺序	组装部件
1	曲轴链轮
2	油泵链条
3	机油泵链轮

(续)

安装顺序	组装部件
4	机油泵链条导向装置（若装有）
5	机油泵链条张紧器
6	密封圈（若装有）
7	正时链条
8	链条导板
9	张紧臂
10	链条张紧器
11	凸轮轴链轮，可变气门正时执行器（带可变气门正时机构）
12	前油封
13	发动机前罩
14	驱动带惰轮（不带拉伸式 A/C 传动带）
15	水泵带轮
16	曲轴带轮
17	曲轴带轮锁定螺栓
18	气缸盖罩
19	火花塞
20	油尺（如装有）

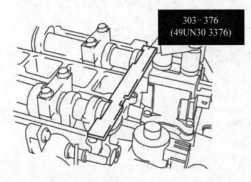

图 11-2 安装专用工具到凸轮轴

2) 拆下气缸体的下盲塞。

3) 按图 11-3 中所示安装 SST。

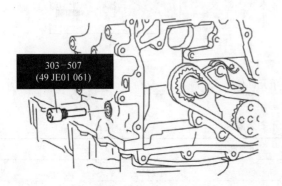

图 11-3 安装专用工具

4) 顺时针转动曲轴以使曲轴位于 1 号气缸的 TDC 位置。

5) 安装正时链条。

6) 安装链条张紧器并拆下定位线，见图 11-4。

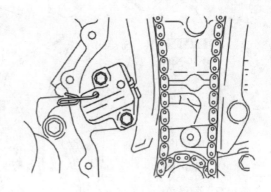

图 11-4 安装张紧器

11.2 CX-7（2010—2017 年款）

马自达 2.5L L5 发动机（2010—2017）

该发动机正时维修与 LF 相似，相关内容请

第11章 马自达汽车

参考11.1小节。

11.3 CX-9（2010—2017年款）

福特3.7L发动机（2010—2017）

该发动机也搭载在林肯MKT车型上，相关内容请参考15.11.2小节。

11.4 MX-5（2009—2017年款）

马自达2.0L LF发动机（2010—2017）

该发动机也搭载在马自达5车型上，相关内容请参考11.1小节。

第12章 斯巴鲁汽车

12.1 森林人（2006—2018年款）

12.1.1 斯巴鲁2.0L FB20发动机（2011—2018）

1. 正时链单元拆卸

1）拆卸右侧正时链条。

注：更换单个零件时，必须在发动机总成已装载在车上时操作。

① 拆下链罩。

② 使用 ST（18252AA000 曲轴座）转动曲轴，将曲轴链轮、右进气凸轮轴链轮和右排气凸轮轴链轮的定位标记对准图 12-1 所示的位置。

如果定位标记与图 12-1 所示的位置对准，则曲轴键位于六点钟位置。

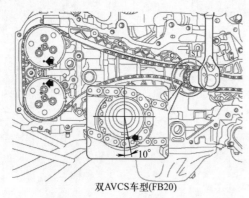

双AVCS车型(FB20)

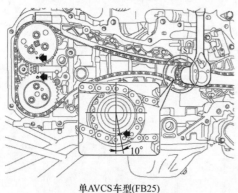

单AVCS车型(FB25)

图 12-1　对准右侧正时标记

③ 按下右链条张紧器杆，将 2.5mm 直径的限位器销或 2.5mm 直径的六角头扳手插入右链条张紧器的限位器销孔中，固定柱塞 A，见图 12-2。

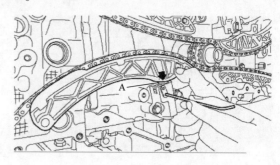

图 12-2　设置右链条张紧器

④ 拆下右链条张紧器，然后拆下右链条张紧器杆。

⑤ 拆下右链条导向装置，然后拆下右正时链条。

如果未安装右正时链条，则右进气凸轮轴和右排气凸轮轴保持在零升程位置。凸轮轴上的所有凸轮均不会压下滚子摇臂（进气门和排气门）。此情况下，所有气门保持没有升起的状态。

右正时链条拆下的情况下，可独立旋转右进气凸轮轴和右排气凸轮轴。当进气门和排气门同时上升时，气门头会相互接触，可能导致气门挺杆弯曲。不要将其转至零升程范围（可用手轻微转动的范围）以外。

为避免与左侧混淆，请按顺序保管拆下的零件。

2）拆卸左侧正时链条。

① 拆下右侧正时链条。

② 使用 ST（18252AA000 曲轴座）并转动曲轴，将曲轴键、左进气凸轮轴链轮和左排气凸轮轴链轮的定位标记对准图 12-3 所示的位置。

③ 按下左链条张紧器杆，将 1.3mm 直径的

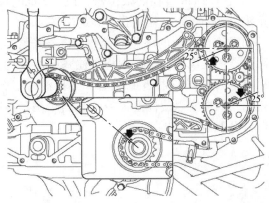

双AVCS车型

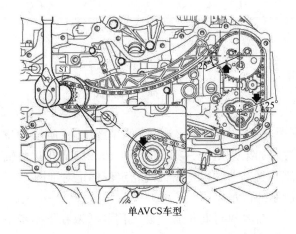

单AVCS车型

图12-3 左侧正时链标记对准

限位器销或1.3mm直径的六角头扳手插入左链条张紧器的限位器销孔中,固定柱塞A,见图12-4。

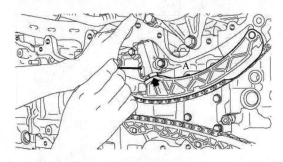

图12-4 设置左侧张紧器

④拆下左链条张紧器,然后拆下左链条张紧器杆。

⑤拆下缸体(左)的O形圈。

⑥拆下左链条导向装置,然后拆下左正时链条。

如果未安装左正时链条,则左排气凸轮轴保持在零升程位置。左排气凸轮轴上的所有凸轮均不会压下滚子摇臂(排气门)。此情况下,排气门保持没有升起的状态。

左进气凸轮轴保持在升起位置。左进气凸轮轴上的所有凸轮均压下滚子摇臂(进气门)。此情况下,进气门保持升起的状态。

左正时链条拆下的情况下,可独立旋转左进气凸轮轴和右排气凸轮轴。当转动左排气凸轮轴时,气门头会相互接触,可能导致气门挺杆弯曲,如上所述。不要将左排气凸轮轴转至零升程范围(可用手轻微转动的范围)以外。

#1活塞和#4活塞位于TDC附近。如果转动左进气凸轮轴,气门和活塞可能会接触,从而导致气门挺杆弯曲。此时不要转动左进气凸轮轴。

为避免与右侧混淆,请按顺序保管拆下的零件。

3)使用ST(18252AA000 曲轴座)将曲轴顺时针转动约200°,使曲轴链轮的定位标记对准图12-5所示的位置。

需要执行此步骤将所有活塞移至气缸中间位置,防止气门和活塞相互接触。

切勿逆时针转动,因为气门和活塞可能会接触。顺时针转动曲轴链轮定位标记到图12-5所示位置附近后,只有在精确调整定位标记时,才可逆时针转动。

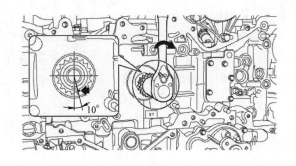

图12-5 将曲轴顺时针转动约200°

4)使用ST(ST1－18355AA000 带轮扳手、ST2－18334AA020 带轮扳手销套)将左进气凸轮轴链轮转动约180°,使左进气凸轮轴链轮的定位标记对准图12-6所示的位置(零升程位置)。

如此操作后,当进气门和排气门同时上升时,气门头会相互接触,可能导致气门挺杆弯曲。不要将左进气凸轮轴和左排气凸轮轴转至零升程范围(可用手轻微转动的范围)以外。

小心进行操作,因为ST易于脱落。

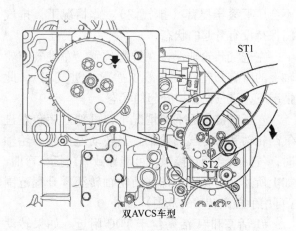

双AVCS车型

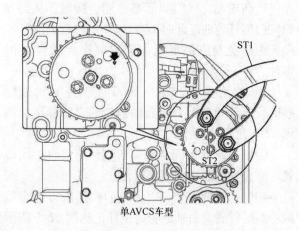

单AVCS车型

图12-6 将左进气凸轮轴链轮转动约180°

2. 正时链单元安装

1)左侧正时链条安装。注意在安装过程中不要让异物进入组装的部件,也不要让异物落在上面。在正时链条的所有部件上涂抹机油。

① 准备安装左链条张紧器。

a. 按箭头方向移动连接板A以压入柱塞B,见图12-7。

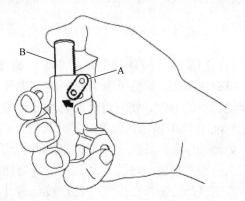

图12-7 压下张紧器柱塞

b. 用1.3mm直径的限位器销或1.3mm直径六角头扳手插入限位器销孔,固定柱塞。

如果连接板上的限位器销孔和链条张紧器上的限位器销孔没有对准,则检查柱塞齿条A的首个槽口是否与限位器齿B啮合。如果没有啮合,则稍稍缩回柱塞以使柱塞齿条A的首个槽口与限位器齿B啮合,见图12-8。

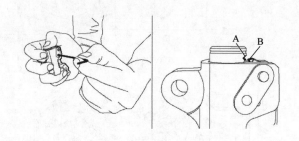

图12-8 插入限位器销

② 检查曲轴链轮是否位于图12-9所示的位置。如果未对准,则使用ST(18252AA000曲轴座)转动曲轴以将曲轴链轮定位标记对准图12-9所示的位置。

需要执行此步骤以防气门和活塞在下一步中相互接触。

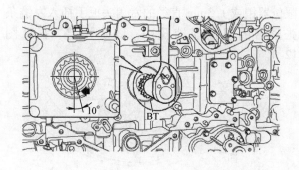

图12-9 检查曲轴链轮位置

③ 使用ST(ST1-18355AA000带轮扳手、ST2-18334AA020带轮扳手销套)转动左进气凸轮轴链轮,将定位标记对准图12-10所示的位置。

当进气门和排气门同时上升时,气门头会相互接触,可能导致气门挺杆弯曲。请勿转动左排气凸轮轴。

小心进行操作,因为ST易于脱落。

手轻微转动的范围）内转动左排气凸轮轴链轮。

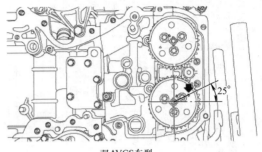

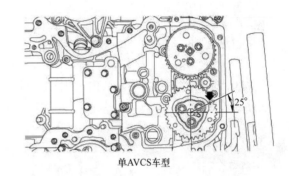

单AVCS车型

图12-12 对准左排气凸轮轴链轮标记

⑥ 安装左正时链条和左正时链条导向装置。

a. 把正时链条标记（蓝色）与曲轴链轮的定位标记相匹配，见图12-13。

b. 将正时链条标记（粉色）与左进气凸轮轴链轮的正时标记位置相匹配，见图12-13。

c. 将正时链条标记（粉色）与左排气凸轮轴链轮的正时标记位置相匹配，见图12-13。

d. 安装左正时链条导向装置。拧紧力矩：6.4N·m。

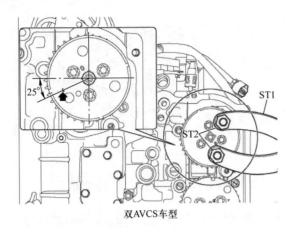

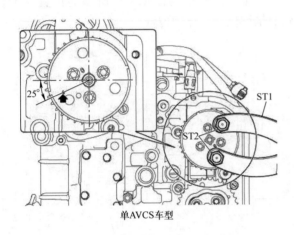

图12-10 对准左进气凸轮轴链轮标记

④ 使用ST（18252AA000 曲轴座）将曲轴逆时针转动约200°，使曲轴键的定位标记对准图12-11所示的位置。

切勿顺时针转动，因为气门和活塞可能会接触。逆时针转动曲轴把键带到图12-11所示位置附近后，只有在精确调整键位置时，才可顺时针转动。

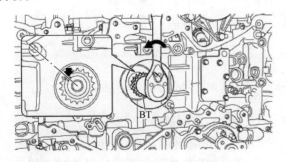

图12-11 将曲轴逆时针转动约200°

⑤ 将左排气凸轮轴链轮的定位标记对准图12-12所示的位置。

为防止气门损坏，请仅在零升程范围（可用

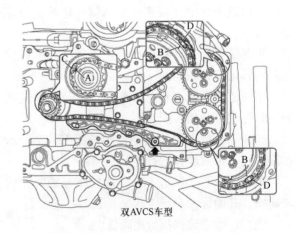

双AVCS车型

图12-13 安装左正时链条与导向装置
A—定位标记 B—正时标记 C—蓝色 D—粉色

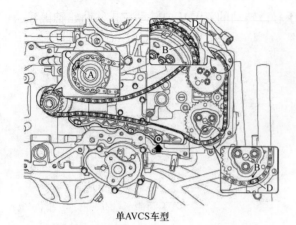

单AVCS车型

图 12-13 安装左正时链条与导向装置（续）
A—定位标记　B—正时标记　C—蓝色　D—粉色

⑦ 将 O 形圈安装到缸体（左）内，见图 12-14。
注：使用新 O 形圈。

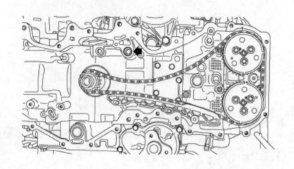

图 12-14 安装新的 O 形圈

⑧ 安装左链条张紧器杆和左链条张紧器。拧紧力矩：6.4N·m。

⑨ 从左链条张紧器中拉出限位器销。

注意：请在拉出限位器销之前确认下列项目。

正时链条标记（蓝色）与曲轴链轮的定位标记相匹配。

正时链条标记（粉色）与左进气凸轮轴链轮的正时标记位置相匹配。

正时链条标记（粉色）与左排气凸轮轴链轮的正时标记位置相匹配。

如果不能拆下限位器销，则按图 12-15 所示抬起左链条张紧器杆进行拆下。

⑩ 使用 ST（18252AA000 曲轴座）顺时针转动曲轴，并确保没有异常状况。

注意：始终确保执行此确认。

⑪ 使用 ST（18252AA000 曲轴座）转动曲轴，将曲轴链轮、左进气凸轮轴链轮和左排气凸

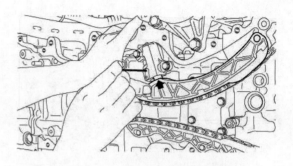

图 12-15 拆下张紧器限位器销

轮轴链轮的定位标记对准图 12-16 所示的位置。

如果定位标记与图 12-16 所示的位置对准，则曲轴键位于六点钟位置。

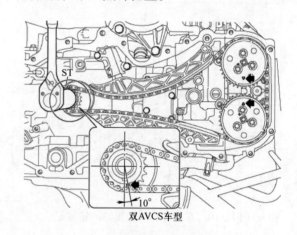

双AVCS车型

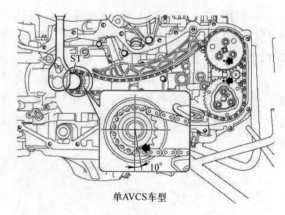

单AVCS车型

图 12-16 对准左侧正时标记

⑫ 安装右正时链条。

2）右侧正时链条安装。

注意：在安装过程中不要让异物进入组装的部件，也不要让异物落在上面。

在正时链条的所有部件上涂抹机油。

① 安装左正时链条。

② 准备安装右链条张紧器。

a. 按箭头方向移动连接板 A 以压入柱塞 B，见图 12-7。

b. 用 2.5mm 直径的限位器销或 2.5mm 直径六角头扳手插入限位器销孔，固定柱塞。

如果连接板上的限位器销孔和链条张紧器上的限位器销孔没有对准，则检查柱塞齿条 A 的首个槽口是否与限位器齿 B 啮合。如果没有啮合，则稍稍缩回柱塞以使柱塞齿条 A 的首个槽口与限位器齿 B 啮合，见图 12-8。

③ 确保曲轴链轮、进气凸轮轴链轮（左）和排气凸轮轴链轮（左）的定位标记对准图 12-17 所示的位置。

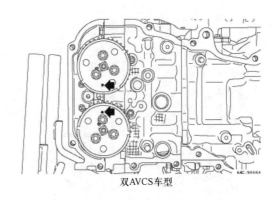

双AVCS车型

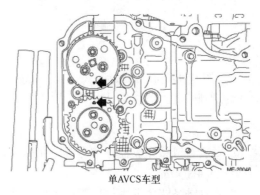

单AVCS车型

图 12-18 右侧凸轮轴定位标记对准

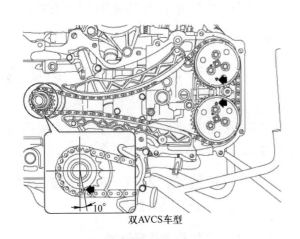

双AVCS车型

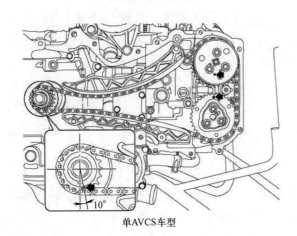

单AVCS车型

图 12-17 确认左侧正时链各标记对齐

④ 将右进气凸轮轴链轮和右排气凸轮轴链轮的定位标记对准图 12-18 所示的位置。

为防止气门损坏，请仅在零升程范围（可用手轻微转动的范围）内转动右进气凸轮轴链轮和右排气凸轮轴链轮。

⑤ 安装右正时链条和右正时链条导向装置。

a. 把正时链条标记（蓝色）与曲轴链轮的定位标记相匹配，见图 12-19。

b. 将正时链条标记（粉色）与右进气凸轮轴链轮的正时标记位置相匹配，见图 12-19。

c. 将正时链条标记（粉色）与右排气凸轮轴链轮的正时标记位置相匹配，见图 12-19。

d. 安装右正时链条导向装置。拧紧力矩：6.4N·m。

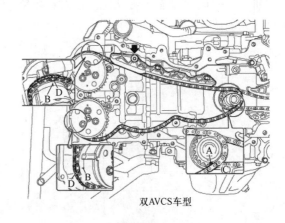

双AVCS车型

图 12-19 右侧正时标记对准
A—定位标记　B—正时标记　C—蓝色　D—粉色

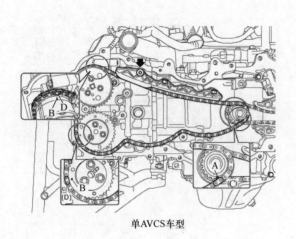

单AVCS车型

图12-19 右侧正时标记对准（续）
A—定位标记 B—正时标记 C—蓝色 D—粉色

⑥ 安装右链条张紧器杆和右链条张紧器。拧紧力矩：6.4N·m。

⑦ 从右链条张紧器中拉出限位器销。请在拉出限位器销之前确认下列项目。

正时链条标记（蓝色）与曲轴链轮的定位标记相匹配。

正时链条标记（粉色）与右进气凸轮轴链轮的正时标记位置相匹配。

正时链条标记（粉色）与右排气凸轮轴链轮的正时标记位置相匹配。

3）确保凸轮轴链轮和曲轴链轮的定位标记对准图12-20所示的位置。

4）使用ST（18252AA000曲轴座），顺时针转动曲轴，并确保没有异常状况。注意：始终确保执行此确认。

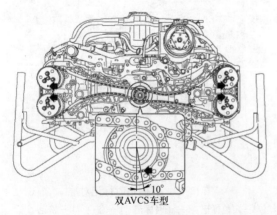

双AVCS车型

图12-20 检查发动机正时标记对准情况

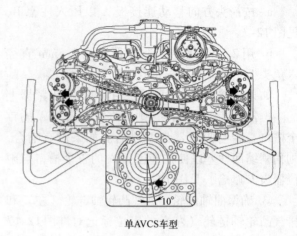

单AVCS车型

图12-20 检查发动机正时标记对准情况（续）

5）安装链罩。

12.1.2　斯巴鲁2.5L FB25发动机（2011—2018）

该发动机正时维修与FB20相同，相关内容请参考12.1.1小节。

12.1.3　斯巴鲁2.5T EJ25发动机（2006—2012）

1. 发动机正时配对标记位置

一条正时带驱动四支凸轮轴（每个气缸组上的进气及排气凸轮轴）。正时带还可通过其无齿端驱动水泵。

正时带的锯齿具有特别设计的圆形齿，有助于减少操作时的噪声。正时带由强力弹性芯线、耐磨帆布及耐热橡胶材料制成。正时带部件与装配标记位置见图12-21。

正时带张力液压自动调节器总能使正时带处于特定张力范围。因此，无须做任何手动调整正时带张力的动作。

2. 正时带单元拆卸

更换单个零件时，必须在发动机已装载在车上时操作。

在已装载发动机的车上执行操作时，还必须拆下/安装下列零件。

- 散热器主风扇电动机总成
- 散热器辅助风扇电动机总成

当执行将发动机安装至车身的工作时，请用

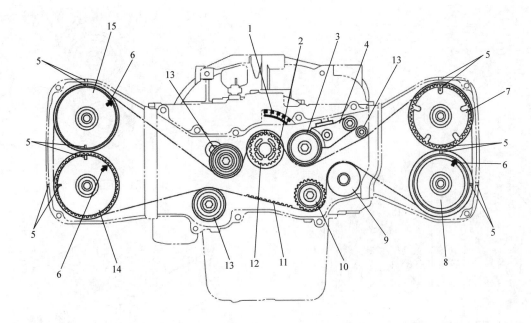

图 12-21 正时带部件与标记位置

1—正时指示器（作为曲轴带盘正时记号） 2—活塞位置记号* 3—正时带张力盘 4—正时带张力自动调节器总成 5—校正记号 6—活塞位置记号** 7—左进气凸轮轴链轮 8—左排气凸轮轴链轮 9—水泵带盘 10—2号惰轮 11—正时带 12—曲轴链轮 13—惰轮 14—右排气凸轮轴链轮 15—右进气凸轮轴链轮

注：*表示曲轴链轮上的活塞位置标记对准气缸体上的标记时，1号活塞便处于上止点（TDC）。**表示凸轮轴链轮上的活塞位置标记直接面朝上时，1号活塞便处于压缩行程的上止点（TDC）。

纸板或厚布保护散热器。

1) 正时带拆卸。

① 拆下曲轴带轮。

② 拆下正时带罩。

③ 拆下正时带导向装置（MT 车型）。

④ 如果正时带上的定位标记和箭头标记（其指示旋转方向）变模糊，按拆下正时带之前的步骤做新的标记。

a. 使用 ST（499987500 曲轴座）转动曲轴，并将曲轴链轮、进气凸轮轴链轮（左）、排气凸轮轴链轮（左）、进气凸轮轴链轮（右）和排气凸轮轴链轮（右）上的定位标记与机油泵上的标记和正时带罩上的槽对齐。

b. 使用白色油漆，在相关曲轴链轮和凸轮轴链轮中的正时带上做定位或箭头标记，见图 12-22。

⑤ 拆下正时带惰轮。

⑥ 拆下正时带。

拆下正时带后，切勿旋转进气和排气链轮。如果凸轮轴链轮旋转，会使进气门和排气门卡在一起并且使气门杆弯曲。

2) 正时带张力自动调节器总成和正时带惰轮。

① 如图 12-23 所示，拆下正时带惰轮 A 和 B。

② 如图 12-24 所示，拆下正时带 2 号惰轮。

③ 如图 12-25 所示，拆下正时带张力自动调节器总成。

3. 正时带单元安装

1) 正时带张力自动调节器总成和正时带惰轮。

① 正时带张力自动调节器总成的安装准备。

- 必须使用垂直式压具向下移动调节器杆。
- 请勿使用横向型台钳。
- 垂直推调节器杆。
- 逐渐压入调节器杆，估计需 3min 以上。
- 请勿使压力超过 9807N。
- 将调节器杆推至气缸端面。不过，不要将调节器杆压到气缸端面以下。否则可能会损坏气缸。
- 直到限位器销完全插入才能释放压力。

a. 将调节器总成安装到垂直压具上。

b. 用 165N 以上的压力慢慢地向下按压调节

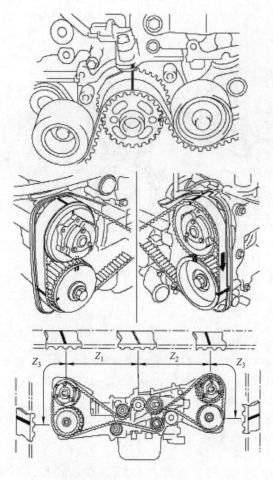

图 12-22 在正时带上做标记

Z_1—54.5 齿　Z_2—51 齿　Z_3—28 齿

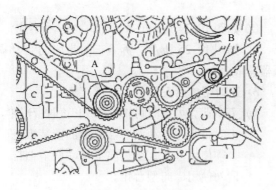

图 12-23 拆下惰轮

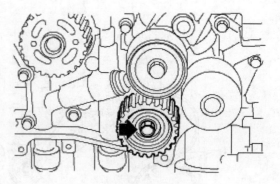

图 12-24 拆下 2 号惰轮

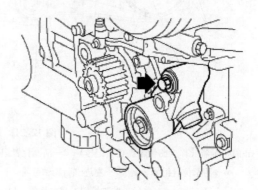

图 12-25 拆下张紧器总成

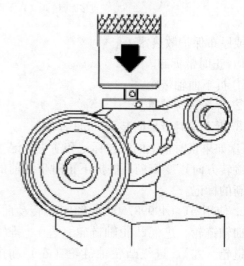

图 12-26 按压调节器杆

器杆,直到调节器杆与气缸中的限位器销孔对准,见图 12-26。

c. 用 2mm 直径的限位器销或 2mm(标称)直径六角头扳手插入气缸内限位器销孔,固定调节器杆,见图 12-27。

② 安装正时带张力自动调节器总成。拧紧力矩:39N·m。

③ 安装正时带 2 号惰轮。拧紧力矩:39N·m。

④ 安装正时带惰轮,见图 12-28。拧紧力矩:39N·m。

安装图 12-29 所示惰轮,拧紧力矩:25N·m。

2)正时带安装。

① 正时带张力自动调节器总成的安装准备。

② 将曲轴链轮上的标记 B 与机油泵上的标记 A 对准,见图 12-30。

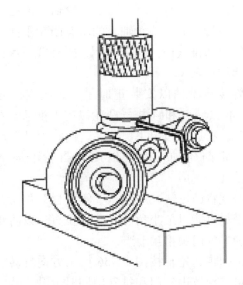

图 12-27 插入限位器销

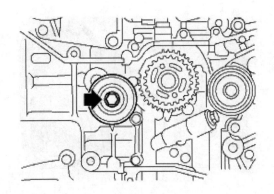

图 12-28 安装惰轮（一）

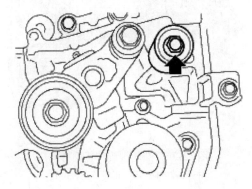

图 12-29 安装惰轮（二）

③ 将排气凸轮轴链轮（右）上的单线标记 B 与正时带罩上的槽 A 对齐，见图 12-31。

④ 将进气凸轮轴链轮（右）上的单线标记 B 与正时带罩上的槽 A 对齐。确保进气凸轮轴和排气凸轮轴链轮上的双线标记 C 对准，见图 12-32。

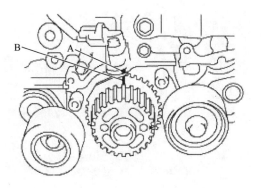

图 12-30 曲轴链轮标记与机油泵标记对准

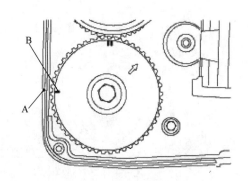

图 12-31 对准排气凸轮轴链轮标记

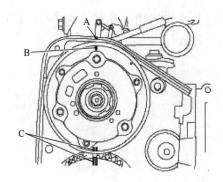

图 12-32 对准进气凸轮轴标记

⑤ 如图 12-33 所示，通过逆时针转动链轮（从发动机前部观察）将排气凸轮轴链轮（左）上单线标记 B 与正时带罩上的槽 A 对齐。

⑥ 如图 12-34 所示，通过顺时针转动链轮（从发动机前部观察）将进气凸轮轴链轮（左）上单线标记 B 与正时带罩上的槽 A 对齐。确保进气凸轮轴和排气凸轮轴链轮上的双线标记 C 对准。

⑦ 确保凸轮轴和曲轴链轮定位正确。DOHC 发动机的进气凸轮轴和排气凸轮轴可在正时带拆下的情况下独立旋转。从图 12-35 中可看出，如

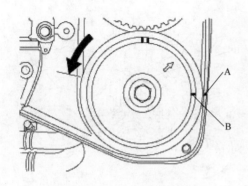

图 12-33 逆时针转动链轮

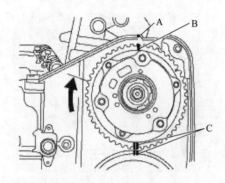

图 12-34 顺时针转动链轮

果进气门和排气门同时升起,则气门头将相互干涉,从而导致气门弯曲。

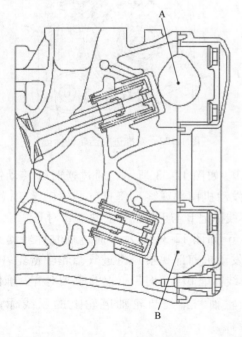

图 12-35 凸轮轴凸轮指向
A—进气凸轮轴 B—排气凸轮轴

在未安装正时带时,四个凸轮轴固定在"零升程"位置,此处凸轮轴上的所有凸轮不向下推动进气门和排气门。此情况下,所有气门保持没有升起的状态。

旋转凸轮轴以安装正时带时,固定凸轮轴(左)的#2进气和#4排气凸轮以向下推动其对应的气门。在这种情况下,这些气门将保持升起状态。固定凸轮轴(右)以使其凸轮不向下推气门。

必须将凸轮轴(左)从"零升程"位置转到正时带尽可能以最小角度安装的位置,以防止进气门和排气门头相互干涉。

请勿将凸轮轴按图 12-36 所示方向旋转。这样做可能导致进气门和排气门同时上升,从而导致气门头相互干涉。

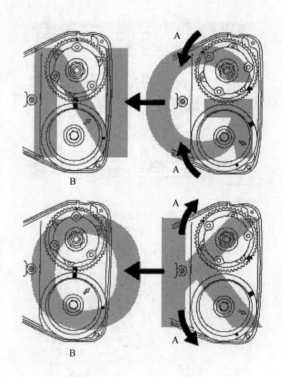

图 12-36 凸轮轴旋转正确方向
A—旋转方向 B—正时带安装位置

⑧ 按图 12-37 所示的字母顺序将正时带上的定位转变,并与链轮上的标记对准。对准标记时,请正确放置正时带,并安装正时带。

• 如果正时带滑过 1 个以上的齿,气门与活塞可能相互碰撞。

• 确保正时带旋转的方向正确。

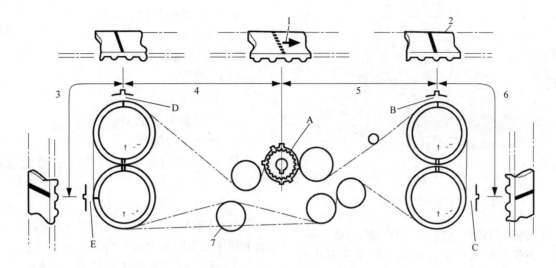

图 12-37 正时带的正确齿位
1—箭头记号 2—正时带 3—28齿 4—54.5齿 5—51齿 6—28齿 7—将其装入端部

⑨ 安装正时带惰轮，见图 12-38。拧紧力矩：39N·m。确保正时带和链轮上的标记对准。

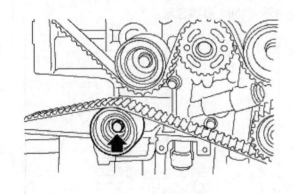

图 12-38 安装惰轮

⑩ 确保正时带和链轮上的标记对齐后，从张紧器调节器上拆下限位器销。

⑪ 安装正时带导向装置。（MT 车型）。

a. 暂时拧紧固定正时带导向装置的螺栓。

- 在安装正时带导向装置前，清洁 2 号正时带罩的正时带导向装置安装螺栓孔。
- 在凸轮轴链轮上的正时带导向装置安装螺栓的螺纹处涂抹密封胶（重新使用螺栓时）。密封胶型号为 THREE BOND 1324（零件号 004403042）。

b. 用塞尺调整正时带与正时带导向装置之间的间隙并固定。间隙：(1.0±0.5) mm。

⑫ 安装正时带罩。

⑬ 安装曲轴带轮。

12.1.4 斯巴鲁 2.5L EJ25 发动机 (2009—2010)

1. 正时带单元安装

1）安装正时带张力自动调节器总成的准备。

2）安装正时带。

① 使用 ST1（专用工具 1）旋转 2 号凸轮轴正时带带轮，然后使用 ST2（专用工具 2）旋转 1 号凸轮轴正时带带轮，使得它们的定位标记 A 位于顶部，见图 12-39。ST1（专用工具 1）为 18231AA010 凸轮轴正时带带轮扳手。

注意：也可使用凸轮轴正时带带轮扳手（499207100）。ST2（专用工具 2）为 499207400 凸轮轴齿形带带轮扳手。

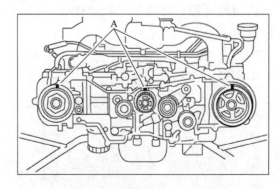

图 12-39 安装曲轴与凸轮轴带轮

② 当正时带上的定位标记 B 和正时带带轮上的标记 A 对齐时，安放好正时带，见图 12-40。

3）安装 2 号正时带惰轮。拧紧力矩：39N·m。

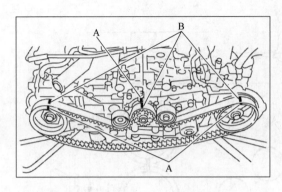

图 12-40 对齐正时标记

4) 安装 2 号正时带惰轮。拧紧力矩：39N·m。

5) 确保正时带上的标记和凸轮轴正时带带轮上的标记对齐后，从正时带张力调节器上拆下限位销，见图 12-41。

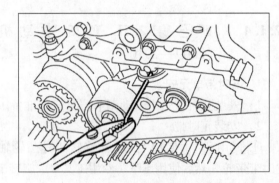

图 12-41 拆下张紧器固定销

6) 安装正时带导向装置（手动变速器车型）。

① 暂时拧紧固定螺栓。

② 使用塞尺检查并调整正时带和正时带导向装置之间的间隙，见图 12-42。间隙：（1.0 ± 0.5）mm。

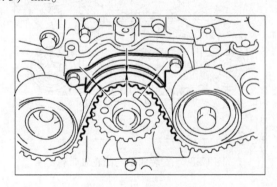

图 12-42 测量间隙

③ 拧紧固定螺栓。拧紧力矩：9.75N·m。

7) 安装正时带罩。

8) 安装曲轴带轮。

9) 安装 V 带。

2. 正时带单元拆卸

（1）正时带

1) 拆下 V 带。

2) 拆下曲轴带轮。

3) 拆下正时带罩。

4) 拆下正时带导向装置（手动变速器车型）。

5) 若正时带上的定位标记 a 或箭头标记（指示旋转方向）已褪去，在拆下正时带前先按如下程序在正时带上画上新的记号。

① 使用 ST（专用工具）旋转曲轴。对准正时带带轮上的标记 a 与气缸体切口 b，确保右侧凸轮轴正时带带轮标记 c、凸轮盖和气缸盖装配面 d 或左侧凸轮轴正时带带轮标记 e 和正时带罩切口 f 已调整恰当，见图 12-43。ST（专用工具）为 499987500 曲轴套筒。

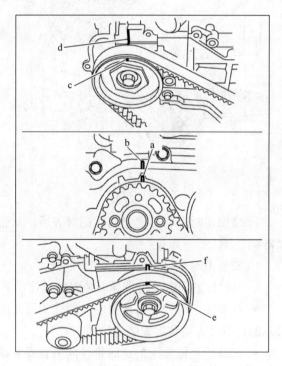

图 12-43 对齐标志

② 使用白色油漆，根据曲轴正时带带轮和凸轮轴正时带带轮位置，在正时带上画上对齐标记或箭头标记见图 12-44 和图 12-45。规定数据：Z_1：46.8 齿长度；Z_2：43.7 齿长度。

6) 拆下 2 号正时带惰轮。

7) 拆下正时带。

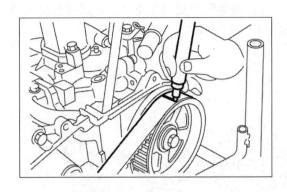

图 12-44 作上正时记号

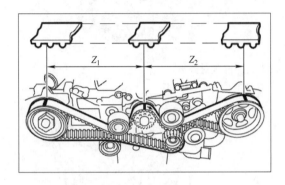

图 12-45 齿长数据

（2）正时带惰轮和正时带张力自动调节器总成

1）拆下 1 号正时带惰轮。

2）拆下正时带张力自动调节器总成。

12.1.5 斯巴鲁 2.0L EJ20 发动机（2006—2010）

该发动机正时维修与 2.5T EJ25 发动机相同，相关内容请参考 12.1.3 小节。

12.2 傲虎-力狮（2004—2018 年款）

12.2.1 斯巴鲁 2.0T FB20 发动机（2015—2018）

该发动机正时维修与 2.0L 发动机相同，相关内容请参考 12.1.1 小节。

12.2.2 斯巴鲁 2.5L FB25 发动机（2011—2018）

该发动机正时维修与 FB20 相同，相关内容请参考 12.1.1 小节。

12.2.3 斯巴鲁 2.5T EJ25 发动机（2006—2012）

该发动机也搭载在森林人车型上，相关内容请参考 12.1.3 小节。

12.2.4 斯巴鲁 3.6L EZ36 发动机（2010—2014）

注意在安装过程中不要让异物进入组装的部件，也不要让异物落在上面。在正时链条的所有部件上涂抹机油。

1）准备安装链条张紧器。

① 将螺栓、弹簧销和柱塞插入张紧器体。

② 当用手从上方握持链条张紧器时，逆时针转动橡胶垫。除去柱塞头与橡胶垫之间接触表面上的润滑脂，以免滑动。

③ 将限位器销插入链条张紧器体的孔内。

2）将机油泵轴顶销的位置对准 6 点钟位置，如图 12-46 所示。

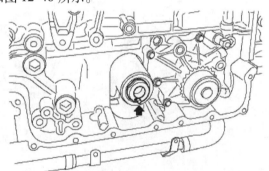

图 12-46 机油泵轴顶销的位置对准 6 点钟位置

3）使用 ST，将曲轴链轮上的向上标记与 9 点钟位置对齐，如图 12-47 所示。

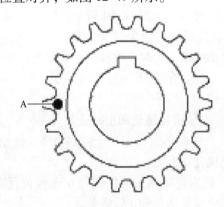

图 12-47 曲轴链轮标记对 9 点钟位置

A—向上标记

4)将进气凸轮轴链轮与12点钟位置对齐,如图12-48所示。

5)将排气凸轮轴链轮与12点钟位置对齐,如图12-49所示。

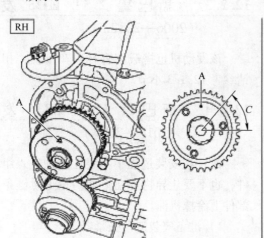
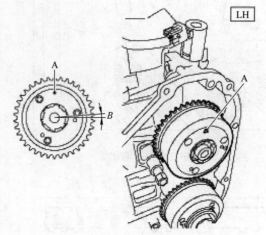

图12-48 进气凸轮轴链轮与12点钟位置对齐
A—将标记(向上标记)位置与12点钟位置对齐 B—6° C—47°

图12-49 排气凸轮轴链轮与12点钟位置对齐
A—将标记(向上标记)位置与12点钟位置对齐 B—5.5° C—3.5°

6)使用ST,将曲轴链轮上的向上标记与12点钟位置对齐,如图12-50所示。#1活塞定位于TDC。在完成正时链条的安装前,不要转动曲轴和凸轮轴链轮。此时,曲轴链轮键在3点钟位置。

7)安装链条导向装置(主)。拧紧力矩:16N·m。

8)安装惰轮链轮和正时链条(主)。

① 把正时链条标记(金色)与惰轮链轮的正时标记位置相匹配。

② 把惰轮链轮正时标记与6点钟位置对齐,然后安装惰轮链轮和正时链条。

③ 确保正时链条标记(金色)位于曲轴链轮上的12点钟位置,见图12-51。

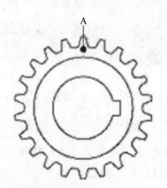

图12-50 曲轴链轮上的向上标记与12点钟位置对齐
A—向上标记

④ 使用 ST 锁住惰轮链轮，并安装惰轮链轮螺栓。拧紧力矩：120N·m。

ST1 为 18355AA000 带轮扳手，ST2 为 18334AA000 带轮扳手销套。

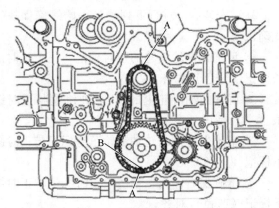

图 12-51　安装主正时链
A—金色　B—正时标记

9）安装链条张紧器杆（主）。拧紧力矩：16N·m。

10）安装链条张紧器（主）并拉出限位器销。拧紧力矩：16N·m。

11）安装链条导向装置（左）。拧紧力矩：16N·m。

12）安装链条导向装置（左：凸轮之间）。拧紧力矩：6.4N·m。

13）安装正时链条（左）。

① 如图 12-52 所示，将进气凸轮轴链轮（左）的正时标记与正时链条标记（蓝色）相匹配。

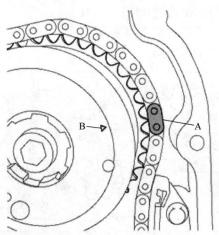

图 12-52　对准左进气凸轮轴链轮标记
A—蓝色　B—正时标记

② 如图 12-53 所示，将排气凸轮轴链轮（左）的正时标记与正时链条标记（蓝色）相匹配，见图 12-54。

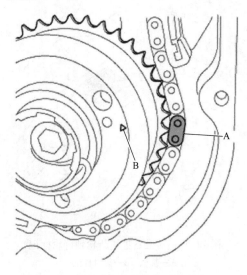

图 12-53　对准左排气凸轮轴链轮标志
A—蓝色　B—正时标记

③ 将正时链条安装到水泵链轮。

④ 使惰轮链轮的正时标记与正时链条标记（金色）相匹配，见图 12-54。

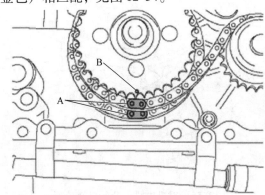

图 12-54　对准惰轮链轮标记
A—金色　B—正时标记

14）安装链条张紧器杆（左）。拧紧力矩：16N·m。

15）安装链条张紧器（左）并拉出限位器销。请确保在链条张紧器壳体的侧面装有螺栓。拧紧力矩：16N·m。

16）安装链条导向装置（右）。拧紧力矩：16N·m。

17）安装链条导向装置（右：凸轮之间）。拧紧力矩：6.4N·m。

18）安装正时链条（右）。

① 将进气凸轮轴链轮（右）的正时标记与正

时链条标记（蓝色）相匹配，见图12-55。

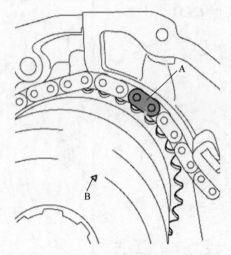

图12-55 对准右进气凸轮轴链轮标记
A—蓝色 B—正时标记

② 将排气凸轮轴链轮（右）的正时标记与正时链条标记（蓝色）相匹配，见图12-56。

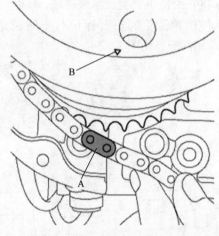

图12-56 对准右排气凸轮轴链轮标记
A—蓝色 B—正时标记

③ 使惰轮链轮的正时标记与正时链条标记（金色）相匹配，见图12-57。

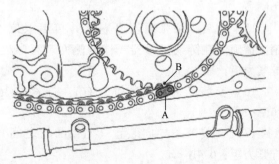

图12-57 对准惰轮链轮标记
A—金色 B—正时标记

19）安装链条张紧器杆（右）。拧紧力矩：16N·m。

20）安装链条张紧器（右）并拉出限位器销。拧紧力矩：16N·m。

21）安装后，进行下列确认。始终确保执行此确认。

① 请确保惰轮链轮的正时标记与三个正时链条标记（金色）对齐。

② 确保曲轴链轮上的12点钟位置与正时链条（主）标记（金色）对齐。

③ 请确保左侧凸轮轴链轮正时标记与正时链条标记（蓝色）对齐。

④ 请确保右侧凸轮轴链轮正时标记与正时链条标记（蓝色）对齐。

⑤ 确保所有螺栓都拧紧至规定的力矩。

22）使用ST，朝发动机转动方向旋转曲轴，并确保没有异常状况。始终确保执行此确认。

23）安装链罩。

24）安装曲轴带轮。

25）安装V带。

26）加注机油。

27）请确保链罩配合面无漏油。

28）安装散热器。

12.2.5　斯巴鲁 3.0L EZ30 发动机（2004—2008）

1. 正时链条总成拆卸

1）拆下曲轴带轮。

2）拆下前链条罩。

3）拆下右侧链条张紧器。小心不要露出柱塞A，见图12-58。

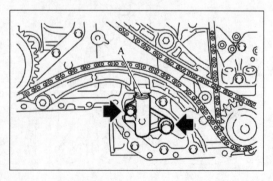

图12-58 拆卸右侧张紧器

4）拆下链条导向装置（右侧：凸轮轴之间）。

5）拆下链条导向装置（右侧）。

6）拆下右侧链条张紧器控制杆。

7）拆下右侧正时链条。

8）拆下左侧链条张紧器。小心不要露出柱塞。

9）拆下左侧链条张紧器控制杆。

10）拆下链条导向装置（左侧：凸轮轴之间）。

11）拆下链条导向装置（左侧）。

12）拆下链条导向装置（中间）。

13）拆下惰轮链轮（上侧）。

14）拆下左侧正时链条。

15）拆下惰轮链轮（下侧）。

2. 正时链单元安装

注意：安装过程中，小心不要让异物进入装配部件或粘在装配部件上。安装时，在链条导向装置、链条张紧器控制杆和惰轮链轮上涂上发动机机油。

1）链条张紧器安装的准备。

① 将螺钉、弹簧销和张紧杆插入张紧器体中。

② 当将张紧器压紧在橡胶垫上时，扭动张紧器以缩短张紧杆。然后将细销插入张紧杆和张紧器体之间的孔以保持缩短的长度。注意在橡胶垫上或其他防滑材料上操作。

2）使用 ST（专用工具），如图 12-59 所示，将曲轴链轮上的"Top mark"（上标记）对准 9 点钟的位置。ST（专用工具）为 18252AA000 曲轴套筒。

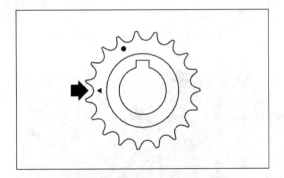

图 12-59 对准曲轴链轮标志

3）使用 ST（专用工具），如图 12-60 所示，将排气凸轮轴链轮上的键槽对准 12 点钟的位置。

4）如图 12-61 所示，对准进气凸轮轴链轮。

5）顺时针旋转曲轴链轮，将"Top mark"（上标记）对准 12 点钟位置（一缸活塞处于上止

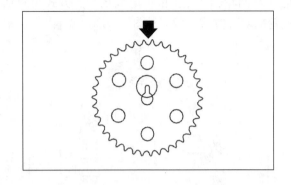

图 12-60 对准排气凸轮轴链轮标记

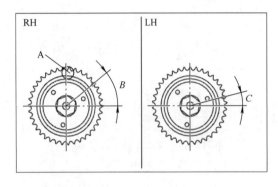

图 12-61 对准进气凸轮轴链轮标志
A—上标记 B—40° C—15°

点位置）。注意在安装正时链条完毕前，不要旋转曲轴和凸轮轴链轮。

6）安装惰轮链轮（下侧）。拧紧力矩：69N·m。

7）安装左侧正时链条。

① 将曲轴链轮上的正时标记 B 对准左侧正时链条上的标记 A，见图 12-62。

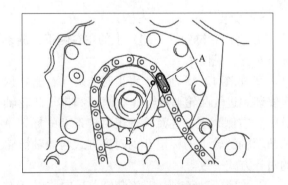

图 12-62 对准曲轴链轮正时标记
A—金色 B—标记

② 将左侧正时链条依次安装到惰轮链轮（下侧）、水泵、排气凸轮轴链轮（左侧）和进气凸轮轴链轮（左侧）上。注意检查正时链条上的标

记 A 和凸轮轴链轮上的标记 B 的对齐方式与曲轴链轮的对齐方式一致，见图 12-63。

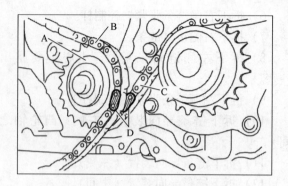

图 12-64　对准下侧惰轮链轮正时标记
A—惰轮链轮（下侧）　B—正时链条（右侧）
C—正时链条（左侧）　D—蓝色

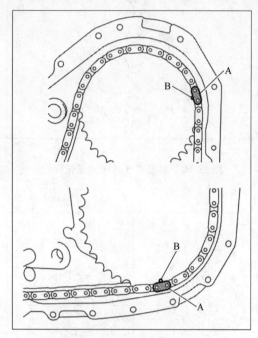

图 12-63　对准左侧正时链标记
A—蓝色　B—标记

③ 安装惰轮链轮（上侧）。拧紧力矩：69N·m。

④ 安装链条导向装置（左侧：凸轮轴之间）。拧紧力矩：6.4N·m。注意使用新的安装螺栓。

⑤ 安装链条导向装置（左侧）。拧紧力矩：16N·m。

⑥ 安装链条张紧器控制杆（左侧）。拧紧力矩：16N·m。

⑦ 安装链条张紧器（左侧）。拧紧力矩：16N·m。

8) 安装正时链条（右侧）。

① 将惰轮链轮（下侧）上的左右侧正时链条标记对齐，见图 12-64。

② 如图 12-65 所示，将正时链条（右侧）依次安装到进气凸轮轴链轮（右侧）和排气凸轮轴链轮（右侧）上。注意检查正时链条上的标记 A 和凸轮轴链轮上的标记 B 的对齐方式与曲轴链轮的对齐方式一致。

③ 如图 12-66 所示，安装链条导向装置（右侧）。

④ 安装链条张紧器控制杆（右侧）。拧紧力矩：16N·m。

⑤ 安装链条导向装置（右侧：凸轮轴之间）。拧紧力矩：6.4N·m。注意使用新的安装螺栓。

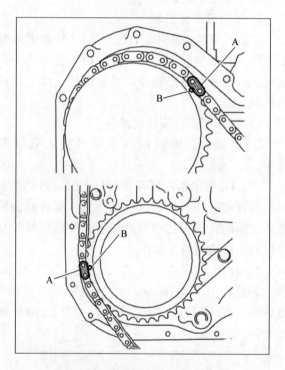

图 12-65　对准右侧正时链条标记

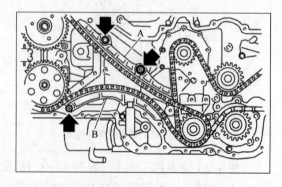

图 12-66　安装右侧正时链导向装置

⑥ 安装链条张紧器（右侧）。拧紧力矩：16N·m。

⑦ 调节右侧和中间链条导向装置之间的间

隙，使得间隙在8.4~8.6mm。安装中间链条导向装置。拧紧力矩：7.8N·m。注意使用新的安装螺栓。

⑧检查链轮和正时链条上的每个标记是否都已对齐，然后从链条张紧器中拔出止动销。

12.3 翼豹-XV（2014—2018年款）

12.3.1 斯巴鲁2.0T FB20发动机（2012—2018）

该发动机正时维修与2.0L发动机相同，相关内容请参考12.1.1小节。

12.3.2 斯巴鲁2.5T EJ25发动机（2006—2008）

该发动机也搭载在森林人车型上，相关内容请参考12.1.3小节。

12.3.3 斯巴鲁2.0L EJ20发动机（2004—2010）

该发动机正时维修与2.5T EJ25发动机相同，相关内容请参考12.1.3小节。

12.4 驰鹏（2015—2017年款）

12.4.1 斯巴鲁3.6L EZ36发动机（2008—2011）

该款发动机也搭载在傲虎车型上，相关内容请参考12.2.4小节。

12.4.2 斯巴鲁3.0L EZ30发动机（2006）

该款发动机也搭载在傲虎车型上，相关内容请参考12.2.5小节。

12.5 BRZ（2013—2018年款）

斯巴鲁2.0L FA20发动机（2013—2018）

该发动机正时维修与2.0L FB20发动机相同，相关内容请参考12.1.1小节。

12.6 WRX（2004—2014年款）

12.6.1 斯巴鲁2.5T EJ25发动机（2008—2014）

该发动机也搭载在森林人车型上，相关内容请参考12.1.3小节。

12.6.2 斯巴鲁2.0T EJ20发动机（2004）

该发动机正时维修与2.5T EJ25发动机相同，相关内容请参考12.1.3小节。

第13章 现代-起亚汽车

13.1 现代雅科仕（2009—2017年款）

13.1.1 现代3.8L G6DJ发动机（2009—2017）

该发动机正时维修与G6DA相同，相关内容请参考13.3.4小节。

13.1.2 现代5.0L G8BE发动机（2011—2017）

1. 正时链单元部件分解

发动机正时链单元部件如图13-1所示。

2. 正时链单元拆卸步骤

维修注意事项：使用挡泥板以避免损坏涂漆表面。为了避免损坏，请在握住插接器部分的同时小心拔出接线插接器。处理金属垫片时，请注意不要折叠垫圈或损坏垫圈的接触面。为了避免损坏，请在握住插接器部分的同时小心拔出接线插接器。标记所有接线和软管，以避免错误连接。转动曲轴带轮，使1号活塞处于上止点。

1）从车辆上拆下发动机和变速器总成。

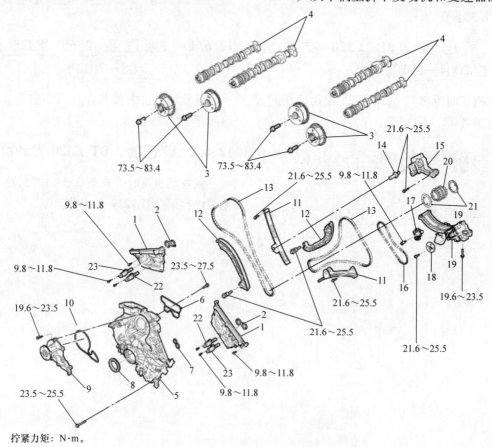

拧紧力矩：N·m。

图13-1 现代5.0L G8BE发动机正时链单元

1—正时链上盖 2—正时链上盖垫片 3—CVVT组件 4—凸轮轴 5—正时链下盖 6—正时链条下盖垫片（#1）
7—正时链条下盖垫片（#2） 8—正时链下盖油封 9—水泵 10—水泵垫片 11—正时链导轨 12—正时链张紧臂
13—正时链 14—正时链导轨 15—张紧器适配器 16—油泵链 17—油泵链张紧器 18—油泵链轮 19—油泵总成
20—曲轴链轮 21—摩擦板 22—进气OCV和过滤组件 23—排气OCV和过滤组件

2）拆下气缸盖组件。

3）拆下交流发电机。

4）拆下交流发电机支架。

5）拆下空调压缩机。

6）拆下传动带惰轮。

7）拆下传动带张紧器。

8）拆下水泵惰轮。

9）卸下机油滤清器和冷却器组件 A。

10）卸下下油底壳。将 SST（09215-3C000）的刀片插入上油底壳和下油底壳之间。切断应用的密封剂并取下下油底壳，见图 13-2。

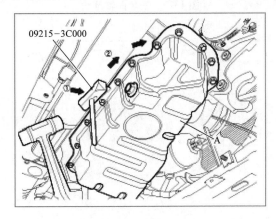

图 13-2　拆下下油底壳

- 用箭头 1 方向的塑料锤在下油底壳和上油底壳之间敲击 SST。
- 沿着箭头 2 方向用塑料锤敲击 SST，沿着下油底壳的 2/3 以上边缘，将其从下油底壳中取出。
- 请勿将 SST 用作撬棍。将工具保持在适当位置（在垫圈线上），然后用锤轻敲。
- 小心不要损坏上油底壳和下油盘的接触面。

11）拆下上油底壳 A。将 SST（09215-3C000）的刀片插入上油底壳和气缸体之间。切断应用的密封剂，并取下上油底壳，见图 13-3。

- 用箭头 1 方向的塑料锤在上油底壳和气缸体之间敲击 SST。
- 沿着箭头 2 方向用塑料锤敲击 SST，沿上油底壳 2/3 以上边缘，将其从上油底壳中取出。
- 请勿将 SST 用作撬棍。将工具保持在适当位置（在垫圈线上），然后用锤轻敲。
- 小心不要损坏上油底壳和气缸体的接触面。

12）拆下曲轴带轮。卸下起动器后，使用

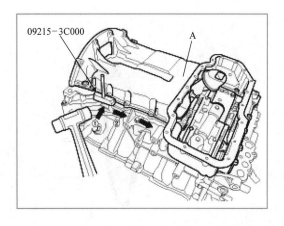

图 13-3　拆下上油底壳

SST（09231-2B100，09231-3N100）卸下曲轴带轮螺栓。

13）拆下前油封。

14）拆下冷却液温度控制组件和出水口配件。

15）拆下水泵。

16）从冷却液温度控制组件中取出 O 形圈。

17）拆下正时链条下盖。

18）从正时链盖上拆下 O 形圈。

19）拆下 RH 正时链条张紧器臂。

20）拆下 RH 正时链条导轨 A 和链条 B，见图 13-4。

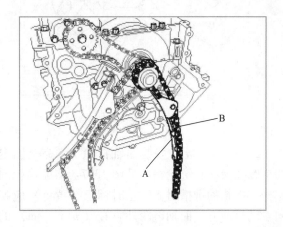

图 13-4　拆下右侧正时链

21）拆下 LH 正时链张紧器臂。

22）拆下 LH 正时链条导轨 A 和链条 B，见图 13-5。

23）压缩油泵链条张紧器后插入固定销，然后拆下张紧器。

24）卸下油泵链轮和链条。

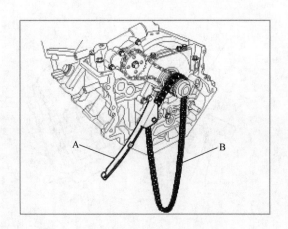

图 13-5 拆下左侧正时链

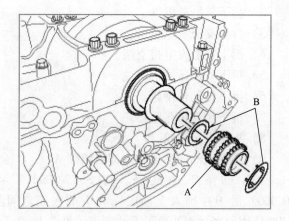

图 13-7 安装曲轴链轮

25）拆下曲轴链轮和摩擦板。

26）拆下张紧器适配器和正时链条导向螺栓。

3. 正时链单元安装步骤

1）安装张紧器适配器 A 和正时链导向螺栓 B，见图 13-6。

拧紧力矩：张紧器适配器螺栓为 21.6～25.5N·m；正时链导轨螺栓：21.6～25.5N·m。

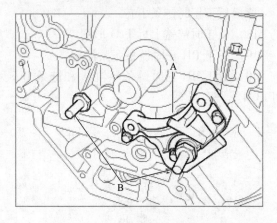

图 13-6 安装张紧器适配器

2）用摩擦板 B 安装曲轴链轮 A。完全固定四个摩擦板夹和链轮槽，见图 13-7。将摩擦板的键槽与链轮的键槽对齐。正时标记（黄色）应朝向发动机前方。曲轴链轮外直径（φ45.7mm）的较大侧面应朝向曲轴。在安装正时链系统和正时链盖组件之前，将块放置在下方。

如图 13-8 所示，将摩擦板的标记置于顶部。（发动机从下往上放置）

3）用油泵链轮安装油泵链条。紧固力矩：21.6～5.5N·m。

4）安装油泵张紧器。紧固力矩：9.8～11.8N·m。

5）安装 LH 正时链条导轨 A 和链条 B，见图

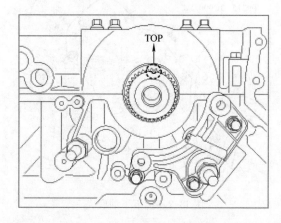

图 13-8 摩擦板标记位置

13-9。将引导件插入链条的导向螺栓固定管。链条链节（黄色）应朝向发动机前方。对准铭牌和曲轴链轮的正时标记。

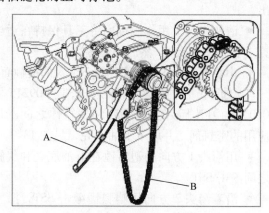

图 13-9 安装左侧链条

6）安装 LH 正时链张紧器臂。紧固力矩：21.6～25.5N·m。

7）使用正时链锁定工具（SST：09231-2J600）握住 LH 正时链条、导轨和张紧臂，见图

13-10。

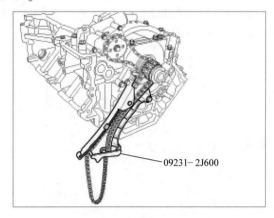

图 13-10 用正时链锁定工具

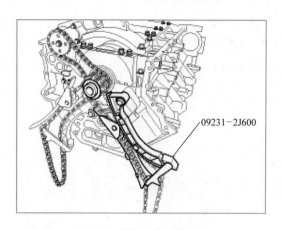

图 13-12 用正时链锁定工具

8）安装 RH 正时链条导轨 A 和链条 B。将引导件插入链条的导向螺栓固定管。链条链节（黄色）应朝向发动机前方。对准铭牌和曲轴链轮的正时标记，见图 13-11。

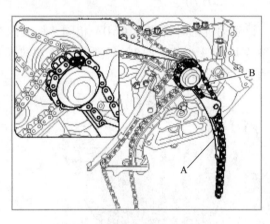

图 13-11 安装右侧正时链条

9）安装 RH 正时链张紧器臂。紧固力矩：21.6~25.5N·m。

10）使用正时链锁定工具（SST：09231-2J600）握住 RH 正时链条、导轨和张紧臂，见图 13-12。

11）拉出油泵张紧器止动销，确保张力被设定。并再次确认正时链对齐标记。确认油泵张紧器的"顶帽"区域突出。摩擦板标记、正时链色链（黄色）和曲轴链轮标记（黄色）应匹配，见图 13-13。

12）安装正时链条下盖。

① 链条下盖和对置部件（气缸盖，气缸体和下油底壳）上的密封剂部位不应有发动机油等。

② 将新的垫圈安装到正时链条下盖上。

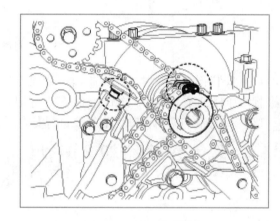

图 13-13 检查安装位置

③ 在正时链条下盖上涂抹液体密封剂 LT 5900H 或同等物质。该部件必须在使用密封胶后 5min 内组装。

• 安装正时链条下盖时，请勿与其他部件接触，脱开正时链条下盖上应用的密封剂。

• 对于 4 个 T 型接头，在（4.0±0.5）mm 宽的位置涂上密封剂。

④ 为了将正时链条下盖组装到正确的位置，应使用气缸体上的定位销和正时链条下盖上的孔作为参考。紧固力矩：23.5~25.5N·m。

⑤ 运行发动机或进行压力试验不得在组装后 30min 内进行。

13）安装气缸盖组件。在安装气缸盖组件之前，将发动机正确放置。

14）安装凸轮轴和凸轮轴托架组件。

15）从正时链导轨和正时链张紧器臂上拆下 SST。

16）将正时链安装到 CVVT 链轮上。要在每个轴（凸轮、曲柄）之间没有松弛的情况下安装正时链，请按照以下步骤操作。

曲轴链轮→正时链条导轨→排气 CVVT 链轮→进气 CVVT 链轮（LH 气缸列）。

曲轴链轮→正时链条导轨→进气 CVVT 链轮→排气 CVVT 链轮（RH 气缸列）。

每个链轮的正时标记应与安装期间正时链的正时标记（橙色链接）匹配，见图 13-14。

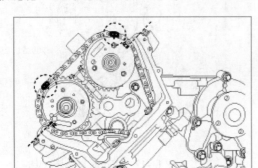 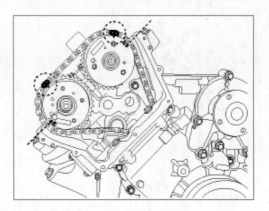

图 13-14　对准凸轮轴链轮正时标记

17）安装正时链张紧器。将曲轴在常规方向（顺时针方向从前看）旋转 2 圈后，确认正时标记。

18）其他部件以与拆卸相反的步骤进行安装。

13.2　现代捷恩斯（2012—2017 年款）

13.2.1　现代 3.0L G6DG 发动机（2012—2017）

该发动机正时维修与 G6DA 相同，相关内容请参考 13.3.4 小节。图 13-15 所示为该发动机正时链单元部件分解。

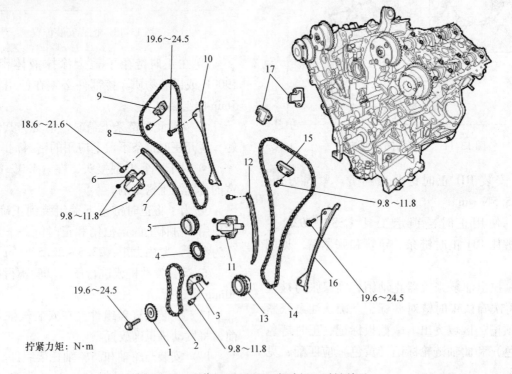

图 13-15　现代 3.0L G6DG 发动机正时链单元
1—油泵链轮　2—油泵链　3—油泵张紧器总成　4—曲轴油泵链轮　5—曲轴 RH 链轮　6—右侧正时链自动张紧器
7—右侧正时链张紧臂　8—右侧正时链　9—右侧凸轮间导轨　10—右侧正时链导轨　11—左侧正时链自动张紧器
12—左侧正时链张紧器臂　13—曲轴左侧链轮　14—左侧正时链　15—左侧凸轮间导轨　16—左侧正时链导轨　17—张紧器适配器

13.2.2 现代3.3L G6DH发动机（2012—2017）

该发动机正时维修与G6DA相同，相关内容请参考13.3.4小节。图13-15所示为该发动机正时链单元部件分解。

13.3 现代劳恩斯（2008—2017年款）

13.3.1 现代3.0L G6DG发动机（2012—2017）

该发动机正时维修与G6DA相同，相关内容请参考13.3.4小节。图13-15所示为该发动机正时链单元部件分解。

13.3.2 现代3.3L G6DH发动机（2012—2017）

该发动机正时维修与G6DA相同，相关内容请参考13.3.4小节。图13-15所示为该发动机正时链单元部件分解。

13.3.3 现代3.0L G6DB发动机（2008—2011）

该发动机正时维修与G6DA相同，相关内容请参考13.3.4小节。

13.3.4 现代3.8L G6DA发动机（2008—2011）

1. 正时链单元拆卸

1) 设置1号气缸到TDC。

① 顺时针转动曲轴带轮并对齐凹槽和下部正时链盖的正时标记"T"，见图13-16。

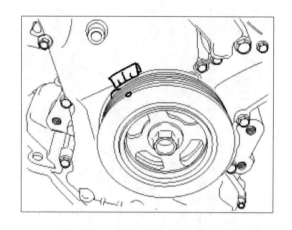

图13-16 转动曲轴带轮设置TDC位置

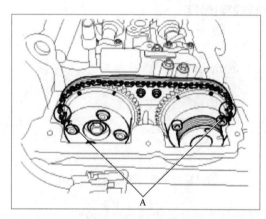

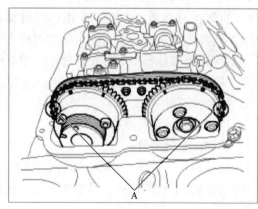

图13-17 对齐凸轮轴链轮正时标记

② 检查凸轮轴正时链轮的标记A是否与气缸盖表面对齐，见图13-17。如果不对齐，顺时针转动曲轴一圈（360°）。不要逆时针方向旋转发动机。

2) 如图13-18所示，拆卸下油底壳A。在上油底壳和下油底壳之间插入SST（09215-3C000）的刀口，除掉涂抹的密封胶，拆卸下油底壳。

按照箭头方向用锤敲打，将SST插入到油底壳和梯形架之间。

用塑料锤沿着油底壳2/3以上边缘周围箭头的方向敲打SST后，从梯形架上将其拆下。

不要在未敲击的情况下突然翻转专用工具。这可能导致专用工具损坏。

小心不要损坏上油底壳和下油底壳的接触面。

3) 拆卸曲轴带轮。使用图13-19所示工具拆

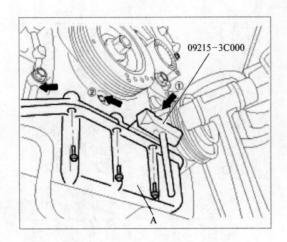

图13-18 用专用工具拆下油底壳

卸曲轴带轮螺栓。

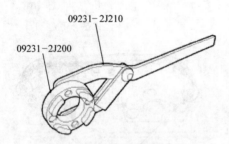

图13-19 拆卸螺栓用专用工具

4）从正时链盖上拆卸冷却液管。

5）拆卸正时链盖。小心不要损伤气缸体的接触面、气缸盖和正时链条盖。由于正时链上的TDC识别标记能被抹掉，拆卸正时链前，根据链轮位置，用标记标明右/左正时链，见图13-20。

6）拆卸油泵链盖。

7）拆卸油泵链张紧器总成。

8）拆卸油泵链导轨。

9）压缩右正时链张紧器后，安装定位销。

10）拆卸右正时链自动张紧器和右正时链张紧器臂。

11）拆卸右正时链导轨和右正时链。

12）拆卸油泵链轮和油泵链。

13）拆卸曲轴链轮（O/P和右凸轮轴驱动）。

14）压缩左正时链张紧器后，安装定位销。

15）拆卸左正时链自动张紧器和左正时链张紧器臂。

16）拆卸左正时链导轨和左正时链。

17）拆卸曲轴链轮（左凸轮轴驱动）。

18）拆卸张紧器适配器总成。

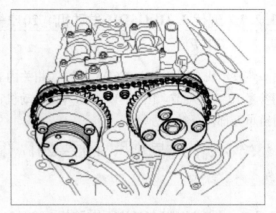

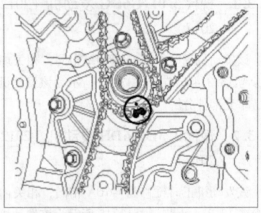

图13-20 正时链条上正时标识

2. 正时链单元安装

1）曲轴的键A应与正时链盖的正时标记B对准。这样1号气缸的活塞位于压缩上止点，见图13-21。

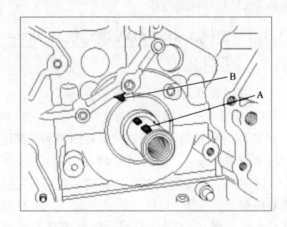

图13-21 曲轴的键A应与正时链盖的正时标记B对准

2）安装张紧器适配器总成A，见图13-22。

3）安装曲轴链轮（左凸轮轴驱动）。

4）安装左正时链B和左正时链导轨A，见

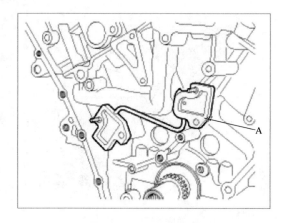

图 13-22 安装适配器 A

图 13-23。规定力矩：19.6~24.5N·m。

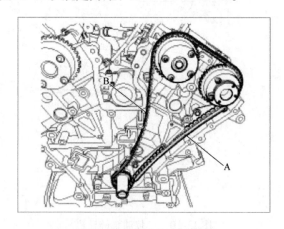

图 13-23 安装左正时链条

为了在每个轴（凸轮、曲轴）之间无松弛安装正时链条，执行下列程序：曲轴链轮→正时导轨→排气凸轮轴链轮→进气凸轮轴链轮。安装正时链时，每个链轮的正时标记应与正时链的正时标记（颜色标记）相匹配，见图 13-24。

5）安装左正时链张紧器臂 B 和左正时链自动张紧器 A。见图 13-25。

规定力矩：A 为 9.8~11.8N·m；B 为 18.6~21.6N·m。

6）安装曲轴链轮（O/P 和右凸轮轴驱动）。

7）安装油泵链轮 A 和油泵链 B，见图 13-26。规定力矩：18.6~21.6N·m。

8）安装右正时链 B 和右正时链导轨 A，见图 13-27。规定力矩：A：19.6~24.5N·m。

为了在每个轴（凸轮、曲轴）之间无松弛安装正时链条，执行下列程序：曲轴链轮→正时导轨→进气凸轮轴链轮→排气凸轮轴链轮。安装正时链时，每个链轮的正时标记应与正时链的正

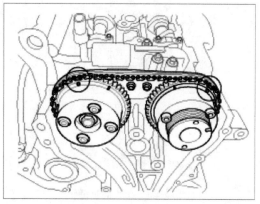

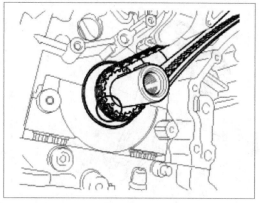

图 13-24 对准左正时链正时标记

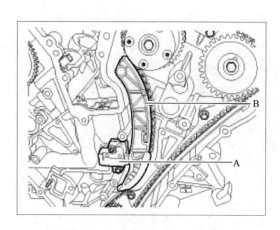

图 13-25 安装左正时链张紧器

时标记（颜色标记）相匹配，见图 13-28。

9）安装右正时链张紧器臂 B 和右正时链自动张紧器 A，见图 13-29。

规定力矩：A 为 9.8~11.8N·m；B 为 18.6~21.6N·m。

10）安装油泵链导轨 A，见图 13-30。规定力矩：9.8~11.8N·m。

11）安装油泵链张紧器总成 A，见图 13-31。规定力矩：9.8~11.8N·m。

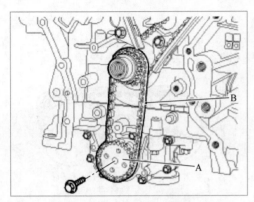

图13-26 安装油泵链轮

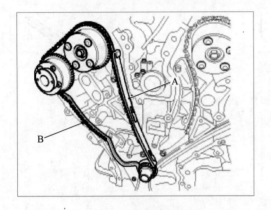

图13-27 安装右正时链条

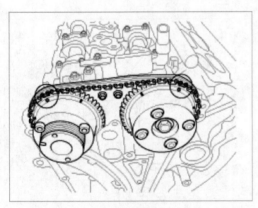

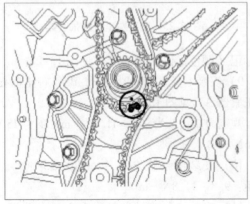

图13-28 对准右正时链正时标记

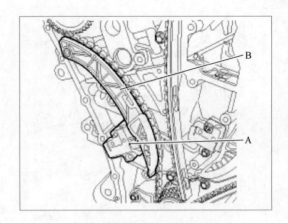

图13-29 安装右张紧器与张紧臂

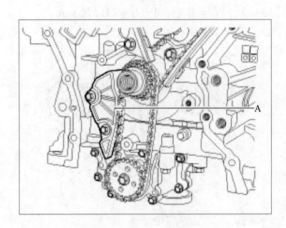

图13-30 安装油泵链导轨

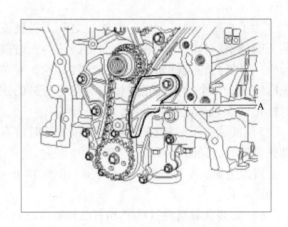

图13-31 安装油泵链张紧器

12)拉出液压张紧轮的定位销(左侧和右侧)。

13)安装油泵链盖。规定力矩:9.8~11.8N·m。

14)按照规定方向(前看顺时针)转动曲轴2圈后,确认正时标记。一直顺时针方向旋转曲轴。将油压储存在正时链张紧器内之前,逆时针转动曲轴会导致链与链轮齿分开。

15）安装正时链条盖。

13.4 现代飞思（2011—2017 年款）

13.4.1 现代 1.6T G4FJ 发动机（2012—2017）

1. 正时链单元拆卸

1）顺时针旋转曲轴带轮，并对齐凹槽和正时链条盖的正时标记，见图 13-32。

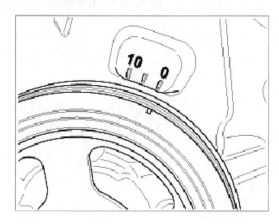

图 13-32 对齐凹槽和正时链条盖的正时标记

2）拧下曲轴螺栓和曲轴带轮。

3）拆卸正时链条盖。

4）对齐凸轮轴链轮正时标记和气缸盖的上表面，将 1 号气缸设置在 TDC 位置。此刻检查曲轴的定位销是否朝向发动机上方。对齐凸轮轴链轮（In，Ex：2）和曲轴链轮的正时标记，在正时链（3 处）做标记，见图 13-33。

5）拆卸液压张紧器 A。拆卸张紧器前，在上止点用销通过孔 B 来固定张紧器的活塞，见图 13-34。

6）拆卸正时链条张紧器臂和导轨。

7）拆卸正时链条 A，见图 13-35。

2. 正时链单元安装

1）如图 13-36 所示，曲轴的定位销设置在约距垂直中心线 3°。

2）对齐曲轴链轮正时标记和气缸盖的上表面，将 1 号气缸设置在 TDC 位置。

3）安装新 O 形圈 A，位置见图 13-37。

4）安装正时链条导轨 A 和正时链条 B，见图 13-38。规定力矩：9.8~11.8N·m。安装正时

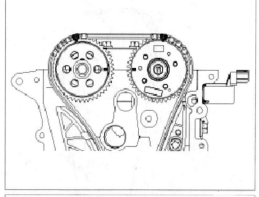

图 13-33 对齐链条 3 处正时标记

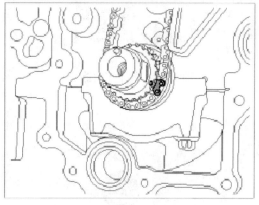

图 13-34 拆卸张紧器

链时，对齐链轮和链条的正时标记。顺序：曲轴链轮→正时链导轨→进气凸轮轴链轮→排气凸轮轴链轮。

5）安装链条张紧器臂。规定力矩：9.8~11.8N·m。

6）安装液压张紧器 A，拆卸销 B，见图 13-39。规定力矩：9.8~11.8N·m。重新检查曲轴和凸轮轴上的上止点（TDC）标记。

7）安装正时链条盖。

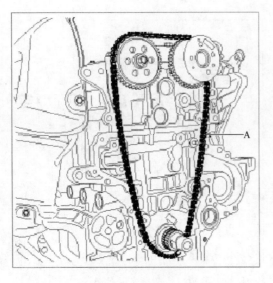

图 13-35 拆下正时链条

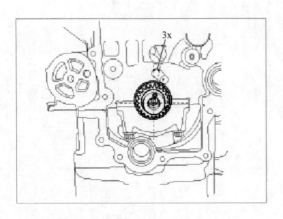

图 13-36 曲轴定位设置位置

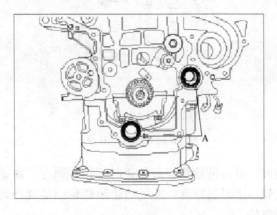

图 13-37 安装新的 O 形圈

13.4.2 现代 1.6L G4FD 发动机（2011—2017）

该款发动机正时维修与 G4FJ 相同，相关内容请参考 13.4.1 小节。

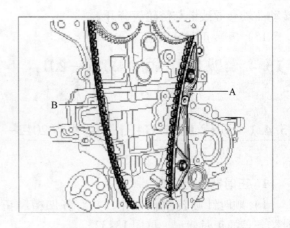

图 13-38 安装正时链条 B 和导轨 A

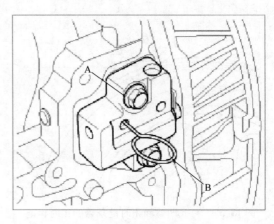

图 13-39 安装张紧器

13.5 现代格越（2011—2017 年款）

13.5.1 现代 2.2T D4HB 柴油发动机（2013—2017）

1. 正时链单元部件分解

发动机正时链单元部件如图 13-40 所示。

2. 正时链单元拆卸步骤

1）拆下气缸盖盖。

2）在压缩行程中将 No.1 气缸的活塞设置到 TDC。

① 顺时针转动曲轴带轮，将其凹槽 A 与正时链盖的定时标记 B 对齐，见图 13-41。不要逆时针旋转发动机。

② 如图 13-42 所示，检查排气凸轮轴正时齿轮的正时标记 A 和进气凸轮轴正时齿轮的正时标志 B 是否对准。如果没有，将曲轴转一圈（360°）。不要逆时针旋转发动机。

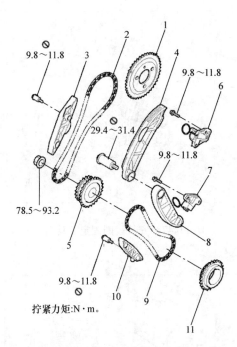

图13-40 现代2.2T D4HB 正时链单元

1—凸轮轴链轮 2—正时链"B" 3—正时链"B"导轨
4—正时链"B"张紧杆 5—高压燃油泵链轮 6—正时链"B"
自动张紧器 7—正时链"A"自动张紧器 8—正时链"A"张紧杆
9—正时链"A" 10—正时链"A"导轨 11—曲轴链轮

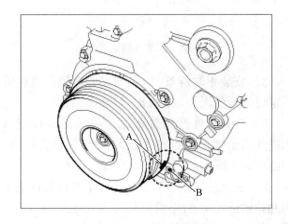

图13-41 对齐曲轴带轮标记

3）拆下定时链盖。

4）拆下正时链条"B"自动张紧器A和导轨B。卸下自动张紧器之前，请先拧紧张紧器后，安装固定销C（φ2.5mm钢丝），见图13-43。

5）用凸轮轴链轮拆下正时链条"B"。

6）拆下正时链条"A"自动张紧器A。卸下自动张紧器之前，请先拧紧张紧器后，安装固定销B（φ2.5mm钢丝），见图13-44。

7）拆下正时链"B"杆、正时链"A"杆和

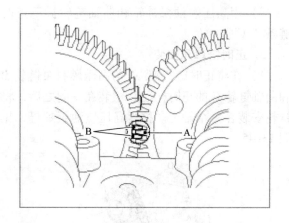

图13-42 检查进排气凸轮轴正时齿轮标记

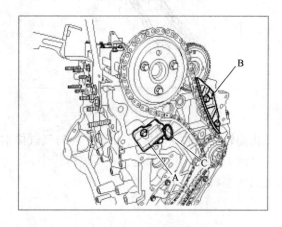

图13-43 拆下张紧器和导轨

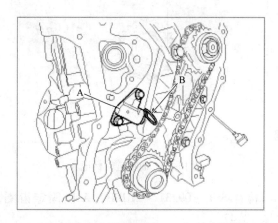

图13-44 拆下正时链条"A"的张紧器

正时链"A"导轨。

8）将高压燃油泵链轮拉出轴。

① 检查SST（09231-2B100）以固定齿圈。

② 拆下高压燃油泵链轮螺母后，安装SST（高压泵拆卸器，09331-1M100）的链轮挡块。

③ 顺时针旋转SST的螺栓直至高压燃油泵链轮被推出。

9）用高压燃油泵链轮和曲轴链轮拆下正时链条"A"。

3. 正时链单元安装

1）在将正时链"A"A 与高压燃料泵链轮 B 和曲轴链轮 C 的正时标记 D 组装在一起之后，将链轮安装在每个轴上。拧紧高压燃油泵螺母，见图 13-45。

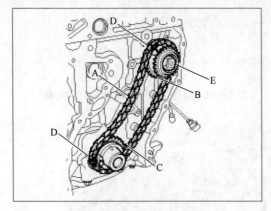

图 13-45　安装正时链 A

将曲轴链轮的正时标记 A 设置为与气缸体对准，见图 13-46。其结果是，在压缩行程中，1 号气缸的活塞将处于 TDC。

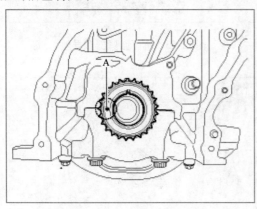

图 13-46　曲轴链轮标记

检查 SST（09231-2B100）A 以固定齿圈，见图 13-47。

2）安装正时链"B"杆 A、正时链"A"杆 B 和正时链"A"导轨 C，见图 13-48。拧紧力矩：螺栓 D 为 29.4~31.4N·m；螺栓 E 为 9.8~11.8N·m。不要重新使用张紧器杆并引导固定螺栓。

如果需要，螺栓可以在去除硬化密封剂后重新使用，然后在螺栓的螺纹上施加密封剂（LOC-TITE 262、THREEBOND 1324N 或等同物）。

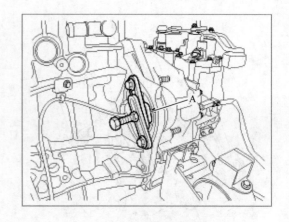

图 13-47　安装齿圈固定工具

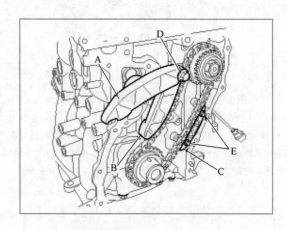

图 13-48　安装导轨和张紧杆

3）安装正时链条"A"自动张紧器，然后拆下定位销。紧固力矩：9.8~11.8N·m。

4）检查排气凸轮轴正时齿轮的正时标记 A 和进气凸轮轴正时齿轮的正时标志 B 是否对准，如图 13-42 所示。

5）在将正时链"B"A 与高压燃料泵链轮 C 和凸轮轴链轮 B 的正时标记 D 组装在一起之后，将凸轮轴链轮安装在排气凸轮轴齿轮上，见图 13-49。紧固力矩：14.7~19.6N·m。

6）安装正时链条"B"自动张紧器 A 和导轨 B，然后拆下固定销 C，见图 13-43。紧固力矩：9.8~11.8N·m。

7）按照与拆卸相反的顺序安装其他零件。

13.5.2　现代 3.0L G6DG 发动机（2013—2017）

该发动机正时维修与 G6DA 发动机相同，相关内容请参考 13.3.4 小节。

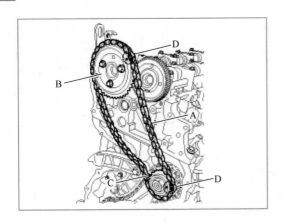

图 13-49 安装凸轮轴链轮

13.5.3 现代 3.3L G6DH 发动机（2013）

该发动机正时维修与 G6DA 发动机相同，相关内容请参考 13.3.4 小节。

13.6 现代维拉克斯（2006—2017 年款）

现代 3.8L G6DA 发动机（2006—2017）

该款发动机也搭载在劳恩斯车型上，相关内容请参考 13.3.4 小节。

13.7 现代劳恩斯 酷派（2014—2017 年款）

13.7.1 现代 2.0T G4KF 发动机（2009—2017）

1. 正时链单元部件分解

发动机正时链单元部件如图 13-50 所示。

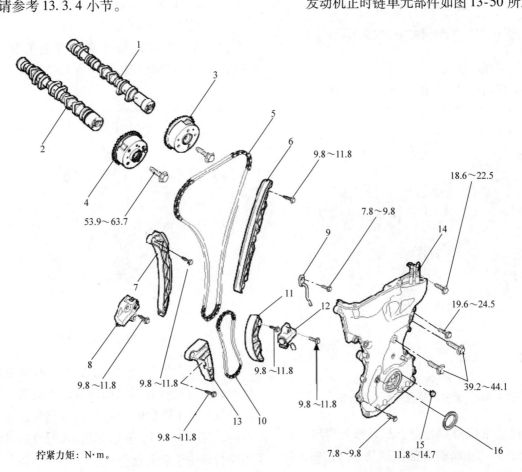

拧紧力矩：N·m。

图 13-50 现代 2.0T G4KF 发动机正时链单元
1—进气凸轮轴 2—排气凸轮轴 3—进气 CVVT 组件 4—排气 CVVT 组件 5—正时链 6—正时链导轨
7—正时链张紧臂 8—正时链张紧器 9—正时链条喷油嘴 10—平衡轴 11—平衡轴张紧器臂
12—平衡轴链张紧器 13—平衡轴链导轨 14—正时链罩盖 15—维修孔螺栓 16—曲轴前油封

2. 正时链单元拆卸步骤

1)拆下气缸盖。

2)转动曲轴带轮,如图13-51所示,将定位槽与正时链盖的正时标记对齐,将压缩行程上的第1个气缸的活塞设置到上止点。

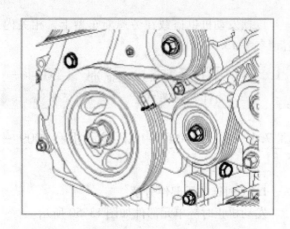

图13-51 对准曲轴带轮的正时标记

3)拆下正时链盖。

4)确保曲轴键A与主轴承盖的配合面对齐,见图13-52。其结果是,1号气缸的活塞在压缩行程中位于上止点。

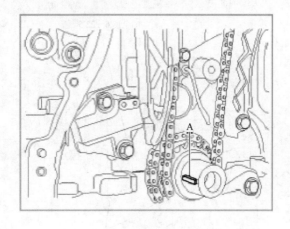

图13-52 对齐曲轴键与配合面标记

5)使用细杆将连杆向下拉,松开棘轮。压缩活塞,然后将止动销A插入棘轮上的孔中,以固定压缩活塞。拆下正时链张紧器B,见图13-53。

6)拆下定时链张紧器臂。

7)拆下正时链条。

8)拆下正时链条导轨。

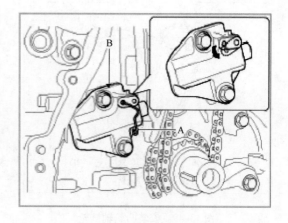

图13-53 拆下张紧器

9)拆下正时链条喷油嘴和曲轴链轮。

10)拆下平衡轴链。

3. 正时链单元安装步骤

1)安装平衡轴链。

2)安装曲轴链轮B和正时链条喷油嘴A,见图13-54。紧固力矩:7.8~9.8N·m。

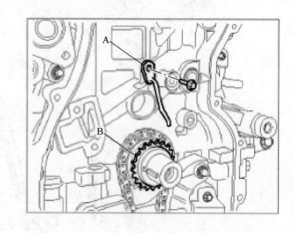

图13-54 安装曲轴链轮

3)设置曲轴,使曲轴键与主轴承盖的配合面对齐。将进气和排气凸轮轴组件放置,使进气和排气CVVT链轮的TDC标记B与气缸盖的顶面对齐,见图13-55。其结果是,1号气缸的活塞在压缩行程中位于上止点。

4)安装正时链条导轨。紧固力矩:9.8~11.8N·m。

5)如图13-56所示,安装正时链。要在每个轴(凸轮、曲柄)之间没有松弛的情况下安装正时链,请按照以下步骤操作:曲轴链轮A→定时

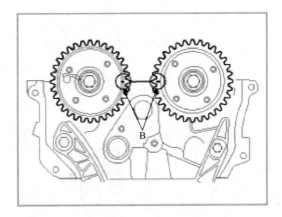

图 13-55 对齐进排气 CVVT 链轮正时标记

链条导轨 B→进气 CVVT 链轮 C→排气 CVVT 链轮 D。

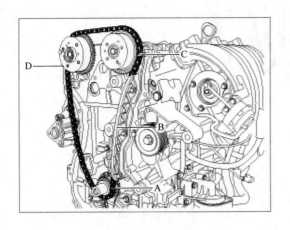

图 13-56 安装正时链条

当安装正时链时，每个链轮的正时标记应与正时链的正时标记（颜色链节）相匹配，见图 13-57。

6）安装正时链张紧器臂。紧固力矩：9.8～11.8N·m。

7）安装正时链自动张紧器 B 并拆下止动销 A，见图 13-58。紧固力矩：9.8～11.8N·m。

8）在正常方向（顺时针方向观察）旋圈曲轴 2 圈后，确认进气和排气 CVVT 链轮上的 TDC 标记与气缸盖顶面对齐，见图 13-55。

9）安装正时链盖。

10）安装气缸盖。

11）加入所有必需的油液并检查是否有泄漏。连接 GDS。检查故障码，备注和清除。

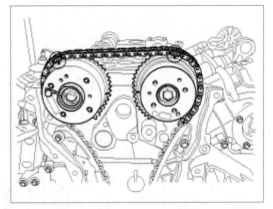

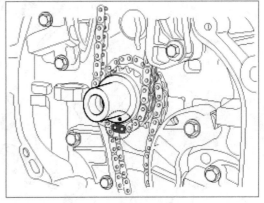

图 13-57 链轮与链条标记对齐

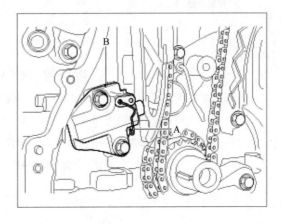

图 13-58 安装张紧器

13.7.2 现代 3.8L G6DJ 发动机（2009—2017）

该发动机正时维修与 G6DA 相同，相关内容请参考 13.3.4 小节。图 13-59 所示为该发动机正时链单元部件分解。

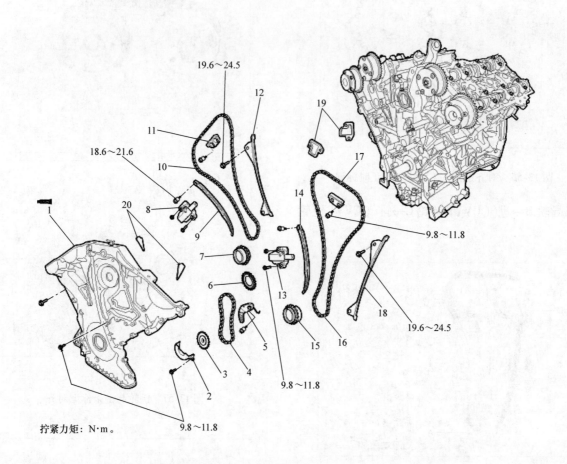

图 13-59 现代 G6DJ 发动机正时链单元

1—正时链盖　2—油泵链条盖　3—油泵链轮　4—油泵链　5—油泵张紧器总成　6—曲轴油泵链轮　7—曲轴右侧链轮
8—右侧正时链自动张紧器　9—右侧正时链张紧臂　10—右侧正时链　11—右侧凸轮侧导轨　12—右侧正时链导轨
13—左侧正时链自动张紧器　14—左侧正时链张紧臂　15—曲轴左侧链轮　16—左侧正时链　17—左侧凸轮侧导轨
18—左侧正时链导轨　19—张紧器适配座　20—垫片

13.8 现代辉翼 H-1（2011—2017 年款）

现代 2.4L G4KG 发动机（2011—2017）

该发动机正时维修与 G4KF 发动机相同，相关内容请参考 13.7.1 小节。图 13-60 所示为其正时链单元部件分解。

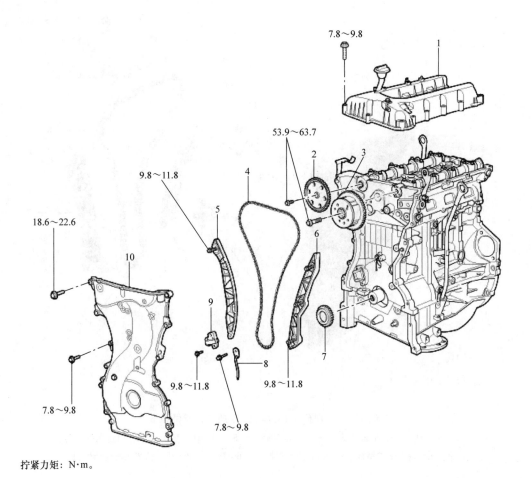

图 13-60 现代 2.4L G4KG 发动机正时链单元
1—气缸盖盖 2—排气凸轮轴链轮 3—CVVT 组件 4—正时链 5—正时链张紧臂 6—正时链导轨
7—曲轴链轮 8—喷油嘴 9—正时链张紧器 10—正时链盖

13.9 起亚佳乐（2006—2017 年款）

现代 2.0L G4KA 发动机（2006—2017）

该发动机正时维修与 G4KF 发动机相同，相关内容请参考 13.7.1 小节。

13.10 起亚极睿（2016—2017 年款）

现代 1.6L G4LA 混动发动机（2016—2017）

1. 正时链单元部件分解

发动机正时链部件位置如图 13-61 所示。

2. 正时链单元拆卸步骤

1）切断高电压电路。

2）拆卸气缸盖罩。

3）将 1 号气缸设置在压缩行程 TDC。

① 转动曲轴带轮，并对齐凹槽和正时链条盖的正时标记，见图 13-62。

② 拆卸正时链条盖。

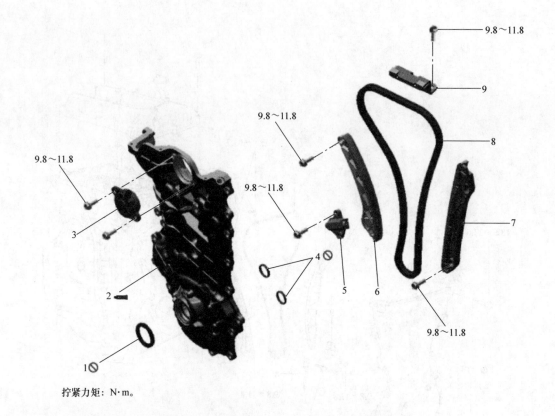

拧紧力矩：N·m。

图13-61 现代1.6L G4LA发动机正时链单元
1—前油封 2—正时链条盖 3—可变电磁阀（VFS） 4—O-形圈 5—正时链条张紧器
6—正时链条张紧器臂 7—正时链条导轨 8—正时链条 9—凸轮轴间正时链条导轨

图13-62 转动曲轴带轮对准标记

③拆卸正时链前，根据链轮的位置给正时链做识别标记，见图13-63。因为链条上的TDC识别标记会被抹掉。

4）拆卸正时链条盖。

5）拆卸正时链条张紧器A，见图13-64。

- 不要再次使用已分离的张紧器。
- 如果需要重复使用张紧器，拆卸张紧器，

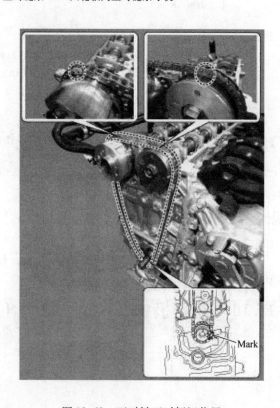

图13-63 正时链正时标记位置

图 13-64 拆卸张紧器

使活塞 A 最大限度地突出，并将活塞 A 按压到末端，然后安装止动销 B，见图 13-65。

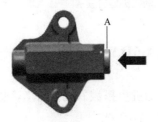

图 13-65 设置张紧器

6）拆卸正时链条张紧器臂 A，见图 13-66。

图 13-66 拆卸张紧器臂

7）拆卸正时链条导轨 A，见图 13-67。
8）拆卸正时链条凸轮轴导轨 A，见图 13-68。

图 13-67 拆卸链条导轨

图 13-68 拆卸凸轮轴导轨

9）拆卸正时链条 A，见图 13-69。

图 13-69 拆卸正时链条

3. 正时链单元安装步骤

1）按以下安装正时链条：曲轴链轮→进气 CVVT 链轮→排气 CVVT 链轮。在曲轴链轮和进气 CVVT 链轮之间不松弛地安装正时链条。安装正时链条时应匹配各链轮的正时标记与正时链条的正时标记（有色连杆）。

2）安装正时链条凸轮轴导轨。规定力矩：9.8~11.8N·m。

3）安装正时链条导轨。规定力矩：9.8~11.8N·m。

4）安装正时链条张紧器臂。规定力矩：9.8~11.8N·m。

5）安装正时链自动张紧器并拆卸止动销。规定力矩：9.8~11.8N·m。

6）安装正时链条盖。

7）安装气缸盖罩。

8）添加必需的油液，并检查是否泄漏。连接KDS/GDS检查故障码，并记录和删除。然后重新进行检查。

- 重新填充发动机机油。
- 清洁蓄电池接线柱和导线端子并进行装配（仅12V蓄电池）。
- 检查燃油是否泄漏。
- 装配燃油管后，将点火开关置于ON位置（不要起动起动机），燃油泵运行约2s，使燃油充满燃油管路。

重复上述操作两三次，在燃油管路的任一点检查是否有燃油泄漏。

13.11 起亚索兰托（2006—2017年款）

13.11.1 现代2.0T G4KH发动机（2015—2017）

该发动机正时维修与G4KF发动机相同，相关内容请参考13.7.1小节。

13.11.2 现代2.4L G4KJ发动机（2013—2017）

该发动机正时维修与G4KF发动机相同，相关内容请参考13.7.1小节。

13.11.3 现代2.4L G4KE发动机（2009—2012）

该发动机正时维修与G4KF发动机相同，相关内容请参考13.7.1小节。

13.11.4 现代2.2T D4HB柴油发动机（2011—2017）

该款发动机也搭载在现代格越车型上，相关内容请参考13.5.1小节。

13.11.5 现代3.8L G6DA柴油发动机（2006—2008）

该款发动机也搭载在劳恩斯车型上，相关内容请参考13.3.4小节。

13.12 起亚霸锐（2015—2017年款）

现代3.8L G6DA发动机（2008—2017）

该款发动机也搭载在劳恩斯车型上，相关内容请参考13.3.4小节。

13.13 起亚速迈（2011—2017年款）

13.13.1 现代1.6T G4FJ发动机（2014—2017）

该款发动机也搭载在现代飞思车型上，相关内容请参考13.4.1小节。

13.13.2 现代1.6L G4FD发动机（2010—2013）

该款发动机也搭载在现代飞思车型上，相关内容请参考13.4.2小节。

13.13.3 现代2.0L G4NA发动机（2010—2013）

1. 正时链单元拆卸

1）拆卸气缸盖罩。

2）将1号气缸设置在压缩行程TDC。

① 转动曲轴带轮，并对齐凹槽和正时链条盖的正时标记，见图13-70。

② 如图13-71所示，检查进气和排气CVVT链轮的TDC标记是否与气缸盖表面平齐。如果没

图 13-70 设置曲轴带轮 TDC 位置

有,将曲轴转动 1 圈(360°)。不要逆时针转动曲轴带轮。

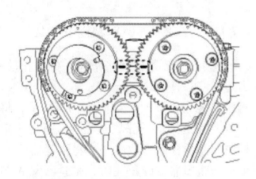

图 13-71 凸轮轴链轮正时对齐

3)拆卸正时链条盖。

4)拆卸正时链条张紧器。不建议再次使用拆卸的张紧器。如果需要再次使用张紧器,如图 13-72 所示,将柱塞 A 尽可能地推进到张紧器内,并在孔中插入固定销,使柱塞处于收缩位置,见图 13-73。

5)拆卸正时链条张紧器臂。

6)拆卸正时链条。

7)拆卸正时链条导轨。

2. 正时链单元安装

1)拆卸正时链条后,检查进气和排气 CVVT 链轮 TDC 标记是否偏离 TDC 位置(2~3 齿),见图 13-74。

2)以进气 CVVT 链轮偏离 TDC 位置的相同角度,从 TDC 位置(与发动机垂直线顺时针方向约 3°)顺时针旋转曲轴链轮 2~3 齿,见图 13-75。

3)安装正时链条导轨。规定力矩:18.6~22.6N·m。

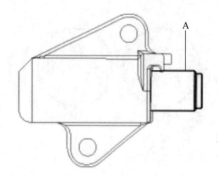

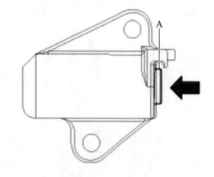

图 13-72 设置张紧器

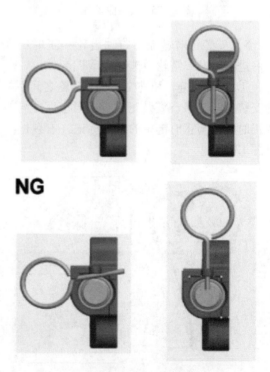

图 13-73 用插销固定

4)安装正时链条张紧器臂。规定力矩:18.6~22.6N·m。

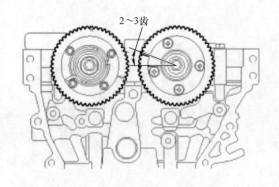

图 13-74 检查进排气链轮标记

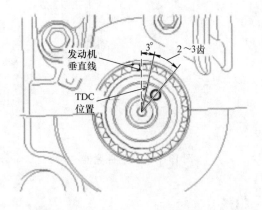

图 13-75 转动曲轴链轮

5)安装正时链条。曲轴链轮→正时链条导轨→进气 CVVT 链轮→排气 CVVT 链轮。

① 在曲轴链轮和进气 CVVT 链轮之间不松弛地安装正时链条。安装正时链条时应匹配各链轮的正时标记与正时链条的正时标记（有色链节），见图 13-76。

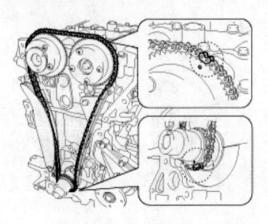

图 13-76 安装正时链条

② 顺时针转动 CVVT 总成时，在排气 CVVT 链轮上不松弛地安装正时链条。安装正时链条时，应匹配排气 CVVT 链轮的正时标记与正时链条的正时标记（有色链节）。在排气 CVVT 链轮上压下正时链条链节，以防止链轮旋转，见图 13-77。

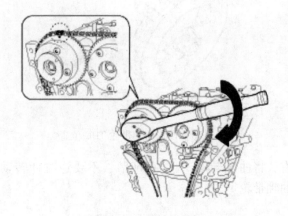

图 13-77 安装排气 CVVT 链轮侧正时链条

6)安装正时链条自动张紧器并拆卸止动销。规定力矩：9.8～11.8N·m。

再次安装张紧器时，如图 13-78 所示，将张紧器臂 A 尽可能地向着张紧器压住，拆卸固定销后，检查张紧器柱塞释放状态。将张紧器臂 A 最大限度地向张紧器方向压住时，张紧器臂 A 与张紧器壳体 B 之间应相互不干扰。

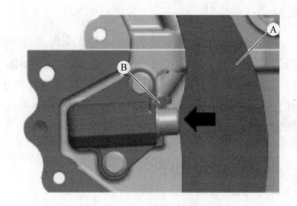

图 13-78 检查张紧器

7)沿规定方向（从前看为顺时针）转动曲轴 2 圈后，确认进气和排气 CVVT 链轮的 TDC 标记对正气缸盖顶面。

8)按拆卸时的相反顺序安装其他部件。
- 重新填充发动机机油。
- 清洁蓄电池接线柱和导线端子并安装。
- 检查燃油是否泄漏。装配燃油管路后，将点火开关置于"ON"位置（不要起动发动机），使燃油泵运转约2s，向燃油管路加压。重复上述操作两三次，检查燃油管路是否泄漏。

13.14 起亚凯尊（2011—2017年款）

现代2.4L G4KE发动机（2011—2017）

1. 正时链单元拆卸

1）分离蓄电池负极端子。
2）拆卸发动机盖。
3）拆卸右前车轮。
4）拆卸底盖。
5）转动曲轴带轮并对正曲轴带轮凹槽与正时链盖的正时标记，设置1号气缸的活塞到压缩行程的上止点，见图13-79。

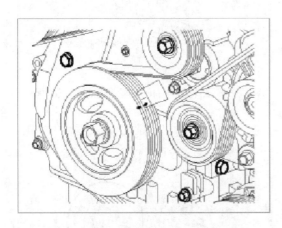

图13-79 设置曲轴带轮于上止点位置

6）排放发动机油，设置千斤顶至油底壳。在千斤顶和发动机油底壳之间放置木块。
7）分离搭铁线，拆卸发动机装配支撑架。
8）逆时针转动驱动带张紧器后拆卸驱动带。
9）从支架上分离动力转向油泵。
10）拆卸惰轮和驱动带张紧器带轮。张紧器带轮螺栓有左螺纹。
11）拆卸水泵带轮、曲轴带轮和发动机支架。安装或拆卸曲轴减振带轮时，有两种固定飞轮齿圈的方法。

拆卸起动机后，安装SST（09231-3K000）固定齿圈，见图13-80。

拆卸防尘盖后，安装SST（09231-3D100），以固定飞轮齿圈。

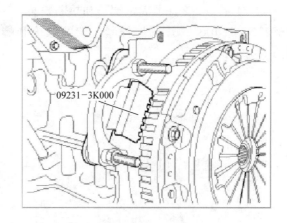

图13-80 固定飞轮的专用工具

① 在梯形架的底部拆卸防尘盖A，拧下2个变速器固定螺栓B，见图13-81。

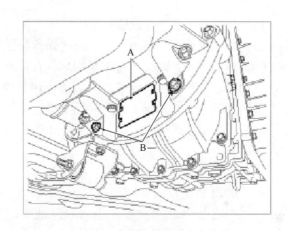

图13-81 拆卸底部防尘盖

② 调整支架螺母A的长度，以便支架B的前板放进飞轮齿圈C齿内。
③ 调整连杆D的角度，以便2个变速器固定螺栓固定到原来的固定孔内，见图13-82。

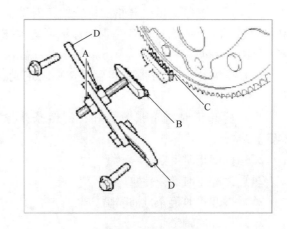

图13-82 安装固定支架

④ 使用2个变速器固定螺栓和垫圈安装SST（09231-3D100）。牢固地拧紧支架的螺栓和螺母，见图13-83。

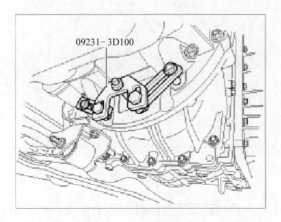

图13-83　固定飞轮

12）拆卸压缩机下部螺栓和支架。

13）拆卸油底壳。使用SST（油底壳拆卸工具，09215-3C000）时，注意不要损坏气缸体和油底壳的接触面。不要将SST作为撬棍使用。固定工具到位置上（垫圈线），用小锤子轻敲。

14）分离动力转向油压开关插接器和排气OCV插接器。

15）拆卸通气软管。

16）分离PCV软管。

17）分离点火线圈插接器并且拆卸点火线圈。

18）拆卸气缸盖罩。

19）在正时链条盖和气缸体之间轻轻撬，拆卸正时链条盖。注意不要损坏气缸体、气缸盖和正时链条盖的接触表面。

20）曲轴键应与主轴承盖的接合面对齐。这样将1号气缸的活塞置于压缩行程的上止点。

拆卸正时链前，根据链轮的位置给正时链做识别标记，因为链条上的TDC识别标记可能被抹掉，见图13-84。

21）压缩正时链条张紧器后，安装固定销，见图13-85。

22）拆卸正时链条张紧器和正时链条张紧器臂。

23）拆卸正时链条。

24）拆卸正时链条导轨。

25）拆卸正时链条机油喷嘴。

26）拆卸曲轴链轮。

27）拆卸平衡轴链（油泵链）。

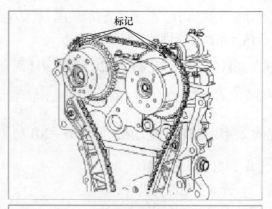

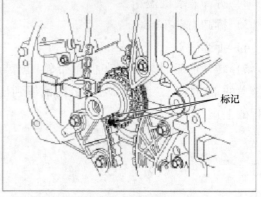

图13-84　凸轮轴与曲轴链轮和正时链正时标记

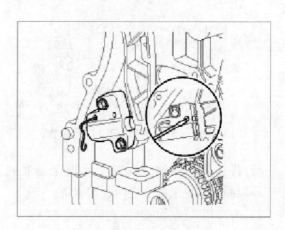

图13-85　设置张紧器

2. 正时链单元安装

1）安装平衡轴链条（油泵链条）。

2）安装曲轴链轮。

3）安装正时链条机油喷嘴。规定力矩：7.8~9.8N·m。

4）设置曲轴，以便曲轴的键A与主轴承盖的接合表面对齐，见图13-86。安装进气和排气凸轮轴总成，以便进气和排气CVVT链轮的TDC标记B与气缸盖的顶面对齐，见图13-87。如果这样，1缸活塞位于压缩行程的上止点。

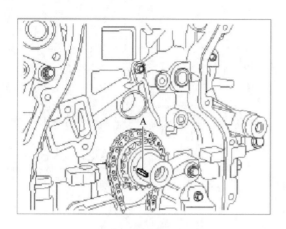

图 13-86 设置曲轴链轮位置

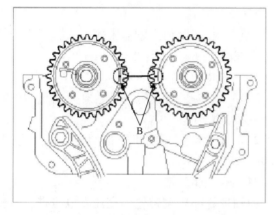

图 13-87 正时链轮正时标记对准

5)安装正时链条导轨。规定力矩:9.8~11.8N·m。

6)安装正时链条。为使链条不在各轴(凸轮轴、曲轴)之间松弛,按下列顺序安装正时链:曲轴链轮A→正时链条导轨B→进气CVVT总成C→排气CVVT总成D,见图13-88。安装正时链条时,每个链轮的正时标记应与正时链条的正时标记(颜色链)对正。

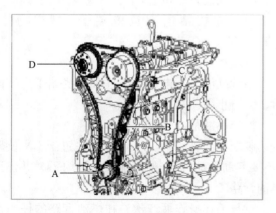

图 13-88 正时链安装顺序

7)安装正时链条张紧器臂。规定力矩:9.8~11.8N·m。

8)安装正时链自动张紧器,拆卸固定销。规定力矩:9.8~11.8N·m。

9)按规定方向(顺时针方向)旋转曲轴2圈后,确认正时标记,见图13-89。

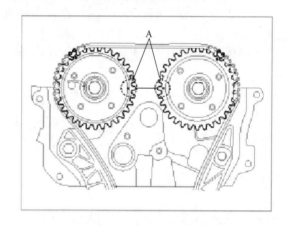

图 13-89 确认正时标记是否对齐

10)安装正时链条盖。

① 使用衬垫刮刀,清除衬垫表面上的所有旧衬垫材料。

② 在链条盖和相对部件(气缸盖、气缸体和梯形架)上的密封胶不能粘上发动机机油等。

③ 装配正时链条盖前,应在气缸盖和气缸体的缝隙之间涂抹液体密封胶 Loctite 5900H 或 THREEBOND 1217H。涂抹密封胶后5min内装配部件。密封胶宽度:2.5mm。

④ 应在正时链盖上涂抹液体密封胶 Loctite 5900H 或 THREE BOND 1217H。涂抹密封胶后在5min内装配部件。应不间断地涂抹密封胶。密封胶宽度:3.0mm。

⑤ 为了精确装配正时链条盖,参考使用气缸体上的定位销和正时链条盖上的孔。

规定力矩:M6×25 为 7.8~9.8N·m;M6×28 为 18.6~22.5N·m。

⑥ 装配30min后,再运转发动机或执行压力测试。

11)安装油底壳。

① 使用衬垫刮刀清除衬垫表面上的所有旧的密封物。

② 装配油底壳前,在油底壳上涂抹液体密封胶 Loctite 5900H 或 THREEBOND 1217H。涂抹密封胶后,在5min内装配部件。密封胶宽度:

2.5mm。涂抹密封胶时，不要让密封胶进入油底壳的内部。在螺栓孔的内部螺纹上涂抹一层密封胶，避免油泄露。

③ 安装油底壳。均匀地拧紧各螺栓。

规定力矩：M9 为 30.4～34.3N·m；M6 为 9.8～11.8N·m。

④ 装配后，至少等待 30min 后，注入发动机机油。

12）使用 SST 安装曲轴前油封，见图 13-90。

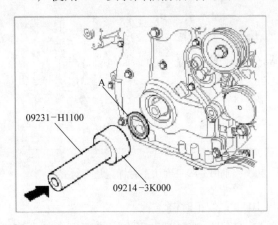

图 13-90 安装曲轴前油封

13）安装水泵带轮、曲轴带轮和发动机支架。

规定力矩：水泵带轮为 7.8～9.8N·m；曲轴带轮为 166.6～176.4N·m；支架螺栓 M10 螺栓为 39.2～44.1N·m，M8 螺栓为 19.6～24.5N·m。

14）安装气门室罩。

① 装配气缸盖罩前，清除正时链盖和气缸盖之间上部区域的硬化密封胶。

② 涂抹密封胶（Loctite 5900H）后，5min 内装配部件。密封胶宽度：2.5mm。

③ 装配 30min 后，再运转发动机或执行压力测试。

④ 按下列方法拧紧气缸盖罩螺栓。规定力矩：第一步为 3.9～5.9N·m；第二步为 7.8～9.8N·m。顺序见图 13-91。

切勿再次使用气缸盖罩衬垫。

15）安装通气软管。

16）连接 PCV 软管。

17）安装点火线圈并连接点火线圈插接器。

18）连接动力转向油压开关插接器和排气 OCV 插接器。

19）安装驱动带张紧器。规定力矩：53.9～

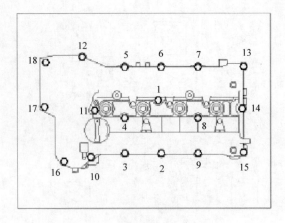

图 13-91 气缸盖螺栓拧紧顺序

63.7N·m。

20）安装惰轮和张紧器带轮。张紧器带轮螺栓有左螺纹。规定力矩：53.9～63.7N·m。

21）安装动力转向油泵。

22）安装空调压缩机支架。规定力矩：19.6～23.5N·m。

23）拧紧空气压缩机下部螺栓。规定力矩：20.0～32.9N·m。

24）安装驱动带。

曲轴带轮→空调带轮→交流发电机带轮→惰轮→动力转向泵带轮→惰轮→水泵带轮→张紧器带轮。

逆时针转动自动张紧器。转动张紧器时，在自动张紧器上安装驱动带，然后释放张紧器。

25）安装发动机装配支架并连接搭铁线。规定力矩：78.5～98.1N·m。

26）安装底盖。

27）安装前右车轮。规定力矩：88.3～107.9N·m。

28）安装发动机盖。

29）连接蓄电池负极端子。规定力矩：4.0～6.0N·m。

重新注入发动机机油。

用砂纸清洁蓄电池接线柱和导线端子。装配后，为防止腐蚀涂抹润滑脂。

检查燃油是否泄漏。

装配燃油管路后，将点火开关置于 ON 位置（不要起动发动机），使燃油泵运转约 2s，并加压燃油管路。

重复上述操作两三次，在燃油管路的任一点检查是否有燃油泄漏。

把发动机冷却液重新注入散热器和储液箱内。从冷却系统放气。

- 起动发动机并运转,直到暖机为止(直到散热器风扇工作3次或4次)。

- 停止发动机,让其冷却。检查散热器内的液面,若有需要添加冷却液。这样做将清除冷却系统内的空气。

- 牢固地盖上散热器盖,然后再次运转发动机并检查是否泄漏。

13.15　起亚 K9（2015—2017 年款）

现代 3.8L G6DJ 发动机（2015—2017）

该发动机正时维修与 G6DA 发动机相同,相关内容请参考 13.3.4 小节。

第14章 双龙汽车

14.1 雷斯特（2002—2017年款）

14.1.1 双龙 2.7T D27DT 柴油发动机（2006—2017）

1. 正时链单元部件与正时标记位置

正时链单元部件位置见图14-1，正时标记如图14-2所示。

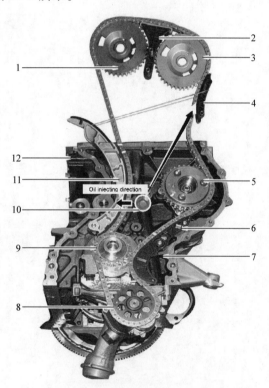

图14-1 正时链单元结构部件

1—排气凸轮轴链轮 2—上导轨板 3—进气凸轮轴链轮
4—夹紧导轨板 5—高压泵链轮 6—下导轨板 7—机油泵张紧器
8—机油泵链轮 9—曲轴链轮 10—喷嘴
11—张紧器导轨板 12—链条张紧器

正时标记说明：检查链条上的标记（金色标记）；用两个连续的标记链节标记一点，并对齐曲轴链轮上的标记（△）；对齐标记链节和各凸轮轴链轮（进气和排气）标记（△）；对齐另一个标记链节和高压泵链轮标记（△）。

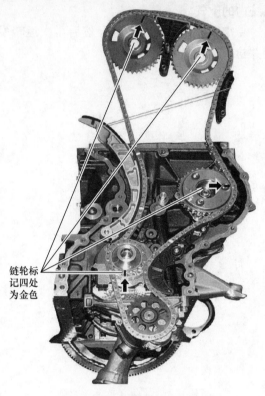

图14-2 正时链正时标记

2. 正时链条拆装步骤

1）拆卸气缸盖总成。
2）拆卸油底壳。
3）使用滑动锤，拆卸链条导轨板。
4）拆卸链条盖，见图14-3。
5）拆卸机油泵驱动链条。

图14-3 拆卸正时链盖

6）使用螺钉旋具推动回位弹簧，拆卸上导轨板。

7）拆卸下导轨板。

8）拆卸机油泵传动链条，见图14-4。

图14-4 拆卸机油泵传动链条

9）拆卸张紧器导轨板，见图14-5。

图14-5 拆卸张紧器导轨板

10）拆卸正时链条，见图14-6。

图14-6 拆卸正时链条

11）按拆卸时的相反顺序安装。

14.1.2 双龙 3.2L M162.990 发动机（2002—2011）

1. 正时检查

1）拆卸气缸盖罩

2）拆卸气缸盖前盖，见图14-7

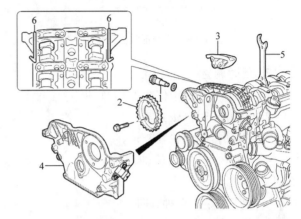

图14-7 气缸盖前盖部件

1—正时链张紧轮总成 2—排气凸轮轴链轮 3—上导轨
4—气缸盖前盖 5—扳手 6—定位销 A9917 0012B（DW 110－120）

3）转动曲轴，把1号气缸活塞定位在TDC（OT）位置上，见图14-8。当减振器上的OT标记与正时齿轮箱盖上的标记对齐时，进、排气凸轮中央倾斜面朝上。这样进、排气凸轮轴调整孔将与气缸盖上表面在3点钟、9点钟方向对齐。

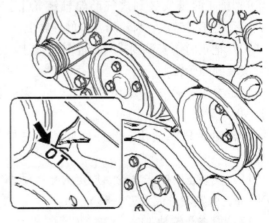

图14-8 OT标记位置

4）按下列步骤检查正时。检查进气凸轮轴调整孔是否定位在3点钟方向，排气凸轮轴调整孔是否定位在9点钟方向，分别把调整孔与气缸盖上表面对齐，见图14-9。在这种情况下，检查减振器上的OT标记是否与正时齿轮箱上的标记对齐。

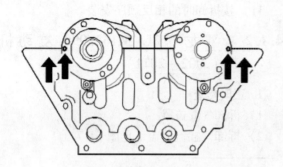

图 14-9 检查正时标记位置

2. 正时调整

1）把 1 号气缸定位在 TDC 前 30°的位置上。

2）拆卸正时链张紧轮。

3）拆卸排气凸轮轴链轮。

4）把进、排气凸轮轴调整孔与气缸盖上表面对齐。

- 进气侧：3 点种方向。
- 排气侧：9 点种方向。

5）把进、排气凸轮轴上的孔与气缸盖上的孔对齐，销 A9917 0012B（DW 110 - 120）。

6）固定进、排气凸轮轴。

7）转动曲轴，把 1 号气缸活塞定位在 TDC（OT）位置。

8）尽可能地向左转动凸轮轴执行器（凸轮轴执行器在"延迟"位置）。

9）把正时链安装到进气凸轮轴链轮上。参考：必须把正时链放在齿轮箱盖里的导轨上。

10）把正时链安装到排气凸轮轴链轮上，并将它安装到凸轮轴上。

规定力矩：第一步为 18～22N·m；第二步再拧 90°±5°。

链轮螺栓只能使用一次。因此，应更换新螺栓。

11）安装正时链张紧轮。规定力矩：螺塞为 40N·m；张紧轮总成为 72～88N·m。

12）检查凸轮轴正时。

14.1.3 双龙 2.0T D20DT 柴油发动机（2011—2017）

1. 正时链单元部件与正时标记位置

正时链单元部件位置见图 14-10，正时标记分布如图 14-11 所示。

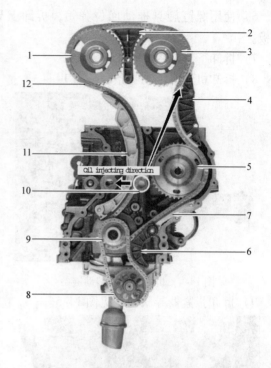

图 14-10 正时链单元结构部件

1—排气凸轮轴链轮　2—上导轨板　3—进气凸轮轴链轮
4—夹紧导轨板　5—高压泵链轮　6—下导轨板
7—机油泵张紧器　8—机油泵链轮　9—曲轴链轮
10—喷嘴　11—张紧器导轨板　12—链条张紧器

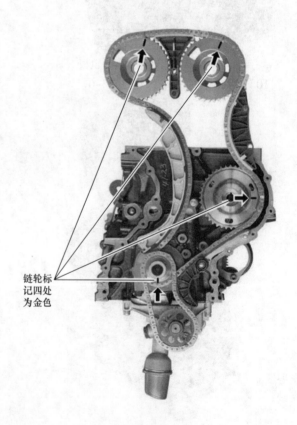

图 14-11 正时链正时标记（链轮标记四处为金色）

正时标记说明：检查链条上的标记（金色标记）；用两个连续的标记链节标记一点，并对齐曲轴链轮上的标记（△）；对齐标记链节和各凸轮轴链轮（进气和排气）标记（△）；对齐另一个标记链节和高压泵链轮标记（△）

2. 正时链条拆卸

1) 拆卸气缸盖总成。
2) 拆卸油底壳。
3) 使用滑动锤，拆卸链条导轨板。
4) 拆卸链条盖，见图14-12。

图14-14　拆卸张紧器导轨板

图14-12　拆卸正时链盖

5) 拆卸机油泵驱动链条。
6) 使用螺钉旋具推动回位弹簧，拆卸上导轨板。
7) 拆卸下导轨板。
8) 拆卸机油泵传动链条，见图14-13。

图14-13　拆卸机油泵传动链条

9) 拆卸张紧器导轨板，见图14-14。
10) 拆卸正时链条，见图14-15。

图14-15　拆卸正时链条

3. 正时链条安装

1) 拉动正时链条越过气缸盖，安装上导轨板，见图14-16。注意确定上导轨板的凸面面向前方。小心不要改变高压泵的正时点。
2) 安装进气和排气凸轮轴链轮、正时链条。注意链轮螺栓拉伸超过0.9mm，用新品更换。首

图 14-16 安装上导轨板

先安装进气凸轮轴链轮，见图 14-17。规定力矩：25N·m+90°。

图 14-17 安装凸轮轴链轮

① 确定安装的上导轨板位置正确，见图 14-18。

② 确定正时链条稳固坐落在导轨板上。

图 14-18 确定上导轨板安装位置正确

3）检查确定对齐凸轮轴链轮和正时链条上的标记，见图 14-19、图 14-20。

4）安装链条张紧器，见图 14-21。注意确定 EGR 钢衬垫安装适当。规定力矩：(65±5)N·m。

图 14-19 对齐凸轮轴上的正时标记

图 14-20 确定高压泵链轮上正时标记

图 14-21 安装张紧器

5）旋转曲轴带轮两圈，确定曲轴带轮上的 OT 标记和凸轮轴带轮上的 OT 标记对齐，见图 14-22。注意如果标记没有对齐，重新安装气缸盖。

6）安装气缸盖罩和高压泵外壳。注意安装高压泵时，在螺栓螺纹上涂抹密封胶。

第14章 双龙汽车

图14-22 对齐OT标记

14.2 柯兰多（2011—2017年款）

14.2.1 双龙2.0T D20DTF柴油发动机（2011—2017）

该款发动机正时维修与D20DT发动机相同，相关内容请参考14.1.3小节。

14.2.2 双龙2.0L G20DF发动机（2013—2017）

1. 正时链单元部件分解

发动机正时链单元部件如图14-23所示。

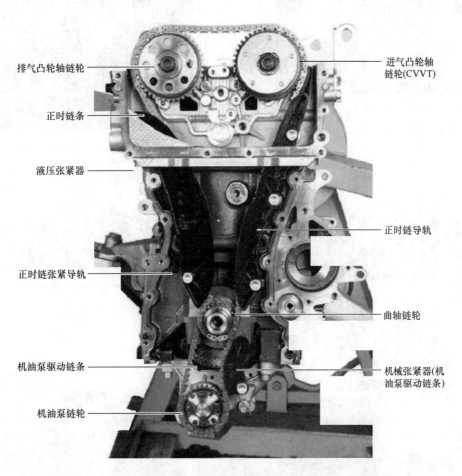

图14-23 双龙G20DF正时链单元

2. 正时链单元安装要点

1）发动机正时链条采用液压调节张紧器，其安装位置见图14-24。

2）顺时针转动曲轴，如图14-25所示。直到带轮与正时齿轮箱上的OT标记对齐，见图14-26。

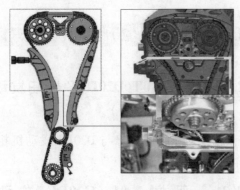

图 14-24 张紧器安装位置

图 14-26 对齐 OT 标记

4）全部安装完成后，再次检查凸轮轴链轮与曲轴链轮和正时链条的标记是否对准，见图 14-28。

图 14-25 顺时针方向转动曲轴

3）安装时注意检查曲轴链轮与链条的正时标记是否对齐，如图 14-27 所示。

图 14-27 曲轴链轮与正时链标记

图 14-28 检查正时标记

14.3 爱腾（2014—2017年款）

14.3.1 双龙2.0T D20DT柴油发动机（2006—2017）

该发动机也搭载在雷斯特车型上，相关内容请参考14.1.3小节。

14.3.2 双龙2.3L G23D发动机（2006—2017）

1. 正时链单元部件分解

发动机正时链单元部件如图14-29所示。

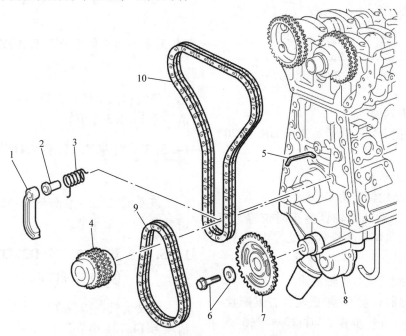

图14-29 双龙2.3L G23D发动机正时链单元

1—机油泵链条张紧器 2—机油泵链条衬套 3—机油泵链条弹簧 4—曲轴链轮 5—键
6—螺栓，拧紧力矩29-35N·m 7—机油泵链轮 8—机油泵 9—机油泵链条 10—正时链条

2. 发动机正时检查

1）转动曲轴把1号气缸活塞处于TDC后20°位置，见图14-30。注意当减振器上的TDC后20°标记与正时齿轮箱盖上的标记对正时，进气和排气凸轮轴中央倾斜面向上。此时1号和4号凸轮轴轴承盖插入孔与凸轮轴链轮凸缘孔对正。

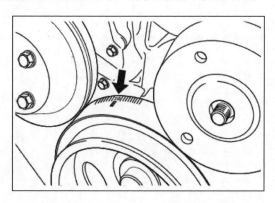

图14-30 对正减振器标记

2）按照下列程序检查正时：

① 检查固定销A991300528能否插入到1号和4号轴承盖孔，见图14-31。

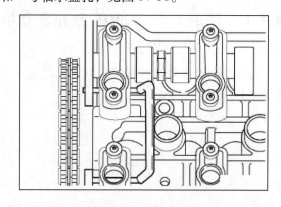

图14-31 插入固定销

② 在此状态下，检查减振器上的TDC后20°标记与正时齿轮箱上的标记是否对正。

③ 此时凸轮轴链轮和正时链条标记（图

14-32箭头指示）是否对齐。

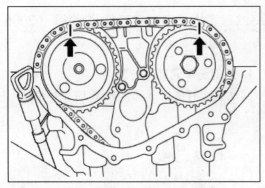

图14-32 凸轮轴链轮正时标记位置

3. 发动机正时调整

1）转动曲轴把1号气缸活塞处于TDC后20°位置。

2）拆卸链条张紧器。

3）拆卸排气凸轮轴链轮。

4）使用扳手转动凸轮轴调整正时位置，把固定销插入到1号和4号凸轮轴轴承盖孔和凸缘孔中。

5）安装链条到进气凸轮轴链轮。

6）安装链条到排气凸轮轴链轮，拧紧螺栓：步骤1为18～22N·m；步骤2为再拧90°±5°。

7）安装链条张紧器，紧固力矩：螺塞为40N·m；张紧器总成为72～88N·m。

8）检查凸轮轴正时。

14.4 享御（2006—2017年款）

14.4.1 双龙2.0T D20DT柴油发动机（2006—2017）

该发动机也搭载在雷斯特车型上，相关内容请参考14.1.3小节。

14.4.2 双龙2.3L G23D发动机（2006—2017）

该发动机也搭载在爱腾车型上，相关内容请参考14.3.2小节。

14.5 路帝（2005—2017年款）

14.5.1 双龙2.0T D20DT柴油发动机（2014—2017）

该发动机也搭载在雷斯特车型上，相关内容请参考14.1.3小节。

14.5.2 双龙3.2L G32D发动机（2005—2008）

该发动机正时维修与M162相同，相关内容请参考14.1.2小节。

14.5.3 双龙2.7T D27DT柴油发动机（2007—2008）

该发动机也搭载在雷斯特车型上，相关内容请参考14.1.1小节。

14.6 主席（2002—2007年款）

双龙3.2L G32D发动机（2002—2007）

该发动机正时维修与M162发动机相同，相关内容请参考14.1.2小节。

第15章 福特-林肯汽车

15.1 探险者（2010—2017 年款）

15.1.1 福特 2.3T EcoBoost 发动机（2016—2017）

1. 正时链条拆卸

1）将空档的车辆置于起重机上。

2）拆下高压燃油泵驱动装置。

3）拆除发动机前盖板。

4）如图 15-1 所示，安装专用工具 303-1565：凸轮轴定位工具。

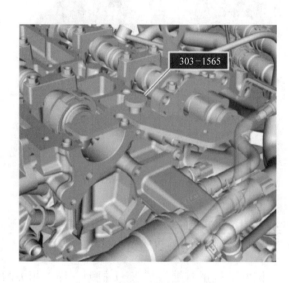

图 15-1　安装凸轮轴定位工具

图 15-2　松开紧固螺栓

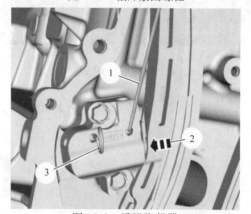

图 15-3　设置张紧器

1—小工具　2—推压方向　3—固定销

5）使用呆扳手防止部件转动，松开凸轮轴 VVT 组件螺栓，见图 15-2。

6）同样方法松开另一侧紧固螺栓。

7）使用小工具，释放或保持棘轮机构。当棘轮机构保持在松开位置，将正时链臂推向张紧器方向，压紧张紧器。将固定销插入孔内保持住张紧器，见图 15-3。

8）拆下张紧器的 2 个紧固螺栓并取下张紧器。

9）拆下正时链导板、张紧器臂螺栓并取下部件，拆下正时链条，见图 15-4。

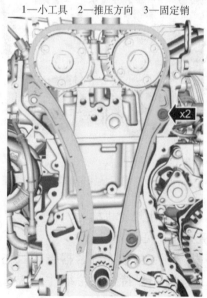

图 15-4　拆下正时链条

2. 正时链条安装

1）安装正时链条、正时链张紧臂、正时链导板，紧固2个螺栓。拧紧力矩：10N·m。

如果正时链张紧器活塞及棘轮组件不固定在压缩位置，则按以下步骤进行设置：

2）使用老虎钳边缘，压缩正时链张紧器活塞，见图15-5。不得压缩棘轮组件，这会损坏棘轮组件。

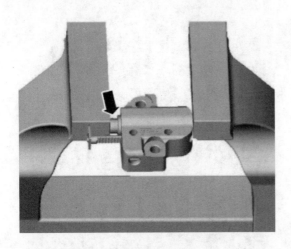

图15-5 压紧张紧器活塞

3）使用小工具，推回或保持棘轮机构，见图15-6。

图15-6 用工具保持棘轮机构

4）当保持住棘轮机构时，将棘轮臂推回到张紧器壳体中，见图15-7。

5）将紧固销安装在张紧器壳体的孔中，这样可以在安装时保持住棘轮组件及活塞，见图15-8。

图15-7 压入棘轮机构

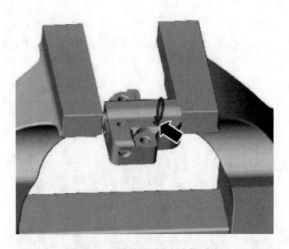

图15-8 插入固定销锁住活塞

15.1.2 福特2.0T EcoBoost发动机（2015—2017）

该发动机正时维修与2.3T机型一样，相关内容请参考15.1.1小节。

15.1.3 福特3.5T EcoBoost发动机（2016—2017）

1. 发动机正时链拆装

当发动机处于检修程序时，清洁十分重要。任何进入油道、冷却液通道或油底壳的异物（包括清洁垫圈表面时产生的任何物质）都可能导致发动机故障。

1）拆除发动机前盖板。

2）顺时针转动曲轴对齐正时标记，见图

15-9，注意只能顺时针方向转动曲轴。

图 15-9　对齐正时标记

3）安装专用工具 303-1248 凸轮轴固定工具到左侧凸轮轴，注意凸轮轴固定工具会将凸轮轴固定在 TDC 位置，见图 15-10。

图 15-10　安装专用工具 303-1248（一）

4）安装专用工具 303-1248 凸轮轴固定工具到右侧凸轮轴，注意凸轮轴固定工具会将凸轮轴固定在 TDC 位置，见图 15-11。

图 15-11　安装专用工具 303-1248（二）

5）拆下右侧 3 个 VCT 外壳紧固螺栓并取下外壳，见图 15-12。

图 15-12　拆下右侧 VCT 外壳

6）拆下左侧 VCT 外壳 3 个紧固螺栓并取下外壳，见图 15-13。

图 15-13　拆下左侧 VCT 外壳

注意：步骤 7）~9）针对主正时链（彩色链节不可见时）。

7）在右侧凸轮轴标记正时记号，见图 15-14。

图 15-14　标记右侧凸轮轴正时链节

8）在左侧凸轮轴和对应的正时链节上做标记，见图 15-15。

9）注意曲轴链轮正时标记应该在 2 个彩色

图 15-15 标记左侧凸轮轴正时链节

链节之间,在曲轴链轮正时标记对应的链节上做标记,见图 15-16。

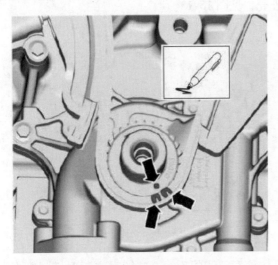

图 15-16 标记曲轴正时标记

10)拆下主正时链张紧器 2 个螺栓并取下张紧器,见图 15-17。

图 15-17 拆下主正时链张紧器

11)拆下主正时链张紧器臂,见图 15-18。

图 15-18 拆下主正时链张紧器臂

12)拆下主正时链滑轨,见图 15-19。

图 15-19 拆下主正时链滑轨

13)取下主正时链,见图 15-20。

14)取出曲轴链轮,见图 15-21。

图 15-20　取下主正时链

图 15-21　拆下曲轴链轮

15）请勿使用电动工具拆卸螺栓，否则可能会损坏 LH 主正时链导轮。拆下主正时链导轮，见图 15-22。

图 15-22　取下主正时链导轮

16）释放左侧正时链张紧器，见图 15-23。

图 15-23　释放左侧正时链张紧器

17）必须将 VCT 螺栓和排气凸轮轴螺栓丢弃并安装新的螺栓。不过，排气凸轮轴垫圈可重复使用，见图 15-24。

图 15-24　取下排气凸轮轴螺栓并报废

18）拆下左侧正时链张紧器，见图 15-25。

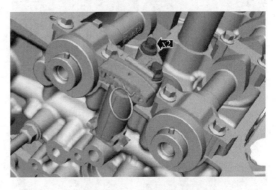

图 15-25　拆下左侧正时链张紧器

19）如图 15-26 所示，操作释放右侧正时链张紧器。

20）拆下右侧排气凸轮轴螺栓并报废，见图 15-27。

21）必须将凸轮轴固定工具向发动机后部倾斜，以便接触最后面的次级正时链张紧螺栓，见图 15-28。拧紧力矩：10N·m。

2. 正时链单元安装

1）安装右侧主正时链导轨，紧固螺栓拧紧力矩：10N·m。

2）必须将凸轮轴固定工具向发动机后部倾斜，以便接触最后面的次级正时链张紧螺栓。拧紧力矩：10N·m。

3）如图15-30所示，对准右侧次级链条的正时标记。

图15-26 释放右侧正时链张紧器

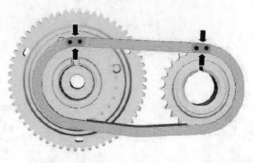

图15-30 对准右侧次级链正时标记

4）紧固右侧排气凸轮轴与VCT装置的紧固螺栓。拧紧力矩：第1步为40N·m；第2步为松开1圈；第3步为10N·m；第4步为90°。

5）安装右侧次级链张紧器。

6）必须将凸轮轴固定工具向发动机后部倾斜，以便接触最后面的次级正时链张紧螺栓，紧固张紧器螺栓。拧紧力矩：10N·m。

7）对准左侧次级链条正时标记，见图15-31。

图15-27 拆下右侧排气凸轮轴螺栓

图15-28 拆下右侧正时链张紧器

22）拆下右侧主正时链导轨，见图15-29。

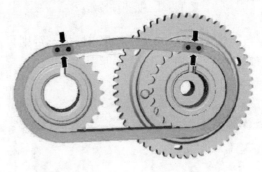

图15-31 对准左侧次级链正时标记

8）紧固左侧排气凸轮轴与VCT装置螺栓。拧紧力矩：第1步为40N·m；第2步为松开1圈；第3步为10N·m；第4步为90°。

9）安装左侧次级链正时链张紧器。

10）安装曲轴链轮。

11）安装左侧主正时链导轨。拧紧力矩：10N·m。

12）曲轴链轮正时标记应该在2个彩色链节

图15-29 拆下右侧主正时链导轨

之间。

13）安装主正时链导轨并紧固 2 个螺栓。拧紧力矩：10N·m。

14）安装主正时链张紧臂。

15）复位主正时链张紧器，见图 15-32。

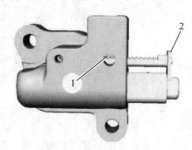

图 15-32　复位主正时链张紧器
1—棘轮机构设置孔　2—棘轮杆　3—固定销

16）可能有必要稍微转动曲轴以消除正时链的松弛，并安装张紧器。拧紧力矩：10N·m。

17）完成后要进行检查，确认所有正时标记都正确对准，见图 15-33。

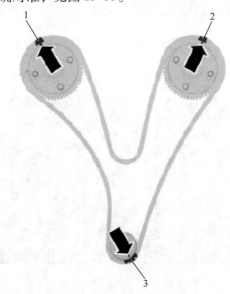

图 15-33　检查主正时链正时标记对准
1—右侧进气 VCT 总成彩色链节　2—左侧进气 VCT 总成彩色链节　3—曲轴链轮链节

18）下面以 RH 为例，LH 类似，注意在拆卸过程中，O 形密封圈可能仍保留在气缸盖上。如果是这样，请从气缸盖上拆下 O 形密封圈，检查密封情况，根据需要进行更换，然后将 O 形密封圈安装在 VCT 外壳上，见图 15-34。

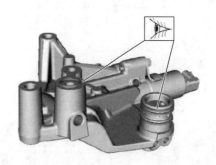

图 15-34　检查 VCT 外壳密封圈

19）先安装左侧 VCT 外壳，拧紧螺栓前，请确保 VCT 外壳上的定位销完全啮合在气缸盖中，不按流程操作将导致发动机严重损坏。拧紧力矩：10N·m。

20）接着安装右侧 VCT 外壳，拧紧螺栓前，请确保 VCT 外壳上的定位销完全啮合在气缸盖中，不按流程操作将导致发动机严重损坏。拧紧力矩：10N·m。

21）使用专用维修工具 303-1248 凸轮轴固定工具固定左侧凸轮轴。

22）使用专用工具固定右侧凸轮轴，注意凸轮轴固定工具会将凸轮轴固定在 TDC 位置。

23）安装发动机前盖板。

15.1.4　福特 3.5L Duratec 发动机（2010—2015）

该发动机正时维修与 3.7L 发动机相似，相关内容请参考 15.11.2 小节。

15.2　野马（2012—2018 年款）

15.2.1　福特 2.3T EcoBoost 发动机（2015—2018）

该发动机也搭载在探险者车型上，相关内容请参考 15.1.1 小节。

15.2.2 福特 5.0L Ti－VCT 发动机（2013—2018）

1. 正时链单元拆卸步骤

注意：在发动机的修复过程中清洁是非常重要的。任何异物，包括在清洁垫片表面产生的任何材料进入油道、冷却液通道或油底壳，都可引起发动机故障。

1）拆下发动机前盖。

2）使用曲轴保持工具，直到键槽在 12 点钟位置，曲轴必须顺时针旋转，见图 15-35。

图 15-35　顺时针转动曲轴

3）如图 15-36 所示，验证凸轮轴二维码标志是否朝上，如果没有，顺时针旋转一周转动曲轴。

图 15-36　凸轮轴二维码标朝上

4）拆卸 2 个螺栓和 RH 主正时链条张紧器，见图 15-37。

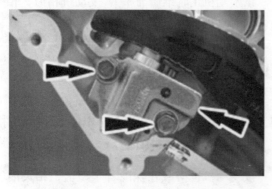

图 15-37　拆卸 RH 正时链张紧器

5）如图 15-38 所示，拆下 RH 正时链条张紧器臂。注意：可能必须稍微旋转曲轴以拆下 RH 正时链条张紧器臂。在拆卸 RH 正时链条张紧器臂之后将曲轴键槽调回到 12 点钟位置。

图 15-38　拆下 RH 正时链条张紧器臂

6）如图 15-39 所示，拆下螺栓和 RH 正时链条导轨。注意：可能必须稍微旋转曲轴以拆下 RH 正时链条导轨。拆卸 RH 正时链条导轨后将曲轴键槽调回到 12 点钟位置。

图 15-39　拆卸 RH 正时链导轨

7）拆下 RH 初级正时链条，见图 15-40。

图 15-40　拆下 RH 初级正时链条

8）拆下 3 个 RH 进气可变凸轮轴正时（VCT）装配螺栓和 3 RH 排气 VCT 装配螺栓，见

图15-41。

图15-41　拆下RH进排气VCT螺栓

9）向前滑动RH VCT组件和次级正时链条2mm，见图15-42。

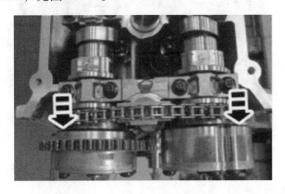

图15-42　滑动VCT组件位置

10）压下RH次级正时链条张紧器，并向外呈90°打开，见图15-43。

图15-43　压下次级链条张紧器

11）拆下RH VCT组件和RH次级正时链条，见图15-44。

12）使用曲轴保持工具，逆时针转动曲轴直到曲轴键槽在9点钟位置，见图15-45。

13）拆卸2个螺栓和LH主正时链条张紧器，见图15-46。

14）如图15-47所示，取出LH正时链条张

图15-44　拆下RH次级正时链

图15-45　逆时针转动曲轴

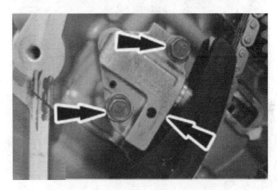

图15-46　拆下LH主正时链张紧器

紧器臂。注意：可能必须稍微旋转曲轴以拆下LH正时链条张紧器臂。取出LH正时链条张紧器臂后将曲轴键槽调回到9点钟位置。

图15-47　取出LH正时链条张紧器臂

15）如图15-48所示，拆下螺栓和LH的正时链条导轨。注意：可能必须稍微旋转曲轴以拆下LH正时链条导轨。拆下LH正时链条导轨后将曲轴键槽调回至9点钟位置。

图15-48 拆卸LH正时链导轨

16）取出LH初级正时链条，见图15-49。

图15-49 取出LH初级正时链条

17）拆下3个LH进气可变凸轮轴正时（VCT）装配螺栓和3个LH排气VCT装配螺栓，见图15-50。

图15-50 拆下LH进排气VCT紧固螺栓

18）向前滑动LH VCT组件和次级正时链条2mm，见图15-51。

19）压下LH次级正时链条张紧器，并向外

图15-51 滑动LH侧VCT组件

呈90°打开，见图15-52。

图15-52 压下LH次级正时链条张紧器

20）取出LH VCT组件和LH次级正时链条，见图15-53。

图15-53 取下LH VCT组件与次级正时链

21）拆下曲轴链轮，见图15-54。

图15-54 拆下曲轴链轮

2. 正时链安装步骤

1）将凸缘朝前安装曲轴链轮。

2）安装辅助正时链条上的 LH VCT 组件。对齐 VCT 组件的正时标记和次级正时链的着色链节，如图 15-55 所示。进气 VCT 装配的正时标记应在 2 个连续的彩色链节之间保持一致。在排气 VCT 装配的正时标记应与单彩色链节对齐。

图 15-55　对齐 LH 次级正时链标记

3）安装 LH VCT 组件和次级正时链条到 LH 凸轮轴上，完全就位后留到位置 2mm 间隙。排气 VCT 组件正时标记应在 11 点钟位置，见图 15-56。

图 15-56　排气 VCT 组件正时标记在 11 点钟位置

4）可能必须稍微旋转排气凸轮轴（使用凸轮轴固定扳手）固定 VCT 组件。

旋转次级正时链条 90°使之张紧，使 VCT 组件正面倾斜的地方完全就位到凸轮轴上。如果次级正时链条不是以张紧器为中心，应重新定位 VCT 组件，直到它们完全在凸轮轴上就位，见图 15-57。

5）安装 3 个 LH 进气 VCT 装配螺栓和 3 个 LH 排气 VCT 装配螺栓。拧紧至 15N·m+90°。

注意：使用凸轮轴上的一个单元，用扳手将凸轮轴固定的同时拧紧 VCT 装配螺栓。

图 15-57　调节张紧器到正时链条中心位置

6）安装 LH 初级正时链条。对准 LH VCT 装配正时标记与正时链的彩色链节，见图 15-58。

图 15-58　对准 LH VCT 正时标记

7）对准曲轴链轮正时标记和正时链上的彩色链节，见图 15-59。

图 15-59　对准曲轴正时标记

8）安装 LH 正时链条导轨和螺栓。拧紧至 10N·m。注意：可能必须稍微旋转曲轴以安装 LH 正时链条导轨。安装 LH 正时链条导轨后，将曲轴键槽返回至 9 点钟位置。

9）安装 LH 正时链条张紧器臂。注意：可能必须稍微旋转曲轴以安装 LH 正时链条张紧器臂。安装 LH 正时链条张紧器臂后将曲轴键槽返回 9

点钟位置。

以下3个步骤完成左右2个主正时链条张紧器的复位。

10）如图15-60所示，用台虎钳的边缘压缩主正时链条张紧器柱塞。不要将棘轮组件压到，这样会损坏张紧器。

图15-60　用台虎钳压缩张紧器柱塞

11）用小螺钉旋具压下并保持棘轮机构，然后推棘轮臂到张紧器里面，见图15-61。

图15-61　插入销针锁定张紧器

12）如图15-62所示，将一个合适的销针插入张紧器壳体的孔中，在安装过程中将棘齿组件和柱塞保持住适当位置。

图15-62　插入固定销

13）安装LH初级正时链条张紧器和2个螺栓。拧紧至10N·m。拆下张紧器的固定销。

14）使用曲轴固定工具顺时针旋转曲轴，直到曲轴键槽位于12点钟位置，见图15-63。

图15-63　调整曲轴键槽位于12点钟位置

15）安装辅助正时链条到RH VCT组件。对齐VCT组件正时标记和次级正时链的着色链节，如图15-64所示。进气VCT装配的正时标记应在2个连续的彩色链节之间保持一致。在排气VCT装配的正时标记应与单彩色链节对齐。

图15-64　对齐RH正时链标记

16）安装RH VCT组件和次级正时链条到RH凸轮轴上，完全就位后留到位置2mm间隙，如果完全就位，排气VCT组件正时标记应该在1点钟位置，见图15-65。

图15-65　RH排气VCT组件正时位置

17）旋转次级正时链条90°使之张紧，使VCT组件正面倾斜的地方完全就位到凸轮轴上。如果次级正时链条不是以张紧器为中心，应重新定位VCT组件，直到它们完全在凸轮轴上就位。

注意：可能必须稍微旋转排气凸轮轴（使用扳手固定凸轮轴的一个单元）固定VCT组件到凸轮轴。

18）安装3个RH进气VCT装配螺栓和3个RH排气VCT装配螺栓。拧紧至15N·m+90°。

注意：使用扳手锁定凸轮轴上的一个单元，同时紧固VCT装配螺栓。

19）安装RH初级正时链条。对齐RH VCT装配正时标记与正时链的彩色链节，见图15-66。

图15-66　对齐RH VCT正时标记

20）对准曲轴链轮正时标记与正时链彩色链节，见图15-67。

图15-67　对齐曲轴正时链标记

21）安装RH正时链条导轨和螺栓。拧紧至10N·m。

注意：可能必须稍微旋转曲轴，在安装RH正时链条导轨时使链条足够松弛。安装RH正时链条导轨后将曲轴键槽调回到12点钟位置。

22）安装RH正时链条张紧器臂。

注意：可能必要须稍微旋转曲轴，在安装RH正时链条张紧器臂时使链条足够松弛。安装RH正时链条张紧器臂之后将曲轴键槽调回到12点钟位置。

23）安装RH初级正时链条张紧器和2个螺栓。拧紧至10N·m。

24）拆下张紧器的固定销。

25）检查曲轴键槽是否处于12点钟位置，确认正时记号正确对准，如图15-68所示。

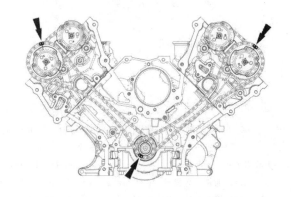

图15-68　检查正时标记是否对准

26）安装发动机前盖。

15.2.3　福特5.4L发动机（2012—2017）

该发动机正时维修与6.2L发动机相似，相关内容请参考15.3.2小节。

15.3　猛禽F150（2009—2018年款）

15.3.1　福特3.5T EcoBoost发动机（2014—2018）

该发动机也搭载在探险者车型上，相关内容请参考15.1.3小节。

15.3.2　福特6.2L发动机（2013—2014）

1. 正时链单元部件分解

发动机正时链单元部件如图15-69所示。

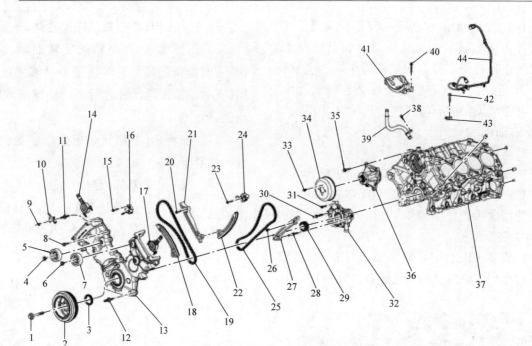

图 15-69 发动机正时链单元

1—曲轴带轮螺栓和垫圈 2—曲轴带轮 3—曲轴前密封 4—配件传动带惰轮带轮螺栓 5—附件驱动带惰轮 6—配件传动带惰轮带轮螺栓 7—附件驱动带轮 8—发动机前盖螺栓（17根） 9—无线电点火干扰电容螺母 10—无线电点火干扰电容器 11—发动机前盖双头螺柱 12—发动机前盖双头螺柱（2件） 13—发动机前盖 14—RH VCT 变力螺线管 15—RH 正时链张紧螺栓（2件） 16—RH 正时链张紧器 17—RH VCT 可变电磁阀 18—RH 正时链张紧臂 19—RH 正时链 20—RH 正时链导轨 21—RH 正时链导轨 22—LH 张紧臂 23—LH 正时链张紧螺栓（2件） 24—LH 正时链张紧器 25—LH 正时链 26—LH 正时链导轨螺栓 27—LH 正时链导轨 28—油泵双头螺柱 29—曲轴链轮 30—油泵双头螺柱 31—油泵螺栓（2件） 32—油泵 33—冷却液泵滑轮螺栓（4件） 34—冷却液泵带轮 35—冷却液泵螺栓（4件） 36—冷却液泵 37—气缸体 38—加热器冷却液回流接头螺栓 39—加热器冷却液回流接头 40—发电机支架螺栓（4个） 41—发电机支撑支架 42—爆燃传感器（KS）螺栓（2件） 43—KS 传感器（2个） 44—KS 传感器接线

2. 正时链单元拆卸步骤

1）将曲轴键槽定位在 11 点钟位置，见图 15-70。

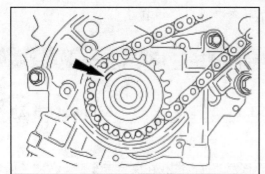

图 15-70 设定曲轴键槽位置

2）拆下 2 个螺栓、RH 正时链张紧器和张紧器臂。

3）拆下螺栓和 RH 正时链条导轨。

4）删除 RH 正时链。

5）拆下 2 个螺栓和 LH 正时链条张紧器。

6）拆下 LH 正时链张紧器臂。

7）拆下螺栓和 LH 正时链导轨。

8）拆下 LH 正时链。

9）拆下曲轴链轮。

3. 正时链单元安装步骤

1）使用一个小镐，小心地将张紧器齿条棘爪保持架从齿条棘爪推开，并使用台虎钳压缩张紧器柱塞和支架，见图 15-71。

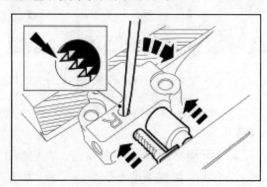

图 15-71 设置张紧器

2）如图15-72所示，将张紧器固定销安装在张紧器上，将齿条棘爪和柱塞固定在安装位置，以进行张紧器的安装。

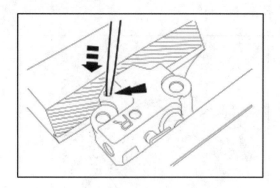

图15-72 固定张紧器在安装位置

3）从台虎钳上取下张紧器。

4）如果蓝色链节不可见，请在每一端标记2个链节，并用作正时标记，见图15-73。

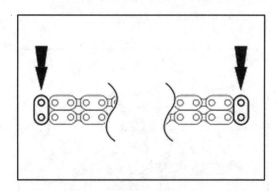

图15-73 标记正时链条

5）将LH（内）正时链的上端定位在LH凸轮轴相位器和链轮上，将链轮上的单个蓝色（标记）链节对准凸轮轴相位器和链轮外法兰上的正时标记，见图15-74。注意：确保正时链条的上半部分位于张紧器臂定位销和链条引导销上方。

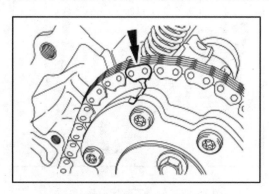

图15-74 对准凸轮轴侧正时链节

6）将LH（内）正时链的下端定位在曲轴链轮上，将曲轴链轮外法兰上的正时标记与链上的单个蓝色（标记）链节对齐，并将曲轴链轮安装到曲轴上，验证曲轴键槽处于11点钟位置，见图15-75。

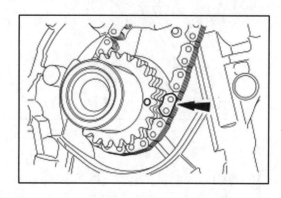

图15-75 对准曲轴侧正时链节

7）安装LH正时链张紧器臂，见图15-76。

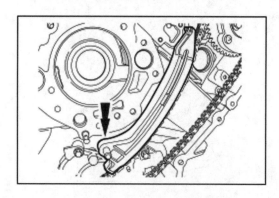

图15-76 安装LH正时链张紧器臂

8）定位LH正时链张紧器，并分两个阶段拧紧2个螺栓，见图15-77。阶段1：拧紧至10N·m。第2阶段：再拧45°。

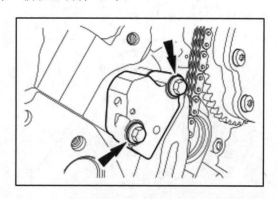

图15-77 安装张紧器

9）定位LH正时链条导轨，并分两个阶段拧紧螺栓，见图 15-78。阶段 1：拧紧至 10N·m。第 2 阶段：再拧 45°。

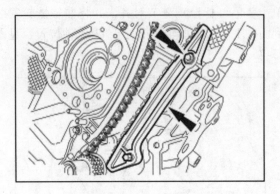

图 15-78　安装正时链导轨

10）从 LH 正时链张紧器上拆下固定夹。

11）将 RH（外）正时链的下端定位在曲轴链轮上，将链轮上的定时标记与单个蓝色（标记）链节对齐，见图 15-79。

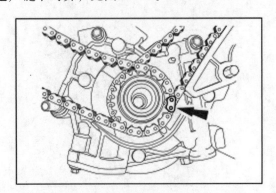

图 15-79　对准 RH 侧曲轴链轮正时标记

12）将 RH（外部）正时链的上端定位在 RH 凸轮轴相位器和链轮上，将链轮上的单个蓝色（标记）链节对准凸轮轴相位器和链轮外部法兰上的正时标记，见图 15-80。

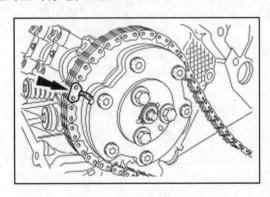

图 15-80　对准 RH 凸轮轴侧正时链条

13）将 RH 正时链张紧器臂定位在定位销和 RH 正时链张紧器上，并分两个阶段拧紧 2 个螺栓，见图 15-81。阶段 1：拧紧至 10N·m。第 2 阶段：再拧 45°。

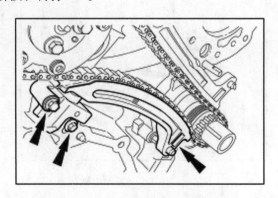

图 15-81　安装张紧器臂与张紧器

14）定位 RH 正时链条导轨，并分两个阶段拧紧螺栓，见图 15-82。阶段 1：拧紧至 10N·m。第 2 阶段：再拧 45°。

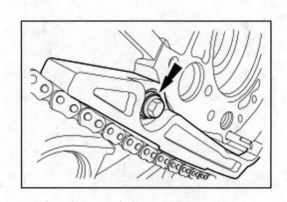

图 15-82　安装正时链导轨

15）从 RH 正时链条张紧器上拆下固定夹。请验证所有正时标记已正确对齐，见图 15-83。

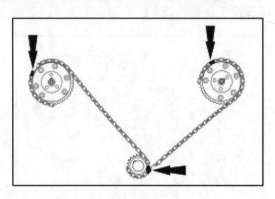

图 15-83　检查正时标记是否对齐

15.3.3 福特 5.4L 发动机（2009—2010）

该发动机正时维修与 6.2L 发动机相似，相关内容请参考 15.3.2 小节。图 15-84 所示为该发动机正时链单元部件分解。

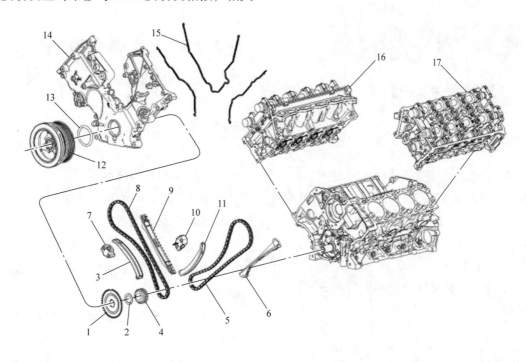

图 15-84　发动机正时链单元部件
1—曲轴传感器环　2—曲轴垫圈　3—RH 正时链张紧器臂　4—曲轴正时链轮　5—LH 主正时链　6—LH 主正时链导板
7—RH 主正时链张紧器　8—RH 主正时链　9—RH 主正时链导板　10—LH 初级正时链张紧器　11—LH 正时链张紧器臂　12—曲轴带轮
13—曲轴前盖　14—发动机前盖　15—发动机前盖垫圈　16—RH 气缸盖总成　17—LH 气缸盖总成

15.4　福克斯 ST（2013—2017 年款）

福特 2.0T EcoBoost（2013—2017）

该发动机正时维修与 2.3T 机型一样，相关内容请参考 15.1.1 小节。

15.5　福克斯 RS（2016—2017 年款）

福特 2.3T EcoBoost 发动机（2016—2017）

该发动机也搭载在探险者车型上，相关内容请参考 15.1.1 小节。

15.6　嘉年华 ST（2013—2017 年款）

福特 1.6T EcoBoost 发动机（2013—2017）

1）如图 15-85 所示，安装专用工具凸轮轴对齐工具 303 - 1552。注意有必要使用呆扳手通过六角部分固定凸轮轴以对齐凸轮轴。

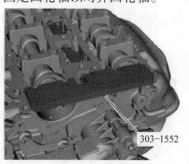

图 15-85　安装凸轮轴对齐工具

2）目测检查凸轮轴 VVT 标记在 12 点钟位置，见图 15-86。

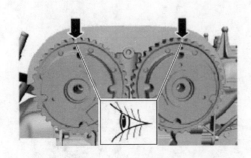

图 15-86　VVT 标记在 12 点钟位置

3）安装专用工具可变凸轮轴正时对齐工具。按照 25N·m 的力矩予以拧紧凸轮轴 VVT 组件中心螺栓。使用呆扳手通过六角部分固定凸轮轴以避免凸轮轴转动。凸轮轴相位器与链轮的正时标记必须处于 12 点钟位置。

4）卸下专用工具可变凸轮轴正时对齐工具，见图 15-87。

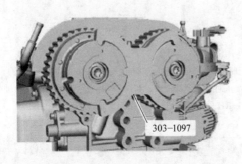

图 15-87　可变凸轮轴正时对齐工具

5）卸下专用工具凸轮轴对齐工具 303-1552。

6）另行拧紧凸轮轴 VVT 组件中心螺栓 75°。使用呆扳手通过六角部分固定凸轮轴以避免凸轮轴转动。

7）安装专用工具凸轮轴对齐工具 303-1552。注意：仅可在气门正时正确时方可安装专用工具。

8）安装专用工具可变凸轮轴正时对齐工具。注意：仅可在气门正时正确时方可安装专用工具。如无法安装专用工具，则按照上文所述步骤重新调整。

9）卸下专用工具可变凸轮轴正时对齐工具。

10）卸下专用工具凸轮轴对齐工具 303-1552。

11）使用呆扳手通过六角部分固定凸轮轴以避免凸轮轴转动。按照 16N·m 的力矩予以拧紧凸轮轴 VVT 组件中心螺栓。

12）安装专用工具可变凸轮轴正时对齐工具。

15.7　C-MAX（2013—2017 年款）

福特 2.0L 混动发动机（2013—2017）

1. 正时链单元部件分解

发动机正时链单元部件如图 15-88 所示。

2. 正时链单元的拆解方法

1）如图 15-89 所示转动曲轴直至 1 号活塞大约与上止点（TDC）成 45°。小心仅顺时针旋转曲轴。

2）拆卸缸体上正时销安装位堵塞，见图 15-90。

3）安装专用工具 303-507 曲轴 TDC 位置正时销，见图 15-91。曲轴 TDC 位置正时销将与曲轴接触，防止曲轴转过 TDC，如图 15-92 所示。然而，曲轴仍可沿逆时针方向旋转。在曲轴带轮拆卸和安装期间，曲轴必须保持在 TDC 位置。

4）安装特殊维修工具 303-465 凸轮轴对准工具，如图 15-93 所示。凸轮轴对准工具仅用于凸轮轴对准。使用此工具可防止发动机旋转，导致发动机损坏。

注意：如果不能安装凸轮轴对准工具，请拆下 TDC 位置正时销，并顺时针旋转曲轴四分之一转，并重复此过程的前两步。

5）在拆卸带轮螺栓时，曲轴必须保持在 TDC 位置，否则可能会导致发动机损坏。因此，曲轴带轮必须用曲轴阻尼器保持工具保持就位，并且应使用空气冲击扳手拆下螺栓。

注意：曲轴链轮金刚石垫圈可能会与曲轴带轮脱落。使用空气冲击扳手卸下曲轴带轮螺栓，见图 15-94。

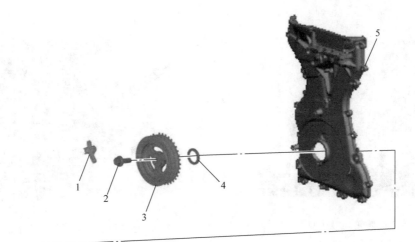

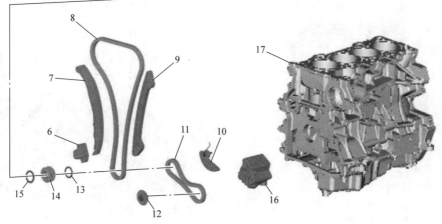

图 15-88 发动机正时链单元部件

1—曲轴位置（CKP）传感器 2—曲轴带轮螺栓 3—曲轴带轮 4—曲轴前密封 5—发动机前盖 6—正时链张紧器
7—正时链张紧臂 8—正时链 9—正时链导板 10—油泵链张紧器 11—油泵链 12—油泵驱动齿轮 13、15—金刚石垫圈
14—曲轴链轮 16—油泵 17—气缸体

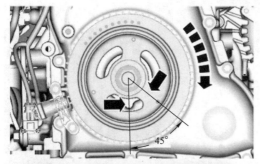

图 15-89 设置 1 号活塞与上止点成 45°

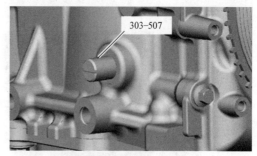

图 15-91 安装正时销

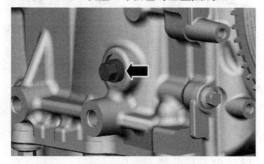

图 15-90 拆下堵塞

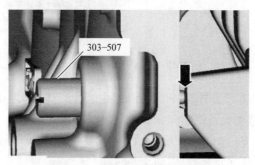

图 15-92 曲轴正时销安装位置

图 15-93 安装凸轮轴对准工具

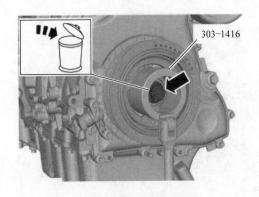

图 15-94 拆卸曲轴带轮

特殊工具：303-1416 曲柄挡板。

6) 如图 15-95 所示，用专用工具 303-293 拆下垫圈，拆卸正时链罩盖。

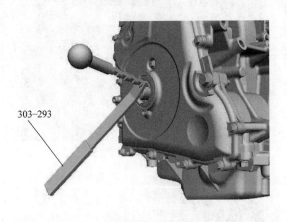

图 15-95 拆卸曲轴垫圈

7) 如图 15-96 所示，用专用工具 100-010 和通用设备锁定张紧器。

8) 如图 15-97 所示，小心用呆扳手和六角螺栓固定凸轮轴，以防止其转动。

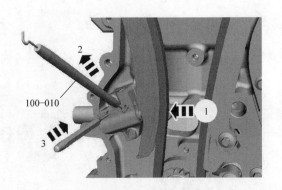

图 15-96 锁定正时链张紧器
1—推压方向 2—专用工具 3—通用设备

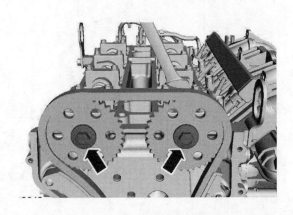

图 15-97 拆卸凸轮轴链轮螺栓

9) 拆下正时链导轨，拆下张紧器，如图 15-98 所示。

图 15-98 拆卸张紧器

10) 拆下张紧轨。

11) 拆下正时链条。

15.8 林肯MKC（2014—2018年款）

15.8.1 福特2.3T EcoBoost发动机（2017—）

该发动机也搭载在探险者车型上，相关内容请参考15.1.1小节。

15.8.2 福特2.0T EcoBoost发动机（2014—2018）

该发动机正时维修与2.3T机型一样，相关内容请参考15.1.1小节。

15.9 林肯MKZ（2008—2018年款）

15.9.1 福特2.0T EcoBoost发动机（2014—2018）

该发动机正时维修与2.3T机型一样，相关内容请参考15.1.1小节。

15.9.2 福特3.5L Ti VCT发动机（2008—2013）

该发动机正时维修与3.7L发动机相似，相关内容请参考15.11.2小节。

15.10 林肯MKX（2007—2018年款）

15.10.1 福特2.7T EcoBoost发动机（2015—2017）

拆卸步骤如下。

右侧和左侧正时链：

1）拆除发动机前盖板。

2）安装曲轴固定器，见图15-99。

3）VCT装置拥有2个正时标记，一个三角形标记和一个圆形标记。在装卸RH侧时，请使用三角形标记。

① 顺时针旋转曲轴。

② 在11点钟方向放置一个曲轴链轮锁孔。

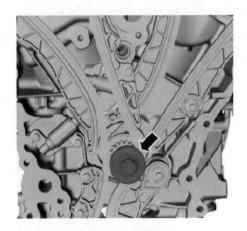

图15-99 安装曲轴固定器

③ 检查VCT装置上的三角形正时标记是否处于2点钟方向（进气）和11点钟方向（排气）。如果圆形正时标记处于这些位置，必须顺时针旋转曲轴一圈（360°），见图15-100。

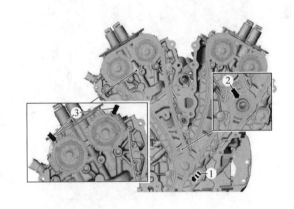

图15-100 VCT正时标记位置

4）如图15-101所示，拆下张紧器螺栓，取下张紧器。

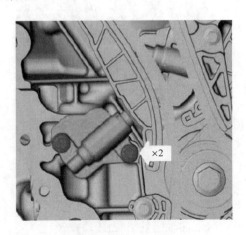

图15-101 拆下张紧器

5）拆下右侧正时链张紧臂螺栓并取下，见图 15-102。

图 15-102　拆下张紧臂

6）拆下右侧正时链导轨，见图 15-103。

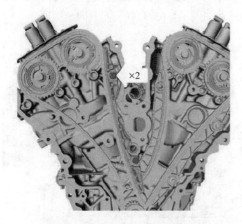

图 15-103　拆下右侧正时链导轨

7）取下右侧正时链条，见图 15-104。

图 15-104　取下右侧正时链条

8）取下曲轴固定器，见图 15-105。
9）取下曲轴链轮，见图 15-106。
左侧正时链：

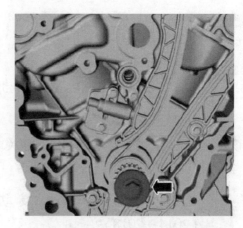

图 15-105　取下曲轴链轮固定器

图 15-106　取下曲轴链轮

10）安装曲轴固定器，见图 15-107。

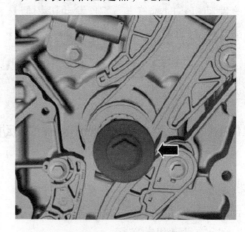

图 15-107　安装曲轴固定器

11）VCT 装置拥有 2 个正时标记，一个三角形标记和一个圆形标记。在装卸 LH 侧时，请使用圆形标记，见图 15-108。

① 顺时针旋转曲轴一圈（360°）。
② 在 11 点钟方向放置一个曲轴链轮锁孔。

③ 检查 VCT 装置上的三角形正时标记是否处于 10 点钟方向（进气）和 12：30 方向（排气）。

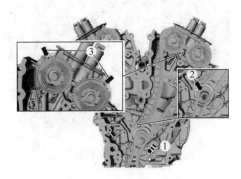

图 15-108　检查 LH 正时对准

12）取下曲轴固定器，见图 15-109。

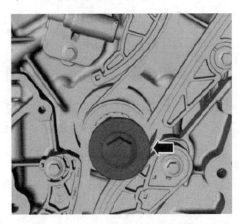

图 15-109　取下曲轴固定器

13）顺时针旋转机油泵链条张紧器，在张紧器孔中插入扳手，见图 15-110。

图 15-110　设置张紧器

14）取下机油泵正时链张紧器，见图 15-111。

15）拆下机油泵正时链导轨，见图 15-112。

图 15-111　取下机油泵正时链张紧器

图 15-112　拆下机油泵链条导轨

16）取下机油泵正时链条，见图 15-113。

图 15-113　取下机油泵链条

17）取下左侧正时链条张紧器，见图 15-114。

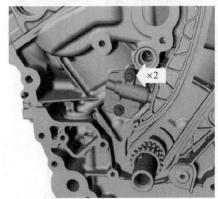

图 15-114　取下 LH 侧张紧器

18）拆下左侧正时链张紧器臂，见图15-115。

图15-115　拆下LH侧张紧器臂

19）拆下左侧正时链导轨的2个螺栓，并取下导轨，见图15-116。

图15-116　拆下LH侧正时链导轨

20）取下左侧正时链条，见图15-117。

图15-117　取下左侧正时链条

21）取下左侧正时链条曲轴传动链轮，见图15-118。

图15-118　取下曲轴传动链轮

以相反的步骤安装正时链部件。

15.10.2　福特2.0T EcoBoost T发动机（2015—2018）

该发动机正时维修与2.3T机型一样，相关内容请参考15.1.1小节。

15.10.3　福特3.7L Duratec发动机（2011—2014）

该款发动机也安装在MKT车型上，相关内容请参考15.11.2小节。

15.10.4　福特3.5L Duratec发动机（2007—2010）

该发动机正时维修与3.7L发动机相似，相关内容请参考15.11.2小节。

15.11　林肯MKT（2009—2017年款）

15.11.1　福特3.5T EcoBoost发动机（2009—2017）

该款发动机也搭载在福特探险者车型上，相关内容请参考15.1.3小节。

15.11.2　福特3.7L Duratec发动机（2010）

1. 正时链单元部件分解

发动机正时链单元部件如图15-119所示。

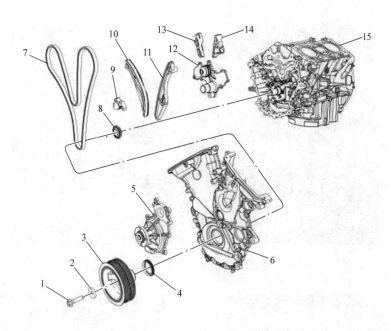

图15-119 发动机前端部件

1—曲轴带轮螺栓 2—曲轴带轮垫圈 3—曲轴带轮 4—曲轴前密封 5—冷却泵 6—发动机前盖 7—正时链条
8—曲轴正时链轮 9—主正时链条张紧器 10—主正时链条张紧器臂 11—初级正时链条导轨 12—通道盖板
13—RH主正时链条导轨 14—LH主正时链条导轨 15—缸体

2. 正时链单元拆卸步骤

3.7L发动机正时链单元结构如图15-120所示。

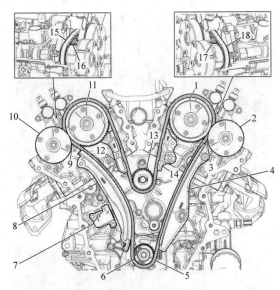

图15-120 正时链单元结构

1—LH进气可变凸轮轴正时（VCT）组件 2—LH排气VCT总成
3—LH次级正时链条张紧器 4—LH主正时链条导轨
5—初级正时链条 6—曲轴正时链轮 7—主正时链条张紧器
8—RH初级正时链条张紧器臂 9—RH次级正时链条张紧器
10—RH排气VCT总成 11—RH进气VCT总成
12—RH主正时链条导轨 13—通道盖板 14—LH主正时链条导轨
15—RH次级正时链条 16—RH次级正时链条张紧器
17—LH次级正时链条张紧器 18—LH次级正时链条

拆解步骤如下：

在发动机的修复过程中，清洁是非常重要的。任何异物，包括在清洁垫片表面产生的任何材料、杂质进入油道、冷却液通道或油底壳都可能引起发动机故障。

1）拆下发动机前盖。

2）顺时针旋转曲轴并调整进气可变凸轮轴正时（VCT）组件正时标记，如图15-121所示。

3）拆下3个螺栓和LH气门油管，见图15-122。

4）安装凸轮轴控制工具到LH凸轮轴的位置，见图15-123。凸轮轴控制工具可以锁定凸轮轴在上止点（TDC）位置。

5）拆下3个螺栓和RH气门油管，见图15-124。

6）安装凸轮轴控制工具到RH凸轮轴的位置，见图15-125。凸轮轴控制工具将锁定凸轮轴在上止点位置。

注：以下3个步骤，适用于主正时链条的彩色链节不可见时。

7）标记LH进气VCT对齐正时链链节装配正时标记，见图15-126。

图 15-121　VCT 组件正时标记

图 15-122　拆下 3 个螺栓

图 15-123　安装凸轮轴控制工具

图 15-124　拆下气门油管

图 15-125　安装凸轮轴固定工具

图 15-126　标记正时链安装标记

8）标记进气 VCT 对齐正时链链节装配正时标记，见图 15-127。

图 15-127　标记正时链安装标记

9）标记正时链条的链节与曲轴链轮正时记号对准，见图15-128。曲轴链轮正时标记应该位于双色链节之间。

图15-128　曲轴链轮正时标记

10）拆卸2个螺栓和主正时链条张紧器，见图15-129。

图15-129　拆下主正时链张紧器

11）取下正时链条张紧器臂，见图15-130。

图15-130　拆下正时链张紧器臂

12）拆卸2个螺栓和下部LH初级正时链条导轨，见图15-131。

图15-131　拆下初级正时链导轨

13）拆卸螺栓，取下LH进气VCT电磁阀，见图15-132。轻微的扭转可以帮助取下VCT电磁阀。注意保持VCT电磁阀干净，无灰尘和碎屑。

图15-132　拆卸进气VCT电磁阀

14）拆下螺栓，取下RH进气VCT电磁阀，见图15-133。轻微的扭转可以帮助取下VCT电磁阀。注意保持VCT电磁阀干净，无灰尘和碎屑。

15）拆除主正时链条，见图15-134。

16）拆下曲轴正时链轮，见图15-135。

17）拆下螺栓和上部LH主正时链条导轨，

图 15-133 拆卸右侧进气 VCT 电磁阀

图 15-136 拆下左侧上部主正时链导轨

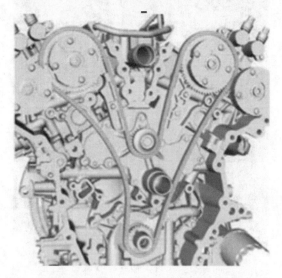

图 15-134 拆卸主正时链

图 15-137 用专用工具压下次级链张紧器

19）卸下并废弃 LH VCT 装配螺栓，见图 15-138。

图 15-135 拆下曲轴正时链轮

图 15-138 拆下 2 个左侧 VCT 安装螺栓

见图 15-136。注意不要使用电动工具移除螺栓，这可能损坏 LH 主正时链条导轨。

18）压缩 LH 次级正时链条张紧器，把次级正时链条张紧导轨背面按住，然后让张紧器靠住底座，保持在折叠位置，见图 15-137。为清楚起见，VCT 机油控制电磁阀已经拆下。

次级链条夹具通过压紧底座顶部的孔插入，见图 15-137。

20）取下 LH VCT 组件和次级正时链条，见图 15-139。

21）压缩 RH 次级正时链条张紧器，把次级正时链条张紧导轨背面的孔按住，然后让张紧器靠住底座保持在折叠位置，见图 15-140。

22）卸下并废弃 RH VCT 装配螺栓，见图 15-141。

图 15-139 取下左侧 VCT 组件与次级链条

图 15-140 用专用工具压下左侧张紧器

图 15-141 拆下右侧 VCT 安装螺栓

23）取下 RH VCT 组件和次级正时链条，见图 15-142。

图 15-142 取下 VCT 组件与次级链条

24）拆下螺栓和 RH 主正时链条导轨，见图 15-143。注意：不要使用电动工具移除螺栓。

图 15-143 拆下右侧主正时链导轨

25）取出 9 个螺栓和通道盖板，报废垫圈，见图 15-144。

图 15-144 拆下曲轴箱盖板

以下步骤仅适用于更换次级正时链条张紧器。不要重复使用次级正时链条张紧器。

26）拆下排气 LH VCT 控制电磁阀，见图 15-145。轻微的扭转可以帮助拆除 VCT 控制电磁阀。

注意：保持 VCT 控制电磁阀干净，无灰尘和碎屑。

图 15-145 拆下左侧 VCT 电磁阀

27）取出 LH 次级正时链条张紧器，见图 15-146。

图 15-146　取出左侧次级链张紧器

28）通过从底部向上推取出 LH 次级正时链条张紧器，并拆除，见图 15-147。

图 15-147　向上推取出左侧次级链张紧器

29）拆下排气 RH VCT 控制电磁阀，见图 15-148。

图 15-148　拆下右侧排气 VCT 阀

30）拆下 RH 次级正时链条张紧器，见图 15-149。

31）通过从底部向上推取出 RH 次级正时链条张紧器，并拆除，见图 15-150。

3. 正时链单元安装步骤

1）使用新的垫片，安装通道盖板和 9 个螺

图 15-149　拆下右侧次级链张紧器

图 15-150　向上推取出张紧器

栓，见图 15-151。分两个阶段拧紧 2 螺栓：

第 1 阶段：拧紧至 10N·m。第 2 阶段：将螺母拧紧 45°。

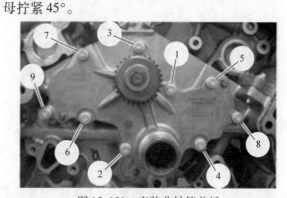

图 15-151　安装曲轴箱盖板

2）安装 RH 主正时链条导轨和螺栓，见图 15-152。拧紧至 10N·m。

图 15-152　安装右侧主正时链导轨

以下步骤仅适用于更换次级正时链条张紧使用。

3）应用干净的机油涂抹次级正时链条张紧器 O 形圈和大型盖孔。

注意：不要拆除次级正时链条张紧器锁扣，直到指示这样做。

向下推张紧器，直到有卡扣声并装入大型盖孔，安装 RH 次级正时链条张紧器，见图 15-153。

图 15-153　向下推安装右侧次级链张紧器

4）安装 RH 次级正时链条张紧器，见图 15-154。

图 15-154　安装张紧器到固定位置

5）卸下并丢弃 RH 次级正时链条张紧器锁扣，见图 15-155。

图 15-155　卸下张紧器锁扣

6）组装 RH 可变凸轮轴正时（VCT）总成、排气 RH 凸轮轴链轮和 RH 次级正时链条。对准正时标记着色的链节，见图 15-156。

图 15-156　对准右侧正时链轮正时标记

7）用凸轮轴定位销插入 VCT 组件上的孔，对准 RH VCT 组件和次级正时链条在凸轮轴的正时位置，见图 15-157。

图 15-157　对准安装右侧 VCT 组件

8）安装 2 个新的 RH VCT 螺栓，分 4 个阶段拧紧，见图 15-158。

第 1 阶段：拧紧至 40N·m。
第 2 阶段：拧松一整圈。
第 3 阶段：拧紧至 25N·m。
第 4 阶段：将螺母拧紧 180°。

图 15-158　安装右侧 VCT 组件螺栓

9）向下按压压力板，将 RH 次级正时链条张紧器一直拧到底，然后放开，张紧器将弹起并张紧链条，见图 15-159。

图 15-159　按下张紧板激活张紧器

10）在安装了可变凸轮轴正时（VCT）控制电磁阀时，不要用力过猛。如果不好安装 VCT 控制电磁阀，检查孔和 VCT 控制电磁阀以确保没有毛刺、锐边或污染物在配合表面上。仅清洁外表面是必要的。

注：轻微的扭转可以帮助安装 VCT 控制电磁阀。

注意：保持 VCT 控制电磁阀干净，没有灰尘和碎屑。

安装 RH 排气 VCT 控制电磁阀，见图 15-160。拧紧至 8N·m 再追加 20°。

图 15-160　安装右侧排气 VCT 电磁阀

11）应用干净的机油涂抹次级正时链条张紧器 O 形圈和大型盖孔。

不要拆除次级正时链条张紧器锁扣，直到指示这样做。

向下推张紧器，直到听到卡扣声并装入大型盖孔，见图 15-161。

12）安装 LH 次级正时链条张紧压座，见图

图 15-161　向下安装左侧正时张紧器

15-162。

图 15-162　按压到固定位置

13）卸下并丢弃 LH 次级正时链条张紧器锁扣，见图 15-163。

图 15-163　卸下张紧器锁扣

14）组装 LH VCT 组件和 LH 次级正时链条。对准正时标记着色的链节，见图 15-164。

图 15-164　对准左侧次级链正时标记

15）用凸轮轴定位销插入 VCT 组件上的孔，对准 LH VCT 组件和次级正时链条在凸轮轴的正

时位置,见图 15-165。必要时稍微旋转凸轮轴,以安装 LH 次级正时组件。

图 15-165 对准安装左侧 VCT 组件

16)安装 2 个新的 LH VCT 螺栓分 4 个阶段拧紧,见图 15-166。

第 1 阶段:拧紧至 40N·m。
第 2 阶段:拧松一整圈。
第 3 阶段:拧紧至 25N·m。
第 4 阶段:将螺母拧紧 180°。

图 15-166 安装左侧 VCT 紧固螺母

17)向下按压张力板,将 LH 次级正时链条张紧器一直拧到底,然后放开,张紧器将弹起并张紧链条,见图 15-167。

图 15-167 按下张力板激活张紧器

18)安装排气 LH VCT 控制电磁阀。拧紧至 8N·m 再追加 20°,见图 15-168。

注意:在安装可变凸轮轴正时(VCT)控制电磁阀时,不要用力过猛。如果难以安装 VCT 控制电磁阀,检查孔和 VCT 控制电磁,以确保没有毛刺、锐边或污染物在配合表面上。仅清洁外表面是必要的。

轻微的扭转可以帮助安装 VCT 控制电磁阀。注意保持 VCT 控制电磁干净,无灰尘和碎屑。

图 15-168 安装左侧 VCT 电磁阀

19)压缩 RH 次级正时链条张紧器并安装次级正时链,按住保持在折叠位置的张紧器,见图 15-169。

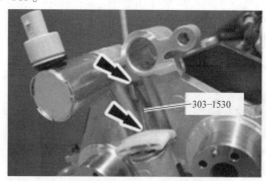

图 15-169 压缩张紧器安装次级正时链

20)组装 RH VCT 总成、排气 RH 凸轮轴链轮和 RH 次级正时链条。对准正时标记着色的链节,见图 15-170。

图 15-170 对准正时链条标记

21）用凸轮轴定位销插入 VCT 组件上的孔，对准 RH VCT 组件和次级正时链条在凸轮轴的正时位置，见图 15-171。注意：必要时稍微旋转凸轮轴，以安装 RH 次级正时组件。

图 15-171　对准凸轮轴定位销孔

22）安装 2 个新的 RH VCT 螺栓分 4 个阶段拧紧，见图 15-172。

　　第 1 阶段：拧紧至 40N·m。

　　第 2 阶段：拧松一整圈。

　　第 3 阶段：拧紧至 25N·m。

　　第 4 阶段：将螺母拧紧 180°。

图 15-172　安装 VCT 螺栓

23）确保次级正时链条上的正时链条张紧导居中，见图 15-173。注：2 VCT 油电磁阀控制为清楚起见拆除。

在拆卸次级链条时按住并压缩 RH 次级正时链条张紧器。

图 15-173　上部张紧器居中安装

24）压缩 LH 次级正时链条张紧器并安装次级链，按住可保持在折叠位置的张紧器，见图 15-174。

图 15-174　压缩张紧器安装辅助链

25）组装 LH VCT 组件和 LH 次级正时链条。对准正时标记着色的链节，见图 15-175。

图 15-175　对准正时链节标记

26）用凸轮轴定位销插入 VCT 组件上的孔，对准 LH VCT 组件和次级正时链条在凸轮轴的正时位置，见图 15-176。注意：必要时稍微旋转凸轮轴，以安装 LH 次级正时组件。

图 15-176　对准安装位置

27）安装 2 个新的 LH VCT 螺栓，分 4 个阶段拧紧，见图 15-177。

第 1 阶段：拧紧至 40N·m。

第 2 阶段：拧松一整圈。

第 3 阶段：拧紧至 25N·m。

第 4 阶段：将螺母拧紧 180°。

图 15-177　安装 VCT 螺栓

28）为清楚起见，拆除 VCT 控制电磁阀。

在拆卸次级链条时按住并压缩 LH 次级正时链条张紧器。

确保次级正时链条上的正时链条张紧器居中，见图 15-178。

图 15-178　使张紧器居中

所有发动机：

29）安装上 LH 主正时链条导轨和螺栓，见图 15-179。拧紧至 10N·m。

图 15-179　安装主链条导轨

30）对准正时标记，安装曲轴正时链轮。

图 15-180　安装曲轴正时链轮

31）必要时稍微旋转凸轮轴，以对齐正时标记。

安装与上 VCT 组件和曲轴链轮正时记号对准的彩色链节的主正时链条，见图 15-181。

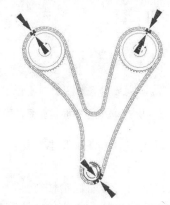

图 15-181　检查主正时链正时对准情况

32）安装下 LH 初级正时链条导轨和 2 个螺栓，见图 15-182。拧紧至 10N·m。

图 15-182　安装左侧导轨

33）安装主正时链条张紧器臂，见图 15-183。

图 15-183　安装主正时链张紧器臂

34）重置主正时链条张紧器，见图 15-184。

松开制动棘轮。

使用软口虎钳，压缩棘轮柱塞。

对齐在张紧器壳体孔中的棘轮柱塞孔。

安装合适的锁销。

图 15-184　重置主正时链张紧器

35）必要时稍微旋转凸轮轴，以安装张紧器。

安装主张紧器和 2 个螺栓，见图 15-185。拧紧至 10N·m。取下锁销。

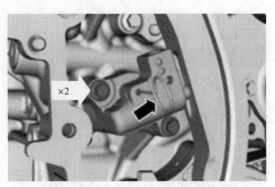

图 15-185　安装主张紧器

36）确认所有的正时标志已正确对准，见图 15-186。

有 48 个链节在 RH 进气 VCT 组件彩色链节 1 和 LH 进气 VCT 组件彩色链节 2 之间。

有 35 链节在 LH 进气 VCT 组件彩色链节 2 和曲轴链轮 3 之间。

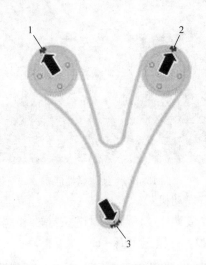

图 15-186　再次检查正时链正时对准情况

37）在安装可变凸轮轴正时（VCT）控制电磁阀时，不要用力过猛。如果难以安装 VCT 控制电磁阀，检查孔和 VCT 控制电磁阀，以确保没有毛刺、锐边或污染物在配合表面上。仅清洁外表面是必要的。

注：轻微的扭转有助于安装 VCT 控制电磁阀。

注意：保持 VCT 控制电磁阀干净，无灰尘和碎屑。

安装 LH 进气 VCT 控制电磁和螺栓，见图 15-187。拧紧至 8N·m + 20°。

图 15-187　安装左侧进气 VCT 电磁阀

38）在安装可变凸轮轴正时（VCT）控制电磁阀时，不要用力过猛。如果难以安装 VCT 控制电磁阀，检查孔和 VCT 控制电磁阀，以确保没有毛刺、锐边或污染物在配合表面上。仅清洁外表面是必要的。

轻微的扭转可以帮助安装 VCT 控制电磁阀。

注意：保持 VCT 控制电磁阀干净，无灰尘和碎屑。

安装 RH 进气 VCT 控制电磁和螺栓，见图 15-188。拧紧至 8N·m + 20°。

图 15-188　安装右侧进气 VCT 电磁阀

39）拆下 RH 凸轮轴固定工具，见图 15-189。

图 15-189　拆下右侧凸轮轴固定工具

40）安装 RH 气门油管的 3 个螺栓，分 2 个阶段拧紧，见图 15-190。

第 1 阶段：拧紧至 8N·m。

第 2 阶段：将螺母拧紧 45°。

图 15-190　安装右侧气门油管

41）拆下 LH 凸轮轴固定工具，见图 15-191。

图 15-191　拆下左侧凸轮轴固定工具

42）安装 LH 气门油管和 3 个螺栓，分 2 个阶段拧紧，见图 15-192。

第 1 阶段：拧紧至 8N·m。

第 2 阶段：将螺母拧紧 45°。

图 15-192　安装左侧气门油管

43）安装发动机前盖。

15.12 林肯MKS（2011—2017年款）

福特3.5T EcoBoost发动机（2011—2017）

该款发动机也搭载在福特探险者车型上，相关内容请参考15.1.3小节。

15.13 林肯领航员（2000—2017年款）

15.13.1 福特3.5L Duratec发动机（2015—2017）

该发动机正时维修与3.7L发动机相似，相关内容请参考15.11.2小节。

15.13.2 福特5.4L Duratec发动机（2000—2012）

该发动机正时维修与6.2L发动机相似，相关内容请参考15.3.2小节。

15.14 林肯大陆（2017年款起）

15.14.1 福特2.0T EcoBoost发动机（2017—）

该发动机正时维修与2.3T机型一样，相关内容请参考15.1.1小节。

15.14.2 福特3.0T EcoBoost发动机（2017—）

该发动机正时维修与3.5T机型一样，相关内容请参考15.1.3小节。

第16章 克莱斯勒-吉普-道奇汽车

16.1 克莱斯勒300C（2004—2017年款）

16.1.1 克莱斯勒3.6L发动机（2012—2017）

1. 正时链单元部件分解

发动机正时链单元部件如图16-1所示。

2. 正时链拆卸步骤

磁性正时轮1不得与磁铁（传感工具、磁盘等）或任何强磁场接触。这将破坏正时轮将凸轮轴位置正确地传送到凸轮轴位置传感器的能力。当已拆下正时链条而缸盖尚未拆下时，在没有先定位正确的曲轴位置的情况下，切勿转动凸轮轴或曲轴。否则将导致气门和/或活塞损坏。

1）断开并隔离蓄电池负极电缆。

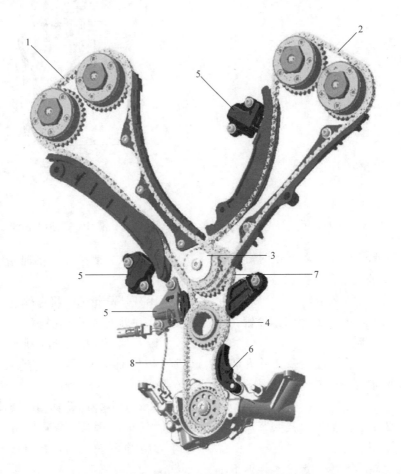

图16-1 克莱斯勒3.6L发动机正时链单元
1—右第二正时链条 2—左第二正时链条 3—惰轮 4—曲轴链轮 5—油压控制的链条张紧器
6—弹簧链条张紧器 7—主正时链条 8—机油泵链条

2）拆下空气滤清器外壳总成和上进气歧管。
3）卸下缸盖罩。
4）拆下火花塞。
5）升起并支撑车辆。
6）排放冷却系统。
7）拆下油底壳、附件传动带、曲轴减振器。

和发动机正时盖。

8）顺时针转动曲轴，通过将曲轴上的凹槽4对准缸体/轴承盖接合处5从而将1号活塞放在排气行程的TDC上。左侧凸轮相位器箭头2应相互指向对方并与阀盖密封面3平行。右侧凸轮相位器箭头7应指向远离对方的方向，并且划线9应与阀盖密封面8平行，见图16-2。图中6为右侧凸轮轴链条张紧器插销。

始终应重新安装正时链条，确保它们保持相同的旋转方向。将先前运行的链轮链条翻转过来将导致链条和链轮都出现过度磨损。当对准正时标记时，应始终通过转动曲轴来转动发动机。否则将导致气门和/或活塞损坏。

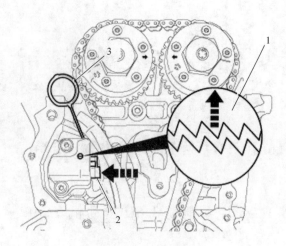

图16-3　设置张紧器

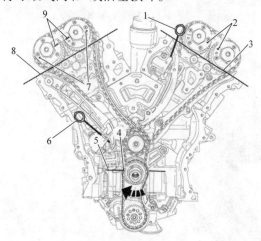

图16-2　对齐正时标记

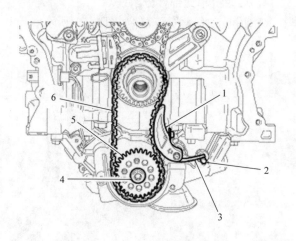

图16-4　拆下机油泵链条

9）使用油漆笔或等效物在以下正时链条上标记转向以便于重新装配：左侧凸轮链条、右侧凸轮链条、油泵链条、一级链条。

10）向后推张紧器活塞并安装张紧器销，从而重置右凸轮链条张紧器。

11）提起棘爪1，向后推动活塞2并安装张紧器销8514 3，从而重置左凸轮链条张紧器，见图16-3。

12）从定位销2上断开油泵链条张紧器弹簧3并拆下油泵链条张紧器1。

13）拆下油泵链轮T45固定螺栓4并拆下油泵链轮5和油泵链条6，见图16-4。

14）安装右凸轮轴相位器锁10202 5。安装凸轮轴相位器锁时，可能需要略微转动凸轮轴。

15）拆下进气机油控制阀2和排气机油控制阀7。

16）拆下右凸轮轴相位器锁10202 5。

17）从右侧进气凸轮轴相位器上拆下机油控制阀2。

18）从凸轮轴上将右侧进气凸轮轴相位器拔下来，并拆下右侧凸轮链条。

19）如果需要，拆下机油控制阀7并将右侧排气凸轮轴相位器从凸轮轴上拉下来，见图16-5。

20）安装左凸轮轴相位器锁10202 4。安装凸轮轴相位器锁时，可能需要略微转动凸轮轴。

21）拆下进气机油控制阀6和排气机油控制阀2。

22）拆下左凸轮轴相位器锁10202 4。

23）从左侧排气凸轮轴相位器上拆下机油控制阀2。

24）从凸轮轴上将左侧排气凸轮轴相位器拔下来，并拆下左侧凸轮链条。

25）如果需要，拆下机油控制阀6并将左侧

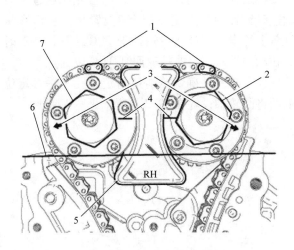

图 16-5 拆右侧凸轮轴相位器

图 16-7 重置一级链条张紧器

进气凸轮轴相位器从凸轮轴上拉下来，见图 16-6。

33）如有需要，则拆下三个 T30 螺栓和右凸轮链条导轨以及张紧器臂。

34）检查所有链轮和链条导轨。如果损坏，则予以更换。

3. 正时链安装步骤

1）检查所有链轮和链条导轨。如果损坏，则予以更换。

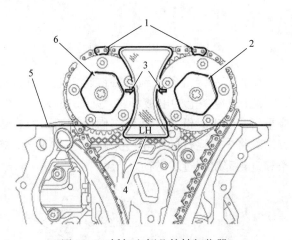

图 16-6 拆卸左侧凸轮轴相位器

2）如有拆下，则安装右侧凸轮链条导轨 1 和张紧器臂 6。将 T30 连接螺栓 2 紧固至 12N·m。

3）如有拆下，用两个螺栓 4 将右凸轮链条张紧器 3 安装到缸体上。拧紧 T30 螺栓 4 至力矩 12N·m。

4）向后推张紧器活塞并安装张紧器销 85143，从而重置右凸轮链条张紧器 3，见图 16-8。

26）向后推张紧器活塞并安装张紧器销 85143，从而重置一级链条张紧器 5。拆下两个 T30 螺栓 4 并拆下一级链条张紧器。

27）拆下 T30 螺栓 1 和一级链条导轨 2，见图 16-7。

28）拆下惰轮链轮 T45 固定螺栓和垫圈。

29）将一级链条、惰轮链轮和曲轴链轮作为一个总成拆下。

30）如有需要，拆下两个 T30 螺栓和左凸轮链条张紧器。

31）如有需要，则拆下两个 T30 螺栓和左凸轮链条导轨以及张紧器臂。

32）如有需要，则拆下两个 T30 螺栓和右凸轮链条张紧器。

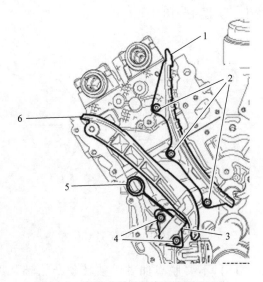

图 16-8 安装右凸轮链条张紧装置

5）如有拆下，则安装左侧凸轮链条导轨 2 和张紧器臂 1。将 T30 连接螺栓 4 紧固至 12N·m。

6）如有拆下，用两个螺栓 6 将左凸轮链条张紧器 5 安装到缸盖上。拧紧 T30 螺栓 6 至 12N·m。

7）提起棘爪 3，向后推动活塞并安装张紧器销 8514 7，从而重置左凸轮链条张紧器 5。见图 16-9。

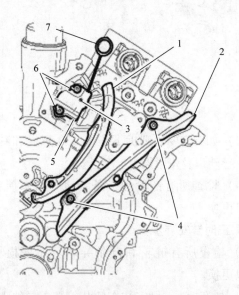

图 16-9 安装左侧凸轮轴链条张紧装置

8）检验并确认键 3 安装在曲轴上。

9）不要脱离凸轮轴单独转动曲轴几度以上。活塞与气门接触可能会导致气门损坏。如果需要将曲轴旋转几度以上，则应首先拆下凸轮轴。

10）检验并确认通过将曲轴上的凹槽 2 对准缸体/轴承盖接合处 1 将 1 号活塞定位在 TDC 位置上，见图 16-10。

图 16-10 设置 TDC 位置

11）不要脱离曲轴单独转动凸轮轴几度以上。气门与活塞接触可能会导致气门损坏。如果需要将凸轮轴转动几度以上，则首先应通过将曲轴逆时针转动到上止点前 30°位置从而将活塞从缸盖上移走。一旦凸轮轴处于 TDC 位置，则顺时针转动曲轴从而将曲轴返回到 TDC 位置。

12）检验并确认已通过将定位孔 1 垂直定位从而将凸轮轴设置在 TDC 位置，见图 16-11。

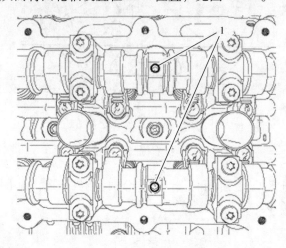

图 16-11 TDC 位置凸轮轴位置

13）将一级链条放到曲轴链轮 3 上，使箭头 2 对准正时链条上的电镀环 1，见图 16-12。始终应重新安装正时链条，确保它们保持相同的旋转方向。将先前运行的链轮链条翻转过来将导致链条和链轮都出现过度磨损。

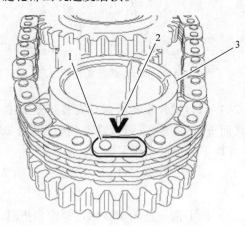

图 16-12 曲轴链轮正时标记

14）在保持对准状态的同时，翻转曲轴链轮 3 和正时链条，并将惰轮链轮 4 放入正时链条中，使凹槽 2 对准正时链条上的电镀环 1，见图 16-13。

15）在保持对准状态的同时，使用干净的发动机机油润滑惰轮链轮衬套，并将链轮和正时链

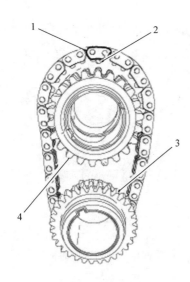

图 16-13 安装惰轮链轮

条安装在发动机上。为了检验正时仍然正确,正时链条电镀环 6 应位于 12:00 位置 1,在此位置上曲轴上的凹槽 5 对准缸体/轴承盖接合处 4,见图 16-14。

16)安装惰轮链轮固定螺栓 2 和垫圈 3。拧紧 T45 螺栓 2 至 25N·m。

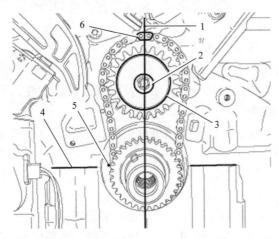

图 16-14 对准惰轮链轮标记

17)安装一级链条导轨 2。将 T30 连接螺栓 1 紧固至 12N·m。

18)向后推张紧器活塞并安装张紧器销 8514 3,从而重置一级链条张紧器 5。

19)用两个螺栓 4 将一级链条张紧器 5 安装到发动机缸体上。将 T30 螺栓 4 紧固至 12N·m 并拆下张紧器销 8514 3,见图 16-7。

20)将左进气凸轮轴相位器安装到进气凸轮轴上。安装并用手紧固机油控制阀。

21)将左侧凸轮链条覆盖在左进气凸轮轴相位器上方和惰轮链轮 1 上,使箭头 3 与凸轮链条上的电镀链 2 对准,见图 16-15。左右凸轮链条完全一样。始终应重新安装正时链条,确保它们保持相同的旋转方向。将先前运行的链轮链条翻转过来将导致链条和链轮都出现过度磨损。

图 16-15 对准左侧链条惰轮链轮标记

22)保持对准状态的同时将凸轮链条敷设在排气和进气凸轮轴相位器周围,确保电镀链与相位器正时标记 1 对准。定位左侧凸轮轴相位器,确保箭头 3 相互指向对方并与阀盖密封面 5 平行。将排气凸轮轴相位器安装到排气凸轮轴上,安装并用手紧固机油控制阀 2。

23)安装左凸轮轴相位器锁 10202 4 并紧固机油控制阀 2 和 6 至 150N·m,见图 16-6。安装凸轮轴相位器或相位器锁时,可能需要略微转动凸轮轴。

24)将右进气凸轮轴相位器安装到排气凸轮轴轴上。安装并用手紧固机油控制阀。

25)将右侧凸轮链条覆盖在右排气凸轮轴相位器上方和惰轮链轮 1 上,使凹槽 2 与凸轮链条上的电镀链 3 对准,见图 16-16。始终应重新安装正时链条,确保它们保持相同的旋转方向。将先前运行的链轮链条翻转过来将导致链条和链轮都出现过度磨损。

26)保持对准状态的同时将凸轮链条敷设在排气和进气凸轮轴相位器周围,确保电镀链与相位器正时标记 1 对准。定位右侧凸轮轴相位器,确保箭头 3 相互指向远离对方的方向,并且划线 4 与阀盖密封面 6 平行。将进气凸轮轴相位器安装到进气凸轮轴上,安装并用手紧固机油控制阀 2。

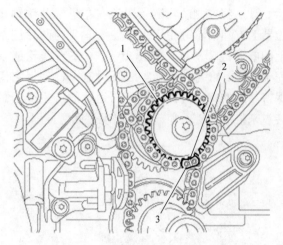

图16-16 对准右侧链条惰轮上的标记

27)安装右凸轮轴相位器锁10202 5并紧固机油控制阀2和7至150N·m,见图16-5。安装凸轮轴相位器或相位器锁时,可能需要略微转动凸轮轴。

28)将油泵链轮5放入油泵链条6中。将油泵链轮对准油泵轴的同时将油泵链条放到曲轴链轮上。安装油泵链轮T45固定螺栓4,并紧固至25N·m。

29)安装机油泵链条张紧器1。确保弹簧3位于定位销2之上,见图16-4。始终应重新安装正时链条,确保它们保持相同的旋转方向。将先前运行的链轮链条翻转过来将导致链条和链轮都出现过度磨损。在油泵齿轮或链条上没有正时标记。

30)拆下右和左凸轮轴相位器锁10202。

31)从左右凸轮链条张紧器上拆下张紧器销8514 1和6。

32)顺时针转动曲轴两整圈,当曲轴上的凹槽4与缸体/轴承盖接合处5对准时停止转动。

33)保持对准状态的同时,检验并确认左侧凸轮轴相位器上的箭头2相互指向对方并与阀盖密封面3平行,右侧凸轮轴相位器箭头7指向相互远离的方向,并且划线9与阀盖密封面8平行,见图16-17。

34)在排气凸轮轴相位器三角形标记1和进气凸轮轴相位器圆形标记3之间应有12个链节2,见图16-18。

35)如果发动机正时不正确,则重复此程序。

36)安装发动机正时盖、曲轴减振器、附件

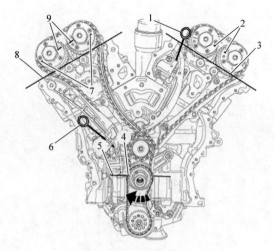

图16-17 对准正时标记

图16-18 进排气凸轮轴相位器标记之间链节

传动带和油底壳。

37)安装火花塞。将螺栓旋紧至17.5N·m。

38)安装缸盖罩。

39)安装上进气歧管和空气滤清器外壳总成。

40)用合适的机油将发动机曲轴箱加注到正确的油位。

41)连接蓄电池负极电缆,并将螺母拧紧至5N·m。

42)加注冷却系统。

43)运行发动机直至其达到正常操作温度。检查冷却系统液位是否正确。如果维修/更换了动力传动系统,例如飞轮、气门系统、凸轮轴和/或曲轴传感器或组件,则必须使用专业故障诊断仪执行凸轮/曲轴变化再学习程序。

16.1.2 克莱斯勒2.7L发动机(2004—2007)

1. 发动机正时检查

1)拆下气缸盖罩。

2)转动发动机直到1缸在排气行程的上止点。

3)查看进气凸轮轴链轮正时标记。该标记

应该与左、右两气缸列上的气缸盖罩密封面成90°。

4）从进气凸轮轴标记向着排气凸轮轴标记计算链节销1和3。当进气凸轮轴和排气凸轮轴上的正时标记2之间有12个链节销时，发动机正时正确，如图16-19所示。

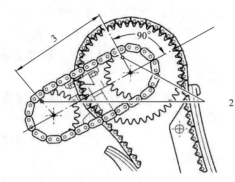 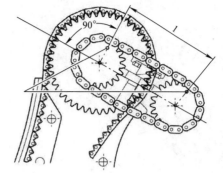

图16-19　正时校对图示

5）如果标记未正确对准，转到正时链和链轮检测程序。

2. 正时链单元拆卸

1）断开蓄电池负极电缆。

2）放空冷却系统。

3）拆下上部进气歧管。

4）拆下气缸盖罩、曲轴扭转减振器和正时室盖。注意当对准正时标记时，必须靠转动曲轴来旋转发动机。没有这样做将导致气门和/或活塞损坏。

5）把曲轴链轮标记1与机油泵壳2的标记对齐。机油泵壳上的标记是在1缸上止点后60°位置，如图16-20所示。注意：当拆卸正时传动链和静止安装气缸盖时，没有定位曲轴正确位置切勿旋转凸轮轴或曲轴，否则将导致气门和/或活塞损坏。

6）从右气缸盖拆下第一正时链张紧器定位盖2和张紧器1，如图16-21所示。图中3为定位盖紧固螺栓。

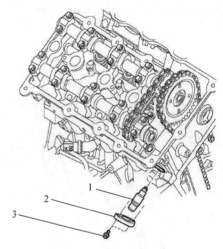

图16-21　拆下张紧器

7）从左气缸盖断开并拆下凸轮轴位置传感器4。

8）从气缸盖拆下正时链导轨检修螺塞3。注意当拆下凸轮轴链轮螺栓后，凸轮轴将以顺时针方向旋转。

9）从右凸轮轴链轮开始，拆下链轮固定螺栓。拆下凸轮轴减振器1（如配备）和链轮。

10）拆下左侧凸轮轴链轮固定螺栓和链轮。

11）拆下下部链条导轨7和张紧器臂8。

12）拆下第一正时传动链5。

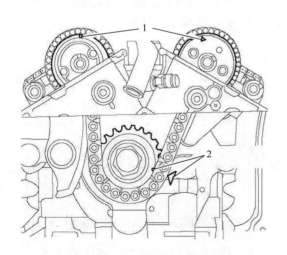

图16-20　对准正时标记

13）对于曲轴链轮6的拆卸，如图16-22所示。

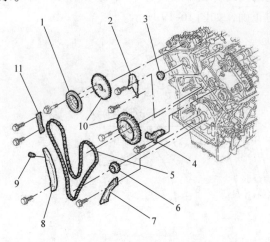

图16-22 部件拆卸图解
1—右凸轮轴减振器 2—张紧器定位盖 3—检修螺塞
4—凸轮轴位置传感器 5—正时链 6—曲轴链轮
7—导轨 8—张紧臂 9—张紧器 10—中间链轮
11—导轨

3. 正时链单元安装步骤

以下安装步骤中提及的安装部件，其序号对应图16-23所列。

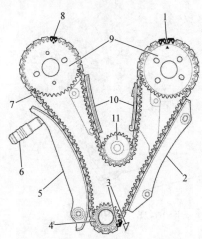

图16-23 正时链单元安装图示
1—左侧正时链轮与正时链标记 2—左侧链条导轨
3—曲轴链轮正时标记 4—曲轴链轮 5—右侧张紧轨
6—正时链条张紧器 7—正时链条 8—右凸轮轴链轮与
正时链标记 9—凸轮轴链轮 10—链条导轨 11—中间链轮

1）检查所有链轮4、9、11和链条导轨2、5、10。如果磨损应更换。

2）对于曲轴链轮安装过程如下。

3）如果要拆卸，则安装右侧和左侧链条导轨11。拧紧固定螺栓到28N·m。

4）把曲轴链轮正时标记与机油泵壳的标记对齐。在安装之前用发动机机油润滑链条和导轨。

5）把左侧第一链轮置于链条上，正时标记位于两个（电镀的）正时链节1之间位置。

6）通过左气缸盖开口放低第一链条与左侧链轮。安装期间可以允许凸轮轴链轮浮在凸轮轴套上。

7）宽松地把左侧凸轮轴链轮置于凸轮轴轮毂上。

8）把正时（电镀的）链节与凸轮轴链轮正时标记3对齐。

9）把第一链条置于水泵传动链轮10上。

10）把右凸轮轴链轮正时标记与正时链8上的正时（电镀的）链节对齐并宽松地置于凸轮轴轮毂上。

11）核对所有链条正时（电镀的）链节是否与所有链轮上的正时标记正确对齐。

12）安装左侧下部链条导轨2和张紧器臂5。拧紧固定螺栓到28N·m。

注：在安装之前检查链条导轨检修螺塞上的O形圈。根据需要更换O形圈。

13）把链条导轨检修螺塞安装到气缸盖上。拧紧螺塞到20N·m。

注：为了重调第一正时链张紧器，首先必须从张紧器清除发动机机油。

14）使用下列步骤从正时链张紧器清除机油：

① 把张紧器的止回球2端放入专用工具8186 3的浅端。

② 使用手的压力，慢慢压张紧器直到机油从张紧器清除，如图16-24所示。

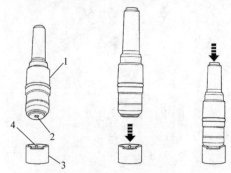

图16-24 清除张紧器机油

15）使用下列步骤重调正时链张紧器：

① 把油缸柱塞4放入专用工具8186 3的较

深端。

② 向下施力直到张紧器被重调。如果未首先从张紧器清除机油，则稍微使用手压力帮助专用工具8186的中间臂销微抬起张紧器的止回球。注意确保张紧器正确重调。张紧器体4必须底部对着专用工具8186 3的上边缘。没有正确执行重调步骤可能引起张紧器卡住。检查张紧器O形圈2是否有刻痕或切口并确保卡环1正确安装，必要时更换。如图16-25所示。

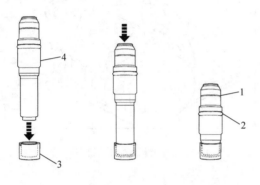

图16-25 调节张紧器

16）把重调的链条张紧器装入右气缸盖。

17）安置张紧器挡板并拧紧螺栓到12N·m。

18）从气缸右列开始，首先将凸轮轴减振器（如果配备）置于凸轮轴轮毂上，然后把一个带断电器条的方形驱动扩张器插入凸轮轴传动轮毂。转动凸轮轴直到凸轮轴轮毂与凸轮轴链轮和减振器安装孔对齐。安装链轮固定螺栓并拧紧到28N·m。

19）用带断电器条的方形驱动扩张器插入进气凸轮轴传动轮毂来转动左侧凸轮轴并转动凸轮轴直到链轮固定螺栓能够安装。拧紧链轮螺栓到28N·m。

20）如果需要，稍稍顺时针转动发动机以消除正时链松弛。

21）用一个平口撬动工具渐渐把张紧器臂稍稍撬向张紧器。然后松开张紧器臂。验证张紧器活动（伸展）。

22）安装凸轮轴传感器和连接电气插接器。

23）安装正时链室盖、曲轴扭转减振器和气缸盖罩。

24）安装上部进气歧管。

注：重调的张紧器安装后，发动机初次起动后会出现噪声。这种噪声通常会在5~10s消失。

25）加注冷却系统。

26）连接蓄电池负极电缆。

16.1.3 克莱斯勒3.0L发动机（2014—2017）

1. 正时链单元拆卸方法

1）断开蓄电池负极电缆。

2）拆卸正时链盖罩。

3）通过转动曲轴转动发动机，直到正时标记对齐，如图16-26中所示。

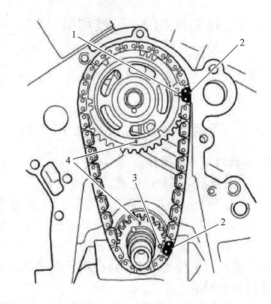

图16-26 发动机正时对准图示
1—凸轮轴链轮正时标记（点） 2—放平的链节
3—曲轴链轮正时标记（点） 4—箭头

4）拆卸凸轮轴链轮连接螺栓。

5）拆卸正时链和凸轮轴链轮。

6）拆卸曲轴链轮。

2. 正时链单元的安装步骤

1）转动曲轴，使正时箭头到达12点钟位置，如图16-26所示。

注意：在安装之前，用清洁的发动机机油润滑正时链和链轮。

2）用手保持凸轮轴链轮和链不动，将正时链安装到链轮周围，对齐放平的链节与链轮上的点。将正时箭头置于6点钟位置，如图16-26所示。

3）将正时链放置到曲轴链轮周围，让放平的链节对齐链轮上的点。将凸轮轴链轮安装到位。

4）使用直尺检查正时标记是否对齐。

5）安装凸轮轴链轮螺栓和垫圈。紧固螺栓至54N·m。

6）转动曲轴2圈，并检查正时标记是否对齐，如图16-26所示。如果正时标记没有对齐，拆卸凸轮轴链轮，重新对齐。

7）安装正时链盖罩。

8）连接蓄电池负极电缆。

16.2 克莱斯勒大捷龙（2004—2017年款）

16.2.1 克莱斯勒3.6L发动机（2012—2017）

该发动机也搭载在300C车型上，相关内容请参考16.1.1小节。

16.2.2 克莱斯勒2.4L发动机（2004）

1. 正时带单元拆卸

1）断开蓄电池负极电缆。

2）卸下上部和下部前正时带盖。注意对准曲轴与凸轮轴的正时标记时，务必用曲轴将发动机转动。拆下正时带后，不可转动凸轮轴，否则可能会使气门组件受损。务必在卸下正时带之前将正时标记对准。

3）在拆除正时带前，转动曲轴直到机油泵壳体上的TDC标记与曲轴链轮1（链轮齿的下降面）上的TDC标记对准为止，如图16-27所示。注意曲轴链轮TDC标记1位于链轮齿的下降面上。若不把链轮齿的下降面与机油泵壳体上的TDC标记对准，将会导致凸轮轴正时标记不对准。

4）松开正时带张紧器锁止螺栓1。

5）将6mm内六角扳手插入位于正时带张紧器带轮的钢板弹簧舌片2上的六角孔。顺时针旋转钢板弹簧舌片2直至正时带松弛下来足以进行拆卸，如图16-28所示。

6）拆下正时带。

提示：若由于不正确的随动（校正）造成正时带受损，则将正时带张紧器轮和支架作为一个组件更换。

2. 正时带单元安装

1）在将曲轴链轮装到TDC上时，应使链轮对准机机油泵外壳上的箭头。

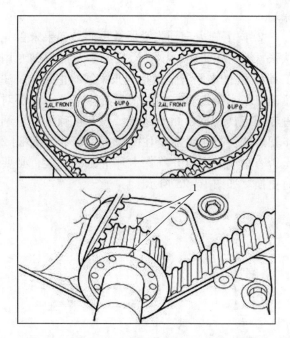

图16-27 设置发动机TDC位置

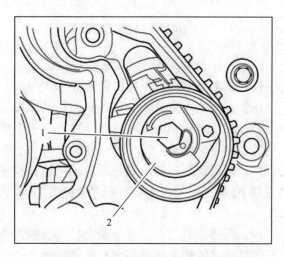

图16-28 松开正时带张紧轮

2）设定凸轮轴正时记号以便排气凸轮轴链轮1位于进气凸轮轴链轮2之下的1/2凹槽3。注意确保两个凸轮轴链轮上的箭头向上，如图16-29所示。

3）安装正时带。从曲轴开始（箭头3所指），围绕水泵链轮、惰轮、凸轮轴链轮，然后是张紧器，对准曲轴链轮和缸体标记2。

4）逆时针方向转动排气凸轮轴链轮4对准标记1并张紧正时带，如图16-30所示。

5）将6mm内六角扳手3插入位于正时带张紧器带轮的钢板弹簧舌片上的六角孔。逆时针旋转顶板2。移动张紧器带轮定住正时带，而移动张

第16章 克莱斯勒-吉普-道奇汽车

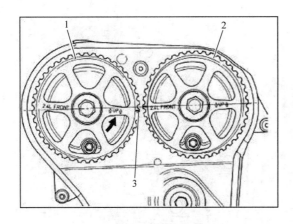

图16-29 对正凸轮轴正时记号

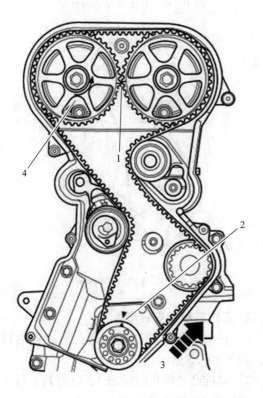

图16-30 安装正时带

紧器设定凹槽1开始顺时针旋转。留意设定凹槽1的运转，继续逆时针旋转顶板2直至设定凹槽与弹簧柄托6对齐。使用内六角扳手3防止顶板2移动，拧紧张紧器锁止螺栓4至25N·m。在拧紧锁止螺栓4后，安装凹槽5和弹簧柄托6必须保持对齐，如图16-31所示。

6）卸下内六角扳手和扭力扳手。注意：仅可以在顺时针旋转的过程中重新将曲轴置于TDC位置上。若不在TDC位置，则再旋转两次直至到达TDC位置。不要逆时针旋转曲轴，否则将不能

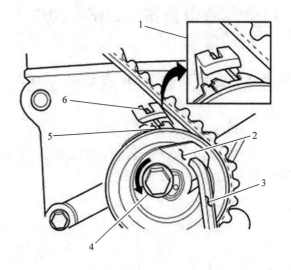

图16-31 安装正时带张紧轮

恰当地检验张紧器的安装。

7）为了定住正时带，逆时针完整地旋转曲轴两次直至曲轴可以重新定位在TDC位置上。核实凸轮轴1和凸轮轴正时记号2处于适当的位置。

8）如图16-32所示，检查弹簧柄托1是否在容许窗口2之内。若弹簧柄托1在容许窗口2内，安装过程完成，无须进行下一道程序。若弹簧柄托1不在容许窗口2内，务必重复步骤5）~7）。

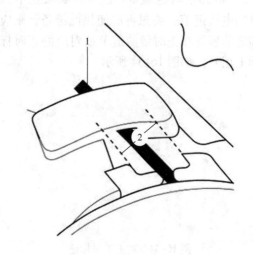

图16-32 检查弹簧柄托位置

9）安装上部和下部前正时带盖。
10）连接蓄电池的负极缆线。

16.2.3 克莱斯勒3.3L发动机（2004）

与3.0L发动机正时链的拆装相同，内容请参考16.1.3小节。

16.3 道奇酷威（2009—2017年款）

16.3.1 克莱斯勒2.4L发动机（2013—2017）

1. 正时链单元拆卸

1）如图16-33所示，将发动机设置到TDC上。

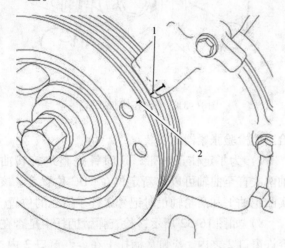

图16-33 将发动机设置于TDC位置

2）拆卸正时链盖罩。注意：如果找不到正时链的电镀链节，要想再次使用此链条，则应在拆卸之前事先在正时链的链节所对应的正时标记上标上记号，如图16-34所示。

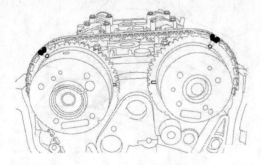

图16-34 对正正时标记

3）将正时链安装到排气凸轮轴链轮上，确保位于链轮上的正时标记1与正时标记对齐，如图16-35所示。

4）在正时链条上做好相对于曲轴链轮的正时标记。

5）拆卸正时链张紧器5。

6）卸下正时链2，如图16-36所示。

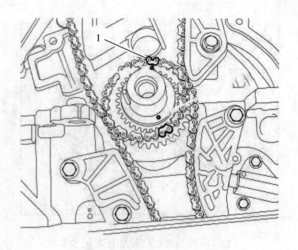

图16-35 对正链轮正时标记

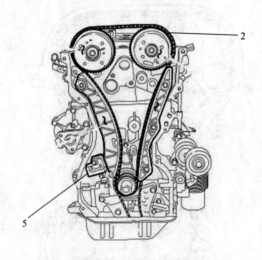

图16-36 拆下正时链图解

2. 正时链单元安装步骤

1）检查确保曲轴链轮键槽在9点钟的位置上，如图16-35所示。

2）对准凸轮轴正时标记3，以便其平行于缸盖，并按图16-37相互对齐。

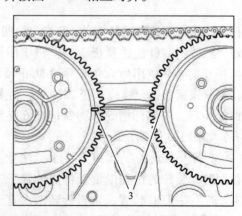

图16-37 对准凸轮轴正时标记

3）如图16-36所示，安装正时链导向件4，并紧固螺栓至12N·m。

4）安装正时链，确保位于链轮上的正时标记1对齐，如图16-34所示。

5）如图16-35所示，将曲轴链轮2上的正时标记与正时链上的电镀链节3对齐。定位链条，使松弛部分处于张紧器侧。

注意：保持正时链的松弛部分在张紧器侧。

6）如图16-36所示，安装可动的正时链摆动导向件6，并紧固螺栓至12N·m。

7）向上提升棘轮2，并朝张紧器体4方向向内推柱塞3，重新设置正时链张紧器4。将张紧器销8514插入到槽1内，保持张紧器柱塞在收缩位置内，如图16-38所示。

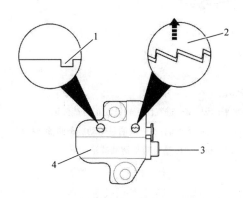

图16-38 安装正时链张紧器

8）安装正时链张紧器，并紧固螺栓至12N·m。

9）卸下正时张紧器销8514。顺时针旋转曲轴两圈，直到曲轴重新定位在TDC位置，键槽在9点钟位置上，如图16-35所示。

10）检查凸轮轴正时标记3是否在相应的位置上，如图16-37所示。

11）安装前正时链盖罩。

12）安装平衡器，检查平衡器标记2和盖罩标记1是否对齐，如图16-33所示。

13）连接蓄电池负极电缆。

14）注入机油，起动发动机，并检查是否泄漏。

16.3.2 克莱斯勒3.6L发动机（2013）

该发动机也搭载在300C车型上，相关内容请参考16.1.1小节。

16.3.3 克莱斯勒2.7L发动机（2009—2011）

该发动机也搭载在300C车型上，相关内容请参考16.1.2小节。

16.4 道奇酷博（2008—2011年款）

克莱斯勒2.0L发动机（2008—2011）

该发动机也搭载在吉普指南者车型上，相关内容请参考16.10小节。

16.5 道奇凯领（2006—2008年款）

16.5.1 克莱斯勒3.0L发动机（2007—2008）

该发动机也搭载在300C车型上，相关内容请参考16.1.3小节。

16.5.2 克莱斯勒3.3L发动机（2006）

与3.0L发动机正时链的拆装相同，内容请参考16.1.3小节。

16.6 道奇锋哲（2006—2007年款）

克莱斯勒2.4L发动机（2006—2007）

该发动机也搭载在酷威车型上，相关内容请参考16.3.1小节。图16-39所示为该发动机正时标记位置。

排气凸轮轴链轮正时标记位于缸盖表面位置或3:00位置；进气凸轮轴链轮正时标记位于缸盖表面位置或9:00位置；曲轴带轮标记在9:00位置；曲轴链轮接近5:30位置；副曲轴链轮正时标记在2:00位置；机油泵/平衡轴链轮正时标记在8:00位置。

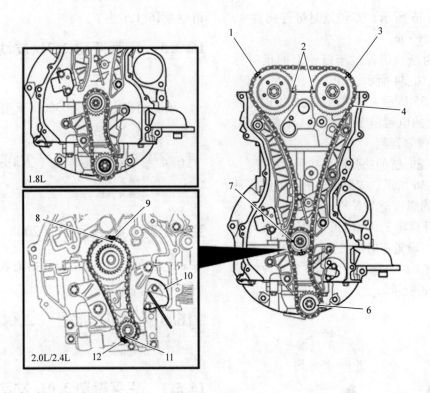

图16-39 发动机正时标记

1—排气凸轮轴链轮正时链标记 2—进排气凸轮轴链轮与缸体水平标记 3—进气凸轮轴链轮正时链标记 4—正时链条 5—机油泵驱动链条 6—曲轴链轮 7—曲轴链轮对机油泵驱动链条标记 8—机油泵驱动链条曲轴端标记 9—机油泵驱动链张紧器 10—机油泵与平衡轴链轮标记 11—机油泵驱动链对平衡轴链轮标记

16.7 道奇公羊（2006—2015年款）

克莱斯勒5.7L发动机（2006—2015）

1. 发动机正时链正时对正

凸轮链轮中的凸轮轴销和槽必须在12:00 2。曲轴键槽必须在2:00 3。曲轴链轮必须安装，以保证点或者油漆标志在6:00，如图16-40所示。

2. 正时链单元拆卸

1）断开蓄电池负极电缆。

2）排放冷却系统。

3）拆下正时链盖。

4）重新安装减振器螺栓并用手指拧紧。用适当的套管和扳杆转动曲轴，将正时链轮和键槽对准。凸轮链轮中的凸轮轴销和槽必须在12:00。曲轴键槽必须在2:00。曲轴链轮必须安装，以保证点或者油漆标志在6:00，如图16-40所示。

5）卸下机油泵。

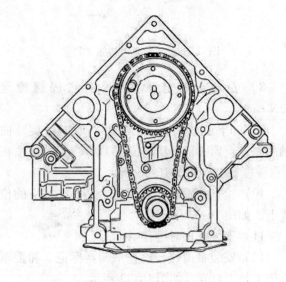

图16-40 发动机正时设置

6）缩回张紧器推力瓦直到推力瓦的孔与悬臂上的孔对直。

7）将适当的销钉2滑入孔内，如图16-41所示。

8）拆卸凸轮轴链轮安装螺栓，拆卸正时链条以及曲轴和凸轮轴链轮。

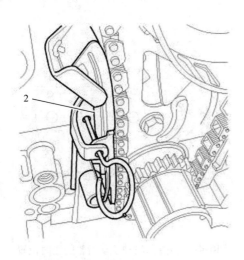

图16-41 用销钉锁定张紧器

9）如果要更换张紧器总成，拆卸张紧器与缸盖相连的螺栓，拆卸张紧器总成。

3. 正时链单元安装步骤

1）如果更换张紧器总成，安装张紧器和固定螺栓。拧紧螺栓至28N·m。

2）必要时缩回张紧器2，如图16-42所示。

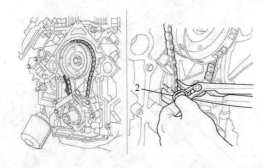

图16-42 安装正时链张紧器

注意：安装正时链时，必须将唯一的电镀链节与凸轮轴链轮上的标记点或油漆标记对齐。曲轴链轮与两个电镀正时链节之间的点或油漆标记对齐。凸轮链轮中的凸轮轴销和槽必须在12:00。曲轴键槽必须在2:00。曲轴链轮必须安装，以保证点或者油漆标志在6:00。

3）将凸轮轴链轮和曲轴链轮放在工作台上，使正时标记位于通过凸轮轴和曲轴孔的虚中心线上。

4）将正时链绕在两个链轮上。

5）提起链轮和链条，使链轮的位置紧靠链条。

6）将两个链轮均匀地滑到各自的轴上，并检查正时标记是否对准。

7）安装凸轮轴螺栓。紧固螺栓至122N·m。

8）卸下张紧器销。再次，检查正时标记是否对准。

9）安装机油泵。

10）安装油底壳和取油管。

11）安装正时链盖罩。

12）重新注入发动机机油。

13）加注冷却系统。

14）连接蓄电池负极电缆。

15）起动发动机并检查有无机油和冷却液泄漏。

16.8 吉普大切诺基（2002—2017年款）

16.8.1 克莱斯勒3.0L发动机（2014—2017）

该发动机也搭载在300C车型上，相关内容请参考16.1.3小节。

16.8.2 克莱斯勒3.6L发动机（2011—2017）

该发动机也搭载在300C车型上，相关内容请参考16.1.1小节。

16.8.3 克莱斯勒5.7L发动机（2010—2017）

该发动机也搭载在公羊车型上，相关内容请参考16.7小节。

16.8.4 克莱斯勒6.4L发动机（2012—2014）

该发动机正时维修与5.7L发动机相同，相关内容请参考16.7小节。

16.8.5 克莱斯勒3.7L发动机（2008—2010）

1. 正时链校验方法

注意：从车辆内的驾驶人位置应能分清左右手应当操作的部件。在正时校验程序中，可能会出现链条上的蓝色链板及凸轮轴传动链轮上的点不能互相对准的情况。只有当重新正时整个正时驱动时，蓝色链板才能与链轮上的点互相对准。

一旦正时驱动转起来，蓝色链板到点的对准不再有效。

可通过如下步骤进行发动机基准正时检验：

1）卸下气缸盖罩。

2）使用镜子，在正时链盖罩 1 进行上止点（TDC）箭头 2 的定位。旋转曲轴，直到曲轴减振器上的标记与前盖上的 TDC 箭头对准为止。发动机现在位于 TDC 处，如图 16-43 所示。

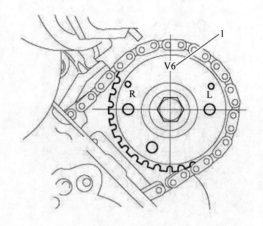

图 16-44　检查凸轮轴主动齿轮的正时位置

2）观察左缸盖的链孔。平衡轴主动齿轮的正时标记 2 应位于 6 点钟的位置，如图 16-45 所示。

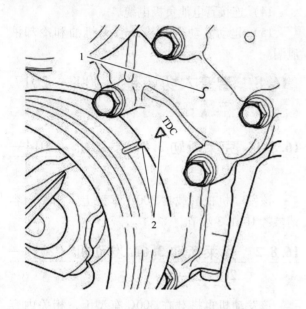

图 16-43　设置发动机位于 TDC 位置

3）注意刻印在凸轮轴主动齿轮上的 V6 标记 1 位置。若每个凸轮轴主动齿轮上的 V6 标记在 12 点钟的位置，则发动机应在排气行程的 TDC 处。若每个凸轮轴主动齿轮上的 V6 标记在 6 点钟的位置，则发动机应在压缩行程的 TDC 处，如图 16-44 所示。

4）若两个凸轮轴主动齿轮在同一方向或相反方向上的位置不当，则主链条或两个副链条无法使用。

5）若只有其中一个凸轮轴主动齿轮的位置不当而另一个齿轮的位置是正确的，则问题集中到一个副链条上。请参见本程序中的单个凸轮轴正时。

6）若两个凸轮轴主动齿轮的 V6 标记在 12 点钟或 6 点钟的位置，则发动机的基准正时是正确的。重新安装缸罩。

平衡轴正时：

1）确认发动机在 TDC 处，且两个凸轮轴链轮 V6 标记 1 在 12 点钟的位置。

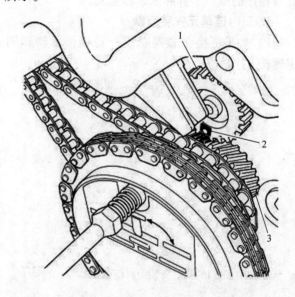

图 16-45　平衡轴主动齿轮正时标记

单个凸轮轴的正时：

注意：按照如下程序对凸轮轴进行正时调整。

1）使用链条张紧器楔块和专用工具 8379 2 固定副链条传动装置 3，如图 16-46 所示。

2）卸下凸轮轴传动齿轮的固定螺栓。

3）小心地将凸轮轴主动齿轮 2 从凸轮轴上取下。

4）重新标定链条上的凸轮轴主动齿轮，直到 V6 的标记与相对的凸轮轴主动齿轮上的 V6 标记在同一位置为止，如图 16-47 所示。

5）使用专用工具 8428 凸轮轴扳手 2，旋转凸轮轴，直到凸轮轴上的对准销对准凸轮轴主动

第16章 克莱斯勒-吉普-道奇汽车

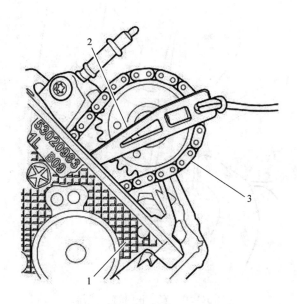

图 16-46 固定链条传动装置

图 16-48 标定凸轮轴主动齿轮过程

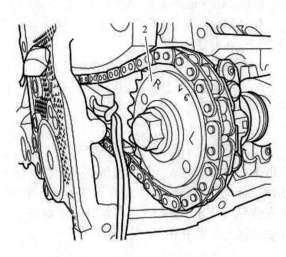

图 16-47 重新标定凸轮轴主动齿轮

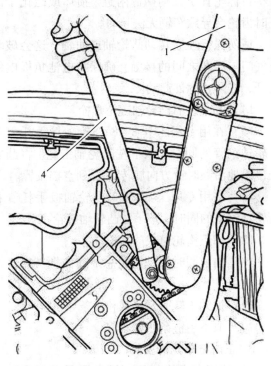

图 16-49 安装定位螺栓

齿轮上的槽口，如图 16-48 所示。注意在重新安装螺栓前，清除凸轮轴链轮固定螺栓上多余的机油，否则将会造成螺栓力矩过大而失效。

6）将凸轮轴传动齿轮放置在凸轮轴上，清理螺栓上的余油，然后安装定位螺栓。使用专用工具 6958 以及适配器销 8346 4 和合适的扭力扳手 1，按照 122N·m 的力矩将定位螺栓拧紧，如图 16-49 所示。

7）取下专用工具 8379。

8）旋转曲轴两周，然后检验凸轮轴主动齿轮 V6 标记是否与实际的记号对准。

9）安装缸盖罩。

2. 正时链单元的拆卸

1）断开蓄电池负极电缆。

2）排放冷却系统。

3）取下左右缸盖罩。

4）卸下散热器风扇。

5）旋转发动机曲轴，直到曲轴减振器上的正时标记 2 与正时链盖罩 1 上的 TDC 标记对准为止，如图 16-43 所示。

6）如图16-44所示,确保凸轮轴链轮V6标记1在12点钟的位置(1号气缸排气行程TDC)。

7）取下动力转向泵。

8）取下左右缸盖上的堵塞,以操作链条导轨紧固件。

9）卸下机油添加口壳体,从而能够对右侧张紧器臂紧固件进行操作。

10）取下曲轴减振器和正时链盖罩。

11）压下并紧固主链条张紧器。

小心:左副链张紧器后面的板可能落入油底壳。所以,应盖好油底壳开口。

12）卸下副链张紧器。

13）取下凸轮轴位置传感器。

操作时应谨慎小心,切勿损坏凸轮轴的正时齿轮。在松紧凸轮轴链轮时请勿连接目标轮。请勿将目标轮置于任何磁源附近。损坏或磁化了的正时齿轮会导致车辆无法起动。

请勿强行独立转动凸轮轴或曲轴,这会破坏进气门与活塞之间的接触。确保蓄电池负极电缆断开,以防止意外起动。

14）卸下左右凸轮轴链轮螺栓。

15）在用专用工具8428凸轮轴扳手托着左凸轮轴钢管的同时,取下左凸轮轴链轮。将凸轮轴慢慢地沿顺时针方向旋转5°,到空档位置。

16）在用专用工具8428凸轮轴扳手托着右凸轮轴钢管的同时,取下右凸轮轴链轮。

17）卸下惰轮总成的螺栓。

18）向前同时滑动惰轮总成和曲柄链轮,拆卸主辅链。

19）拆卸旋转张紧器臂和链条导轨。

20）取下主链条张紧器。

3. 正时链单元的安装

1）使用台虎钳轻压副链条张紧器活塞,直到活塞5与张紧器体齐平。使用销子或其他适当工具以松开棘爪4。用力向后拉棘爪,穿过张紧器侧的检修孔。在继续固定棘轮时,推动棘轮装置离开张紧器约2mm。将专用工具8514锁销2安装到张紧器前的孔上。慢慢地打开台虎钳,将活塞弹簧力量转向锁销,如图16-50所示。

2）将主链条张紧器放在机油泵上,将螺栓插入到张紧器支架的两个下孔。紧固螺栓至28N·m。

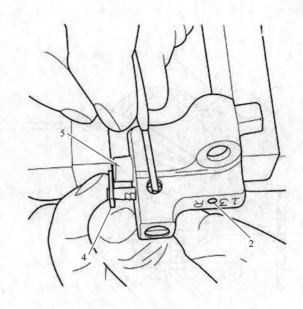

图16-50 安装正时链张紧器

3）安装右侧链条张紧器臂。安装Torx®螺栓。按照28N·m的力矩拧紧Torx®螺栓。

银色螺栓将导管固定在缸盖上,黑色螺栓将导管固定在发动机缸体上。

4）安装左侧链条导轨。紧固螺栓至28N·m。

5）安装左侧链条张紧器臂和Torx®螺栓。按照28N·m的力矩拧紧Torx®螺栓。

6）安装右侧链条导轨。紧固螺栓至28N·m。

7）将两个副链条安装到张紧轮2上。调整副链条上的两个链板,使其能够通过惰轮链轮上的两个低位开口(4点钟和8点钟位置)看到。当安装好副正时链条时,使用专用工具8429 1支撑安装链条,如图16-51所示。

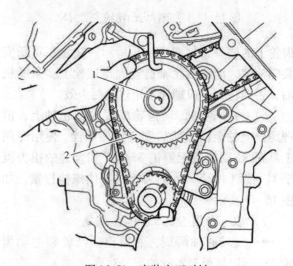

图16-51 安装主正时链

8）将主链条的双链板与惰轮链轮上的 12 点钟位置的正时标记对齐。将主链条的单链板与曲轴链轮上的 6 点钟位置的正时标志对准。

9）用清洁的发动机机油润滑凸轮轴轴颈。注意在张紧器完全定位前，张紧器应与平衡轴主动齿轮正时。

10）如图 16-45 所示，安装链条、曲轴链轮和张紧器总成。在将两条副链条穿过缸体及缸盖开口后，将链条用弹性带或类似物进行固定。这样将使链条保持足够的张紧度，以便于安装。将前张紧轮 3 上的正时标记 2 对准平衡轴主动齿轮 1 上的正时标记，然后将张紧轮完全定位。在安装惰轮螺栓之前，用机油对垫圈进行润滑，将惰轮总成的定位螺栓紧固至 34N·m。注意安装链轮时，有必要轻微转动凸轮轴。

11）将左凸轮轴链轮"L"点对准链条上的链板。

12）将右凸轮轴链轮"R"点对准链条上的链板。注意清除凸轮轴链轮螺栓上多余的机油。否则将会造成螺栓力矩过大而失效。

13）卸下专用工具 8429，然后将两个链轮安装到凸轮轴上。清除螺栓上多余的机油，然后安装链轮螺栓，但此时请勿紧固。

14）检验所有的链板是否对准所有链轮上的标记，以及凸轮轴链轮上的"V6"标记位于 12 点钟的位置。

小心：确保左副链张紧器和缸体之间的隔板安装正确。

15）安装两个副链条张紧器。紧固螺栓至 28N·m。

注意：左右副链条张紧器为非通用型。

16）取下张紧器上的所有锁销。

从每个张紧器上拔出锁销后，不要手动张开张紧器棘轮。这样会使链条过度张紧，产生噪声和/或过高的正时链负荷。

17）使用带有适配器销 8346 4 的专用工具 6958 扳手，将左凸轮轴链轮紧固至 122N·m。

18）使用带有转接器销 8346 2 的专用工具 6958 扳手，按照 122N·m 的力矩拧紧右凸轮轴链轮，如图 16-52 所示。

19）将发动机旋转两周。检验正时标记在如下位置：

主链条张紧轮上的点位于 12 点钟处。

主链条曲轴链轮上的点位于 6 点钟处。

副链条凸轮轴链轮上的"V6"标记位于 12 点钟处。

平衡轴主动齿轮的点应对准张紧轮齿轮上的点。

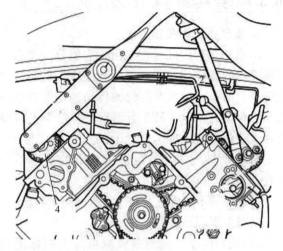

图 16-52　紧固左右凸轮轴链轮螺栓

20）用发动机机油润滑所有三条链条。

21）在安装完所有链条后，推荐检查惰轮及游隙。游隙应在 0.10～0.25mm 之间。若未在技术参数内，应更换惰轮。

22）安装正时链盖罩和曲轴减振器。

23）安装缸盖罩。

注意：在右缸盖内安装螺栓之前，必须在螺栓上涂上一层密封剂以防泄漏。

24）如图 16-53 所示，在堵塞 2 上涂抹 Mopar® 螺纹 Teflon 密封剂，然后安装右缸盖，并按 81N·m 的力矩拧紧。

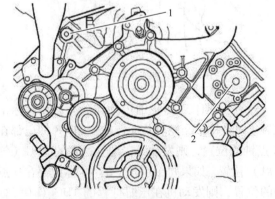

图 16-53　安装缸体堵头

25）安装注油箱。

26）如图 16-53 所示，安装左缸盖上的堵塞1。

27）安装动力转向泵。

28）填充冷却系统。

29）连接蓄电池负极电缆。

16.8.6 克莱斯勒4.7L发动机（2007）

1. 发动机正时校验方法

注意从车辆内的驾驶人位置应能分清左右手应当操作的部件。在正时校验程序中，可能会出现链条上的蓝色链板及凸轮轴传动链轮上的点不能互相对准的情况。只有当重新正时整个正时驱动时，蓝色链板才能与链轮上的点互相对准。一旦正时驱动转起来，蓝色链板到点的对准不再有效。

可通过如下步骤进行发动机基准正时检验：

1）卸下气缸盖罩。

2）旋转曲轴，直到曲轴减振器上的标记与前盖上的TDC箭头对准为止。发动机现在位于TDC处，如图16-54所示。

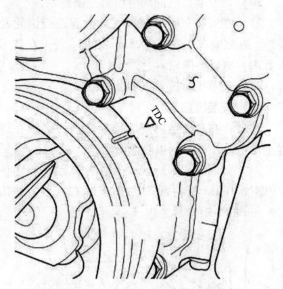

图16-54 设置发动机于TDC位置

注意：压印到凸轮轴传动齿轮上的V8标记位置。如果每个凸轮轴传动齿轮上的V8标记都在12点钟的位置，则发动机在排气行程的TDC（气缸#1）位置。如果每个齿轮上的V8标记都在0点钟的位置，则发动机在压缩行程的TDC（（气缸#1）位置。

3）如果两个凸轮轴传动齿轮都在同向或反向停止，则主链或副链条有故障。

4）如果凸轮轴传动齿轮之一停止，而另一个正常，则问题局限在副链条上。

5）如图16-55所示，如果两个凸轮轴传动齿轮上的V8标记都在12点钟的位置或6点钟位置，则发动机座正时正确。重新安装缸罩。

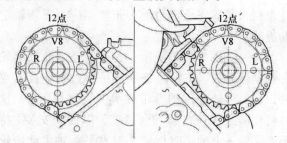

图16-55 V8标记位于12点钟的位置或六点位置

单凸轮轴正时。

1）使用Chain Tensioner Wedge专用工具9867，使副链条传动静止。为了进行参考，标记链到链轮位置。

2）卸下凸轮轴传动齿轮的固定螺栓。

3）从凸轮轴上拆下凸轮轴传动齿轮。

4）当V8标记在相对的凸轮轴传动齿轮上时，改变链内凸轮轴传动齿轮的符号，直到V8标记在相同方向为止。注意在夹持凸轮轴时，仅将台虎钳夹住凸轮轴的钢管部分。请勿夹持曲臂或链轮区域。

5）使用一对合适的可调手钳1旋转凸轮轴，直到凸轮轴上的对中销2与凸轮轴传动齿轮内的槽对正为止，如图16-56所示。注意在重新安装螺栓前，清除凸轮轴链轮固定螺栓上多余的机油。否则将会造成螺栓力矩过大而失效。

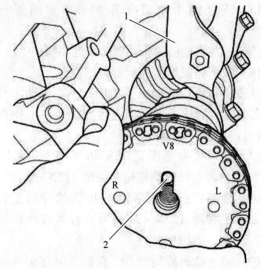

图16-56 对正凸轮轴对中销与传动齿轮槽

6）将凸轮轴传动齿轮放置在凸轮轴上，清理螺栓上的余油，然后安装定位螺栓。使用专用工具扳手 6958 与适配器销 8346 和合适的扭力手1，将螺栓锁紧到 122N·m。

7）如图 16-57 所示，拆下专用工具 9867 3、4。

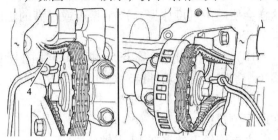

图 16-57　拆下专用工具

8）将曲轴旋转两整圈，然后检验凸轮轴传动齿轮 V8 标记是否对正。

9）安装缸盖罩。

2. 正时链单元的拆卸方法

1）断开蓄电池负极电缆。

2）排放冷却系统。

3）拆卸左右缸盖罩。

4）卸下散热器风扇。

5）使发动机转动直至曲轴减振器上的正时标记与正时链盖罩上的 TDC 标记对正（#1 气缸排气行程）。

6）调整凸轮轴链轮，使"V8"标记处于 12 点钟的位置。

7）拆下动力转向泵。

8）拆卸左右缸盖上的检修口塞 2 以对链条导轨紧固件进行检查，如图 16-58 所示。

图 16-58　拆卸检修口塞

9）卸下机油加注口壳体，从而能够对右侧张紧器臂紧固件进行操作。

10）拆卸曲轴减振器。

11）折叠并扣牢主链张紧器。当心左副链张紧器后面的板可能落入油底壳。

12）卸下副链张紧器。

13）从右气缸盖上拆卸凸轮轴位置传感器。操作时应谨慎小心，切勿损坏凸轮轴的正时齿轮。在拧凸轮轴链轮时请勿连接目标轮。请勿将目标轮置于任何磁源附近。损坏或磁化了的正时齿轮会导致车辆无法起动。

请勿强行独立转动凸轮轴或曲轴。确保蓄电池负极电缆断开，以防止发动机意外起动。

14）卸下左右凸轮轴链轮螺栓。

15）用可调台虎钳固定好左侧凸轮轴钢管，拆卸左侧凸轮轴链轮。顺时针缓慢转动凸轮轴约 15°，到空档位置，如图 16-59 所示。

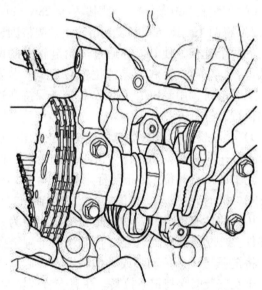

图 16-59　转动凸轮轴约 15° 到空档位置

16）用可调台虎钳固定好右侧凸轮轴钢管，拆卸右侧凸轮轴链轮。逆时针缓慢转动凸轮轴约 45°，到空档位置。

17）卸下惰轮总成的螺栓。

18）向前同时滑动惰轮总成和曲柄链轮，拆卸主副链。

19）拆卸张紧器臂和链条导轨。

20）拆卸链条张紧器。

3. 正时链单元的安装

1）用台虎钳轻轻地对副链张紧器活塞施压，直至活塞台阶与张紧器体平齐。使用一个销钉或适当的工具通过张紧器一侧的孔克服弹簧力将棘轮爪拉回使棘轮爪释放。在继续固定棘轮时,推动棘轮装置离开张紧器约2mm。将专用工具8514锁销安装进张紧器前侧的孔内。慢慢打开台虎钳将弹簧力传递给锁销。

2)将主链张紧器置于机油泵之上,将螺栓插入张紧器支架上较低的两个孔内。紧固螺栓至28N·m。

3)安装右侧链条张紧器臂。用28N·m的力矩紧固螺栓。注意银色螺栓将导板固定在缸盖上,黑色螺栓将导板固定在发动机缸体上。

4)安装左侧链条导轨。紧固螺栓至28N·m。注意过度紧固张紧器臂的螺栓会对缸盖造成严重损坏。紧固螺栓至规定力矩。

5)安装左侧链张紧器臂。用28N·m的力矩紧固螺栓。

6)安装右侧链条导轨。紧固螺栓至28N·m。

7)将两个副链条都安装到惰轮上。调整副链条上的两个链板,使其能够通过惰轮链轮上的两个低位开口(4点钟和8点钟位置)看到。在安装副正时链时,用专用工具8429将链条保持在适当的位置以进行安装。

8)将主链条的双链板与惰轮链轮上的12点钟位置的正时标记对齐。将主链条的单链板与曲轴链轮上的6点钟位置的正时标志对准。

9)用清洁的发动机机油润滑凸轮轴轴颈。

10)将所有链条、曲轴链轮和惰轮组装为一个部件。通过链轮和缸盖上的孔引入两个副链条后,将链条与一条传动带或类似物绑在一起,这有助于在安装时保持链条拉紧。注意安装链轮时,有必要轻微转动凸轮轴。

11)将左凸轮轴链轮"L"点对准链条上的链板。

12)将右凸轮轴链轮"R"点对准链条上的链板。清除凸轮轴链轮螺栓上多余的机油。否则将会造成螺栓力矩过大而失效。

13)卸下专用工具8429,然后将两个链轮安装到凸轮轴上。清除螺栓上多余的机油,然后安装链轮螺栓,但此时请勿紧固。

14)校验所有的电镀链节是否都与链轮上的标记对齐,以及凸轮轴链轮上的"V8"标记是否在12点钟的位置。确保左副链张紧器和缸体之间的隔板安装正确。

15)安装两个副链条张紧器。紧固螺栓至28N·m。注意左右副链条张紧器为非通用型。

16)在安装惰轮螺栓之前,用机油对垫圈进行润滑,将惰轮总成的定位螺栓紧固至34N·m。

17)从张紧器上拆卸全部3个锁销。从每个张紧器上拔出锁销后,不要手动张开张紧器棘轮。这样会使链条过度张紧,产生噪声或过高的正时链负荷。

18)使用专用工具6958扳手和适配器销8346,紧固左右凸轮轴链轮螺栓至122N·m。

19)将发动机旋转两周。检查正时标记是否在以下位置:

主链惰轮上的点在12点钟位置。

主链曲轴链轮上的点在6点钟位置。

副链凸轮轴链轮"V8"标记在12点钟位置。

20)用发动机机油润滑所有三条链条。

21)安装完所有链条后,建议检查惰轮的轴向间隙。轴向间隙必须在0.10~0.25mm之间。如果不符合技术参数,必须更换惰轮轴。

22)安装正时链盖罩。

23)安装缸盖罩。

注意:在右缸盖内安装螺栓之前,必须在螺栓上涂上一层密封剂以防泄漏。

24)用螺纹密封剂涂敷螺纹,然后将其安装入右缸盖并紧固至81N·m。

25)安装注油箱。

26)在左缸盖上安装检查柱塞。

27)安装动力转向泵。

28)安装散热器冷却风扇和护罩。

29)加注冷却系统。

30)连接蓄电池负极电缆。

16.8.7 克莱斯勒4.0L发动机(2002)

1. 正时链单元拆卸步骤

1)断开蓄电池负极电缆。

2)拆卸风扇和盖板。

3)拆卸驱动带。

4)拆卸曲轴减振装置。

5)拆卸正时室盖。

6)转动曲轴,直到"0"标记最靠近位于曲轴中心线上的链轮正时标记(图16-60)。

7)从曲轴拆下挡油环。

8)拆卸凸轮轴链轮螺栓和垫片。

9)拆卸作为总成的曲轴链轮、凸轮轴链轮

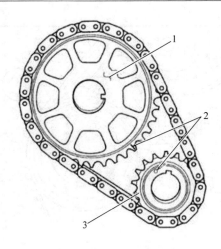

图 16-60 转动曲轴设置正时位置
1—凸轮轴链轮 2—正时标记 3—曲轴链轮

和正时链条。

10）安装正时链，对正曲轴链轮和凸轮轴链轮上的正时标记，确保正确的配气正时。旧的和已经拉长的链条会影响配气正时的准确性，如果链条拉长后松弛度超过 12.7mm，请替换。

2. 正时链单元安装步骤

组装正时链、凸轮轴链轮、曲轴链轮并对正正时标志（图 16-60）。

1）在曲轴键槽内施加 Mopar® 硅橡胶胶粘剂并装入键。将上述组件安装在带键曲轴和凸轮轴上。

2）安装凸轮轴链轮螺栓和垫片，并且将螺栓拧紧至 68N·m。

3）将曲轴转动两圈，验证正时链安装是否正确，曲轴和凸轮轴链轮的正时标志应对正（图 16-60）。

4）安装曲轴挡油环。

5）替换正时室盖上的油封。

6）安装正时室盖和衬垫。

7）在带键的曲轴上安装减振装置。

8）安装驱动带。

9）安装发动机风扇、轮毂总成和盖板。

10）连接蓄电池的负极电缆。

16.9 吉普牧马人（2004—2017 年款）

16.9.1 克莱斯勒 3.0L 发动机（2014—2017）

该发动机也搭载在 300C 车型上，相关内容请参考 16.1.3 小节。

16.9.2 克莱斯勒 3.6L 发动机（2012—2013）

该发动机也搭载在 300C 车型上，相关内容请参考 16.1.1 小节。

16.9.3 克莱斯勒 3.8L 发动机（2007—2010）

安装正时链时有两种标定正时的方法。可以将链轮上的箭头相互对齐，然后利用直尺来进行直线校准。当发动机在工厂里装配时通常会使用另一种方法。这种方法是使链轮上的标记点与正时链上的标记链对准，如图 16-61 所示。

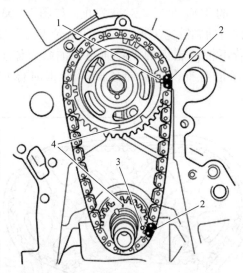

图 16-61 发动机正时链单元
1—凸轮轴链轮上的正时标记（圆点） 2—标记链节
3—曲轴链轮上的正时标记（圆点） 4—箭头

安装链轮时，可以通过对齐正时槽和正时销来确定正时链轮在曲轴上的位置，见图 16-62。正时标志应朝外。

16.9.4 克莱斯勒 2.4L 发动机（2004）

1. 正时带单元拆卸

1）断开蓄电池负极电缆。

2）卸下上部和下部前正时带盖。注意对准曲轴与凸轮轴的正时标记时，务必用曲轴将发动机转动。拆下正时带后，不可转动凸轮轴。否则可能会使气门组件受损。务必在卸下正时带之前将正时标记对准。

3）在拆除正时带前，转动曲轴直到机油泵

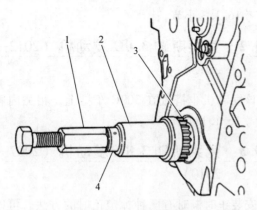

图16-62 安装曲轴链轮
1—专用工具8452-3 2—专用工具8452-1
3—曲轴链轮 4—轴承与垫圈

壳体上的TDC标记与曲轴链轮（链轮齿的下降面）上的TDC标记2对准为止，如图16-63所示。注意曲轴链轮TDC标记位于链轮齿的下降面上。若不把链轮齿的下降面与机油泵壳体上的TDC标记对准，将会导致凸轮轴正时标记不对准。

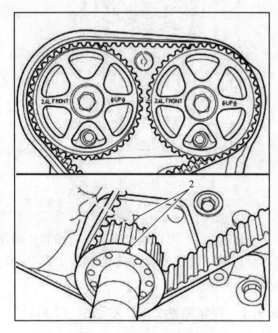

图16-63 设置发动机TDC位置

4）松开正时带张紧器锁止螺栓1。

5）将6mm内六角扳手插入位于正时带张紧器带轮的钢板弹簧舌片2上的六角孔。顺时针旋转钢板弹簧舌片2直至正时带松弛下来足以进行拆卸，如图16-64所示。

6）拆下正时带。

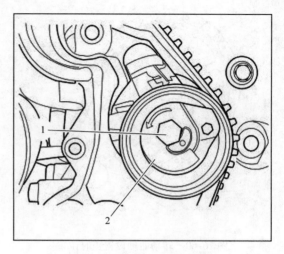

图16-64 松开正时带张紧轮

提示：若由于不正确的操作造成正时带受损，则将正时带张紧器轮和支架作为一个组件更换。

2. 正时带单元安装

1）在将曲轴链轮装到发动机上时，应使链轮对准机机油泵外壳上2的箭头。

2）设定凸轮轴正时记号以便排气凸轮轴链轮1位于进气凸轮轴链轮2之下的1/2凹槽3。注意确保两个凸轮轴链轮上的箭头向上，如图16-65所示。

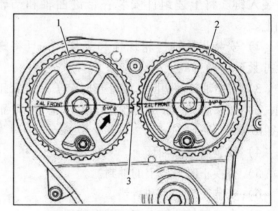

图16-65 对正凸轮轴正时记号

3）安装正时带。从曲轴开始，围绕水泵链轮、惰轮、凸轮轴链轮，然后是张紧器。

4）逆时针方向转动排气凸轮轴链轮4对准标记并张紧正时带，如图16-66所示。

5）将6mm内六角扳手3插入位于正时带张紧器带轮的钢板弹簧舌片2上的六角孔。逆时针旋转顶板2。移动张紧器带轮定住正时带，使张紧器设定凹槽开始顺时针旋转。留意设定凹槽1的运转，继续逆时针旋转顶板2直至设定凹槽与弹

7）为了定住正时带，逆时针完整地旋转曲轴两次直至曲轴可以重新定位在 TDC 位置上。核实凸轮轴和凸轮轴正时记号处于适当的位置。

8）如图 16-68 所示，检查弹簧柄托 1 是否在容许窗口 2 之内。若弹簧柄托 1 在容许窗口 2 内，安装过程完成，无须进行下一道程序。若弹簧柄托 1 不在容许窗口 2 内，务必重复步骤 5)~7)。

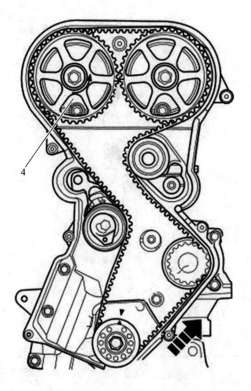

图 16-66　安装正时带

簧柄托 6 对齐。使用内六角扳手 3 防止顶板 2 移动，拧紧张紧器锁止螺栓 4 至 25N·m。在拧紧锁止螺栓 4 后，安装凹槽 5 和弹簧柄托 6 必须保持对齐，如图 16-67 所示。

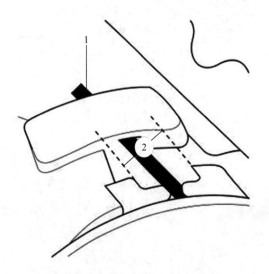

图 16-68　检查弹簧柄托位置

9）安装上部和下部前正时带盖。

10）连接蓄电池的负极缆线。

16.9.5　克莱斯勒 4.0L 发动机（2004）

该发动机也搭载在大切诺基车型上，相关内容请参考 16.8.7 小节。

16.10　吉普指南者（2012—2017年款）

16.10.1　克莱斯勒 2.0L 发动机（2011—2017）

1. 正时链单元拆卸

1）如图 16-69 所示，将发动机设置到 TDC 上。

2）拆卸正时链盖罩。注意：如果找不到正时链的电镀链节，要想再次使用此链条，则应在拆卸之前事先在正时链的链节所对应的正时标记上标上记号，如图 16-70 所示。

3）将正时链安装到排气凸轮轴链轮上，确保位于链轮上正时标志 1 与正时标记对齐，如图

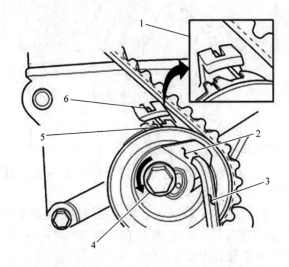

图 16-67　安装正时带张紧轮

6）卸下内六角扳手 3 和扭力扳手。注意仅可以在顺时针旋转的过程中重新将曲轴置于 TDC 位置上。若错失了 TDC，则再旋转两次直至获得 TDC。不要逆时针旋转曲轴，否则将不能恰当地检验张紧器的安装。

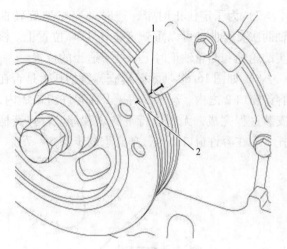

图 16-69 将发动机设置于 TDC 位置

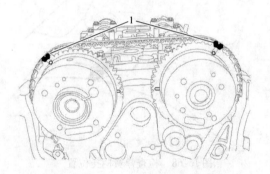

图 16-70 对正正时标记

16-71 所示。

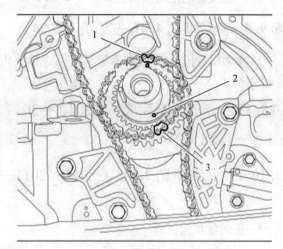

图 16-71 对正链轮正时标记

4）在正时链条上做好相对于曲轴链轮的正时标记。

5）拆卸正时链张紧器 5。

6）卸下正时链 2。如图 16-72 所示。

2. 正时链单元安装步骤

1）检查确保曲轴链轮键槽是否在 9 点钟的

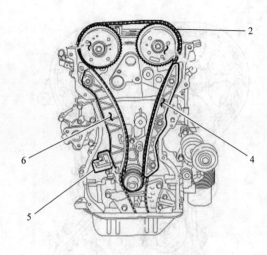

图 16-72 拆下正时链图解

位置上，如图 16-71 所示。

2）对准凸轮轴正时标记 3，以便其平行于缸盖，并按图 16-73 相互对齐。

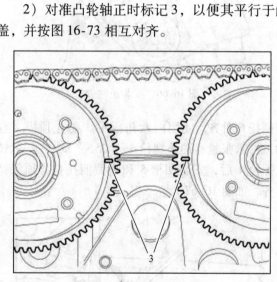

图 16-73 对准凸轮轴正时标记

3）如图 16-72 所示，安装正时链导向件 4，并紧固螺栓至 12N·m。

4）安装正时链，确保位于链轮上的正时标记 1 对齐，如图 16-70 所示。

5）如图 16-71 所示，将曲轴链轮 2 上的正时标记与正时链上的电镀链节 3 对齐。定位链条，使松弛部分处于张紧器侧。

注意：保持正时链的松弛部分在张紧器侧。

6）如图 16-72 所示，安装可动的正时链摆动导向件 6，并紧固螺栓至 12N·m。

7）向上提升棘轮 2，并朝张紧器体 4 方向向内推柱塞 3，重新设置正时链张紧器 4。将张紧器销 8514 插入到槽 1 内，保持张紧器柱塞在收缩位置内,如图16-74所示。

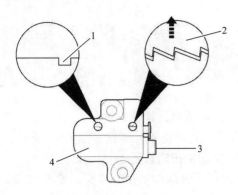

图16-74 安装正时链张紧器

8)安装正时链张紧器,并紧固螺栓至12N·m。

9)卸下正时张紧器销8514。顺时针旋转曲轴两圈,直到曲轴重新定位在TDC位置,键槽在9点钟位置上,如图16-71所示。

10)检查凸轮轴正时标记3是否在相应的位置上,如图16-73所示。

11)安装前正时链盖罩。

12)安装平衡器,检查平衡器标记2和盖罩标记1是否对齐,如图16-69所示。

13)连接蓄电池负极电缆。

14)注入机油,起动发动机,并检查是否泄漏。

16.10.2 克莱斯勒2.4L发动机(2007—2017)

该发动机也搭载在道奇酷威车型上,相关内容请参考16.3.1小节。

16.11 吉普自由光(2014—2017年款)

16.11.1 克莱斯勒2.4L发动机(2014—2017)

该发动机也搭载在道奇酷威车型上,相关内容请参考16.3.1小节。

16.11.2 克莱斯勒3.2L发动机(2014—2017)

该发动机正时维修与3.6L发动机相同,相关内容请参考16.1.1小节。

第17章 捷豹路虎汽车

17.1 XE（2015—2018年款）

17.1.1 捷豹2.0T GTDI 发动机（2015—2018）

1. 正时链单元部件分解

发动机正时链单元部件如图17-1所示。

2. 发动机正时设置

1) 拆下缸体曲轴正时堵头, 见图17-2。

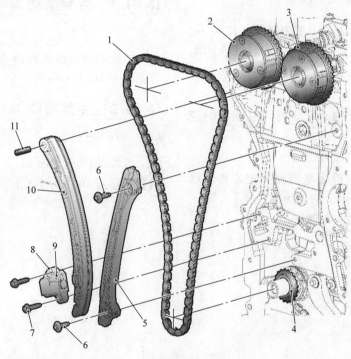

图17-1 发动机正时链单元部件

1—凸轮轴正时链 2—凸轮轴齿轮和可变凸轮轴正时（VCT）执行器，排气凸轮轴 3—凸轮轴齿轮和VCT执行器，进气凸轮轴 4—凸轮轴正时链条和机油泵曲轴主动齿轮 5—凸轮轴正时链条导轨 6—螺栓，凸轮轴正时链导轨（2个） 7—螺栓（2个） 8—正时链张紧器 9—张紧器锁止孔 10—凸轮轴正时链条张紧器臂 11—插销，张紧器臂枢轴

2) 安装专用工具, 见图17-3。专用工具: JLR-303-748。

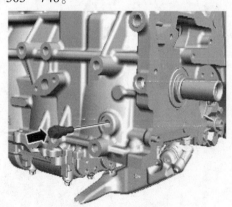

图17-2 拆下缸体堵头

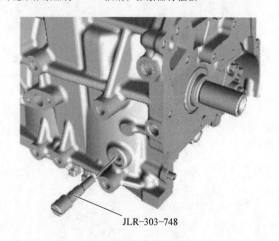

图17-3 安装专用工具

3）顺时针旋转发动机，直至曲轴停靠在专用工具上，如图17-4所示。

4）安装6个飞轮紧固螺栓，见图17-5。确保已安装新螺栓。此阶段仅用手指拧紧螺栓。

5）安装飞轮固定工具架，见图17-6。专用工具：JLR-303-1594，拧紧力矩：40N·m。

6）安装飞轮固定工具。此阶段仅用手指紧固螺栓，见图17-7。

图17-4　转动曲轴至正时销位置

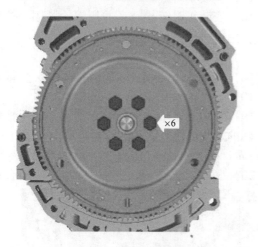

图17-5　安装紧固螺栓

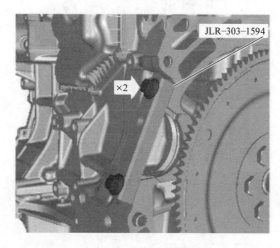

图17-6　安装固定工具架

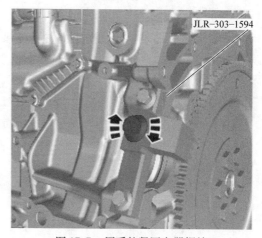

图17-7　用手拧紧固定器螺栓

7）稍微转动飞轮，确保专用工具正确定位，见图17-8。

图17-8　适配固定器与飞轮

8）紧固固定工具螺栓，拧紧力矩：90N·m。

9）紧固飞轮盘螺栓。注意：按照图17-9所示顺序拧紧固定螺栓。拧紧力矩：步骤1：50N·m；步骤2：70N·m；步骤3：112N·m。

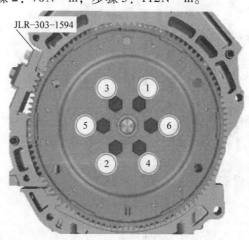

图17-9　紧固飞轮盘螺栓

10）安装曲轴链轮，见图17-10。安装一个新摩擦垫圈。留意曲轴链轮的方向。注意不要在此阶段拧紧固定件。

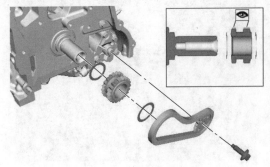

图17-10　安装曲轴链轮

11）旋转发动机，直至触发轮间隙和凸轮轴位置如图17-11所示。

图17-11　调整凸轮轴位置

12）安装专用工具，见图17-12。专用工具：JLR-303-1600。

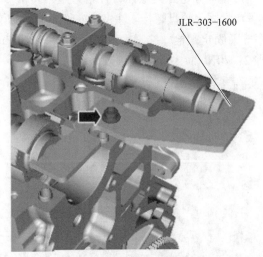

图17-12　安装专用工具

13）安装凸轮轴链轮组件。确保安装新的垫圈。

14）用螺栓固定凸轮轴链轮见图17-13。使用呆扳手握住凸轮轴的六角部位以防止凸轮轴转动。确保这些部件均安装到拆除时记下的位置上。此阶段仅用手指拧紧螺栓。

图17-13　安装凸轮轴链轮

15）安装正时链。

16）安装正时链导轨，并用螺栓紧固。拧紧力矩：10N·m。

17）安装正时链张紧臂。

18）安装张紧器并拧紧2个螺栓，拧紧力矩：10N·m。

19）紧固凸轮轴链轮螺栓。使用呆扳手握住凸轮轴的六角部位以防止凸轮轴转动。拧紧力矩：72N·m。

20）紧固中央螺栓，见图17-14。使用合适

图17-14　安装机油泵链轮的中央螺栓

的工具，在安装中央螺栓时保持住机油泵齿轮。拧紧力矩：25N·m。

21）在正时链罩盖上加密封剂。在发动机前盖上涂抹径宽为 4～7mm 的密封剂 WSE – M4G323 – A6，如图 17-15 所示。必须在密封剂涂抹后 10min 之内安装部件并紧固。

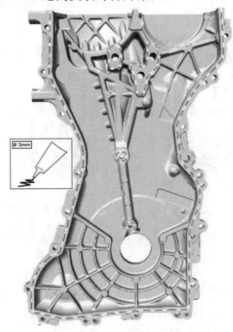

图 17-15　涂抹密封剂

22）按照图 17-16 所示顺序拧紧螺栓。拧紧力矩：M6 为 10N·m；M10 为 48N·m。

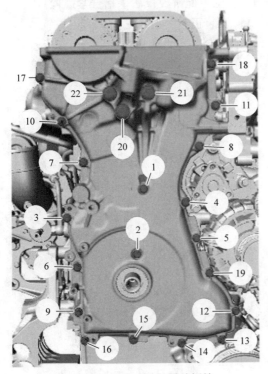

图 17-16　安装正时链罩盖螺栓

23）用工具安装油封，见图 17-17。专用工具：308 – 511。

图 17-17　安装油封

24）安装减振器。此阶段仅用手指紧固螺栓。确保接合面干净且没有杂质。安装前，在减振器封接面上涂抹 WSS – M2C913 – B 或 WSS – M2C913 – C 机油。

25）安装专用工具，见图 17-18。旋转曲轴减振器，以对齐专用工具 303 – 1595。不要旋转曲轴。确保专用工具正确定位。专用工具：JLR – 303 – 1595。

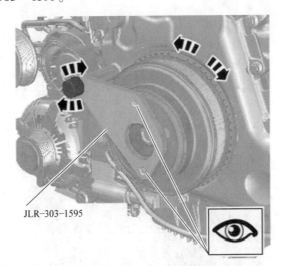

图 17-18　安装减振器固定工具

26）拧紧减振器紧固螺栓。拧紧力矩：步骤 1 为 100N·m；步骤 2 为再拧 90°。

27）拆除专用工具。专用工具：JLR – 303 – 1595。

28）拆除专用工具。专用工具：JLR-303-1600。

29）拆除专用工具，见图17-19。专用工具：JLR-303-1594，注意：松开螺栓1并拆下螺栓2。

图17-19 拆除专用工具

30）拆除专用工具。专用工具：JLR-303-748。

31）安装缸体堵头，拧紧力矩：20N·m。

3. 正时链单元拆卸步骤

1）拆下蓄电池电缆。

2）举升并支撑好车辆。确保采用车轴支架支撑好车辆。

3）拆下正时盖。

4）用直销锁定张紧器柱塞，见图17-20。

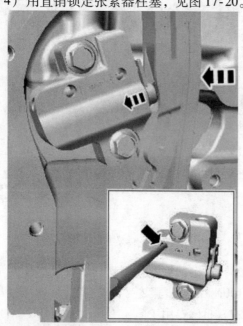

图17-20 设置张紧器

5）拆下2个张紧器固定螺栓并取下张紧器。

6）拆下正时链张紧臂和导轨。

7）拆下正时链条。

8）使用呆扳手握住凸轮轴的六角部位以防止凸轮轴转动，见图17-21。拆除之前，请记下元件的安装位置。如果卸下元件仅仅是为了检修，切勿进一步拆卸。

图17-21 拆下凸轮轴链轮螺栓

9）丢弃凸轮轴链轮密封圈。

4. 正时链安装

1）安装一个新的摩擦垫圈。

2）使用呆扳手握住凸轮轴的六角部位以防止凸轮轴转动。确保这些元件均安装到拆除时记下的位置上。此阶段仅用手指拧紧螺栓。

3）安装正时链条，见图17-22。

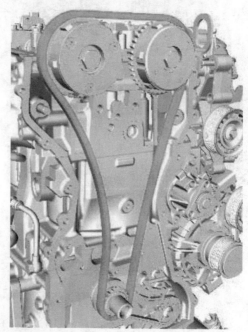

图17-22 安装正时链条

4)安装张紧臂与导轨螺栓,拧紧力矩:9N·m,拔出张紧器上的直销。

5)安装2个张紧器紧固螺栓,拧紧力矩:9N·m。

6)使用呆扳手握住凸轮轴的六角部位以防止凸轮轴转动。拧紧凸轮轴链轮螺栓,拧紧力矩:72N·m。

7)安装正时盖。

8)连接蓄电池电缆。

17.1.2 捷豹3.0T V6SC发动机(2015—2017)

该发动机正时链拆装与5.0L V8发动机相同,相关内容请参考17.2.5小节。图17-23所示为该发动机正时链单元部件分解。

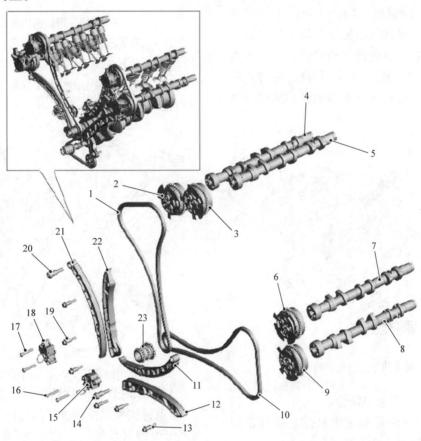

图17-23 发动机正时链单元部件

1—正时链第1列气缸组 2—排气可变凸轮轴正时(VCT)执行器 3—进气VCT执行器 4—进气凸轮轴 5—排气凸轮轴 6—进气VCT执行器 7—进气凸轮轴 8—排气凸轮轴 9—排气VCT执行器 10—正时链第2列气缸组 11—张紧器臂,左 12—正时链导轨,左 13—带肩螺栓(3个) 14—带肩枢轴螺栓 15—正时链张紧器总成,左 16—螺钉(2个) 17—螺钉(2个) 18—正时链张紧器总成,右 19—带肩螺栓(3个) 20—带肩枢轴螺栓 21—张紧器臂,右 22—正时链导轨,右 23—曲轴链轮

17.2 XF(2007—2018年款)

17.2.1 捷豹2.0T GTDI发动机(2013—2018)

该款发动机也搭载在XE车型上,相关内容请参考17.1.1小节。

17.2.2 捷豹3.0T V6SC发动机(2013—2017)

该发动机正时链拆装与5.0L V8发动机相同,相关内容请参考17.2.5小节。

17.2.3 捷豹3.0L NAV6-AJ27发动机(2008—2012)

1. 正时链单元拆卸

1)卸下发动机前盖。

2）卸下火花塞。

3）卸下曲轴位置（CKP）传感器脉冲轮。在拆卸的过程中，注意曲轴位置（CKP）传感器脉冲轮的位置。在安装过程中，必须恢复其原始位置。

4）安装曲轴带轮固定螺栓和垫圈。切勿逆时针方向旋转曲轴。正时链可能会缠结，从而导致发动机损坏。

5）顺时针方向旋转曲轴，直到曲轴键槽处于 7 点钟位置、右侧进气凸轮轴链轮上的对齐标记处于 1 点钟位置、右侧排气凸轮轴链轮上的对齐标记处于 8 点钟位置，见图 17-24。切勿逆时针方向旋转曲轴。正时链可能会缠结，从而导致发动机损坏。

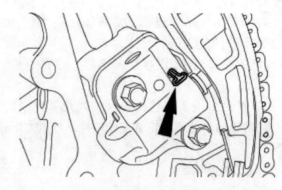

图 17-26　用插销固定柱塞

10）卸下右侧正时链外导轨。

11）卸下右侧正时链。见图 17-27。

12）卸下右侧正时链内导轨，如必要，检查并更换 O 形密封圈。

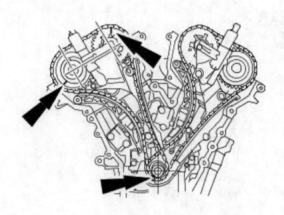

图 17-24　对准曲轴与凸轮轴链轮正时

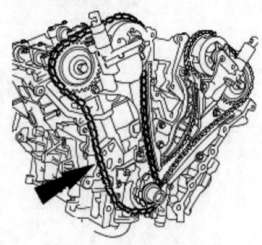

图 17-27　拆下右侧正时链

6）安装正时链张紧器棘轮。

7）重新定位正时链张紧器柱塞。保持正时链张紧器棘轮的释放，见图 17-25。

13）顺时针方向旋转曲轴，直到曲轴键槽处于 11 点钟位置、左侧进气凸轮轴链轮上的对齐标记处于 9 点钟位置、左侧排气凸轮轴链轮上的对齐标记处于 2 点钟位置，见图 17-28。切勿逆时针方向旋转曲轴。正时链可能会缠结，从而导致发动机损坏。

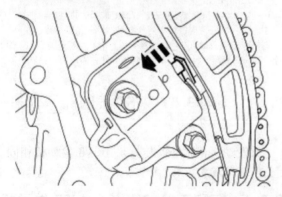

图 17-25　定位张紧器柱塞

8）固定正时链张紧器柱塞，见图 17-26。

9）卸下右侧正时链张紧器。

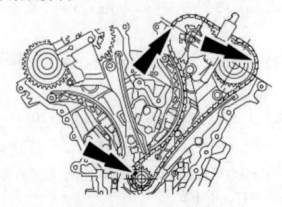

图 17-28　设置右侧时链正时位置

14)安装正时链张紧器棘轮。

15)重新定位正时链张紧器柱塞。保持正时链张紧器棘轮的释放。

16)固定正时链张紧器柱塞。

17)卸下左侧正时链张紧器。

18)卸下左侧正时链内导轨。

19)卸下左侧正时链,见图17-29。

20)卸下左侧正时链外导轨。如必要,检查并更换O形密封圈。

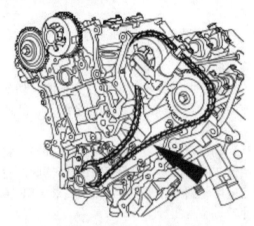

图17-29 拆下左侧正时链

21)卸下曲轴带轮固定螺栓和垫圈。在执行发动机任何进一步的维修之前,确保曲轴键槽处于9点钟位置。

22)卸下曲轴链轮。

2. 正时链单元安装

1)安装曲轴链轮。确保曲轴链轮正时标记朝外。

2)安装曲轴带轮固定螺栓和垫圈。在定位凸轮轴之前,确保曲轴键槽处于9点钟位置。

3)顺时针旋转左进气门凸轮轴,直到凸轮轴链轮定位标记处于9点钟位置,并顺时针旋转左排气门凸轮轴链轮,直到凸轮轴链轮定位标记处于2点钟位置,如图17-30所示。

图17-30 左侧凸轮轴链轮正时标记

4)顺时针旋转右侧进气门凸轮轴,直至凸轮轴链轮对齐标志位于5点钟方向;顺时针旋转右侧排气门凸轮轴链轮,直至凸轮轴链轮对齐标志位于12点钟方向,如图17-31所示。

图17-31 右侧凸轮轴链轮正时标记

5)顺时针旋转曲轴,直到键槽处于11点钟位置。

6)安装左侧正时链外导轨。分两个阶段拧紧固定螺栓。第一阶段:将螺栓1拧紧至25N·m。第二阶段:将螺栓2拧紧至25N·m,见图17-32。如必要,检查并更换O形密封圈。确保正确安装O形密封圈。

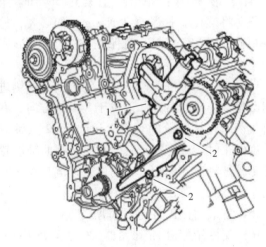

图17-32 安装左侧外导轨

7)安装左侧正时链。确保曲轴键槽位于11点钟方向,左侧进气门凸轮轴链轮的对齐标记位于9点钟方向,左侧排气门凸轮轴链轮的对齐标记位于2点钟方向。确保正时链对齐标记正确地安装在曲轴链轮和凸轮轴链轮对齐标记上。确保正时链带在正时链的张紧器侧。

8)安装左侧正时链内导轨。

9)安装左侧正时链张紧器。拧紧至25N·m。

切勿手动调整正时链张紧器。

10）确保左侧正时链对齐标记正确地安装在凸轮轴链轮和曲轴链轮对齐标记上。切勿手动调整正时链张紧器。

11）卸下正时链张紧器固定销。切勿手动调整正时链张紧器。

12）顺时针旋转曲轴，直至曲轴键槽位于3点钟方向，见图17-33。切勿逆时针方向旋转曲轴。正时链可能会缠结，从而导致发动机损坏。

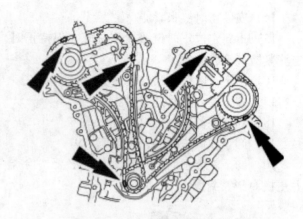

图17-34 正时标记位置检查

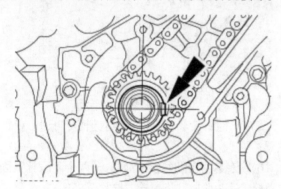

图17-33 曲轴键槽位于3点钟方向

13）安装右侧正时链内导轨。分两个阶段拧紧固定螺栓。第一阶段：将螺栓1拧紧至25N·m。第二阶段：将螺栓2拧紧至25N·m。如必要，检查并更换O形密封圈。确保正确安装O形密封圈。

14）确保曲轴键槽位于3点钟方向，右侧进气门凸轮轴链轮的对齐标记位于5点钟方向，右侧排气门凸轮轴链轮的对齐标记位于12点钟方向。确保正时链对齐标记正确地安装在曲轴链轮和凸轮轴链轮对齐标记上。确保正时链带在正时链的张紧器侧。安装右侧正时链。

15）安装右侧正时链外导轨。

16）安装右侧正时链张紧器。拧紧至25N·m。切勿手动调整正时链张紧器。

17）卸下正时链张紧器固定销。切勿手动调整正时链张紧器。

18）确保右侧正时链对齐标记正确地安装在凸轮轴链轮和曲轴链轮对齐标记上，如图17-34所示。切勿手动调整正时链张紧器。确保全部正时链对齐标记都位于图示位置。

19）顺时针旋转曲轴整整两圈，确保气门和活塞没有碰撞。切勿逆时针方向旋转曲轴。正时链可能会缠结，从而导致发动机损坏。只用手动工具旋转曲轴。

20）卸下曲轴带轮固定螺栓和垫圈。切勿逆时针方向旋转曲轴。正时链可能会缠结，从而导致发动机损坏。

21）确保正确安装CKP传感器脉冲轮，将缺失齿定位在曲轴键槽。确保CKP传感器脉冲轮安装正确，齿轮朝外，见图17-35。安装CKP传感器脉冲轮。

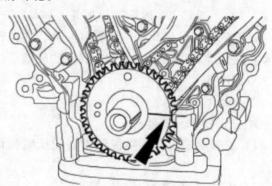

图17-35 确保脉冲轮安装正确

22）安装火花塞。拧紧至15N·m。

23）安装发动机前盖。

17.2.4 捷豹2.7TD柴油发动机（2007）

1. 正时带单元拆卸

1）断开蓄电池。

2）卸下正时带盖。

3）卸下起动机固定支架。

4）分离起动机电磁阀线束。

5）分离起动机拉索。

6）分离起动机电磁阀线束。

7）分离起动机。

8）对准正时定位销孔。顺时针旋转曲轴

注意卸下固定密封垫的锁定销。

9）自动变速器车辆：使用专用工具锁定挠性传动板，见图17-36。

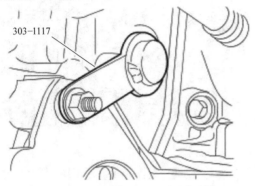

图17-36　安装专用工具（AT车型）

10）手动变速器车辆，使用专用工具锁定飞轮，见图17-37。

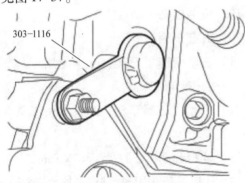

图17-37　安装专用工具（MT车型）

11）降低车辆。

12）确认左侧凸轮轴定位孔位于7点钟位置，右侧凸轮轴定位孔位于5点钟位置。如果凸轮轴未定位到正确位置上，则卸下专用工具，并旋转曲轴180°。

13）卸下辅助传动带轮。

14）卸下辅助传动带轮支架。

15）使用专用工具锁定凸轮轴带轮，见图17-38。

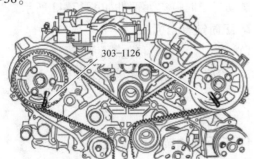

图17-38　锁定凸轮轴带轮

16）松开但不要卸下凸轮轴带轮固定螺栓，见图17-39。逆向握住凸轮轴带轮毂。松开但不要卸下凸轮轴带轮固定螺栓。当松开凸轮轴带轮毂固定螺栓时，必须逆向握住凸轮轴带轮毂。否则，将可能导致发动机和专用工具的损坏。

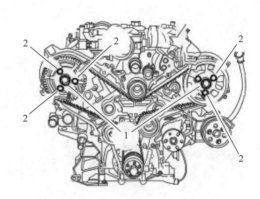

图17-39　松开凸轮轴带轮固定螺栓

17）卸下并丢弃正时带张紧器。释放正时带张紧器。

18）卸下并丢弃正时带。

2. 正时带单元安装

1）顺时针完全旋转两个凸轮轴带轮。

2）安装一个新的正时带张紧器。切勿完全拧紧固定螺栓。

3）按图17-40所示顺序，安装正时带。确保正时带张紧器上的正时带是松弛的。否则，将可能导致发动机损坏。①将正时带安装到曲轴带轮上。②将正时带系在惰轮上。③将正时带系在左侧凸轮轴带轮上。④将正时带系在惰轮上。⑤将正时带系在左侧凸轮轴带轮上。⑥将正时带系在正时带张紧器上。

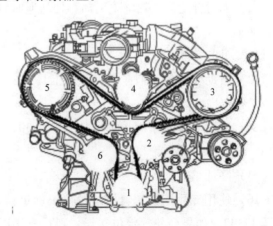

图17-40　安装正时带

4）拉紧正时带。转动张紧器。确保张紧器窗口已定位，见图17-41。拧紧至24N·m。确保正时带张紧器窗口正确定位。否则，将可能导致发动机损坏。

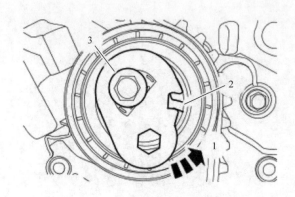

图17-41 张紧张紧轮

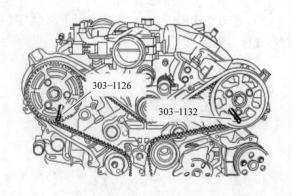

图17-42 安装专用工具

5）完全拧紧凸轮轴带轮固定螺栓。逆向握住凸轮轴带轮毂。拧紧至23N·m。当松开凸轮轴带轮毂固定螺栓时，必须逆向握住凸轮轴带轮毂。否则，将可能导致发动机和专用工具的损坏。

6）升起车辆。

7）自动变速器车辆：卸下专用工具303-1117。

8）手动变速器车辆：卸下专用工具303-1116。

9）降低车辆。

10）卸下专用工具303-1126。

11）顺时针旋转曲轴整整两周。切勿逆时针旋转曲轴。

12）升起车辆。

13）自动变速器车辆：使用专用工具303-1117，锁定挠性传动板。

14）手动变速器车辆：使用专用工具303-1116，锁定飞轮。

15）降低车辆。

16）使用专用工具，确保凸轮轴正确定位，见图17-42。如果凸轮轴定位错误，则重复正时带安装步骤。

17）卸下专用工具303-1126、303-1132。

18）安装辅助传动带轮支架。

19）安装辅助传动带轮。

20）升起车辆。

21）自动变速器车辆：卸下专用工具303-1117。安装密封垫。

22）手动变速器车辆：卸下专用工具303-1116。安装密封垫。

23）连接起动机。拧紧至48N·m。

24）连接起动机电磁阀线束。拧紧至8N·m。

25）连接起动机拉索。拧紧至7N·m。

26）安装起动机固定支架。拧紧至23N·m。

27）安装正时带盖。

28）连接蓄电池。

17.2.5 捷豹5.0L V8发动机（2008—2011）

1. 正时链单元部件分解

发动机正时链单元部件如图17-43所示。

2. 正时链单元拆卸

1）断开蓄电池负极电缆的连接。

2）抬起并支撑车辆。确保采用车轴支架支撑车辆。

3）拆卸正时盖。

4）拆下曲轴转速传感器。

5）安装专用工具，见图17-44。专用工具：JLR-303-1303。仅顺时针旋转曲轴。

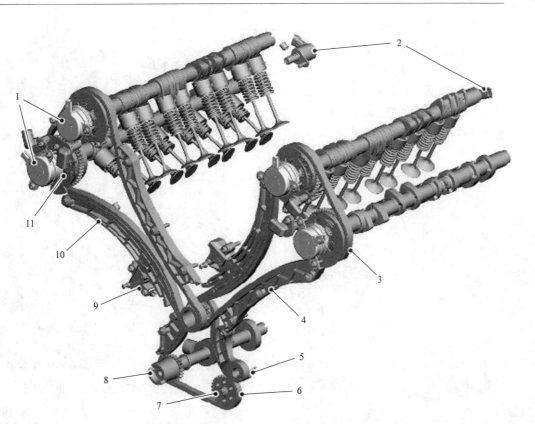

图 17-43 捷豹 5.0L V8 发动机正时链单元

1—VCT 电磁阀 2—CPS 电磁阀 3—逆齿正时链 4—尼龙链条导轨 5—辅助链条张紧器 6—辅助传动链条
7—油泵驱动 8—辅助传动凸轮轴 9—正时链张紧器 10—张紧器杆 11—VCT 单元

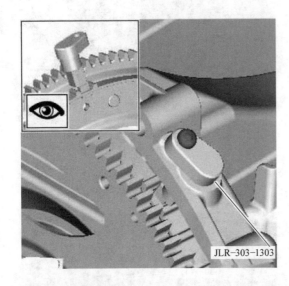

图 17-44 安装专用工具

6) 记下曲轴半圆键的位置。如果记下的半圆键位置是处于 9 点钟的位置,则必须安装新的挠性盘,见图 17-45。如果半圆键处于 6 点钟位置,则继续执行下一步骤。

图 17-45 记下曲轴半圆键位置

7）拆下右侧正时链张紧器。

8）拆下右侧张紧器导轨。

9）拆下右侧凸轮轴链轮紧固螺栓。

10）与可变气门正时装置一起拆下右侧正时链条，见图17-46。如果可变气门正时（VVT）装置受到振动或跌落，则必须更换。

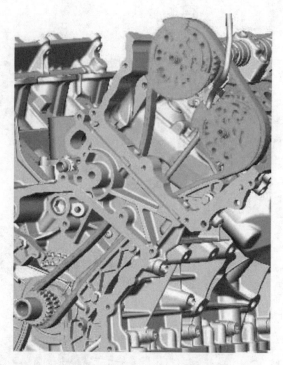

图17-47 拆下左侧正时链

图17-46 拆下正时链条

11）拆下左侧张紧器螺栓并取下张紧器。

12）拆下左侧正时链张紧器导轨。

13）拆下左侧凸轮轴链轮螺栓。

14）与可变气门正时装置一起拆下左侧正时链条，见图17-47。如果可变气门正时（VVT）装置受到振动或跌落，则必须更换可变气门正时装置。

图17-48 安装正时链滑轨

15）拆下左右两侧的正时链导轨。

16）拆下曲轴链轮，丢弃摩擦垫圈。

3. 正时链单元安装

1）安装曲轴链轮并更换一个新摩擦垫圈。

2）安装左右侧滑轨螺栓，见图17-48。拧紧力矩：12N·m。

3）将专用工具安装到每个凸轮轴上，见图17-49。专用工具：303-1452。安装螺栓拧紧力矩：10N·m。

图17-49 安装专用工具

4）检查凸轮轴位置，如果位置不在图 17-50 所示的位置，小心旋转凸轮轴。

图 17-50　检查凸轮轴位置

5）将专用工具 303 - 1445 安装到凸轮轴的后部，确保键槽正确定位到每个凸轮轴的每个槽中，见图 17-51。

图 17-51　安装专用工具到凸轮轴后部

6）使用合适的工具，小心顺时针转动凸轮轴，然后逆时针转动，见图 17-52。旋转专用工具锁定螺母，直至凸轮轴没有移动空间为止。重复步骤 3）~6），安装其他气缸盖上的凸轮轴。切勿过度旋转凸轮轴。用手指拧紧蝶形螺母。未能遵守此说明可能造成元件损坏。

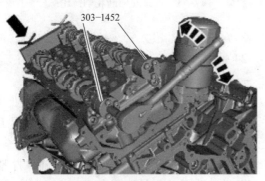

图 17-52　调整凸轮轴

7）与可变气门正时（VVT）装置一起安装正时链条。不要让凸轮轴旋转。如果可变气门正时（VVT）装置受到振动或跌落，则必须更换可变气门正时装置。注意：现阶段不要拧紧。

8）确保所有正时链条的对齐标记都处在图 17-53 所示的位置。

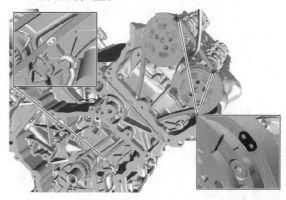

图 17-53　对齐正时链正时标记

9）安装左侧正时链张紧臂。螺栓拧紧力矩：25N·m。

10）确保张紧器活塞完全伸出，如图 17-54 所示。然后在安装前压下并使用销钉锁定张紧器活塞。未能遵守此说明可能会损坏发动机。

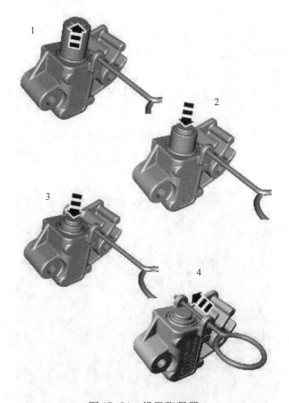

图 17-54　设置张紧器
1—完全弹出状态　2—半压入状态
3—完全压缩状态　4—锁止状态

11）安装左侧张紧器，拧紧力矩：10N·m。在此阶段切勿松开正时链条张紧器锁定销。

12）与可变气门正时装置一起安装正时链条。不要让凸轮轴旋转。如果可变气门正时（VVT）装置受到振动或跌落，则必须更换可变气门正时装置。注意：现阶段不要拧紧。

13）确保所有正时链条的对齐标记都处在图17-55所示的位置。

图17-55　对准右侧正时链正时标记

14）安装右侧张紧臂。螺栓拧紧力矩：25N·m。

15）确保张紧器活塞完全伸出。然后在安装前压下并使用销钉锁定张紧器活塞。未能遵守此说明可能会损坏发动机。

16）安装右侧张紧器，拧紧力矩：10N·m。在此阶段切勿松开正时链条张紧器锁定销。

17）拔出左右正时链张紧器的锁定销。

18）确保张紧器完全展开。切勿使用机械力。

19）松开机油吸入管并将其放在一边。

20）安装专用工具，见图17-56。专用工具：303-1482。

图17-56　安装专用工具

21）向专用工具端部施加转矩。确保按图17-57所示将扭力扳手与专用工具对齐。把扭力扳手安装到专用工具上。拧紧力矩：35N·m。

图17-57　将扭矩扳手与专用工具对齐

22）在拧紧可变气门正时螺栓时确保拧紧扳手不移动，见图17-58。确保首先拧紧排气可变气门正时装置螺栓。拧紧力矩：32N·m。专用工具：303-1482。

图17-58　拧紧左侧凸轮轴链轮螺栓

23）安装机油吸入管。拧紧力矩：10N·m。

24）安装专用工具，见图17-59。专用工具：303-1482。

25）向专用工具端部施加转矩。确保扭力扳手与专用工具对齐。把扭力扳手安装到专用工具上。拧紧力矩：35N·m。

26）在拧紧可变气门正时螺栓时确保拧紧扳手不移动。确保首先拧紧进气可变气门正时装置

图17-59 在右侧凸轮轴链轮上安装专用工具

螺栓。拧紧力矩：32N·m。

27）拆除左侧专用工具303-1445。

28）拆除右侧专用工具303-1445。

29）拆除专用工具。专用工具：JLR-303-1303。

30）安装专用工具，见图17-60。专用工具：JLR-303-1304。

图17-60 安装专用工具

31）使用M16垫圈安装曲轴带轮螺栓，以防止安装过程中对曲轴造成损坏。拧紧力矩：50N·m。

32）拆除专用工具。专用工具：JLR-303-1304。

33）顺时针旋转发动机整整两周。

34）安装专用工具。专用工具：JLR-303-1303。仅顺时针旋转曲轴。

35）安装专用工具。专用工具：JLR-303-1304。

36）使用M16垫圈安装曲轴带轮螺栓，以防止安装过程中对曲轴造成损坏。拧紧力矩：50N·m。

37）拆除专用工具。专用工具：JLR-303-1304。

38）如果无法安装专用工具，返回到安装步骤22），直至正确安装专用工具303-1445为止。如果按指令需执行步骤22），要确保在安装专用工具之前先松开可变气门正时装置固定螺栓。安装专用工具。专用工具：303-1445。

39）安装专用工具303-1445。如果无法安装专用工具，则必须重复执行正时链条安装步骤。

40）拆除左侧缸体专用工具303-1445。

41）拆除右侧缸体专用工具303-1445。

42）拆除专用工具。专用工具：JLR-303-1303。

43）安装曲轴转速传感器。拧紧力矩：10N·m。

44）安装正时盖。

45）连接蓄电池负极电缆。

17.2.6 捷豹4.2T发动机（2008）

该款发动机正时链拆装与调整和4.4L V8发动机相同，相关内容请参考17.6.4小节。

17.3 XJ（2005—2018年款）

17.3.1 捷豹2.0T GTDI发动机（2013—2017）

该发动机也搭载在XE车型上，相关内容请参考17.1.1小节。

17.3.2 捷豹3.0T V6SC发动机（2013—2018）

该发动机正时链拆装与5.0L V8发动机相同，相关内容请参考17.2.5小节。

17.3.3 捷豹 3.0L V6 发动机（2007—2012）

该发动机也搭载在 XF 车型上，相关内容请参考 17.2.3 小节。

17.3.4 捷豹 5.0T V8 发动机（2011—2013）

该发动机的正时链拆装与 5.0L 自然吸气式发动机相同，相关内容请参考 17.2.5 小节。

17.3.5 捷豹 5.0L 发动机（2009—2012）

该发动机也搭载在 XF 车型上，相关内容请参考 17.2.5 小节。

17.3.6 捷豹 4.2L 发动机（2005—2007）

该款发动机正时链拆装与调整和 4.4L V8 发动机相同，相关内容请参考 17.6.4 小节。

17.4 F-PACE（2016—2017 年款）

17.4.1 捷豹 2.0T GTDI 发动机（2016—2017）

该发动机也搭载在 XE 车型上，相关内容请参考 17.1.1 小节。

17.4.2 捷豹 3.0T V6SC 发动机（2016—2017）

该发动机正时链拆装与 5.0L V8 发动机相同，相关内容请参考 17.2.5 小节。

17.5 F-TYPE（2013—2018 年款）

17.5.1 捷豹 3.0T V6SC 发动机（2013—2018）

该发动机正时链拆装与 5.0L V8 发动机相同，相关内容请参考 17.2.5 小节。

17.5.2 捷豹 5.0T V8 发动机（2013—2018）

该发动机的正时链拆装与 5.0L 自然吸气式发动机相同，相关内容请参考 17.2.5 小节。

17.6 揽胜-行政版（2005—2018 年款）

17.6.1 路虎 3.0T V6SC 发动机（2013—2018）

该发动机正时链拆装与 5.0L V8 发动机相同，相关内容请参考 17.2.5 小节。

17.6.2 路虎 5.0T GTDI 发动机（2010—2018）

该发动机的正时链拆装与 5.0L 自然吸气式发动机相同，相关内容请参考 13.13 小节。

17.6.3 路虎 5.0L V8 发动机（2010—2013）

该发动机也搭载在 XF 车型上，相关内容请参考 17.2.5 小节。

17.6.4 路虎 4.4L V8 发动机（2005—2009）

1. 正时链单元拆卸

1）断开蓄电池负极电缆。

2）抬起并支撑车辆。切勿在仅有一个千斤顶支撑的车上或车下工作。务必使用安全架支撑车辆。

3）卸下发动机前盖。

4）卸下曲轴位置（CKP）传感器。

5）锁定曲轴。安装专用工具，见图 17-61。安装螺钉。

6）拆除右侧可变凸轮轴正时（VCT）控制电磁阀本体。卸下 3 个螺栓。卸下并丢弃 O 形密封圈，见图 17-62。

7）将专用工具安装到右侧气缸盖上，见图 17-63。安装 3 个螺栓。

8）卸下右侧主正时链张紧器总成，见图 17-64。卸下 2 个螺栓。

9）卸下右侧主正时链张紧器导轨，见图 17-65。卸下螺栓。

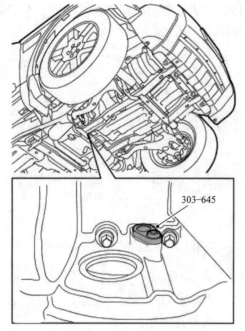

图 17-61 安装专用工具

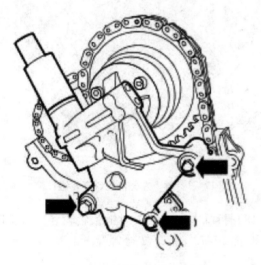

图 17-62 拆下右侧 VCT 组件

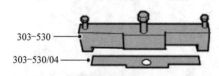

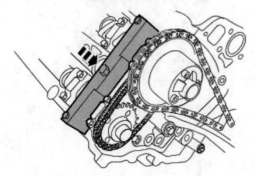

图 17-63 安装专用工具到右侧气缸盖

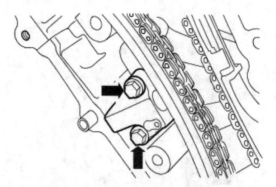

图 17-64 拆下右侧主正时链张紧器

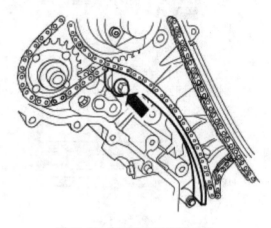

图 17-65 拆下右侧张紧器导轨

10）卸下右侧主正时链，见图 17-66。拆除固定正时链导轮的螺栓。

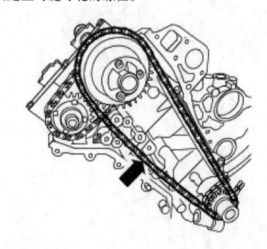

图 17-66 拆下右侧正时链条

11）从右侧气缸盖上拆下专用工具。拆下 3 个螺栓。

12）拆除左侧可变凸轮轴正时（VCT）控制电磁阀本体，见图 17-67。卸下 2 个螺栓。卸下螺母。卸下并丢弃 O 形密封圈。

15）卸下左侧上部和下部主正时链张紧器导轨，见图17-70。卸下2个螺栓。

图17-70 拆下左侧张紧器导轨

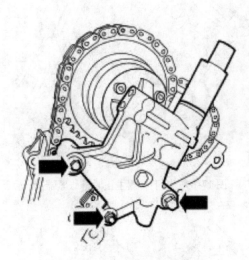

图17-67 拆下左侧VCT组件

13）将专用工具安装到左侧气缸盖上，见图17-68。安装3个螺栓。

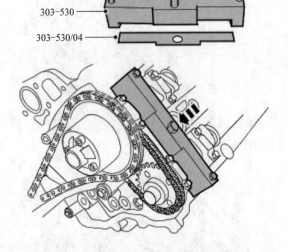

图17-68 安装专用工具到气缸盖上

14）卸下左侧主正时链张紧器，见图17-69。卸下2个螺栓。

16）卸下左侧主正时链。

17）拆除左侧凸轮轴链轮组件，见图17-71。拆除2个内梅花螺栓。

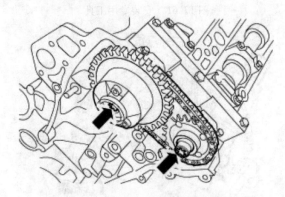

图17-71 拆下左侧凸轮轴链轮组件

18）拆除左侧次级正时链张紧轮和次级正时链，见图17-72。拆下2个螺栓。

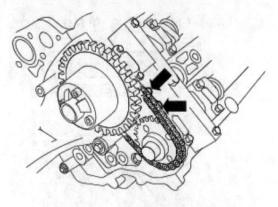

图17-72 拆下左侧次级张紧轮与正时链

19）拆除右侧凸轮轴链轮组件，见图17-73。拆除2个内梅花螺栓。

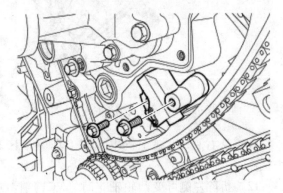

图17-69 拆下左侧主正时链张紧器

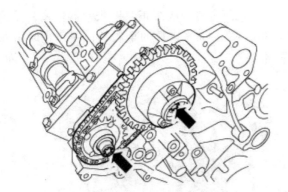

图 17-73 拆下右侧凸轮轴链轮组件

20）拆除右侧次级正时链张紧轮和次级正时链，见图 17-74。拆下 2 个固定螺栓。

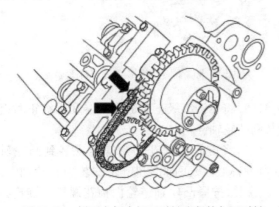

图 17-74 拆下右侧次级正时链张紧轮与正时链

21）卸下曲轴链轮，见图 17-75。取出曲轴链轮键。注意：留意曲轴链轮的方向。

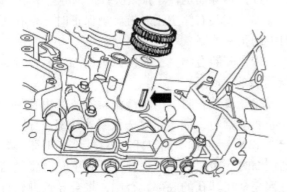

图 17-75 取下曲轴链轮

2. 正时链单元安装

1）清洁部件接合面。安装曲轴链轮键。
2）安装曲轴链轮。
3）压下左侧次级正时链张紧轮柱塞。采用 1mm 直径的金属杆，固定正时链张紧轮活塞。
4）图 17-76 所示为右侧，左侧与之类似。将左侧次级正时链张紧器和正时链安装到凸轮轴链轮上。

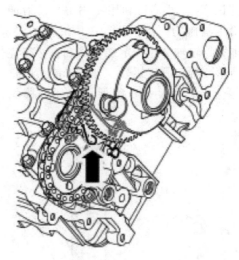

图 17-76 安装次级链条张紧器

5）安装左侧次级正时链张紧轮固定螺栓。拧紧螺栓至 12N·m。
6）安装左侧主正时链。确保正时链带在正时链的张紧器测。
7）安装左侧主正时链张紧器导轨。拧紧螺栓至 12N·m。
8）安装左侧主正时链张紧器，见图 17-77。小心：当正时链张紧器压缩时，切勿松开棘轮杆，直到正时链张紧器活塞完全在其孔的底部，否则，将会导致棘轮杆损坏。

① 使用直径为 3mm 的金属杆，固定正时链张紧器活塞。
② 拧紧螺栓至 12N·m。
③ 卸下固定杆。

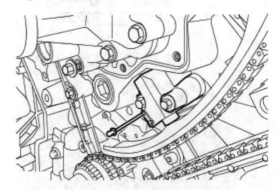

图 17-77 安装左侧主正时链张紧器

9）将专用工具安装到左侧排气凸轮轴链轮

上，见图17-78。拧紧进气凸轮轴链轮固定螺栓，至拧紧力矩达到20N·m，然后再拧过90°。拧紧排气凸轮轴链轮固定螺栓，至拧紧力矩达到20N·m，然后再拧过90°。小心：利用专用工具，沿逆时针方向给工具施力，张紧驱动一侧的主正时链。在拧紧排气凸轮轴链轮固定螺栓之前，必须先拧紧进气凸轮轴链轮固定螺栓。如果未能遵循这一程序，将会损坏发动机。确保所有新螺栓均已安装。

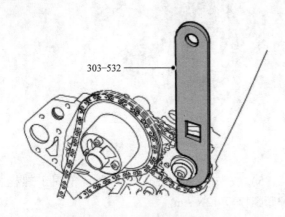

图17-78 安装专用工具

10）安装左侧可变凸轮轴正时（VCT）控制电磁阀本体。安装新O形密封圈。拧紧新螺栓至22N·m。拧紧螺母至10N·m。

11）拆下3个螺栓。从左侧气缸盖上拆下专用工具。

12）安装3个螺栓。将专用工具安装到右侧气缸盖上，见图17-79。

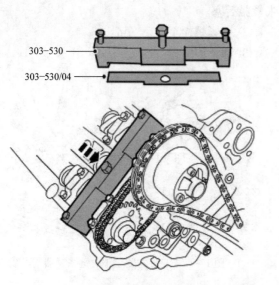

图17-79 安装专用工具以右侧气缸盖上

13）固定右侧次级正时链张紧器柱塞，见图17-80。采用1mm直径的金属杆，固定正时链张紧器柱塞。

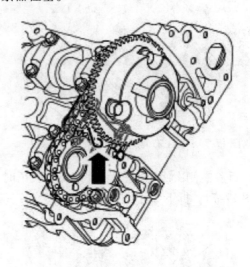

图17-80 固定右侧次级链条张紧器

14）将右侧次级正时链张紧器和次级正时链安装到凸轮轴链轮上。

15）将链轮内梅花固定螺栓安装到凸轮轴上。将右侧次级正时链和链轮安装到凸轮轴上。注意：稍微拧紧凸轮轴链轮内梅花螺栓，链轮必须能够自由运动。

16）拧紧螺栓至12N·m。安装右侧次级正时链张紧器固定螺栓。

17）拆除固定杆。张紧次级正时链。

18）安装右侧主正时链。确保正时链带在正时链的张紧器测。

19）安装右侧主正时链张紧器导轨。拧紧螺栓至12N·m。

20）安装右侧主正时链张紧器。使用直径为3mm的金属杆，固定正时链张紧器柱塞。拧紧螺栓至12N·m。卸下固定杆。小心：当正时张链紧器压缩时，切勿松开棘轮杆，直到正时链张紧器柱塞完全在其孔的底部，否则，将会导致棘轮杆损坏。

21）将专用工具安装到右侧排气凸轮轴链轮上，见图17-81。拧紧进气凸轮轴链轮固定螺栓，至拧紧力矩达到20N·m，然后再拧过90°。拧紧排气凸轮轴链轮固定螺栓，至拧紧力矩达到20N·m，然后再拧过90°。小心：在拧紧排气凸轮轴链轮固定螺栓之前，必须先拧紧进气凸轮轴链轮固定螺栓。如果未能遵循这一程序，将会损坏发动机。利用专用工具，沿逆时针方向给工具施力，张紧驱动一侧的主正时链。确保所有新螺栓均已安装。

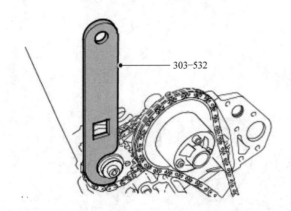

图17-81 安装专用工具到右侧气缸盖

22）安装右侧可变凸轮轴正时（VCT）控制电磁阀本体。安装新O形密封圈。拧紧新螺栓至22N·m。

23）从气缸盖上卸下专用工具。

24）安装发动机前盖。

25）卸下螺钉。拆除曲轴锁定工具。

26）安装凸轮轴位置传感器。

27）连接蓄电池负极电缆。

17.6.5 路虎4.2T发动机（2007—2009）

该款发动机正时链拆装与调整和4.4L V8发动机相同，相关内容请参考17.6.4小节。

17.7 揽胜-运动版（2006—2018年款）

17.7.1 路虎2.0T GTDI发动机（2016—2017）

该发动机也搭载在捷豹XE车型上，相关内容请参考17.1.1小节。

17.7.2 路虎3.0T V6SC发动机（2010—2018）

该发动机正时链拆装与5.0L V8发动机相同，相关内容请参考17.2.5小节。

17.7.3 路虎5.0T GTDI发动机（2010—2018）

该发动机正时链拆装与5.0L自然吸气式发动机相同，相关内容请参考17.2.5小节。

17.7.4 路虎5.0L V8发动机（2010—2013）

该发动机也搭载在XF车型上，相关内容请参考17.2.5小节。

17.7.5 路虎3.6TD V8柴油发动机（2010）

1. 正时链单元部件分解

发动机正时链部件如图17-82所示。

2. 正时链单元拆卸

1）断开蓄电池负极电缆。

2）排干机油。

3）卸下发动机。

4）将发动机安装到合适的发动机机架上。

5）卸下左侧燃油管防护罩。松开2条燃油管。卸下7个螺母。

6）卸下右侧燃油管防护罩。卸下7个螺母。

7）断开8个燃油喷嘴电气插头。松开加油线束。

8）松开冷却液软管。卸下两个螺母。卸下螺栓。

9）断开两个电热塞电气插头的接线。松开线束。

10）断开废气再循环（EGR）阀电气插头。松开线束。

11）松开发动机线束。释放5个卡夹。

12）断开4个爆燃传感器（KS）电气插头。松开线束。

13）拆下燃油轨压力（FRP）传感器电气插头的插线。松开线束。

14）断开燃油温度传感器电气插头。

15）断开凸轮轴位置（CMP）传感器电气插头。

16）断开两个歧管绝对压力和温度（MAPT）传感器电气插头。

17）断开两个节气门体电气插头。

18）重新定位发动机线束。

19）卸下发动机盖安装支架。松开真空线。卸下4个螺栓。

20）断开两条真空管。

21）释放两条EGR阀输出管。完全拧松4个螺栓。

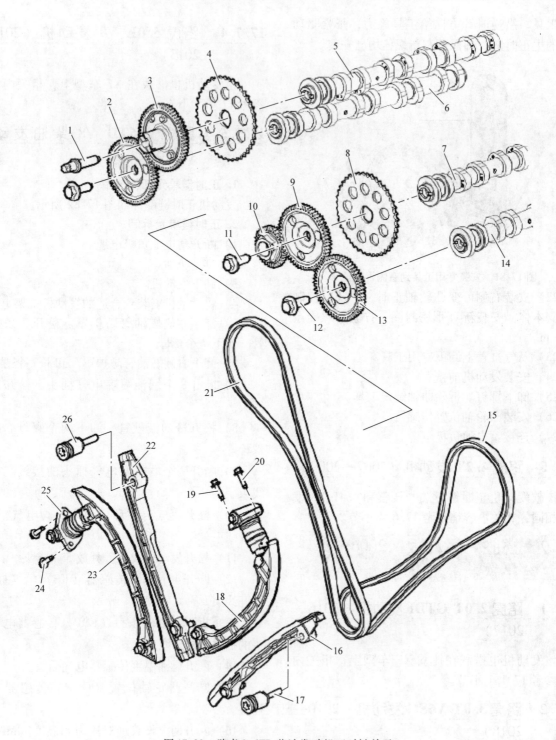

图 17-82　路虎 3.6TD 柴油发动机正时链单元
1—螺栓　2—右侧排气凸轮轴齿轮　3—真空泵驱动齿轮　4—右侧进气凸轮轴正时链轮　5—右侧进气凸轮轴
6—右侧排气凸轮轴　7—左侧进气凸轮轴　8—左侧进气凸轮轴正时链轮　9—左侧排气凸轮轴齿轮　10—高压燃油泵齿轮
11—螺栓　12—螺栓　13—左侧进气凸轮轴齿轮　14—左侧排气凸轮轴　15—左列正时链　16—链条导轨　17—定位销
18—链条导轨　19—螺栓（2个）　20—左侧正时链张紧器　21—右列正时链　22—链条导轨　23—链条导轨　24—螺栓（2个）
25—右侧正时链张紧器　26—定位销

22）重新定位两个进气歧管充气室后软管。释放 4 个卡夹。

23）松开进气歧管充气室。释放 2 个卡夹。完全拧松 6 个螺栓。

24）卸下进气歧管充气室。确保所有开口都已密封。使用新遮盖。

25）卸下燃油泵防护罩。卸下3个螺栓。

26）拆卸燃油轨和燃油喷射泵。

27）卸下并丢弃2个高压供油管。卸下两个螺母。确保所有开口都已密封。使用新遮盖。

28）断开低压燃油回流管的连接。小心：确保所有开口都已密封。使用新遮盖。

29）断开燃油压力控制阀电气插头。

30）断开燃油调节阀电气插头。

31）卸下燃油泵。卸下低压供油管。卸下3个螺栓。卸下并丢弃衬垫。

32）卸下制动器真空泵。卸下2个螺栓。卸下并丢弃衬垫。

33）从喷油器断开燃油回流管。卸下并丢弃8个燃油回流管卡夹。

34）卸下并丢弃8个高压供油管。确保所有开口都已密封。使用新遮盖。

35）卸下2个喷油器螺栓。

36）安装专用工具指销。

37）安装专用工具拆卸器支架和指销。确保喷油器拆卸器支架正确安装在喷油器上。否则，将可能导致部件损坏。

38）安装专用工具锁定板和拆卸器支架。

39）卸下喷油器。顺时针均匀旋转专用工具。卸下专用工具。

40）卸下其余7个喷油器。

41）卸下两个燃油轨。松开电热塞线束。卸下4个螺栓。卸下2个支架。

42）断开EGR冷却器冷却液软管。释放4个卡夹。确保所有开口都已密封。使用新遮盖。

43）卸下EGR阀和冷却器总成。卸下8个螺栓。

44）卸下气缸体冷却液弯管和软管总成。断开冷却液软管。释放3个卡夹。卸下5个螺栓。卸下并丢弃O形密封圈。

45）卸下左侧气门盖。完全拧松18个螺栓。卸下并丢弃衬垫。

46）卸下右侧气门盖。完全拧松17个螺栓。卸下并丢弃衬垫。

47）安装专用工具，见图17-83。

48）卸下曲轴带轮。卸下并丢弃螺栓。注意：曲轴带轮螺栓非常紧。

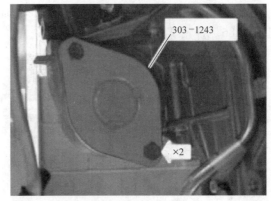

图17-83 安装专用工具

49）卸下挠性传动板。卸下并丢弃8个螺栓。

50）卸下油底壳。卸下22个螺栓。卸下并丢弃衬垫。

51）卸下油泵。卸下11个螺栓。卸下并丢弃衬垫。拆下并丢弃曲轴前密封件。

52）卸下曲轴正时销插头，见图17-84。

图17-84 卸下曲轴正时销插头

53）安装专用工具，见图17-85。顺时针旋转曲轴直至曲轴碰到曲轴正时链。小心：曲轴正时工具编号为2、4、7和8的活塞大致位于TDC位置上，因为定位销可锁定曲柄臂而不是机加工表面。

图17-85 安装专用工具

54）将专用工具安装到左侧和右侧凸轮轴，见图17-86。拧紧螺栓至10N·m。

图17-86 安装专用工具

55）卸下真空泵盖。卸下2个螺栓。

56）卸下并丢弃两个液压正时链张紧器。

57）卸下左侧正时链链轮和齿轮。卸下并丢弃2个螺栓。

58）卸下左侧正时链。

59）卸下左侧正时链张紧器定位销。卸下并丢弃O形密封圈。

60）卸下左侧正时链张紧器导轨。

61）卸下右侧正时链链轮和齿轮。卸下并丢弃2个螺栓。

62）卸下右侧正时链。

63）卸下右侧正时链张紧器定位销。卸下并丢弃O形密封圈。

64）卸下右侧正时链张紧器导轨。

3. 正时链单元安装

1）安装右侧正时链张紧器导轨。拧紧螺栓。

2）安装右侧正时链张紧器定位销。安装新O形密封圈。拧紧至28N·m。使用干净的发动机油润滑O形密封圈。

3）安装右侧正时链。

4）卸下右侧正时链链轮和齿轮。松散安装新的螺栓。在此阶段，切勿拧紧凸轮轴链轮螺栓。

5）安装新的右侧液压正时链张紧器。拧紧螺栓至10N·m。用干净的机油润滑O形密封圈。

6）安装真空泵盖。清洁部件接合面。拧紧螺栓至10N·m。

7）安装左侧正时链张紧器导轨。拧紧螺栓。

8）安装左侧正时链张紧器定位销。安装新O形密封圈。拧紧至28N·m。使用干净的发动机油润滑O形密封圈。

9）安装左侧正时链。

10）安装左侧正时链链轮和齿轮。松散安装新的螺栓。在此阶段，切勿拧紧凸轮轴链轮螺栓。

11）安装新的左侧液压正时链张紧器。安装新O形密封圈。拧紧螺栓至10N·m。用干净的机油润滑O形密封圈。

12）释放液压正时链张紧器。拧紧螺栓至10N·m。

13）确保曲轴仍与正时链接触。拧紧左侧凸轮轴链轮和齿轮。

第一阶段：拧紧排气凸轮轴齿轮螺栓至80N·m。

第二阶段：再将排气凸轮轴齿轮螺栓拧紧80°。

第三阶段：拧紧进气凸轮轴链轮和齿轮至80N·m。

第四阶段：再将进气凸轮轴链轮和齿轮螺栓拧紧80°。

14）拧紧右侧凸轮轴链轮和齿轮。

第一阶段：拧紧排气凸轮轴齿轮螺栓至80N·m。

第二阶段：再将排气凸轮轴齿轮螺栓拧紧80°。

第三阶段：拧紧进气凸轮轴链轮和齿轮至80N·m。

第四阶段：再将进气凸轮轴链轮和齿轮螺栓拧紧80°。

15）卸下凸轮轴固定专用工具303-1236。拆下螺栓。

16）卸下曲轴锁定专用工具303-1238。

17）安装曲轴正时销插头。

18）安装油泵。使用20mL的发动机油灌注油泵。

清洁部件接合面。

安装一个新的衬垫。

第一阶段：拧紧螺栓至4N·m。

第二阶段：拧紧螺栓至10N·m。

19）将一个新的曲轴前密封件安装在专用工具303-1122上。

20）从专用工具上卸下套筒。

21）使用专用工具，安装新的曲轴前密封件。

22）安装油底壳。清洁部件接合面。使用密封剂。安装一个新的衬垫。

23）固定油底壳。拧紧M6螺栓至10N·m。

将 M8 螺栓拧紧至 23N·m。

24）安装挠性传动板。拧紧螺栓至 95N·m。

25）安装曲轴带轮。必须安装新的曲轴带轮螺栓。

第一阶段：拧紧螺栓至 140N·m。

第二阶段：再拧紧螺栓 90°。

26）卸下专用工具 303-1243。

27）安装右侧气门盖。安装一个新的衬垫。安装专用工具。拧紧螺栓至 10N·m。卸下专用工具。按照图 17-87 所示顺序拧紧螺栓。

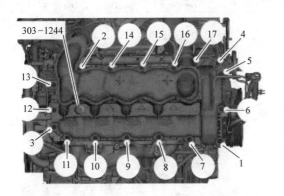

图 17-87　右侧气门盖螺栓拧紧顺序

28）安装左侧气门盖。安装一个新的衬垫。安装专用工具。拧紧螺栓至 10N·m。卸下专用工具。按照图 17-88 所示顺序拧紧螺栓。

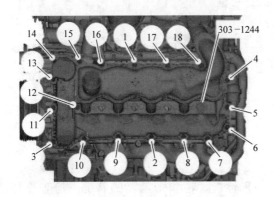

图 17-88　安装左侧气缸盖螺栓

29）安装气缸体冷却液弯管和软管总成。安装新 O 形密封圈。拧紧螺栓至 10N·m。连接冷却液软管。用卡夹固定。

30）安装 EGR 阀和冷却器总成。拧紧螺栓至 10N·m。

31）连接 EGR 冷却器冷却液软管。用卡夹固定。卸下并丢弃变速盖。

32）安装两个燃油轨。安装支架。松散安装螺栓。

33）安装一个新的喷油器夹紧器。安装一个新的油封垫圈。安装一个新的燃油回流管卡夹。切勿拆卸喷油器或清洁喷嘴，即便是使用超声波清洁器。如果需要，务必安装新的喷油器。

切勿使用工具安装新燃油回流管卡夹。否则，将可能导致卡夹损坏。

34）安装喷油器。松散安装螺栓。此阶段仅用手指紧固螺栓。卸下并丢弃变速盖。

35）安装其余的喷油器。

36）安装油箱。安装一个新的衬垫。在燃油泵螺栓螺纹上涂抹 loctite 572。拧紧螺栓至 23N·m。固定燃油管。

37）连接燃油调节阀电气插头。

38）连接燃油压力控制阀电气插头。

39）松散安装新的高压燃油输送管。在安装接头时，保持对高压燃油输送管的压力，使黄褐色末端和喷油器、燃油轨锥接触。切勿让接头撞击高压燃油输送管的黄褐色末端，否则，可能损坏高压燃油输送管末端，并使杂质进入燃油喷射系统。此阶段仅用手指紧固接头。卸下并丢弃变速盖。

40）固定喷油器。拧紧螺栓至 10N·m。

41）固定燃油轨。拧紧螺栓至 23N·m。

42）固定高压燃油输送管。按以下顺序紧固高压燃油输送管接头：

第一阶段：拧紧高压燃油输送管接头至 15N·m。

第二阶段：将高压燃油输送管接头拧紧至 30N·m。

拧紧卡夹至 10N·m。

43）固定燃油管。

44）固定电热丝线束。

45）连接燃油回流管和喷油器。目测燃油回流管 O 形密封圈是否损坏。在燃油回流管的 O 形密封圈上涂抹上薄薄一层凡士林油。小心：在安装回流管之前，确保燃油回流管卡夹已正确安装在喷油器上。

46）连接低压燃油回流管。卸下并丢弃变速盖。

47）安装燃油泵防护罩。拧紧螺栓至 10N·m。固定真空电磁阀。

48）安装制动器真空泵。安装一个新的衬垫。拧紧螺栓至23N·m。确保接合面干净且没有杂质。

49）安装进气歧管充气室。拧紧螺栓至10 N·m。拧紧卡夹至3N·m。卸下并丢弃变速盖。

50）重新定位进气歧管充气室后面软管。拧紧卡夹至3N·m。

51）固定两条EGR阀输出管。拧紧螺栓至10N·m。

52）连接真空管路。

53）固定发动机线束。用卡夹固定。

54）安装发动机盖安装支架。固定真空线。拧紧螺栓至10N·m。

55）连接两个节气门体电气插头。固定锁定端。

56）连接两个MAPT传感器电气插头。

57）连接燃油温度传感器电气插头。

58）连接FRP传感器电气插头的接线。

59）连接爆燃传感器（KS）电气插头。固定线束。

60）连接CMP传感器电气插头的接线。

61）连接电热塞电气插头的接线。固定线束。

62）连接两个EGR阀电气插头。

63）固定冷却液软管。拧紧螺栓至10N·m。拧紧螺母至10N·m。

64）连接喷油器电气插头。固定线束。

65）安装右侧燃油管防护罩。拧紧螺母至10N·m。

66）安装左侧燃油管防护罩。拧紧螺母至10N·m。紧固燃油管。

67）从发动机座上拆下发动机。

68）安装发动机。

69）为发动机加注推荐的机油至正确液位。

70）连接蓄电池负极电缆。

17.7.6　路虎4.4L发动机（2006—2009）

该发动机也搭载在揽胜运动版车型上，相关内容请参考17.6.4小节。

17.7.7　路虎4.2T发动机（2006—2009）

该款发动机正时链拆装与调整和4.4L V8发动机相同，相关内容请参考17.6.4小节。

17.8　揽胜极光（2011—2018年款）

17.8.1　路虎2.0T GTDI发动机（2011—2018）

该发动机也搭载在捷豹XE车型上，相关内容请参考17.1.1小节。

17.8.2　路虎2.2TD柴油发动机（2013）

1. 正时带单元拆卸

1）提升并支撑车辆。

2）释放正时带张紧力。卸下正时带，见图17-89。

图17-89　拆下正时带

3）检查滚轮和张紧器的状况。检查冷却液泵的状况。视需要安装以上任何部件。

2. 正时带单元安装

1）确保键定位于键槽中央，如图17-90所示。

2）安装新的正时带。转动凸轮轴带轮，按照图17-91所示的顺序，按顺时针方向安装正时带。小心：拆卸正时带时，不得旋转曲轴或凸轮轴。请确保正时带没有折叠。

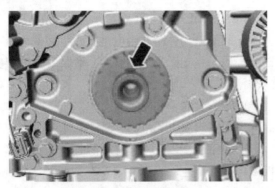

图 17-90 确保曲轴键位置

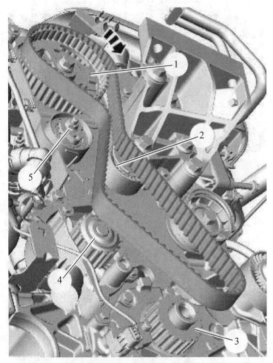

图 17-91 正时带安装顺序

3）轻轻拧紧正时带张紧器螺栓。使用 Allen 键，逆时针调整张紧力，直至指针位于图 17-92 所示位置。拧紧张紧器螺栓。拧紧力矩：25N·m。

图 17-92 安装张紧器
1—张紧器螺栓 2—调整方向

4）安装磁阻环。使用原装螺栓安装曲轴减振器。拧紧力矩：70N·m。

5）卸下曲轴锁定工具，见图 17-93。专用工具：303-1272。

图 17-93 取下曲轴锁定工具

6）卸下曲轴正时工具，见图 17-94。专用工具：303-1270。

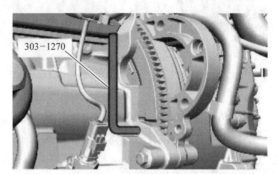

图 17-94 取下曲轴正时工具

7）卸下凸轮轴链轮正时工具，如图 17-95 所示。专用工具：303-1277。

图 17-95 取下凸轮轴正时工具

8）顺时针旋转发动机整整十周。

9）安装曲轴正时工具。专用工具：303-1270。

10）安装凸轮轴链轮正时工具。专用工具：303-1277。

11）安装曲轴锁定工具。专用工具：303-1272。

12）松开曲轴减振器螺栓。

13）松开正时带张紧器螺栓。使用内六角扳手，顺时针调整张紧轮，直至指针处于图17-96所示位置。拧紧张紧器螺栓。拧紧力矩：25N·m。小心：如果指针位置不正确，请重复正时带张紧操作。

图17-96　松开正时带张紧器螺栓

14）拧紧曲轴减振器。拧紧力矩：70N·m。

15）卸下曲轴锁定工具。专用工具：303-1272。

16）卸下曲轴正时工具。专用工具：303-1270。

17）卸下凸轮轴链轮正时工具。专用工具：303-1277。

18）顺时针旋转发动机整整两周。

19）检查正时带张紧器是否处于正确位置。如果正时带张紧器不在正确的位置，请重复设置步骤。

20）安装曲轴正时工具。专用工具：303-1270。

21）安装曲轴锁定工具。专用工具：303-1272。

22）安装凸轮轴链轮正时工具。专用工具：303-1277。

23）卸下曲轴减振器。小心：确保安装新螺栓。

24）卸下磁阻环。

3. 凸轮轴正时检查

1）取下盖，并断开蓄电池负极电缆。

2）抬起并支撑车辆。警告：确保用轮轴架支撑车辆。

3）卸下右前轮和轮胎。

4）卸下起动机。

5）卸下密封垫。安装凸轮轴正时工具，见图17-97。专用工具：303-1277。小心：仅顺时针旋转曲轴。

图17-97　安装凸轮轴正时工具

6）安装曲轴正时工具，见图17-98。专用工具：303-1270。

图17-98　安装曲轴正时工具

7）如果凸轮轴正时不正确，则需进行调节。

17.9　发现5（2017年款起）

路虎3.0T V6SC发动机（2017—）

该发动机正时链拆装与5.0L V8发动机相同，相关内容请参考17.2.5小节。

17.10 神行者 2（2009—2017 年款）

17.10.1 路虎 2.0T GTDI 发动机（2013—2017）

该发动机也搭载在捷豹 XE 车型上，相关内容请参考 17.1.1 小节。

17.10.2 路虎 2.2TD 柴油发动机（2010—2017）

该款发动机也搭载在揽胜极光车型上，相关内容请参考 17.8.1 小节。

17.10.3 路虎 3.2L I6 发动机（2009—2011）

1. 正时链单元部件分解

发动机正时链单元部件如图 17-99、图 17-100、图 17-101 所示。

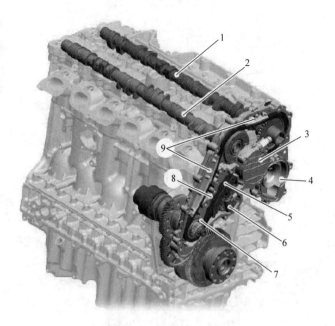

图 17-99 凸轮轴正时部件
1—排气凸轮轴 2—进气凸轮轴 3—真空泵
4—冷却泵壳体 5—链条导轨 6—液压链条张紧器
7—凸轮轴链齿 8—凸轮轴链条润滑喷嘴 9—链条导轨

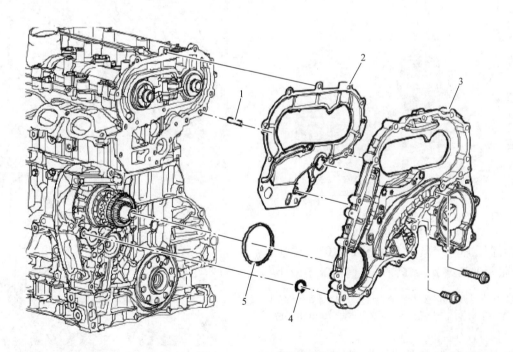

图 17-100 正时链下罩盖
1—定位销（用于对齐密封垫和正时箱） 2—衬垫 3—前正时箱 4—密封 5—O 形圈

2. 正时链单元拆卸

1）提升并支撑车辆。确保用轮轴架支撑车辆。

2）取下发动机罩盖，并断开蓄电池负极电缆。

3）卸下曲轴前油封。

4）卸下右侧发动机底座。

5）卸下正时盖。

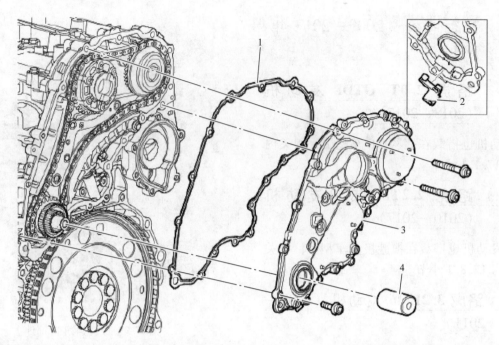

图 17-101 正时链上罩盖
1—衬垫 2—刮油环 3—后正时箱 4—对中工具

6）定位并锁定曲轴，见图 17-102。专用工具：303-1219。

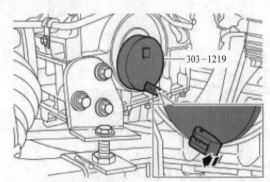

图 17-102 用专用工具锁定曲轴

7）拆卸正时链张紧器，见图 17-103。要压下正时链张紧器活塞并将其锁定在直径等于或小于 2mm 的定位销中。逆时针使用均匀压力。打开活塞棘轮卡夹。安装直径等于或小于 2mm 的定位销。

8）卸下正时链张紧器。标记部件以辅助安装。操作此部件时必须保持高度清洁。

9）取下并丢弃凸轮轴孔塞。

10）安装凸轮轴对齐专用工具，见图 17-104。专用工具：303-1223。

11）使用专用工具，锁定凸轮轴驱动链轮，见图 17-105。专用工具：303-1225，303-1226。

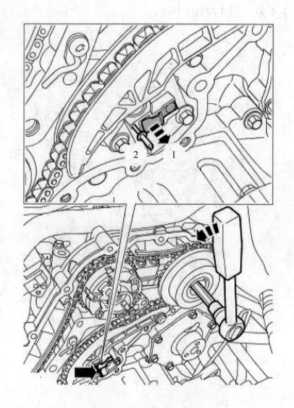

图 17-103 拆下张紧器

12）卸下并丢弃两个凸轮轴链轮螺栓。

13）卸下链轮和链条。

3. 正时链单元安装

1）安装链条和链轮。

专用工具：303-1225，303-1226。

6）紧固排气凸轮轴驱动链轮。拧紧力矩：步骤1为75N·m；步骤2为90°。

7）紧固进气门凸轮轴驱动链轮。拧紧力矩：110N·m。

8）卸下凸轮轴对齐专用工具。

9）安装新凸轮轴孔塞。确保该组件周围的区域干净且没有杂质。必须盖上干塞。

10）卸下曲轴锁定工具。

11）安装曲轴前油封。

12）安装正时盖。

13）安装右侧发动机底座。

14）连接蓄电池负极电缆，并安装盖。

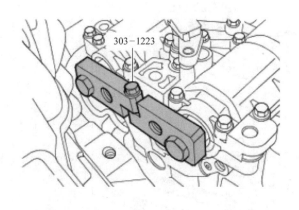

图17-104　安装凸轮轴对齐工具

17.11　发现神行（2015—2018年款）

路虎2.0T GTDI发动机（2015—2018）

该发动机也搭载在捷豹XE车型上，相关内容请参考17.1.1小节。

17.12　发现4（2009—2016年款）

17.12.1　路虎3.0T V6SC发动机（2013—2016）

该发动机正时链拆装与5.0L V8发动机相同，相关内容请参考17.2.5小节。

17.12.2　路虎3.0L TDV6柴油发动机（2010—2016）

1. 正时带单元部件分解

图17-106所示为该发动机正时带单元部件分解。

2. 正时带单元拆卸步骤

1）拆卸正时盖。

2）拆卸起动机。

3）拆卸飞轮处的缸体堵头，见图17-107。

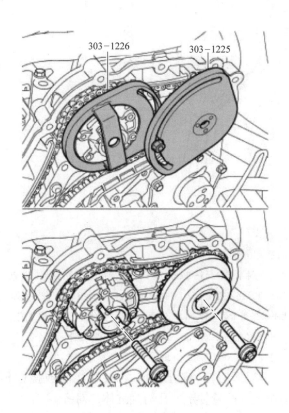

图17-105　用专用工具锁定凸轮轴链轮

2）将链轮固定内星形螺栓安装到凸轮轴上。在此阶段，切勿紧固凸轮轴链轮螺栓。确保安装新螺栓。

3）安装正时链张紧器。拧紧力矩：10N·m。小心：确保该组件周围的区域干净且没有杂质。当操作这些部件时，务必保持高度清洁。

4）松开链条张紧器。

5）使用专用工具，锁定凸轮轴驱动链轮。

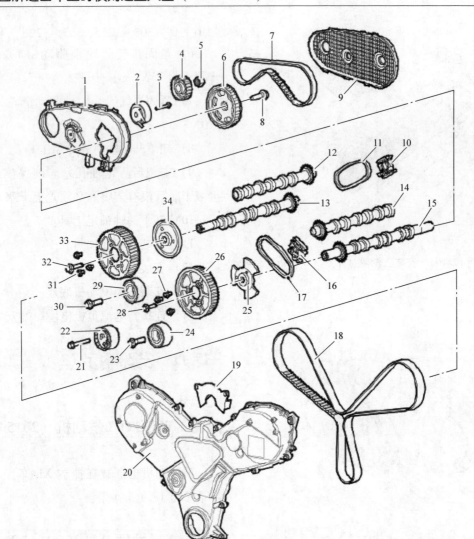

图17-106 发动机正时链单元部件

1—后部发动机附件驱动后盖 2—后部发动机附件驱动张紧器 3—螺栓 4—燃油泵带轮 5—螺母 6—后部发动机附件驱动凸轮轴带轮 7—后部发动机附件传动带 8—螺栓 9—后部发动机附件驱动前盖 10—RH链条张紧器 11—RH正时链 12—RH进气凸轮轴 13—RH排气凸轮轴 14—LH进气凸轮轴 15—LH排气凸轮轴 16—LH链条张紧器 17—LH正时链 18—正时带 19—前屏蔽盖 20—主驱动盖 21—螺栓 22—张紧器 23—螺栓 24—惰轮 25—凸轮轴轮毂 26—LH凸轮轴正时带 27—螺栓（3个） 28—螺栓 29—惰轮 30—螺栓 31—螺栓（3个） 32—螺栓 33—RH凸轮轴正时带 34—凸轮轴轮毂

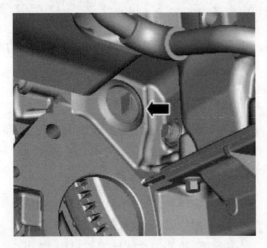

图17-107 拆下缸体堵头

4）顺时针转动凸轮轴，将在飞轮或挠性传动板上的凸轮轴定位孔与气缸体口对齐。

5）检查曲轴带轮定位孔是否正确定位，如图17-108所示。如果定位孔没有对齐，顺时针旋转曲轴整整一周。

6）安装专用工具，见图17-109。专用工具：303-1117。

7）安装专用工具，见图17-110。专用工具：303-1126。

8）松开凸轮轴链轮螺栓，切勿使用专用工具锁定凸轮轴。否则，可能导致发动机或专用工具损坏。切勿松开螺栓2圈以上。

图 17-108　检查定位孔是否对齐

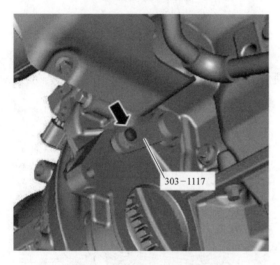

图 17-109　安装专用工具

图 17-110　安装凸轮轴带轮定位销

9）拆下正时带张紧轮螺栓并取下张紧轮，丢弃元件。丢弃螺栓。

10）拆下正时带。

3. 正时带单元安装步骤

1）顺时针转动凸轮轴链轮，安装定位销，见图 17-111。

图 17-111　安装定位销

2）确保安装一个新螺栓。此阶段仅用手指拧紧螺栓。安装张紧轮并拧上螺栓。

3）安装新的正时带，见图 17-112。从曲轴带轮开始，按照图示的顺序，沿逆时针方向安装正时带。小心：确保凸轮轴带轮保持在顺时针位置。

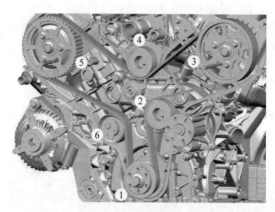

图 17-112　安装正时带

第 1 阶段：将正时带系在曲轴带轮上。

第 2 阶段：将正时带系在惰轮带轮上。

第 3 阶段：将正时带系在左侧凸轮轴带轮上。

第 4 阶段：将正时带系在惰轮带轮上。

第 5 阶段：将正时带系在右侧凸轮轴带轮上。

第 6 阶段：将正时带系在正时带张紧器上。

4）拉紧正时带。逆时针旋转张紧器总成。拧紧力矩：第一次 10N·m，第二次 65°。小心：确保正时带张紧器窗口与图 17-113 所示的槽对齐。

5）使用一个合适的工具，反握凸轮轴带轮固定螺栓。拧紧力矩：23N·m。切勿使用专用工具锁定凸轮轴。否则，将可能导致发动机或专用工具损坏。

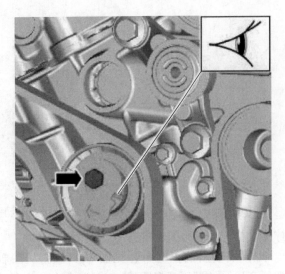

图 17-113 张紧器窗口与槽对齐

6）拆卸专用工具：303-1126。

7）拆卸专用工具：303-1117。

8）顺时针旋转发动机整整两周。仅顺时针旋转曲轴。

9）安装专用工具：303-1117。

10）将专用工具安装到排气凸轮轴带轮，见图17-114。如果专用工具不能正确安装，请重复正时带安装步骤。从凸轮轴带轮上卸下专用工具。

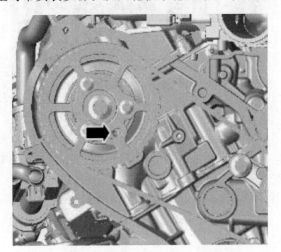

图 17-114 凸轮轴带轮上安装专用工具

11）拆下专用工具：303-1117。

12）安装缸体堵盖。

13）安装起动机。

14）安装正时盖。

17.12.3　路虎 5.0L V8 发动机（2010—2013）

该发动机也搭载在 XF 车型上，相关内容请参考 17.2.5 小节。

17.12.4　路虎 2.7L TDV6 柴油发动机（2010—2013）

该发动机也搭载在捷豹 XF 车型上，相关内容请参考 17.2.4 小节。

17.12.5　路虎 4.0L V6 发动机（2010）

1. 正时链单元拆卸

1）断开蓄电池负极电缆。

2）卸下发动机前盖。

3）卸下2个螺栓。卸下主正时链张紧器。

4）卸下2个螺栓。卸下主正时链张紧器导轨，见图17-115。

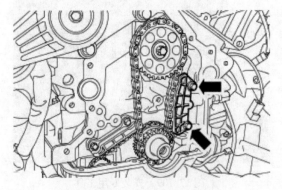

图 17-115　拆下主正时链导轨

5）将专用工具安装在曲轴上。

6）卸下凸轮轴链轮，见图17-116。使用其他扳手和专用工具以约束凸轮轴链轮。卸下并丢弃内星形螺栓。

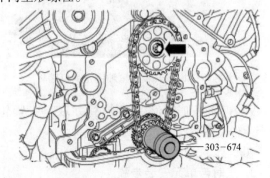

图 17-116　拆下凸轮轴链轮

7）卸下曲轴链轮。卸下主正时链，见图 17-117。注意安装位置。

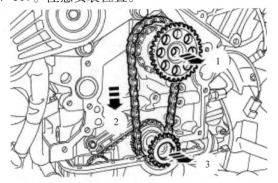

图 17-117 拆下主正时链

2. 正时链单元安装

1）安装主正时链。清洁部件接合面。安装凸轮轴链轮，其凹陷面位于凸轮轴侧面。将专用工具安装在曲轴上。

2）安装中间轴链轮。清洁部件接合面。将主正时链安装于链轮上。安装一个新的内星形螺栓，此时轻微拧紧。

3）安装正时链条导轨。清洁部件接合面。拧紧螺栓至 20N·m。

4）安装正时链张紧器。清洁部件接合面。拧紧螺栓至 10N·m。

5）将新的内星形螺栓拧紧至 45N·m，然后再拧 70°。

6）安装发动机前盖。

7）调整气门正时。

8）连接蓄电池负极电缆。

3. 正时检查与调整

1）检查凸轮轴正时。

2）断开蓄电池负极电缆。

3）卸下两个气门室盖。

4）顺时针旋转凸轮轴直至一号气缸位于TDC。检查位于凸轮轴北面的凸轮轴凸轮。

5）锁定凸轮轴。安装专用工具，见图17-118。拧紧螺钉。

图 17-118 安装专用工具锁定凸轮轴

6）在凸轮轴槽内安装专用工具；专用工具的底部必须与气缸盖保持接触，见图 17-119。如果专用工具能够没有阻碍地从气缸盖的一边穿向另一边，表明凸轮轴正确正时。对另一个凸轮轴重复此步骤。如果两个凸轮轴都正确安装，则不需要进行其他步骤。

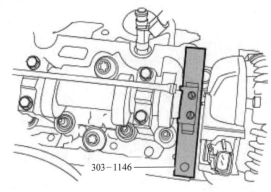

图 17-119 在凸轮轴槽内安装专用工具

7）如果凸轮轴正时不正确，则需进行调节。请注意必须在卸下凸轮轴滚轮随动件时对两个凸轮轴进行重新正时。

8）卸下凸轮轴滚轮随动件。

9）卸下 3 个螺栓。将发电机放置在一边备用，见图 17-120。

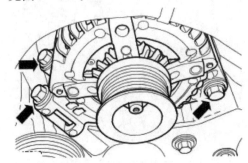

图 17-120 放置发电机到一边

10）卸下右气缸盖线束支架螺栓，见图 17-121。将线束支架放置在一边备用。

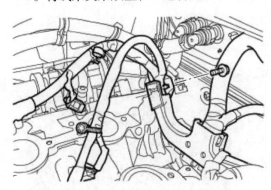

图 17-121 卸下右气缸盖线束支架螺栓

11）安装凸轮轴对齐专用工具，见图 17-122。清洁部件接合面。拧紧螺栓至 10N·m。锁定凸轮轴，拧紧专用工具螺栓至 45N·m。如果使用对齐工具卸下凸轮轴铰链螺栓，将会对凸轮轴造成损害。凸轮轴正时螺栓不在中央。正确正时的槽应为水平方向并位于中心线下方。

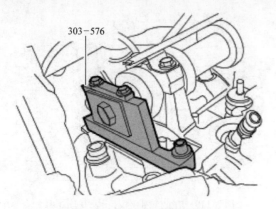

图 17-122 安装凸轮轴对齐工具

12）将专用工具安装在右侧气缸盖上，见图 17-123。清洁部件接合面。拧紧螺栓至 10N·m。拧紧鞍形夹紧螺栓至 10N·m。

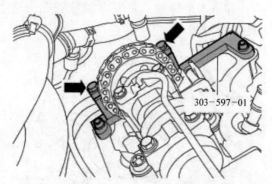

图 17-123 安装专用工具在右侧气缸盖上

13）使用专用工具，松开右凸轮轴铰链螺栓，见图 17-124。卸下并丢弃螺栓。右凸轮轴铰链螺栓有左旋螺纹。

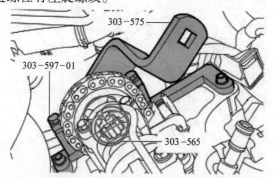

图 17-124 松开右凸轮轴铰链螺栓

14）松开专用工具鞍形夹紧螺栓，见图 17-125。

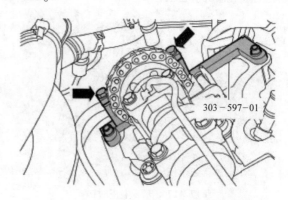

图 17-125 松开专用工具鞍形夹紧螺栓

15）卸下右侧液压正时链张紧器，见图 17-126。在断开或卸下部件之前，确保啮合面和接头清洁。塞上开口，以避免污染。

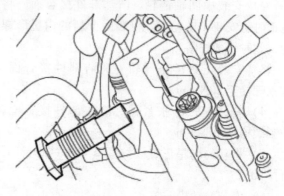

图 17-126 拆下右侧张紧器

16）安装专用工具，见图 17-127。清洁部件接合面。

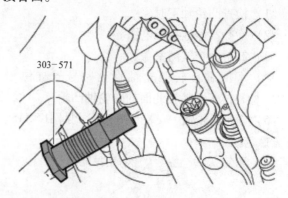

图 17-127 安装专用工具

17）拧紧鞍形夹紧螺栓至 10N·m，见图 17-128。

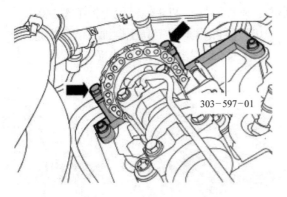

图 17-128　拧紧鞍形夹紧螺栓

18）使用专用工具，拧紧凸轮轴铰链螺栓至 20N·m，然后再旋转 100°，见图 17-129。

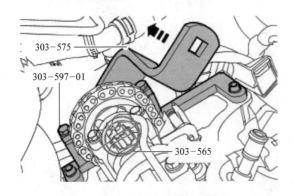

图 17-129　拧紧凸轮轴铰链螺栓

19）卸下专用工具。

20）安装右侧液压正时链张紧器。安装一个新密封圈。清洁部件接合面。拧紧张紧器至 44N·m。

21）如果任何一个凸轮轴正时不正确，必须重新正时两个凸轮轴。注意：左凸轮轴铰链螺栓有右旋螺纹。重复上述步骤以调节左凸轮轴正时。

22）安装凸轮轴滚轮随动件。

23）安装发电机。清洁部件接合面。拧紧螺栓至 45N·m。按照图 17-130 所示顺序拧紧螺栓。

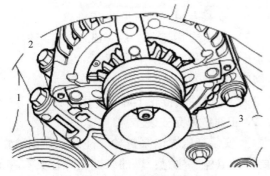

图 17-130　安装发电机

24）连接蓄电池负极电缆。

17.13　卫士（2010—2012 年款）

17.13.1　路虎 2.2T ID4 柴油发动机（2010）

1. 正时链单元拆卸步骤

1）抬起并支撑车辆。小心：切勿在仅靠一个千斤顶支撑的车上或车下工作。务必使用安全架支撑车辆。

2）断开蓄电池连接。

3）拆卸正时盖。

4）松开但不要拆下高压燃油泵链轮螺栓。

5）定位凸轮轴。小心：注意：在拆除任何发动机正时部件之前，请旋转发动机，使凸轮轴链轮处于图 17-131 所示位置。否则，将可能导致发动机损坏。

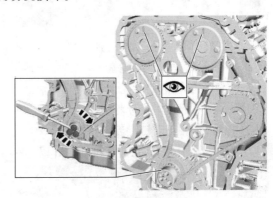

图 17-131　定位凸轮轴位置

6）顺时针旋转发动机，直至凸轮轴链轮处于图 17-132 所示位置，然后将 6mm 钻头安装到每个链轮上。

图 17-132　顺时针旋转发动机

7）松开并锁定正时链张紧器，然后拆除，见图17-133。

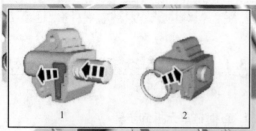

图17-133 拆下正时链张紧器

8）拆除上部正时链导轮。
9）拆除右侧正时链导轮。
10）拆除下部正时链导轮。
11）拆除左侧正时链导轮。
12）卸下正时链和凸轮轴链轮，见图17-134。

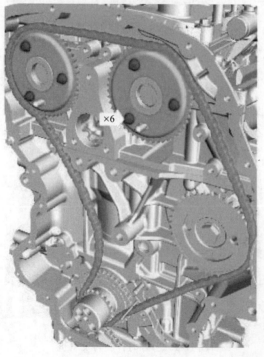

图17-134 拆下正时链

小心：确保不要从凸轮轴链轮上拆下正时销。

13）拆除用于固定高压燃油泵链轮的螺栓。
14）安装专用工具，见图17-135。

图17-135 安装专用工具（一）

15）安装专用工具，见图17-136。

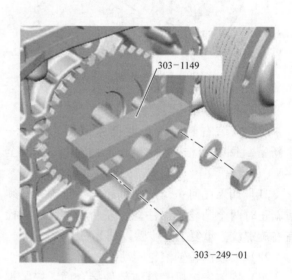

图17-136 安装专用工具（二）

16）安装专用工具，见图17-137。
17）旋转专用工具303-1333，直至链轮从高压泵上松开，见图17-138。
18）拆除专用工具和燃油泵链轮。
19）从燃油泵链轮上卸下专用工具。

2. 正时链单元安装步骤

1）安装高压燃油泵链轮。注意：在此阶段，不要拧紧螺栓。注意：燃油泵链轮螺栓具有左旋螺纹。

第17章 捷豹路虎汽车

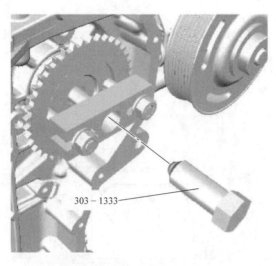

图 17-137 安装专用工具

图 17-138 拆下高压燃油泵链轮

2）使用合适的工具旋转发动机，并将专用工具 303-1587 与曲轴对齐，见图 17-139。注意：使用合适的工具旋转发动机。确保未将专用工具 303-1587 用作反作用力工具。否则，可能导致发动机损坏。在此阶段，不要拧紧螺栓。

3）卸下曲轴正时工具。确保在卸下专用工具 303-1587 时曲轴未旋转。注意确保未将专用工具 303-1587 用作反作用力工具。否则，可能导致发动机损坏。

4）安装并对齐正时链。确保不要从凸轮轴链轮上拆下正时销。确保正时链上的着色链环处于图 17-140 所示位置。在此阶段，不要拧紧螺栓。

5）安装曲轴正时工具并将螺栓拧紧至 10N·m。确保未将专用工具 303-1587 用作反作用力工具。否则，可能导致发动机损坏。

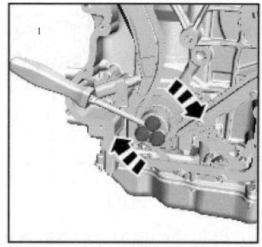

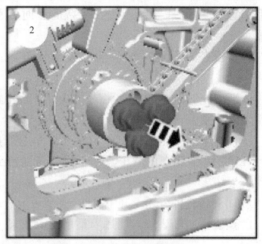

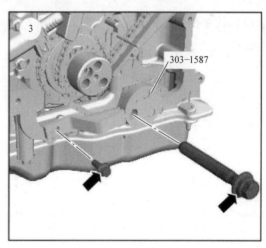

图 17-139 将专用工具与曲轴对齐

6）安装上部正时链导轮并将螺栓拧紧至 15N·m。

7）安装右侧正时链导轮并将螺栓拧紧至 15N·m。

8）安装下部正时链导轮并将螺栓拧紧至 15N·m。

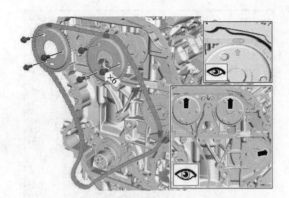

图 17-140 安装并对齐正时链

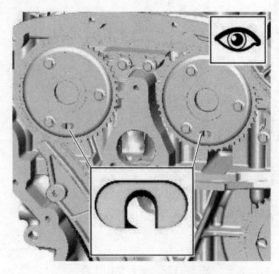

图 17-141 凸轮轴链轮位置

9）安装正时链张紧器并将螺栓拧紧至 15N·m。拆下销以展开张紧器。必须安装新的正时链张紧器。

10）安装左侧正时链导轮并将螺栓拧紧至 31N·m。

11）向正时链导轮施加张力，然后将凸轮轴链轮螺栓拧紧至 35N·m。

12）卸下曲轴正时工具。确保未将专用工具 303-1587 用作反作用力工具。否则，可能导致发动机损坏。

13）从凸轮轴链轮上卸下钻头。

14）旋转曲轴 2 周。使用合适的工具旋转发动机。

15）检查凸轮轴链轮是否如图 17-141 所示正确定位。

16）通过在凸轮轴链轮中安装并拆除钻头，检查正时是否正确。

17）通过安装并拆除曲轴正时工具，检查正时是否正确。将曲轴锁定工具拧紧至 10N·m。使用合适的工具旋转发动机。

18）安装正时盖。

19）连接蓄电池。

17.13.2　路虎 2.4T ID4 柴油发动机（2010）

该发动机正时维修与 2.2T 柴油发动机相同，相关内容请参考 17.13.1 小节。

第18章 宝马-MINI汽车

宝马进口车型品类繁多，发动机配置多样，为免纰漏，特按发动机进行分类整理。读者查阅时可按车型铭牌上的发动机型号来对应相关的内容读取正时检查与调校信息。宝马汽车发动机型号登载处如图18-1所示。

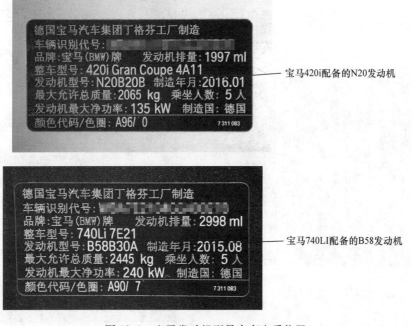

图18-1 宝马发动机型号实车查看位置

18.1 B系列发动机

18.1.1 宝马B36发动机

该发动机正时检查与调整和B38发动机相同，相关内容请参考18.1.2小节。

18.1.2 宝马B38发动机

1. 专用工具说明

如果曲轴已正确拔下，则减振器上的电动机既不向前转动，也不向后转动。

1）装有手动变速器的车辆：尺寸 $X=56$ mm。
将专用工具2288380插入标定孔中直至尺寸 X，见图18-2。

专用工具2288380定位正确，见图18-3。发

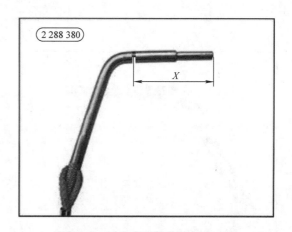

图18-2 手动变速器车辆专用工具

动机第一个气缸处于上止点。

专用工具2288380定位错误，见图18-4。未达到第一气缸上止点位置。

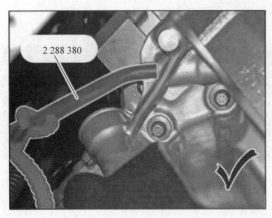

图 18-3 手动变速器车辆正确用法

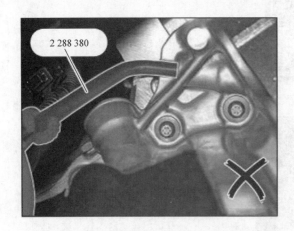

图 18-4 手动变速器车辆错误用法

2）装有自动变速器的车辆：尺寸 $Y=66$ mm。将专用工具 2288380 插入标定孔中直至尺寸 Y，见图 18-5。

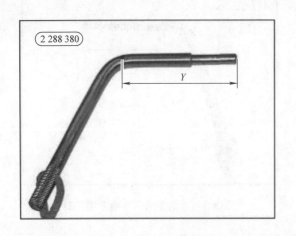

图 18-5 自动变速器车辆专用工具

专用工具 2288380 定位正确，见图 18-6。发动机第一个气缸处于上止点。

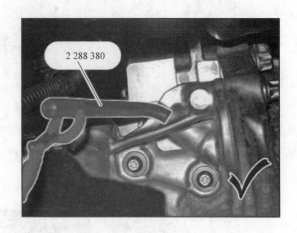

图 18-6 自动变速器车辆正确用法

专用工具 2288380 定位错误，见图 18-7。未达到第一气缸上止点位置。

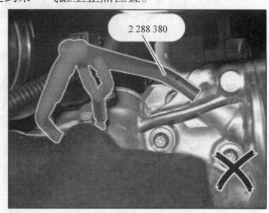

图 18-7 自动变速器型车辆错误用法

2. 发动机正时检查

需要的准备工作：拆下气缸盖罩、火花塞、右前轮罩饰板。

如果曲轴已正确拔下，则减振器上的电动机既不向前转动，也不向后转动。

1）装有手动变速器的车辆按上述说明正确设置专用工具；装有自动变速器的车辆按上述说明正确设置专用工具。

2）用专用工具 116480 将发动机旋转到第一气缸压缩上止点位置见图 18-8。不能回转发动机。

3）取下油底壳上的饰盖 1，见图 18-9。

4）用专用工具 116480 在中心螺栓处旋转发动机。针对带手动变速器的车辆：标定孔前还有一个可能与标定孔混淆的孔。

图 18-8 转动曲轴设置上止点

图 18-9 取出饰盖

5）专用工具 2288380 必须滑入油底壳的曲柄。

用专用工具 2288380 将曲轴卡在第一气缸压缩上止点位置上。

6）进气和排气凸轮轴上的标记 1 可以从上方读取，见图 18-10。

图 18-10 进排气凸轮轴标志

7）当凸轮轴旋转 180°时，也可以安装专用工具。进气和排气凸轮轴上的三个平台 1 中间必须朝上，见图 18-11。

图 18-11 进排气凸轮轴三平台中间朝上

8）第一缸排气凸轮轴的凸轮向右倾斜并指向内部，见图 18-12。

图 18-12 第一缸排气凸轮轴凸轮右倾向内

9）第一缸进气凸轮轴的凸轮向左倾斜，见图 18-13。

图 18-13 第一缸进气凸轮轴凸轮左倾斜

10) 专用工具 2358122 由多个部件构成：底架 1、气缸盖上的底架螺栓 2、固定排气凸轮轴的量规 3、固定进气凸轮轴的量规 4、底架上的量规螺栓 5，见图 18-14。

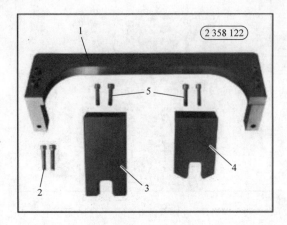

图 18-14 专用工具组成

11) 将底架 1 用螺栓 2 固定在气缸盖上。量规 3 利用凹口定位在排气凸轮轴的双平面段上。量规 3 利用螺栓 5 固定在底架上。量规 4 利用凹口定位在进气凸轮轴的双平面段上。量规 4 利用螺栓 5 固定在底架上，见图 18-15。

图 18-15 安装专用工具到气缸盖上

12) 如有必要，调整配气相位。

13) 所需的调整：拆下所有专用工具，安装火花塞，安装气缸盖罩，安装右前轮罩饰板。

3. 发动机正时调整

需要的准备工作：拆下三元催化转化器，检查配气相位。

1) 装有自动变速器的车辆：松开链条张紧器 1，见图 18-16。随时准备好抹布。松开螺栓连接之后，会流出少量机油。安装说明：必须在链条张紧器装配时安装一个新密封环。

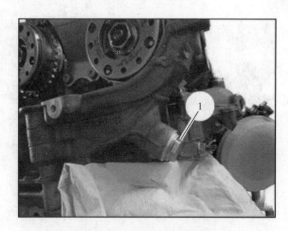

图 18-16 松开链条张紧器

2) 将专用工具 119340 旋入气缸盖，见图 18-17。用专用工具 009460 将正时链预紧至 0.3N·m。

图 18-17 安装专用工具到气缸盖

3) 如果不能安装专用工具 2358122，那么必须重新调整配气相位，见图 18-18。

用呆扳手将排气凸轮轴固定在相应的双平面段上并松开排气侧的 VANOS 中央阀 1。

用呆扳手将进气凸轮轴固定在相应的双平面段上并松开进气侧的 VANOS 中央阀。

图 18-18 安装凸轮轴固定工具

4）将两个凸轮轴旋转到位。进气和排气凸轮轴上的标记1可以从上方读取，见图18-10。

5）当凸轮轴旋转180°时，也可以安装专用工具。进气和排气凸轮轴上的三个平台1中间必须朝上，见图18-11。

6）将底架1用螺栓2固定在气缸盖上。量规3利用凹口定位在排气凸轮轴的双平面段上。量规3利用螺栓5固定在底架上。量规4利用凹口定位在进气凸轮轴的双平面段上。量规4利用螺栓5固定在底架上，见图18-15。

7）拧紧进气调整装置VANOS中央阀1。见图18-19。

图18-20　拆下前盖

2）用专用工具116480将发动机旋转到气缸1压缩上止点位置，见图18-21。不要让发动机反向旋转。

图18-19　紧固VANOS中央阀

8）拧紧排气调整装置VANOS中央阀。

9）移开专用工具2288380和2358122。

10）用专用工具116480沿发动机旋转方向将发动机转动两次。不得回转发动机。

图18-21　顺时针转动曲轴

11）所需的调整：检查凸轮轴的配气相位；安装链条张紧器柱塞；安装三元催化转化器；安装气缸盖罩；安装右前轮罩饰板。

3）装有自动变速器的车辆：定位安放专用工具2365488并用螺栓固定。使用专用工具2288380在气缸1压缩上止点位置上卡住曲轴，见图18-22。

18.1.3　宝马B46发动机

该发动机正时检查与调整和B48相同，相关内容请参考18.1.4小节。

18.1.4　宝马B48发动机

1. 发动机正时检查

需要的准备工作：拆下气缸盖罩；拆下火花塞；拆下前部机组防护板；拆下前部隔音板；对于自动变速器的车型还要拆下起动机。

1）利用螺钉旋具从减振器上松开盖板1。见图18-20。

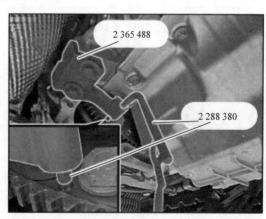

图18-22　卡住曲轴（AT车型）

带手动变速器的车辆：拆下油底壳上的饰盖1。用专用工具 116480 在中心螺栓处旋转发动机。使用专用工具 2288380 在气缸 1 压缩上止点位置上卡住曲轴，见图 18-23。

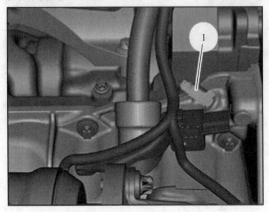

图 18-23　卡住曲轴（MT 车型）

4）进气和排气凸轮轴上的标记 1 可以从上方读取，见图 18-24。

图 18-24　曲轴标记可以读取

当凸轮轴旋转 180°时，也可以安装专用工具。进气和排气凸轮轴上的三个平台 1 中间必须朝上，见图 18-25。

图 18-25　凸轮轴中间平台朝上

第一缸排气凸轮轴的凸轮向右倾斜并指向内部，见图 18-26。

图 18-26　第一缸排气凸轮轴凸轮向右

第 1 缸进气凸轮轴的凸轮向左倾斜，见图 18-27。

图 18-27　第 1 缸进气凸轮轴凸轮向左

5）专用工具 2358122 由多个部件构成（图 18-28）：底架 1；气缸盖上的底架螺栓 2；固定排气凸轮轴的量规 3；固定进气凸轮轴的量规 4；底架上的量规螺栓 5。

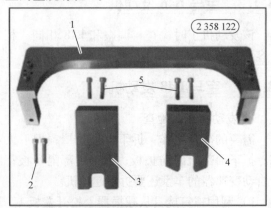

图 18-28　专用工具组成

将底架 1 用螺栓 2 固定在气缸盖上。量规 3 利用凹口定位在排气凸轮轴的双平面段上。量规 3 利用螺栓 5 固定在底架上。量规 4 利用凹口定位在进气凸轮轴的双平面段上。量规 4 利用螺栓 5 固定在底架上，见图 18-29。

图 18-29　安装专用工具

6）如有必要，调整配气相位。
7）拆下所有专用工具。
8）安装火花塞。
9）安装气缸盖罩。
10）安装前部机组防护板。
11）安装前部隔音板。
12）对于自动变速器的车型还安装起动机。

2. 发动机正时调整

需要的准备工作：检查配气相位；拆下链条张紧器。

1）将专用工具 119340 旋入气缸盖。用专用工具 009460 将正时链预紧至 0.3N·m，见图 18-30。

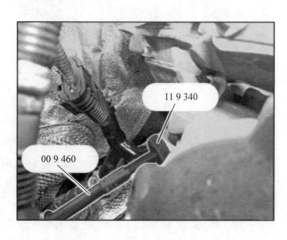

图 18-30　安装专用工具到气缸盖

如果不能安装专用工具 2358122，那么必须重新调整配气相位。

2）用呆扳手在各个凸轮轴的双面段上固定住。将 VANOS 中央阀 1 用专用工具松开，见图 18-31。

图 18-31　松开中央阀

3）将两个凸轮轴旋转到位。进气和排气凸轮轴上的标记 1 可以从上方读取，见图 18-24。

当凸轮轴旋转 180°时，也可以安装专用工具。

进气和排气凸轮轴上的三个平台 1 中间必须朝上，见图 18-25。

4）将底架 1 用螺栓 2 固定在气缸盖上。量规 3 利用凹口定位在排气凸轮轴的双平面段上。量规 3 利用螺栓 5 固定在底架上。量规 4 利用凹口定位在进气凸轮轴的双平面段上。量规 4 利用螺栓 5 固定在底架上。见图 18-29。

5）用专用工具 0496855 拉紧进气调整装置 1 的 VANOS 中央阀，见图 18-32。

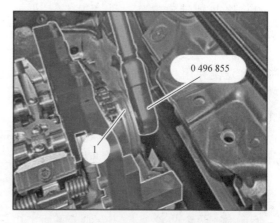

图 18-32　安装进气调整装置中央阀

6）用专用工具 0496855 拉紧排气调整装置的

VANOS中央阀。

7）移开专用工具2288380和2358122。

8）用专用工具116480沿发动机旋转方向将发动机转动两圈。不可回转发动机。

9）检查凸轮轴的配气相位。

10）安装链条张紧器。

11）安装气缸盖。

18.1.5 宝马B58发动机

1. 发动机正时检查

注意：如果用手沿错误方向旋转发动机，可能损坏发动机。只能用手沿正确方向旋转发动机：①沿顺时针方向，面向减振器；②沿逆时针方向，面向链条传动（仅当安装了后部正时链时才适用）。

1）如图18-33所示，将发动机用专用工具0493380（116480）转动至第1个气缸的压缩上止点位置。

图18-33　用专用工具转动曲轴

2）将曲轴锁定在气缸1的压缩上止点位（自动变速器）。

装有自动变速器的车辆：将专用工具2365488定位并用相应螺栓固定。将曲轴专用工具2288380在第1个气缸的压缩上止点位置卡住，见图18-34。

3）检查是否能从上面读取到排气凸轮轴的标记1和进气凸轮轴的标记2，见图18-35。

4）如果无法从上面读取到标记，将凸轮轴转到正确的位置或者重新调整配气相位。

5）检查两个凸轮轴上三个加工平面1中间的一个加工平面，如图18-36所示。当凸轮轴旋转180°后（中间的平面指向下方），也可以安装

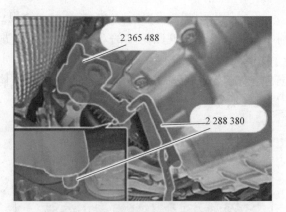

图18-34　安装曲轴固定工具

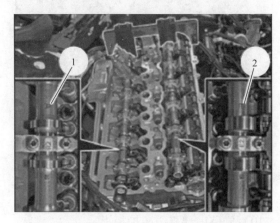

图18-35　检查进排气凸轮轴标记是否朝上

专用工具2358122。

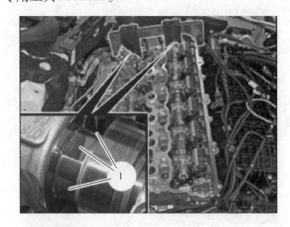

图18-36　检查凸轮轴加工平面位置

6）如果中间的那个加工平面不朝上，将凸轮轴转到正确的位置，使中间的那个加工平面朝上。检查第1个气缸上排气凸轮轴1和进气凸轮轴2的凸轮位置是否如图18-37所示。

7）将专用工具2358122的底架1用螺栓2固定在气缸盖上。将量规3以凹口定位在排气凸轮

2. 发动机正时调整

1）将专用工具0493971（119340）旋入气缸盖，见图18-40。用专用工具0496778（009460）将正时链预紧至0.3N·m。

图18-37 检查1缸进排气凸轮轴凸轮位置

轴上并用螺栓5固定在底架1上。将量规4以凹口定位在进气凸轮轴上并用螺栓5固定在底架1上，如图18-38所示。提示：若无法安装专用工具2358122，则必须重新调整配气相位。

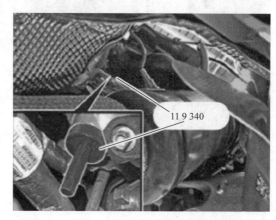

图18-40 安装专用工具到气缸盖上

2）将专用工具2358122的底架定位在气缸盖上。必要时，用专用工具0493380（116480）旋转发动机的曲轴。将用于固定进气凸轮轴的量规定位在进气凸轮轴上并用螺栓固定在底架上。

3）将进气调整装置1的VANOS中央阀用专用工具0496855松开，见图18-41。

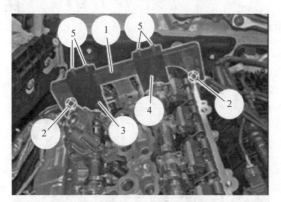

图18-38 安装专用工具组

专用工具2358122部件组成如图18-39所示。

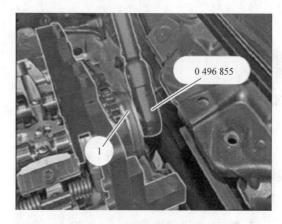

图18-41 松开进气调整装置螺栓

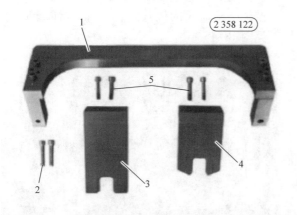

图18-39 专用工具组成
1—底架 2—气缸盖上底架螺栓 3—用于固定排气凸轮轴的量规 4—用于固定进气凸轮轴的量规 5—底架上的量规螺栓

必要时，用专用工具0493380（116480）旋转发动机的曲轴。将用于固定排气凸轮轴的量规定位在排气凸轮轴上并用螺栓固定在底架上。将排气调整装置的VANOS中央阀1用专用工具0496855松开，见图18-42。

4）将两个凸轮轴旋转到正确位置，确保排气凸轮轴的标记1和进气凸轮轴的标记2可以从上方查看，见图18-35。

5）两个凸轮轴上三个加工平面1的中间一

图 18-42 松开排气调整装置螺栓

个必须指向上方,见图 18-36。

6)将量规 3 以凹口定位在排气凸轮轴上并用螺栓 5 固定在底架 1 上。将量规 4 以凹口定位在进气凸轮轴上并用螺栓 5 固定在底架 1 上,见图 18-38。

7)将进气调整装置的 VANOS 中央阀用专用工具 0496855 拧紧。

8)将排气整装置的 VANOS 中央阀用专用工具 0496855 拧紧。

18.2 N 系列发动机

18.2.1 宝马 N12 发动机

1. 发动机正时检查

注意事项:检查调整装置的锁止件。注意旋转方向(朝正时机构侧查看时,旋转方向是顺时针方向)。

发动机不允许往回旋转,否则检查调整值会出错。

准备工作:

拆下气缸盖罩。

拆卸右前轮罩盖。

注意:平衡孔和标定孔可能混淆,所有活塞都必须处在 90°位置。如有必要,通过火花塞孔确定。

1)将曲轴旋到中心螺栓上。

2)用专用工具 119590 定位曲轴,见图 18-43。

在修理过程中不要去除专用工具 119590。

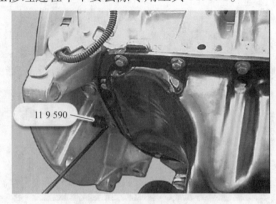

图 18-43 用专用工具固定曲轴

3)检查 VANOS 调整装置上的锁止件。在六角段上尝试沿旋转方向旋转凸轮轴。如果凸轮轴与调整装置动力传递连接,则调整装置连接良好。如果未能与凸轮轴建立牢固的连接,说明调整装置损坏,必须更新。

当进气凸轮轴的零件名称 IN 朝上时,两根凸轮轴处于正确的安装位置。对于排气凸轮轴,零件名称 EX 必须朝上,见图 18-44。

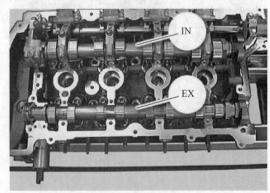

图 18-44 进排气凸轮轴位置

排气凸轮轴 A 的位置向右倾斜,指向上部外侧,见图 18-45。

图 18-45 排气凸轮轴 A 位置

进气凸轮轴 E 的位置向左倾斜,指向上部外侧,见图 18-46。

图 18-46　进气凸轮轴 E 位置

4)松开部分蓄电池正极导线。

5)松开链条张紧器 1,见图 18-47。随时准备好抹布。松开螺栓连接之后,会流出少量机油。确保不要有油流到传动带上。必须在链条张紧器装配时安装一个新密封环。

图 18-47　拆卸张紧器

6)将专用工具 119340 旋入到气缸盖中,见图 18-48。用专用工具 009460 将正时链预紧至 0.6N·m。

图 18-48　安装专用工具

7)将排气专用工具 119540 安放到排气凸轮轴双平面段(定位),见图 18-49。图中 1 为固定位置。

图 18-49　安装排气凸轮轴固定器

8)将进气专用工具 119540 安放到进气凸轮轴双平面段(定位),见图 18-50。图中 1、2 为螺栓固定位置。注意旋转方向(朝正时机构侧查看时,旋转方向始终是顺时针方向)。发动机不允许往回旋转,否则检查调整值会出错。

图 18-50　安装进气凸轮轴固定器

9)如有必要,调整配气相位。装配好发动机。

2. 发动机正时调整

1)将曲轴旋到中心螺栓上。

2)使用专用工具 119590 卡住曲轴。为了拧开凸轮轴上的中心螺栓,需要安装专用工具 119540。如果无法定位调节规,松开中心螺栓时必须用一把呆扳手固定凸轮轴。

3)松开专用工具 119340。

4)安装专用工具 119540 以松开中心螺栓 1 和 2,见图 18-51。

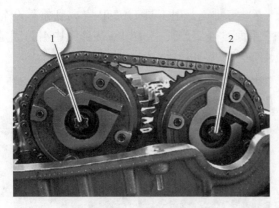

图 18-51 凸轮轴中央螺栓

5）进气凸轮轴的零件名称 IN 和排气凸轮轴的零件名称 EX 朝上。两个进气和排气凸轮轴具有三个已加工的表面，因此能够安装专用工具 119450。第四个面未加工，结构为半月形，此面必须朝下。

排气凸轮轴的位置斜向右，指向上部外侧。进气凸轮轴的位置向左倾斜，指向上部外侧。

6）用专用工具 322100 沿箭头方向旋转排气凸轮轴，见图 18-52。

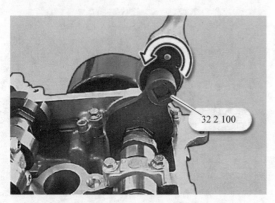

图 18-52 旋转排气凸轮轴

7）用专用工具 322100 预紧凸轮轴，见图 18-53。将专用工具 119540 在排气侧插到双平面段上，然后用螺栓固定。

8）将专用工具 119540 在进气侧插到双平面段上，然后用螺栓固定。

9）将专用工具 119340 旋入气缸盖。

10）用专用工具 009250 将正时链预紧至 0.6N·m。

11）用专用工具 009120 或电子扭力扳手固定排气凸轮轴中心螺栓。

12）用专用工具 009120 或电子扭力扳手固定

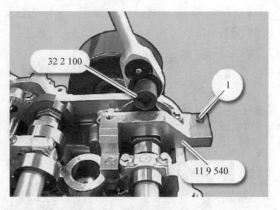

图 18-53 预紧凸轮轴

进气凸轮轴中心螺栓。

13）再次检查配气相位。装配好发动机。

18.2.2 宝马 N13 发动机

1. 检查发动机正时

1）将曲轴旋到中心螺栓上。用专用工具 0496709 定位曲轴，见图 18-54。在修理过程中不要取下专用工具 0496709。

图 18-54 用专用工具定位曲轴

2）检查 VANOS 调整装置的锁止件。沿旋转方向旋转六角段中的凸轮轴。如果凸轮轴与调整装置动力连接，则调整装置连接良好。如果未能与凸轮轴建立牢固的连接，说明调整装置损坏。当进气凸轮轴的标记 IN 和排气凸轮轴的标记 EX 朝上时，说明两根凸轮轴处于正确的安装位置，见图 18-55。

3）进气凸轮轴 E 的位置向左倾斜，指向上部外侧，见图 18-56。

4）排气凸轮轴 A 的位置向右倾斜，指向上部外侧，见图 18-57。

5）松开部分蓄电池正极导线。松开链条张

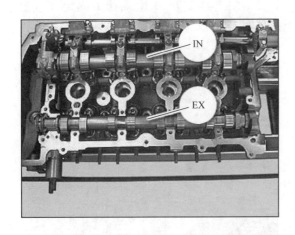

图 18-55 凸轮轴标记字母朝上

图 18-56 进气凸轮轴 E 的位置向左倾斜

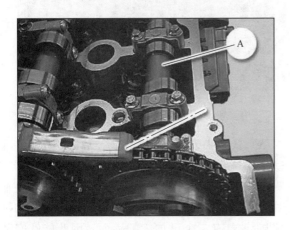

图 18-57 排气凸轮轴 A 的位置向右倾斜

紧器 1，见图 18-58。随时准备好抹布。松开螺栓连接之后，会流出少量机油。确保不要有油流到传动带上。安装说明：必须在链条张紧器装配时安装一个新密封环。

6）将专用工具 119340 旋入到气缸盖中，见图 18-59。用专用工具 009460 将正时链预紧至

图 18-58 松开链条张紧器 1

0.6N·m。

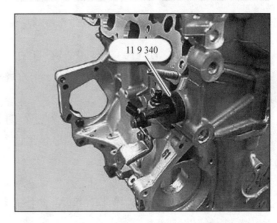

图 18-59 将专用工具 119340 旋入到气缸盖中

7）将排气专用工具 117440 松松地安放到排气凸轮轴双平面段（定位），见图 18-60。利用塞尺 1 确定空气间隙。若排气凸轮轴上的测量值小于 1.6mm，则说明配气相位正常。

图 18-60 用专用工具定位排气凸轮轴

8）将排气专用工具 117440 松松地安放到排气凸轮轴双平面段（定位），见图 18-61。利用塞

尺1确定空气间隙。

若进气凸轮轴上的测量值小于3.0mm，说明配气相位正常。

图18-61 用专用工具定位排气凸轮轴

9）拆下专用工具119340。没有专用工具119340或链条张紧器时不要转动发动机，正时链可能跳过进气凸轮轴的齿轮。

10）注意旋转方向（朝正时机构侧查看时，旋转方向始终是顺时针方向）。发动机不允许往回旋转，否则检查调整值会出错。

2. 调整发动机正时

1）将曲轴旋到中心螺栓上。推入专用工具0496709并卡住曲轴。

2）要拧开凸轮轴上的中心螺栓1和2时，安装专用工具117440。如果无法定位调节量规，松开中心螺栓时必须用一把呆扳手固定凸轮轴。松开中心螺栓1和2，见图18-62。

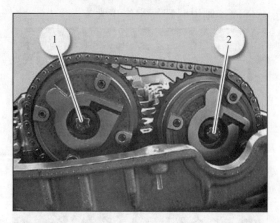

图18-62 松开凸轮轴上的中心螺栓

3）将专用工具117440定位在排气凸轮轴的双平面段上，若有必要，使用专用工具322100扭转。

将专用工具117440用螺栓1固定在气缸盖上，见图18-63。

图18-63 安装专用工具117440

4）将专用工具117440定位在进气凸轮轴的双平面段上，若有必要，使用专用工具322100扭转。

将专用工具117440用螺栓1固定在气缸盖上，见图18-64。

图18-64 安装专用工具117440

5）链条张紧器用专用工具322100松开（准备好抹布），见图18-58。

6）进气凸轮轴的零件名称IN和排气凸轮轴的零件名称EX朝上，见图18-65。两个进气和排气凸轮轴具有三个已加工的表面，因此能够安装专用工具117440。第四个表面是未加工的，结构为半月形。

7）排气凸轮轴A的凸轮向右倾斜，指向上部，见图18-57。

8）进气凸轮轴E的凸轮向左倾斜，指向上部，见图18-56。

9）将专用工具119340旋入气缸盖，见图18-59。

图 18-65　凸轮轴上的标识朝上

用专用工具 009460 将正时链预紧至 0.6N·m。

10）用专用工具 009120 或电子扭力扳手固定中心螺栓 1，见图 18-66。

图 18-66　固定中心螺栓 1

11）用专用工具 009120 或电子扭力扳手固定中心螺栓 1，见图 18-67。

图 18-67　固定中心螺栓 1

12）拆卸所有专用工具。转动两次发动机。再次检查配气相位。装配好发动机。

18.2.3　宝马 N14 发动机

正时检查与调整方法和 N12 发动机一样，相关内容请参考 18.2.1 小节。

18.2.4　宝马 N16 发动机

正时检查与调整方法和 N13 发动机一样，相关内容请参考 18.2.2 小节。

18.2.5　宝马 N18 发动机

正时检查与调整方法和 N13 发动机一样，相关内容请参考 18.2.2 小节。

18.2.6　宝马 N20 发动机

1. 发动机正时检查

需要的准备工作：拆下上部空气管道，拆下火花塞。拆下气缸盖罩。拆下前部和后部机组防护板。

1）拆下密封盖 1。将中心螺栓上的曲轴转到上止点位置。将专用工具 2219548 推入标定孔并固定曲轴，见图 18-68。当用专用工具 2219548 在正确的标定孔上固定好飞轮时，就不能再通过中心螺栓转动发动机。

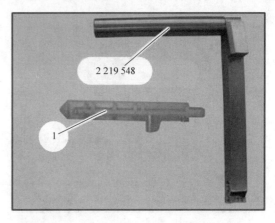

图 18-68　用专用工具固定曲轴

2）沿箭头方向用螺钉旋具拆下密封盖 1，见图 18-69。

3）专用工具 2219548 只能固定在飞轮（1）上规定的位置（参见箭头），见图 18-70。

4）安装说明：用机油浸润较容易拆卸和安装的专用工具 2219548。用专用工具 2219548 通

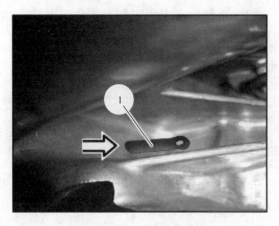

图18-69 拆下密封盖

图18-72 固定专用工具

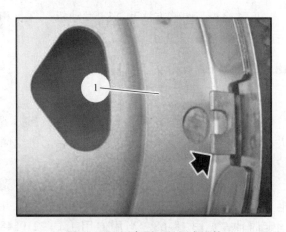

图18-70 用专用工具固定飞轮

图18-73 用螺栓固定专用工具

过标定孔固定曲轴,见图18-71。

时,排气凸轮轴的凸轮倾斜指向上部,见图18-74。

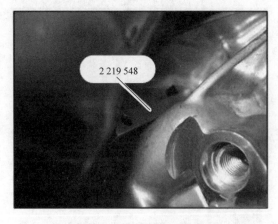

图18-71 通过标定孔固定曲轴

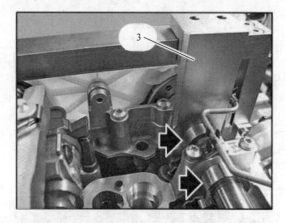

图18-74 专用工具固定在排气凸轮轴双平面段上

5)提示:专用工具为2212831。将专用工具1与专用工具4固定在气缸盖上,见图18-72。

6)将专用工具1用螺栓2固定在气缸盖上,见图18-73。

7)将专用工具3无凹口面固定在排气凸轮轴的双平面段上。在气缸1处于压缩上止点位置

8)将专用工具2有凹口面固定在进气凸轮轴的双平面段上。在气缸1处于压缩上止点位置时,进气凸轮轴1的凸轮倾斜指向上部,见图18-75。

9)将凸轮轴传感器齿盘量规1用专用工具

第18章 宝马-MINI汽车

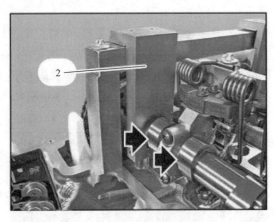

图18-75 专用工具固定在进气凸轮轴双平面段上

2212830安装在气缸盖上，检查凸轮轴传感器齿盘的调整情况见图18-76。图中2、3为中心螺栓。

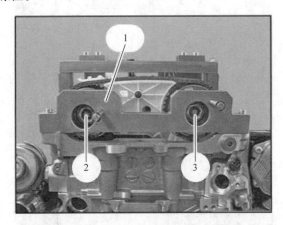

图18-76 安装凸轮轴传感器齿盘量规

10）使用销子1沿箭头方向定位排气凸轮轴的凸轮轴传感器齿盘。使用销子2沿箭头方向定位进气凸轮轴的凸轮轴传感器齿盘，见图18-77。安装说明：如果错误调整了凸轮轴传感器齿盘，则必须松开中心螺栓。

图18-77 使用销子定位凸轮轴齿盘

11）如果专用工具2219548由于活动困难而无法取下，则可借助于弯头尖嘴钳1通过转动及拉动将其取出，见图18-78。

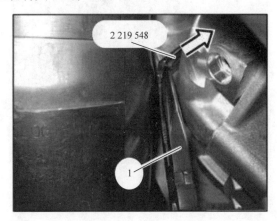

图18-78 使用弯头尖嘴钳

12）如有必要，调整配气相位。装配好发动机。

2. 发动机正时调整

需要的准备工作：拆下气缸盖罩。检查配气相位。

1）在气缸1处于压缩上止点位置时，进气凸轮轴的凸轮斜着指向上部，将测尺2定位在进气凸轮轴的双平面段上，见图18-75。订货号：2212831。

2）在气缸1处于压缩上止点位置时，排气凸轮轴的凸轮斜着指向上部，见图18-74。

3）进气/排气凸轮轴1上的标记E和A以及零件号码可以从上方读取，见图18-79。

图18-79 排气凸轮轴零件号码可以读取

4）将承桥1固定在气缸盖上，见图18-80。将测尺2和3固定在承桥1上。

5）用螺栓5固定测尺2，见图18-81。

图18-80 安装承桥在气缸盖上

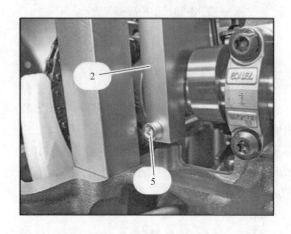

图18-81 用螺栓5固定测尺2

6）为了固定螺栓7，必须拆除螺栓6。用螺栓7固定测尺，见图18-82。

图18-82 用螺栓7固定测尺

7）VANOS调整装置的中心螺栓2和3只能使用专用工具松开。如果不能安装该专用工具，必须支承在各个凸轮轴的双平面段上。松开中心螺栓2和3，见图18-76。

8）松开真空罐1并将其置于一侧。松开链条张紧器2，见图18-83。随时准备好抹布。在松开螺栓后会流出少量的发动机油。确保发动机油不会流到带传动机构上。安装说明：更新密封环。

图18-83 松开链条张紧器

9）转动凸轮轴传感器齿盘，直到定位销1和2对准调节量规为止，见图18-77。固定凸轮轴传感器齿盘。

10）使用专用工具将正时链预紧至0.6N·m，见图18-84。

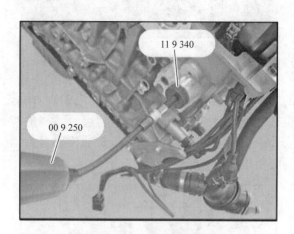

图18-84 预紧正时链

11）仅可使用专用工具固定进气调整装置的中心螺栓1，见图18-85。

12）仅可使用专用工具固定排气调整装置的中心螺栓1，见图18-86。

13）拆卸所有专用工具。沿发动机旋转方向转动发动机中心螺栓两次并检查配气相位。装配好发动机。

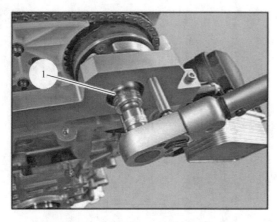

图 18-85　固定进气调节装置螺栓

图 18-87　取下油管

图 18-86　固定排气凸轮轴调整装置螺栓

图 18-88　调节上止点位置（进气凸轮轴）

18.2.7　宝马 N26 发动机

该发动机正时检查与调整和 N20 发动机相同，相关内容请参考 18.2.6 小节。

18.2.8　宝马 N40 发动机

1. 发动机正时检查

需要的准备工作：拆下气缸盖罩。拆下所有火花塞。

1）松开螺栓 1 取下油管 2，见图 18-87。

2）按照旋转方向在中心螺栓上转动曲轴，直到第一缸处于压缩上止点位置。

进气凸轮轴：为锁定凸轮轴，双平面段的上侧为圆形，下面为直平面，见图 18-88。在第 1 缸压缩上止点位置时，气缸头双平面段上的圆形面朝上。

3）排气凸轮轴：为锁定凸轮轴，双平面段的上侧为圆形，下面为直平面，见图 18-89。在第 1 缸压缩上止点位置时，气缸头双平面段上的圆形面朝上。附加区别：在第一缸压缩上止点位置时，凹口 1 朝向排气侧。

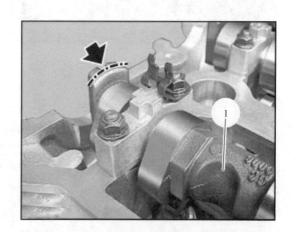

图 18-89　调节上止点位置（排气凸轮轴）

4）N40：上止点位置的标定孔在起动机下方的进气侧。为更容易够着，松开标定孔区域内的电缆，并压至一侧。旋转发动机的中心螺栓，用专用工具119190将飞轮固定在第一缸压缩上止点位置处，见图18-90。

图18-90　固定飞轮在上止点位置

5）N45：上止点位置的标定孔在起动机下方的进气侧。为更容易够着，松开标定孔区域内的电缆，并压至一侧。在中心螺栓处旋转发动机，用专用工具115120将飞轮固定在第1缸压缩上止点位置，见图18-91。

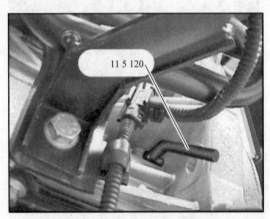

图18-91　固定飞轮在上止点位置

6）对于带自动变速器的发动机，上止点位置标定孔1前方有一个很大的孔2，容易和标定孔混淆，见图18-92。如果飞轮用专用工具119190固定在正确的孔1中，发动机在中心螺栓处就不能再移动。

关闭发动机时，进气和排气调整装置一般都锁定在起始位置。

少数情况下，无法达到起始位置，而凸轮轴仍可在调整装置的调整范围内旋转。

为避免配气相位的调整有误，必须检查调整装置的锁止件，如有必要，旋转凸轮轴进行联锁。

图18-92　注意定位标定孔位置

7）检查起始位置上的进气调整装置的锁止件：把住进气凸轮轴的六角段1，并尝试小心地逆着旋转方向旋转进气凸轮轴，见图18-93。如果进气凸轮轴和进气调整装置间不存在固定连接，则逆旋转方向旋转进气凸轮轴至限位。如果进气凸轮轴与进气调整装置正时连接，则进气调整装置联锁在起始位置。

图18-93　检查进气调整装置的锁止件

8）检查起始位置上的排气调整装置锁止件：把住排气凸轮轴的六角段1，并尝试小心地沿着旋转方向旋转排气凸轮轴，见图18-94。如果排气凸轮轴和排气调整装置之间不存在固定连接，则沿旋转方向旋转排气凸轮轴至限位。如果排气凸轮轴与排气调整装置正时连接，则排气调整装置联锁在起始位置。

9）若凸轮轴的进气或排气调整装置难以联锁，则调整装置损坏，必须更新。将专用工具117252安装到进气凸轮轴上，检查配气相位的调整，见图18-95。提示：当专用工具117252无间隙地紧靠气缸盖安装或高出进气侧小于0.5mm

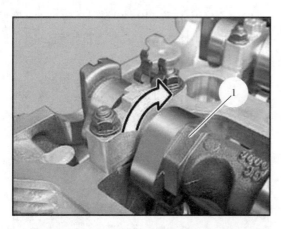

图 18-94　检查排气调整装置锁止件

时，配气相位调节正确。

图 18-95　安装专用工具到进气凸轮轴

10）将专用工具 117253 反向旋转。将专用工具 117251 安装到排气凸轮轴上，检查配气相位的调整，见图 18-96。提示：当专用工具 117251 无间隙地紧靠气缸盖安装或高出进气侧小于 1.0mm 时，配气相位调节正确。如有必要，调整凸轮轴的配气相位。

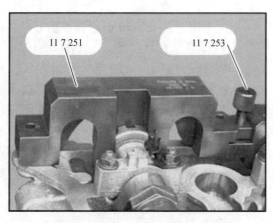

图 18-96　安装专用工具到排气凸轮轴

11）夹上油管装入螺栓并拧紧。

12）拆下所有专用工具。装配好发动机。

2. 发动机正时调整

需要的准备工作：检查凸轮轴的配气相位。

1）进气凸轮轴：为锁定凸轮轴，双平面段的上侧为圆形，下面为直平面。在第 1 缸压缩上止点位置时，气缸头双平面段上的圆形面朝上，见图 18-88。

2）排气凸轮轴：为锁定凸轮轴，双平面段的上侧为圆形，下面为直平面。在第 1 缸压缩上止点位置时，气缸头双平面段上的圆形面朝上。附加区别：在第一缸压缩上止点位置时，凹口 1 朝向排气侧，见图 18-89。

提示：上止点位置的标定孔在起动机下方的进气侧。为更容易够着，松开标定孔区域内的电缆，并压至一侧。

3）用专用工具 119190 将发动机固定在第 1 缸压缩上止点位置，见图 18-90。

4）对于带自动变速器的发动机，上止点位置标定孔 1 前方有一个很大的孔 2，容易和标定孔混淆，见图 18-92。如果飞轮用专用工具 119190 固定在正确的孔 1 中，发动机在中心螺栓处就不能再移动。

5）松开排气和进气调整装置的螺栓，接着将其重新安装至无间隙即可，见图 18-97。

图 18-97　松开进排气凸轮轴调整装置螺栓

6）将专用工具 117252 安装在进气凸轮轴上，并校正进气凸轮轴，使专用工具 117252 无间隙地安装在气缸盖上，见图 18-95。

7）将专用工具 117251 装到排气凸轮轴上。将专用工具 117253 反向旋转。用专用工具 117251 固定住进气凸轮轴，使其无间隙地安装在气缸盖上,见图18-96。

8)装入螺栓,并将专用工具117251在气缸盖上拧紧,见图18-98。

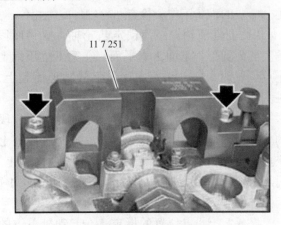

图18-98 安装专用工具螺栓

9)将专用工具117253手动拧紧,直至紧靠在专用工具117252上。装入螺栓,并将专用工具117252在气缸盖上拧紧,见图18-99。

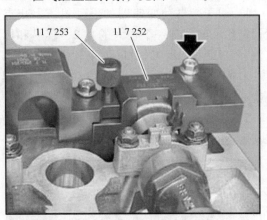

图18-99 手动拧紧专用工具

10)拆下链条张紧器柱塞,见图18-100。

图18-100 拆下张紧器柱塞

11)将专用工具119340装入气缸盖,见图18-101,手动装上张紧导轨的调整螺钉,但正时链不要预紧。

图18-101 安装专用工具到气缸盖

12)更新排气和进气调整装置的螺栓。安装排气和进气调整装置的新螺栓,至无间隙即可。

13)如图18-102所示,安装专用工具117260。将脉冲信号齿固定孔与专用工具117260上的定位销对齐。

图18-102 安装专用工具117260

14)用专用工具117260固定脉冲信号齿。将专用工具117260装在气缸盖上,见图18-103。

15)将排气调整装置的螺栓1松开半圈。将进气调整装置的螺栓2松开半圈。将套筒扳手安装到螺栓1和2上,并手动调节安装至无间隙即可,见图18-104。

16)转动调整螺钉并用专用工具009250或普通的扭力扳手以0.6N·m的预紧力预紧张紧导轨,见图18-105。

17)拧紧排气调整装置的螺栓。

18)拧紧进气调整装置的螺栓。

正确。当专用工具117251无间隙地紧靠气缸盖安装或高出进气侧小于1.0mm时，配气相位调节正确。

23）拆下所有专用工具。装配好发动机。

18.2.9 宝马N42发动机

该发动机正时检查与调整和N46发动机相同，相关内容请参考18.2.12小节。

18.2.10 宝马N43发动机

1. 发动机正时检查

需要的准备工作：拆下所有火花塞。拆下气缸盖罩。

1）按照旋转方向在中心螺栓上转动曲轴，直到第一缸处于压缩上止点位置，见图18-106。

进气凸轮轴：在第1缸处于压缩上止点位置时，进气凸轮轴的凸轮倾斜朝内。

排气凸轮轴：在第1缸处于压缩上止点位置时，排气凸轮轴的凸轮倾斜朝内。

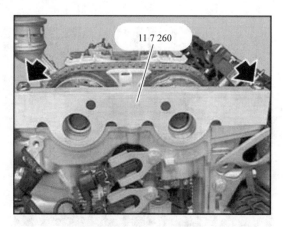

图18-103 用专用工具固定脉冲信号齿轮

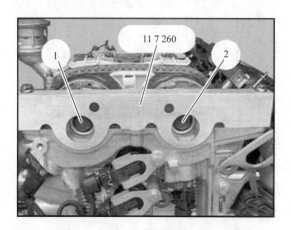

图18-104 安装凸轮轴调整装置螺栓

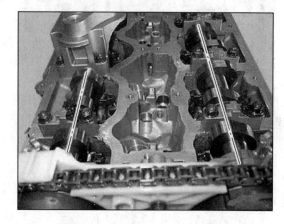

图18-106 凸轮轴处于上止点位置

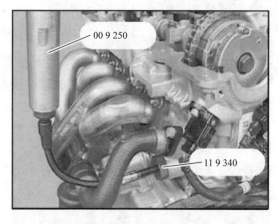

图18-105 预紧张紧导轨

19）拆下专用工具117260，见图18-103。

20）松开并拆下专用工具119340，见图18-101。

21）进行下面所述的配气相位检测时必须将原装链条张紧器装入。

22）当专用工具117252无间隙地紧靠气缸盖安装或高出进气侧小于0.5mm时，配气相位调节

2）上止点位置的标定孔在起动机下方的进气侧。为更容易够着，松开标定孔区域内的电缆，并压至一侧。在中心螺栓上旋转发动机，并用专用工具115120将飞轮固定在第1缸压缩上止点位置处，见图18-107。

3）对于带自动变速器的发动机，在上止点的标定孔前面处有一个大孔，不能将这个孔与标定孔混淆。如果已在正确的孔中用专用工具115120固定飞轮，发动机的中心螺栓就不再移动，见图18-108。

关闭发动机时，进气和排气调整装置一般都锁定在起始位置。为避免配气相位的调整有误，

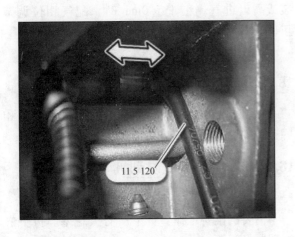

图 18-107 上止点标定孔位置

图 18-109 调整凸轮轴

图 18-108 用专用工具固定飞轮

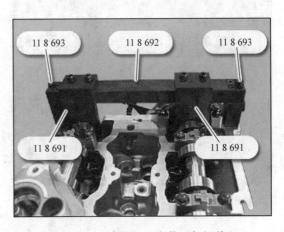

图 18-110 专用工具安装于气缸盖上

必须检查调整装置的锁止件,如有必要,旋转凸轮轴进行联锁。

4)检查起始位置上的锁止件:安装在凸轮轴的双平面段上,并尝试小心地沿旋转方向旋转凸轮轴。如果凸轮轴和调整装置之间不存在固定连接,则沿旋转方向将凸轮轴转至极限位置,见图 18-109。如果凸轮轴与调整装置动力传递连接,则调整装置联锁在原位置。

如果凸轮轴的进气或排气调整装置无法如上所述进行联锁,则调整装置损坏,必须更新。

5)将专用工具 118692 用专用工具 118693 固定在气缸盖上,见图 18-110。当专用工具 118691 无间隙地平放在气缸盖上或比进气侧高出小于 0.5mm 时,说明配气相位调节正确。当专用工具 118691 无间隙地平放在气缸盖上或比进气侧高出小于 1.0mm 时,说明配气相位调节正确。

2. 发动机正时调整

需要的准备工作:检查凸轮轴的配气相位。

1)松开排气和进气调整装置的螺栓,接着将其重新安装至无间隙即可,见图 18-111。

图 18-111 松开进排气调整装置螺栓

2)将专用工具 118692 用专用工具 118693 固

定在气缸盖上，见图 18-110。将专用工具 118691 定位在进气凸轮轴和排气凸轮轴的双平面段上。如果无法定位专用工具 118691，可以将凸轮轴的双平面段旋转到正确位置。

3）拆下链条张紧器 1，见图 18-112。

图 18-112　拆下链条张紧器

4）将专用工具 119340 装入气缸盖，见图 18-113。手动装上张紧导轨的调整螺钉，但正时链不要预紧。

图 18-113　安装专用工具到气缸盖上

5）将脉冲信号齿的固定孔与专用工具 118711 上的定位销对齐并固定。将专用工具 118711 用专用工具 118712 组装到气缸盖上，见图 18-114。

6）安装说明：更新进气和排气调整装置的螺栓 1 和 2。安装进气和排气调整装置的新螺栓 1 和 2，并无间隙地贴紧。将排气调整装置的螺栓 1 松开半圈，将进气调整装置的螺栓 2 松开半圈，见图 18-115。

7）转动调整螺钉并用专用工具 009250 或普通的扭力扳手以 0.6N·m 的预紧力预紧张紧导

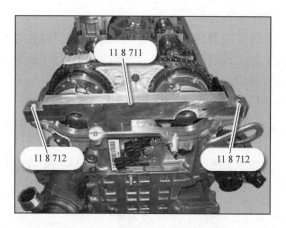

图 18-114　安装专用工具到气缸盖上

图 18-115　安装进排气调整装置螺栓

轨，见图 18-116。

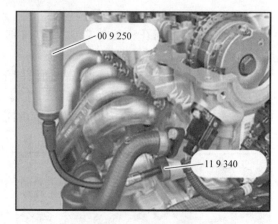

图 18-116　预紧张紧器

8）中心螺栓只可用专用工具 118690 固定。固定排气调整装置的中心螺栓 1，固定进气调整装置的中心螺栓（2），见图 18-115。

9）拆下所有专用工具。

10）沿旋转方向将发动机的中心螺栓旋转两圈，直至发动机重新达到第 1 缸压缩上止点位置。

重新固定飞轮。

11）当专用工具 118691 无间隙地平放在气缸盖上时，说明配气相位已正确调整。允许公差在进气侧为凸起 0.5mm，在排气侧为凸起 1.0mm。

12）装配好发动机。

18.2.11　宝马 N45 发动机

该发动机正时检查与调整和 N40 发动机相同，相关内容请参考 18.2.8 小节。

18.2.12　宝马 N46 发动机

1. 发动机正时检查

需要的准备工作：拆下气缸盖罩。拆下所有火花塞。

1）松开螺栓 1。取下油管 2，见图 18-117。

图 18-117　取下油管

2）按照旋转方向在中心螺栓上转动曲轴，直到第一缸处于压缩上止点位置。

进气凸轮轴：为锁定凸轮轴，双平面段的上侧为圆形，下面为直平面，见图 18-118。在第 1 缸压缩上止点位置时，气缸头双平面段上的圆形面朝上。

图 18-118　调节上止点位置（进气凸轮轴）

3）排气凸轮轴：为锁定凸轮轴，双平面段的上侧为圆形，下面为直平面，见图 18-119。在第 1 缸压缩上止点位置时，气缸头双平面段上的圆形面朝上。附加区别：在第 1 缸压缩上止点位置时，凹口 1 朝向排气侧。

图 18-119　调节上止点位置（排气凸轮轴）

4）N40：上止点位置的标定孔在起动机下方的进气侧。为更容易够着，松开标定孔区域内的电缆，并压至一侧。旋转发动机的中心螺栓，用专用工具 119190 将飞轮固定在第 1 缸压缩上止点位置处，见图 18-120。

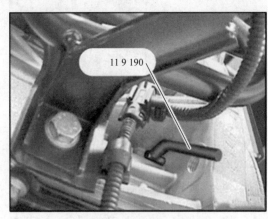

图 18-120　固定飞轮在上止点位置

5）N45：上止点位置的标定孔在起动机下方的进气侧。为更容易够着，松开标定孔区域内的电缆，并压至一侧。在中心螺栓处旋转发动机，用专用工具 115120 将飞轮固定在第 1 缸压缩上止点位置，见图 18-121。

6）对于带自动变速器的发动机，上止点位置标定孔 1 前方有一个很大的孔 2，容易和标定孔混淆，见图 18-122。如果飞轮用专用工具 119190 固定在正确的孔 1 中，发动机在中心螺栓

第18章 宝马–MINI 汽车

图 18-121 固定飞轮在上止点位置

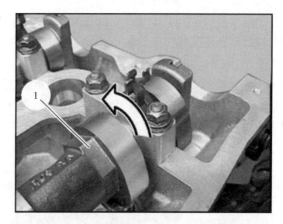

图 18-123 检查进气调整装置的锁止件

处就不能再移动。

凸轮轴与排气调整装置正时连接，则排气调整装置联锁在起始位置。

图 18-122 注意定位标定孔位置

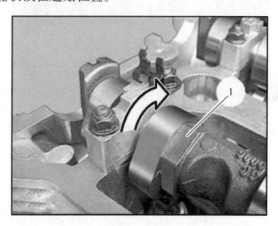

图 18-124 检查排气调整装置锁止件

关闭发动机时，进气和排气调整装置一般都锁定在起始位置。

少数情况下，无法达到起始位置，而凸轮轴仍可在调整装置的调整范围内旋转。

为避免配气相位的调整有误，必须检查调整装置的锁止件，如有必要，旋转凸轮轴进行联锁。

7）检查起始位置上的进气调整装置的锁止件：把住进气凸轮轴的六角段 1，并尝试小心地逆着旋转方向旋转进气凸轮轴，见图 18-123。如果进气凸轮轴和进气调整装置间不存在固定连接，则逆旋转方向旋转进气凸轮轴至限位。如果进气凸轮轴与进气调整装置正时连接，则进气调整装置联锁在起始位置。

8）检查起始位置上的排气调整装置锁止件：把住排气凸轮轴的六角段 1，并尝试小心地沿着旋转方向旋转排气凸轮轴，见图 18-124。如果排气凸轮轴和排气调整装置之间不存在固定连接，则沿旋转方向旋转排气凸轮轴至限位。如果排气

9）若凸轮轴的进气或排气调整装置难以联锁，则调整装置损坏，必须更新。将专用工具 117252 安装到进气凸轮轴上，检查配气相位的调整，见图 18-125。提示：当专用工具 117252 无间隙地紧靠气缸盖安装或高出进气侧小于 0.5mm 时，配气相位调节正确。

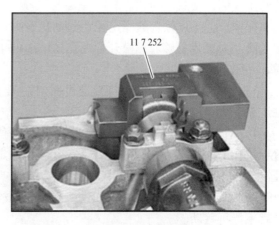

图 18-125 安装专用工具到进气凸轮轴

10）将专用工具117253反向旋转。将专用工具117251安装到排气凸轮轴上，检查配气相位的调整，见图18-126。提示：当专用工具117251无间隙地紧靠气缸盖安装或高出进气侧小于1.0mm时，配气相位调节正确。如有必要，调整凸轮轴的配气相位。

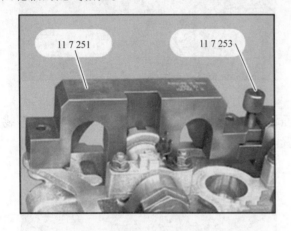

图18-126 安装专用工具到排气凸轮轴

11）夹上油管，装入螺栓并拧紧。
12）拆下所有专用工具。装配好发动机。

2. 发动机正时调整

需要的准备工作：检查凸轮轴的配气相位。

1）进气凸轮轴：为锁定凸轮轴，双平面段的上侧为圆形，下面为直平面。在第1缸压缩上止点位置时，气缸头双平面段上的圆形面朝上，见图18-118。

2）排气凸轮轴：为锁定凸轮轴，双平面段的上侧为圆形，下面为直平面。在第1缸压缩上止点位置时，气缸头双平面段上的圆形面朝上。附加区别：在第1缸压缩上止点位置时，凹口1朝向排气侧，见图18-119。

提示：上止点位置的标定孔在起动机下方的进气侧。为更容易够着，松开标定孔区域内的电缆，并压至一侧。

3）用专用工具119190将发动机固定在第1缸压缩上止点位置，见图18-120。

4）对于带自动变速器的发动机，上止点位置标定孔1前方有一个很大的孔2，容易和标定孔混淆，见图18-122。如果飞轮用专用工具119190固定在正确的孔1中，发动机在中心螺栓处就不能再移动。

5）松开排气和进气调整装置的螺栓，接着将其重新安装至无间隙即可，见图18-127。

图18-127 松开进排气凸轮轴调整装置螺栓

6）将专用工具117252安装在进气凸轮轴上，并校正进气凸轮轴，使专用工具117252无间隙地安装在气缸盖上，见图18-125。

7）将专用工具117251装到排气凸轮轴上。将专用工具117253反向旋转。用专用工具117251固定住排气凸轮轴，使其无间隙地安装在气缸盖上，见图18-126。

8）装入螺栓，并将专用工具117251在气缸盖上拧紧，见图18-128。

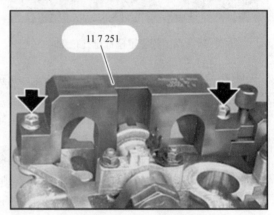

图18-128 安装专用工具螺栓

9）将专用工具117253手动拧紧，直至紧靠在专用工具117252上。装入螺栓，并将专用工具117252在气缸盖上拧紧，见图18-129。

10）拆下链条张紧器柱塞，见图18-130。

11）将专用工具119340装入气缸盖，见图18-131，手动装上张紧导轨的调整螺钉，但正时链不要预紧。

12）更新排气和进气调整装置的螺栓。安装进气和进气调整装置的新螺栓，并安装至无间隙

图 18-129　手动拧紧专用工具

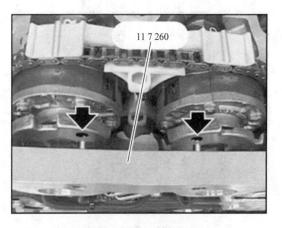

图 18-132　安装专用工具 117260

图 18-130　拆下张紧器柱塞

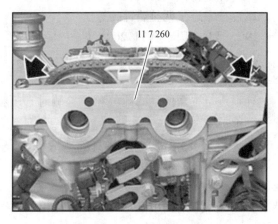

图 18-133　用专用工具固定脉冲信号齿轮

进气调整装置的螺栓 2 松开半圈。将套筒扳手安装到螺栓 1 和 2 上，并手动调节安装至无间隙即可，见图 18-134。

图 18-131　安装专用工具至气缸盖

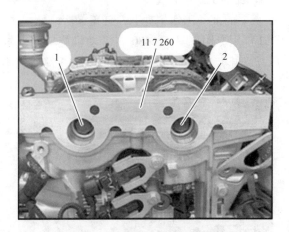

图 18-134　安装凸轮轴调整装置螺栓

即可，见图 18-127。

13）如图 18-132 所示，安装专用工具 117260。将脉冲信号齿固定孔与专用工具 117260 上的定位销对齐。

14）用专用工具 117260 固定脉冲信号齿轮。将专用工具 117260 装在气缸盖上，见图 18-133。

15）将排气调整装置的螺栓 1 松开半圈。将

16）转动调整螺钉并用专用工具 009250 或普通的扭力扳手以 0.6N·m 的预紧力预紧张紧导轨，见图 18-135。

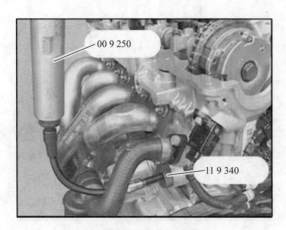

图 18-135 预紧张紧导轨

17）拧紧排气调整装置的螺栓。

18）拧紧进气调整装置的螺栓。

19）拆下专用工具 117260，见图 18-133。

20）松开并拆下专用工具 119340，见图 18-131。

21）进行下面所述的配气相位检测时必须将原装链条张紧器装入。

22）当专用工具 117252 无间隙地紧靠气缸盖安装或高出进气侧小于 0.5mm 时，配气相位调节正确。当专用工具 117251 无间隙地紧靠气缸盖安装或高出进气侧小于 1.0mm 时，配气相位调节正确。

23）拆下所有专用工具。装配好发动机。

18.2.13　宝马 N47 发动机

1. 发动机正时检查

需要的准备工作：拆下气缸盖罩。

1）用专用工具 116480 将发动机旋转到气缸 1 压缩上止点位置，见图 18-136。注意发动机不得沿着与传动方向相反的方向转动。

图 18-136　设置气缸 1 上止点位置

2）拆下正时齿轮室盖上的护罩。用专用工具 116480 在中心螺栓处旋转发动机。在气缸 1 压缩上止点位置上用专用工具 115320 卡住曲轴，见图 18-137。

图 18-137　用专用工具卡住曲轴

3）第一缸进气凸轮轴 E 的凸轮倾斜朝上。第一缸排气凸轮轴 A 的凸轮向左倾斜并指向外部，见图 18-138。

图 18-138　凸轮轴凸轮位置

4）排气侧凸轮轴齿轮 A 上的标记必须与进气侧凸轮轴齿轮 E 上的标记一致，见图 18-139。

5）将专用工具 118760 安放到排气凸轮轴上。专用工具 118760 必须无间隙地平放在气缸盖上，见图 18-140。如有必要，调整凸轮轴的配气相位。

6）装配好发动机。

注意：在起动发动机前去除专用工具 115320。

2. 发动机正时调整

需要的准备工作：拆下气缸盖罩。

1）用专用工具 116480 在中心螺栓处旋转发

图18-139　进排气侧齿轮标记一致

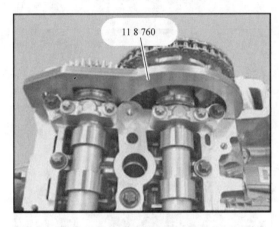

图18-140　安装专用工具到气缸盖上

动机，见图18-136。发动机不得沿着与传动方向相反的方向转动。

2）拆下正时齿轮箱盖上的护罩。在气缸1压缩上止点位置上用专用工具115320卡住曲轴，见图18-137。

3）必须能够从上部读取排气凸轮轴和进气凸轮轴E和A的分类号，见图18-141。

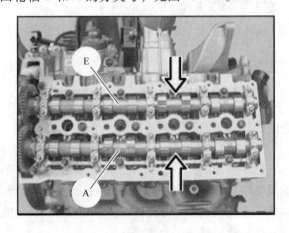

图18-141　凸轮轴分类号可见

4）第一缸进气凸轮轴E的凸轮倾斜朝上。第一缸排气凸轮轴A的凸轮向左倾斜并指向外部，见图18-138。

5）排气凸轮轴驱动齿轮A上的标记必须与进气凸轮轴驱动齿轮E上的标记一致，见图18-139。如果标记不一致，必须拆下排气凸轮轴。

6）从外向内松开轴承盖A1至A5的所有螺栓。向上拆下排气凸轮轴，见图18-142。将所有部件有序地放置在专用工具114480上。

图18-142　拆下排气凸轮轴

7）松开链条张紧器1，见图18-143。

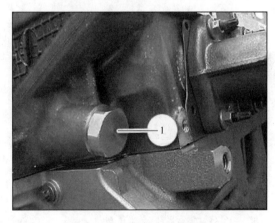

图18-143　松开链条张紧器

8）拆下凸轮轴螺栓1并拆下凸轮轴正时齿轮，见图18-144。

9）定位进气凸轮轴E。安装说明：注意凸轮推杆的安装位置。装入排气凸轮轴A，令两个标记对齐，见图18-139。

10）从内向外拧紧所有轴承盖A1至A5，见图18-142。

11）将凸轮轴正时齿轮与正时链安放在进气凸轮轴上，使螺栓1位于长孔中部。装入螺栓1。

图18-144 拆下凸轮轴正时齿轮

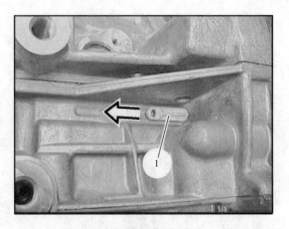

图18-145 拆除锁止件

用10N·m的力矩拧紧螺栓1。将螺栓1重新松开90°，见图18-144。

12）装入链条张紧器1，位置见图18-143。

13）将专用工具118760安放到排气凸轮轴上。专用工具118760必须无间隙地平放在气缸盖上，见图18-140。

14）拧紧螺栓1，位置见图18-144。

15）将发动机用专用工具116480沿旋转方向转动两圈，直到气缸1处于压缩上止点位置，见图18-136。检查凸轮轴调整情况。注意不要反向旋转发动机。

16）装配好发动机。将发动机转动两圈。检查配气相位。注意在发动机试运转前必须去除专用工具115320。

18.2.14 宝马N51发动机

1. 发动机正时检查

需要的准备工作：拆下气缸盖罩。拆下前部发动机底部护板。

1）沿箭头方向拆除锁止件1，见图18-145。安装说明：向外安装带孔的锁止件1。

2）将中心螺栓上的曲轴转到上止点位置。沿箭头方向推入专用工具110300，并卡住曲轴，见图18-146。注意对于带自动变速器的发动机，在上止点的标定孔前面处有一个大孔，不能将这个孔与标定孔混淆。如果飞轮用专用工具110300固定在正确的孔处，发动机的中心螺栓就不再移动。

3）如果在凸轮轴1上，能从上方读到分类号2，配气相位便是正确的，见图18-147。

4）在气缸1处于压缩上止点位置时，气缸1

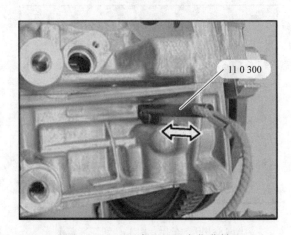

图18-146 用专用工具卡住曲轴

图18-147 凸轮轴上方可见分类号

进气凸轮轴1的凸轮斜着向上，见图18-148。

5）在气缸1处于压缩上止点位置时，气缸6排气凸轮轴3的凸轮斜着向下。滚轮拖杆1将不能操纵，见图18-149。图中2为凸轮轴轴承盖。如果在已安装的发动机上检查配气相位，凸轮轴位置就只能用镜子进行检查。

6）用螺栓1将专用工具114283固定在气缸

2. 发动机正时调整

需要的准备工作：拆下气缸盖罩。

1）如图18-145所示，沿箭头方向拆除锁止件1。安装说明：向外安装带孔的锁止件1。

2）将中心螺栓上的曲轴转到上止点位置。如图18-146所示，沿箭头方向推入专用工具110300，并卡住曲轴。注意对于带自动变速器的发动机，在上止点的标定孔前面处有一个大孔，不能将这个孔与标定孔混淆。如果飞轮用专用工具110300固定在正确的孔处，发动机的中心螺栓就不再移动。

3）在气缸1处于压缩上止点位置时，进气凸轮轴1的凸轮斜着向上，见图18-148。

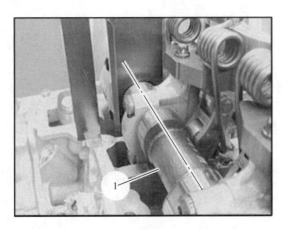

图18-148　进气凸轮轴1的凸轮斜着向上

4）进气和排气凸轮轴1双平面段上的分类号2向上，见图18-147。

5）在气缸1处于压缩上止点位置时，气缸6排气凸轮轴3的凸轮斜着向下，见图18-149。如果在已安装的发动机上检查配气相位，凸轮轴位置就只能用镜子进行检查。

图18-149　排气凸轮轴3的凸轮斜着向下

6）要拧开凸轮轴上的中心螺栓，应装上专用工具114283 114281和114282，见图18-150。

7）松开中心螺栓1。中心螺栓1只能用专用工具114280松开，见图18-151。松开链条张紧器2（准备好抹布）。

盖上。在进气侧垫上专用工具114282。将专用工具114281安装在进气和排气凸轮轴上，见图18-150。

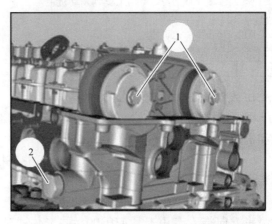

图18-151　松开凸轮轴调整装置中心螺栓

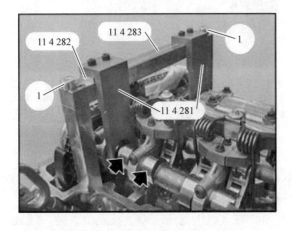

图18-150　安装专用工具到气缸盖上

7）如有必要，调整配气相位。

8）装配好发动机。

8）沿箭头方向转动脉冲信号齿轮2，直到专用工具114290上的定位销1一致。沿箭头方向将专用工具114290推入，见图18-152。

9）用螺栓1固定专用工具114290。将专用工具119340旋入气缸盖。用专用工具009250将正时链预紧至0.6N·m。用专用工具009120将调整装置的两个中心螺栓固定到凸轮轴上，见图

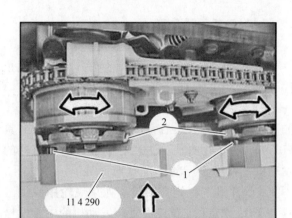

图 18-152 转动脉冲信号齿轮

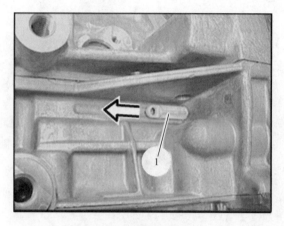

图 18-154 拆除锁止件

18-153。

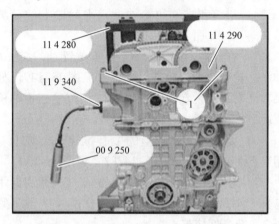

图 18-153 安装专用工具到发动机上

10）装配好发动机。

18.2.15 宝马 N52 发动机

1. 发动机正时检查

需要的准备工作：拆下气缸盖罩。拆下前部发动机底部护板。

1）沿箭头方向拆除锁止件 1，见图 18-154。安装说明：向外安装带孔的锁止件 1。

2）将中心螺栓上的曲轴转到上止点位置。沿箭头方向推入专用工具 110300，并卡住曲轴，见图 18-155。注意对于带自动变速器的发动机，在上止点的标定孔前面处有一个大孔，不能将这个孔与标定孔混淆。如果飞轮用专用工具 110300 固定在正确的孔处，发动机的中心螺栓就不再移动。

3）如果在凸轮轴 1 上，能从上方读到分类号 2，配气相位便是正确的，见图 18-156。

或者当进气和排气凸轮轴上的零件号码或读

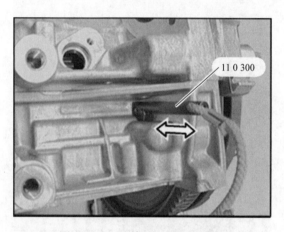

图 18-155 用专用工具卡住曲轴

图 18-156 凸轮轴上方可见分类号

取设码编号 1 朝向上部时，见图 18-157，说明配气相位正确。

4）在气缸 1 处于压缩上止点位置时，气缸 1 进气凸轮轴 1 的凸轮斜着向上，见图 18-158。

5）在气缸 1 处于压缩上止点位置时，气缸 6 排气凸轮轴 3 的凸轮斜着向下。滚轮拖杆 1 将不能操纵，见图 18-159。图中 2 为凸轮轴轴承盖。

第18章 宝马-MINI汽车

图18-157 设码朝上

图18-158 进气凸轮轴1的凸轮斜着向上

如果在已安装的发动机上检查配气相位，凸轮轴位置就只能用镜子进行检查。

图18-159 排气凸轮轴3的凸轮斜着向下

6）用螺栓1将专用工具114283固定在气缸盖上。在进气侧垫上专用工具114282。将专用工具114281安装在进气和排气凸轮轴上，见图18-160。

7）如有必要，调整配气相位。

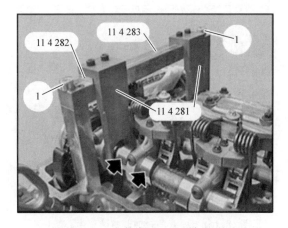

图18-160 安装专用工具到气缸盖上

8）装配好发动机。

2. 发动机正时调整

需要的准备工作：拆下气缸盖罩。

1）如图18-154所示，沿箭头方向拆除锁止件1。安装说明：向外安装带孔的锁止件1。

2）将中心螺栓上的曲轴转到上止点位置。如图18-155所示，沿箭头方向推入专用工具110300，并卡住曲轴。注意对于带自动变速器的发动机，在上止点的标定孔前面处有一个大孔，不能将这个孔与标定孔混淆。如果飞轮用专用工具110300固定在正确的孔处，发动机的中心螺栓就不再移动。

3）在气缸1处于压缩上止点位置时，进气凸轮轴1的凸轮斜着向上，见图18-158。

4）进气和排气凸轮轴1双平面段上的分类号2向上，见图18-156。

5）在气缸1处于压缩上止点位置时，气缸6排气凸轮轴3的凸轮斜着向下，见图18-159。如果在已安装的发动机上检查配气相位，凸轮轴位置就只能用镜子进行检查。

6）要拧开凸轮轴上的中心螺栓，应装上专用工具114283114281和114282，见图18-160。

7）松开中心螺栓1。中心螺栓1只能用专用工具114280松开，见图18-161。松开链条张紧器2（准备好抹布）。

8）沿箭头方向转动脉冲信号齿轮2，直到专用工具114290上的定位销1一致。沿箭头方向将专用工具114290推入，见图18-162。

9）用螺栓1固定专用工具114290。将专用工具119340旋入气缸盖。用专用工具009250将正时链预紧至0.6N·m。用专用工具009120将调

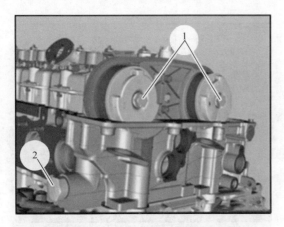

图 18-161　松开凸轮轴调整装置中心螺栓

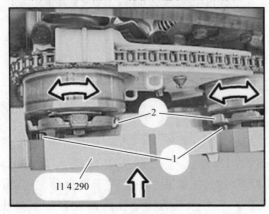

图 18-162　转动脉冲信号齿轮

整装置的两个中心螺栓固定到凸轮轴上，见图 18-163。

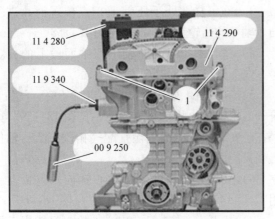

图 18-163　安装专用工具到发动机上

10）装配好发动机。

18.2.16　宝马 N53 发动机

1. 发动机正时检查

关闭发动机时，进气和排气调整装置一般都锁定在起始位置。为避免配气相位的调整有误，必须检查调整装置的锁止件，如有必要，旋转凸轮轴进行联锁。

需要的准备工作：拆下气缸盖罩。拆下前部发动机底部护板。

1）沿箭头方向拆卸锁止件 1，见图 18-164。安装说明：向外部安装带孔的锁止件 1。

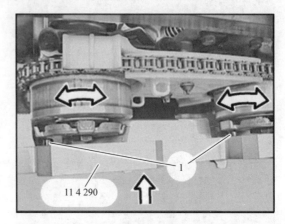

图 18-164　拆卸锁止件

2）将中心螺栓上的曲轴转到上止点位置。沿箭头方向推入专用工具 110300，并卡住曲轴，见图 18-165。对于带自动变速器的发动机，在上止点的标定孔前不远处有一个大孔，不能将这个孔与标定孔混淆。如果飞轮用专用工具 110300 固定在正确的孔处，发动机的中心螺栓就不再移动。

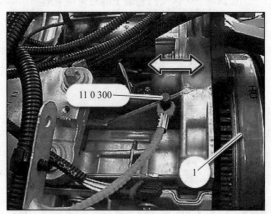

图 18-165　用专用工具卡住曲轴

3）在气缸 1 压缩上止点位置上，气缸 6 的进气凸轮轴 1 凸轮斜着向下。在气缸 1 压缩上止点位置上，气缸 6 的排气凸轮轴 2 凸轮斜着向下。不要操纵凸轮推杆。如果在已安装的发动机上检查配气相位，凸轮轴位置就只能用镜子进行检查，见图 18-166。

4）用螺栓 1 将专用工具 114283 固定在气缸盖上。将专用工具 114281 安装在进气和排气凸轮

第18章 宝马–MINI 汽车

图 18-166 凸轮轴在上止点位置

18-167。如果无法安装专用工具 114281，则必须在凸轮轴上的后部六角段上扭转凸轮轴。

4）在气缸1压缩上止点位置上，气缸6的排气凸轮轴2和进气凸轮轴1的凸轮斜着向下，见图 18-166。如果在已安装的发动机上检查配气相位，凸轮轴位置就只能用镜子进行检查。

5）松开排气凸轮轴的中心螺栓1。安装说明：更新螺栓1。松开进气凸轮轴的中心螺栓2，见图 18-168。安装说明：更新螺栓2。

图 18-168 松开凸轮轴中心螺栓

轴上，见图 18-167。如果无法套上专用工具 114281，则必须调整配气相位。

图 18-167 安装专用工具到气缸盖上

5）拆卸所有专用工具。

6）装配好发动机。

2. 发动机正时调整

注意：在打开凸轮轴上的中心螺栓时，在后部固定住凸轮轴的六角段。

需要的准备工作：拆下气缸盖罩。

1）如图 18-164 所示，沿箭头方向拆除锁止件1。安装说明：向外安装带孔的锁止件1。

2）将中心螺栓上的曲轴转到上止点位置。如图 18-165 所示，沿箭头方向推入专用工具 110300，并卡住曲轴。对于带自动变速器的发动机，在上止点的标定孔前不远处有一个大孔，不能将这个孔与标定孔混淆。如果飞轮用专用工具 110300 固定在正确的孔处，发动机的中心螺栓就不再移动。

3）用螺栓1安装专用工具 114283。专用工具将 114281 安装到专用工具 114283 上，见图

6）扭转脉冲信号齿，直至专用工具 118520 上的定位销对齐。将专用工具 118520 推上气缸盖。专用工具 118520 用螺栓1和2固定，见图 18-169。提示：螺栓1和2（M6×45）带有防遗失平垫圈。

图 18-169 安装专用工具到气缸盖上

7）拆下链条张紧器1。将专用工具 119340 旋入气缸盖。用专用工具 009250 将正时链预紧至 0.6N·m。将中心螺栓2和3用专用工具 009120 拧紧，见图 18-170。

图18-170 安装专用工具到气缸盖并拧紧中心螺栓

8）拆下所有专用工具。

9）装配好发动机。

18.2.17 宝马N54发动机

该系列发动机正时检查与调整与N53一样，相关内容请参考18.2.16小节。

18.2.18 宝马N55发动机

1. 发动机正时检查

关闭发动机时，进气和排气调整装置一般都锁定在起始位置。为避免配气相位的调整有误，必须检查调整装置的锁止件，如有必要，旋转凸轮轴进行联锁。

为了在进气凸轮轴的双平面段上定位专用工具114281，可以触碰气缸1节气门复位弹簧。

专用工具114281按照下列说明进行修整。

检测气缸1中间杠杆上节气门复位弹簧的灵活性。修整专用工具114281。

如图18-171所示，专用工具114281上的倒角在50mm长和8.5mm宽的区域进行修整。

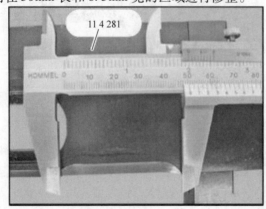

图18-171 倒角在50mm

将专用工具114281上的倒角修正为8.5mm（图18-172）。

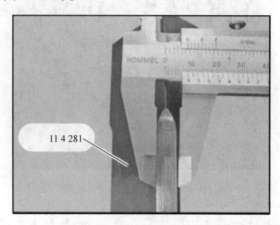

图18-172 倒角在8.5mm

需要的准备工作：拆下气缸盖罩、机组防护板、集风罩。

1）如图18-173所示，沿箭头方向拆卸锁止件1。安装说明：向外部安装带孔的锁止件1。

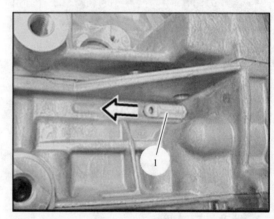

图18-173 拆下锁止件

2）将中心螺栓上的曲轴转到上止点位置。将专用工具110300沿箭头方向推入标定孔并固定曲轴，见图18-174。注意当用专用工具110300在正确的标定孔上固定好飞轮时，就不能再通过中心螺栓移动发动机。

3）装配自动变速器的车辆只能在飞轮1上预先规定的位置进行修整，见图18-175（参见箭头）。

4）在气缸1处于压缩上止点位置时，进气凸轮轴1的凸轮斜着向上，见图18-176。

5）在气缸1处于压缩上止点位置时，排气凸轮轴1的凸轮斜着向上，见图18-177。

6）如图18-178所示，当进气和排气凸轮轴

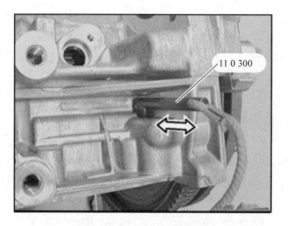

图 18-174　插入专用工具

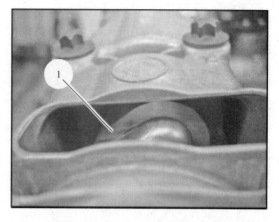

图 18-177　排气凸轮轴凸轮位置

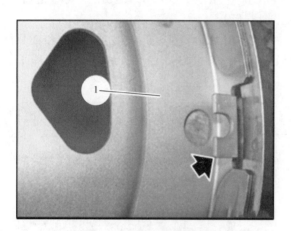

图 18-175　自动变速器车型

图 18-178　设码编号朝上

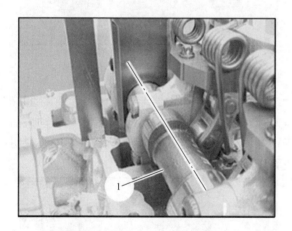

图 18-176　进气凸轮轴凸轮向上

图 18-179　安装专用工具到气缸盖

上的零件号码或读取设码编号 1 朝上时，说明配气相位正确。

7）将专用工具 114285 用螺栓 1 固定在气缸盖上。提示：将专用工具 114282 垫到进气凸轮轴侧下面。将修整过的专用工具 114281 放入进气凸轮轴。将专用工具 114281 放入排气凸轮轴，见图 18-179。

8）当专用工具 114281 面向进气侧略微立起时，排气凸轮轴的配气相位正确，见图 18-180。

9）当专用工具 114281 面向进气侧略微立起时，进气凸轮轴的配气相位正确，见图 18-181。

10）将专用工具 114281 手动沿箭头方向旋转至极限位置。两个连滚必须都放置在专用工具 114285 上，见图 18-182。

相位。

1）当第1气缸处于压缩上止点位置时，第1气缸进气凸轮轴1的凸轮倾斜朝上，见图18-176。

2）在气缸1处于压缩上止点位置时，排气凸轮轴1的凸轮斜着向上，见图18-177。

3）进气和排气凸轮轴上的零件号码1朝上部，见图18-178。

4）将专用工具114285用螺栓1固定在气缸盖上。将专用工具114282垫到进气凸轮轴侧下面。将修整过的专用工具114281安装在进气凸轮轴上。将专用工具114281安装在排气凸轮轴上，见图18-179。

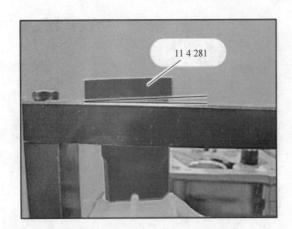

图18-180　专用工具安装位置

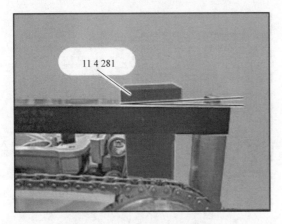

图18-181　专用工具位置

5）VANOS调整装置的中心螺栓1和2只能使用专用工具114280松开。松开中心螺栓1和2，见图18-183。

图18-183　松开VANOS装置中心螺栓

6）松开链条张紧器1，见图18-184。随时准备好抹布。在松开螺栓后会流出少量的发动机油。确保发动机油不会流到带传动机构上。安装说明：更新密封环。

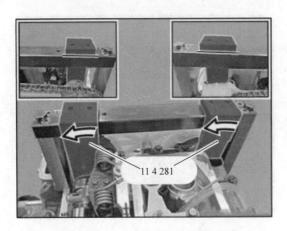

图18-182　手动旋转专用工具到极限

11）如有必要，调整配气相位。

12）装配好发动机。

2. 发动机正时调整

为了在进气凸轮轴的双平面段上定位专用工具114281，可以触碰气缸1节气门复位弹簧。将专用工具114281按照以下说明进行修整。

需要的准备工作：拆下气缸盖罩。检查配气

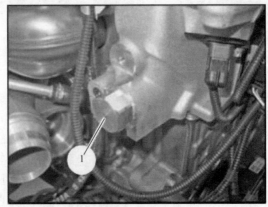

图18-184　松开链条张紧器

7）如图18-185所示，沿箭头方向扭转多极传感轮2，直到专用工具114290上的定位销1一致。沿箭头方向将专用工具114290推入。

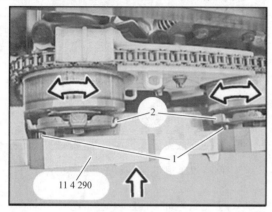

图18-185　插入定位销

8）使用螺栓固定专用工具114290。安装说明：更换两个中心螺栓。旋入两个中心螺栓。将两个中心螺栓旋转90°。将专用工具119340旋入气缸盖，见图18-186。

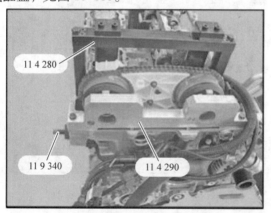

图18-186　安装专用工具

9）如图18-187所示，使用专用工具119340和009250将正时链预紧至0.6N·m。

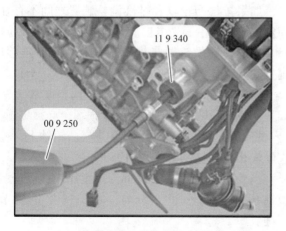

图18-187　安装专用工具

10）进气调整装置的中心螺栓必须使用专用工具009120固定，见图18-188。

图18-188　固定进气调整装置中心螺栓

11）排气调整装置的中心螺栓必须使用专用工具009120固定，见图18-189。

图18-189　固定排气调整装置中心螺栓

12）拆卸所有专用工具。

13）沿发动机旋转方向转动发动机中心螺栓两圈并检查配气相位。

14）装配好发动机。

18.2.19　宝马N57发动机

发动机正时检查与调整和N47系列发动机一样，相关内容请参考18.2.13小节。

18.2.20　宝马N62发动机

1. 右侧凸轮轴正时检查（气缸1至4）

需要的准备工作：拆下右偏心轴的调整电动机、右气缸盖罩、气缸1至4侧的所有火花塞，如有必要，拆下集风罩。

1）螺栓1是一个专用螺栓，不允许用一个

普通的 M8 螺栓进行替换。松开螺栓 1。将机油管 3 从夹子 2 上松开并拆下，见图 18-190。

图 18-190 拆下机油管道

2）按照旋转方向在中心螺栓上转动曲轴，直到第一缸处于压缩上止点位置。在压缩上止点位置时，气缸 1 排气凸轮轴的凸轮斜着朝上，进气凸轮轴的凸轮斜着朝下，见图 18-191。

图 18-191 上止点位置凸轮位置

3）上止点位置的标定孔位于正时齿轮箱盖前部。旋转发动机的中心螺栓，并用专用工具 119190 将扭转减振器固定在气缸 1 的压缩上止点位置，见图 18-192。

4）关闭发动机时，进气和排气调整装置一般都锁定在起始位置。少数情况下，无法达到起始位置，而凸轮轴仍可在调整装置的调整范围内旋转。为避免配气相位的调整有误，必须检查调整装置的锁止件，如有必要，旋转凸轮轴进行联锁。

检查起始位置上的进气调整装置的锁止件：在六角段上安装进气凸轮轴，并尝试小心地逆着旋转方向旋转进气凸轮轴，见图 18-193。

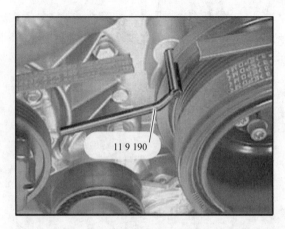

图 18-192 固定减振器于上止点位置

如果进气凸轮轴和进气调整装置间不存在固定连接，则逆旋转方向旋转进气凸轮轴至限位。

如果进气凸轮轴与进气调整装置正时连接，则进气调整装置联锁在起始位置。

图 18-193 逆向旋转进气凸轮轴

5）检查起始位置上的排气调整装置锁止件：在六角段上安装排气凸轮轴，并尝试小心地沿着旋转方向旋转排气凸轮轴，见图 18-194。

如果排气凸轮轴和排气调整装置之间不存在固定连接，则沿旋转方向旋转排气凸轮轴至限位。

如果排气凸轮轴与排气调整装置正时连接，则排气调整装置联锁在起始位置。

6）如果凸轮轴的进气或排气调整装置无法如上所述进行联锁，则调整装置损坏，必须更新。

将专用工具 119461 安装在进气凸轮轴上，检查配气相位调整，见图 18-195。

当专用工具 119461 无间隙地紧靠气缸盖安装或高出进气侧小于 0.5mm，则配气相位调节正确。

7）将专用工具 119462 安装在排气凸轮轴上，

普通的 M8 螺栓进行替换。将机油管 3 卡入夹子 2 中。装入螺栓 1 并拧紧，见图 18-190。

10）装配好发动机。

2. 右侧凸轮轴正时调整（气缸 1 至 4）

1）拆下右正时齿轮箱盖。

2）在松开螺栓时应在六角段处固定住凸轮轴。松开排气和进气调整装置的螺栓，见图 18-197。

图 18-194　顺时针放置排气凸轮轴

图 18-197　松开凸轮轴调整装置螺栓

3）准备专用工具组 119460 固定凸轮轴，见图 18-198。

专用工具 119461 用来固定进气凸轮轴。

专用工具 119462 用来固定排气凸轮轴。

专用工具 119463（带螺栓的支架）。

图 18-195　安装专用工具到进气凸轮轴

检查配气相位调整，见图 18-196。当专用工具 119462 无间隙地紧靠气缸盖安装或高出进气侧小于 0.5mm，则配气相位调节正确。

如有必要，调整右侧凸轮轴的配气相位。

图 18-196　安装专用工具到排气凸轮轴

8）拆下所有专用工具。

9）螺栓 1 是一个专用螺栓，不允许用一个

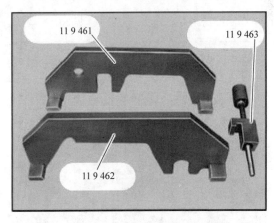

图 18-198　固定凸轮轴用的专用工具

4）将专用工具 119461 安装在进气凸轮轴上，并校正进气凸轮轴，使专用工具 119461 无间隙地安装在气缸盖上，见图 18-199。

5）装上专用工具 119463，并将螺栓 1 固定在机油管螺纹内，用手拧紧，见图 18-200。

6）在拧紧螺栓 1 时在六角段上将凸轮轴固

图 18-199　安装专用工具到进气凸轮轴

图 18-200　安装专用工具

图 18-201　拧紧进气调整装置螺栓

7）松开螺栓 1，将专用工具 119463 和 119461 从进气凸轮轴上拆下，见图 18-200。

8）将专用工具 119462 安装在排气凸轮轴上，并校正排气凸轮轴，使专用工具 119462 无间隙地安装在气缸盖上，见图 18-202。

图 18-202　安装专用工具到排气凸轮轴

9）装上专用工具 119463，并将螺栓 1 固定在机油管螺纹内，用手拧紧，见图 18-203。

图 18-203　装上固定工具

10）在拧紧螺栓 2 时在六角段上将凸轮轴固定。拧紧排气调整装置的螺栓 2，见图 18-204。

图 18-204　调整排气凸轮轴螺栓

11）松开螺栓1，将专用工具119463和119462从排气凸轮轴上拆下，见图18-203。

12）拆下专用工具119190。两次沿旋转方向旋转发动机的中心螺栓，直至发动机重新达到第1缸压缩上止点位置。将减振器用专用工具119190固定在第1缸的压缩上止点位置，见图18-192。

13）将专用工具119461安装在进气凸轮轴上，检查配气相位调整。当专用工具119461无间隙地紧靠气缸盖安装或高出排气侧小于0.5mm，则配气相位调节正确，见图18-199。

14）将专用工具119461从进气凸轮轴上拆下。

15）将专用工具119462安装在排气凸轮轴上，检查配气相位调整。当专用工具119462无间隙地紧靠气缸盖安装或高出排气侧小于0.5mm，则配气相位调节正确，见图18-202。

16）拆下所有专用工具。

17）装配好发动机。

3. 检测左侧凸轮轴正时（气缸5至8）

需要的准备工作：拆下左偏心轴的调整电动机、左气缸盖罩、气缸5至8侧的所有火花塞。如有必要拆下集风罩。

1）螺栓1为一专用螺栓，不得用一个普通的M8螺栓进行替换。松开螺栓1。将机油管3从夹子2上松脱并拆下，见图18-205。

图18-206　气缸5进排气凸轮轴位置

前部。旋转发动机的中心螺栓，并用专用工具119190将扭转减振器固定在气缸1的压缩上止点位置，见图18-192。

4）关闭发动机时，进气和排气调整装置一般都锁定在起始位置。少数情况下，无法达到起始位置，而凸轮轴仍可在调整装置的调整范围内旋转。

为避免配气相位的调整有误，必须检查调整装置的锁止件，如有必要，旋转凸轮轴进行联锁。

检查起始位置上的进气调整装置的锁止件：在六角段上安装进气凸轮轴，并尝试小心地逆着旋转方向旋转进气凸轮轴。

如果进气凸轮轴和进气调整装置间不存在固定连接，则逆旋转方向旋转进气凸轮轴至限位。如果进气凸轮轴与进气调整装置正时连接，则进气调整装置联锁在起始位置，见图18-207。

图18-205　松开机油管道

2）按照旋转方向在中心螺栓上转动曲轴，直到第一缸处于压缩上止点位置。在气缸1处于压缩上止点位置时，气缸5上的进气和排气凸轮轴的凸轮斜着朝上，见图18-206。

3）上止点位置的标定孔位于正时齿轮箱盖

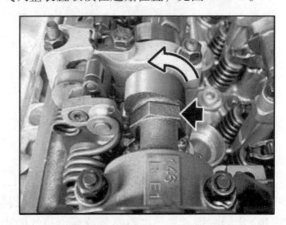

图18-207　逆时针旋转进气调整装置

5）检查起始位置上的排气调整装置锁止件：在六角段上安装排气凸轮轴，并尝试小心地沿着旋转方向旋转排气凸轮轴。

如果排气凸轮轴和排气调整装置之间不存在固定连接，则沿旋转方向旋转排气凸轮轴至限位。如果排气凸轮轴与排气调整装置正时连接，则排气调整装置联锁在起始位置，见图18-208。

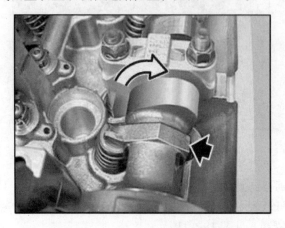

图18-208　沿旋转方向转动排气凸轮轴

如果凸轮轴的进气或排气调整装置无法如上所述进行联锁，则调整装置损坏，必须更新。

6）将专用工具119461安装在进气凸轮轴上，检查配气相位调整。当专用工具119461无间隙地紧靠气缸盖安装或高出排气侧小于0.5mm，则配气相位调节正确，见图18-209。

7）将专用工具119461从进气凸轮轴上拆下。

图18-209　安装进气凸轮轴调整工具

8）将专用工具119462安装在排气凸轮轴上，检查配气相位调整，见图18-210。当专用工具119462无间隙地紧靠气缸盖安装或高出排气侧小于0.5mm，则配气相位调节正确。如有必要，调整左凸轮轴的配气相位。

9）拆下所有专用工具。

10）螺栓1为一专用螺栓，不得用一个普通

图18-210　安装专用工具到排气凸轮轴

的M8螺栓进行替换。将机油管3卡入夹子2中。装入螺栓1并拧紧。见图18-205。

装配好发动机。

4. 调整左侧凸轮轴正时（气缸5至8）

需要的准备工作：检查左侧凸轮轴的配气相位

1）拆下左正时齿轮箱盖。

2）在松开螺栓时应在六角段处固定住凸轮轴。松开排气和进气调整装置的螺栓，见图18-197。

3）准备专用工具组119460固定凸轮轴，见图18-198。

专用工具119461用来固定进气凸轮轴。

专用工具119462用来固定排气凸轮轴。

专用工具119463（带螺栓的支架）。

4）将专用工具119461安装在进气凸轮轴上，并校正进气凸轮轴，使专用工具119461无间隙地安装在气缸盖上，见图18-211。

图18-211　安装专用工具到进气凸轮轴

5）装上专用工具119463，并将螺栓1固定在机油管螺纹内，用手拧紧，见图18-212。

图18-212　安装专用工具固定装置

6）在拧紧螺栓1时在六角段上将凸轮轴固定。拧紧进气调整装置的螺栓1，见图18-213。

图18-213　紧固进气调整装置螺栓

7）松开螺栓1，将专用工具119463和119461从进气凸轮轴上拆下，见图18-212。

8）将专用工具119462安装在排气凸轮轴上，并校正排气凸轮轴，使专用工具119462无间隙地安装在气缸盖上，见图18-214。

图18-214　专用工具安装到排气凸轮轴

9）装上专用工具119463，并将螺栓1固定在机油管螺纹内，用手拧紧，见图18-215。

图18-215　安装专用工具固定装置

10）在拧紧螺栓2时在六角段上将凸轮轴固定。拧紧排气调整装置的螺栓2，见图18-216。

图18-216　紧固排气调整装置螺栓

11）松开螺栓1，将专用工具119463和119462从排气凸轮轴上拆下，见图18-215。

12）拆下专用工具119190。

13）沿旋转方向旋转发动机的中心螺栓两圈，直至发动机重新达到第1缸压缩上止点位置。

14）将减振器用专用工具119190固定在气缸1的压缩上止点位置。

15）将专用工具119461安装在进气凸轮轴上，检查配气相位调整。当专用工具119461无间隙地紧靠气缸盖安装或高出排气侧小于0.5mm，则配气相位调节正确。

16）将专用工具119461从进气凸轮轴上拆下。将专用工具119462安装在排气凸轮轴上，检查配气相位调整。

当专用工具119462无间隙地紧靠气缸盖安装

或高出排气侧小于 0.5mm，则配气相位调节正确。

17) 拆下所有专用工具。

18) 装配好发动机。

18.2.21　宝马 N73 发动机

1. 正时链部件分布

发动机正时链部件如图 18-217 所示。

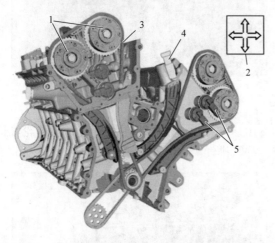

图 18-217　N73 系列发动机正时链部件分布
1—VANOS 调整装置　2—配气相位　3—正时链
4—链条张紧器　5—电磁阀

2. 发动机正时检查与调整

使用的专用工具、操作流程与 N74 发动机一样，相关内容请参考 18.2.22 小节。

18.2.22　宝马 N74 发动机

1. 检查右侧凸轮轴正时（气缸 1~6）

配气相位只能用专用工具 119900 检查。如果不使用专用工具 119900 检查配气相位，可能导致配气相位调整错误。

需要的准备工作：拆下右侧气缸盖罩、风扇罩及电动风扇、空调器带轮、右侧链条张紧器。

1) 安装专用工具 119900 代替链条张紧器。用专用工具 009250 以 0.6N·m 的力矩预紧内六角螺栓，见图 18-218。

2) 关闭发动机时，进气和排气调整装置一般都锁定在起始位置。少数情况下，无法达到起始位置，而凸轮轴仍可在调整装置的调整范围内旋转。

为避免配气相位的调整有误，必须检查调整装置的锁止件，如有必要，旋转凸轮轴进行联锁。

图 18-218　安装专用工具

检查进气和排气调整装置在起始位置上的锁定情况：安装在凸轮轴的六角段 2 上，并尝试用一把呆扳手 1 小心地逆旋转方向转动凸轮轴，见图 18-219。如果凸轮轴与调整装置动力传递连接，则进气和排气调整装置锁定在起始位置。插图对应气缸 7~12。

图 18-219　逆旋转方向转动凸轮轴

3) 如果凸轮轴的进气或排气调整装置无法如上所述进行联锁，则调整装置损坏，必须更换。

假设凸轮轴位于气缸 1 压缩上止点位置上，就可以从上读取排气凸轮轴的说明 1 和 2 见图 18-220。

A 表示排气凸轮轴。16 表示气缸 1~6。

4) 在气缸 1 压缩上止点位置中倾斜向内显示气缸 1 排气凸轮轴 1 的凸轮（见箭头），见图 18-221。

5) 假设凸轮轴位于气缸 1 压缩上止点位置上，就可以从上读取进气凸轮轴的说明 1 和 2，

图 18-220 凸轮轴说明

图 18-223 气缸 1 进气凸轮轴凸轮位置

7）松开螺栓 1。将辅助水泵的支架 2 置于一侧，见图 18-224。

图 18-224 临时拆下辅助水泵支架

8）用减振器双平面定位专用工具 118570 在 OT 处标记。用一只螺栓 1 定专用工具 118570，见图 18-225。

图 18-221 气缸 1 排气凸轮轴凸轮位置

见图 18-222。

E 为进气凸轮轴。16 为气缸 1~6。

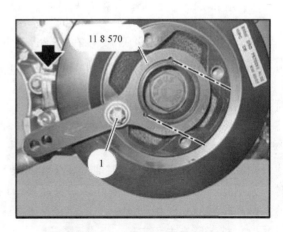

图 18-222 进气凸轮轴说明

6）在气缸 1 压缩上止点位置中倾斜向内显示气缸 1 进气凸轮轴 1 的凸轮（见箭头），见图

图 18-225 固定减振器定位工具

9）在中心螺栓上沿发动机转动方向转动发动机。

用专用工具118570和119190将减振器推入到孔内，见图18-226。

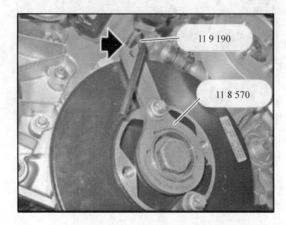

图18-226 转动固定工具推入孔内

10）正确定位曲轴，当将专用工具118570用119190固定在凹槽里时（见箭头），将曲轴固定在气缸1压缩上止点位置内，见图18-227。

图18-227 定位曲轴在气缸1上止点

11）将专用工具119893安装在进气凸轮轴上，检查配气相位调整，见图18-228。

当专用工具119893无间隙地安装在气缸盖上时，说明配气相位已正确调整好。

12）将专用工具119893安装在排气凸轮轴上，检查配气相位调整，见图18-229。

当专用工具119893无间隙地安装在气缸盖上时，说明配气相位已正确调整好。如有必要，调整右侧凸轮轴的配气相位。

13）拆下所有专用工具。

14）装配好发动机。

图18-228 安装专用工具在进气凸轮轴上

图18-229 安装专用工具到排气凸轮轴上

2. 调整右侧凸轮轴正时（气缸1至6侧）

调整装置上的中心螺栓只可用专用工具119890松开。如果无法安装专用工具119890，则在松开中心螺栓时必须固定相应凸轮轴的六角段。

需要的准备工作：拆下右正时齿轮箱盖，检查右侧凸轮轴的配气相位。

准备用于固定凸轮轴的专用工具组1198904，见图18-230。

专用工具119891滚花螺栓1。

专用工具119892压板2。

专用工具119893 进气和排气凸轮轴的卡规3。

专用工具119895定距支架5。

1）如果无法安装专用工具119890，则在松开中心螺栓时必须固定相应凸轮轴的六角段。

松开排气和进气调整装置3、4的中心螺栓1和2，见图18-231。

安装说明：松开后更新中心螺栓。

2）为新的中心螺栓1在接触面涂上铜涂料。

第18章　宝马–MINI 汽车

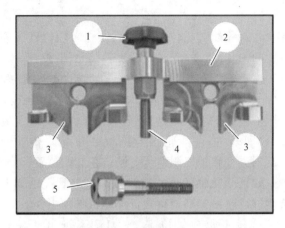

图 18-230　凸轮轴固定工具组

图 18-233　安装专用工具到凸轮轴上

119893 上。用专用工具 119891 固定两个专用工具 119893。手动拧紧专用工具 119891，见图 18-234。

图 18-231　松开进排气调整装置螺栓

注意 VANOS 调整装置电磁阀必须拆下。

3）将专用工具 119895 旋入气缸盖中，见图 18-232。

图 18-234　固定凸轮轴专用工具

6）装配进气调整装置中心螺栓。

7）装配排气调整装置中心螺栓。

8）用专用工具 009120 固定排气调整装置 2 中心螺栓 1，见图 18-235。

图 18-232　安装专用工具到气缸盖

4）将专用工具 119893 定位在进气和排气凸轮轴的双平面段上，见图 18-233。

5）将专用工具 119892 定位到专用工具

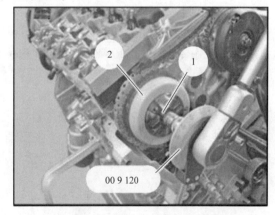

图 18-235　固定排气装置中心螺栓

9）用专用工具009120固定进气调整装置中心螺栓1，见图18-236。

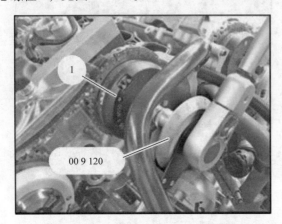

图18-236　固定进气调整装置中心螺栓

10）拆卸专用工具119890。

11）拆卸专用工具119190和118570。

12）在中心螺栓上沿发动机旋转方向转动发动机两圈，直至发动机重新达到气缸1压缩上止点位置处。

13）用专用工具119190将减振器固定在气缸1压缩上止点占位置处，见图18-226。

14）将专用工具119893安装在进气凸轮轴上，检查配气相位调整。

当专用工具119893无间隙地安装在气缸盖上时，说明配气相位已正确调整好。

15）将专用工具119893安装在排气凸轮轴上，检查配气相位调整。

当专用工具119893无间隙地安装在气缸盖上时，说明配气相位已正确调整好。

16）拆下所有专用工具。

17）装配好发动机。

3. 检查左侧凸轮轴正时（气缸7~12）

配气相位只能用专用工具119900检查。

如果不使用专用工具119900检查配气相位，可能导致配气相位的错误。

需要的准备工作：拆下左侧气缸盖罩、风扇罩及电动风扇、空调器带轮、左侧链条张紧器。

1）安装专用工具119900代替链条张紧器。用专用工具009250以0.6N·m的力矩预紧内六角螺栓，见图18-218。

2）关闭发动机时，进气和排气调整装置一般都锁定在起始位置。少数情况下，无法达到起始位置，而凸轮轴仍可在调整装置的调整范围内旋转。

为避免配气相位的调整有误，必须检查调整装置的锁止件，如有必要，旋转凸轮轴进行联锁。

检查进气和排气调整装置在起始位置上的锁定情况：安装在凸轮轴的六角段2上，并尝试用一把呆扳手1小心地逆旋转方向转动凸轮轴，见图18-219。如果凸轮轴与调整装置动力传递连接，则进气和排气调整装置锁定在起始位置。

如果凸轮轴的进气或排气调整装置无法如上所述进行联锁，则调整装置损坏，必须更换。

3）假设凸轮轴位于气缸1压缩上止点位置上，就可以从上读取排气凸轮轴的说明1和2，见图18-237。

A为排气凸轮轴。712为气缸7至12。

图18-237　排气凸轮轴标记

4）在气缸1压缩上止点位置中倾斜向内显示气缸1排气凸轮轴1的凸轮（见箭头），见图18-238。

图18-238　气缸1排气凸轮轴凸轮位置

5）假设凸轮轴位于气缸 1 压缩上止点位置上，就可以从上读取进气凸轮轴的说明 1 和 2，见图 18-239。

E 为进气凸轮轴。712 为气缸 7 至 12。

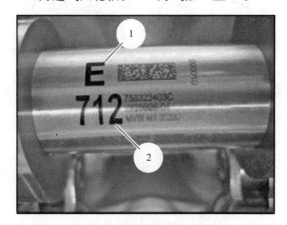

图 18-239 进气凸轮轴标记

6）在气缸 1 压缩上止点位置中倾斜向内显示气缸 1 进气凸轮轴 1 的凸轮（见箭头），见图 18-240。

图 18-240 气缸 1 进气凸轮轴凸轮位置

7）松开螺栓。将辅助水泵的支架置于一侧。

8）用减振器双平面定位专用工具 118570 在 OT 处标记。用一只螺栓 1 固定专用工具 118570，见图 18-225。

9）在中心螺栓上沿发动机转动方向转动发动机。

用专用工具 118570 和 119190 将减振器推入到孔内，见图 18-226。

10）正确定位曲轴，当将专用工具 118570 用 119190 固定在凹槽里时（见箭头），见图 18-227。

将曲轴固定在气缸 1 压缩上止点位置内。

11）将专用工具 119893 安装在进气凸轮轴上，检查配气相位调整。

当专用工具 119893 无间隙地安装在气缸盖上时，说明配气相位已正确调整好。

12）将专用工具 119893 安装在排气凸轮轴上，检查配气相位调整。

当专用工具 119893 无间隙地安装在气缸盖上时，说明配气相位已正确调整好。

如有必要，调整左侧凸轮轴的配气相位。

13）拆下所有专用工具。

14）装配好发动机。

4. 调整左侧凸轮轴正时（气缸 7 至 12）

调整装置上的中心螺栓只可用专用工具 119890 松开。

如果无法安装专用工具 119890，则在松开中心螺栓时必须固定相应凸轮轴的六角段。

需要的准备工作：拆下左正时齿轮箱盖，检查左侧凸轮轴的配气相位，准备用于固定凸轮轴的专用工具组 119890。

1）如果无法安装专用工具 119890，则在松开中心螺栓时必须固定相应凸轮轴的六角段。

松开进气和排气调整装置的中心螺栓。安装说明：松开后更新中心螺栓。

2）为新的中心螺栓在接触面涂上铜涂料。VANOS 调整装置电磁阀必须拆下。

3）将专用工具 119895 旋入气缸盖中，见图 18-241。

图 18-241 安装专用工具到气缸盖

4）将专用工具 119893 安装到进气凸轮轴上和排气凸轮轴上。

专用工具 119893 必须无间隙地安装在气缸盖上，如有必要，在六角段上调整凸轮轴。

5）将专用工具119892定位到专用工具119893上。用专用工具119891固定两个专用工具119893。手动拧紧专用工具119891。

6）装配进气调整装置中心螺栓。

7）装配排气调整装置中心螺栓。

8）用专用工具009120固定进气调整装置中心螺栓。

9）用专用工具009120固定排气调整装置中心螺栓。

10）拆卸专用工具119890。

11）拆卸专用工具119190和118570。

12）在中心螺栓上沿发动机旋转方向转动发动机两圈，直至发动机重新达到气缸1压缩上止点位置处。

13）用专用工具119190将减振器固定在气缸1压缩上止点位置处。

14）将专用工具119893安装在进气凸轮轴上，检查配气相位调整。

当专用工具119893无间隙地安装在气缸盖上时，说明配气相位已正确调整好。

15）将专用工具119893安装在进气凸轮轴上，检查配气相位调整。

当专用工具119893无间隙地安装在气缸盖上时，说明配气相位已正确调整好。

16）拆下所有专用工具。

17）装配好发动机。

18.3 M系列发动机

18.3.1 宝马M52发动机

该发动机正时检查与调整和M54相同，相关内容请参考18.3.2小节。

18.3.2 宝马M54发动机

1. 发动机正时检查

需要的准备工作：拆下风扇轮及风扇离合器；E60需要拆下集风罩及电动风扇；拆下气缸盖罩；拆下所有火花塞。

1）拔出进气凸轮轴的盖板。

2）拆下链条张紧器柱塞的油缸，见图18-242。用于链条张紧柱塞的油缸处于弹簧压力之下。

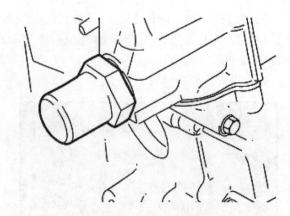

图18-242 取出张紧柱塞

3）如图18-243所示，装入专用工具114220。调整螺栓装入张紧导轨中。

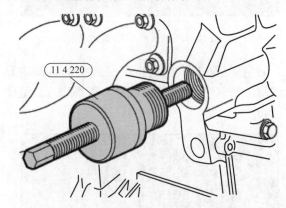

图18-243 装入专用工具114220

4）用专用工具114220通过转动调整螺栓以及专用工具009250或普通扭力扳手以0.7N·m的力矩来预紧张紧导轨，见图18-244。

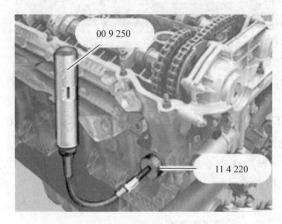

图18-244 用专用工具安装114220

5）拆下机油压力管，见图18-245。

6）安装专用工具113450及机油压力管的带孔螺栓，见图18-246。

图 18-245　拆下机油压力管

图 18-246　安装专用工具 113450

7）盖住双 VANOS 调整装置；当压缩空气接通时，会有少许机油从图 18-247 箭头所指孔中喷出。

图 18-247　油孔位

8）在图 18-248 位置接通压缩空气（0.2~0.8MPa）。

9）发动机停止运转时，凸轮轴可能不在其初始位置。接通压缩空气，转动发动机使凸轮轴回到其初始位置。

接通压缩空气，按发动机旋转方向转动发动

图 18-248　接通压缩空气

机至少两圈，直到在第 1 缸进、排气凸轮轴上的凸轮尖端相对为止，如图 18-249 所示。

图 18-249　气缸 1 进排气凸轮位置

10）从插孔中拉出防尘盖，见图 18-250。

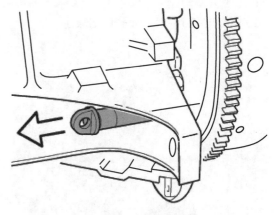

图 18-250　取出防尘塞

11）用专用工具 112300 将曲轴固定在第 1 缸压缩上止点位置，见图 18-251。注意不要倒转发动机。在发动机试运行前拆下专用工具 112300。

12）对于带自动变速器的发动机，标定孔 1 前有一个大的孔 2，容易与标定孔 1 混淆，见图

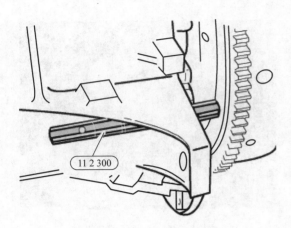

图 18-251　安装专用工具

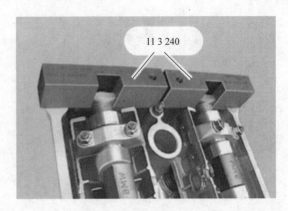

图 18-254　安装专用工具

18-252。

如果专用工具 112300 已固定在正确的孔 1 中，发动机就不能再旋转。

图 18-252　区分正确的孔位

13）旋出图 18-253 所示直立螺栓。

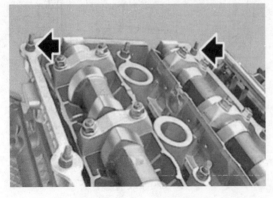

图 18-253　取出直立螺栓

14）如图 18-254 所示，将专用工具 113240 装到凸轮轴上。

当专用工具 113240 无间隙地紧靠气缸盖安装或高出进气侧小于 1mm，则配气相位调节正确，

如图 18-255 所示。如果专用工具 113240 相对排气侧高出，则必须重新调整配气相位。

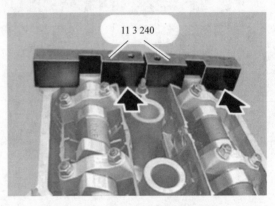

图 18-255　专用工具的正确位置

如有必要，调整凸轮轴的配气相位。

15）断开压缩空气的连接。

16）拆下专用工具 113450。安装带有新密封环的机油压力管。

17）拆下专用工具 113240。

18）拆下专用工具 112300。

19）安装防尘盖。

20）松开专用工具 114220 并拆下。

21）安装链条张紧器柱塞油缸。

22）装配好发动机。

2. 发动机正时调整

1）按发动机的旋转方向旋转发动机直到进气和排气凸轮轴的凸轮指向第 1 缸。

2）用专用工具 112300 将曲轴固定在第 1 缸上止点位置。不要倒转发动机。在起动发动机前拆下专用工具 112300/115180。

3）旋出直立螺栓。

4）拆下双 VANOS 调整装置。

5）把链条张紧器上部向下压并用专用工具113292锁住，见图18-256。

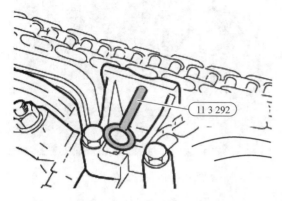

图18-256 锁住链条张紧器

6）拆下链条张紧器柱塞的油缸。用于链条张紧柱塞的油缸处于弹簧压力之下。

7）装入专用工具114220。调整螺栓装入张紧导轨中。

8）将图18-257所示处螺栓1松开半圈。

图18-257 松开螺栓

9）将螺母2松开两圈，将螺母3松开一圈，见图18-258。

图18-258 松开螺母

10）图18-259所示的花键轴4很容易从啮合齿上滑脱。把花键轴4小心地拉出，直到看见约1mm的啮合齿。

图18-259 拉出花键轴

11）将图18-260所示花键轴5拉出至限位。

图18-260 拉出轴到限位位置

12）将专用工具113240放在第6缸凸轮轴上。校正凸轮轴，使专用工具113240无间隙地靠在气缸盖上。

13）将专用工具113244装在专用工具113240上，并通过火花塞螺纹固定，见图18-261。

图18-261 安装专用工具113240

14) 把链条张紧器上部向下压并拆下专用工具113292。

15) 用专用工具114220通过转动调整螺栓以及专用工具009250或普通扭力扳手以0.7N·m的力矩来预紧张紧导轨。

16) 如图18-262所示，通过压脉冲信号齿1略微预紧碟形弹簧，并用手拧上螺母。不要全部拧下螺母。

图18-262 预紧螺栓

17) 拆下密封件。检查图18-263所示空心定位销1的损坏情况，及安装位置是否正确。密封面应清洁并无机油。

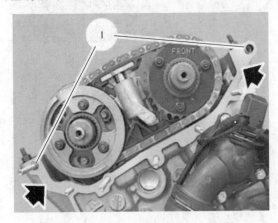

图18-263 检查空心定位销好坏

18) 如图18-264所示，安装专用工具116150（不带密封件），用手装上螺母，然后用力均匀地拧紧，直至专用工具116150与气缸盖完全紧靠。安装专用工具116150，只是不带密封件。

如果密封件留在专用工具116150下面，会导致凸轮轴配气相位调整错误。

19) 用约5N·m的拧紧力矩将排气侧的螺栓

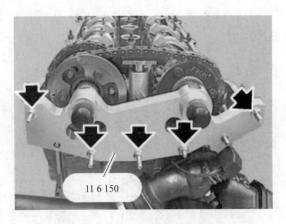

图18-264 安装专用工具

1拧上，见图18-265。

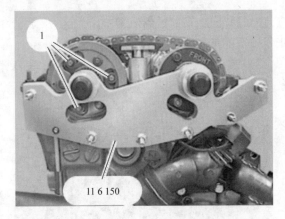

图18-265 拧紧排气侧螺栓

20) 用约5N·m的拧紧力矩拧上排气侧的螺母2和进气侧的螺母3，见图18-266。

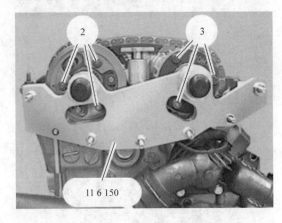

图18-266 预紧进排气侧螺母

21) 拧紧排气侧的螺栓1，见图18-267。拧紧力矩：65N·m。

22) 拧紧排气侧的螺栓2和进气侧的螺栓3，见图18-268。拧紧力矩：20N·m。

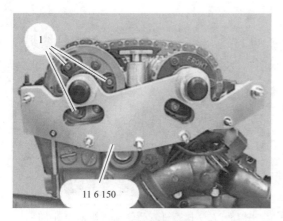

图 18-267　拧紧螺栓 1

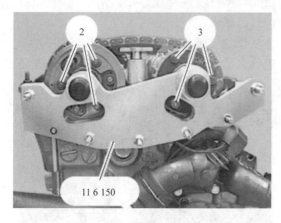

图 18-268　拧紧螺栓 2 和 3

23) 向后拉专用工具 112300/115180，直到飞轮不再固定。

24) 拆下专用工具 113244 和专用工具 113240。

25) 将发动机沿旋转方向转动两圈，直到在第 1 缸进、排气凸轮轴上的凸轮尖端再次相向为止。

26) 用专用工具 112300 将曲轴固定在压缩上止点位置。不要倒转发动机。在起动发动机前拆下专用工具 112300/115180。

27) 将专用工具 113240 装到凸轮轴上。当专用工具 113240 无间隙地紧靠气缸盖安装或高出进气侧小于 1mm，则配气相位调节正确。如果专用工具 113240 相对排气侧高出，则必须重新调整配气相位。

28) 松开专用工具 114220 并拆下。

29) 安装链条张紧器柱塞油缸。

30) 拆下专用工具 112300/115180。

31) 拆下专用工具 116150。

32) 安装 VANOS 调整装置。

33) 装配好发动机。

18.3.3　宝马 M56 发动机

该发动机正时检查与调整和 M54 相同，相关内容请参考 18.3.2 小节。

18.4　S 系列发动机

18.4.1　宝马 S63 发动机

1. 检查右侧凸轮轴正时

配气相位只能用专用工具 2249162 检查。如果不使用专用工具 2249162 检查配气相位，可能导致配气相位错误。

气缸 1~4 需要的准备工作：拆下右侧气缸盖罩、空调器带轮、右侧链条张紧器。

1) 安装专用工具 2249162 代替链条张紧器，见图 18-269。螺栓 1 采用 0.6N·m 的力矩进行预紧。

图 18-269　安装专用工具 2249162

2) 专用工具 2249162 与专用工具 009250 或 009460 采用 0.6N·m 的力矩进行预紧，见图 18-270。

图 18-270　预紧专用工具

3）在中心螺栓处旋转发动机。用专用工具118570和119190将减振器固定在第1缸压缩上止点位置前150°处，见图18-271。

发动机熄火时，进气和排气调整装置一般都锁定在原位置。少数情况下，无法达到起始位置，而凸轮轴仍可在调整装置的调整范围内旋转。为避免配气相位的调整有误，必须检查调整装置的锁止件，如有必要，旋转凸轮轴进行联锁。

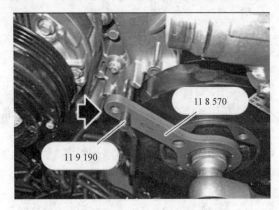

图18-271　用专用工具固定减振器

标记（MP = 安装位置）对于专用工具118570的安装很重要，如图18-272所示。MP表示第1缸压缩上止点位置前150°。

图18-272　减振器MP标记

4）检查原位置中进气调整装置的锁止件：在凸轮轴2六角段上通过呆扳手1小心地按照旋转方向相反的方向旋转，见图18-273。如果凸轮轴已经与调整装置互锁连接，则进气调整装置在原位置已联锁。

5）检查原位置中排气调整装置的锁止件：在凸轮轴2六角段上通过呆扳手1小心地按照旋转方向相反的方向旋转，见图18-274。如果凸轮

图18-273　检查进气凸轮轴调整装置锁止件

轴已经与调整装置互锁连接，则排气调整装置在原位置已联锁。

注意之后所有凸轮轴必须就位。如果凸轮轴的进气或排气调整装置无法如上所述进行联锁，则调整装置损坏，必须更换。

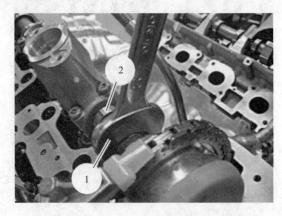

图18-274　检查排气凸轮轴调整装置锁止件

6）安装说明：凸轮轴的研磨面朝上（图18-275）。

图18-275　凸轮轴研磨面朝上

如果凸轮向内倾斜，则气缸4上的排气凸轮

轴位置正确。如果凸轮向下倾斜，则气缸4上的进气凸轮轴位置正确，如图18-276所示。

图18-276 凸轮轴位置

7）将专用工具2249137安装在进气凸轮轴上，检查配气相位调整，见图18-277。当专用工具2249137无间隙地安装在气缸盖上时，说明配气相位已正确调整好。检测配气相位不需要螺栓1。

图18-277 安装专用工具到进气凸轮轴

8）将专用工具2249140安装在排气凸轮轴上，检查配气相位调整，见图18-278。当专用工具2249140无间隙地安装在气缸盖上时，说明配气相位已正确调整好。检测配气相位不需要螺栓1。

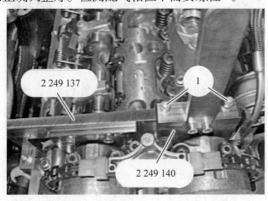

图18-278 安装专用工具到排气凸轮轴

9）如有必要，调整左侧凸轮轴的配气相位。

10）拆卸所有专用工具。

11）装配好发动机。

2. 检查左侧凸轮轴正时

气缸5~8需要的准备工作：拆下左侧气缸盖罩；拆下空调器带轮；拆下左侧链条张紧器。

1）安装专用工具2249162代替链条张紧器。工具上的螺栓采用0.6N·m的力矩进行预紧。

2）专用工具2249162与专用工具009250或009460采用0.6N·m的力矩进行预紧。

3）在中心螺栓处旋转发动机。用专用工具118570和119190将减振器固定在第1缸压缩上止点位置前150°处。

发动机熄火时，进气和排气调整装置一般都锁定在原位置。少数情况下，无法达到起始位置，而凸轮轴仍可在调整装置的调整范围内旋转。为避免配气相位的调整有误，必须检查调整装置的锁止件，如有必要，旋转凸轮轴进行联锁。

4）检查原位置中进气调整装置的锁止件：在凸轮轴六角段上通过呆扳手小心地按照旋转方向相反的方向旋转。如果凸轮轴已经与调整装置互锁连接，则进气调整装置在原位置已联锁。

5）检查原位置中排气调整装置的锁止件：在凸轮轴六角段上通过呆扳手小心地按照旋转方向相反的方向旋转。如果凸轮轴已经与调整装置互锁连接，则排气调整装置在原位置已联锁。

6）安装说明：进气凸轮轴的研磨面朝上，见图18-279。

图18-279 进气凸轮轴研磨面朝上

排气凸轮轴的研磨面朝上，见图18-280。

图18-280 排气凸轮轴研磨面朝上

如果凸轮向下，则气缸8上的排气凸轮轴位置正确。如果凸轮向上倾斜，则气缸8上的进气凸轮轴位置正确，见图18-281。

如果凸轮轴的进气或排气调整装置无法如上所述进行联锁，则调整装置损坏，必须更换。

图18-281 凸轮轴调整位置

7）将专用工具2249144安装在进气凸轮轴上，检查配气相位调整。当专用工具2249144无间隙地安装在气缸盖上时，说明配气相位已正确调整好。检测配气相位不需要螺栓。

8）将专用工具2249159安装在排气凸轮轴上，检查配气相位调整。当专用工具2249159无间隙地安装在气缸盖上时，说明配气相位已正确调整好。检测配气相位不需要螺栓。

9）如有必要，调整左侧凸轮轴的配气相位。

10）拆卸所有专用工具。

11）装配好发动机。

3. 调整右侧凸轮轴正时

气缸1至4需要的准备工作：拆下右正时齿轮箱盖，检查右侧凸轮轴的配气相位。

1）准备用于固定凸轮轴的专用工具组2249117，见图18-282。

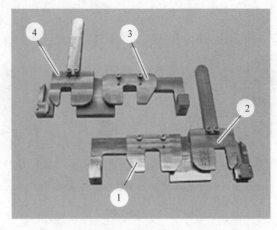

图18-282 凸轮轴固定组件

2）在进气凸轮轴上定位专用工具2249137。用专用工具2249140定位排气凸轮轴并将其固定在专用工具2249137上。

3）松开进气和排气调整装置的中心螺栓。

4）安装说明：松开后更换中心螺栓。检查中心螺栓螺栓头是否有油脂。为新的中心螺栓在接触面涂上铜涂料。

5）装配中心螺栓。将中心螺栓松开最大40°。

6）拆卸专用工具119190，见图18-283。

图18-283 拆卸专用工具

7）将发动机中心螺栓反向旋转8°。用专用工具119190将发动机如图18-284所示在专用工具118570前定位。

8）用专用工具114350装配排气凸轮轴的中心螺栓。拧紧力矩：5N·m。

9）用专用工具114350装配进气凸轮轴的中心螺栓。拧紧力矩：5N·m。

图 18-284　安装专用工具

10）去除专用工具 119190。

11）继续在中心螺栓上旋转发动机，直到专用工具 119190 定位在正时齿轮箱盖上。发动机现在处于气缸 1 压缩上止点前 150°曲轴位置上。

12）拧紧排气凸轮轴的中心螺栓。拧紧力矩：30N·m。

13）拧紧进气凸轮轴的中心螺栓。拧紧力矩：30N·m。

14）用专用工具 009120 固定排气凸轮轴的中心螺栓。转角拧紧 90°。

15）用专用工具 009120 固定进气凸轮轴的中心螺栓。转角拧紧 90°。

16）拆卸专用工具 2249117。

17）拆卸专用工具 119190 和 118570。在中心螺栓上沿发动机旋转方向转动发动机两圈，直至发动机重新达到气缸 1 压缩上止点位置前 150°处。

18）用专用工具 118570 和 119190 将减振器固定在气缸 1 压缩上止点位置前 150°处。

19）将专用工具 2249137 安装在进气凸轮轴上，检查配气相位调整。当专用工具 2249137 无间隙地安装在气缸盖上时，说明配气相位已正确调整好。

20）将专用工具 2249140 安装在排气凸轮轴上，检查配气相位调整。当专用工具 2249140 无间隙地安装在专用工具 2249137 上时，说明配气相位已正确调整好。

21）拆卸所有专用工具。

22）装配好发动机。

4. 调整左侧凸轮轴正时

左侧操作及注意事项与右侧相同。

18.4.2　宝马 S65 发动机

1. 发动机正时检查

首先检查气缸列 2 气缸（5~8）。气缸列 1 气缸（1~4）的配气相位只能在压缩上止点处进行检查。标记（E1 和 A1）必须朝下。

准备工作：

拆下风扇罩与电动风扇。

拆下左侧气缸盖罩。

拆下右侧气缸盖罩。

拆下所有火花塞。

1）注意两个标定孔容易混淆，见图 18-285。10°表示上止点前 10°；OT 表示上止点。

图 18-285　注意发动机上止点位置

注意：在气缸 1 压缩上止点位置上只能检查气缸列 2 气缸（5~8）。10°位置只用于调整配气相位。

2）在中心螺栓处旋转发动机，直至在减振器处出现压缩上止点位置，见图 18-286。发动机已安装：用专用工具 110480 固定减振器。发动机已拆下：用专用工具 115320 固定减振器。

图 18-286　使减振器处于上止点位置

3）首先检查气缸列 2。标记 A2 和 E2 朝上。排气凸轮轴凸轮的位置垂直朝上（图 18-287）。

进气凸轮轴凸轮的位置倾斜向下朝右（图18-287）。

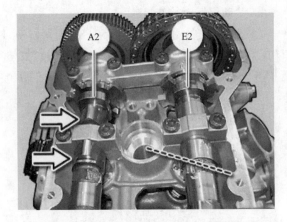

图18-287 检查气缸列2凸轮轴位置

4）将专用工具119972定位在排气凸轮轴（A2）的双平面段上。将专用工具119971定位在进气凸轮轴（E2）的双平面段上。当专用工具119970平贴在气缸盖上时，配气相位已正确调整，见图18-288。允许公差：在专用工具119970的未平贴侧允许有最大1.0mm的距离。

图18-288 安装凸轮轴定位工具

5）拆下专用工具119970和115320。

6）将发动机在中心螺栓处沿发动机旋转方向旋转360°。气缸列1气缸（1~4）上的配气相位只能在压缩上止点处进行检查。

7）在中心螺栓处旋转发动机，直至在减振器处出现压缩上止点位置。发动机已安装：用专用工具110480固定减振器。发动机已拆下：用专用工具115320固定减振器。

8）气缸1进气凸轮轴上的凸轮倾斜向下朝左（图18-289）。气缸1排气凸轮轴上的凸轮倾斜向下朝左（图18-289）。凸轮轴在压缩上止点处的位置，标记（E1和A1）朝下。将专用工具119971定位在进气凸轮轴（E1）的双平面段上。将专用工具119972定位在排气凸轮轴（A1）的双平面段上。

图18-289 凸轮轴凸轮位置

9）当专用工具119970平贴在气缸盖上时，配气相位已正确调整。允许公差：在专用工具119970的未平贴侧允许有最大1.0mm的距离。

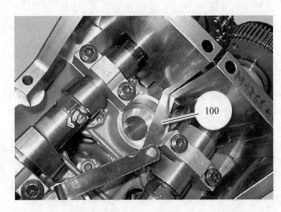

图18-290 安装专用工具119970

10）调整配气相位。

11）拆下所有专用工具。

12）以相反顺序装配发动机。

2. 发动机正时调整

注意事项：

VANOS变速器上的中心螺栓为左旋螺纹。

调整配气相位的工作步骤与检查配气相位的工作步骤不同。

凸轮轴的标记（E1和A1）和（E2和A2）必须朝上。

调整装置的中心螺栓不允许未使用专用工具119970松开（有损坏危险）。

如果专用工具119970无法定位在凸轮轴的双

平面段上,则必须通过中心螺栓转动发动机,直到能够将专用工具119970固定在气缸盖上。

1)松开气缸列1的螺栓1。拆下正时齿轮箱盖2,见图18-291。安装时更新密封件。

图18-291　拆下气缸列1齿轮箱盖

2)松开气缸列2的螺栓1。拆下正时齿轮箱盖2,见图18-292。安装时须更新密封件。

图18-292　拆下气缸列2齿轮箱盖

3)在气缸1的压缩上止点位置,可调整进气和排气凸轮轴。在能够固定曲轴前,必须将专用工具119971和119972定位在凸轮轴上。将曲轴旋到中心螺栓上。

4)配气相位始终从气缸列1(气缸1~4)开始。气缸1~4进气凸轮轴的位置:双平面段上的标记E1向上,见图18-293。气缸1~4排气凸轮轴的位置:双平面段1上的标记A1朝上,见图18-294。

5)用呆扳手1夹住六角段,以较小的力度将进气凸轮轴沿箭头方向转动,直至能够放上专用工具119972。双平面段上的标记(E1)向上。用螺钉2将专用工具119972以10N·m的力矩紧

图18-293　进气凸轮轴位置

图18-294　排气凸轮轴标记朝上

固在气缸盖上,见图18-295。

图18-295　安装专用工具

6)用呆扳手稍微用力沿箭头方向旋转排气凸轮轴,直到能够安放专用工具119971为止。

双平面段上的标记(A1)向上。用螺钉1将专用工具119971以10N·m的力矩固定在气缸盖上,见图18-296。

7)松开凸轮轴链轮中心螺栓。安装时须更新2个中心螺栓。

8)旋转中心螺栓上的曲轴,直至专用工具

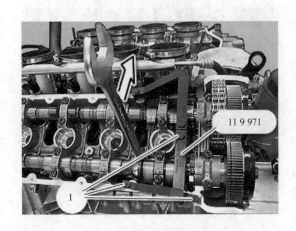

图 18-296 安装专用工具

115320 能够固定在 10°位置，见图 18-297。

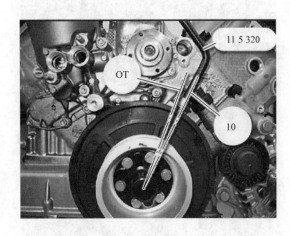

图 18-297 将专用工具固定在 10 度位置

9）气缸 1~4：始终从进气侧开始拧紧。用专用工具 009120 固定中心螺栓。中心螺栓必须一次性完整拧紧。

① 拧紧力矩：20N·m。
② 拧紧力矩：80N·m。
③ 转角 200°。
④ 松开中心螺栓。
⑤ 用 10N·m 的力矩预紧中心螺栓。

10）用专用工具 009120 固定中心螺栓 1，见图 18-298。中心螺栓必须一次性完整拧紧。

① 拧紧力矩：20N·m。
② 拧紧力矩：80N·m。
③ 转角 200°。
④ 松开中心螺栓。
⑤ 用 10N·m 的力矩预紧中心螺栓。

11）气缸 1~4 的凸轮轴继续用专用工具

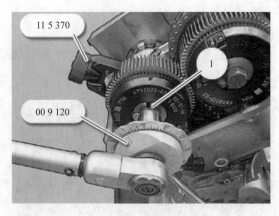

图 18-298 安装中心螺栓

119970 固定着。松开专用工具 115320，然后通过中心螺栓将发动机向气缸 1 压缩上止点位置再旋转 10°。用专用工具 115320 固定曲轴。

12）气缸 1~4：始终从进气侧开始拧紧。用专用工具 009120 固定中心螺栓。最终拧紧中心螺栓。

① 拧紧力矩：20N·m。
② 拧紧力矩：80N·m。
③ 转角 200°。

13）用专用工具 009120 固定中心螺栓。最终拧紧中心螺栓。

① 拧紧力矩：20N·m。
② 拧紧力矩：80N·m。
③ 转角 200°。

拆卸所有专用工具。

14）气缸 5~8 进气凸轮轴的位置：双平面段上的标记 E2 向上，见图 18-299。如有必要，转动曲轴的中心螺栓。

图 18-299 进气凸轮轴位置

气缸 5~8 排气凸轮轴的位置：双平面段上的

标记 A2 向上，见图 18-300。

图 18-300 排气凸轮轴位置

15）用专用工具 119971 固定进气凸轮轴。用专用工具 119972 固定排气凸轮轴。将专用工具 119971 和 119972 用螺栓 1 以 10N·m 的力矩固定在气缸盖上，见图 18-301。

图 18-301 安装凸轮轴定位工具

16）松开 2 个凸轮轴链轮中心螺栓。安装时要更换中心螺栓。

17）旋转中心螺栓上的曲轴，直至专用工具 115320 能够固定在 10°位置。

18）气缸 5~8：始终从进气侧开始拧紧。用专用工具 009120 固定中心螺栓。中心螺栓必须一次性完整拧紧。

① 拧紧力矩：20N·m。
② 拧紧力矩：80N·m。
③ 转角 200°。
④ 松开中心螺栓。
⑤ 用 10N·m 的力矩预紧中心螺栓。

19）用专用工具 009120 固定中心螺栓。中心螺栓必须一次性完整拧紧。

① 拧紧力矩：20N·m。
② 拧紧力矩：80N·m。
③ 转角 200°。
④ 松开中心螺栓。
⑤ 用 10N·m 的力矩预紧中心螺栓。

20）气缸 5~8 的凸轮轴继续用专用工具 119970 固定着。松开专用工具 115320，然后通过中心螺栓将发动机向气缸 1 压缩上止点位置再旋转 10°。正时链间隙因此减小。

21）用专用工具 115320 固定曲轴。

22）气缸 5~8：始终从进气侧开始拧紧。用专用工具 009120 固定中心螺栓。最终拧紧中心螺栓。

① 拧紧力矩：20N·m。
② 拧紧力矩：80N·m。
③ 转角 200°。

23）用专用工具 009120 固定排气侧中心螺栓。最终拧紧中心螺栓。

① 拧紧力矩：20N·m。
② 拧紧力矩：80N·m。
③ 转角 200°

24）拆卸所有专用工具。
25）检查配气相位。
26）装配好发动机。

18.5　W 系列发动机

18.5.1　宝马 W10 发动机

1. 正时链单元拆卸

准备工作：
旋出所有火花塞。
拆下气缸盖罩。
去除凸轮轴上的脉冲传感器。
拆下液压链条张紧器。
拆下正时链盖。
拆下左发动机悬挂装置。

1）将专用工具 118370 固定在气缸座 1 和发动机悬挂装置 2 上，见图 18-302。

2）松开凸轮轴的紧固螺栓 1，并用专用工具 118250 固定凸轮轴正时齿轮。旋出放油螺塞 2，见图 18-303。

3）旋出凸轮轴正时齿轮的紧固螺栓，然后拆下齿轮和链条。取下正时链的凸轮轴正时齿轮。

图 18-302　安装专用工具 118370

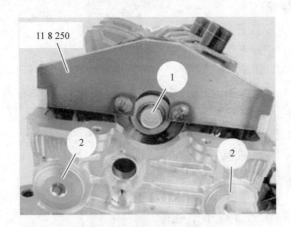

图 18-303　取出放油螺塞

防止正时链掉入。旋出链条导向机构的紧固螺栓 1 并拆下两个导向装置 2，见图 18-304。

如果更换了凸轮轴正时齿轮和曲轴正时齿轮，那么就必须更换正时链。

图 18-304　拆下导轨与张紧臂

4）用专用工具 118300 和 112000 拆下曲轴正时齿轮，见图 18-305。

2. 正时链单元安装

1）将曲轴正时齿轮 1 热装到曲轴上。检查

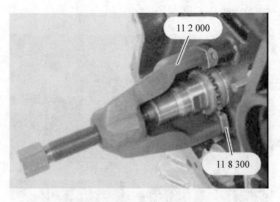

图 18-305　拆下曲轴正时齿轮

定位销 2 的位置是否正确，见图 18-306。用加热板将曲轴正时齿轮加热到最高 150°C。不要超过规定的温度。

图 18-306　安装曲轴正时齿轮

2）安装正时链。
3）安装张紧导轨和导轨。
4）旋入链条导向装置的紧固螺栓。
5）将正时链安装到凸轮轴正时齿轮上。
6）将凸轮轴正时齿轮安装到凸轮轴上。
7）旋入凸轮轴正时齿轮中心螺栓。凸轮轴正时齿轮上的三角调整标记 1 必须对准黄铜色的正时链链节 2，见图 18-307。

曲轴正时齿轮上的两个三角调整标记 1 必须对准黄铜色的正时链链节 2，见图 18-308。

8）发动机正时链单元部件及安装标记如下（图 18-309）：

① 凸轮轴的调整标记与用颜色标记的链节保持一致。
② 凸轮轴正时齿轮。
③ 左正时链导向件。
④ 右正时链导向件。

图 18-307　对准凸轮轴链轮正时标记

图 18-308　对准曲轴正时齿轮标记

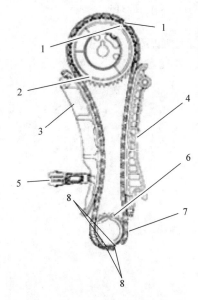

图 18-309　发动机正时链单元

⑤ 正时链的夹紧装置。
⑥ 曲轴正时齿轮。
⑦ 链条。
⑧ 曲轴的调整标记与两个用颜色标记的链节

保持一致。

9）装配好发动机。

18.5.2　宝马 W11 发动机

该发动机正时维修与 W10 一样，相关内容请参考 18.5.1 小节。

18.5.3　宝马 W16 发动机

1. 正时带单元拆卸步骤

说明：推荐的正时带运行寿命为约 200000km。

准备工作：

拆下发电机传动带。

拆下减振器。

将前围置于安装位置。

拆下右侧发动机支架。

如果已将发动机安装到车辆中，那么在拆下右侧发动机支座前必须用专用工具 119640 支撑住发动机。为此必须将前围置于安装位置。

1）将专用工具 119643 用无头螺栓预装到油底壳上。

2）将专用工具 119641 在两侧嵌入发动机横梁中，并通过螺栓 1 预紧专用工具 119642，见图 18-310。

图 18-310　安装专用工具

3）拆下上部正时带饰板。

4）拆下下部正时带饰板。

5）松开固定螺栓 2 并拆下发动机支座 1，见图 18-311。

6）用专用工具 110300 固定凸轮轴正时齿轮 1，见图 18-312。

7）用专用工具 119790 固定曲轴正时齿轮 1，见图 18-313。

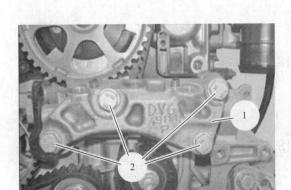

图18-311 拆下发动机支座

图18-312 固定凸轮轴正时齿轮

图18-313 固定曲轴正时齿轮

8) 拆下曲轴传感器。

9) 拆下导向弓形件。

10) 将螺栓2从张紧辊1上松开。松开正时带并取下，见图18-314。

建议更换张紧辊、导向件、冷却液泵。此外必须检查凸轮轴或曲轴密封环的密封性，如有必要，进行更换。

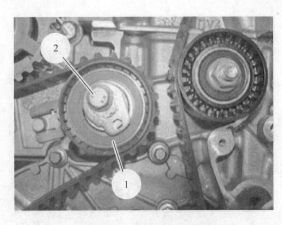

图18-314 松开张紧辊

11) 松开螺母1并拆下换向滚子2，见图18-315。

图18-315 拆下滚子

2. 正时带单元安装步骤

1) 如图18-316所示，安放新正时带。

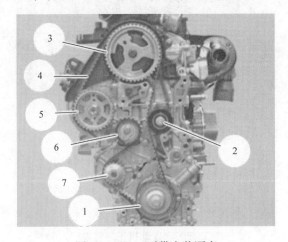

图18-316 正时带安装顺序
1—曲轴正时齿轮 2—换向滚子 3—凸轮轴正时齿轮
4—正时带 5—高压泵轮 6—张紧辊 7—水泵轮

2) 如果安放正时带，必须将高压泵轮1用一个合适的工具2拔下，见图18-317。

图18-317 取下高压泵轮

3）将张紧辊靠到正时带上并预紧螺栓1。将螺栓1松开90°。通过用内六角扳手3沿箭头方向扭转张紧辊，可将金属翻边2调整至平行于区域A。拧紧螺栓1，如图18-318所示。

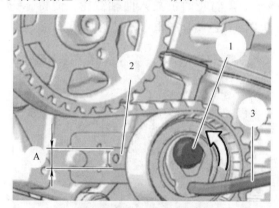

图18-318 安装张紧辊

4）拆卸专用工具110300和119790。
5）在中心螺栓处将发动机旋转3圈。
6）检查配气相位。
7）拆下所有专用工具。
8）装配好发动机。

18.5.4 宝马W17发动机

1. 正时链单元拆卸步骤

1）拆下发动机。
2）从发动机上拆下变速器。
3）将发动机安装在装配架上。
4）拆下气缸盖罩。
5）拆下真空泵。
6）拆下发电机传动带。
7）拆下发电机。
8）拆下转向辅助泵的传动带。
9）拆下转向辅助泵。
10）在中心螺栓处按转动方向转动发动机，直至凸轮轴的定位销1垂直向上，见图18-319。

图18-319 使凸轮轴定位销孔朝上

11）如图18-320所示，安装专用工具118181/118182/118183和118184并用螺栓1将其紧固在油底壳上。用专用工具118182卡住飞轮。

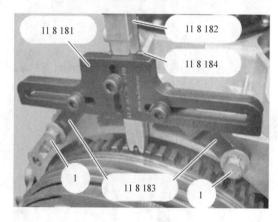

图18-320 用专用工具卡住飞轮

12）松开中心螺栓1。从飞轮上去除专用工具118182。将减振器上的标记与密封盖上的标记对准。拆下中心螺栓1并拆下减振器，见图18-321。

13）拆下链轮后不允许再转动发动机。在松开螺栓时应在六角段处固定住凸轮轴。松开凸轮轴链轮上的螺栓，见图18-322。

14）链条张紧器3通过卡槽锁住，防止往回压。通过凸耳1松脱链条张紧器3中的卡槽。向上按压凸耳1，同时将张紧导轨2尽量压向链条张紧器3。将张紧导轨2固定在压入位置，见图

图 18-321　对准减振器上标记

图 18-322　松开凸轮轴链轮上螺栓

18-323。

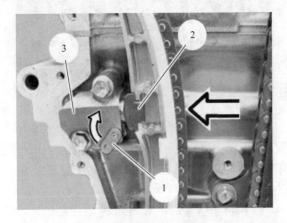

图 18-323　拆下张紧器

15) 凸轮轴在链轮中通过定位销 1 固定，见图 18-324。小心地从凸轮轴上拔下链轮及正时链。慢慢松开张紧导轨。抽出正时链。

2. 正时链单元安装步骤

1) 检查链轮，如有必要更新。

图 18-324　用定位锁锁定链轮

2) 检查滑轨和张紧导轨，如有必要更新。

3) 如果正时链如下所示安装，则配气相位设置正确。正时链带有三个黄色标记的凸耳 1。两个黄色凸耳并行，一个凸耳单独排列。链轮带有标记 2。将正时链放入曲轴链轮，使得标记 2 与单独的黄色凸耳 1 重合，见图 18-325。

图 18-325　对齐曲轴链轮标记

4) 在第二个人的帮助下进行下一步操作。向上按压凸耳 1，同时将张紧导轨 2 尽量压向链条张紧器 3。重复该步骤，直至链条张紧器 3 内的油室排空并使张紧导轨 2 略微移动。将张紧导轨 2 固定在压入位置，见图 18-326。

5) 将正时链放入凸轮轴链轮，使得标记 2 位于两个黄色凸耳 3 之间。将正时链装入滑轨和导轨的导向装置。将链轮和正时链装在凸轮轴上，并在定位销 1 中固定，见图 18-327。

6) 拧紧螺栓时应在六角螺钉处固定住凸轮轴。装入并拧紧螺栓。

7) 装配好发动机。

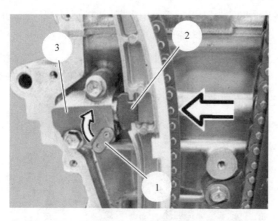

图 18-326 安装张紧器

图 18-327 对准凸轮轴链轮标记

18.5.5 宝马 W20 发动机

1. 发动机正时检查

准备工作：

拆卸增程设备驱动单元（REX）。

拆下驱动单元的电机。

拆下气缸盖罩。

1）拆卸螺旋塞 1 和 2，见图 18-328。

图 18-328 拆下螺旋塞

2）将螺旋塞用专用工具 616010 松开，见图 18-329。

图 18-329 使用专用工具松开螺旋塞

3）将中心螺栓 2 上的曲轴旋转到上止点位置中。标记 1 和曲轴上的标记必须对齐，见图 18-330。

图 18-330 转动曲轴到上止点位置

4）松开螺塞。将专用工具 110841 旋入曲轴箱中并卡住曲轴，见图 18-331。

图 18-331 安装曲轴锁止工具

5）在气缸 1 上的压缩上止点位置指示外部标记与气缸盖密封面平行，见图 18-332。

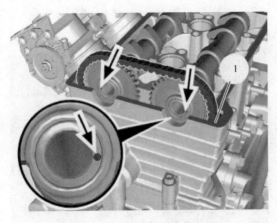

图18-332 检查上止点标记位置

6）如有必要，调整配气相位。

7）装配好发动机。

2. 发动机正时调整

准备工作：

拆卸增程设备驱动单元（REX）。

拆下驱动单元的电机。

拆卸气缸盖罩。

检查配气相位。

1）将螺旋塞用专用工具616010松开。

2）将中心螺栓上的曲轴旋转到上止点位置中。标记和曲轴上的标记必须对齐。

3）松开缸体正时螺塞。将专用工具110841旋入曲轴箱中并卡住曲轴。

4）在气缸1上的压缩上止点位置指示外部标记与气缸盖密封面平行。如果标记错位，则必须重新调整凸轮轴。

5）松开链条张紧器上的螺钉1和垫片2，见图18-333。

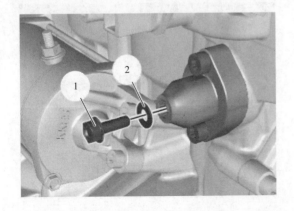

图18-333 松开张紧器上的螺栓

6）准备好专用工具110842。将锁定装置1在专用工具110842 2、5上拉出并旋转90°。在两个滚花螺钉上将预紧的专用工具110842旋入链条张紧器3中。在专用工具110842旋入后将锁定装置1旋转90°，直到其嵌入，见图18-334。完全嵌入状态如图中4所示。

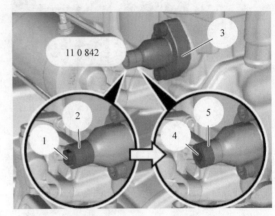

图18-334 安装专用工具

7）以120°的间距将滚花螺钉沿顺时针方向旋转1圈，直到锁止销预紧链条张紧器，见图18-335。

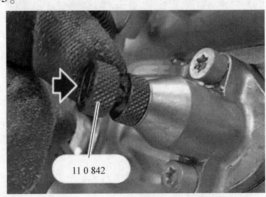

图18-335 用专用工具预紧张紧器

8）正时链在张紧导轨上无应力。

9）松开螺栓2并取下上部张紧导轨4。松开所有螺栓1和垫片3。拆卸轴承桥架5，见图18-336。

10）将火花塞孔向上拔下。

11）撬起进气凸轮轴并将其从齿链中抽出。

12）撬起排气凸轮轴并将其从齿链中抽出。

13）抬起齿链1并保持应力。将凸轮轴2与气缸盖上的标记3对齐。将排气凸轮轴2定位装入，见图18-337。

14）将进气凸轮轴穿入齿链中。将进气凸轮轴定位在气缸盖中。两个凸轮轴的标记必须在外

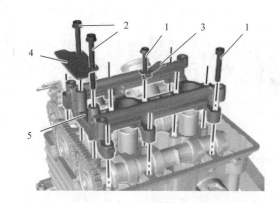

图 18-336 拆下轴承桥

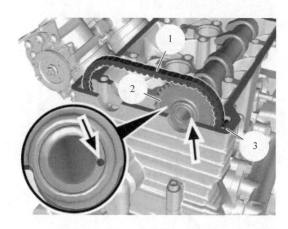

图 18-337 安装排气凸轮轴

侧与气缸盖表面平行。

15）更换 O 形环 2。给 O 形环 2 稍稍上油并且在气缸盖中将火花塞孔 1 压至极限位置，见图 18-338。

图 18-338 更换 O 形环

16）在气缸盖上定位轴承桥架。装入螺栓。用螺栓固定上部导轨。

17）拆下专用工具 110842。

18）拧上张紧器上螺栓。

19）拆卸曲轴箱中的专用工具 110841。

20）在中心螺栓上旋转曲轴 360°。曲轴上的标记和缸体上的标记必须对齐。两个凸轮轴的标记必须在内侧与气缸盖表面平行。

21）封闭 2 个螺旋塞，见图 18-328。

22）装配好发动机。

第19章 奔驰-Smart汽车

奔驰进口车型品类繁多,发动机配载多样,为免纰漏,特按发动机进行分类整理。读者查阅时可按车型铭牌上的发动机型号来对应相关的内容读取正时检查与调校信息。奔驰汽车发动机型号登载处如图19-1所示。

奔驰AMG C63S配载的177发动机

奔驰E260配载的274发动机

图19-1 奔驰发动机型号实车查看位置

19.1 2系列发动机

19.1.1 奔驰M270发动机

以下内容适用于发动机133(车型176)和发动机270(车型117、176、242、246.2)。

1. 检查凸轮轴的基本位置

1)拆下凸轮轴上的两个霍尔传感器。
2)使用车辆举升机将车辆升起。
3)打开右前翼子板内衬板的保养盖。
4)通过曲轴中央螺栓沿发动机转动方向转动发动机,直到1号气缸的压缩上止点(TDC)。带轮/减振器上的上止点(TDC)标记必须与正时箱盖罩上的定位缘对齐。
5)检查凸轮轴的基本位置。在气缸盖罩3的霍尔传感器开口上进行目视检查来检查凸轮轴的基本位置。若要检查排气凸轮轴调节,在霍尔传感器开口(图19-2)的中央必须可以看到扇形盘1扇形段的边缘1a。若要检查进气凸轮轴调节,扇形盘2的轴承狭槽2a必须位于霍尔传感器开口(图19-3)的中央。如果基本设定不正确,设定凸轮轴的基本位置。
6)按照拆卸的相反顺序进行安装。

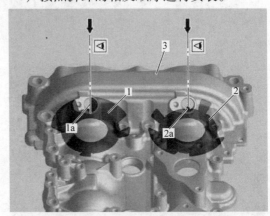

图19-2 检查排气凸轮轴
1—扇形盘 1a—边缘 2—扇形盘 2a—轴承狭槽 3—气缸盖罩

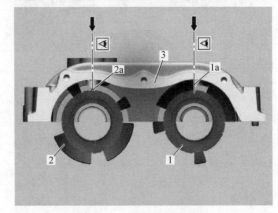

图19-3 检查进气凸轮轴
1—扇形盘 1a—边缘 2—扇形盘 2a—轴承狭槽 3—气缸盖罩

2. 调节凸轮轴基本位置

以下内容适用于发动机270(车型117、176、242、246.2)。

1)拆下凸轮轴调节器3a、3e。
2)拆下凸轮轴2a、2e。
3)通过曲轴中央螺栓沿发动机转动方向转动发动机,直到气缸1到达压缩上止点位置(TDC)。进行以下工作步骤,确保曲轴未被转动。带轮/减振器上的上止点(TDC)标记必须与正时箱盖罩上的定位缘对齐。

4）将凸轮轴2a、2e插入到基本位置。对于装配Camtronic（代码A14）的车辆，确保进气凸轮轴2e安装在全行程位置。全行程位置可通过托架轴10和前部凸轮单元12a之间6.5mm宽的间隙11进行识别。后部凸轮单元12b和高压泵传动凸轮13之间不应有间隙（箭头所示）。如有必要，用手调节凸轮单元12a、12b。如果排气凸轮轴2a处扇形盘4扇形段4a的边缘（箭头所示）和进气凸轮轴2e处轴承狭槽5垂直向上，则到达凸轮轴2a、2e的基本位置。

5）安装压紧装置01a、01b，确保使用固定装置上正确的轴承托架。装配Camtronic（代码A14）的车辆的凸轮轴直径较大。在装配螺钉/螺栓04时，将其拧入，直到轴承托架03与气缸盖齐平。

6）安装固定装置02a、02b，不得强行安装固定装置02a、02b，仅可使用套筒转动凸轮轴2a、2e，否则会损坏凸轮轴2a、2e。必要时使用套筒转动凸轮轴2a、2e，以将固定装置02a、02b安装到压紧装置01a上。

7）插入带中心阀的凸轮轴调节器3a、3e，并置于正时链上，必须保证仍能向凸轮轴2a、2e自由转动凸轮轴调节器3a、3e。

8）安装链条张紧器。

9）拧紧凸轮轴调节器3a、3e的中心阀，必须用机油润滑中心阀的螺纹和螺栓头接触面。必须按照规定力矩连续均匀地拧紧中心阀。

10）拆下凸轮轴2a、2e的固定装置02a、02e。

11）通过曲轴中央螺栓沿发动机转动方向转动发动机两圈，直到气缸1到达压缩上止点位置（TDC）。带轮/减振器上的上止点（TDC）标记必须与正时箱盖罩上的定位缘对齐。

12）调节凸轮轴2a、2e的基本位置。如果排气凸轮轴2a处扇形盘4扇形段4a的边缘（箭头所示）和进气凸轮轴2e处轴承狭槽5垂直向上，则到达凸轮轴2a、2e的基本位置。

以上步骤拆装与调整部件及标记位置见图19-4、图19-5、图19-6。

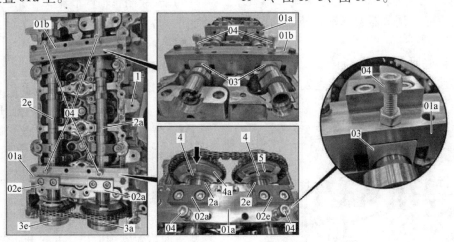

图19-4　未装配Camtronic（代码A14）的车辆

01a—压紧装置　01b—压紧装置　02a—固定装置　02e—固定装置　03—轴承托架　04—螺栓　1—气缸盖　2a—排气凸轮轴　2e—进气凸轮轴　3a—排气凸轮轴调节器　3e—进气凸轮轴调节器　4—扇形盘　4a—扇形段　5—轴承狭槽

13）按照拆卸的相反顺序进行安装。

19.1.2　奔驰M271发动机

以下内容适用于271型发动机（车型172、204、207、212）。

1. 检查凸轮轴正时

1）拆下气缸盖罩1。

2）沿发动机运转方向在曲轴中央螺栓处转动发动机，直至气缸1的活塞位于压缩上止点处。

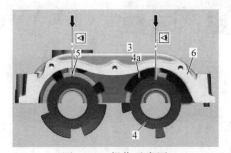

图19-5　操作示意图

4—排气凸轮轴上的扇形盘　4a—扇形段
5—进气凸轮轴上的轴承狭槽　6—气缸盖罩

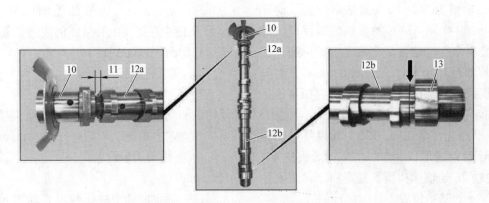

图 19-6　装配 Camtronic（代码 A14）的车辆的凸轮轴
10—托架轴　11—间隙　12a—前部凸轮单元　12b—后部凸轮单元　13—高压泵传动凸轮

带轮/减振器 2 上的上止点标记必须与定位缘 A 对准。进气凸轮轴和排气凸轮轴上的凸轮必须倾斜向上置于气缸 1 上。

3）检查凸轮轴的基本位置。凸轮轴调节器 3 上的标记（箭头所示）必须与凸轮轴轴承壳体处的标记 B 对准。如果基本位置不正确，调节凸轮轴的基本位置。无须专门调节凸轮轴调节器 3，因为发动机垂直时，调节器会自动将凸轮轴调节至基本位置。

4）按照拆卸的相反顺序进行安装。

5）执行发动机测试运转，检查发动机是否工作正常及是否泄漏。

以上步骤涉及部件及位置见图 19-7。

图 19-7　凸轮轴正时标记检查
1—气缸盖罩　2—带轮/减振器　3—凸轮轴调节器
A—定位缘　B—标记

2. 调整凸轮轴正时

1）拆下气缸盖前护盖。

2）沿发动机运转方向在曲轴的中央螺栓处转动发动机，直至气缸 1 的活塞位于上止点标记处。带轮/减振器 2 上的上止点标记必须与正时箱盖罩的定位缘 A 对准。气缸 1 的进气凸轮轴和排气凸轮轴的凸轮必须定位在垂直状态（箭头所示）。

3）松开发动机正时链（发动机 271.9）。拆下链条张紧器（发动机 271.8）。

4）安装凸轮轴调节器 3，固定正时链，以防止其滑落。

5）安装固定件 4，在此过程中，凸轮轴被带入基本位置。

6）安装凸轮轴调节器 3，凸轮轴调整器 3 的标记必须与凸轮轴轴承外壳的标记 B 对准（箭头所示）。带轮/减振器 2 的上止点标记必须与正时箱盖罩的定位缘 A 对准。无须专门调节凸轮轴调节器 3，因为发动机垂直时，调节器会自动将凸轮轴调节至基本位置。

7）拉紧正时链（发动机 271.9）。为此，将楔从正时齿轮室中取出，并松开张紧轨。

安装链条张紧器（发动机 271.8），更换链条张紧器。

8）分开固定件 4。

9）沿发动机的转动方向转动曲轴两圈，并再次检查凸轮轴的基本位置。凸轮轴调整器 3 的标记必须与凸轮轴轴承外壳的标记 B 对准（箭头所示）。带轮/减振器 2 的上止点标记必须与正时箱盖罩的定位缘 A 对准。

10）安装气缸盖前护盖。

11）执行发动机测试运转，检查发动机是否工作正常及是否泄漏。

以上步骤涉及部件及位置见图 19-8。

图 19-8　271.9 发动机凸轮轴正时调整
1—气缸盖罩　2—带轮/减振器　3—凸轮轴调节器　4—固定件　A—定位缘　B—标记

19.1.3　奔驰 M272/M273 发动机

以下内容适用发动机 272、273（车型 212）。

1. 更换发动机正时链

1）断开蓄电池负极电缆。

2）拆下火花塞。

3）拆下右侧气缸盖上的排气凸轮轴和进气凸轮轴 1、2。

4）断开旧的发动机正时链 3。

5）拉入新的发动机正时链 4。

6）铆接新的发动机正时链 4。

7）沿发动机运转方向将发动机曲轴转至气缸 1 压缩上止点（TDC）前 55°的曲轴转角（带轮上的 305°标记）。左侧气缸盖上的进气凸轮轴和排气凸轮轴 1、2 上的脉冲轮标记 5 必须位于凸轮轴霍尔传感器孔的中心。如果没有位于中心，则沿发动机转动方向将发动机曲轴再转一圈。

8）沿发动机运转方向转动发动机曲轴，使其从气缸 1 压缩上止点后 95°的曲轴转角转到 40°的曲轴转角。

9）将右侧气缸盖上的进气凸轮轴 1 和排气凸轮轴 2 安装到基本位置。标记 6 朝上，且标记 7 与气缸盖罩上的接触面对齐。

10）沿发动机运转方向转动发动机曲轴，然后在前护盖已安装到气缸盖上的情况下，在压缩上止点前 55°曲轴转角处（带轮上的 305°标记处）检查凸轮轴的基本位置。进气凸轮轴和排气凸轮轴1、2上的脉冲轮标记5必须位于凸轮轴霍尔传感器孔的中心。

11）安装火花塞。

12）将负极电缆连接到蓄电池上。

13）执行发动机测试运转，并检查发动机是否泄漏。

以上步骤涉及部件及位置见图19-9。

图19-9　发动机正时链更换图示
1—进气凸轮轴　2—排气凸轮轴　3—旧的发动机正时链　4—新的发动机正时链
5—脉冲轮标记　6—凸轮轴调节器上的标记　7—凸轮轴调节器上的标记

2. 检查凸轮轴的基本位置

1）拆下发动机前罩。

2）拆下凸轮轴上的霍尔传感器。

3）沿发动机运转方向（箭头所示）转动发动机曲轴，直至发动机处于压缩上止点前55°曲轴转角（带轮上的305°标记），并检查凸轮轴的基本位置。带轮上的305°标记1必须与正时箱盖罩的定位缘2对准，且脉冲轮上的标记3必须位于霍尔传感器的孔中。如有必要，调节凸轮轴的基本位置。相关位置见图19-10。

4）按照拆卸的相反顺序进行安装。

5）执行发动机测试运转，并检查发动机是否泄漏。

3. 调节凸轮轴的基本位置

1）拆下排气凸轮轴的凸轮轴调节器13、14。

2）拆下张紧轨螺栓23，然后将张紧轨24向上拉出正时箱。安装：安装之前，在张紧轨螺栓23上涂抹密封剂。乐泰（Loctite）密封剂5970。

3）抬起发动机正时链，然后从进气凸轮轴3上向前拉下凸轮轴调节器15。

4）抬起发动机正时链，然后将凸轮轴调节器16转入基本位置。

5）按照拆卸的相反顺序进行安装。

6）执行发动机测试运行，并检查其是否泄漏。

以上步骤操作位置见图19-11。

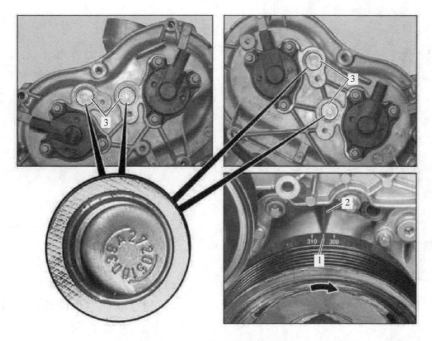

图 19-10　凸轮轴基本位置检查

1—带轮上的标记　2—正时箱盖罩上的定位缘　3—脉冲轮标记

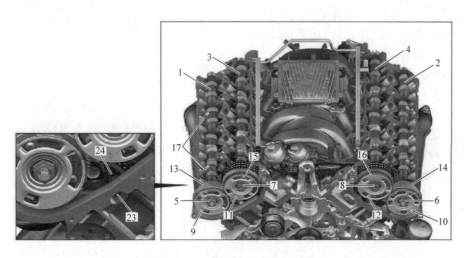

图 19-11　凸轮轴基本位置调节

3—进气凸轮轴　13、14—排气凸轮轴的凸轮轴调节器　15、16—进气凸轮轴的凸轮轴调节器　23—张紧轨螺栓　24—张紧轨

19.1.4　奔驰 M274 发动机

1. 正时链部件更换

1）断开蓄电池负极电缆。

2）拆下带凸轮轴调节器的凸轮轴，凸轮轴调节器留在凸轮轴上。

3）分开正时链 1。

4）检查张紧轨 5：如果磨损或存在外部损坏，更换张紧轨 5。

5）检查滑轨 3、6：如果磨损或存在外部损坏，更换滑轨 3、6。

6）拉入新的正时链 1。

7）铆接正时链 1。

8）安装带凸轮轴调节器的凸轮轴，只有在检查凸轮轴的基本位置后，才能安装气缸盖罩。

9）在安装链条张紧器 4 的情况下，检查凸轮轴的基本位置，如有必要，则进行校正。

10）连接蓄电池负极电缆。

以上步骤操作位置见图 19-12。

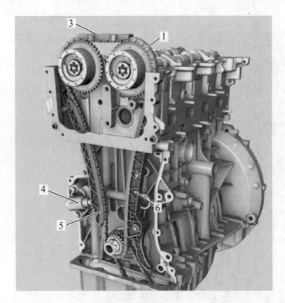

图 19-12 正时链安装 [发动 274（车型 212，218）]
1—正时链 3—滑轨 4—链条张紧器 5—张紧轨 6—滑轨

2. 发动机正时检查

1）拆下凸轮轴上的两个霍尔传感器。

2）通过曲轴中央螺栓沿发动机转动方向转动发动机，直到位于 1 号气缸的压缩上止点（TDC）。带轮/减振器上的上止点（TDC）标记必须与正时箱盖罩上的定位缘对齐。

3）检查凸轮轴的基本位置：在气缸盖罩 3 的霍尔传感器开口上进行目视检查来检查凸轮轴的基本位置。若要检查排气凸轮轴调节，在霍尔传感器开口的中央必须可以看到扇形盘 1 扇形段的边缘 1a。若要检查进气凸轮轴调节，扇形盘 2 的轴承狭槽 2a 必须位于霍尔传感器开口的中央。如果基本位置不正确，设置凸轮轴的基本位置。

以上部件位置如图 19-13、图 19-14 所示。

4）按照拆卸的相反顺序进行安装。

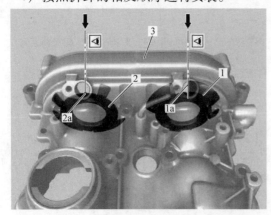

图 19-13 凸轮轴位置检查（一）
1—扇形盘 1a—边缘 2—扇形盘 2a—轴承狭槽 3—气缸盖罩

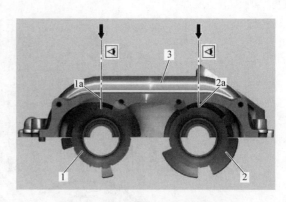

图 19-14 凸轮轴位置检查（二）
1—扇形盘 1a—边缘 2—扇形盘 2a—轴承狭槽 3—气缸盖罩

3. 发动机正时调整

1）拆下右侧气缸盖罩 3。

2）拆下凸轮轴调节器。

3）通过曲轴中央螺栓沿发动机转动方向转动发动机，直到达到 1 号气缸的压缩上止点（TDC），带轮/减振器上的上止点（TDC）标记必须与正时箱盖罩上的定位缘对齐。

4）将凸轮轴转至基本位置。如果在排气凸轮轴上，扇形盘 1 的部分扇形边缘 1a 和扇形盘 2 上的轴承狭槽 2a 垂直向上，则凸轮轴处于基本位置。

5）安装压紧工具 01a、01b，拧入螺钉/螺栓 04，直至轴承座 03 平放在气缸盖上。

6）检查凸轮轴的基本位置。如果在排气凸轮轴上，扇形盘 1 的部分扇形边缘 1a 和扇形盘 2 上的轴承狭槽 2a 垂直向上，则凸轮轴处于基本位置。

7）安装支架 02a、02b。不适用于将排气凸轮轴或进气凸轮轴固定就位，这会导致支架 02a、02b 发生损坏并可能导致正时不正确。只能使用套筒或将螺钉/螺栓（N000000005561）与盘（A6049900040）配套使用转动排气凸轮轴和进气凸轮轴，否则会损坏排气凸轮轴和进气凸轮轴。为将支架 02a、02e 安装到压紧工具 01a 上，要使用套筒或将螺钉/螺栓（N000000005561）与盘（A6049900040）配套使用转动排气凸轮轴和进气凸轮轴（如有必要）。

8）安装凸轮轴调节器，然后用手拧紧控制阀，安装链条张紧器后再将控制阀完全拧紧。在安装凸轮轴调节器或正时链时，确保曲轴不会转动。

9）安装链条张紧器。

10）将控制阀拧紧至规定力矩。

11）将支架02a、02b从压紧工具01a上分开，将压紧工具01a、01b安装在气缸盖上。

12）松开压紧工具01a、01b处的螺钉/螺栓04，直至可以转动凸轮轴，将压紧工具01a、01b安装在气缸盖上。

13）通过曲轴中央螺栓沿发动机转动方向转动发动机两圈，直到1号气缸到达压缩上止点（TDC）。带轮/减振器上的上止点（TDC）标记必须与正时箱盖罩上的定位缘对齐。

14）用手将螺钉/螺栓04拧紧到压紧工具01a、01b上，拧入螺钉/螺栓04，直至轴承座03平放在气缸盖上。

15）检查凸轮轴基本位置。为此，将支架02a、02b安装到压紧工具01a上，必须在未插入工具的情况下，用手将支架02a、02b安装到凸轮轴的六角部分上，直至支架02a、02b平放在压紧工具01a上，否则会损坏支架02a、02b，从而导致正时设置不正确。

如果不能安装支架02a、02b，则必须从操作步骤2）开始重复工作流程。

16）拆下支架02a、02b和压紧工具01a、01b。

17）安装气缸盖罩3。

以上步骤涉及部件及位置见图19-15、图19-16。

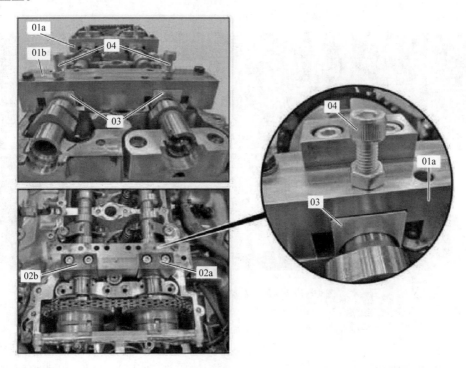

图19-15　凸轮轴基本位置调整

01a—压紧工具　01b—压紧工具　02a—支架　02b—支架　03—轴承座　04—螺钉/螺栓

19.1.5　奔驰M275发动机

以下内容适用于发动机275（车型215、216、220、221、230）。

1. 检查凸轮轴的基本位置

1）拆下气缸盖外罩1。

2）拆下风扇导风圈2。

拆下风扇单元。

3）将发动机置于气缸1压缩上止点（TDC）后30°曲轴转角处，沿发动机运转方向转动发动机曲轴，直至带轮/减振器12上的30°曲轴转角标记与正时齿轮室盖罩上的标记（箭头所示）重合。不得反转发动机，否则发动机正时链会跳齿，从而损坏发动机。

4）检查凸轮轴的基本位置，只有两个固定装置3可以无应力地安装到左右气缸盖上时，凸轮轴的基本位置才是正确的。凸轮轴轴承盖4上的标记线A必须与凸轮轴5上的标记线B对齐。

如果无法装配，调节凸轮轴的基本位置。

以上提及操作部件位置见图19-17。

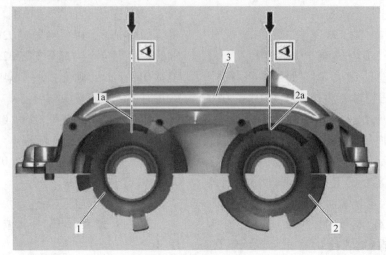

图19-16 凸轮轴位置检查
1—扇形盘 1a—边缘 2—扇形盘 2a—轴承狭槽 3—气缸盖罩

图19-17 W220发动机凸轮轴基本位置
1—气缸盖外罩 2—风扇导风圈 3—固定装置 4—凸轮轴轴承盖 5—凸轮轴
12—带轮/减振器 A—凸轮轴轴承盖的标记 B—凸轮轴的标记

5）反序安装。

2. 调节凸轮轴的基本位置

1）排放散热器中的冷却液。

2）拆下冷却液节温器外壳。

3）拆下空气泵。

4）拆下风扇导风圈1。拆下风扇单元。

5）拆下气缸盖外罩2。

6）拆下左侧气缸盖的前护盖。

7）拆下右侧气缸盖的前护盖。

8）检查凸轮轴11的基本位置。

9）拆下左侧凸轮轴链轮5的弹性挡圈4，然后拆下离心机7。安装新的O形环8。

10）松开凸轮轴链轮5、6的螺栓9。为松开螺栓9，转动凸轮轴11，以便将固定装置3无张紧力地安装在气缸盖处。

11）分开固定装置3。

12）将气缸1的活塞置于压缩上止点后30°曲轴转角处，沿发动机运转方向转动发动机曲轴，直至带轮/减振器12上的30°曲轴转角标记与正时齿轮室盖罩上的标记（箭头所示）重合，凸轮轴轴承盖10的标记A必须与凸轮轴11的标记B对齐。不得反转发动机，否则发动机正时链会跳齿，从而损坏发动机。

13）拆下链条张紧器。

14）拆下凸轮轴链轮5、6，标记凸轮轴链轮

5、6相对于发动机正时链的位置。

15）将左侧凸轮轴11转至基本位置。仅当固定装置3可以无应力地安装到左侧气缸盖上时，凸轮轴11的基本位置才是正确的。凸轮轴轴承盖10的标记A必须与凸轮轴11的标记B对齐。在处于气缸1的压缩上止点后30°曲轴转角的位置时，可以在气门不接触到活塞的情况下转动凸轮轴11。

16）将右侧凸轮轴11转至基本位置。仅当固定装置3可以无应力安装到右侧气缸盖上时，右侧凸轮轴11的基本位置才是正确的。凸轮轴轴承盖10的标记A必须与凸轮轴11的标记B对齐。在处于气缸1的压缩上止点后30°曲轴转角的位置时，可以在气门不接触到活塞的情况下转动凸轮轴11。

17）安装凸轮轴链轮5、6。
18）分开固定装置3。
19）安装链条张紧器。
20）检查凸轮轴11的基本位置。
21）安装右侧气缸盖的前护盖。
22）安装左侧气缸盖的前护盖。
23）安装气缸盖外罩2。
24）安装风扇导风圈1。
安装风扇单元。
25）安装空气泵。
26）安装冷却液节温器外壳。
27）注入冷却液。
28）检查冷却系统是否泄漏。
以上操作步骤涉及部件与位置见图19-18。

图19-18 发动机凸轮轴基本位置设置图示

1—风扇导风圈 2—气缸盖外罩 3—固定装置 4—弹性挡圈 5—凸轮轴链轮 6—凸轮轴链轮 7—离心机 8—O形环 9—螺栓 10—凸轮轴轴承盖 11—凸轮轴 12—带轮/减振器

A—凸轮轴轴承盖的标记 B—凸轮轴的标记

19.1.6 奔驰 M276/M278 发动机

以下内容适用于 276 发动机（车型 166、251）。

1. 检查和调节凸轮轴的基本位置

1）拆下凸轮轴上的所有霍尔传感器。

2）松开增压空气冷却器，然后在保持冷却液管路连接的情况下拉到前部。

3）检查带轮/减振器 10 上是否有 53°标记。

4）将53°标记的替换标记粘贴到带轮/减振器 10 上。带轮/减振器 10 上不带 53°标记的发动机将 17mm 长的胶条 11 粘贴到带轮/减振器 10 上的 40°标记处。胶条 11 的末端在带轮/减振器 10 上标记出了缺失的 53°标记。

5）通过曲轴中央螺栓沿发动机转动方向将发动机转到 1 号气缸压缩上止点（TDC）后 53°曲轴转角处。带轮/减振器 10 上带 53°标记的发动机不得沿与发动机转动方向相反的方向转动发动机，否则会使发动机正时链跳齿。通过曲轴沿发动机转动方向转动发动机，直至带轮/减振器 10 上的 53°标记与参考边 10a 对齐。参考边 10a 位于冷却液泵上。

通过曲轴中央螺栓沿发动机转动方向将发动机转到胶条 11 末端［1 号气缸压缩上止点（TDC）后 53°曲轴转角］。带轮/减振器 10 上不带 53°标记的发动机不得沿与发动机转动方向相反的方向转动发动机，否则正时链会跳齿并导致发动机损坏。通过曲轴沿发动机转动方向转动发动机，直至带轮/减振器 10 上的 53°标记与参考边 10a 对齐。参考边 10a 位于冷却液泵上。

6）检查凸轮轴的基本位置，通过对气缸盖罩 2l、2r 上的霍尔传感器开口进行目视检查来检查凸轮轴的基本位置。在气缸盖罩 2l、2r 上霍尔传感器开口的中间必须能够看到扇形盘 1 扇形段 1a 的边缘（图 A、B）。如果基本设置不正确，设定凸轮轴的基本位置。

前述步骤中涉及部件与位置见图 19-19、图 19-20、图 19-21、图 19-22。

7）按照拆卸的相反顺序进行安装。

图 19-19　带 53°标记的发动机
10—带轮/减振器　10a—参考边（冷却液泵）

图 19-20　不带 53°标记的发动机
10—带轮/减振器　10a—参考边（冷却液泵）
11—胶条（更换标记）

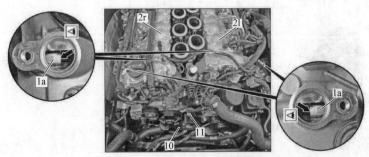

图 19-21　不带 53°标记的发动机 276.9
1a—扇形段　2l—左侧气缸盖罩　2r—右侧气缸盖罩　10—带轮/减振器　11—胶条（更换标记）

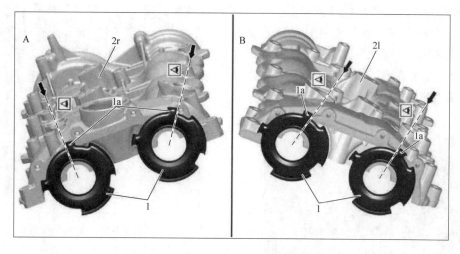

图19-22 右侧气缸盖（A）左侧气缸盖（B）
1—扇形盘 1a—扇形段 2r—右侧气缸盖罩 2l—左侧气缸盖罩

2. 调节凸轮轴的基本位置

以下内容适用于发动机157、278（车型166）以及发动机276（车型166、251）。

1）拆下气缸盖罩。

2）拆下离心机。

3）将压紧工具01安装到凸轮轴1上。

4）通过曲轴中央螺栓沿发动机运转方向将发动机转到1号气缸压缩上止点（TDC）后40°曲轴转角（CA）处。

5）拆下两个链条张紧器。拆下气缸盖罩后，可在1号气缸压缩上止点（TDC）后40°曲轴转角（CA）处拆下两个链条张紧器。要拆下右侧链条张紧器，需要助手转动已拆下的离心机的排气凸轮轴以松开张紧轨。

6）拆下右侧排气凸轮轴的凸轮轴调节器3。要松开和拧紧右侧凸轮轴调节器3上的中心阀，必须由助手反向固定凸轮轴1。

7）从凸轮轴调节器3上拆下正时链2。安装：要松开张紧轨，应请助手将凸轮轴1固定在基本位置。

8）将凸轮轴1转入基本位置。安装：必须请助手使用合适的工具将凸轮轴1固定在基本位置。

9）扇形盘4上的标记（4m）必须与气缸盖的边缘对准。

上述步骤涉及部件及位置见图19-23。

10）按照拆卸的相反顺序进行安装。

11）执行发动机试运行，然后检查发动机的功能性。

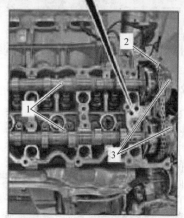

图19-23 调节凸轮轴基本位置
01—压紧工具 1—凸轮轴 2—正时链
3—凸轮轴调节器 4—扇形盘4m标记

3. 凸轮轴正时标记设置

1）将发动机置于气缸1的上止点后40°：通过曲轴中央螺栓沿发动机运转方向转动发动机，

直到带轮/减振器10上的40°曲轴转角标记与参考边10a对齐，发动机276的参考边10a位于冷却液泵上，见图19-24。对于发动机152.9、157、278，位于V带张紧装置上，见图19-25。不得沿与发动机转动方向相反的方向转动发动机；否则会使正时链卡滞。

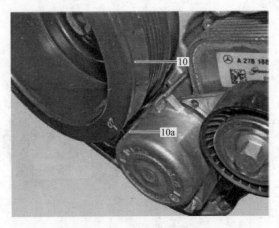

图19-25 发动机设置标志

（发动机152.9、157、278，图示为发动机278）

10—带轮/减振器 10a—参考边（V带张紧装置）

图19-24 设置发动机上止点位置

10—带轮/减振器 10a—参考边（冷却液泵）

2）基于激光标记（箭头所示）检查凸轮轴的位置：如果凸轮轴调节器2上的激光标记位于顶部（图19-26）且40°标记位于参考边10a处，则气缸1位于压缩上止点后40°。如果凸轮轴调节器2上的激光标记位于底部（图19-27）且40°标记位于参考边10a处，则气缸1位于排气

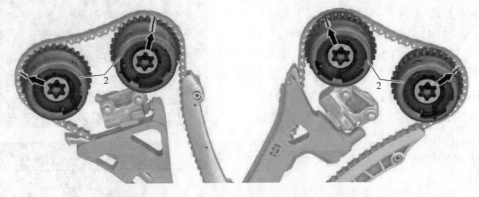

图19-26 发动机正时设置标志（276发动机）

2—凸轮轴调节器 气缸1的压缩上止点后40°位置［激光标记（箭头所示）位于顶部］

图19-27 发动机凸轮轴正时设置标志（276发动机）

2—凸轮轴调节器 气缸1的排气上止点后40°位置［激光标记（箭头所示）位于底部］

上止点后40°。在气缸1的压缩上止点后40°和排气上止点后40°之间恰为曲轴转动一圈（360°）。

19.1.7 奔驰 M279 发动机

1. 发动机正时检查

1）拆下气缸盖罩。

2）将发动机置于气缸1压缩上止点（TDC）后30°曲轴转角处。不得沿与发动机转动方向相反的方向转动发动机。否则，正时链会跳齿，且发动机会损坏。通过曲轴沿发动机运转方向转动发动机，直至带轮/减振器1上的30°曲轴转角标记与正时箱盖罩上的标记（箭头所示）重合。

3）检查凸轮轴3的基本位置：仅当两个固定装置6可以无张紧力地安装到左侧和右侧气缸盖上时，凸轮轴3的基本位置才正确。如果凸轮轴的基本位置不正确，调整凸轮轴3的基本位置。

4）按照拆卸的相反顺序进行安装。

以上步骤操作位置见图19-28。

图 19-28　凸轮轴位置检查（图示为左侧凸轮轴）
1—带轮/减振器　3—凸轮轴　6—固定装置

2. 发动机正时调整

1）拆下气缸盖上的左前和右前护盖。

2）检查凸轮轴3的基本位置。

3）将卡环2从左侧凸轮轴链轮8上拆下；然后拆下离心机4。安装：更换O形环9。

4）松开螺钉/螺栓10，为此，转动凸轮轴3，从而使固定装置6可无张紧力地安装在气缸盖上。

5）拆下固定装置6。

6）将气缸1的活塞置于压缩上止点（TDC）后30°曲轴转角的位置，不得沿与发动机转动方向相反的方向转动发动机。否则，正时链会跳动，且发动机会损坏。通过曲轴沿发动机运转方向转动发动机，直至带轮/减振器1上的30°曲轴转角标记与正时箱盖罩上的标记（箭头所示）重合。

7）拆下链条张紧器。

8）拆下凸轮轴链轮5、8，标记凸轮轴链轮5、8和正时链彼此间的相对位置。固定正时链，以防止其滑落。

9）将凸轮轴3转入基本位置，仅在固定装置6无张紧力地固定在气缸盖上时，凸轮轴3的基本位置才会正确。在处于气缸1的压缩上止点（TDC）后30°曲轴转角的位置时，可以在气门不接触到活塞的情况下转动凸轮轴3。

10）安装凸轮轴链轮5、8，为此，拧入螺钉/螺栓10。

11）拆下固定装置6。

12）安装链条张紧器。

13）检查凸轮轴3的基本位置。

14）拆下气缸盖上的左前和右前护盖。

以上步骤涉及部件及标记位置见图19-28、图19-29。

图 19-29 凸轮轴链轮结构
2—卡环 4—离心机 5—凸轮轴链轮 8—凸轮轴链轮 9—O 形环 10—螺钉/螺栓

19.1.8 奔驰 M266 发动机

1. 检查凸轮轴基本位置

发动机 266.920/940/960（车型 169.0/3、245.2）操作步骤如下：

1）拆下气缸盖外罩。
2）用举升台升起车辆。
3）将 1 号气缸的活塞定位于压缩上止点，带轮 2 上的上止点标记必须与正时齿轮室盖罩的定位缘（箭头 B）对齐。在带轮 2 处转动发动机。
4）检查凸轮轴的基本位置，在 1 号气缸的压缩上止点，凸轮轴和凸轮轴轴承盖 1 上的标记（箭头 A）中央必须互相对正。如有必要，设置凸轮轴的基本位置。
5）按照与拆卸的相反顺序进行安装。

以上操作涉及部件及位置见图 19-30。

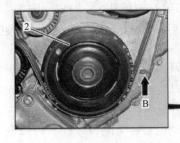  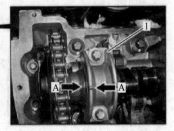

图 19-30 检查凸轮轴位置图示
1—凸轮轴轴承盖 2—带轮

2. 设置凸轮轴基本位置

1）在带轮 2 处转动发动机，将 1 号气缸的活塞定位到压缩上止点。带轮 2 上的上止点标记必须与正时齿轮室盖罩的定位缘（箭头 B）对齐。1 号气缸的凸轮指向上方。
2）拆下链条张紧器 3 适用于发动机 266.920/940（截止到尾数 002468）、发动机 266.960（截止到尾数 002614）、发动机 266.920/940（尾数 002469 以后）和发动机 266.960（尾数 002615 以后）

3）从凸轮轴链轮 5 上分开发动机正时链 4，并保持其张紧状态。

4）用两端开口扳手 6 将凸轮轴旋转到基本位置（压缩上止点），凸轮轴和凸轮轴轴承盖 1 的标记（箭头 A）的中央必须互相正对。

5）将发动机正时链 4 装配在凸轮轴链轮 5 上安装链条张紧器 3。适用于发动机 266.920/940（截止到尾数 002468）、发动机 266.960（截止到尾数 002614）、发动机 266.920/940（尾数 002469 以后）和发动机 266.960（尾数 002615 以后）。

6）沿发动机运转方向转动发动机两圈，检查凸轮轴的基本位置。

以上操作涉及部件及位置见图 19-31。

图 19-31　设置凸轮轴位置

1—凸轮轴轴承盖　2—带轮　3—链条张紧器　4—发动机正时链　5—凸轮轴链轮　6—两端开口扳手

19.2　1 系列发动机

19.2.1　奔驰 M176/M177/M178 发动机

1. 将发动机调节到气缸 1 上止点后 40°

1）通过中央螺栓 13 沿发动机转动方向转动发动机，直至带轮/减振器 12 上的孔 15 与曲轴箱 11 上的孔对齐。不得沿与发动机转动方向相反的方向转动发动机，否则会使发动机正时链跳齿。如果定位缘 5a、6a 的位置如图 19-34 所示，则 1 号气缸位于压缩上止点（TDC）后 40°的位置。

2）根据定位缘 5a、6a 上的孔，通过凸轮轴位置传感器的开口检查凸轮轴的位置。如果定位缘 5a、6a 的位置如图 19-34 所示，则 1 号气缸位于排气上止点（TDC）后 40°的位置。

3）用冲子 2 标记孔 15 在带轮/减振器 12 上的位置。在气缸 1 的压缩上止点后 40°和排气上止点后 40°之间恰好为曲轴完整转动一圈（360°）。

以上步骤操作部件位置如图 19-32、图 19-33 所示。

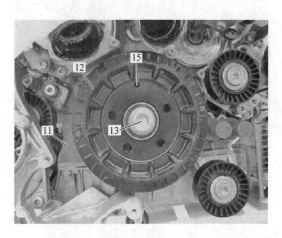

图 19-32　图示为发动机 177（一）

11—曲轴箱　12—带轮/减振器　13—中央螺栓　15—孔

2. 发动机正时检查

1）拆下凸轮轴位置传感器。适用于发动机 176（车型 463）、发动机 178（车型 190）、发动机 177（车型 205）。

2）拆下发动机舱底部饰板。适用于发动机 178（车型 190）、发动机 176［车型 463，自 2016 年款，除代码 ZQ0（G5004x42）］、发动机 177（车型 205）。

3）分开低温水回路的前部循环泵［发动机

176（车型463）]，然后在保持软管和管路连接的情况下放到一旁。

4）通过曲轴中央螺栓沿发动机转动方向将发动机转至标记4。

5）检查凸轮轴的基本位置：为检查排气凸轮轴的位置，扇形盘2、6部分扇形段的边缘2a、6a必须可见，大约位于霍尔传感器开口的中间。为检查排气凸轮轴的位置，扇形盘1、5部分扇形段的边缘1a、5a必须可见，大约位于霍尔传感器开口的中间。通过对气缸盖罩3、4上的霍尔传感器开口进行目视检查来检查凸轮轴的基本位置。如果基本位置不正确，设置凸轮轴的基本位置。

6）按照拆卸的相反顺序进行安装。

以上拆卸与调整部件及标记位置见图19-33、图19-34、图19-35。

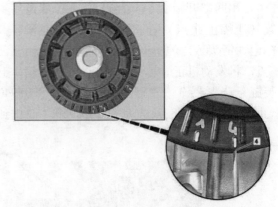

图19-35　曲轴箱上标记
4—标记

4）安装固定器2。

5）在凸轮轴调节器6之间插入固定装置1并拧紧。

6）拆下左右两侧次级链条驱动装置链条张紧器，左侧和右侧次级链条驱动装置链条张紧器可以在不定位发动机的情况下拆下。

7）拆下凸轮轴调节器6固定装置1。在拆卸凸轮轴调节器6时失去支撑，从而可以拆下。

8）将凸轮轴转至基本位置凸轮轴的位置（箭头所示），必须朝上。

9）安装校准器3、4。装配校准器3、4前，排气凸轮轴和进气凸轮轴必须处于上止点（TDC），以将校准器3、4放置就位，并无压力地安装。校准器3、4不适用于将排气凸轮轴或进气凸轮轴固定就位，这会导致校准器3、4发生损坏并可能导致正时不正确。在装配校准器3、4之前，凸轮轴的位置（箭头所示）必须朝上。

图19-33　图示为发动机177（二）
2—冲子　12—带轮/减振器

10）安装凸轮轴调节器6，然后用手拧紧控制阀。在安装凸轮轴调节器6或正时链时，确保曲轴不会转动。安装链条张紧器后先将控制阀完全拧紧。

11）在凸轮轴调节器6之间插入固定装置1并拧紧。

12）拆下左右两侧次级链条驱动装置链条张紧器，左侧和右侧次级链条驱动装置链条张紧器可以在不定位发动机的情况下拆下。

13）用规定力矩拧紧凸轮轴调节器6的控制阀。

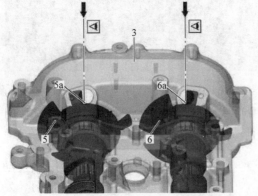

图19-34　图示为右侧气缸盖，在发动机177上
5a—定位缘　6a—定位缘

3. 发动机正时调整

1）拆下左侧气缸盖罩。

2）拆下右侧气缸盖罩。

3）安装压紧工具5，在装配螺钉/螺栓时，将其拧入，直至轴承座平放在压紧工具5上。

14）分开校准器3、4，压紧工具5仍然安装在气缸盖上。

15）分开凸轮轴调节器6之间的固定装置1。

16）拆下带轮中的冲子。

17）通过曲轴中央螺栓按发动机转动方向转动发动机两圈，将1号气缸定位在上止点（TDC）后40°位置。

18）安装校准器3、4。装配校准器3、4前，排气凸轮轴和进气凸轮轴必须处于上止点（TDC），以将校准器3、4放置就位，并无压力地安装。校准器3、4不适用于将排气凸轮轴或进气凸轮轴固定就位，这会导致校准器3、4发生损坏并可能导致正时不正确。在装配校准器3、4之前，凸轮轴的位置（箭头所示）必须朝上。不要在没有压紧的情况下安装校准器3、4，否则重复操作步骤5）的作业程序。

19）分开校准器3、4并拆下。

20）分开压紧工具5并拆下。

21）分开固定器2并拆下。

以上操作步骤涉及部件及标记位置见图19-36、图19-37。

图19-37　图示为左侧气缸盖

22）安装右侧气缸盖罩。

23）安装左侧气缸盖罩。

19.2.2　奔驰M166发动机

1. 更换发动机正时链

发动机166.940/960/990/995（车型168）以下程序适用于发动机166.961/991（车型414.700）。

1）拆下气缸盖外罩。

2）将1号气缸的活塞定位在压缩上止点，沿发动机运转方向转动曲轴。带轮上的上止点标记必须与正时齿轮室盖罩上的方向标志（箭头所示）对齐。1号气缸的凸轮指向斜上方。见图19-38。

图19-36　正时调整部件
1—固定装置　2—固定器　3—校准器
4—校准器　5—压紧工具　6—凸轮轴调节器

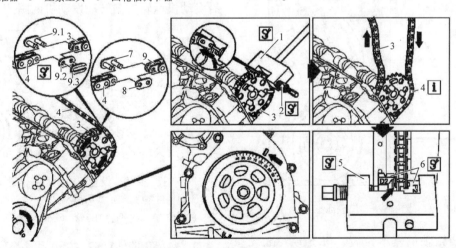

图19-38　166发动机正时链更换图示
1—链条分离工具　2—压力螺杆　3—旧的发动机正时链　4—新的发动机正时链　5—铆接冲压工具　6—装配嵌件（编号D2/F2）
7—夹箍式固定件　8—外侧铆接链节　9.1—装配用夹箍式固定件　9.2—装配用外侧铆接链节　9.3—装配安全锁

3）拆下火花塞R4，以确保安装发动机正时链时发动机易于转动，并确保发动机正时链不会滑落。

4）拆下链条张紧器。

5）分开旧的发动机正时链3，将发动机正时链固定到凸轮轴链轮（箭头所示）上，例如使用系带。

6）保持新发动机正时链4与凸轮轴链轮互锁。安装新发动机正时链4时，均匀地将旧发动机正时链3的自由端拉出装配用链节。要安装新发动机正时链4，在曲轴处沿运转方向（箭头所示）转动发动机。

7）铆接新发动机正时链4。

8）连接链条张紧器。

9）安装火花塞。

10）检查凸轮轴的基本位置。

11）安装气缸盖外罩。

2. 检查凸轮轴的基本位置

以下程序适用于发动机166.940/960/990/995（车型168）、发动机166.961/991（车型414.700）。

1）拆下气缸盖外罩。

2）将1号气缸的活塞定位于压缩上止点。通过曲轴转动发动机。带轮上的上止点标记必须与正时齿轮室盖罩上的方向标志（箭头所示）对齐。1号气缸的凸轮指向斜上方，见图19-39。

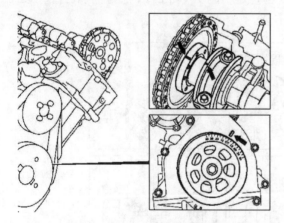

图19-39 凸轮轴基本位置标志

3）检查凸轮轴的基本位置，将1号气缸设置到压缩上止点时，凸轮轴的标记应位于凸轮轴轴承盖标记的中央（箭头所示）。如有必要设置凸轮轴的基本位置。

4）按照与拆卸的相反顺序进行安装。

3. 设置凸轮轴的基本位置

以下程序适用于发动机166.940/960/990/995（车型168）。

1）检查凸轮轴的基本位置。

2）将1号气缸活塞定位到压缩上止点后30°。在曲轴处沿发动机运转方向转动发动机。带轮上的30°标志必须与正时齿轮室盖罩上的方向指示标记（箭头所示）对齐。处于1号气缸压缩上止点后30°时，可以转动凸轮轴而不会使气门接触到活塞顶部。

3）拆下链条张紧器1。

4）拆下凸轮轴2处的凸轮轴链轮5；抬出发动机正时链3，用呆扳手7反向固定凸轮轴2。

5）用呆扳手7将凸轮轴2朝其基本位置转动，凸轮轴标记必须处于凸轮轴轴承盖标记的中央（箭头所示）。

6）重新将1号气缸的活塞设置到压缩上止点，同时，向上拉动发动机正时链3。带轮上的上止点标记必须与正时齿轮室盖罩上的方向标志（箭头所示）对齐。1号气缸的凸轮指向斜上方。

7）将发动机正时链3装到凸轮轴链轮5上。

8）将凸轮轴链轮5连同装配的发动机正时链3一起安装。更换Torx螺栓6；只使用一次。注意定位销4用呆扳手7反向固定凸轮轴2。

9）安装链条张紧器1。

以上操作提及部件见图19-40。

10）检查凸轮轴的基本位置。首先通过曲轴沿发动机运转方向转动发动机两圈。

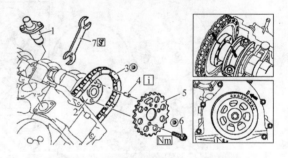

图19-40 设置凸轮轴基本位置图解
1—链条张紧器 2—凸轮轴 3—发动机正时链
4—定位销 5—凸轮轴链轮 6—Torx螺栓 7—呆扳手

19.2.3 奔驰M157发动机

1. 发动机正时检查

1）拆下凸轮轴上的所有霍尔传感器。

2）检查带轮/减振器10上是否有53°标记。

3）将53°标记的胶条11粘贴到带轮/减振器10上。带轮/减振器10上不带53°标记的发动机：将17mm长的胶带（替换标记）11粘贴到带轮/减振器10上的40°标记处。胶条（替换标记）11的末端标记出带轮/减振器10上缺失的53°标记。以上步骤参见图19-19～图19-21。

4）通过曲轴中央螺栓沿发动机转动方向将发动机转到1号气缸压缩上止点（TDC）后53°曲轴转角（CA）处。带轮/减振器10上带53°标记的发动机，不得沿与发动机转动方向相反的方向转动发动机，否则发动机正时链可能会发生跳齿。通过曲轴沿发动机转动方向转动发动机，直至带轮/减振器10上的53°标记与定位缘（张紧装置）10a对齐。定位缘（张紧装置）10a位于冷却液泵上。

通过曲轴中央螺栓沿发动机转动方向将发动机转到胶条11末端[1号气缸压缩上止点（TDC）后53°曲轴转角（CA）]。带轮/减振器10上不带53°标记的发动机，不得沿与发动机转动方向相反的方向转动发动机，否则发动机正时链可能会发生跳齿。通过曲轴沿发动机转动方向转动发动机，直至带轮/减振器10上的53°标记与定位缘（张紧装置）10a对齐。定位缘（张紧装置）10a位于冷却液泵上。

5）检查凸轮轴的基本位置：通过对气缸盖罩2l、2r上的霍尔传感器开口进行目视检查来检查凸轮轴的基本位置。在气缸盖罩2l、2r上，霍尔传感器开口的中间必须能够看到扇形盘1扇形段1a的边缘（图A，B）。如果基本设置不正确，设定凸轮轴的基本位置，见图19-41。

6）按照拆卸的相反顺序进行安装。

2. 发动机正时调整

1）拆下压气机。

2）拆下右侧气缸盖罩。

3）拆下左侧气缸盖罩。

4）检查扇形盘4上是否有标记4m。

5）拆下凸轮轴1，如果扇形盘4上没有标记4m。

6）在扇形盘4上添加标记4m，如果扇形盘4上没有标记4m。

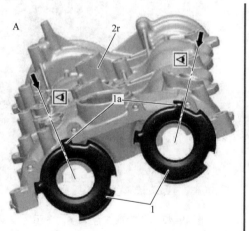
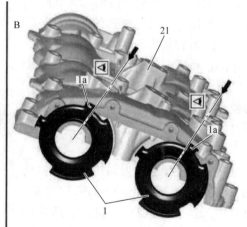

图19-41　凸轮轴正时位置
A—右侧气缸盖　B—左侧气缸盖　1—扇形盘　1a—扇形段
2l—左侧气缸盖罩　2r—右侧气缸盖罩

7）安装凸轮轴1，如果扇形盘4上没有标记4m。

8）将压紧装置01安装到凸轮轴1上。

9）分开增压空气冷却器并将与其连接的管路和冷却液软管一起放到一旁。

10）通过曲轴中央螺栓沿发动机运转方向将发动机转到1号气缸压缩上止点（TDC）后40°曲轴转角（CA）处。对曲轴总成执行修理作业后，确保发动机位于压缩上止点（TDC）后40°曲轴转角处。如果装配时，曲轴总成位于排气上止点（TDC）后40°曲轴转角处，则所有凸轮轴1都与基本设置的位置相差约1/2齿。如果在已拆下次级链条的情况下转动曲轴，则必须转动720°，以再次到达曲轴总成上正确的压缩上止点

(TDC)位置。

11)拆下两个链条张紧器。拆下气缸盖罩后，可在1号气缸压缩上止点（TDC）后40°曲轴转角（CA）处拆下两个链条张紧器。要拆下右侧链条张紧器，需要助手转动已拆下的压气机的排气凸轮轴以松开张紧轨。

12)拆下右侧排气凸轮轴的凸轮轴调节器3。要松开和拧紧右侧凸轮轴调节器3上的控制阀，必须请助手反向固定凸轮轴1。

13)将正时链2从凸轮轴调节器3上拆下。要松开张紧轨，应请助手将凸轮轴1固定在基本位置。

14)将凸轮轴1转入基本位置。必须请助手使用合适的工具将凸轮轴1固定在基本位置。

15)检查左侧气缸盖上的正时链2是否正确落座。检查正时链2是否靠在两个凸轮轴调节器3上及是否与齿正确啮合。如果并非如此、必须转动相应的凸轮轴1，直至正时链2正确靠上。

16)检查凸轮轴1的安装位置是否正确。扇形盘4上的标记4m必须与气缸盖的边缘对准。

17)安装右侧排气凸轮轴的凸轮轴调节器3，同时将正时链2铺设在右侧气缸列的两个凸轮轴调节器3上。要拧紧右侧凸轮轴调节器3上的控制阀及要松开张紧轨时，应请助手将凸轮轴1固定在其基本位置。

18)安装两个链条张紧器。

19)通过曲轴中央螺栓沿发动机转动方向转动发动机约720°。

20)通过曲轴中央螺栓沿发动机运转方向将发动机转到1号气缸压缩上止点（TDC）后40°曲轴转角（CA）处。对曲轴总成执行修理作业后，确保发动机位于压缩上止点（TDC）后40°曲轴转角处。如果装配时，曲轴总成位于排气上止点（TDC）后40°曲轴转角处，则所有凸轮轴1都与基本设置的位置相差约1/2齿。如果在已拆下次级链条的情况下转动曲轴，则必须转动720°，以再次到达曲轴总成上正确的压缩上止点（TDC）位置。

21)检查发动机气门正时：发动机曲轴必须位于1号气缸压缩上止点（TDC）后40°曲轴转角（CA）处（带轮/减振器上的标记），且扇形盘4上的标记4m必须与气缸盖的边缘对齐。如果发动机正时不正确，再次从操作步骤9)开始执行工作流程。

22)安装增压空气冷却器。

23)拆下凸轮轴1上的压紧工具01。

24)安装右侧气缸盖罩。

25)安装左侧气缸盖罩。

26)安装压气机。

27)执行发动机试运行，检查发动机是否正常工作及其密封性。

以上步骤涉及部件及标记见图19-42。

图19-42 凸轮轴位置调整，图示为发动机278
01 压紧工具 1—凸轮轴 2—正时链
3—凸轮轴调节器 4—扇形盘 4m—标记

19.2.4 奔驰M156发动机

发动机正时检查步骤如下：
1)关闭点火开关。
2)打开发动机罩。
3)拆下轮罩之间的隔板。
4)拆下空气滤清器外壳。
5)拆下火花塞，仅当由于高压缩比而不能转动发动机时。

6）拆下V带。

7）拆下曲轴带轮上方的导向轮。

8）沿发动机运转方向将发动机曲轴的中央螺栓转至1号气缸压缩上止点后40°曲轴转角处，带轮上的上止点标记必须与正时箱盖罩上的标记（箭头所示）对齐。

9）拆下气缸盖。

10）用直尺04在后侧将凸轮轴固定就位。

11）将固定装置01安装到右侧或左侧气缸盖上。固定装置01必须可以在凸轮轴上方移动。如果不能移动，则必须调节正时。拆卸/安装凸轮轴调节器，固定装置01结构对称。为检查左侧气缸盖内的凸轮轴，用与右侧相同的方法安装固定装置01和直尺04。

12）按照拆卸的相反顺序进行安装。

以上步骤涉及位置及部件见图19-43、图19-44。

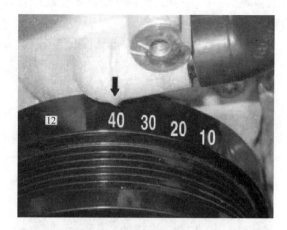

图19-43　上止点后40°曲轴转角处凸轮轴的基本位置

12—带轮　箭头—正时箱盖罩上的标记

图19-44　图示为右侧气缸盖

01—固定装置　04—直尺　5、6—链轮

19.2.5　奔驰M133发动机

与M270发动机一样，相关内容请参考19.1.1小节。

19.2.6　奔驰M132发动机

以下资料适用于132.9发动机（车型451.3/4）。

1. 更换发动机正时链

1）检查凸轮轴的基本位置。

2）拆下正时箱盖罩。

3）使用合适的螺钉旋具向后转动链条张紧器8上的棘轮9，然后通过孔（箭头A）锁止链条张紧器8。为锁止链条张紧器8，在链条张紧器8上的孔（箭头A）中插入一个直径为1.5mm的销。安装：将适配器安装到曲轴上，拆下起动机齿圈上的固定锁，然后沿发动机转动方向将发动机转动约两圈，直到曲轴链轮上的标记与气缸体曲轴箱上的标记彼此相对. 然后检查凸轮轴链轮2上的标记（箭头B）与凸轮轴调节器3上的标记（箭头C）是否彼此相对；如有必要，则拆下发动机正时链1，然后再次装上。

4）松开螺栓5，然后拆下滑轨6。安装：检查滑轨6是否磨损；如有必要，则进行更换。

5）松开螺栓4，然后拆下张紧轨7。安装：检查张紧轨7是否磨损；如有必要，则进行更换。

6）取下发动机正时链1。安装：安装发动机正时链1之前，检查凸轮轴链轮2上的标记（箭头B）与凸轮轴调节器3上的标记（箭头C）是否彼此相对。另外，必须适当地转动进气凸轮轴和排气凸轮轴。

以上步骤提及部件位置见图19-45。

7）反序安装。

8)拧紧力矩：连接发动机正时链张紧轨到气缸盖螺栓：23N·m；连接发动机正时链滑轨到气缸盖螺栓：10N·m；连接发动机正时链滑轨到曲轴箱螺栓：10N·m。

图 19-45　正时链更换操作图示
1—发动机正时链　2—凸轮轴链轮　3—凸轮轴调节器　4—螺栓
5—螺栓　6—滑轨　7—张紧轨　8—链条张紧器　9—棘轮

2. 检查和调节凸轮轴基本位置

1）将进气凸轮轴 10 和排气凸轮轴 2 调至基本位置。在整个校正过程中，曲轴带轮 11 上的标记（箭头 A 或箭头 B）必须与正时箱盖罩 5 上的标记"10"（箭头 C）相对应。标记"10"（箭头 C）位于上止点前（BTDC）10°处。

2）在六角部分处反向固定排气凸轮轴 2（箭头 D），然后松开凸轮轴链轮 1 上的螺栓 3。

3）拆下正时箱盖罩 5 上的螺旋塞 4。

4）使用合适的工具在凸轮轴链轮 1 和凸轮轴调节器 7 之间的区域中向下压发动机正时链 6，然后使用合适的螺钉旋具向后推链条张紧器 9 上的棘轮 8，然后锁止链条张紧器 9。需要一个助手来压下发动机正时链 6。为锁止链条张紧器 9，在链条张紧器 9 上的孔（箭头 E）中插入一个直径为 1.5mm 的销子。

5）拆下螺栓 3，然后将凸轮轴链轮 1 从排气凸轮轴 2 上分开并将其从发动机正时链 6 上拆下。

6）升起发动机正时链 6，然后通过六角部分沿箭头方向转动进气凸轮轴 10，直至凸轮轴调节器 7 上的标记（箭头 F）达到正时箱盖罩接触面 5 的高度。切勿沿箭头的反方向转动进气凸轮轴 10，这样会导致发动机正时链 6 折起，从而造成损坏。

7）将发动机正时链 6 安放到凸轮轴调节器 7 的齿圈上。

8）通过六角部分转动排气凸轮轴 2（箭头 D），直至驱动盘 12 与正时箱盖罩 5 的接触面垂直。

9）根据标记（箭头 G）对正凸轮轴链轮 1，然后插入发动机正时链 6 中。标记（箭头 G）必须位于正时箱盖罩 5 接触面的高度处，且与凸轮轴调节器 7 上的标记（箭头 F）相对。

10）将螺栓 3 拧入排气凸轮轴 2，以进行定心。仅将螺栓 3 安装入位；不要拧紧。

11）将带有开口（箭头 H）的凸轮轴链轮 1 压到排气凸轮轴 2 的驱动盘 12 上。如有必要，则通过六角部分转动排气凸轮轴 2。

12）在六角部分处反向固定排气凸轮轴 2（箭头 D），然后拧紧凸轮轴链轮 1 上的螺栓 3。

13）使用合适的工具将发动机正时链 6 向下推入到凸轮轴链轮 1 与凸轮轴调节器 7 之间的区域内；将销子从链条张紧器 9 的孔中（箭头 E）拉出。需要一个助手来压下发动机正时链 6。

14）拆下正时箱盖罩 5 上的螺旋塞 4，使用新的密封圈。

15）沿发动机运转方向转动发动机两圈。

16）再次检查进气凸轮轴 10 和排气凸轮轴 2 的基本位置。如有必要，重复步骤 2）～16）数次。

17）安装带轮 11 的护盖。

18）固定右后轮。

19）安装气缸盖罩。

以上步骤提及部件位置见图 19-46、图 19-47、图 19-48。

19.2.7　奔驰 M113 发动机

1. 正时检查

1）拆下气缸盖外罩。

2）检查正时，见图 19-49。

3）将发动机置于 1 号气缸压缩上止点（TDC）后 40°的位置：利用曲轴沿发动机运转方向转动发动机，直至带轮/减振器上的 40°标记与正时箱盖罩上的标记对齐。凸轮轴的凹槽必须指向内 V 形的方向。不要将发动机反转；否则发动机正时链可能卡住。

4）检查凸轮轴的基本位置：使右侧凸轮轴的定位板 2 与右侧气缸盖齐平并插入凸轮轴的凹

槽6。以同样的方法处理左侧气缸盖中的左侧凸轮轴。如果两个定位板都不能插入凹槽，调整凸轮轴的起始位置。

5）按照相反的顺序进行安装。

图19-46 凸轮轴正时调整图解（一）
11—曲轴带轮 5—正时箱盖罩

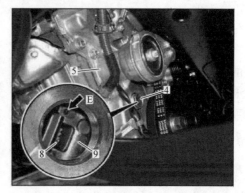

图19-47 凸轮轴正时调整图解（二）
1—凸轮轴链轮 2—排气凸轮轴 3—螺栓 4—螺旋塞 5—正时箱盖罩 6—发动机正时链
7—凸轮轴调节器 8—棘轮 9—链条张紧器 10—进气凸轮轴

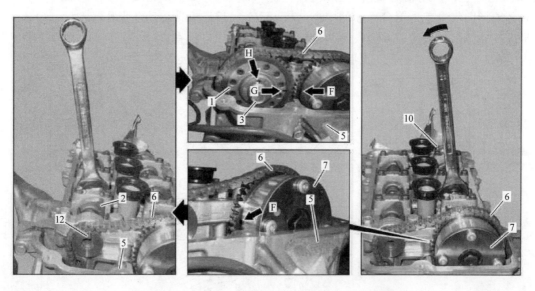

图19-48 凸轮轴正时调整图解（已拆下的发动机）
1—凸轮轴链轮 2—排气凸轮轴 3—螺栓 5—正时箱盖罩 6—发动机正时链 7—凸轮轴调节器 10—进气凸轮轴 12—驱动盘

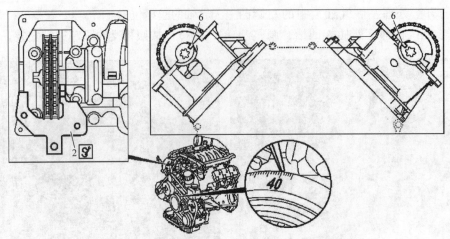

图 19-49　发动机正时标记（发动机 113.995，在车型 230.472 中）
2—右侧凸轮轴的定位板　6—凸轮轴中的凹槽

2. 发动机正时调整（图 19-50）

1）拆卸气缸盖。

2）检查凸轮轴的基本位置。如果凸轮轴的基本位置不正确，转动发动机至 1 号气缸压缩上止点后 40°的位置。不得回转发动机，否则发动机正时链会被卡滞。

3）拆卸传动链张紧器。

4）拆卸凸轮轴霍尔传感器。

5）拆下右侧凸轮轴链轮。将发动机正时链从凸轮轴链轮上提起。

6）拆卸左侧凸轮轴链轮，将发动机正时链从凸轮轴链轮上提起。

7）将左侧凸轮轴转至基本位置，并将定位板安装到凸轮轴上，凸轮轴的凹槽 6 必须朝内，V 形方向必须指向气缸盖外罩分隔面的中央。将定位板平放在左侧气缸盖上，并插入到凸轮轴的凹槽 6 内。在 1 号气缸的压缩上止点后 40°曲轴转角的位置时转动凸轮轴，而不会使气门接触到活塞。

8）将右侧凸轮轴转入基本位置并将右侧凸轮轴的定位板 2 插入到凸轮轴中，凸轮轴的凹槽 6 必须朝内，V 形方向必须指向气缸盖外罩分隔面的中央。将右侧凸轮轴的定位板 2 平放在右侧气缸盖上，并且插入到凸轮轴的凹槽 6 中。在 1 号气缸的压缩上止点后 40°曲轴转角的位置处，可以转动凸轮轴，而使得气门接触不到活塞。

9）安装左侧凸轮轴链轮，将发动机正时链放到凸轮轴链轮上。

10）安装右侧凸轮轴链轮，将发动机正时链放到凸轮轴链轮上。

11）安装凸轮轴霍尔传感器。

12）安装传动链张紧器。

13）检查正时。

14）安装气缸盖外罩。

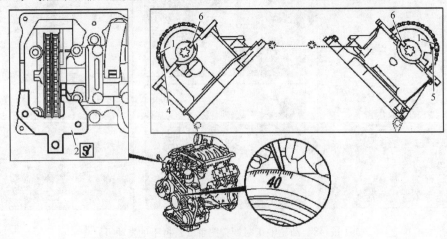

图 19-50　发动机 113.995，在车型 230.472 中
1—镀铜链片　2—右侧凸轮轴的定位板　4—右侧凸轮轴链轮上的标记　5—左侧凸轮轴链轮上的标记　6—凸轮轴凹槽

19.2.8 奔驰 M112 发动机

发动机正时：基本设置是上止点后 40°。链轮上的标记 3 彼此相对，二者均与镀铜凸耳 1 相符。上止点后 40°处，左侧和右侧凸轮轴上的凹槽 6 指向内 V 方向，并居于气缸盖外罩分隔面的中心。镀铜凸耳 1 与凸轮轴驱动齿轮上的标记 4、5 吻合。曲轴上的凹槽 2 和平衡轴、链轮带有橡胶涂层，这可以改善正时箱驱动装置的噪声影响，曲轴链轮、平衡轴和凸轮轴上均覆有橡胶涂层。正时链单元结构见图 19-51。

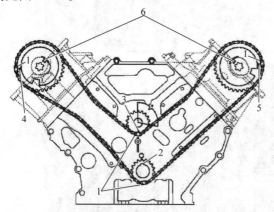

图 19-51　发动机 112 正时链单元
1—镀铜凸耳　2—曲轴上的凹槽　3—发动机 112 平衡轴链轮上的标记
3—发动机 113 导向链轮上的标记　4—右侧凸轮轴链轮上的标记
5—左侧凸轮轴链轮上的标记　6—凸轮轴上的凹槽

平衡轴上的后部平衡重和曲轴箱后部上具有位置彼此相对的直径为 6mm 的定位孔 a，见图 19-52。

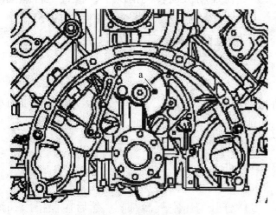

图 19-52　发动机 112 平衡轴正时位置

修理说明：由于发动机正时链路径的不同，凸轮轴上的标记再次重合之前，需要将发动机曲轴最多转动 14 次。

在已装配发动机的情况下检查平衡轴两个标记（曲轴箱前部和平衡重末端上各一个，见图 19-53）彼此相对，拆卸气缸盖外罩时，可以从正时箱左轴看到其位于气缸盖外罩分隔面下方约 22cm 处。

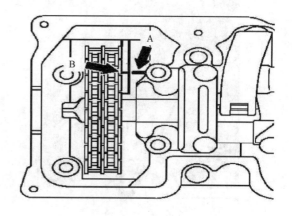

图 19-53　发动机 112 正时标记

19.3　6 系列发动机

19.3.1　奔驰 OM642 柴油发动机

以下程序适用于发动机 642（车型 207、212、218、221、222）。

1. 检查发动机正时链

1）拆下右侧气缸盖罩。

2）将压紧工具安装到凸轮轴 3 的中央凸轮轴轴承上，压紧工具承担凸轮轴轴承的功能，并可减轻凸轮轴支架上的负载。

3）拆下风扇单元。

4）将防护板插到冷却器上。

5）分开增压空气冷却器，然后在保持冷却液管路连接的情况下放到一旁。

6）拆下 V 带。

7）将 1 号气缸的活塞置于压缩上止点（TDC）处。将 1 号气缸的活塞置于点火上止点（TDC），参见检查正时。

8）通过将止动销 2 插入孔 1 来锁止凸轮轴 3。

9）继续通过带轮 6 沿发动机运转方向转动发动机，直至可以感觉到轻微的阻力。

10）检查正时链 4 的链条延伸，切勿沿发动机转动的相反方向转动发动机。否则，这可能会导致测量错误。通过凸轮轴 3 锁止带轮 6 的位置间接检查正时链4的延伸长度，如果正时箱盖罩5上的撑杆位于上止点标记（箭头A）和上止点标记后11°（箭头B）之间，则发动机正时链4仍处于允许公差范围内。否则，必须更换发动机正时链4。

以上操作涉及部件与位置见图19-54。

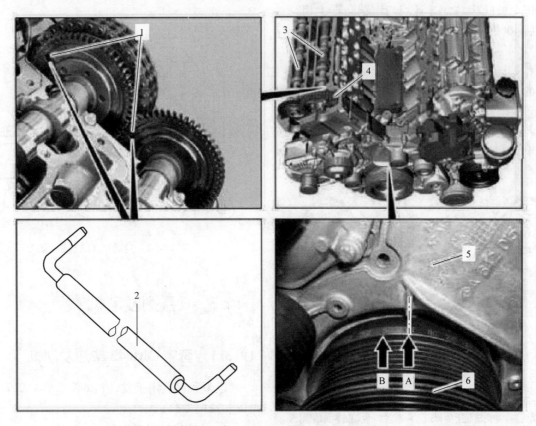

图19-54　图示为发动机642.9
1—孔　2—止动销　3—凸轮轴　4—正时链　5—正时箱盖罩
6—带轮　A—上止点（TDC）标记　B—上止点标记后11°

11）按照拆卸的相反顺序进行安装。

2. 检查发动机气门正时

1）拆下气缸盖罩。

2）将压紧工具套件安装到气缸盖的中央凸轮轴轴承上，压紧工具套件承担凸轮轴轴承的功能，并可减轻凸轮轴支架上的负载。

3）检查发动机正时链。

4）将气缸1的活塞置于压缩上止点（TDC）处。沿发动机运转方向转动发动机曲轴，凸轮轴链轮的标记2必须正好彼此相对，凸轮轴链轮上的标记3必须与气缸盖对准，并且位于左侧，带轮上的上止点（TDC）标记4必须与正时箱盖罩上的撑杆对齐。

5）检查平衡轴的基本位置，仅适用于损坏时。

6）按照拆卸的相反顺序进行安装。

7）在发动机运转的情况下，检查是否漏油。

以上步骤中涉及部件与位置见图19-55。

3. 检查凸轮轴的基本位置

1）拆下气缸盖罩。

2）将压紧工具套件3安装到气缸盖的中央凸轮轴轴承上，压紧工具套件3承担凸轮轴轴承的功能，并可减轻凸轮轴支架2上的负荷。压紧装置套件，见图19-56。

3）拆下风扇单元。

4）插入散热器防护板。

5）分开增压空气冷却器，然后在保持冷却液管路连接的情况下放到一旁。

6）拆下V带。

7）将气缸1上的活塞调节到压缩上止点（TDC）处。通过带轮沿发动机转动方向转动发动机，直到凸轮轴1上的上止点标记5彼此相对，

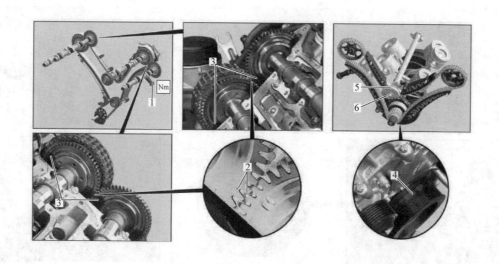

图 19-55 图示为发动机 642，装配 Duplex 链条
1—链条张紧器 2—标记 3—标记 4—上止点（TDC）标记 5—平衡轴上的标记 6—平衡轴驱动齿轮

图 19-56 拆卸气缸盖

同时，标记 4（沿运转方向）要与气缸盖上边缘的左侧对正，带轮 6 上的上止点（TDC）标记（箭头所示）必须与正时箱盖罩 7 上的撑条对正。如果凸轮轴 1 的基本位置不正常，则必须检查正时链是否损坏或伸长。相关部件与位置见图 19-57。

8）按照拆卸的相反顺序进行安装。

4. 调节凸轮轴的基本位置

以下程序适用于发动机 642（车型 204、207、212、218）。

1）拆下凸轮轴。

2）安装凸轮轴。

3）检查凸轮轴的基本位置，见图 19-58 的箭头指向。

19.3.2 奔驰 OM654 发动机

1. 正时链单元部件拆装

1）拆下正时箱盖罩。

2）将凸轮轴外壳和凸轮轴一起拆下。

3）拆下滑动销 2。

4）拉出正时链 3 和装配链 4 处的滑轨 1，然后拆下。

5）检查滑轨 1 是否磨损、刮擦和损坏。

6）按照拆卸的相反顺序进行安装。

以上相关部件位置见图 19-59。

2. 发动机正时检查

1）拆下 V 带前方的防撞板。

图19-57 图示为发动机642.9
1—凸轮轴

图19-58 调节凸轮轴位置

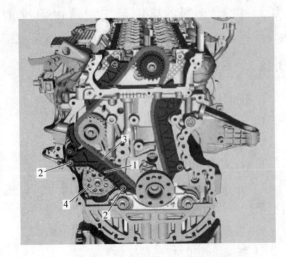

图19-59 发动机正时链单元部件

2）拆下凸轮轴霍尔传感器。
3）将调节工具2安装到凸轮轴霍尔传感器的开口中，然后用手稍稍拧紧螺钉/螺栓3。
4）用反向固定器，沿发动机运转方向通过带轮/减振器1转动发动机，并将1号气缸的活塞置于压缩上止点（TDC）处。不得反向转动发动机，否则，正时链会跳齿并导致发动机损坏。带轮/减振器1上的0°标记必须与气缸体曲轴箱上的标记匹配。
5）检查排气凸轮轴的基本位置：排气凸轮轴上的标记必须与调节工具2上的标记匹配。如果标记不匹配，则设定凸轮轴的基本位置。
6）拆下调节工具2。
7）拆下带轮/减振器1上的反向固定器。
8）安装凸轮轴霍尔传感器。
9）将防撞板安装到V带的前方。
以上相关部件及标记位置见图19-60。

图 19-60 凸轮轴正时检查
1—带轮/减振器　2—调节工具　3—螺钉/螺栓

3. 发动机正时调整

1）拆下低压废气再循环（EGR）冷却器。

2）拆下气缸盖罩。

3）用反向固定器，沿发动机运转方向通过带轮/减振器转动发动机，并将 1 号气缸的活塞置于压缩上止点（TDC）处。不得反向转动发动机，否则，正时链会跳齿并导致发动机损坏。带轮/减振器上的 0° 标记必须与曲轴箱上的标记对齐。

4）安装用于进气凸轮轴 1a 的压紧工具 7a，如有必要，用反向固定器通过带轮/减振器转动发动机。

5）松开螺钉/螺栓 2a。

6）安装用于排气凸轮轴 1b 的压紧工具 7b，如有必要，用反向固定器通过带轮/减振器转动发动机。

7）拧紧气缸盖处压紧工具 7a、7b 的螺钉/螺栓 6。

8）松开螺钉/螺栓 2b。

9）安装曲轴固定锁。

10）拆下螺钉/螺栓 2a。

11）拧入新的螺钉/螺栓 2a 并拧紧。

12）拆下螺钉/螺栓 2b。

13）拧入新的螺钉/螺栓 2b 并拧紧。

14）松开螺钉/螺栓 6，然后拆下压紧工具 7a、7b。

15）通过固定锁沿发动机运转方向转动发动机两圈，进气凸轮轴 1a 和排气凸轮轴 1b 上的标记（箭头所示）必须与凸轮轴壳体 5 上的标记（箭头所示）对齐。

16）设置曲轴。

17）安装压紧工具 7a、7b，检查压紧工具 7a、7b 是否正确落座。如果无法插入压紧工具 7a、7b，必要时重复调节步骤。

18）拆下压紧工具 7a、7b。

19）拆下曲轴固定锁。

20）安装低压废气再循环冷却器。

21）安装气缸盖罩。

以上步骤涉及部件及标记位置见图 19-61。

图 19-61 发动机凸轮轴正时调整
1a—进气凸轮轴　1b—排气凸轮轴　2a—螺栓　2b—螺栓　5—凸轮轴壳体　6—螺栓　7a—压紧工具　7b—压紧工具

第20章 奥迪汽车

20.1 A1（2011—2017年款）

20.1.1 奥迪1.4T CAXA/CNVA发动机（2011—2014）

该发动机正时维修与CAVA相同，相关内容请参考1.2.4小节。

20.1.2 奥迪1.4T CZCA发动机（2015—2017）

该发动机正时维修与CZDA相同，相关内容请参考1.2.1小节。

20.2 A3（2008—2017年款）

20.2.1 奥迪1.8T CJSA/CJSB发动机（2013—2016）

1. 正时链单元部件分解

正时链单元部件见图20-1、图20-5、图20-8。

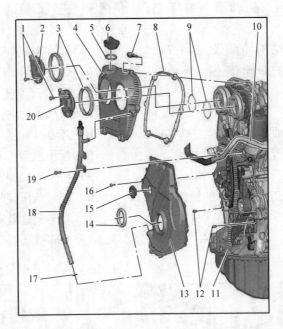

图20-1　正时链盖板，发动机标识字母CJSA、CJSB、CJXB、CJXC、CJXF、CYFB
1—螺栓，更换。铝合金螺栓：4N·m+继续转动45°；钢螺栓：9N·m　2—排气凸轮轴调节阀1 N318　3—密封环，更换　4—正时链上部盖板　5—密封件，损坏时更新　6—封盖　7—螺栓，拧紧顺序见图20-2　8—密封件，损坏时更新　9—O形环，更换，用发动机油浸润　10—未安装　11—发动机　12—固定销，封盖的定位销　13—正时链下盖板，带轴密封环　14—轴密封环，用于减振器　15—封盖，更换　16—螺栓，更换。带15个螺栓的拧紧顺序见图20-3，带8个螺栓的拧紧顺序见图20-4　17—O形环，更换，在安装之前上油　18—机油尺导向管　19—螺栓，9N·m　20—凸轮轴调节阀1 N205

按图 20-2 所示顺序拧紧螺栓 1~6：用 9N·m 的力矩拧紧螺栓。

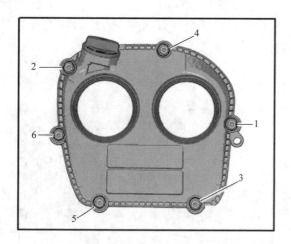

图 20-2　正时链上部盖板拧紧顺序

按图 20-3 所示顺序分 2 步拧紧螺栓 1~15：步骤 1 为用 8N·m 的力矩拧紧螺栓；步骤 2 为继续转动螺栓 45°。

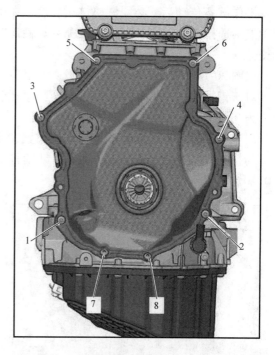

图 20-4　正时链下方盖板拧紧顺序，带 8 个螺栓

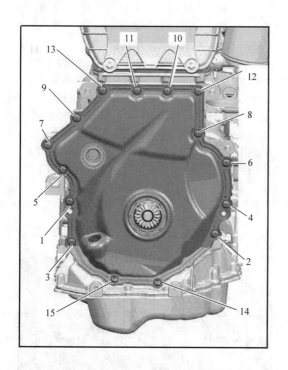

图 20-3　正时链下方盖板拧紧顺序，带 15 个螺栓

按图 20-4 所示顺序分 2 步拧紧螺栓 1~8：步骤 1 为用 8N·m 的力矩拧紧螺栓；步骤 2 为继续转动螺栓 45°。

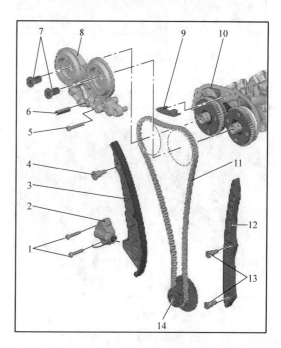

图 20-5　凸轮轴正时链，发动机标识字母 CHHB、CJSB、CJXB、CJXC、CJXF、CYFB

1—螺栓，更换，4N·m + 90°　2—链条张紧器，处于弹簧张紧状态，拆卸前用插入定位工具 T40267 固定　3—正时链张紧轨　4—导向销，20N·m　5—螺栓，更换，拧紧顺序见图 20-6　6—夹紧套，根据结构情况，不是在每个轴承桥上都安装　7—控制阀，左旋螺纹，35N·m，用装配工具 T10352/2 进行拆卸　8—轴承桥　9—凸轮轴正时链的滑轨　10—凸轮轴外壳　11—凸轮轴正时链，拆卸前，用颜色标记转动方向　12—凸轮轴正时链的滑轨　13—导向销，20N·m　14—三级链轮，曲轴，安装位置见图 20-7

操作链条传动后，必须调整链条长度，在引导功能中选择 01 - 链条长度诊断匹配→车辆诊断测试器。

按图 20-6 所示顺序分步拧紧螺栓：

对于钢螺栓：步骤 1 为手动拧入至贴紧；步骤 2 为 9N·m。

对于铝螺栓：步骤 1 为手动拧入至贴紧；步骤 2 为预拧紧力矩 4N·m；步骤 3 为继续拧紧 180°。

图 20-6 轴承桥拧紧力矩和拧紧顺序

图 20-7 三级链轮安装位置
注：两面（箭头）必须相对。

更换并用机油润滑 O 形环 1，见图 20-9。

轴承螺栓的配合销（箭头）卡入气缸体孔中。

用机油润滑轴承螺栓。

务必更换中间齿轮，否则无法调整齿隙，造成发动机损坏。新的中间齿轮带一层油漆减磨涂层，在短时运行后会被磨去，这样齿隙便会自动调整。

用新的螺栓按如下方式拧紧。

1）用扭力扳手以 10N·m 的力矩预紧。

2）旋转中间齿轮。

中间齿轮不允许有间隙存在，否则松开并再次拧紧。

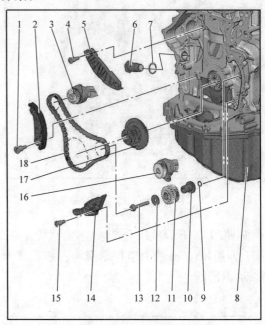

图 20-8 平衡轴驱动链
1—导向销，20N·m 2—张紧轨，用于正时链 3—平衡轴，排气侧，用发动机机油涂抹支座 4—导向销，20N·m 5—滑轨，用于正时链 6—链条张紧器，85N·m 涂防松剂后装入 7—密封环 8—气缸体 9—O 形环，用发动机油浸润 10—轴承螺栓，用发动机机油涂抹，安装位置见图 20-9 11—中间齿轮，如果螺栓松开过，则必须更换中间齿轮 12—止推垫片 13—螺栓，更换，如果螺栓松开过，则必须更换中间齿轮，拧紧顺序见图 20-10 14—滑轨，用于平衡轴正时链 15—导向销，20N·m 16—平衡轴，进气侧，用发动机机油涂抹支座 17—三级链轮，安装位置见图 20-7 18—平衡轴驱动链

图 20-9 轴承螺栓安装位置

3）用扭力扳手以 25N·m 的力矩拧紧。

4）用刚性扳手将螺栓继续转动 90°。

图 20-10 中间齿轮拧紧顺序
1—中间齿轮

2. 正时链条长度检查

1）取下密封塞（箭头），见图 20-11。

图 20-11 取下密封塞

2）沿发动机转动方向转动减振器，直至链条张紧器活塞沿箭头方向最大限度伸出，见图 20-12。

3）数出可见的活塞齿数。

可见齿数是指位于张紧器壳体右侧的（箭头）所有的齿。

如可见齿数为 6 或更少，调整链条长度，在引导功能 中选择 01 链条长度诊断匹配→车辆诊断测试器，并删除故障存储器记录。

如可见齿数为 7 或更多，更换凸轮轴正时链。

如可见齿数为 6 或低于 6，则不可更换正时链。

3. 发动机正时检查

1）拆卸正时链上部盖板。

2）拆卸隔音垫。

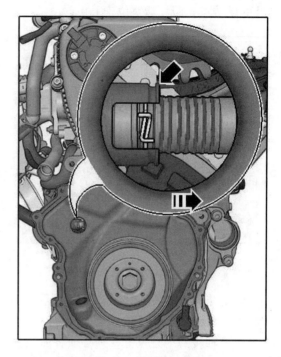

图 20-12 张紧器活塞齿数

3）使用套筒扳手的工具头 SW 24 或固定支架 T10355 将减振器上的曲轴沿发动机转动方向转动，直至标记（箭头）几乎位于上部，见图 20-13。

图 20-13 凸轮轴链轮标记

4）拆卸气缸 1 的火花塞。

5）将千分表适配接头 T10170 A 拧入火花塞螺纹内，直至极限位置。

6）将千分表组件（4 部分）VAS 6341 中的千分表用加长件 T10170A/1 插入到极限位置，用锁紧螺母（箭头）固定住，见图 20-14。

7）沿发动机转动方向缓慢转动曲轴，直到达到最大指针偏向角。当指针到达最大偏转位置

（指针的反转点）时，活塞位于上止点。

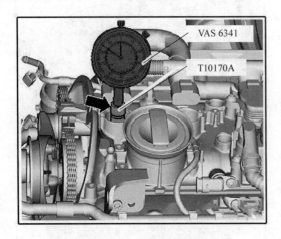

图 20-14　安装千分表

为转动减振器，使用棘轮和套筒扳手的工具头 SW24 或固定支架 T10355。

如果曲轴转到上止点上，则必须将曲轴再次沿发动机转动方向再次转动 2 圈。请勿逆发动机转动方向转动发动机。

气缸盖上带有标记：

减振器缺口必须对准正时链下盖板上的箭头标记。

凸轮轴链轮的标记 1 必须对准气缸盖上的标记 2 和 3。正时标记位置见图 20-15。

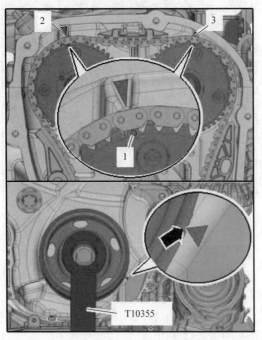

图 20-15　正时标记位置（一）

气缸盖上不带标记：

减振器上的缺口和正时链下方盖板上的标记必须相互对着（箭头）。

凸轮轴链轮的标记 1 必须指向上。正时标记位置见图 20-16。

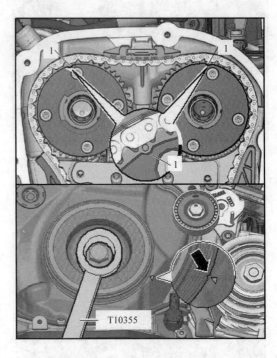

图 20-16　正时标记位置（二）

8）测量从棱边 1 到排气凸轮轴链轮上的标记 2 的距离，见图 20-17。标准值：74～77mm。

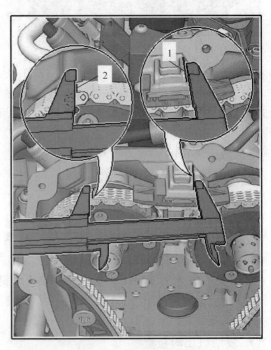

图 20-17　测量正时数据

9）如果已达到标准值，则测量排气凸轮轴链轮上的标记 3 和进气凸轮轴链轮上的标记 4 之间的距离，见图 20-18。标准值：124～127mm。

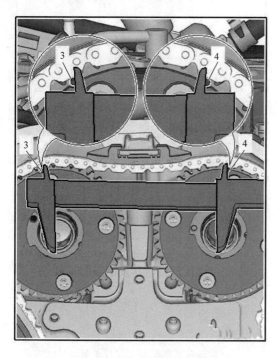

图 20-18 检测正时数据

一个齿的偏差意味着和标准值偏差约 6mm。如果确认有偏差，则重新铺放正时链。

4. 正时链单元拆卸

1）拆卸正时链上部盖板。

2）拆卸隔音垫。

3）带左侧辅助散热器的汽车：拆卸清洗液罐。

4）用装配工具 T10352/2 沿箭头方向拆下左侧和右侧的控制阀，见图 20-19。控制阀有左旋螺纹。

图 20-19 拆下控制阀螺栓

5）拧下螺栓（箭头），取下轴承桥，见图 20-20。

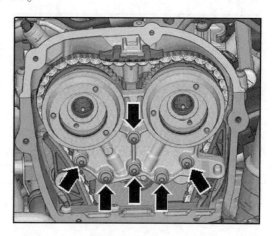

图 20-20 拆下轴承桥

6）用固定支架 T10355 将减振器转入上止点位置。

减振器缺口必须对准正时链下盖板上的标记（箭头）。凸轮轴标记 1 必须指向上，见图 20-21。

图 20-21 正时标记位置

7）拆卸正时链下部盖板。

8）沿箭头方向按压机油泵的链条张紧器张紧卡箍并用定位销 T40011 卡住。

9）拧出螺栓 1 并拆下链条张紧器 2。以上部件见图 20-22。

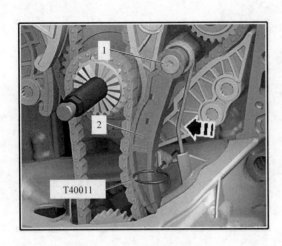

图20-22 拆下链条张紧器

10）拧出螺栓（箭头），见图20-23。

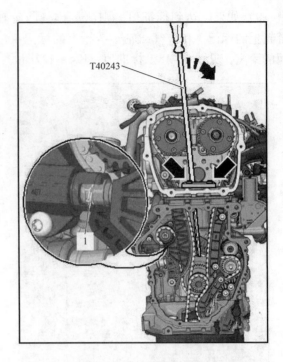

图20-24 安装装配杆

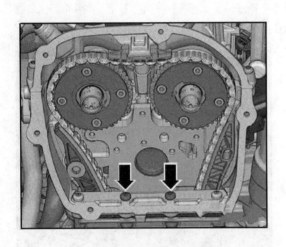

图20-23 拧出螺栓

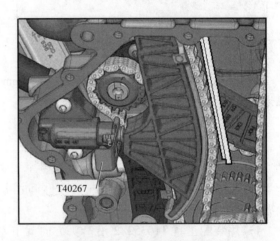

图20-25 拆下链条张紧器

11）拧入装配杆T40243（箭头）。

12）压紧并固定链条张紧器的卡环1。

13）沿箭头方向缓慢地按压并固定装配杆T40243，见图20-24。

14）用插入定位工具T40267固定链条张紧器，见图20-25。

15）卸装配杆T40243。

16）将凸轮轴固定装置T40271/2拧到气缸盖上并沿箭头方向2推入链轮的啮合齿中，必要时用装配工具T40266沿箭头方向1转动进气凸轮轴，见图20-26。

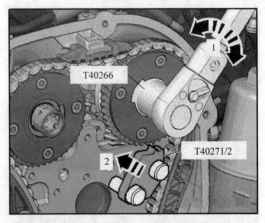

图20-26 安装凸轮轴固定工具

17）将凸轮轴固定装置 T40271/1 拧到气缸盖上。

接下来的工作步骤需要有第 2 位机械师协助。

18）将排气凸轮轴用装配工具 T40266 沿箭头方向 A 固定。拧出螺栓 1，将张紧轨 2 向下推。

19）将排气凸轮轴顺时针（箭头方向 A）继续旋转，直到凸轮轴固定装置 T40271/1 能够推入链轮啮合齿 C（箭头方向 B），见图 20-27。

图 20-29　拆下张紧器

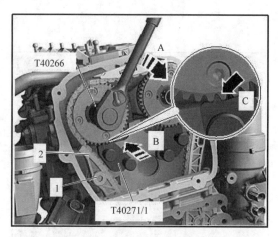

图 20-27　安装排气凸轮轴固定装置

20）拆卸滑轨 1，为此用螺钉旋具打开卡子（箭头），然后将滑轨向前推开，见图 20-28。

图 20-28　拆下顶部滑轨

21）拧下螺栓（箭头），拆下链条张紧器 1，见图 20-29。

22）拧出螺栓 1，拆下滑轨 2，见图 20-30。

23）将凸轮轴正时链从凸轮轴齿轮上取下并

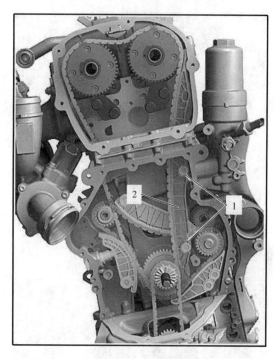

图 20-30　取下滑轨

挂到凸轮轴的销轴上（箭头），见图 20-31。

24）拆卸平衡轴正时链的链条张紧器 1，见图 20-32。

25）拧出螺栓 1。拆卸张紧轨 2 及滑轨 3 和 4，见图 20-33。

26）松开夹紧螺栓 A，拧出夹紧螺栓 B，见图 20-34。

27）取出三级链轮，同时卸下机油泵驱动装置的正时链。

28）取下凸轮轴正时链和平衡轴驱动链。

5. 正时链单元安装

1）检查曲轴的上止点，曲轴的平端（箭头）

图 20-31　安装正时链

图 20-32　拆卸平衡轴链张紧器

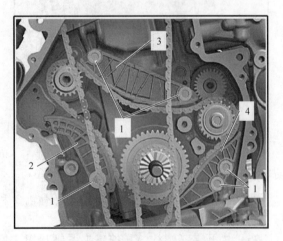

图 20-33　拆下张紧轨与滑轨

图 20-34　取出三级链轮

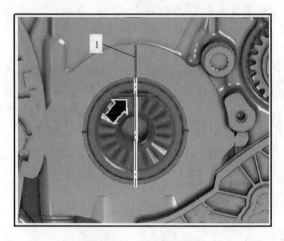

图 20-35　定位曲轴位置

记 2，见图 20-36。

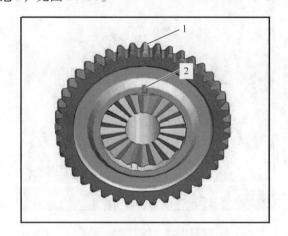

图 20-36　标记三级链轮

必须水平。

2）用防水销钉将标记标注到气缸体 1 上，见图 20-35。

3）用防水记号笔在三级链轮的齿 1 上做标

4）将中间齿轮和平衡轴转至标记（箭头），螺栓 1 不得松开，见图 20-37。

5）放上平衡轴驱动链，将彩色链节（箭头）

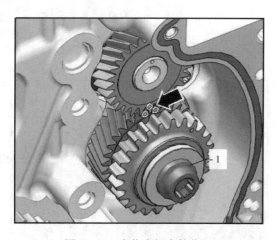

图 20-37　定位中间齿轮位置

定位到链轮的标记上，见图 20-38。链条的彩色链节必须定位在链轮的标记上。无须理会可能存在的附加彩色链节的位置。

图 20-38　定位平衡轴链条位置

6）安装滑轨 1 并拧紧螺栓（箭头），见图 20-39。

图 20-39　安装滑轨

7）将带彩色链节的凸轮轴正时链挂到凸轮轴销轴上。

8）将机油泵驱动装置的正时链放到三级链轮上。

9）沿箭头方向将三级链轮向发动机侧翻转并在曲轴上固定。标记（箭头）必须相对，见图 20-40。

图 20-40　定位三级链轮位置

① 将夹紧螺栓 T10531/2 拧入曲轴并用手拧紧。

② 装上旋转工具 T10531/3。用手拧上带肩螺母 T10531/4。用 SW 32 的呆扳手略微来回移动旋转工具，同时再拧紧带肩螺母，直到链轮牢固地装到曲轴啮合齿上。现在才拧紧夹紧螺栓 A。操作图示见图 20-41。

10）将平衡轴驱动链的彩色链节（箭头）定位在三级链轮的标记上。安装张紧轨 1 和滑轨 2。拧紧螺栓 3，见图 20-42。

11）安装平衡轴链条张紧器。

12）再次检查调整情况，彩色链节（箭头）必须对准链轮的标记，见图 20-43。

图 20-41 安装曲轴链轮螺母

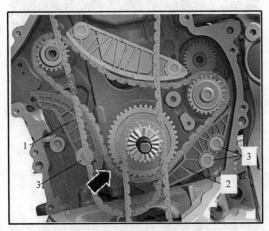

图 20-42 安装张紧轨与滑轨

图 20-43 平衡轴链条标记

13）将凸轮轴正时链放到进气凸轮轴上，排气凸轮轴放到曲轴上。将彩色链节（箭头）定位到链轮的标记上，见图 20-44。

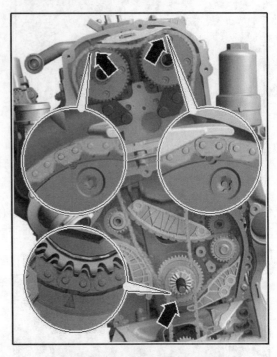

图 20-44 凸轮轴正时链条标记位置

14）安装凸轮轴正时链滑轨并拧紧螺栓。

15）安装上部滑轨。

接下来的工作步骤需要有第 2 位机械师协助。

16）将排气凸轮轴用装配工具 T40266 沿箭头方向 A 略微转动，并将凸轮轴固定装置 T40271/1 从链轮的啮合齿中推出（箭头方向 B）。

17）将凸轮轴沿箭头方向 C 松开，直到正时链紧贴到滑轨 1 上。将凸轮轴固定在这个位置，拧上张紧轨 2 并拧紧螺栓 3。部件位置见图 20-45。

18）安装链条张紧器 1 并拧紧螺栓（箭头），见图 20-46。

19）用装配工具 T40266 沿箭头方向 1 转动进气凸轮轴，沿箭头方向 2 从链轮的啮合齿中推出凸轮轴固定装置 T40271/2 并松开凸轮轴，见图 20-47。

20）拆卸凸轮轴固定装置 T40271/2。

21）检查调整情况，彩色链节（箭头）必须对准链轮的标记，见图 20-48。

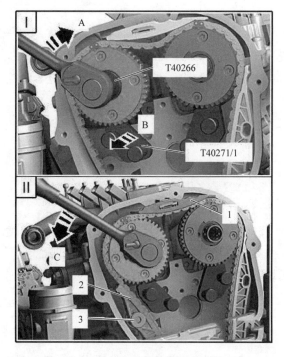

图 20-45 安装凸轮轴固定工具

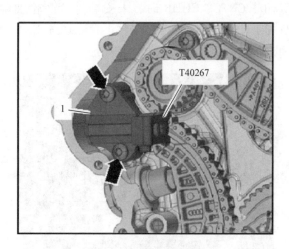

图 20-46 安装张紧器

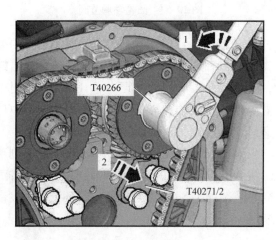

图 20-47 拆下凸轮轴固定工具

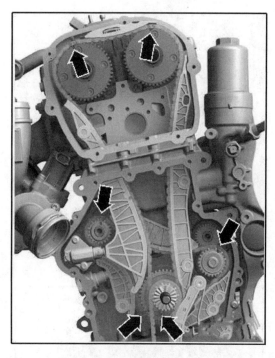

图 20-48 检查正时标记位置

22）安装链条张紧器 2 并拧紧螺栓 1。拆下定位销 T40011，钢丝夹必须在开口中（箭头）紧贴油底壳上部件，见图 20-49。

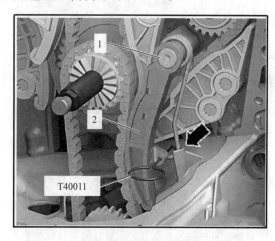

图 20-49 拆下张紧器定位销

23）拧入并拧紧螺栓（箭头），见图 20-50。

24）用发动机机油润滑开孔（箭头），见图 20-51。

提示：不是每个轴承桥上都装有夹紧套 1。

25）套上轴承桥并用手拧紧螺栓。

26）拆除插入定位工具 T40267，见图 20-52。

27）拧紧用于轴承桥的螺栓。

28）安装控制阀。

29）将发动机沿发动机转动方向旋转两圈。

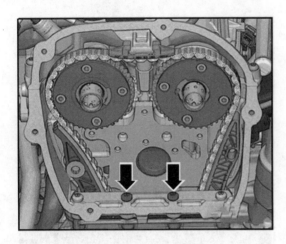

图 20-50 安装螺栓

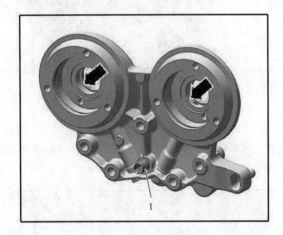

图 20-51 润滑开孔

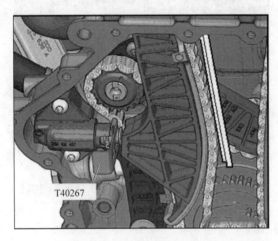

图 20-52 张紧器定位工具

根据传动比,彩色链节在发动机转动之后不再一致。

其他安装以相反顺序进行,安装过程中请注意以下事项:

30)取下旋转工具并安装正时链的下部盖板。

在安装减振器后才可继续旋转角度拧紧螺栓。在安装减振器时,必须再次拧出螺栓。

31)安装减振器。

32)安装正时链上部盖板。

33)安装多楔带的张紧装置。

34)安装多楔带。

35)安装清洗液罐。

36)操作链条传动后,必须调整链条长度。在引导功能中选择 01 - 链条长度诊断匹配 → 车辆诊断测试器。

20.2.2 奥迪 2.0T CHHB 发动机(2015—2016)

与 CJSA 发动机相比,发动机标识字母为 CNSB、CNTC、CHHB 时,未安装排气凸轮轴调节阀 1 N318,见图 20-53。其正时维修与 CJSA 相同,相关内容请参考 20.2.1 小节。

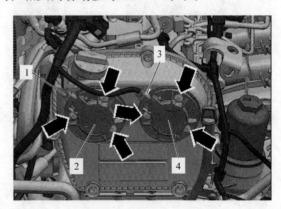

图 20-53 凸轮轴调节阀

拆卸:拔出排气凸轮轴调节阀 1 N318 的插头 1 和凸轮轴调节阀 1 N205 的插头 3。拧出螺栓(箭头),取下凸轮轴调节阀 1 N205(图中位置 4)和排气凸轮轴调节阀 1 N318(图中位置 2)。

安装:安装以倒序进行,同时要注意下列事项。更换 O 形环。在凸轮轴调节阀 1 N205/排气凸轮轴调节阀 1 N318 密封面的密封环上涂抹发动机机油。

20.2.3 奥迪 1.4T CUKB 混动发动机（2015—2017）

该发动机正时维修与 CZDA 相同，相关内容请参考 1.2.1 小节。

20.2.4 奥迪 1.4T CAXC 发动机（2008—2012）

该发动机正时维修与 CAVA 发动机相同，相关内容请参考 1.2.4 小节。此处补充正时链条检查步骤。

检测条件：发动机机油温度必须至少为 40℃。发动机不必位于上止点。

1）拆卸右前车轮。
2）拆卸隔音垫。
3）拆卸右前轮罩内板。
4）拆卸多楔带。

带驻车暖风/辅助加热装置的车辆：

5）用直径最大至 25mm 的软管夹 3094 夹住冷却液软管。
6）将冷却液软管从冷却液管上拔下，为此打开卡箍。
7）将驻车暖风/辅助加热装置连同安装的排气管和连接的冷却液软管一起拆下。

以下适用于所有车辆：

8）将冷却液软管从发动机罩上摘下。
9）将机油尺从导管中拉出。
10）拧出螺栓，取下发动机罩。
11）将冷却液软管从冷却液管上拔下，然后从下面将冷却液管从凸轮轴壳体和气缸体上拔下。
12）松开并拔出插头。
13）拧出两块凸轮轴盖板 3 的螺栓。
14）脱开电线束 1。
15）将冷却液管 2 和电线束 1 从气缸盖上拔下。
16）将两块凸轮轴盖板 3 从气缸盖中撬出，见图 20-54。
17）左侧排气凸轮轴的孔（左侧箭头）必须位于图 20-55 所示位置。
18）必要时将曲轴沿发动机运转方向转动。
19）将凸轮轴固定装置 T10550/1 装入凸轮轴开口，直至极限位置，见图 20-55。

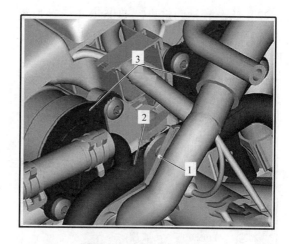

图 20-54　取出凸轮轴盖板

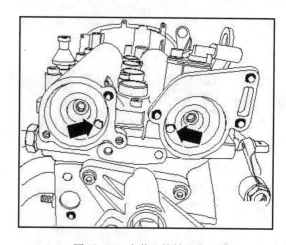

图 20-55　安装凸轮轴固定器

20）止动螺栓（箭头 A）必须卡入排气凸轮轴的孔（箭头 B）中。
21）必须能从上面看到"TOP"（顶部）字样，见图 20-56。

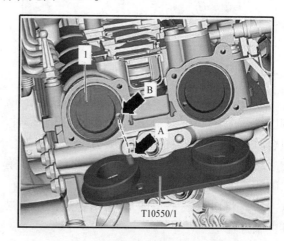

图 20-56　凸轮轴固定器安装标记

22）将凸轮轴固定装置 T10550/1 手动拧紧。

23）为此使用一个凸轮轴盖板螺栓（箭头），见图 20-57。

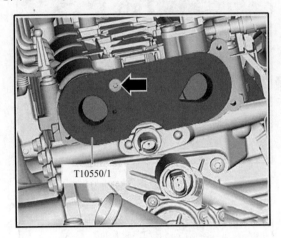

图 20-57　安装盖板螺栓

24）将指针 T10550/2 拧入油底壳 2 的孔中，见图 20-58。

25）将定心顶尖调整为垂直，此时顶尖必须朝上。

26）用滚花螺母拧紧定心顶尖。

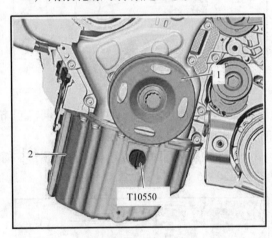

图 20-58　安装指针工具

27）将刻度导套 T10550/3 在带盘上定位。刻度导套 T10550/3 带有磁铁。小心地组合部件。组合时注意，部件会快速相互吸引。

28）如图 20-59 所示，调整刻度导套 T10550/3 与指针 T10550/2。

29）将扭力扳手 VAS 6583 用合适的工具装到曲轴螺栓上。

30）将力矩扳手 VAS 6583 顺时针按下并用 40N·m 的力矩按住。

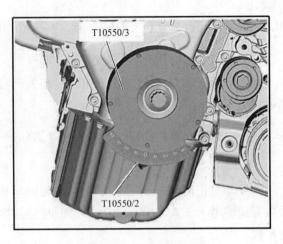

图 20-59　安装刻度导套

31）将刻度导套 T10550/3 朝指针 T10550/2 方向调到 "0"，如图 20-60 所示。

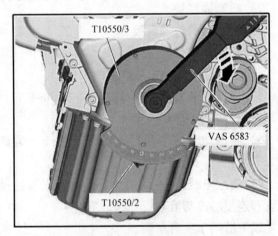

图 20-60　调整曲轴位置

32）将扭力扳手 VAS 6583 换位并逆时针慢慢按压。

33）用 40N·m 的力矩按住扭力扳手 VAS 6583。

34）读取刻度上显示的数值。

35）如果在检查过程中出现链条弹起的现象，则必须更换链条。

36）链条弹起可以明显听到和感觉到。

检测分析：

37）在检测时，如果确定链条伸长至 28°，那么正时链即为正常。

38）自链条伸长 29°起，正时链为不正常，必须更换。

组装以倒序进行。同时要注意下列事项：

刻度导套 T10550/3 带有磁铁。从带盘上拆卸刻度导套 T10550/3 时不可使用撬动工具。

39）将刻度导套 T10550/3 向右转动约 45°，使刻度区域不再位于指针 T10550/2 之上。

40）用双手在后面抓住刻度导套 T10550/3。

41）用拇指顶住带盘螺栓，拔出刻度导套 T10550/3，如图 20-61 所示。

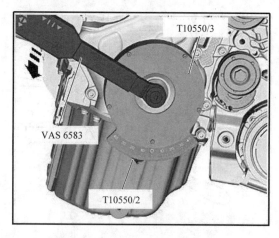

图 20-61 刻度盘使用注意事项

42）更换凸轮轴封盖的密封环，安装前上油。

43）加注冷却液。

44）将发动机罩置于凸轮轴壳体上并将冷却液软管挂入固定支架。

45）用 10N·m 的力矩拧紧固定螺栓。

20.2.5 奥迪 1.8T CDAA 发动机（2009—2012）

该发动机也搭载在大众夏朗车型上，相关内容请参考 1.2.3 小节。

20.3　A4（2001—2017 年款）

20.3.1 奥迪 2.0T CYMC/CYRB 发动机（2016—2017）

该发动机正时单元结构与维修和 CJSA 发动机相同，相关内容请参考 20.2.1 小节。

20.3.2 奥迪 2.0T CDNC 发动机（2009—2015）

该发动机正时单元结构与维修和 CDAA 发动机相同，相关内容请参考 1.2.3 小节。

20.3.3 奥迪 2.0T CNCD 发动机（2014—2015）

该发动机正时单元结构与维修和 CJSA 发动机相同，相关内容请参考 20.2.1 小节。

20.3.4 奥迪 2.0T BWE/BWT 发动机（2006—2008）

该发动机正时单元结构与维修和 CDLC 发动机相同，相关内容请参考 1.7.4 小节。

20.3.5 奥迪 2.7L BSG 柴油发动机（2006—2008）

该发动机正时单元结构与维修和 CASA 发动机相同，相关内容请参考 1.1.2 小节。

20.3.6 奥迪 1.6L ALZ 发动机（2001—2005）

该发动机正时单元结构与维修和 AZJ 发动机相似，相关内容请参考 1.4.6 小节。

20.3.7 奥迪 1.9T BKE 柴油发动机（2004—2005）

1. 正时带单元部件分解

发动机正时带部件如图 20-62 所示。

2. 正时带单元拆装

（1）拆卸步骤

1）在有驻车暖风的车辆上，旋出消音垫上的驻车暖风/辅助加热装置的排气管螺栓。

2）松开快速锁扣并取下前部隔音垫。后隔音垫保持连接状态。

3）拆卸前部保险杠罩。

4）将前围支架置于维护位置。

5）脱开盖罩。

6）拧出螺母并取下发动机盖板，必要时另外拉出机油尺。

7）如果存在，拆下位于下面的隔音板。

8）松开固定夹，拆下上部正时带护罩。

在拆卸多楔带之前用粉笔或记号笔记下转动方向。用过的多楔带在转动方向相反时会导致损坏。

9）为了松开多楔带，沿箭头方向转动张紧元件，见图 20-63。

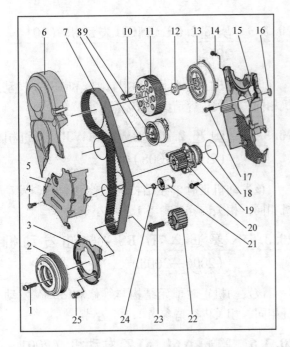

图20-62 齿形带传动部件

1—10N·m + 继续转动90°，更换 2—减振器，带多楔带的带盘，只能在一个位置安装 3—下部正时带护罩 4—10N·m，涂防松剂后装入 5—中部正时带护罩 6—上部正时带护罩，安装时小心地挂在中部正时带护罩上 7—正时带，检查磨损情况，在拆卸之前用粉笔或记号笔记下转动方向。用过的正时带转动方向相反时会导致损坏 8—20N·m + 继续转动45° 9—张紧轮 10—25N·m 11—凸轮轴正时齿轮，在安装位置处做好记号 12—100N·m，松开和拧紧时使用固定支架T10051 13—轮毂，带有霍尔传感器G40的传感轮，拆卸时使用起拔工具T10052 14—10N·m，涂防松剂后装入 15—后部正时带护罩，拆卸时拆下冷却液泵，安装时小心地挂入前部密封法兰中 16—橡胶套管，损坏时更新 17—25N·m 18—O形环，更换 19—冷却液泵 20—15N·m 21—导向辊 22—曲轴正时齿轮，在正时带轮和曲轴之间的接触面上不允许有油，只能在一个位置安装 23—120N·m + 继续转动90°，更换，不用上油，松开和拧紧时使用固定支架3415 24—22N·m 25—10N·m，涂防松剂后装入

图20-63 调整张紧轮

10）从发电机带盘上拆下多楔带。

11）拧出螺栓并取下盖板。

12）将增压压力限制电磁阀N75与连接的软管置于一侧。

13）撬下减振器上的盖罩。

14）拧下减振器，为此用环形扳手卡住中心螺栓，见图20-64。

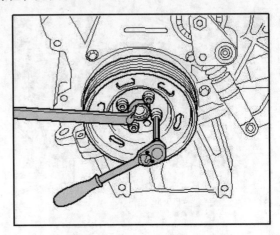

图20-64 拆下减振器

15）拧下中部和下部正时带护罩。

16）将曲轴转至上止点。只允许在曲轴上按发动机旋转方向（顺时针）转动发动机。

为转动发动机，将工具安装在曲轴中心螺栓上。

凸轮轴传感轮上的两个凸缘1之间的间隙必须与后部正时带护罩上的标记"4Z"（图中位置2）对齐，见图20-65。

为了看得更清楚，图示中的凸轮轴正时齿轮不带正时带。

17）用定位销3359锁定轮毂。

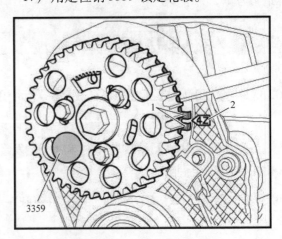

图20-65 对齐凸轮轴标记

18）用曲轴制动器 T10100 锁定曲轴正时带轮。

正时带轮 2 和曲轴制动器 T10100（图中位置 1）上的标记必须彼此相对。这时曲轴制动器 T10100 的销轴必须卡入密封法兰的孔中，见图 20-66。

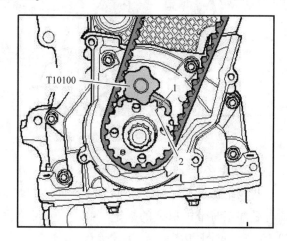

图 20-66　固定曲轴

曲轴制动器 T10100 只能够从花键的端面推到正时带轮上。

19）用粉笔或记号笔标明正时带转动方向。

20）松开凸轮轴正时齿轮的螺栓。

21）松开张紧轮的固定螺母 1，见图 20-67。

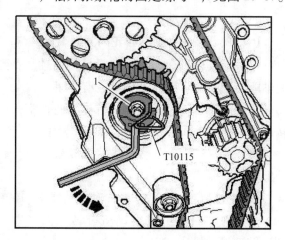

图 20-67　松开张紧轮螺母

22）用一把内六角扳手逆时针方向转动张紧辊的偏心件（箭头），直到张紧辊能够用定位销 T10115 锁定为止，见图 20-68。检查螺纹销的牢固情况。将松动的螺纹销涂防松剂后拧入至极限位置。

23）将内六角扳手顺时针（箭头）转至极限

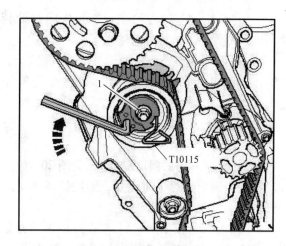

图 20-68　逆时针方向调整

位置，并用手拧紧固定螺母 1。

24）将正时带首先从冷却液泵上取下，然后从其余正时带轮上取下。

（2）安装（调整配气相位）

凸轮轴已用定位销 3359 锁定。

用曲轴制动器 T10100 锁定曲轴。

张紧轮已用定位销 T10115 固定，并且用固定螺母固定在右侧极限位置上。

正时带的调整工作原则上只允许在发动机处于冷态时进行。

在转动凸轮轴时不允许有活塞停在上止点，否则气门/活塞顶有损坏危险。

1）检查张紧轮在后部正时带护罩上的正确位置（箭头），见图 20-69。

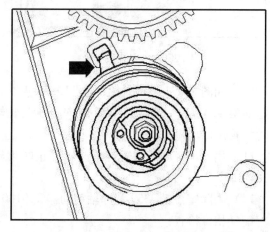

图 20-69　张紧轮正确位置

2）松动拧入凸轮轴正时齿轮的螺栓。

凸轮轴正时齿轮必须刚好还能在轮毂上转动，并且不允许翻倒。

3）将凸轮轴正时齿轮在其长孔中顺时针转动到极限位置。

4）将正时带套到凸轮轴正时齿轮、张紧轮、曲轴正时带轮上，并最后套到冷却液泵正时带轮上。

5）按如下方式调整正时带张紧情况：

6）拉出定位销T10115。

7）松开张紧轮的固定螺母1，见图20-70。

在松开固定螺母1时注意，螺纹销不能随着松开。

8）用内六角扳手顺时针（箭头）转动张紧辊的偏心件，直至指针2居中位于底座缝隙前。

请确保固定螺母不随着转动。

9）将张紧辊保持在这个位置上，并用20N·m的力矩+45°拧紧张紧辊的螺母。

在拧紧固定螺母时，指针从底座间隙中向右转动最多5mm。不允许校正此位置，因为正时带会随着运行时间自行下沉。

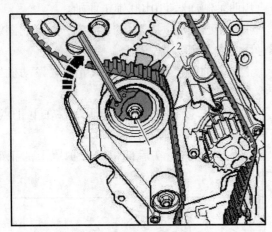

图20-70 安装张紧轮

10）如图20-71所示，用螺栓T10172/4安装固定支架T10172，并通过沿箭头方向按压凸轮轴正时齿轮保持预应力。

11）用25N·m的力矩拧紧凸轮轴正时齿轮的螺栓1。

12）去除定位销3359和曲轴制动器T10100。

配气相位检查：

只允许在曲轴上按发动机旋转方向（顺时针）转动发动机。

13）将曲轴沿发动机运转方向转动2圈，直至曲轴再次接近上止点前。

14）沿发动机运转方向从旋转运动中用定位

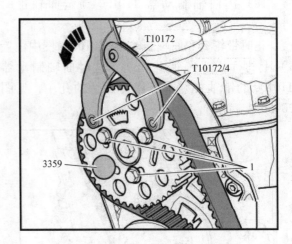

图20-71 安装凸轮轴正时齿轮螺栓

销3359锁定轮毂。

凸轮轴传感轮上的两个凸缘1之间的间隙必须与后部正时带护罩上的标记"4Z"（图中位置2）对齐，见图20-65。

为了看得更清楚，图示中的凸轮轴正时齿轮不带正时带。

15）检查以下各项：

曲轴是否能够用曲轴制动器T10100锁定。

张紧轮指针是否在正中或在底座间隙右侧最多5mm处。

如果曲轴无法锁定：

16）松开凸轮轴正时齿轮的紧固螺栓。

17）沿发动机运转方向略微转动曲轴，直到曲轴能够用曲轴制动器T10100锁定为止。

如果曲轴已转过上止点，首先将曲轴略微倒转，以便将其重新沿发动机运转方向置于上止点。

18）用25N·m的力矩拧紧凸轮轴正时齿轮的螺栓。

19）去除定位销3359和曲轴制动器T10100。

只允许在曲轴上按发动机旋转方向（顺时针）转动发动机。

20）将曲轴沿发动机运转方向转动2圈，直到曲轴重新达到上止点为止。

21）重复检查配气相位。

22）后续组装以倒序进行，同时要注意下列事项：

更新密封件。

用标准型软管卡箍固定所有软管连接。

为将增压空气软管牢牢固定在连接套管上，对于已使用过的螺旋卡箍，在安装前必须用锈蚀溶剂冲洗螺颈。

20.3.8 奥迪1.8T BFB发动机（2005—2008）

1. 正时带单元部件分解

发动机正时带单元部件如图20-72所示。

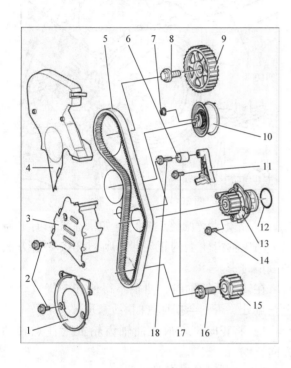

图20-72 正时带传动装置部件

1—正时带下部护罩，拆卸前先拧下减振盘/带轮 2—10N·m，涂抹防松剂后再装入 3—正时带中部护罩，拆卸前先拧下多楔带张紧元件 4—正时带上部护罩，安装时，小心地装入正时带中部护罩 5—正时带，在拆卸之前用粉笔或记号笔标记转动方向；相反的转动方向可能导致已经使用过的正时带损毁。检查是否磨损，不得扭折 6—导向辊，视装备而定 7—27N·m 8—65N·m，松开和拧紧时使用固定支架3036 9—凸轮轴齿轮 10—张紧轮 11—支架 12—O形环，更换，安装时用冷却液浸润 13—冷却液泵 14—15N·m 15—曲轴正时带轮，在正时带轮和曲轴之间的支承面上不允许有机油，只能安装在一个位置上 16—用90N·m的力矩拧紧，并继续转动90°（1/4圈），更换，不用上油，松开和拧紧时使用固定支架3415 17—15N·m 18—25N·m

2. 正时带单元拆装步骤

（1）拆卸步骤

1）将锁定支架置于保养位置。

2）松开快接接头，并取下发动机罩。

在拆卸多楔带之前用粉笔或记号笔记下转动方向。转动方向一旦相反会导致已经使用过的多楔带损毁。

3）沿箭头方向转动张紧元件，以松开多楔带，见图20-73。

4）取下多楔带。

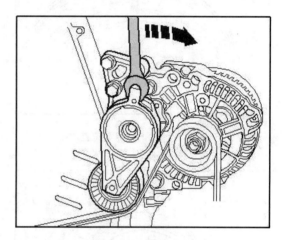

图20-73 转动多楔带张紧轮

5）拧出螺栓，并取下多楔带张紧元件。

6）拆下上部正时带护罩。

7）通过正时带轮紧固螺栓将曲轴转到上止点位置。只允许在曲轴上按发动机旋转方向（顺时针）转动发动机。

凸轮轴齿轮上的标记和曲轴上的标记必须位于上止点处（箭头），见图20-74。

8）拧下减振器，见图20-75。

9）拆下中部和下部正时带护罩。

10）用内六角扳手沿逆时针方向（箭头方向）均匀用力地按压正时带张紧装置，不要用力过大，直至可以用定位板T10008固定住张紧装置的活塞。正时带的张紧装置是油湿的，只能用均匀的力量慢慢压紧。压紧时用力过大可能造成正时带张紧装置损坏。

11）插入定位板T10008并保持插入状态，见图20-76。

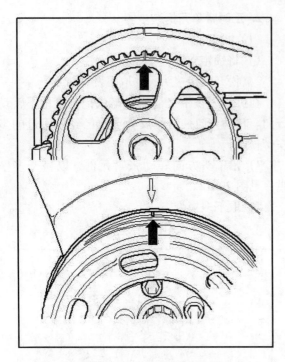

图 20-74 正时标记位置

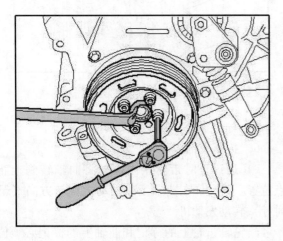

图 20-75 拆下减振器

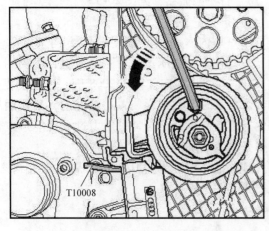

图 20-76 插入定位板

12）松开张紧辊螺母 1 并用双孔螺母扳手 3387 沿逆时针方向（箭头方向）转动偏心轮，从而松开正时带。不得弯曲偏心轮的限位凸耳 A，如图 20-77 所示。

13）用粉笔或记号笔标记正时带的运转方向。

14）拆下正时带。

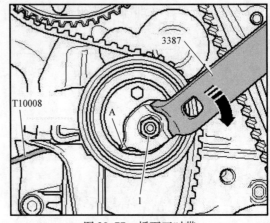

图 20-77 拆下正时带

（2）安装（调整正时） 如果在维修时只需取下凸轮轴齿轮上的正时带，则同样按如下方法调节正时带。

在转动凸轮轴时，曲轴不得使任一气缸处于上止点处。否则会损坏气门/活塞顶部。

1）将正时带安放在曲轴齿轮上（注意转动方向）。

2）安装下部正时带护罩。

3）固定减振器/带轮，注意固定情况。只能在一个位置上安装减振器/带轮：减振器上的孔（箭头）必须高出曲轴正时带轮上的凸起部位，见图 20-78。

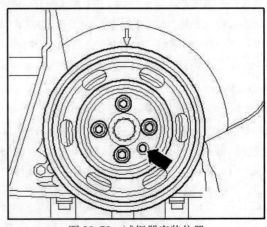

图 20-78 减振器安装位置

4）将凸轮轴齿轮的标记对准气缸盖，减振器的标记对准正时带护罩（箭头）。

5）检查是否仍用定位板 T10008 固定住正时带张紧装置。

6）将正时带依次装到冷却液泵、张紧轮、凸轮轴齿轮上，见图 20-79。

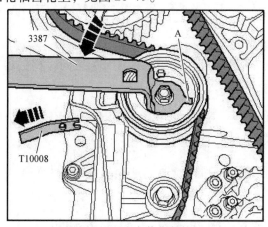

图 20-79　安装张紧轮

张紧正时带：

7）用双孔螺母扳手 3387 沿逆时针方向（箭头方向）转动偏心轮。不得弯曲偏心轮的限位凸耳 A，见图 20-79。

8）将偏心轮固定在这个位置并拔出定位板 T10008。

9）沿顺时针方向（箭头方向）一直转动偏心轮，直到用量规 2（例如：钻头）量到张紧杆和张紧装置壳体之间的间距 a 为 8mm 为止，见图 20-80。

10）将偏心轮保持在这个位置，然后用 27N·m 的力矩拧紧张紧辊的螺母 1。

只允许在曲轴上按发动机旋转方向（顺时针）转动发动机。

11）转动正时带紧固螺栓上的曲轴 2 圈，直至曲轴重新位于上止点处。

凸轮轴齿轮上的标记和曲轴上的标记必须位于上止点处。

12）用量规 2（例如：钻头）测量张紧杆和张紧装置壳体之间的间隔 a。间隔 $a=6\sim10$mm。

如果测量值未达到间隔 a：

正时带的张紧装置是油湿的，只能用均匀的力量慢慢压紧。

压紧时用力过大可能会造成正时带张紧装置损坏。

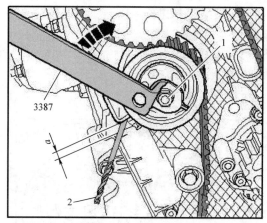

图 20-80　安装张紧轮

13）用内六角扳手沿逆时针方向（箭头方向）均匀用力地按压正时带张紧装置，不要用力过大，直至可以用定位板 T10008 固定住张紧装置的活塞，见图 20-81。

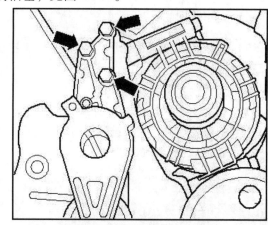

图 20-81　用定位板固定张紧器

14）松开张紧辊的螺母 1，见图 20-82。图中 A 为限位凸耳。

15）张紧正时带。

如果测量值达到间隔 a：

16）安装中部和上部正时带护罩。

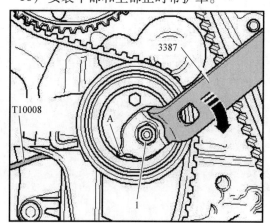

图 20-82　松开张紧辊螺母

后续组装工作以倒序进行，同时请注意下列事项：

17）安装多楔带的张紧元件（箭头），见图20-83。

18）安装多楔带。

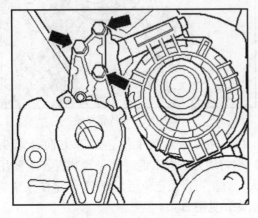

图20-83 安装多楔带张紧元件

19）安装上部正时带护罩，同时小心地挂在中部正时带护罩上。

20）安装锁支架及加装件。

21）扭力支承挡块由于自身重力作用会落在扭力支承的橡胶缓冲块上，拧紧螺母。

22）安装前保险杠罩。

23）检查前照灯调节装置。

20.4 A5（2008—2017年款）

20.4.1 奥迪1.8T CJEE发动机（2016— ）

该发动机正时维修与CJSA相同，相关内容请参考20.2.1小节。

20.4.2 奥迪2.0T CNCD发动机（2013—2016）

该发动机正时单元结构与维修和CJSA发动机相同，相关内容请参考20.2.1小节。

20.4.3 奥迪2.0T CNCE发动机（2016）

该发动机正时维修与CJSA相同，相关内容请参考20.2.1小节。

20.4.4 奥迪3.0T CMUA发动机（2012—2014）

该发动机正时维修与CJTA相同，相关内容请参考1.1.3小节。

20.4.5 奥迪2.0T CDNC/CAEB发动机（2009—2016）

该发动机正时单元结构与维修和CDAA发动机相同，相关内容请参考1.2.3小节。

20.4.6 奥迪3.2L CALA发动机（2008—2011）

该发动机正时维修与CJTA相同，相关内容请参考1.1.3小节。

20.5 A6（2005—2018年款）

20.5.1 奥迪2.0T CHJA混动发动机（2012—2015）

该发动机正时单元结构与维修和CDAA发动机相同，相关内容请参考1.2.3小节。

20.5.2 奥迪3.0T CREC发动机（2015—2018）

1. 正时链单元部件分解

发动机正时链单元部件如图20-84、图20-88～图20-92所示。

更新拧紧时需要继续旋转一个角度的螺栓。

支架（箭头 A、B）连同正时链的左侧盖板一起拧紧。

图 20-85 中位置 8 是一个双头螺柱。按所示顺序分 2 步拧紧螺栓：步骤 1 为 1～8 拧至 5N·m；步骤 2 为 1～8 继续拧紧 90°。

更新拧紧时需要将螺栓继续旋转一个角度的螺栓。

支架（箭头 A、B）连同正时链的右侧盖板一起拧紧。图 20-86 中位置 8 是一个双头螺柱。

按所示顺序分 2 步拧紧螺栓：步骤 1 为 1～8 拧至 5N·m；步骤 2 为 1～8 继续拧紧 90°。

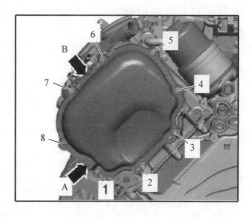

图 20-85　正时链左侧盖板拧紧力矩和拧紧顺序

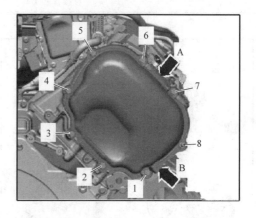

图 20-86　正时链右侧盖板拧紧力矩和拧紧顺序

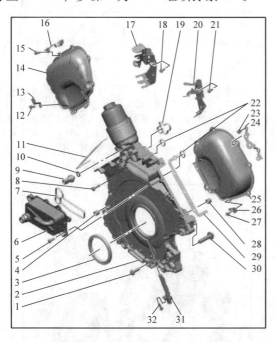

图 20-84　正时链盖板

1—螺栓，拆卸后更换，拧紧力矩和拧紧顺序见图 20-87　2—正时链下盖板　3—轴密封环　4—空心定位销，2 件　5—螺栓　6—发动机机油冷却器　7—密封件，拆卸后更换　8—螺栓，拆卸后更换，拧紧力矩和拧紧顺序见图 20-87　9—油压开关 F22，接通压力 250～320kPa，灰色绝缘，20N·m　10—密封环，拆卸后更换　11—左侧气缸盖密封垫　12—螺栓，拆卸后更换，拧紧力矩和拧紧顺序见图 20-85　13—支架　14—正时链左侧盖板　15—螺栓，拆卸后更换，拧紧力矩和拧紧顺序见图 20-85　16—支架　17—支架，用于左侧氧传感器电插头　18—螺栓，拧紧力矩和拧紧顺序见图 20-85　19—密封件，拆卸后更换　20—支架，用于右侧氧传感器电插头　21—螺栓，拧紧力矩和拧紧顺序见图 20-86　22—密封件，拆卸后更换　23—螺栓，拧紧力矩和拧紧顺序见图 20-86　24—支架，用于电插头　25—正时链右侧盖板　26—支架　27—螺栓，拆卸后更换，拧紧力矩和拧紧顺序见图 20-86　28—空心定位销，2 件　29—右侧气缸盖密封垫　30—螺栓，拧紧力矩和拧紧顺序见图 20-87　31—发动机转速传感器 G28　32—螺栓

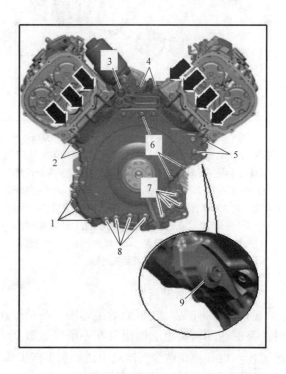

图 20-87　正时链下部盖板拧紧力矩和拧紧顺序

更新拧紧时需要继续旋转一个角度的螺栓。

将螺栓分步如下拧紧：

序号	螺栓	拧紧力矩/继续拧紧角度
1	箭头	3N·m
2	1～9	以交叉方式3N·m
3	1～5	继续拧紧90°
4	箭头	9N·m
5	6、7、8	8N·m
6	6、7、8	继续拧紧90°
7	9	20N·m
8	9	继续拧紧180°

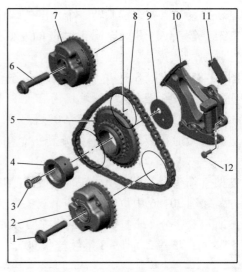

图20-89　右侧凸轮轴正时链

1—螺栓，拆卸后更换，80N·m+90°　2—凸轮轴调节器，用于排气凸轮轴，标记"EX"　3—螺栓　4—轴承螺栓，用于右侧凸轮轴正时链的驱动链轮，结构不对称，安装位置见图20-91　5—驱动链轮，用于右侧凸轮轴正时链，安装位置见图20-91　6—螺栓，拆卸后更换，80N·m+90°　7—凸轮轴调节器，用于进气凸轮轴，标记"IN"　8—右侧凸轮轴正时链，为了能够重新安装，要用颜色标出转动方向　9—止推垫片，用于右侧凸轮轴正时链的驱动链轮，结构不对称，安装位置见图20-91　10—链条张紧器，用于右侧凸轮轴正时链　11—滑块　12—螺栓，9N·m

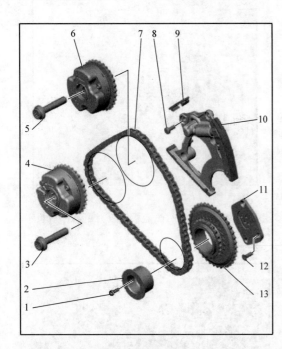

图20-88　左侧凸轮轴正时链

1—螺栓　2—轴承螺栓，用于左侧凸轮轴正时链的驱动链轮　3—螺栓，拆卸后更换，80N·m+90°　4—凸轮轴调节器，用于排气凸轮轴，标记"EX"　5—螺栓，拆卸后更换，80N·m+90°　6—凸轮轴调节器，用于进气凸轮轴，标记"IN"　7—左侧凸轮轴正时链，为了能够重新安装，要用颜色标出转动方向　8—螺栓，9N·m　9—滑块　10—链条张紧器，用于左侧凸轮轴正时链　11—轴承板，用于驱动链轮　12—螺栓　13—驱动链轮，用于左侧凸轮轴正时链

2. 凸轮轴正时链拆卸

（1）拆卸步骤　在下面的描述中，凸轮轴正时链保留在发动机上。即使只在一个气缸盖上实施工作，也必须在两个气缸列上进行该工作步骤。

1）拆卸正时链左侧和右侧盖板。

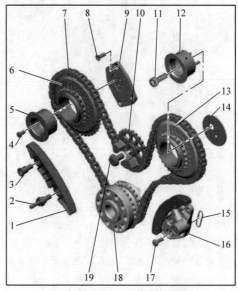

图20-90　正时驱动系统驱动链

1—滑轨　2—螺栓，16N·m　3—螺栓，16N·m　4—螺栓，拆卸后更换，5N·m+90°　5—轴承螺栓，用于左侧凸轮轴正时链的驱动链轮　6—驱动链轮，用于左侧凸轮轴正时链　7—驱动链，用于控制机构，为了能够重新安装，要用颜色标出转动方向　8—螺栓，拆卸后更换，8N·m+45　9—轴承板，用于左侧凸轮轴正时链的驱动链轮　10—平衡轴的链轮，带变速器侧平衡重　11—螺栓，30N·m+90°　12—轴承螺栓，用于右侧凸轮轴正时链的驱动链轮，结构不对称，安装位置见图20-91　13—驱动链轮，用于右侧凸轮轴正时链，安装位置见图20-91　14—止推垫片，用于右侧凸轮轴正时链的驱动链轮，结构不对称，安装位置见图20-91　15—密封件，拆卸后更换　16—链条张紧器　17—螺栓，9N·m　18—曲轴　19—螺栓

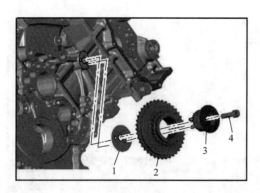

图 20-91 右侧凸轮轴正时链驱动链轮轴承螺栓的安装位置

2—右侧凸轮轴正时链的驱动链轮 4—螺栓

注：右侧凸轮轴正时链驱动链轮轴承销 3 内的固定销必须卡入止推垫片 1 的孔内和气缸体的孔内

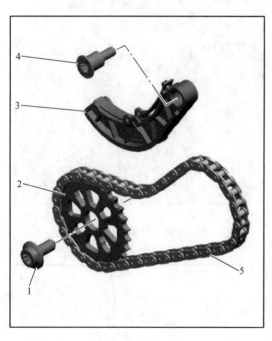

图 20-92 机油泵驱动链

1—螺栓，拆卸后更换，30N·m+90° 2—驱动链轮，用于机油泵，安装位置：有字的一侧指向变速器。只能在一个位置上安装 3—链条张紧器，带滑轨 4—螺栓，20N·m 5—驱动链，用于机油泵，能够重新安装，要用颜色标出转动方向

2）拆卸左右侧气缸盖罩。

3）拆卸隔音垫。

4）按下面方式插入适配接头 T40058 的导向销：大直径一端（箭头1）指向发动机，小的直径（箭头2）指向适配接头，见图 20-93。

5）用适配接头 T40058 和弯曲的环形扳手沿发动机转动方向（箭头）将曲轴转动到上止点，如图 20-94 所示。

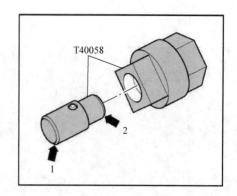

图 20-93 配置工具

图 20-94 旋转曲轴

转动发动机，使左侧（沿行驶方向）减振器上的小缺口 1 与气缸体和梯形架之间的外壳接合线 2 相对。这样稍后就可以方便地拧入固定螺栓 T40069，见图 20-95。

减振器上的标记仅仅是辅助工具。只有拧入固定螺栓 T40069 后，才能达到准确的上止点位置。

图 20-95 减振器标记

所有凸轮轴上的螺纹孔（箭头）都必须朝

上，见图20-96。

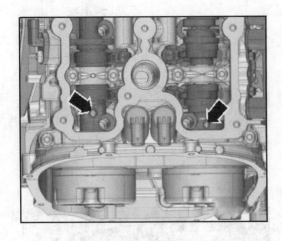

图20-96 凸轮轴朝上

当凸轮轴不在所述的位置时，将曲轴继续旋转一圈，然后再次转到上止点。

气缸列1（右）：

6）将凸轮轴固定装置T40133/1安装到气缸盖上（箭头），然后用25N·m拧紧，见图20-97。

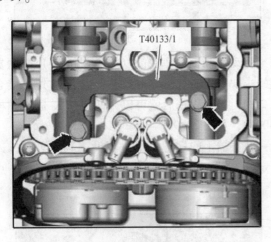

图20-97 安装固定装置

气缸列2（左）：

7）将凸轮轴固定装置T40133/2安装到气缸盖上（箭头），然后用25N·m拧紧，见图20-98。

两个气缸列的后续操作：

8）将用于曲轴上止点标记的螺旋塞（箭头）从气缸体中拧出，见图20-99。

9）如图20-100所示，将固定螺栓T40069用20N·m的力矩拧入孔中；必要时稍微来回转动曲轴1，以便完全对准螺栓。

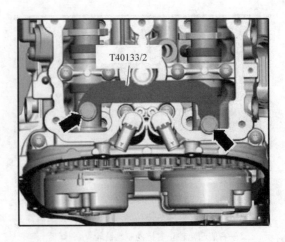

图20-98 安装固定装置

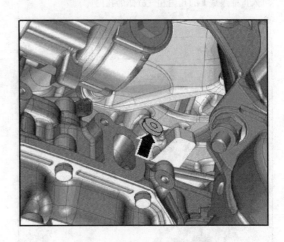

图20-99 拆出上止点螺栓

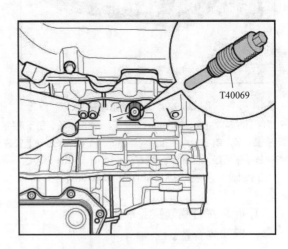

图20-100 安装上止点正时工具

气缸列1（右）：

10）用一把螺钉旋具1向内按压右侧凸轮轴正时链链条张紧器的滑轨到极限位置，用定位销T40071卡住链条张紧器，见图20-101。

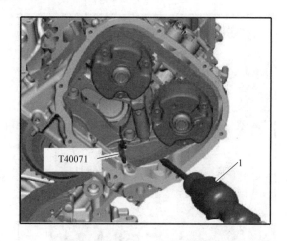

图 20-101 设置张紧器

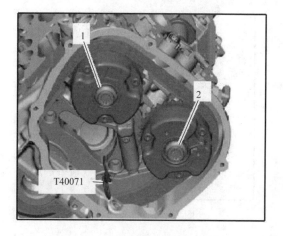

图 20-103 取出凸轮轴调节器螺栓

11）为卡住相关的凸轮轴调节器，安装扳手 T40297 与环形扳手 2。

12）松开进气侧凸轮轴调节器的螺栓 1。链条张紧器以油减振，因此必须缓慢地均匀用力压紧。

松开凸轮轴调节器或凸轮轴链轮螺栓时，绝不允许将凸轮轴固定装置 T40133 用作固定支架。

13）松开排气侧凸轮轴调节器螺栓 3，为此同样要用扳手 T40297 顶住，见图 20-102。

限位置，用定位销 T40071 卡住链条张紧器。链条张紧器以油减振，因此必须缓慢地均匀用力压紧。

图 20-104 设置张紧器

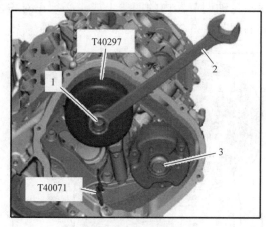

图 20-102 松开螺栓

为了避免小零件通过正时链箱开口意外落入发动机内，请用干净的抹布遮住开口。

14）用颜色标记凸轮轴调节器的安装位置，以便重新安装。

15）拧出螺栓 1、2，见图 20-103，取下两个凸轮轴调节器。

气缸列 2（左）：

16）如图 20-104 所示，用一把螺钉旋具 1 向内按压左侧凸轮轴正时链链条张紧器的滑轨到极

17）为卡住相关的凸轮轴调节器，安装扳手 T40297 与环形扳手 2。

18）松开排气侧凸轮轴调节器的螺栓 1。松开凸轮轴调节器或凸轮轴链轮螺栓时，绝不允许将凸轮轴固定装置 T40133 用作固定支架。

19）松开进气侧凸轮轴调节器螺栓 3，为此同样要用扳手 T40297 顶住，见图 20-105。

为了避免小零件通过正时链箱开口意外落入发动机内，请用干净的抹布遮住开口。

20）用颜色标记凸轮轴调节器的安装位置，以便重新安装。

21）拧出螺栓 1、2，取下两个凸轮轴调节器，见图 20-106。

（2）安装步骤 更新拧紧时需要继续旋转一个角度的螺栓。

在旋转凸轮轴时，活塞不允许停在上止点。

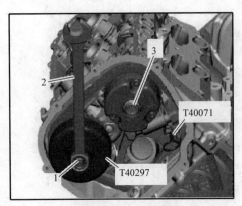

图 20-105　松开螺栓

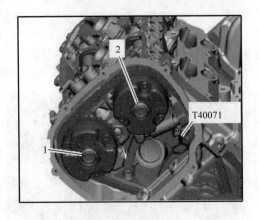

图 20-106　取出螺栓

控制机构驱动链已安装→Kapitel：

将曲轴用固定螺栓 T40069 固定在上止点位置。

将凸轮轴固定装置 T40133/1 在气缸列 1（右侧）上用 25N·m 拧紧。

将凸轮轴固定装置 T40133/2 在气缸列 2（左侧）上用 25N·m 拧紧。

气缸列 1（右）：

在执行以下工作步骤时，才允许如下所述安装凸轮轴调节器。

按照拆卸时所做标记重新安装凸轮轴调节器。

凸轮轴调节器内的凹槽 1 或 4 必须正对着所涉及的调节窗口 2 或 3，见图 20-107。

1）按照拆卸时所做标记重新安装凸轮轴调节器。

2）将凸轮轴正时链放到驱动链轮和凸轮轴调节器上，并松松地拧入螺栓。

两个凸轮轴调节器必须在凸轮轴上还能旋转并且不得翻转。

3）拆除定位销 T40071。

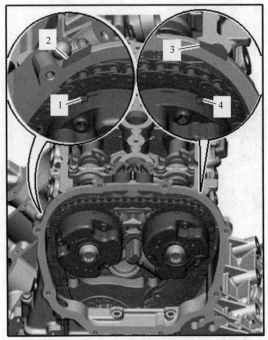

图 20-107　凸轮轴调节器位置

气缸列 2（左）：

在执行以下工作步骤时，才允许如下所述安装凸轮轴调节器。

按照拆卸时所做标记重新安装凸轮轴调节器。

凸轮轴调节器内的凹槽 1 或 4 必须正对着所涉及的调节窗口 2 或 3，见图 20-108。

图 20-108　凸轮轴调节器位置

4）按照拆卸时所做标记重新安装凸轮轴调

节器。

5）将凸轮轴正时链放到驱动链轮和凸轮轴调节器上，并松松地拧入螺栓1、2，见图20-109。

两个凸轮轴调节器必须在凸轮轴上还能旋转并且不得翻转。

6）拆除定位销T40071。

气缸列1（右）：

7）将扳手T40297装到排气凸轮轴调节器上。

8）将扭力扳手V.A.G 1332用插入工具V.A.G 1332/9安装到扳手T40297上。

9）让另一位机械师用40N·m的力矩沿（箭头方向）预紧凸轮轴调节器。

10）在凸轮轴调节器仍旧保持预紧期间，拧紧螺栓：拧紧力矩为60N·m。

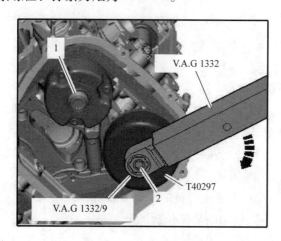

图20-109 拧紧螺栓

11）取下扳手T40297。

12）拆除凸轮轴固定装置T40133/1。

气缸列2（左）：

13）将扳手T40297装到进气凸轮轴调节器上。

14）将扭力扳手V.A.G 1332用插入工具V.A.G 1332/9安装到扳手T40297上。

15）让另一位机械师用40N·m的力矩沿箭头方向预紧凸轮轴调节器，见图20-110。

16）在凸轮轴调节器仍旧保持预紧期间，拧紧螺栓：拧紧力矩为60N·m。

17）取下扳手T40297。

18）拆除凸轮轴固定装置T40133/2。

气缸列1（右）：

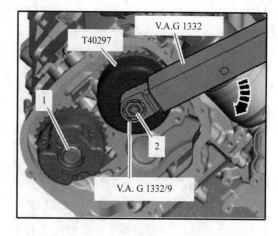

图20-110 拧紧调节器螺栓

19）拧紧右侧气缸盖上的凸轮轴调节器螺栓

气缸列2（左）：

20）拧紧左侧气缸盖上的凸轮轴调节器螺栓

21）取下曲轴固定螺栓T40069。

22）将曲轴用适配接头T40058和弯曲的环形扳手沿发动机转动方向转动2圈，直至曲轴重新到达上止点。

如果意外转过了上止点，则必须将曲轴再次转回约30°，重新转到上止点。

气缸列1（右）：

23）将凸轮轴固定装置T40133/1安装在气缸盖上并拧紧。拧紧力矩25N·m。

气缸列2（左）：

24）将凸轮轴固定装置T40133/2安装在气缸盖上并拧紧。拧紧力矩25N·m。

两个气缸列的后续操作：

25）将固定螺栓T40069直接拧入孔内。

固定螺栓T40069必须卡入曲轴的固定孔里，否则再次调整。

26）拆除两个气缸盖上的凸轮轴固定装置。

27）取下固定螺栓。

其他安装以相反顺序进行，安装过程中请注意以下事项：

28）安装气缸盖罩。

29）安装正时链左侧和右侧盖板。

3. 控制机构链条拆卸

（1）拆卸步骤

1）拆卸正时链下部盖板。

2）拆卸凸轮轴正时链。

3）拧出螺栓1、2，取下链条张紧器，见图

20-111。

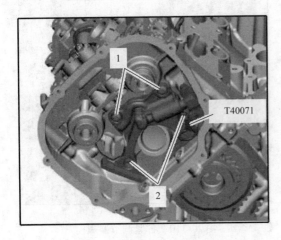

图20-111 拆下链条张紧器

4）拆卸取力器驱动链。
5）旋出螺栓1并取下滑轨。
6）旋出螺栓2并取下链条张紧器，如图20-112所示。
7）取下控制机构驱动链。对于用过的驱动链，转动方向相反时有损坏的危险。为了重新安装，用颜色通过箭头标记驱动链的转动方向。

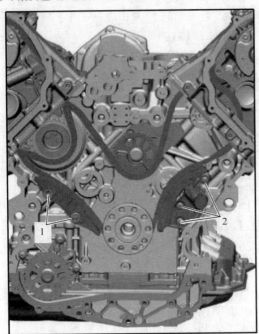

图20-112 取下滑轨与张紧器

（2）安装步骤 安装以倒序进行，同时要注意下列事项：
更新拧紧时需要继续旋转一个角度的螺栓。
将曲轴用固定螺栓T40069固定在"上止点"位置。

1）将平衡轴链轮用固定销T40116在上止点位置固定在链轮调节范围（箭头）内，见图20-113。
2）根据拆卸时记下的标记把控制机构驱动链放到驱动链轮上。

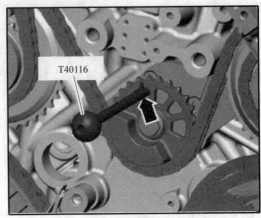

图20-113 安装平衡轴固定销

3）安装滑轨并拧紧螺栓。
4）安装链条张紧器并拧紧螺栓。
固定销T40116必须大概处于平衡轴的链轮调节范围中部。
固定销绝不允许靠在左侧或右侧。必要时，将驱动链移动一个齿。
5）安装取力器驱动链。
6）安装凸轮轴正时链。
7）安装正时链的下部盖板。

4. 辅助驱动链条拆卸

（1）拆卸步骤
1）拆卸正时链下部盖板。
2）将链条张紧器的弹簧用一个钳子向下压（箭头），并用定位销T40071固定住，见图20-114。

图20-114 固定张紧器

3）拧出螺栓1，取下链条张紧器。

4）拧出螺栓1，为此用一把螺钉旋具2固定住链轮，见图20-115。

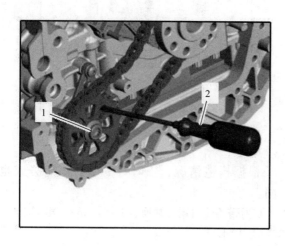

图20-115 用螺钉旋具辅助拆卸

5）将驱动链和链轮取下。对于用过的驱动链，转动方向相反时有损坏的危险。为了重新安装驱动链，用彩色箭头标记转动方向。不得通过冲窝、刻槽等对驱动链做标记。

（2）安装 安装以倒序进行，同时要注意下列事项：

安装正时链的下部盖板。

20.5.3 奥迪2.0T BPJ发动机（2005—2011）

该发动机正时维修与CDLC相同，相关内容请参考1.7.4小节。

20.5.4 奥迪2.4L BDW发动机（2005—2008）

1. 正时链单元部件分解

发动机正时链单元部件如图20-116、图20-117、图20-118、图20-119、图20-121、图20-122所示。

在拆下凸轮轴正时链前用颜色对转动方向做好标记。对一条已用过的链条而言，转动方向装反会导致损坏。

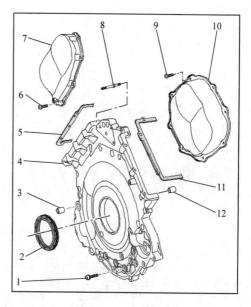

图20-116 正时罩盖

1—M6：9N·m；M8：20N·m 2—轴密封环，用于曲轴（正时链侧） 3—空心定位销，2件 4—正时链下盖板 5—左侧气缸盖密封垫 6—5N·m+继续旋转90°（1/4圈），更换 7—正时链左侧盖板 8—16N·m，用于2005年5月之后的汽车 9—5N·m+继续旋转90°（1/4圈），9N·m，更换 10—正时链右侧盖板 11—右侧气缸盖密封垫 12—空心定位销，2件

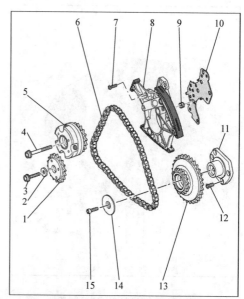

图20-117 左侧凸轮轴正时链

1—凸轮轴链轮，用于排气凸轮轴 2—垫圈 3—凸轮轴螺栓，更换，预拧紧力矩：40N·m，最终拧紧力矩：80N·m+继续旋转90°（1/4圈） 4—凸轮轴螺栓，更换，预拧紧力矩：40N·m，最终拧紧力矩：80N·m+继续旋转90°（1/4圈） 5—进气凸轮轴调节器，标记进气 6—左侧凸轮轴正时链 7—9N·m；8—左侧凸轮轴正时链条张紧器 9—油滤网，装入张紧器，注意外围上的止动凸缘 10—密封件，更换，卡到链条张紧器上 11—驱动链轮支撑座 12—8N·m+继续旋转45°（1/8圈），更换，安装时需加油润滑 13—左侧凸轮轴正时驱动链轮 14—驱动链轮止推垫片 15—6N·m+继续旋转60°（1/6圈），更换

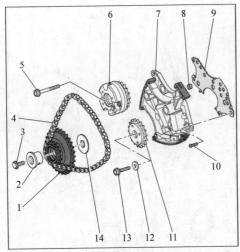

图 20-118 右侧凸轮轴正时链
1—驱动链轮,用于右侧凸轮轴正时链 2—轴承螺栓,用于驱动链轮 3—30N·m+继续旋转90°(1/4圈) 4—右侧凸轮轴正时链 5—凸轮轴螺栓,更换,预拧紧力矩:40N·m,最终拧紧力矩:80N·m+继续旋转90°(1/4圈) 6—进气凸轮轴调节器,标记进气 7—右侧凸轮轴正时链条张紧器 8—油滤网,装入张紧器,安装位置:外围上的止动凸缘 9—密封件,更换,卡到链条张紧器上 10—9N·m 11—凸轮轴链轮,用于排气凸轮轴 12—垫圈 13—凸轮轴螺栓,更换,预拧紧力矩:40N·m,最终拧紧力矩:80N·m+继续旋转90°(1/4圈) 14—驱动链轮止推垫片

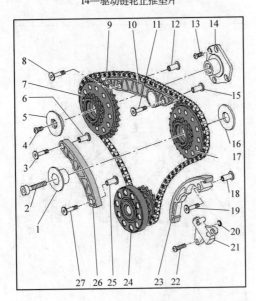

图 20-119 控制机构驱动链部件
1—驱动链轮轴承螺栓 2—30N·m+继续旋转90°(1/4圈),更换 3—螺栓,更换,构造情况不同,型号和拧紧力矩也不同,见图20-120 4—6N·m+继续旋转60°(1/6圈),更换 5—驱动链轮止推垫片 6—衬套,构造不同,型号也不同,见图20-120 7—链条驱动链轮 8—螺栓,更换,构造情况不同,型号和拧紧力矩也不同,见图20-120 9—控制机构驱动链,拆卸前,用颜色标记转动方向 10—滑轨 11—螺栓,更换,构造情况不同,型号和拧紧力矩也不同见图20-120 12—衬套,型号和拧紧力矩也不同 13—8N·m+继续旋转45°(1/8圈),更换,安装时需加油润滑 14—驱动链轮支撑座 15—衬套,构造不同,型号也不同,见图20-120 16—止推垫片 17—右侧凸轮轴正时链驱动链轮 18—衬套,构造不同,型号也不同 19—螺栓,更换,构造情况不同,型号和拧紧力矩也不同,见图20-120 20—O形环,更换 21—链条张紧器 22—6N·m+继续旋转45°(1/8圈),更换 23—链条张紧器滑轨 24—曲轴 25—衬套,构造不同,型号也不同,见图20-120 26—滑轨,注意安装位置 27—螺栓,更换,构造情况不同,型号和拧紧力矩也不同,见图20-120

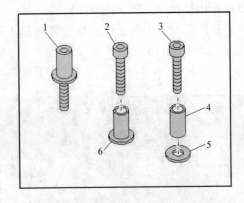

图 20-120 导轨的不同固定

根据构造情况,正时链的导轨固定方式也不同。

1 为带套螺栓,更换,10N·m+继续旋转30°(1/12圈)。

2 为带衬套6及凸肩的螺栓,更换,10N·m+继续旋转90°(1/4圈)。

3 为带衬套4和垫片5的螺栓,更换,10N·m+继续旋转90°(1/4圈)。

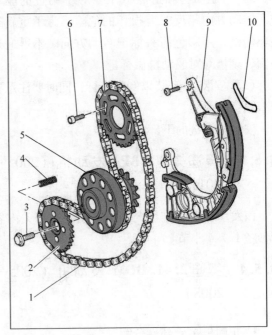

图 20-121 取力器驱动链(2006年4月前车辆上的部件)
1—取力器驱动链,拆卸前,用颜色标记转动方向 2—油泵驱动链轮,安装位置:有字的一侧指向发动机 3—30N·m+继续旋转90°(1/4圈),更换 4—压簧 5—曲轴 6—15N·m+继续旋转90°(1/4圈),更换 7—平衡轴链轮,安装位置:有字的一侧指向变速器 8—6N·m+继续旋转45°(1/8圈),更换 9—链条张紧器,带滑轨 10—密封件,与生产时间有关,更换

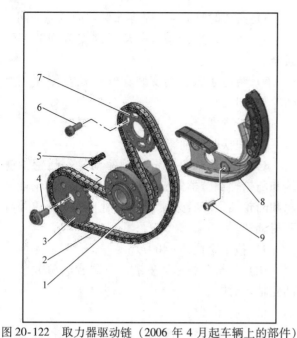

图 20-122 取力器驱动链（2006 年 4 月起车辆上的部件）
1—曲轴 2—取力器驱动链，拆卸前，用颜色标记转动方向
3—油泵驱动链轮，安装位置：有字的一侧指向发动机
4—30N·m＋继续旋转 90°（1/4 圈），更换 5—压簧
6—15N·m＋继续旋转 90°（1/4 圈）。更换
7—平衡轴的链轮，安装位置：有字的一侧指向变速器 8—链条张紧器，带滑轨 9—10N·m＋继续旋转 +45°（1/8 圈），更换

2. 正时链单元拆装步骤

提示：下面的操作凸轮轴正时链保留在发动机上。如果要拆卸整个凸轮轴正时链，则必须拆卸正时链下部盖板。

1）拆下气缸盖罩。
2）拆卸左右正时链的盖板。
3）插入适配接头 T40058 的导向销，使大直径一端指向发动机，小直径一端指向适配接头。
4）用适配接头 T40058 沿发动机旋转方向转动曲轴到上止点。凸轮轴里的螺纹孔必须指向上面，见图 20-123。

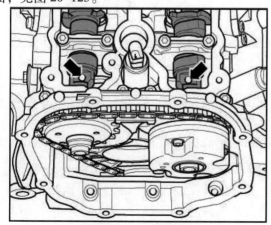

图 20-123 凸轮轴孔朝上

5）将凸轮轴固定装置 T40070 安装到两个气缸盖上并用 20N·m 的力矩拧紧螺栓。如果对着气缸盖螺栓的孔仍是空的，则说明凸轮轴固定装置 T40070 安装正确，见图 20-124。

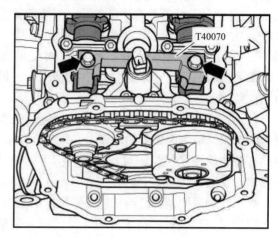

图 20-124 安装凸轮轴固定工具

6）从气缸体上旋出螺旋塞。
7）以 10N·m 的力矩将固定螺栓 T40069 拧入孔 1 中，必要时稍微来回转动曲轴，以便完全对准螺栓，见图 20-125。

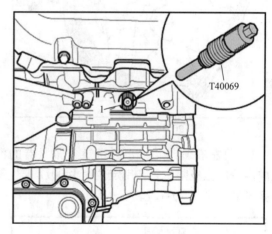

图 20-125 安装曲轴固定工具

8）用颜色将左侧凸轮轴正时链的转动方向做好标记。
9）用插接套件 T10035 旋出凸轮轴调节器和凸轮轴链轮的螺栓。
10）取下凸轮轴调节器和凸轮轴链轮。
11）旋出螺栓并取下链条张紧器。
12）用插接套件 T10035 旋出凸轮轴调节器和凸轮轴链轮的螺栓。
13）取下凸轮轴调节器和凸轮轴链轮。

14）旋出螺栓并取下链条张紧器。

安装过程如下：

提示：更换需用角度器拧紧的螺栓、密封圈和密封件。在转动凸轮轴时不允许有气缸停在上止点，否则气门/活塞顶有损坏危险。安装前提为控制机构驱动链已安装。曲轴已用固定螺栓T40069固定在上止点位置。凸轮轴固定装置T40070已安装在两个气缸盖上，并用20N·m的力矩拧紧。

1）首先彻底松开左右凸轮轴正时链链条张紧器的滑轨。链条张紧器的活塞1必须完全伸出，由此打开止动锁紧机构。对此必须已拆下了链条张紧器，见图20-126。

提示：如果张紧件已经从链条张紧器中取出，那么请注意安装位置：张紧件的外壳底板（带油孔）指向链条张紧器，张紧件活塞指向张紧轨。

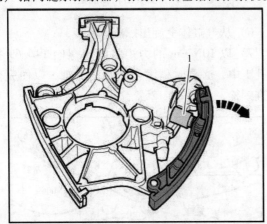

图20-126 张紧器设置

2）将左右侧凸轮轴正时链链条张紧器的滑轨向内按压至极限位置，用定位销T40071卡住链条张紧器，见图20-127。

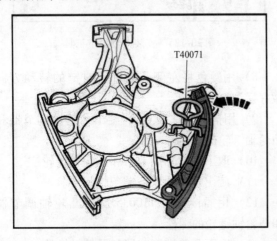

图20-127 设置张紧器

3）必要时清洁两个链条张紧器内的滤油网。

4）将一个新的密封条从后部安装到链条张紧器上。

5）将链条张紧器安装在气缸盖左侧并装上凸轮轴正时链。

6）拧紧螺栓。

7）更换凸轮轴螺栓。

8）将凸轮轴正时链置于驱动轮、凸轮轴链轮和凸轮轴调节器上，然后拧松螺栓。凸轮轴链轮和凸轮轴调节器必须在凸轮轴上还能旋转并且不得翻转。

9）拔下定位销T40071。

10）将链条张紧器安装在气缸盖右侧并装上凸轮轴正时链。

11）拧紧螺栓。

12）更换凸轮轴螺栓。

13）将凸轮轴正时链置于驱动轮、凸轮轴链轮和凸轮轴调节器上，然后拧松螺栓。凸轮轴链轮和凸轮轴调节器必须在凸轮轴上还能旋转并且不得翻转。

14）拔下定位销T40071。

15）将夹具T10172及销子T10172/2安装在左侧进气凸轮轴调节器上，见图20-128。

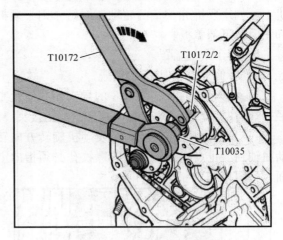

图20-128 使用专用工具拆卸

16）按压夹具，使凸轮轴正时链保持预张紧。

17）同时将凸轮轴螺栓用工具头T10035和扭力扳手预拧紧。拧紧力矩：40N·m。

18）此外在进气凸轮轴上保持预张紧并预拧紧排气凸轮轴上的螺栓。拧紧力矩：40N·m。

19）将气缸盖左侧上的凸轮轴螺栓最终拧

紧。拧紧力矩：80N·m+继续旋转90°（1/4圈）。

20）将双孔螺母扳手3212安放在右侧排气凸轮轴链轮上，见图20-129。

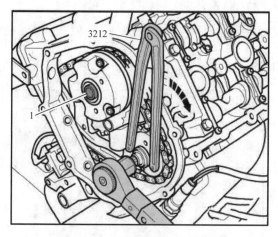

图20-129 使用专用工具拆卸
1—凸轮轴螺栓

21）按压夹具，使凸轮轴正时链保持预张紧。

22）同时将凸轮轴螺栓用工具头T10035和扭力扳手预拧紧。拧紧力矩：40N·m。

23）此外在排气凸轮轴上保持预张紧并预拧紧进气凸轮轴上的螺栓。拧紧力矩：40N·m。

24）将气缸盖右侧上的凸轮轴螺栓最终拧紧。拧紧力矩：80N·m+继续旋转90°（1/4圈）。

25）拆除两个气缸盖上的凸轮轴固定装置T40070。

26）取下固定螺栓T40069。

27）沿发动机转动方向将曲轴用适配接头T40058转动2圈，直至曲轴重新到达上止点。

提示：如无意间转过了上止点，则重新将曲轴转回约30°并重新转到上止点。凸轮轴里的螺纹孔必须指向上面。

28）将凸轮轴固定装置T40070安装到两个气缸盖上并用20N·m的力矩拧紧螺栓。如果对着气缸盖螺栓的孔仍是空的，则说明凸轮轴固定装置T40070安装正确。

29）将固定螺栓T40069直接拧入孔内。固定螺栓T40069必须卡入曲轴的固定孔里，否则再次调整。

30）拆除两个气缸盖上的凸轮轴固定装置。

31）拆除固定螺钉。

32）将上止点标记的螺旋塞带着新密封环旋入气缸体中。

33）安装正时链左右盖板。

34）安装气缸盖罩。

3. 控制驱动链单元拆装

拆卸步骤如下：

1）拆卸变速器。为执行下一步的工作过程，必须确保前围支架已安装且扭力支承拧紧。

2）带有手动变速器的汽车：拆下离合器压板。

3）带有multitronic变速器的汽车：拆下减振单元。

4）将旧油收集和抽吸装置V.A.G 1782置于发动机下面。

5）排放发动机机油。

6）拆卸左右正时链的盖板。

7）拆卸正时链下部盖板。

8）从凸轮轴上拆下凸轮轴正时链。

9）拆下油泵和平衡轴驱动链。

10）向按压驱动链张紧器的滑轨并用定位销T40071卡住链条张紧器。

11）用颜色标记凸轮轴正时链的转动方向。

12）旋出螺栓2和3并取下链轮及传动链和滑轨1，如图20-130所示。

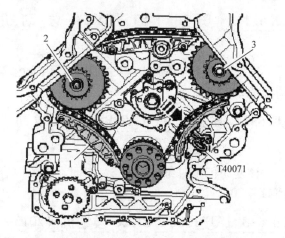

图20-130 取下凸轮轴链轮，传动链和滑轨

安装步骤如下：

1）曲轴已用固定螺栓T40069固定在上止点位置。

提示：在安装时将所有电缆扎带重新绑扎到同一部位。

2）先安装左凸轮轴正时链链轮。

3）安装滑轨及已放入的传动链。

4）安装右凸轮轴正时链链轮。

5）按压传动链张紧器的滑轨并将定位销 T40071 从链条张紧器中拔出。

6）安装油泵和平衡轴链条。

7）安装凸轮轴正时链。

8）安装正时链下部盖板。

9）安装正时链左右盖板。

10）带有手动变速器的汽车：安装双质飞轮。

11）带有 multitronic 变速器的汽车：安装飞轮。

12）安装变速器。

13）添加发动机机油并检查机油油位。

20.5.5　奥迪 2.8L BDX 发动机（2005—2008）

该发动机与 BDW 相同，相前内容请参考 20.5.4 小节。

20.5.6　奥迪 3.1L BKH 发动机（2005—2009）

该发动机与 BDW 相同，相前内容请参考 20.5.4 小节。

20.6　A7（2011—2018 年款）

20.6.1　奥迪 1.8T CYGA 发动机（2016—2018）

该发动机正时维修与 CJSA 相同，相关内容请参考 20.2.1 小节。

20.6.2　奥迪 2.0T CYNB/CYPA 发动机（2016—2018）

该发动机正时维修与 CJSA 相同，相关内容请参考 20.2.1 小节。

20.6.3　奥迪 3.0T CREC 发动机（2015—2018）

该发动机也搭载在 A6 车型上，相关内容请参考 20.5.2 小节。

20.6.4　奥迪 2.5T CLXB 发动机（2013—2014）

该发动机正时维修与 CJTA 相似，相关内容请参考 1.1.3 小节。以下补充发动机正时设置方法。

1）将旋转工具 T40272 插到扳手 SW 21T40263 上。

2）将适配接头插到减振器螺栓上。

旋转工具 T40272 上的孔（箭头 A）必须在减振器上的标记（箭头 B）之间，见图 20-131。

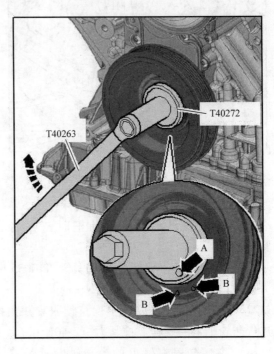

图 20-131　对齐减振器标记

如有必要，拆卸散热器风扇控制器。

3）将曲轴用扳手 SW 21 T40263 和旋转工具 T40272 沿发动机转动方向转动至上止点。

4）将用于上止点标记的螺旋塞（箭头）从气缸体中拧出，见图 20-132。

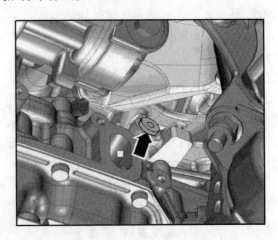

图 20-132　拧出上止点螺旋塞

安装好发动机后,很难找到曲轴的固定孔。因此转动发动机,使左侧(沿行驶方向)减振器上的小缺口 1 与气缸体和梯形架之间的外壳接合线 2 相对,见图 20-133。这样就可以方便地拧入固定螺栓 T40069。

减振器上的标记仅仅是辅助工具。只有拧入固定螺栓 T40069 后,才能达到准确的上止点位置。

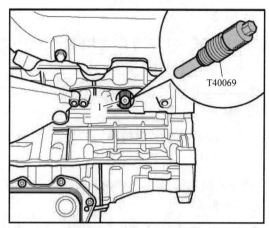

图 20-135　安装曲轴固定工具

图 20-133　减振器标记

凸轮轴里的螺纹孔(箭头)必须指向上面,见图 20-134。

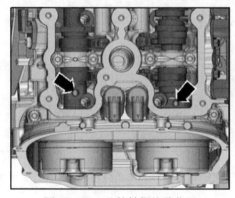

图 20-134　凸轮轴螺纹孔位置

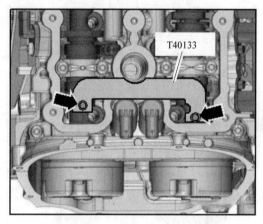

图 20-136　安装凸轮轴固定工具

20.6.6　奥迪 3.0T CTTA/CTUA 发动机（2013—2014）

该发动机正时维修与 CJTA 相同,相关内容请参考 1.1.3 小节。

20.6.7　奥迪 3.0T CGWB/CHMA 发动机（2011—2012）

该发动机正时维修与 CJTA 相同,相关内容请参考 1.1.3 小节。

20.6.8　奥迪 2.8L CHVA 发动机（2011—2015）

该发动机正时维修与 CLXB 相同,相关内容请参考 20.6.4 小节。

20.7　A8L（2006—2017 年款）

20.7.1　奥迪 2.0T CYPA 发动机（2016—2017）

该发动机正时维修与 CJSA 相同,相关内容

5) 以 20N·m 的力矩将固定螺栓 T40069 拧入孔 1 中,必要时稍微来回转动曲轴,以便完全对准螺栓,见图 20-135。

6) 将凸轮轴固定装置 T40133 安装到两个气缸盖上并用 25N·m 的力矩拧紧螺栓(箭头),见图 20-136。

图中是左侧气缸盖的示意图。

20.6.5　奥迪 2.8L CNYA 发动机（2008—2014）

该发动机正时维修与 CLXB 相同,相关内容请参考 20.6.4 小节。

请参考 20.2.1 小节。

20.7.2 奥迪 3.0T CREG 发动机（2014—2017）

该发动机正时维修与 CREC 相同，相关内容请参考 20.5.2 小节。

20.7.3 奥迪 3.0T CTDA 发动机（2014—2017）

该发动机正时维修与 CREC 相同，相关内容请参考 20.5.2 小节。

20.7.4 奥迪 4.0T CTGA 发动机（2014—2017）

1. 正时链单元部件分解

发动机正时链单元如图20-137、图20-141、图20-142、图20-144、图20-145所示。

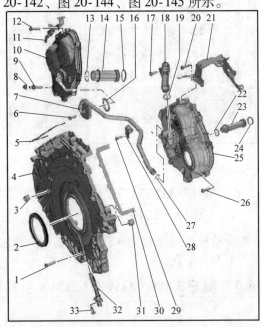

图 20-137　正时链盖板

1—螺栓，更换，拧紧力矩和拧紧顺序见图20-140　2—轴密封环　3—空心定位销，2件　4—正时链下部盖板　5—左侧气缸盖密封垫　6—螺栓　7—后上部冷却液管路，根据构造情况，可能有附加的螺栓连接　8—螺母，仅用于某些发动机，9N·m　9—双头螺柱，仅用于某些发动机，更换，拧紧力矩和拧紧顺序见图20-138　10—正时链左侧盖板　11—支架　12—螺栓，更换，拧紧力矩和拧紧顺序见图20-138　13—O形环，更换　14—左侧中间管道，用心轴敲出　15—O形环，更换　16—O形环，更换　17—螺栓，9N·m　18—套管，用于冷却液　19—O形环，更换　20—螺栓，更换，拧紧力矩和拧紧顺序见图20-138　21—支架　22—O形环，更换　23—右侧中间管，用心轴敲出　24—O形环，更换　25—正时链右侧盖板　26—螺栓，更换，拧紧力矩和拧紧顺序见图20-139　27—O形环，更换　28—紧固夹圈　29—螺栓　30—右侧气缸盖密封垫　31—空心定位销，2件　32—发动机转速传感器G28　33—螺栓

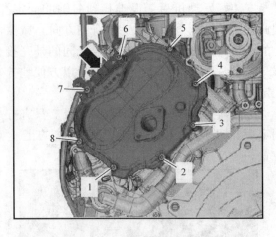

图 20-138　正时链左侧盖板拧紧力矩和拧紧顺序

更新拧紧时需要继续旋转一个角度的螺栓。

按图20-138所示顺序分步拧紧螺栓：步骤1为1~8拧至5N·m；步骤2为1~8继续拧紧90°。

将支架（箭头）与正时链盖板拧到一起。

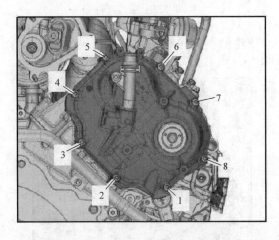

图 20-139　正时链右侧盖板拧紧力矩和拧紧顺序

更新拧紧时需要继续旋转一个角度的螺栓。

按图20-139所示顺序分步拧紧螺栓：步骤1为1~8拧至5N·m；步骤2为1~8继续拧紧90°。

更新拧紧时需要继续旋转一个角度的螺栓。

按图20-140所示将螺栓分步如下拧紧：

序号	螺栓	拧紧力矩/继续拧紧角度
1	箭头	5N·m
2	2~8	以交叉方式8N·m
3	箭头	10N·m
4	2~8	以交叉方式继续转动90°
5	箭头	继续拧紧90°

图20-140 正时链下部盖板拧紧力矩和拧紧顺序

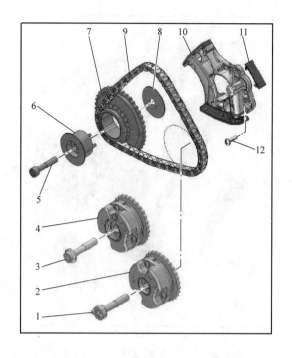

图20-142 右侧凸轮轴正时链

1—螺栓,带真空泵从动件,更换,80N·m+90° 2—凸轮轴调节器,用于进气凸轮轴,标记"IN" 3—螺栓,更换,80N·m+90° 4—凸轮轴调节器,用于排气凸轮轴,标记"EX" 5—螺栓,更换,20N·m+45° 6—轴承螺栓,用于右侧凸轮轴正时链的驱动链轮,结构不对称,安装位置见图20-143 7—驱动链轮,用于右侧凸轮轴正时链,安装位置见图20-143 8—右侧凸轮轴正时链,为了能够重新安装,要用颜色标出转动方向 9—止推垫片,用于右侧凸轮轴正时链的驱动链轮,结构不对称,安装位置见图20-143 10—链条张紧器,用于右侧凸轮轴正时链 11—滑块 12—螺栓,更换,5N·m+90°

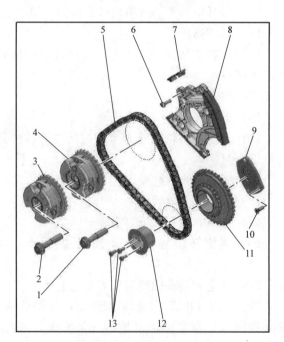

图20-141 左侧凸轮轴正时链

1—螺栓,更换,80N·m+90° 2—螺栓,更换,80N·m+90° 3—凸轮轴调节器,用于进气凸轮轴,标记"IN" 4—凸轮轴调节器,用于排气凸轮轴,标记"EX" 5—左侧凸轮轴正时链,为了能够重新安装,要用颜色标出转动方向 6—螺栓,更换,5N·m+90° 7—滑块 8—链条张紧器,用于左侧凸轮轴正时链 9—轴承板,用于驱动链轮 10—螺栓,9N·m 11—驱动链轮,用于左侧凸轮轴正时链 12—轴承螺栓,用于左侧凸轮轴正时链的驱动链轮 13—螺栓,更换,5N·m+90°

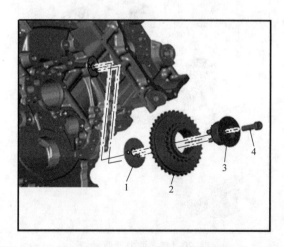

图20-143 右侧凸轮轴正时链驱动链轮轴承螺栓的安装位置

2—右侧凸轮轴正时链的驱动链轮 4—螺栓

注:右侧凸轮轴正时链驱动链轮轴承销3内的固定销必须卡入止推垫片1的孔内和气缸体的孔内。

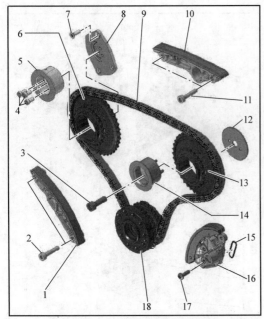

图 20-144 正时驱动系统驱动链

1—滑轨 2—螺栓，更换，17N·m+90° 3—螺栓 4—螺栓 5—轴承螺栓，用于左侧凸轮轴正时链的驱动轮 6—驱动链轮，用于左侧凸轮轴正时链 7—螺栓 8—轴承板，用于左侧凸轮轴正时链的驱动链轮，结构不对称 9—驱动链，用于控制机构，拆卸前，用颜色标记转动方向 10—滑轨 11—螺栓，更换，17N·m+90° 12—止推垫片，结构不对称 13—驱动链轮，用于右侧凸轮轴正时链 14—轴承螺栓，用于右侧凸轮轴正时链的驱动链轮，结构不对称 15—密封环，更换 16—链条张紧器 17—螺栓，更换，5N·m+90° 18—曲轴

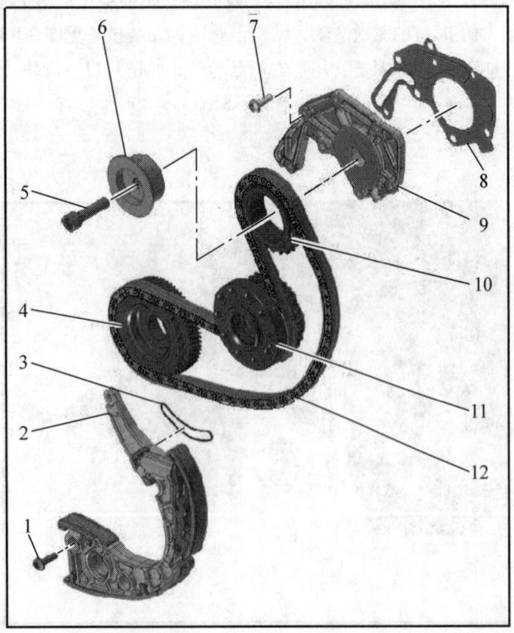

图 20-145 取力器驱动链

1—螺栓，更换，5N·m+90° 2—链条张紧器，带滑轨 3—密封件，更换 4—驱动链轮，用于取力器，正时齿轮传动装置的组成部分 5—螺栓，42N·m 6—轴承螺栓，用于转向链轮 7—螺栓，更换，5N·m+90° 8—密封件，更换 9—支撑座，用于转向链轮 10—转向链轮，用于辅助传动装置驱动链 11—曲轴 12—驱动链，用于取力器

2. 凸轮轴正时链拆装

（1）拆卸步骤 在下面的描述中，凸轮轴正时链保留在发动机上。

1）拆卸正时链的相关盖板。

气缸列 1（右）：

2）拆卸右前轮罩内板后部件。

3）拧出螺栓，取出右侧万向轴的隔热板。

4）将右万向轴从变速器法兰轴上拧下。

5）脱开曲轴箱排气软管，为此松开软管卡箍。

6）露出软管。

7）脱开活性炭罐电磁阀 N80 上的电插头。

8）拧出螺栓。

9）拧下螺母和螺栓，露出布线并压向一侧。

10）旋出双螺栓，取下防护板。

11）拔下真空软管。

12）拧出螺栓，将废气涡轮增压器真空执行元件置于一侧。不要拔出球头。

13）分开电插头，并将电线束压向一侧。

14）拆卸高压管。

15）在右侧凸轮轴外壳上通过向左旋转松开并取下密封塞。

气缸列 2（左）：

16）拆卸气缸 7 的点火线圈。

17）在左侧凸轮轴外壳上通过向左旋转松开并取下密封塞。

两个气缸列的后续操作：

18）拔下真空软管。

19）拧出螺栓，取下真空罐。

20）将旋转工具 T40272 插到扳手 SW 21 T40263 上。

21）将适配接头插到减振器螺栓上。

旋转工具 T40272 上的半圆形铣槽（箭头 A）必须指向减振器半圆形的铣槽（箭头 B），见图 20-146。

无须注意旋转工具 T40272 上的缺口。

22）将曲轴沿发动机运转方向转动到上止点。

通过之前在凸轮轴外壳中用密封塞密封的孔必须可以看见凸轮轴中的螺纹孔（箭头），见图 20-147。

图示以右侧凸轮轴外壳为例。

如果无法看见螺纹孔，则将曲轴继续旋转

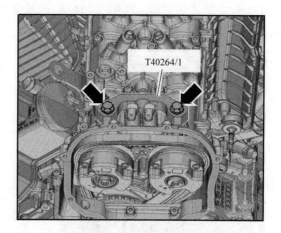

图 20-148 安装凸轮轴固定装置

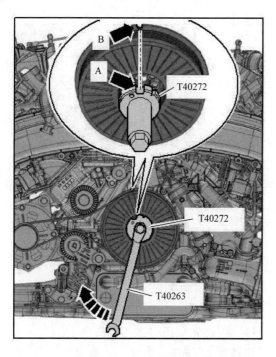

图 20-146 安装旋具

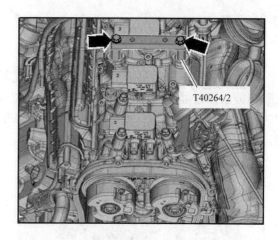

图 20-149 安装凸轮轴固定工具

图 20-147 螺纹孔朝上

略微来回转动曲轴，见图 20-150。

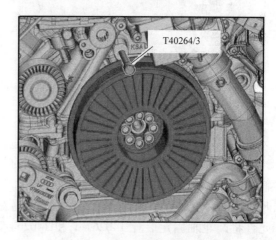

一圈。

气缸列 1（右）：

23）将凸轮轴固定装置 T40264/1 装到右侧气缸盖上并拧紧（箭头），为此必要时略微来回转动曲轴，见图 20-148。拧紧力矩 12N·m。

气缸列 2（左）：

24）将凸轮轴固定装置 T40264/2 装到左侧气缸盖上并拧紧（箭头），为此必要时略微来回转动曲轴，见图 20-149。拧紧力矩 12N·m。

两个气缸列的后续操作：

25）将凸轮轴固定装置 T40264/3 通过减振器中的孔手动拧入气缸体中至贴紧，为此必要时

图 20-150 安装凸轮轴固定装置

气缸列 1（右）：

26）用一把螺钉旋具 1 向内按压右侧凸轮轴正时链链条张紧器的滑轨到极限位置，用定位销

T40071卡住链条张紧器，见图20-151。链条张紧器以油减振，因此必须缓慢地均匀用力压紧。

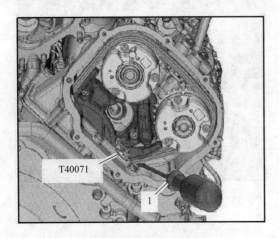

图20-151　设置张紧器

气缸列2（左）：

27）用一把螺钉旋具1向内按压左侧凸轮轴正时链链条张紧器的滑轨到极限位置，用定位销T40071卡住链条张紧器，见图20-152。链条张紧器以油减振，因此必须缓慢地均匀用力压紧。

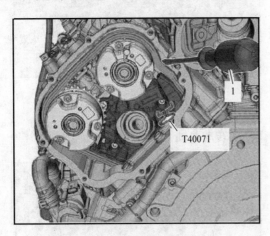

图20-152　设置张紧器

两个气缸列的后续操作：

28）为顶住，将扳手T40269 2插在相关的凸轮轴调节器上，然后松开螺栓1，见图20-153。松开凸轮轴调节器或凸轮轴链轮的螺栓时，绝对不允许将凸轮轴固定装置T40264/1和T40264/2作为固定支架使用。

29）用颜色标记凸轮轴调节器的安装位置，以便重新安装。

为了避免小零件通过正时链箱开口意外落入发动机内，请用干净的抹布遮住开口。

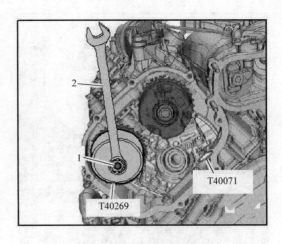

图20-153　松开调节器螺栓

气缸列1（右）：

30）拧出螺栓，取下两个凸轮轴调节器。

31）将凸轮轴正时链放到滑块上。

气缸列2（左）：

32）拧出螺栓，取下两个凸轮轴调节器。

33）将凸轮轴正时链放到滑块上。

（2）安装步骤　更新拧紧时需要继续旋转一个角度的螺栓。

用标准型软管卡箍固定所有软管连接。

控制机构驱动链已安装。

曲轴已用凸轮轴固定装置T40264/3卡止在上止点位置。

用12N·m的力矩拧紧左侧气缸盖上的凸轮轴固定装置T40264/2。

用12N·m的力矩拧紧右侧气缸盖上的凸轮轴固定装置T40264/1。

气缸列1（右）：

在执行以下工作步骤时，才允许如下所述安装凸轮轴调节器。

按照拆卸时所做标记重新安装凸轮轴调节器。

凸轮轴调节器内的凹槽1或4必须正对着所涉及的调节窗口2或3，见图20-154。

1）按照拆卸时所做标记重新安装凸轮轴调节器。

2）将凸轮轴正时链放到驱动链轮和凸轮轴调节器上，并松松地拧入螺栓。

两个凸轮轴调节器必须在凸轮轴上还能旋转并且不得翻转。

3）拆除定位销T40071。

气缸列2（左）：

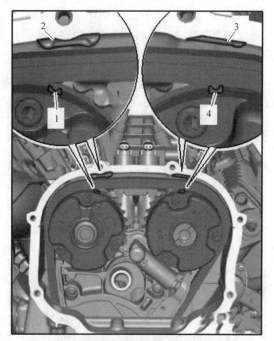

图 20-154 调节器凹槽位置（一）

在执行以下工作步骤时，才允许如下所述安装凸轮轴调节器。

按照拆卸时所做标记重新安装凸轮轴调节器。

凸轮轴调节器内的凹槽 1 或 4 必须正对着所涉及的调节窗口 2 或 3，见图 20-155。

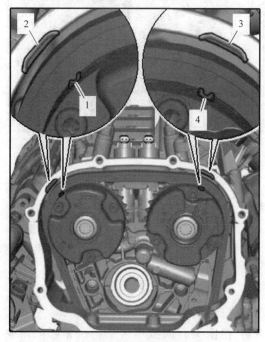

图 20-155 调节器凹槽位置（二）

4）按照拆卸时所做标记重新安装凸轮轴调节器。

5）将凸轮轴正时链放到驱动链轮和凸轮轴调节器上，并松松地拧入螺栓。

两个凸轮轴调节器必须在凸轮轴上还能旋转并且不得翻转。

6）拆除定位销 T40071。

气缸列 1（右）：

7）将扳手 T40269 装到进气凸轮轴调节器上。

8）将扭力扳手 V.A.G 1332 用插入工具 V.A.G 1332/9 安装到扳手 T40269 上。

9）让另一位机械师用 40N·m 的力矩沿箭头方向预紧凸轮轴调节器，见图 20-156。

10）在凸轮轴调节器仍旧保持预紧期间，拧紧螺栓。拧紧力矩 60N·m。

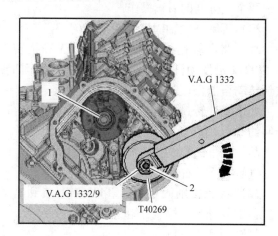

图 20-156 安装专用工具（一）

11）取下扳手 T40269。

12）拆除凸轮轴固定装置 T40264/1。

气缸列 2（左）：

13）将扳手 T40269 装到排气凸轮轴调节器上。

14）将扭力扳手 V.A.G 1332 用插入工具 V.A.G 1332/9 安装到扳手 T40269 上。

15）让另一位机械师用 40N·m 的力矩沿箭头方向预紧凸轮轴调节器，见图 20-157。

16）在凸轮轴调节器仍旧保持预紧期间，拧紧螺栓。拧紧力矩 60N·m。

17）拆除凸轮轴固定装置 T40264/2。

气缸列 1（右）：

18）拧紧右侧气缸盖上的凸轮轴调节器螺栓。

气缸列 2（左）：

19）拧紧左侧气缸盖上的凸轮轴调节器

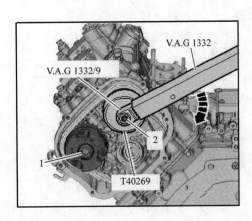

图20-157 安装专用工具(二)

螺栓。

两个气缸列的后续操作:

20)拆除凸轮轴固定装置T40264/3。

21)将曲轴用扳手SW 21 T40263和旋转工具T40272沿发动机转动方向转动两圈,直至曲轴重新转动至上止点。

如果意外转过了上止点,则必须将曲轴再次转回约30°,重新转到上止点。

凸轮轴里的螺纹孔必须指向上面。

气缸列1(右):

22)将凸轮轴固定装置T40264/1装到右侧气缸盖上并拧紧。拧紧力矩12N·m。

气缸列2(左):

23)将凸轮轴固定装置T40264/2装到左侧气缸盖上并拧紧。拧紧力矩12N·m。

两个气缸列的后续操作:

24)将凸轮轴固定装置T40264/3通过减振器中的孔手动拧入气缸体中至贴紧。

凸轮轴固定装置T40264/3必须卡入气缸体的固定孔内,否则要重新调整。

25)拆除凸轮轴固定装置T40264/1和T40264/2。

26)拆除凸轮轴固定装置T40264/3。

其他安装以相反顺序进行,安装过程中请注意以下事项:

27)安装气缸7的点火线圈。

28)安装高压管路。

29)安装电线。

30)安装废气涡轮增压器的真空执行元件。

31)安装正时链盖板。

3. 控制机构链条拆装

(1)拆卸

1)从凸轮轴上取下凸轮轴正时链。

2)拆卸凸轮轴正时链的链条张紧器。

3)拆卸取力器驱动链。

4)沿箭头方向按压驱动链链条张紧器的滑轨,并用定位销T40071卡住链条张紧器。

对于用过的驱动链,转动方向相反时有损坏的危险。为重新安装,用颜色通过箭头标记驱动链的转动方向。

5)旋出螺栓1并取下滑轨。

6)旋出螺栓2并取下链条张紧器。如图20-158所示。

7)取下控制机构驱动链。

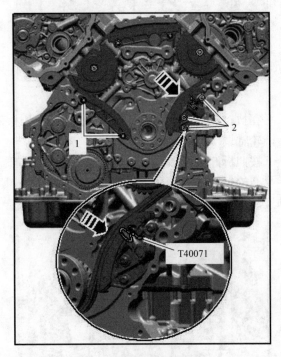

图20-158 正时链部件拆卸

(2)安装 安装以倒序进行,同时要注意下列事项:

更新拧紧时需要继续旋转一个角度的螺栓。

1)根据拆卸时记下的标记把控制机构驱动链放到驱动链轮上。

2)安装滑轨并拧紧螺栓1。

3)安装链条张紧器并拧紧螺栓2。

4)沿箭头方向按压传动链张紧器的滑轨并将定位销T40071从链条张紧器中拔出,见图20-158。

5)安装取力器驱动链。

6)安装凸轮轴正时链的链条张紧器。

7）将凸轮轴正时链放到凸轮轴上。

4. 辅助驱动链条拆装

（1）拆卸

1）拆下正时链下部盖板。

2）沿箭头方向按压张紧轨并用定位销T40071卡住链条张紧器。

3）拧下螺栓1并取下转向链轮。

4）旋出螺栓2、3、4并取下链条张紧器，如图20-159所示。

5）取下取力器驱动链。对于用过的驱动链，转动方向相反时有损坏的危险。为重新安装，用颜色通过箭头标记取力器驱动链的转动方向。

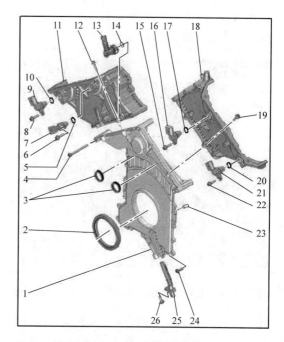

图20-160 正时链盖板

1—正时链下盖板 2—轴密封环 3—密封环，用于螺栓 4—螺栓，拧紧力矩和拧紧顺序见图20-163 5—O形环，更换 6—螺栓 7—霍尔传感器2 G163，用于气缸列2（左侧）进气凸轮轴 8—螺栓 9—霍尔传感器4 G301，用于气缸列2（左侧）排气凸轮轴，带隔热套 10—O形环，更换 11—正时链左侧盖板 12—螺栓，拧紧力矩和拧紧顺序见图20-161 13—回油管路 14—O形环，更换 15—螺栓 16—霍尔传感器G40，用于气缸列1（右侧）进气凸轮轴 17—O形环，更换 18—正时链右侧盖板 19—螺栓，拧紧力矩和拧紧顺序见图20-162 20—O形环，更换 21—霍尔传感器3 G300，用于气缸列1（右侧）排气凸轮轴，带隔热套 22—螺栓 23—空心定位销，2件 24—螺栓，拧紧力矩和拧紧顺序见图20-163 25—发动机转速传感器G28 26—螺栓

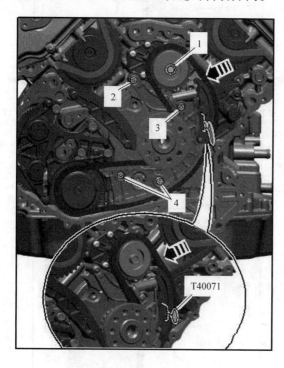

图20-159 驱动链条拆卸

（2）安装 安装以倒序进行，同时要注意下列事项：

更新密封。

更新拧紧时需继续旋转一个角度的螺栓。

安装正时链下部盖板。

20.7.5 奥迪6.3L CTNA发动机（2014—2017）

1. 正时链单元部件分解

发动机正时链单元部件如图20-160、图20-164、图20-165、图20-168所示。

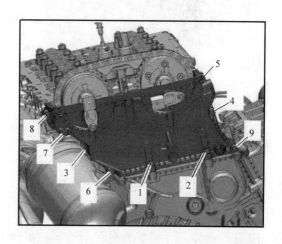

图20-161 正时链左侧盖板拧紧力矩和拧紧顺序

更新拧紧时需继续旋转一个角度的螺栓。

按图20-161所示将螺栓分3步拧紧：步骤1

为1~9拧至4N·m；步骤2为1~8继续拧紧45°；步骤3为9继续拧紧180°。

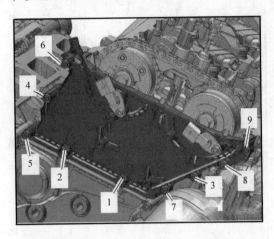

图20-162 正时链右侧盖板拧紧力矩和拧紧顺序

更新拧紧时需要继续旋转一个角度的螺栓。

按图20-162所示将螺栓分3步拧紧：步骤1为1~9拧至4N·m；步骤2为1~3和7~9继续拧紧45°；步骤3为4~6继续拧紧180°。

图20-163 正时链下部盖板拧紧力矩和拧紧顺序

更新拧紧时需要继续旋转一个角度的螺栓。

按图20-163所示将螺栓分3步拧紧：步骤1为1~22拧至4N·m；步骤2为1~3继续拧紧180°；步骤3为4~22继续拧紧45°。

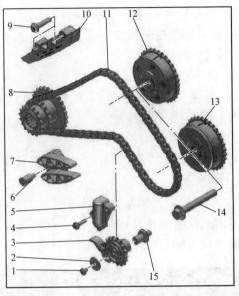

图20-164 凸轮轴正时链（气缸列1（右）

1—螺栓，8N·m 2—垫圈 3—张紧杠杆，用于链条张紧器 4—螺栓，更换，4N·m+90° 5—链条张紧器，用于凸轮轴正时链 6—轴承螺栓，20N·m 7—滑轨，用于凸轮轴正时链 8—驱动链轮，用于凸轮轴正时链 9—螺栓，更换，8N·m+90° 10—滑轨，用于凸轮轴正时链 11—凸轮轴正时链 12—进气凸轮轴调节器，标记：B1/端面金属制成，在凸轮轴调节器与凸轮轴的接触面上以及螺钉头与凸轮轴调节器之间的接触面上不得有机油 13—排气凸轮轴调节器，标记：B1/正面一侧塑料制成，在凸轮轴调节器与凸轮轴的接触面上以及螺钉头与凸轮轴调节器之间的接触面上不得有机油 14—螺栓，更换，在凸轮轴调节器与凸轮轴的接触面上以及螺钉头与凸轮轴调节器之间的接触面上不得有机油，60N·m+90° 15—轴承螺栓，用于张紧杠杆，42N·m

图20-165 气缸列2（左侧）

1—螺栓，更换，8N·m+90° 2—链条张紧器，用于凸轮轴正时链 3—凸轮轴正时链 4—螺栓，更换，在凸轮轴调节器与凸轮轴的接触面上以及螺钉头与凸轮轴调节器之间的接触面上不得有机油，60N·m+90° 5—排气凸轮轴调节器，标记见图20-166，松开和拧紧时，用呆扳手SW 24固定住凸轮轴，在凸轮轴调节器与凸轮轴的接触面上以及螺钉头与凸轮轴调节器之间的接触面上不得有机油 6—进气凸轮轴调节器，标记见图20-166，松开和拧紧时，用呆扳手SW 24固定住凸轮轴，在凸轮轴调节器与凸轮轴的接触面上不得有机油 7—螺栓，更换，4N·m+90° 8—链条张紧器，用于凸轮轴正时链 9—张紧杠杆，用于链条张紧器 10—轴承螺栓，用于张紧杠杆，42N·m 11—垫圈 12—螺栓，8N·m 13—驱动链轮，用于凸轮轴正时链

第20章 奥迪汽车

图 20-166 凸轮轴调节器的标记

凸轮轴调节器上有下述标记（图 20-166）：

进气凸轮轴调节器：

用于气缸列 1（右侧）标记：B1（箭头 2）/端面（箭头 1）由金属制成。

用于气缸列 2（左侧）标记：B2/端面（箭头 1）由金属制成。

排气凸轮轴调节器：

用于气缸列 1（右侧）标记：B1（箭头 2）/端面（箭头 1）由塑料制成。

用于气缸列 2（左侧）标记：B2/端面（箭头 1）由塑料制成。

更新密封环。

将螺旋塞（箭头）以 30N·m 的力矩拧紧，见图 20-167。

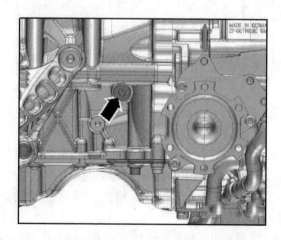

图 20-167 用于上止点标记的螺旋塞拧紧力矩

2. 正时链单元拆装

（1）拆卸 下面描述了两个气缸列的拆卸和安装。凸轮轴正时链也只能从一个气缸列上取下。

1）拆卸左右侧气缸盖罩。

2）将曲轴用固定支架 T10172 和销子

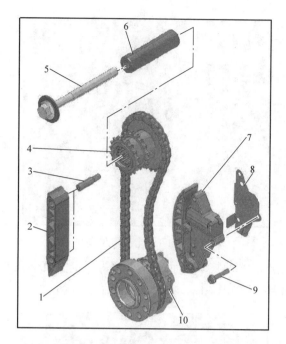

图 20-168 正时驱动系统驱动链

1—驱动链，用于控制机构，拆卸前，用颜色标记转动方向 2—滑轨 3—轴承螺栓，用于滑轨，15N·m 4—链轮，用于凸轮轴传动，带滚针轴承，滚针轴承损坏时更换链轮 5—螺栓，更换，90N·m+135° 6—轴承螺栓，用于凸轮轴传动链轮 7—链条张紧器，带动链张紧轨 8—密封件，更换 9—螺栓，9N·m 10—曲轴，带曲轴链轮

T10172/1 沿发动机转动方向（箭头）转到上止点，见图 20-169。

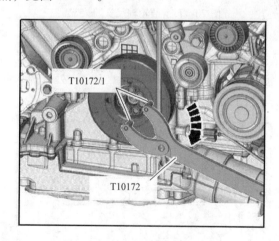

图 20-169 转动曲轴设置上止点

减振器上的标记 2 必须位于壳体接缝 1 的对面，见图 20-170。

同时凸轮轴尺 T10068 A 在两个气缸盖上都必须能插入两个轴槽内。

凸轮轴尺 T10068 A 仅用于将凸轮轴固定在上

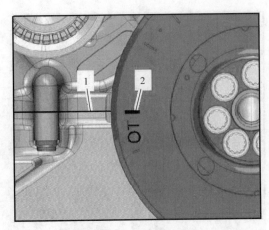

图 20-170 上止点位置

止点。必须将呆扳手 SW 24 作为固定支架卡在凸轮轴的六角段上，见图 20-171。

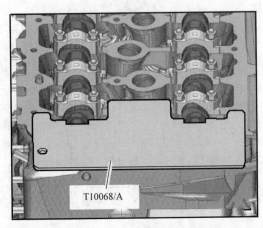

图 20-171 凸轮轴尺安装位置

3）必要时将曲轴继续转动1圈。

如有必要，用呆扳手 SW 24 略微来回转动凸轮轴。此时凸轮轴尺 T10068 A 不允许处于插入状态，见图 20-172。

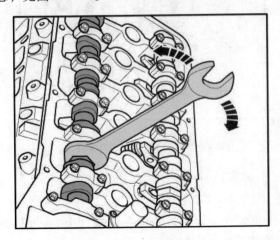

图 20-172 调整凸轮轴

4）拆卸整个左前轮罩内板。

5）旋出螺栓并取下左侧万向轴隔热板。

6）将左侧摆动半轴从变速器法兰轴上拧下。

7）将上止点标记螺旋塞（箭头）从气缸体上拧出，见图 20-173。

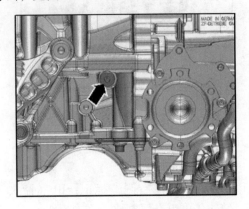

图 20-173 取下上止点螺旋塞

8）以 20N·m 的力矩把固定螺栓 3242 拧入孔内，见图 20-174。

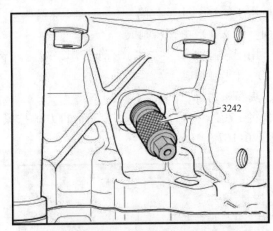

图 20-174 安装固定螺栓

9）拆卸正时链左侧和右侧盖板。

10）松开气缸列 2（左侧）的凸轮轴正时链时，应将张紧杠杆沿箭头方向转动。

11）用定位销 T03006 锁定链条张紧器的活塞，见图 20-175。

12）旋出螺栓1，为此要用呆扳手 SW 24（图中位置2）对进气凸轮轴的六角段进行固定。

13）拆下进气凸轮轴调节器3，见图 20-176。

14）将气缸列 2（左侧）的凸轮轴正时链置于一侧，并进行固定以防滑落。

15）松开气缸列 1（右侧）的凸轮轴正时链时，应将张紧杠杆沿箭头方向转动。

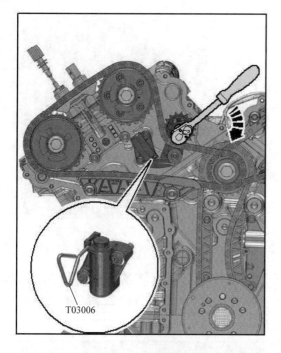

图 20-175　设置张紧器

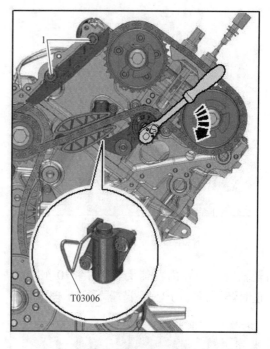

图 20-177　设置张紧器

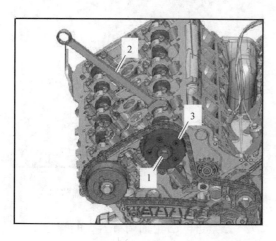

图 20-176　拆下进气凸轮轴调节器

图 20-178　拆下排气凸轮轴调节器

16）用定位销 T03006 锁定链条张紧器的活塞，为此要将滑轨略微抬起。

17）旋出螺栓 1 并取下滑轨，见图 20-177。

18）旋出螺栓 1，为此要用呆扳手 SW 24（图中位置 2）对排气凸轮轴的六角段进行固定。

19）拆下排气凸轮轴调节器 3，见图 20-178。

20）将气缸列 1（右侧）的凸轮轴正时链置于一侧，并进行固定以防滑落。

（2）安装　两根凸轮轴已用凸轮轴尺 T10068A 固定在上止点位置。

曲轴已用固定螺栓 3242 固定在上止点位置。

更新拧紧时需要继续旋转一个角度的螺栓。

气缸列 1（右）：

1）首先将气缸列 1（右侧）的凸轮轴正时链装到凸轮轴传动链轮上，然后通过进气凸轮轴调节器 1 拉紧。

凸轮轴正时链不得在凸轮轴传动链轮和进气凸轮轴调节器之间出现下垂（箭头），见图 20-179。

2）将排气凸轮轴调节器 1 装入凸轮轴正时链，并套到排气凸轮轴 2 上。

排气凸轮轴调节器中的固定销必须嵌入排气

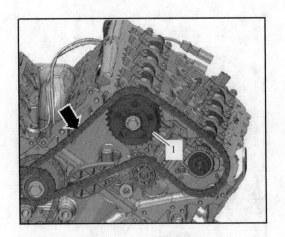

图 20-179 凸轮轴链条拉紧

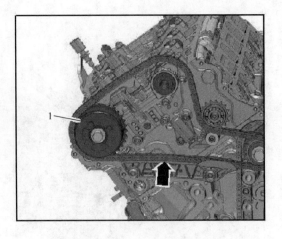

图 20-181 拉紧链条

凸轮轴的配合孔内（箭头），见图 20-180。凸轮轴正时链不得在凸轮轴调节器之间出现下垂。

气凸轮轴的配合孔内（箭头），见图 20-182。凸轮轴正时链不得在凸轮轴调节器之间出现下垂。

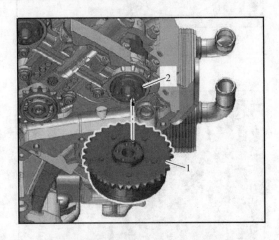

图 20-180 安装排气凸轮轴调节器

图 20-182 安装进气凸轮轴调节器

3）拧紧排气凸轮轴调节器 3 的螺栓 1，为此要用呆扳手 SW 24（图 20-178 中位置 2）对排气凸轮轴的六角段进行固定。

4）将张紧杠杆沿箭头方向转动，并拔出定位销 T03006，以松脱链条张紧器，见图 20-177。

气缸列 2（左）：

5）首先将气缸列 2（左侧）的凸轮轴正时链装到凸轮轴传动链轮上，然后通过排气凸轮轴调节器 1 拉紧。

凸轮轴正时链不得在凸轮轴传动链轮和排气凸轮轴调节器之间出现下垂（箭头），见图 20-181。

6）将进气凸轮轴调节器 1 装入凸轮轴正时链，并套到进气凸轮轴 2 上。

进气凸轮轴调节器中的固定销必须嵌入进

7）拧紧进气凸轮轴调节器 3 的螺栓 1，为此要用呆扳手 SW 24（图 20-178 中位置 2）对进气凸轮轴的六角段进行固定。

8）将张紧杠杆沿箭头方向转动，并拔出定位销 T03006，以松脱链条张紧器，见图 20-175。

两个气缸列的后续操作：

9）拆除两个气缸盖上的凸轮轴尺 T10068 A。

10）取下固定螺栓 3242。

11）将曲轴沿发动机转动方向转动 2 圈。

减振器上的标记必须位于壳体接缝的对面。

12）以 20N·m 的力矩把固定螺栓 3242 拧入孔内。

凸轮轴尺 T10068 A 必须能插入两个凸轮轴的

两个轴槽内。

如有必要，用呆扳手 SW 24 略微来回转动凸轮轴。此时凸轮轴尺 T10068 A 不允许处于插入状态。

13）拆除两个气缸盖上的凸轮轴尺 T10068 A。

14）取下固定螺栓 3242。

15）拧紧上止点标记螺旋塞。

其他安装以相反顺序进行，安装过程中请注意以下事项：

16）安装正时链左侧和右侧盖板。

17）安装气缸盖罩。

3. 控制驱动链条拆装

（1）拆卸

1）拆卸左右侧凸轮轴正时链。

2）拧出螺栓（箭头），见图 20-183。

对于用过的驱动链，转动方向相反时有损坏的危险。为重新安装，用颜色通过箭头标记驱动链的转动方向。

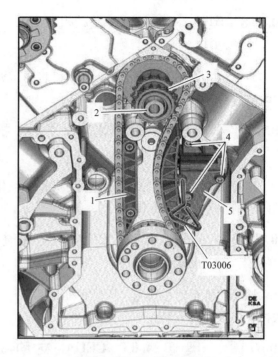

图 20-184 驱动链条拆卸

更新密封。

1）按照拆卸时所做的标记，将驱动链装到曲轴链轮以及凸轮轴传动链轮上。

不必理会紫铜色链节位置。

2）在插上凸轮轴传动链轮 3 时，应将轴承螺栓 2 推入链轮和气缸体中。

3）将滑轨 1 装到轴承螺栓上。

4）装入链条张紧器 5 的密封件。

5）拧紧链条张紧器的螺栓 4，见图 20-184。

6）拔下定位销 T03006，以松开链条张紧器。

其他安装以相反顺序进行，安装过程中请注意以下事项：

7）安装凸轮轴正时链。

20.7.6　奥迪 2.5L CVBA 发动机（2014—2016）

该发动机正时维修与 CLXB 相同，相关内容请参考 20.6.4 小节。

20.7.7　奥迪 2.0T CHJA 混动发动机（2013—2016）

该发动机正时单元结构与维修和 CDAA 发动机相同，相关内容请参考 1.2.3 小节。

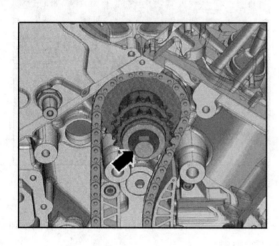

图 20-183　拧出螺栓

3）压下驱动链的链条张紧器 5，并用定位销 T03006 锁定。

4）旋出螺栓 4 并取下链条张紧器及其后方的密封件。

5）将滑轨 1 从轴承螺栓上拔出。

6）拉出轴承螺栓 2，取下凸轮轴传动链轮 3，见图 20-184。

（2）安装　曲轴已用固定螺栓 3242 固定在上止点位置。

20.7.8 奥迪 2.5L CPAA 发动机（2013—2014）

该发动机正时维修与 CLXB 发动机相同，相关内容请参考 20.6.4 小节。

20.7.9 奥迪 3.0T CGWA 发动机（2011—2013）

该发动机正时维修与 CJTA 发动机相同，相关内容请参考 1.1.3 小节。

20.7.10 奥迪 3.0T CGXA 发动机（2011—2013）

该发动机正时维修与 CJTA 发动机相同，相关内容请参考 1.1.3 小节。

20.7.11 奥迪 4.0T CEUA 发动机（2012—2013）

该发动机正时维修与 CTGA 发动机相同，相关内容请参考 20.7.4 小节。

20.7.12 奥迪 6.3L CEJA 发动机（2011—2013）

该发动机正时维修与 CTNA 发动机相同，相关内容请参考 20.7.5 小节。

20.7.13 奥迪 2.8L BDX 发动机（2008—2010）

该发动机也搭载在 A6 车型上，相关内容请参考 20.5.5 小节。

20.7.14 奥迪 2.8L CJBA 发动机（2009—2010）

该发动机正时维修与 CJTA 发动机相同，相关内容请参考 1.1.3 小节。

20.7.15 奥迪 4.2L BVJ 发动机（2007—2010）

该发动机正时维修与 BDW 相似，以下内容为发动机正时设置方法。

1）按下面方式插入适配接头 T40058 的导向销：小直径一端（箭头1）指向发动机，大直径一端（箭头2）指向适配接头，见图20-185。

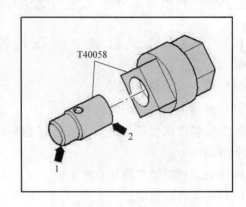

图 20-185 专用工具配置

2）用适配接头 T40058 沿发动机转动方向（箭头）将曲轴转至上止点，见图20-186。

图 20-186 转到曲轴到上止点位置

凸轮轴里的螺纹孔（箭头）必须指向上面，见图20-187。

3）将凸轮轴固定装置 T40070 安装到两个气缸盖上并用 25N·m 的力矩拧紧螺栓（箭头），见图20-188。如果对着气缸盖螺栓的孔仍是空的，则说明凸轮轴固定装置 T40070 安装正确。

4）从油底壳上部件上旋出螺旋塞（箭头），见图20-189。

5）用 20N·m 的力矩将固定螺钉 3242 拧入孔里，必要时稍微来回转动曲轴，以便完全对准螺栓，见图20-190。

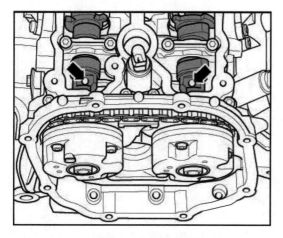

图 20-187 凸轮轴孔位朝上

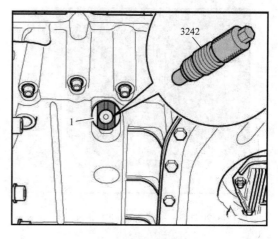

图 20-190 安装定位螺钉

内容请参考 1.9.6 小节。

20.7.17 奥迪 3.2L BPK 发动机（2006—2010）

该发动机正时维修与 BDW 发动机相同，相关内容请参考 20.5.4 小节。

20.8 R8（2007—2017 年款）

20.8.1 奥迪 4.2T CNDA 发动机（2011—2015）

该发动机正时维修与 BDW 发动机相同，相关内容请参考 20.5.4 小节。以下以左侧缸体为例，描述发动机正时设置方法。

1）拆下左侧气缸盖罩。
2）拆卸正时链左侧盖板。
3）用旋转工具 T40146 沿发动机运转方向（箭头）将曲轴转动到上止点，见图 20-191。

一直旋转发动机，直至多楔带带轮和减振器上的缺口 1 与气缸体上的标记 2 对齐（必要时使用镜子），见图 20-192。缺口和标记只是辅助手段，接着通过拧入固定螺栓 3242 保证精准到达上止点。如果意外转过了上止点，则必须将曲轴再次转回约 30°，重新转到上止点。

凸轮轴里的螺纹孔（箭头）必须指向上面，见图 20-193。

4）将凸轮轴固定装置 T40070 安装到左侧气缸盖上，将螺栓（箭头）用 25N·m 的力矩拧

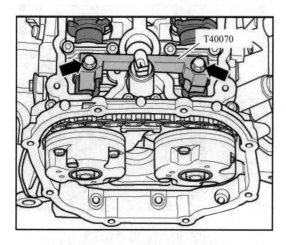

图 20-188 安装凸轮轴固定装置

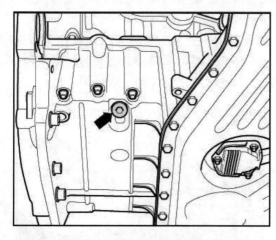

图 20-189 取下缸体螺旋塞

20.7.16 奥迪 6.0L BTE/BSB 发动机（2005—2010）

该发动机正时维修与 BAN 发动机相同，相关

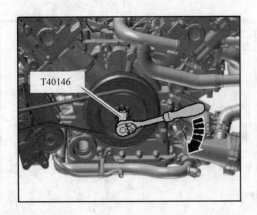

图 20-191　转动曲轴到上止点位置

图 20-192　多楔带带轮与减振器缺口位置

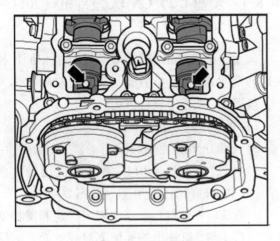

图 20-193　凸轮轴螺纹孔朝上

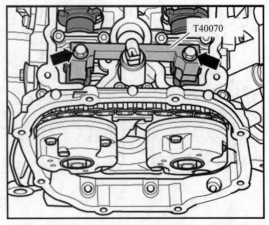

图 20-194　安装凸轮轴固定工具

图 20-195　拆下螺旋塞

紧，见图 20-194。如果对着气缸盖螺栓的孔仍是空的，则说明凸轮轴固定装置 T40070 安装正确。

5）将旧油收集和抽吸装置 VAS 6622A 置于发动机下。

6）将螺旋塞（箭头）从油底壳上部件中拧出，见图 20-195。

在拧出螺旋塞后，会不断有机油流出。如果螺旋塞或固定螺栓 3242 未拧入，就应将旧油收集和抽吸装置 VAS 6622A 放在下面。

7）用 20N·m 的力矩将固定螺栓 3242 拧入上止点孔 1 或固定凹槽中，必要时稍微来回转动曲轴，以便螺栓完全对中，见图 20-196。

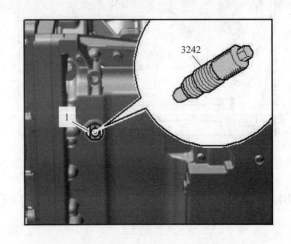

图 20-196　安装曲轴定位工具

因为上止点孔或固定凹槽有时很难与旁边的补偿孔进行区分，所以必要时再次检查缺口和标记的位置。

20.8.2 奥迪 5.2L CSPA 发动机（2016—2017）

发动机正时结构与维修与 CTGA 发动机相似，相前内容请参考 20.7.4 小节。以下补充发动机正时设置步骤。

1) 拆卸气缸盖罩。
2) 拆卸正时链盖板。
3) 将旋转工具 T40257 插到扳手 SW 21 T40263 上。
4) 将旋转工具安放在减振器螺栓上。旋转工具 T40257 只能采用一种位置。
5) 将曲轴沿发动机运转方向转动到（箭头）上止点，见图 20-197。

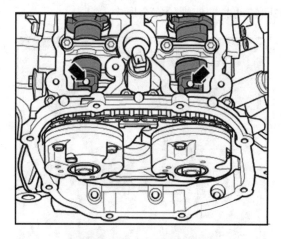

图 20-198 凸轮轴孔位朝上

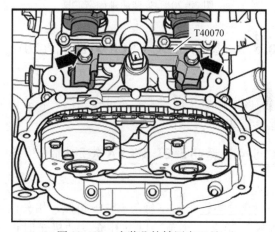

图 20-199 安装凸轮轴固定工具

图 20-197 安装曲轴转动工具

凸轮轴里的螺纹孔（箭头）必须指向上面，见图 20-198。

6) 将凸轮轴固定装置 T40070 安装到两个气缸盖上并用 25N·m 的力矩拧紧螺栓（箭头），见图 20-199。

如果对着气缸盖螺栓的孔仍是空的，则说明凸轮轴固定装置 T40070 安装正确。

7) 将废油收集和抽吸装置 VAS 6622A 放在下面。

8) 将用于上止点标记的螺旋塞（箭头）从进气模块上拧出，见图 20-200。

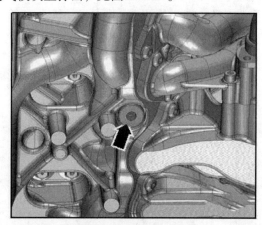

图 20-200 拆出螺旋塞

9) 将固定螺栓 T40237 用 20N·m 的力矩拧入固定凹槽 1 中，见图 20-201。如果需要，略微来回转动曲轴使螺栓完全居中。

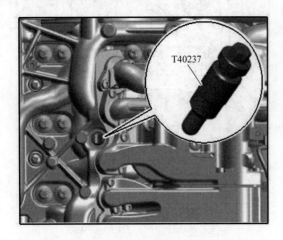

图 20-201 安装曲轴固定工具

20.8.3 奥迪 5.2L CSPB 发动机（2016—2017）

该发动机正时维修与 CSPA 相同，相关内容请参考 20.8.2 小节。

20.8.4 奥迪 5.2L CTYA 发动机（2013—2015）

该发动机正时维修与 CSPA 相似，相关内容请参考 20.8.2 小节。以下补充发动机正时设置方法。

1）拆卸气缸盖罩。

2）拆卸正时链盖板。

3）按下面方式插入适配接头 T40058 的导向销（图 20-202）：

小直径一端（箭头 1）指向发动机。

大直径一端（箭头 2）指向适配接头。

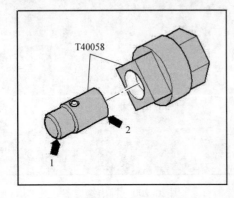

图 20-202 工具配置

4）用适配接头 T40058 沿发动机转动方向（箭头）转动曲轴到上止点，见图 20-203。

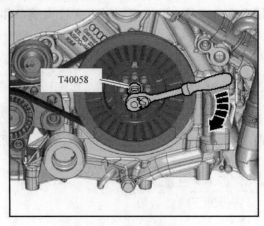

图 20-203 转动曲轴到上止点

凸轮轴里的螺纹孔（箭头）必须指向上面，见图 20-204。

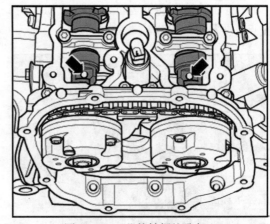

图 20-204 凸轮轴螺纹孔朝上

5）将凸轮轴固定装置 T40070 安装到两个气缸盖上并用 25N·m 的力矩拧紧螺栓（箭头），见图 20-205。

如果对着气缸盖螺栓的孔仍是空的，则说明凸轮轴固定装置 T40070 安装正确。

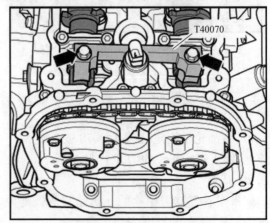

图 20-205 安装凸轮轴固定工具

6）将旧油收集和抽吸装置 VAS 6622A 置于发动机下。

7）将用于上止点标记的螺旋塞（箭头）从进气模块上拧出，见图 20-206。

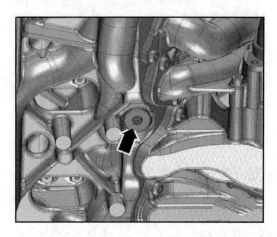

图 20-206　取出螺旋塞

8）将固定螺栓 3242 用 20N·m 的力矩拧入固定凹槽 1 中，见图 20-207。如果需要，略微来回转动曲轴使螺栓完全居中。

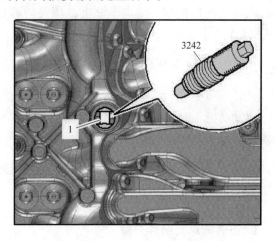

图 20-207　安装固定螺栓

20.8.5　奥迪 5.2L BUJ 发动机（2010—2012）

该发动机正时维修与 CTYA 发动机相同，相关内容请参考 20.8.4 小节。

20.8.6　奥迪 4.2L BYH 发动机（2007—2011）

该发动机正时维修与 CNDA 发动机相同，相关内容请参考 20.8.1 小节。

20.9　TT（2001—2017 年款）

20.9.1　奥迪 2.0T CHHC 发动机（2015—2017）

该发动机正时维修与 CJSA 发动机相同，相关内容请参考 20.2.1 小节。

20.9.2　奥迪 2.0T CJXG 发动机（2015—2017）

该发动机正时维修与 CJSA 发动机相同，相关内容请参考 20.2.1 小节。

20.9.3　奥迪 2.0T CETA/CESA 发动机（2011—2014）

该发动机正时单元结构与维修和 CDAA 发动机相同，相关内容请参考 1.2.3 小节。

20.9.4　奥迪 2.0T CDLB 发动机（2008—2014）

该发动机正时维修与 CDLC 发动机相同，相关内容请参考 1.7.4 小节。

20.9.5　奥迪 2.0T CCTA/CCZA 发动机（2009—2010）

该发动机正时单元结构与维修和 CDAA 发动机相同，相关内容请参考 1.2.3 小节。

20.9.6　奥迪 2.0T BWA 发动机（2007—2010）

该发动机正时维修与 CDLB 发动机相同，相关内容请参考 20.9.4 小节。

20.9.7　奥迪 3.2L BUB 发动机（2007—2010）

该发动机正时维修与 BHK 发动机相同，相关内容请参考 1.1.7 小节。

20.9.8　奥迪 3.2L BHE/BPF 发动机（2004—2006）

该发动机正时维修与 BHK 发动机相同，相关内容请参考 1.1.7 小节。

20.9.9 奥迪 1.8L BAM/BEA 发动机（2001—2006）

该发动机正时维修与 BFB 发动机相似，相关内容请参考 20.3.8 小节。以下补充发动机正时设置步骤。

发动机安装状态下：

1) 将密封塞从变速器上拉出。

2) 通过曲轴正时带轮的中心螺栓沿发动机运转方向将曲轴置于标记上止点（箭头），见图 20-208。

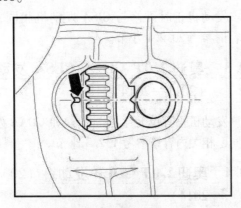

图 20-208　曲轴上止点标记

同时凸轮轴正时齿轮上的前部标记必须对准后部正时带护罩上的标记（箭头），见图 20-209。

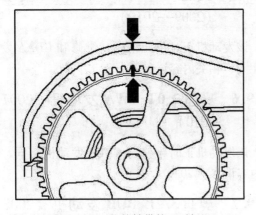

图 20-209　凸轮轴带轮正时标记

3) 必要时再转动曲轴 1 圈。

发动机已拆下情况下：

上部正时带盖板已拆下。

4) 通过曲轴正时带轮的中心螺栓沿发动机运转方向将曲轴置于标记上止点（箭头），见图 20-210。

同时凸轮轴正时齿轮上的前部标记必须对准

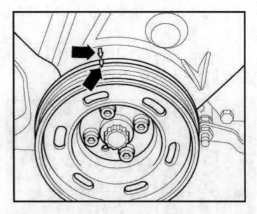

图 20-210　曲轴置于上止点标记

后部正时带护罩上的标记。

5) 必要时再转动曲轴 1 圈。

20.10　Q7（2007—2018 年款）

20.10.1　奥迪 3.0T CREC 发动机（2016—2018）

该发动机也搭载在 A6 车型上，相关内容请参考 20.5.2 小节。

20.10.2　奥迪 2.0T CVJA/CYMC 发动机（2016—2017）

该发动机正时维修与 CYMC 发动机相同，相关内容请参考 20.3.1 小节。

20.10.3　奥迪 3.0T CLZB/CRCA 柴油发动机（2012—2015）

1. 正时链单元部件分解

发动机正时链单元部件如图 20-211、图 20-215、图 20-216 所示。

更新拧紧时需要继续旋转一个角度的螺栓。

按图 20-212 所示顺序分 5 步拧紧螺栓：

序号	螺栓	拧紧力矩/继续拧紧角度
1	1、2、3	手动拧入至贴紧
2	4～7	手动拧入至贴紧
3	1～7	8N·m
4	1～7	8N·m
5	1～7	继续拧紧 90°

按图 20-214 所示将螺栓分 7 步拧紧：

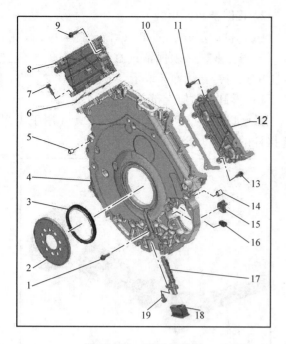

图 20-211 正时链盖板

1—螺栓，更换，拧紧力矩和拧紧顺序见图 20-213、图 20-214　2—脉冲信号轮，用于发动机转速传感器 G28
3—轴密封环　4—正时链下盖板　5—空心定位销，2 件
6—密封件，更换　7—螺栓，更换，拧紧力矩和拧紧顺序见图 20-212　8—正时链左侧盖板
9—螺栓，更换，拧紧力矩和拧紧顺序见图 20-212
10—密封件，更换　11—螺栓，更换，拧紧力矩和拧紧顺序见图 20-212　12—正时链右侧盖板
13—螺栓，更换，拧紧力矩和拧紧顺序见图 20-212
14—空心定位销，2 件　15—盖板，用于起动机开口
16—密封件，2 件　17—发动机转速传感器 G28
18—盖板，用于发动机转速传感器 G28　19—螺栓

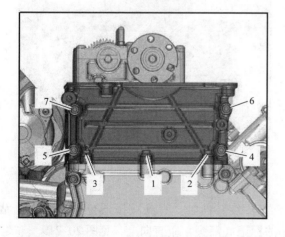

图 20-212　正时链上部盖板拧紧力矩和拧紧顺序

步骤 1：用密封剂和密封件安装正时链下部盖板到气缸体上。

步骤 2：1~4 拧至 9N·m。

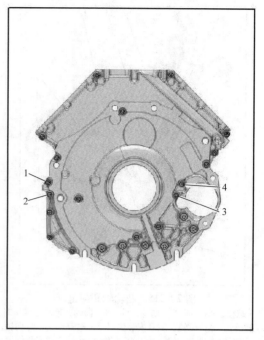

图 20-213　正时链下部盖板拧紧力矩和拧紧顺序（一）

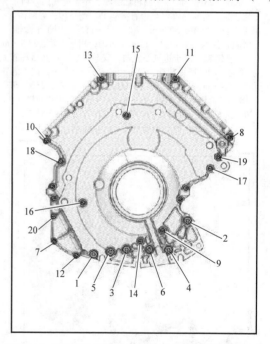

图 20-214　正时链下部盖板拧紧力矩和拧紧顺序（二）

步骤 3~6：

序号	螺栓	拧紧力矩/继续拧紧角度
1	1~20	3N·m
2	1~6	继续拧紧 90°
3	1~6	8N·m
4	7~20	9N·m
5	1~4	9N·m

2. 正时链单元拆装

（1）拆卸步骤　如果只对气缸列 1（右侧）的气缸盖作业，必须保留气缸列 2（左侧）气缸盖上的正时链盖板而不取下。

1）拆卸正时链上部盖板。

2）如图 20-217 所示，插入工具（用于 1/2″ 连接杆的套筒头 SW 21）。

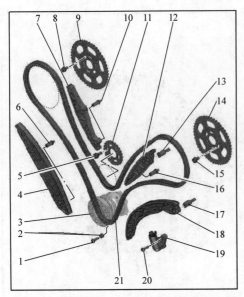

图 20-215　凸轮轴正时链

1—螺栓，9N·m　2—防弹出件　3—曲轴，带凸轮轴正时链的链轮　4—滑轨，注意安装位置　5—螺栓　6—导向销，用于滑轨，更换，5N·m+90°　7—滑轨，注意安装位置　8—螺栓，23N·m　9—凸轮轴链轮，用于进气凸轮轴，安装位置：可从后部看到带有字样的一侧　10—导向销，用于滑轨，更换，5N·m+90°　11—链轮，用于平衡轴　12—滑轨，注意安装位置　13—导向销，用于滑轨，23N·m　14—凸轮轴链轮，用于进气凸轮轴，安装位置：可从后部看到带有字样的一侧　15—螺栓，23N·m　16—导向销，更换，5N·m+90°　17—导向销，用于张紧轨，23N·m　18—张紧轨　19—链条张紧器，用于凸轮轴正时链　20—螺栓，更换，5N·m+90°　21—凸轮轴正时链，拆卸前，用颜色标记转动方向

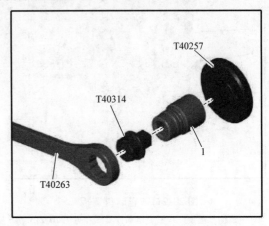

图 20-217　专用工具

1—套筒头

凸轮轴正时链跳动过大时有损坏危险。仅向发动机运转方向（箭头）转动曲轴，见图 20-218。

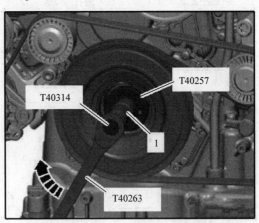

图 20-218　顺时针转动曲轴

1—套筒头

3）旋转曲轴，直到减振器位于上止点。粘贴的标记（箭头）垂直向上，见图 20-219。

调节销 T40060 带有一个平面部位 2，凸轮轴与气缸盖的标定孔略微错开时该平面有助于插入调节销。

首先插入调节销，使销轴 1 垂直于凸轮轴

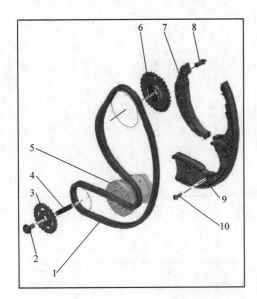

图 20-216　油泵和高压泵驱动链条

1—油泵和高压泵驱动链　2—螺栓，更换，30N·m+45°　3—驱动链轮，用于机油泵，安装位置：带有字样的一侧指向发动机　4—压簧　5—曲轴，带油泵和高压泵的驱动链齿轮　6—驱动链轮，用于高压泵，安装位置：可从后部看到带有字样的一侧　7—滑轨　8—导向销，用于滑轨，更换，5N·m+90°　9—链条张紧器，带滑轨　10—螺栓，更换，5N·m+90°

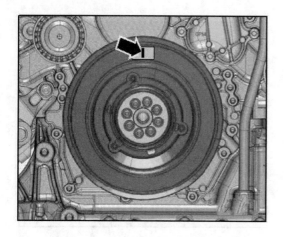

图 20-219 减振器上止点位置

轴线。

达到正确的上止点位置时必须将销轴 1 转动 90°（箭头），以便其垂直于凸轮轴轴线，见图 20-220。

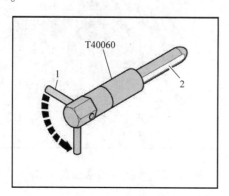

图 20-220 调节销部件

4）检查两个气缸盖的凸轮轴是否在上止点位置上：凸轮轴必须能用调节销 T40060 卡止。调节销 T40060 上的销轴（箭头）必须垂直于气缸列 1（右侧）凸轮轴的中心线，见图 20-221。

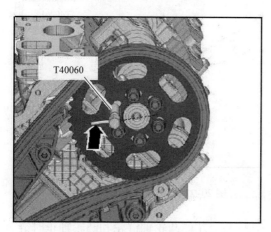

图 20-221 调节销安装位置

调节销 T40060 上的销轴（箭头）必须垂直于气缸列 2（左侧）凸轮轴的中心线，见图 20-222。

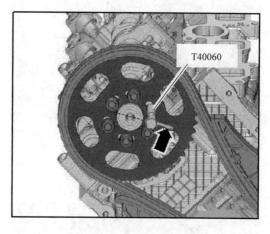

图 20-222 调节销安装位置

5）将螺旋塞（箭头）从油底壳上部件中拧出，见图 20-223。将一块抹布置于油底壳上部件下，以便收集溢出的发动机油。

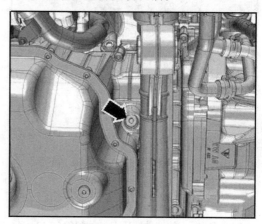

图 20-223 缸体螺旋塞位置

6）以 20N·m 的力矩将固定螺栓 3242 拧入孔中；必要时稍微来回转动曲轴，以便完全对准螺栓，见图 20-224。

7）如图 20-225 所示，拧紧支架螺栓 T40246。

序号	螺栓	拧紧力矩
1	2 M6×40	手动拧入至贴紧
2	1 M6×20	手动拧入至贴紧
3	2 M6×40	8N·m
4	1 M6×20	8N·m

为了避免小零件通过正时链箱开口意外落入

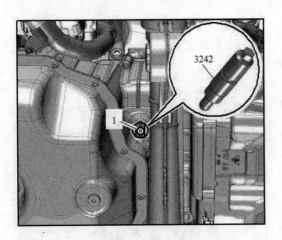

图20-224 安装固定螺栓

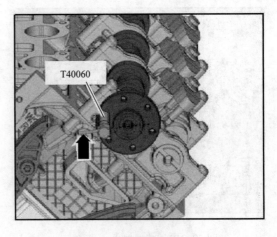

图20-226 调节销安装位置（一）

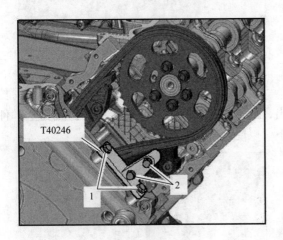

图20-225 拧紧支架螺栓

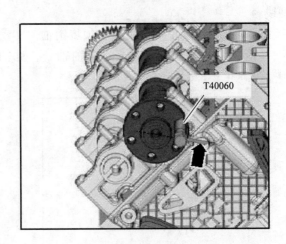

图20-227 调节销安装位置（二）

发动机内，请用干净的抹布遮住开口。

8）从凸轮轴中取出调节销T40060。

9）拧出5个凸轮轴链轮螺栓。

10）取下凸轮轴链轮和凸轮轴正时链。

（2）安装 将曲轴用固定螺栓3242固定在上止点位置。

更新拧紧时需要继续旋转一个角度的螺栓。

1）检查两个气缸盖的凸轮轴是否在上止点位置上。

凸轮轴必须能用调节销T40060卡止。

调节销T40060上的销轴（箭头）必须垂直于气缸列1（右侧）凸轮轴的中心线，见图20-226。

调节销T40060上的销轴（箭头）必须垂直于气缸列2（左侧）凸轮轴的中心线，见图20-227。

2）从凸轮轴中取出调节销T40060。

如要旋转凸轮轴，活塞不允许停在上止点。

如果无法卡住凸轮轴，可以用适配接头T40061略微校正凸轮轴位置，为此将凸轮轴链轮的螺栓拧入凸轮轴内，见图20-228。

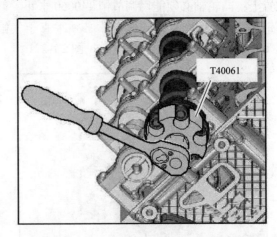

图20-228 用工具调整凸轮轴位置

3）装上左侧凸轮轴链轮和凸轮轴正时链。

凸轮轴链轮上的长孔必须位于凸轮轴螺纹孔的中间位置。

4）先拧入凸轮轴链轮的两个螺栓1，不要拧紧。凸轮轴链轮必须在凸轮轴上还能转动并且不得翻转。

5）用调节销T40060卡住左侧凸轮轴。调节销T40060上的销轴必须垂直于凸轮轴的中心线，见图20-229。

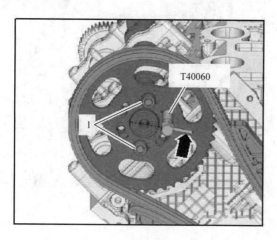

图20-229 调节销位置

6）装上右侧凸轮轴链轮和凸轮轴正时链。

凸轮轴链轮上的长孔必须位于凸轮轴螺纹孔的中间位置。

7）先拧入凸轮轴链轮的两个螺栓1，不要拧紧。

凸轮轴链轮必须在凸轮轴上还能转动并且不得翻转。

8）用调节销T40060卡住右侧凸轮轴。调节销T40060上的销轴（箭头）必须垂直于凸轮轴的中心线，见图20-230。

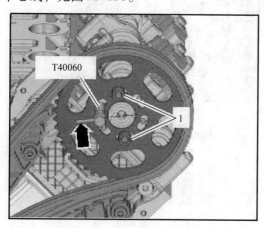

图20-230 调节销安装位置

9）取下支撑架T40246。

10）由另一机械工将右侧凸轮轴链轮用适配接头T40062和扭力扳手以20N·m的力矩顺时针（箭头）预紧并保持预紧状态。

11）将螺栓1和2拧紧到右侧凸轮轴链轮上，见图20-231。

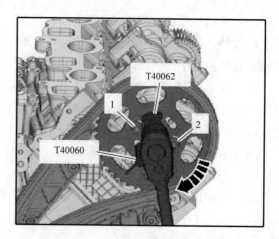

图20-231 安装右侧凸轮轴链轮螺栓

12）继续保持张紧，并拧紧右侧凸轮轴链轮上的螺栓。

13）拆除适配接头T40062和调整销T40060。

14）拧紧左右凸轮轴链轮的剩余螺栓。

15）取下固定螺栓3242。

配气相位检查：

16）插入工具（用于1/2"连接杆的套筒头SW 21）。

17）将曲轴转动2圈，直至曲轴再次接近上止点前。凸轮轴正时链跳动过大时有损坏危险。仅向发动机运转方向转动曲轴。

18）以转动方式将曲轴用固定螺栓3242（20N·m）卡住。上止点位置不准确时会产生调节误差。

如果转出了上止点：将曲轴再转动2圈，直至曲轴再次接近上止点前。然后以转动方式将曲轴用固定螺栓3242卡住。

19）检查两个气缸盖的凸轮轴是否在上止点位置上。

凸轮轴必须能用调节销T40060卡止。调节销T40060上的销轴必须垂直于气缸列1（右侧）凸轮轴的中心线。

调节销T40060上的销轴必须垂直于气缸列2

（左侧）凸轮轴的中心线。

配气相位校正：

20）如果无法卡住某个凸轮轴，将相关凸轮轴链轮的所有螺栓松开约1圈。

21）将适配接头T40061装在松开后的螺栓头上。

22）用适配接头T40061略微来回转动螺栓，直至可以插入调节销T40060。调节销T40060上的销轴必须垂直于凸轮轴的中心线。

23）在适配接头T40061处于安装状态且调节销T40060插入时用大约5N·m的力矩拧紧凸轮轴链轮的螺栓。

24）取下调节销T40060和适配接头T40061。

25）按最终力矩拧紧凸轮轴链轮的螺栓。

26）必要时在另一个气缸列处重复这个工作过程。

27）取下固定螺栓3242。

28）重复检查配气相位。

其他安装以相反顺序进行，安装过程中请注意以下事项：

29）拧紧油底壳上部件上的上止点标记螺旋塞。

30）安装正时链上部盖板。

3. 油泵与高压泵链条拆装

（1）拆卸

1）拆下正时链下部盖板。

2）拆卸凸轮轴正时链。

3）取下凸轮轴正时链上部的两个滑轨。

4）沿箭头方向按压链条张紧器的张紧轨，并用定位销T40316（图中位置2）卡住链条张紧器。

5）拧出螺栓1并取下张紧轨，见图20-232。

6）拧出螺栓1、2、3，取下油泵和高压泵驱动链的链条张紧器，见图20-233。

7）取下油泵和高压泵的驱动链。

（2）安装 将曲轴用固定螺栓3242固定在上止点位置。

安装以倒序进行，同时要注意下列事项：

1）用定位销T40245卡住高压泵链轮。

图20-234所示为链轮及装着的正时链罩下部。

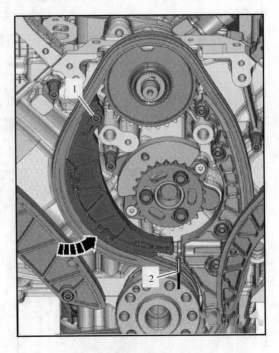

图20-232 取下张紧轨

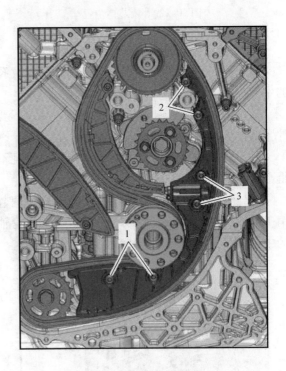

图20-233 取下张紧器与驱动链

2）安装凸轮轴正时链。

3）取下高压泵链轮定位销T40245。

4）安装正时链下部盖板。

图 20-234 用定位销卡住高压泵链轮

20.10.4 奥迪 3.0T CJTC 发动机（2011—2015）

该发动机正时维修与 CJTA 发动机相同，相关内容请参考 1.1.3 小节。

20.10.5 奥迪 3.0T CJTB 发动机（2011—2015）

该发动机正时维修与 CJTA 发动机相同，相关内容请参考 1.1.3 小节。

20.10.6 奥迪 3.0T CASA 柴油发动机（2008—2010）

该发动机也搭载在大众途锐车型上，相关内容请参考 1.1.2 小节。

20.10.7 奥迪 3.6L BHK 发动机（2007—2010）

该发动机也搭载在大众途锐车型上，相关内容请参考 1.1.7 小节。

20.10.8 奥迪 4.2L BAR 发动机（2007—2010）

该发动机正时维修与 BVJ 发动机相同，相关内容请参考 20.7.15 小节。

20.11 S3（2015—2017 年款）

奥迪 2.0T CJXF 发动机（2015—2016）

该发动机正时维修与 CJSA 发动机相同，相关内容请参考 20.2.1 小节。

20.12 S5（2010—2017 年款）

20.12.1 奥迪 3.0T CWGD 发动机（2017—）

该发动机正时维修与 CJTA 发动机相似，相关内容请参考 1.1.3 小节。

20.12.2 奥迪 3.0T CREC 发动机（2015—2016）

该发动机也搭载在 A6 车型上，相关内容请参考 20.5.2 小节。

20.12.3 奥迪 3.0T CAKA 发动机（2010—2011）

该发动机正时维修与 CJTA 发动机相同，相关内容请参考 1.1.3 小节。

20.13 S6（2012—2018 年款）

20.13.1 奥迪 4.0L CTGE 发动机（2015—2018）

该发动机正时维修与 CTGA 发动机相同，相关内容请参考 20.7.4 小节。

20.13.2 奥迪 4.0L CEUC 发动机（2012—2014）

该发动机正时维修与 CTGA 发动机相同，相关内容请参考 20.7.4 小节。

20.14 S7（2012—2018 年款）

20.14.1 奥迪 4.0L CTGE 发动机（2015—2018）

该发动机正时维修与 CTGA 发动机相同，相关内容请参考 20.7.4 小节。

20.14.2 奥迪 4.0L CEUC 发动机（2012—2014）

该发动机正时维修与 CTGA 发动机相同，相关内容请参考 20.7.4 小节。

20.15　S8（2014—2017 年款）

奥迪 4.0L CTFA 发动机（2014—2017）

该发动机正时维修与 CTGA 发动机相同，相关内容请参考 20.7.4 小节。

20.16　RS5（2010—2017 年款）

奥迪 4.2L CFSA 发动机（2010—2016）

该发动机正时维修与 CTGA 发动机相似，相关内容请参考 20.7.4 小节。以下补充发动机正时设置方法。

1）拆卸相关的气缸盖罩。
2）拆卸正时链的相关盖板。
3）拆卸多楔带。
4）将旋转工具 T40257 插到扳手 SW 21 T40263 上。
5）将旋转工具 T40257 安放在减振器螺栓上。旋转工具 T40257 上的半圆形铣槽（箭头 A）必须指向减振器半圆形的铣槽（箭头 B），见图 20-235。

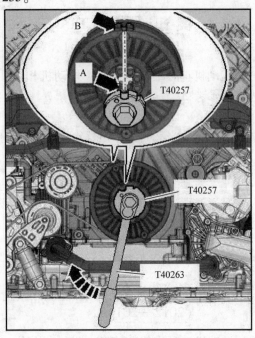

图 20-235　安装旋转工具

无须注意旋转工具 T40257 上的缺口。

6）将曲轴沿发动机运转方向转动到上止点。凸轮轴里的螺纹孔（箭头）必须指向上面，见图 20-236。

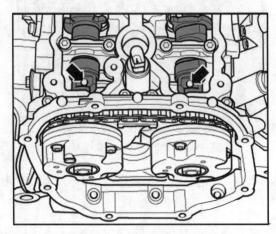

图 20-236　凸轮轴螺纹孔朝上

7）将凸轮轴固定装置 T40070 以 25N·m 的力矩拧紧到两个气缸盖上（箭头），见图 20-237。

如果对着气缸盖螺栓的孔仍是空的，则说明凸轮轴固定装置 T40070 安装正确。

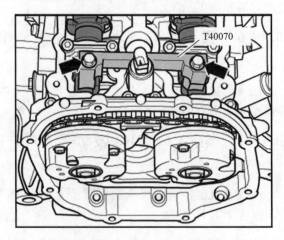

图 20-237　安装凸轮轴固定装置

8）将定位销 T40227 用手拧入气缸体至贴紧，需要时稍微来回转动曲轴，使螺栓完全对中。

20.17　RS6（2015—2017 年款）

奥迪 4.0L CWUB 发动机（2015—2017）

该发动机正时维修与 CTGA 发动机相同，相关内容请参考 20.7.4 小节。

20.18 RS7（2015—2017 年款）

20.18.1 奥迪 4.0L CWUB 发动机（2015—2017）

该发动机正时维修与 CTGA 发动机相同，相关内容请参考 20.7.4 小节。

20.18.2 奥迪 4.0L CWUC 发动机（2016—2017）

该发动机正时维修与 CTGA 发动机相同，相关内容请参考 20.7.4 小节。

第21章 保时捷汽车

21.1 卡宴（2003—2018年款）

21.1.1 保时捷 3.0T CJT 发动机（2013—2018）

该款发动机也搭载在大众途锐车型上，相关内容请参考1.1.3小节。

21.1.2 保时捷 3.6T 发动机（2015—2017）

该发动机正时维修与大众BHK相同，相关内容请参考1.1.7小节。

21.1.3 保时捷 4.8T M4851T 发动机（2007—2017）

1. 发动机正时设置

注意事项：

1）凸轮轴正时设置必须用到以下工具，见图21-1。

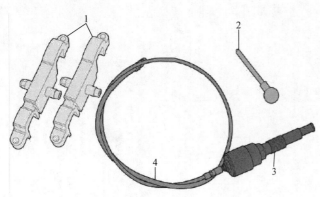

图21-1 设置正时的调节工具

① 需要一对凸轮轴的锁紧工具以用于调节凸轮轴。锁紧工具9678/1（图中1）。必须在两个气缸盖的镜像中使用此工具。

② 锁紧销1定位销9595/1用于振动平衡器和设置TDC的正时箱盖之间的锁紧孔（图中2）。

③ 因为长正时链条存在公差，所以在V8发动机中需要装配链条张紧器。辅助链条张紧器9683/1用于准确设置正时（图中3）。不适用于4.5L发动机。用几滴商用气动油润滑连接（以防止内活塞卡住）。操作压力：500~550kPa。

④ 压缩空气软管4，下方是辅助链条张紧器9683/1。

2）安装锁紧工具时不要用力。

3）请确保两侧的间隙相等。

4）插入锁紧工具时，如果转动凸轮轴时遇到阻力，请勿用力强行转动。

5）发动机必须正好位于上止点。

6）相对侧气缸必须位于压缩TDC处。

7）在链条张紧器拆除的情况下，切勿逆向转动曲轴。

8）应谨慎执行操作。

9）仅在曲轴处转动发动机。

10）操作凸轮轴后应重置正时。

正时设置步骤如下：

1）在振动平衡器处转动曲轴，以使振动平衡器的锁紧孔2位于正时箱盖上的下部锁紧点1前方约45°处。锁紧孔在1缸的TDC前45°处，见图21-2。

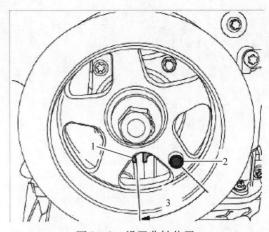

图21-2 设置曲轴位置

2）松开四个凸轮轴上的凸轮轴控制器和链轮，直到它们能够自由转动（不摆动）为止。进行此操作时，请务必顶住部件上的六角体→链轮（图21-3）→凸轮轴控制器（图21-4）。

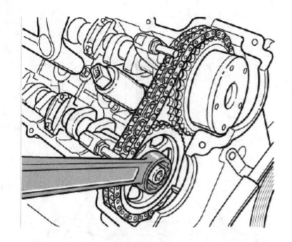

图 21-3 链轮

图 21-4 凸轮轴控制器

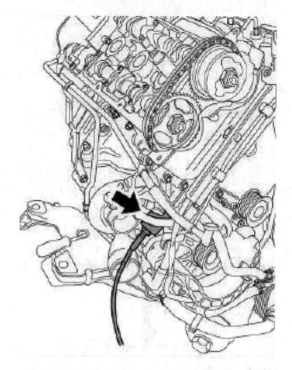

图 21-5 装配链条张紧器

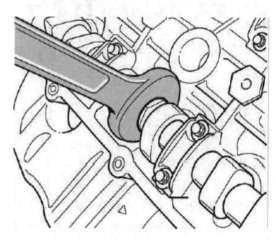

图 21-6 凸轮轴处的六角体

3）拧下发动机传动链张紧装置。在下面放置布片以接住油滴。

4）用手拧入装配链条张紧器辅助链条张紧器9683/1。连接100kPa的压缩空气，并缓慢增加到500kPa（最高550kPa）（防止装配链条张紧器"碰撞"正时链条），见图21-5箭头。

5）如图21-6所示，用呆扳手转动六角体处的四个凸轮轴，直至可同时在3/4缸和7/8缸之间的两个相关进气凸轮轴和排气凸轮轴侧边缘（二面体）上均匀地安装两个 锁紧工具9678/1。

① 正确放置锁紧工具。

② 将锁紧工具放置在两个凸轮轴的侧边缘上，以便凸轮轴侧边缘的窄端向上指向锁紧工具。放置锁紧工具时，请考虑气缸盖中凸轮轴高度的结构差异。如有必要，请转动锁紧工具。

③ 用呆扳手卡住凸轮轴的六角体处，直至可将锁紧工具安装在侧边缘上。然后，用呆扳手小心地前后交替转动凸轮轴并缓慢而小心地在锁紧工具处拧紧气门室盖螺钉。进行此操作时，请检查锁紧工具是否从气缸盖两侧伸出相同的距离（用手电筒目视检查）。

根据生产公差，锁紧工具可能会直接位于气缸盖上，也可能会存在小间隙。均匀地安装锁紧工具时，请正确固定每个部件，并且在转动六角体时凸轮轴上不再有任何间隙，见图21-7、图21-8、图21-9。

④ 以相同方式（安装凸轮轴）设置其他气缸列。

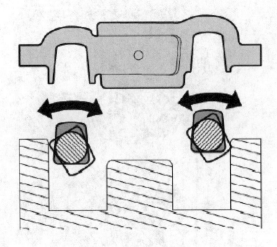

图21-7 安装工具时转动凸轮轴

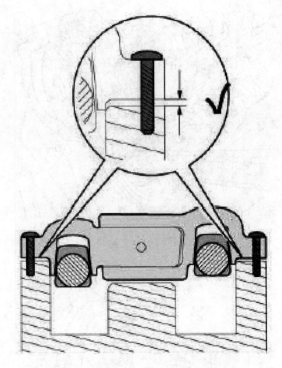

图21-9 在气缸盖上均匀拧入的锁紧工具

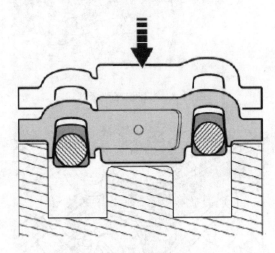

图21-8 在凸轮轴上均匀安装

⑤ 现在,已使用两个锁紧工具均匀地安装了全部四个凸轮轴,且不存在间隙。用手电筒检查凸轮轴时,可以看到凸轮轴的侧调整边缘和锁紧工具之间没有明显的间隙。

6) 将锁紧销/定位销9595/1插入振动平衡器的锁紧孔2,见图21-10。

7) 转动振动平衡器处的曲轴3,以便振动平衡器中的锁紧销滑入正时箱盖的下锁紧点1。转动的同时,对锁紧销轻轻施加压力,见图21-11。

8) 如果不小心将振动平衡器转过了头,请勿尝试将其再次转回。必须将锁紧工具拆下且必须以只对气门弹簧施加最小压力的方式转动凸轮轴。将曲轴转动一次并重新开始设置过程。

9) 正确安装凸轮轴和曲轴。

10) 按照说明拧紧四个凸轮轴上的凸轮轴控制器和链轮,见图21-13。进行此操作时,请务

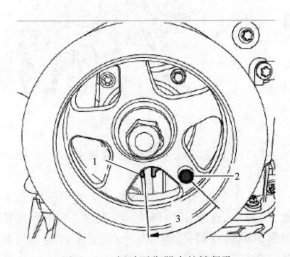

图21-10 振动平衡器中的锁紧孔

必顶住部件上的六角体→链轮→凸轮轴控制器(图21-12)。

①排气凸轮轴1~4缸上的链轮;②进气凸轮轴1~4缸上的凸轮轴控制器;③进气凸轮轴5~8缸上的凸轮轴控制器;④排气凸轮轴5~8缸上的链轮。

11) 拆下工具。

12) 安装传动链张紧装置。

2. 正时链单元部件拆装

正时链条的传动方向必须始终相同。如果要重复使用正时链条,在拆卸前必须标记正时链条

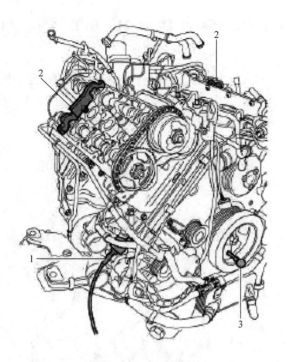

图 21-11 安装工具
1—使用500~550kPa的压力拧入的装配链条张紧器
2—凸轮轴上的两个固定锁紧工具
3—锁紧销将曲轴固定在1缸的TDC中

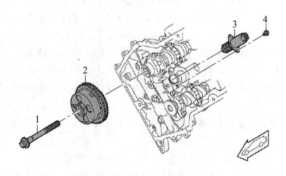

图 21-12 凸轮轴调整
1—螺钉,M12在正时设置完成后充分拧紧。用过的螺钉不得重复
用于正时设置 2—凸轮轴调整器,带有整体式六角工具,
用于回顶 3—凸轮轴控制的液压阀 4—螺钉,M5×12

的传动方向。如果必须拆卸或更换正时链条,则应检查导向装置、张紧轨及链条小齿轮是否存在磨损和划痕,必要时应予以更换。

(1) 拆卸步骤

1) 拆卸正时链条。

2) 如果尚未拆卸凸轮轴之间的顶部导轨(导料块),请执行步骤6),见图21-14。

3) 使张紧轨4脱离螺纹销钉,见图21-15。

4) 小心松开机油泵链条的下部张紧轨。用

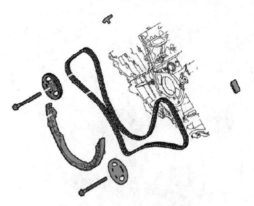

图 21-13 正时链条和链轮

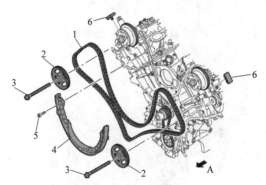

图 21-14 正时链条单元部件
1—双链条凸轮轴传动 2—凸轮轴链轮 3—螺钉,
M12设置正时之后完全拧紧 4—导向轨 5—螺钉,
M8×35 6—凸轮轴到凸轮轴导向块 A—行驶方向

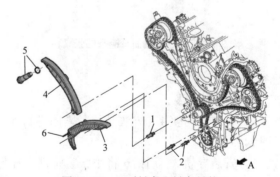

图 21-15 正时链条和链条导轨
1—螺纹销钉 2—螺纹销钉 3—导轨 4—张紧轨
5—带密封环的传动链张紧装置 6—销(用于锁定机油泵张紧轨)
A—行驶方向

一把小螺钉旋具将张紧轨按回去,直到张紧轨和导轨之间的两个锁紧孔对齐为止,见图21-16。

5) 将合适的钻头、冲头或钉子通过导轨中的孔来捅机油泵链条的张紧轨,见图21-17。这将会松开机油泵链条。

6) 拆下导轨3。用销6锁紧机油泵链条的导轨,见图21-15。

7) 拆下导向轨4(方法是旋开紧固螺钉5),

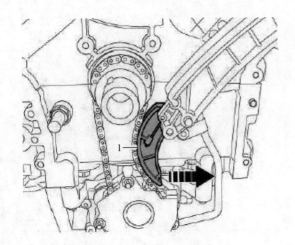

图 21-16 机油泵张紧轨

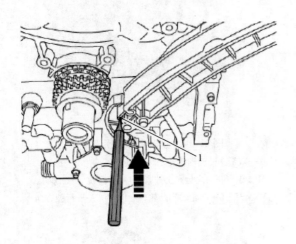

图 21-17 定位机油泵链条的张紧轨

见图 21-14。

（2）安装步骤

1）安装导向轨 4（方法是拧紧紧固螺钉 5），见图 21-14。

2）安装导轨 3。用销 6 将小张紧轨锁定在导轨上。将导轨滑动到螺纹销钉上，然后根据机油泵所安装的传动链的位置，将其移动到正确的安装位置。拔出锁销（张紧轨连接起来），见图 21-15。

3）将张紧轨 4 滑动到螺纹销钉上，见图 21-15。

4）如果尚未安装凸轮轴之间的顶部导轨（导向块），请执行步骤 6），见图 21-14。

5）安装正时链条。

6）安装正时箱盖。

7）设置正时。

21.1.4 保时捷 3.2L BFD 发动机 (2003—2008)

该发动机正时设置与拆装和大众 BHK 发动机相同，相关内容请参考 1.1.7 小节。图 21-18 所示为该发动机正时链单元部件分解。

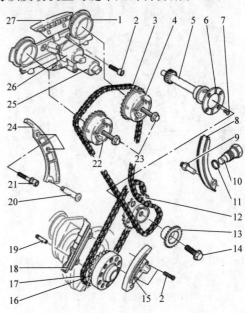

图 21-18 M48/00 发动机正时链单元

1—正时链条壳，检查滤网并在必要时予以更换 2—更换；使用中等强度的螺钉粘合胶，拧紧力矩：8N·m 3—凸轮轴正时链条；保持原来的传动方向 4—凸轮轴 32A 的凸轮轴调整器 5—中间轴 6—止推垫圈 7—插入；使用中等强度的螺钉粘合胶拧紧力矩：8N·m 8—凸轮轴正时链条的张紧轨 9—拧紧力矩：18N·m 10—只有链条预紧器安装完毕后才能转动发动机，拧紧力矩：41N·m 11—密封圈更换 12—中间轴链轮 13—链轮 14—更换，拧紧力矩：60N·m+90° 15—包含张紧轨的链条预紧器（可选）：在拆卸之前，用系带将预紧轨牢固地绑在链条预紧器上；在安装之前，用小螺钉旋具松开链条预紧器中的锁齿并将预紧轨压靠在链条预紧器上 16—曲轴传动齿轮 17—正时链条；重新安装时，需保持原来的传动方向 18—导轨 19—拧紧力矩：10N·m 20—拧紧力矩：18N·m 21—拧紧力矩：23N·m 22—进气凸轮轴的凸轮轴调整器 23—拧紧力矩：60N·m+90° 24—导轨 25—用于调整排气凸轮轴的液压阀，请注意安装位置。切勿混淆电缆插头 26—用于调整进气凸轮轴的液压阀，请注意安装位置。切勿混淆电缆插头 27—导轨；夹在正时链条罩上

21.1.5 保时捷 4.5L M48/00 发动机 (2008)

1. 正时链单元部件

发动机正时链单元部件如图 21-19、图 21-20 所示。

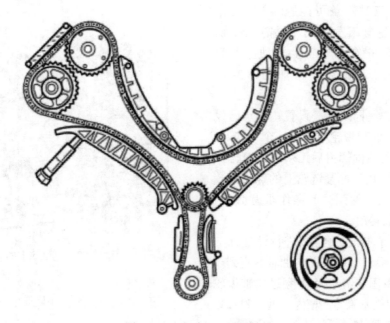

图 21-19　发动机正时链结构

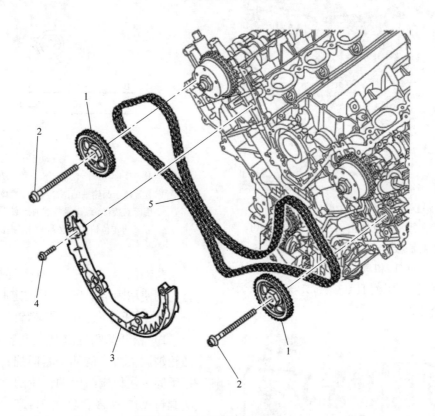

图 21-20　发动机正时链部件

1—凸轮轴正时齿轮　2—圆柱头螺栓，M12×140　3—导轨　4—轨紧固螺钉，M8×35　5—正时链条，再次使用时请使用相同的传动方向

2. 发动机正时调整

准备工作：

说明：无法检查 M48/00 和 M48/50 发动机的正时。只能执行调整。

要消除在设置过程中产生的正时链间隙，在脱开正时链条之时，先将曲轴转动到气缸 1 的上止点之前至少 45°的位置。

1）拆卸两个气缸列上的凸轮轴室盖。注意逆着发动机（发动机已装好）运行方向转动曲轴会损坏发动机。安装正时驱动机构时，切勿逆向转动曲轴（正时链条可能脱落）。工作时应小心操作，以免损坏发动机。只能在曲轴上转动发动机，而不得在凸轮轴上转动，因为正时链条可能会脱落。在对凸轮轴进行操作后，必须设置正时。

◆ 两个气缸列总是同时检查设置。一旦已设定一个气缸列，禁止转动带轮设定另一个气缸列。

◆ 松开链轮上的紧固螺钉后无须更换它们。

◆ 在装配过程中用手拧紧链轮上的螺钉，装配完成后再松开一圈或两圈。此操作很有必要，这样凸轮轴仍然可以转动。

◆ 使用安装的标准链条预紧器进行设置。

2）使用套筒扳手套头9714旋转曲轴，直到气缸1在压缩TDC。将固定销9595/1穿过曲轴齿轮的空隙，插入到正时链室罩的凹槽内，见图21-21。

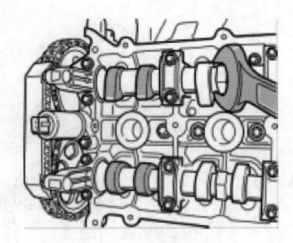

图21-23 气缸5上的凸轮位置

正时调整需要用到的专用工具，见图21-24。

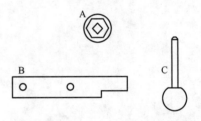

图21-24 发动机正时工具

A—插座9714 B—凸轮轴定位装置9678，用于调节正时；导向装置位于凸轮轴的两个后槽中 C—定位销9595/1，用于安装带轮。1号气缸的活塞此时处于TDC；将定位销正确放入正时箱提供的槽中

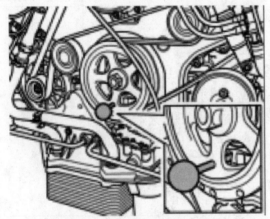

图21-21 曲轴齿轮中的固定销

◆ 如果气缸1上的凸轮位置与图示不同，请检查凸轮轴是否需要再转动一圈（360°）。

3）确保气缸1和气缸5的凸轮位置如图21-22所示（气缸1压缩TDC）图21-23所示为气缸5上的凸轮位置。

曲轴位于TDC且一旦上述准备工作已经执行，则使用固定销9595/1固定曲轴。

◆ 松开链轮上的紧固螺钉后无须更换它们。

1）松开两侧气缸列上凸轮轴齿轮（带两个凸轮轴调整器）的四个紧固螺钉。为此，用梅花扳手固定住相应凸轮轴齿轮的六角头，并松开平头螺钉M12两圈，见图21-25。为用图解更清楚地说明过程，图示没有画出正时室盖。

◆ 气缸列1~4和5~8在凸轮轴未转动情况下同时调整。

2）如图21-26所示，用呆扳手转动四个凸轮轴上的六角头，直到凸轮轴导块9678能被推进一侧气缸列的两个凸轮轴的凹槽中，见图21-27。

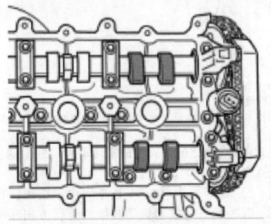

图21-22 气缸1的凸轮

见图21-28。检查凸轮轴导块是否可装入凸轮轴两个气缸列的槽中。

图21-25 凸轮轴齿轮的紧固螺钉

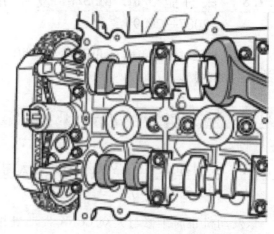

图21-28 气缸列5~8中凸轮的校正定位

4) 用平头螺钉M12拧紧两个凸轮轴齿轮（两个凸轮轴调整器）。为此，用梅花扳手固定相应凸轮轴的六角并拧紧M12平头螺钉，见图21-29。

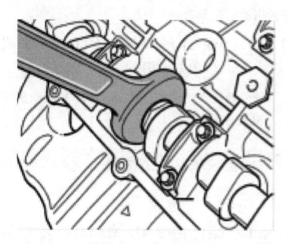

图21-26 凸轮轴六角头

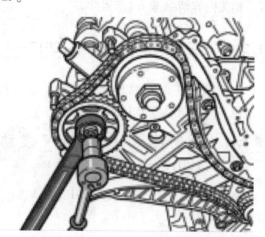

图21-29 带平头螺钉M12的凸轮轴齿轮

5) 拆下凸轮轴导板9678和固定销9595/1。
6) 将凸轮轴室盖安装在两个气缸列上。

21.1.6　保时捷4.5T M48/50发动机（2008）

该发动机正时维修与自然吸气版M48/00发动机相同，相关内容请参考21.1.5小节。

21.1.7　保时捷4.8L M48/01发动机（2007—2012）

该发动机正时设置与拆装与4.8T发动机相

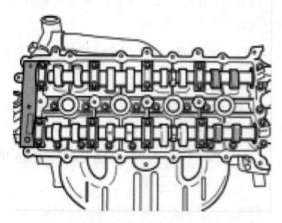

图21-27 用凸轮轴导块固定在气缸列上的凸轮轴

◆ 气缸列1~4和5~8在凸轮轴未转动情况下同时调整。

3) 然后调节其他气缸列的凸轮轴。为此，用呆扳手转动六角头并用凸轮轴导块9678固定，

同，相关内容请参考 21.1.3 小节

21.1.8 保时捷 3.6L M55/01 发动机（2007—2009）

该发动机正时维修与大众 BHK 发动机相同，相关内容请参考 1.1.7 小节。

21.2 帕拉梅拉（2010—2017 年款）

21.2.1 保时捷 3.0T CWD/CWF 发动机（2012—2017）

该发动机正时维修与大众 CGNA 发动机相似，相关内容请参考 1.1.5 小节。

21.2.2 保时捷 3.0T CGE 混动发动机（2012—2017）

该发动机正时维修与大众 CGNA 发动机相似，相关内容请参考 1.1.5 小节。

21.2.3 保时捷 4.0T 发动机（2017—）

该发动机正时维修与大众 CGNA 发动机相似，相关内容请参考 1.1.5 小节。

21.2.4 保时捷 3.6L M4640V 发动机（2010—2013）

该发动机正时维修与大众 BHK 发动机相同，相关内容请参考 1.1.7 小节。

21.2.5 保时捷 4.8T M4870T 发动机（2006—2014）

该发动机也搭载在卡宴车型上，相关内容请参考 21.1.3 小节。

21.2.6 保时捷 4.8L M4820V 发动机（2010—2014）

该发动机正时设置与拆装与 4.8T 发动机相同，相关内容请参考 21.1.3 小节

21.3 迈凯（2014—2017 年款）

21.3.1 保时捷 2.0T CNC 发动机（2014—2017）

该发动机正时维修与大众 CHHB 发动机相同，相关内容请参考 1.3.2 小节。

21.3.2 保时捷 3.0T CTM 发动机（2014—2017）

该款发动机正时维修与 CJT A 发动机相同，相关内容请参考 1.1.3 小节。

21.3.3 保时捷 3.6T CTL 发动机（2014—2017）

该发动机正时维修与大众 BHK A 发动机相同，相关内容请参考 1.1.7 小节。

21.4 卡曼（2006—2017 年款）

21.4.1 保时捷 3.4L MA121C 发动机（2005—2012）

该发动机正时维修与 MA104 发动机相同，相关内容请参考 21.7.2 小节。

21.4.2 保时捷 2.7L MA122CV 发动机（2013—2015）

该发动机正时维修与 MA104 发动机相同，相关内容请参考 21.7.2 小节。

21.4.3 保时捷 2.9L MA120C 发动机（2009—2012）

该发动机正时维修与 MA104 发动机相同，相关内容请参考 21.7.2 小节。

21.4.4 保时捷 3.3L 发动机（2006）

该发动机正时维修与 M97/21 发动机相同，相关内容请参考 21.5.3 小节。

21.5 博克斯特（2003—2017年款）

21.5.1 保时捷 3.4L MA121 发动机（2005—2014）

该发动机正时维修与 MA104 发动机相同，相关内容请参考 21.7.2 小节。

21.5.2 保时捷 2.7L MA122V 发动机（2003—2015）

该发动机正时维修与 MA104 发动机相同，相关内容请参考 21.7.2 小节。

21.5.3 保时捷 3.4L M97/21 发动机（2005—2008）

1. 发动机正时检查

1）拆下后壁盖。

2）在曲轴带轮处，顺时针将发动机转到 1 缸的 TDC 标记处。采用专用工具定位销 9595/1（短定位销）来安装，见图 21-30。

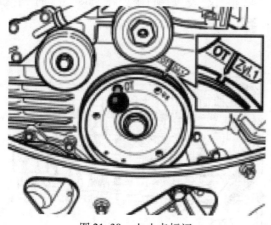

图 21-30 上止点标记

3）将千斤顶放在车辆下方规定的举升点处。

4）拆下后车底护板。

5）排空发动机油。

6）通过拧下 Torx 螺钉（M8×30），拆下接地端（箭头），见图 21-31。

注意：以下操作时不得将发动机凸轮轴朝发动机转动方向相反的方向转动。在发动机打开的情况下进行工作时要确保绝对的洁净。确保没有污物进入发动机中。

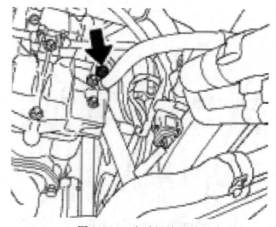

图 21-31 发动机接地端

7）拆下两个气缸组上凸轮轴室盖的全部 4 个绿色顶盖。要执行此步骤，将一个小螺钉旋具按入各个顶盖贯穿点的中心（箭头）并撬出盖子，见图 21-32。

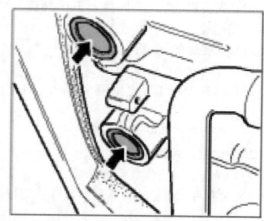

图 21-32 盖

8）先检查位于排气上止点处的气缸侧（进气和排气凸轮轴轧槽上较小的环形开口面对气缸盖罩），见图 21-33。使用调整量规 9686 将发动机再旋转 360°（如上所述）并检查另一个气缸侧。

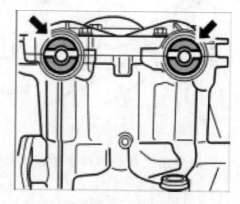

图 21-33 凸轮轴的位置

对准凸轮轴,见图21-34。

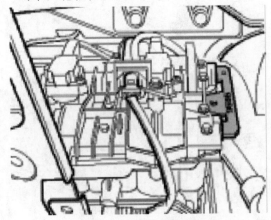

图21-34 凸轮轴调整量规

9)将2个新的绿色顶盖分别安装到凸轮轴室盖上。

10)安装接地端,为此装上Torx螺钉(M8×30)并拧紧

11)安装后车底护板。

12)注入发动机机油。

13)拆卸专用工具定位销9595/1(短定位销)。

14)安装后板罩板。

2. 发动机正时调整

(1)调整正时(气缸4~6)

1)对准两个凸轮轴。环形小切口必须指向上方(箭头),见图21-35。

图21-35 凸轮轴重叠处槽位

2)使用专用工具调整仪表9686固定凸轮轴。

① 必要时,使用仪表轻轻转动凸轮轴。

② 将调整仪表插入凸轮轴槽中,见图21-36。

将平的工具面正对安装人员。

③ 使用M8 螺钉(如六角头螺栓M8×16)固定仪表。仅用手拧紧螺钉。

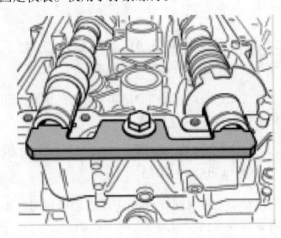

图21-36 调整仪表9689的位置

3)拧上进气和排气凸轮轴的壳体螺钉和调整仪表的辅助螺钉,见图21-37。

交替拧入这些螺钉约90°,直到达到指定的拧紧力矩。

这样可以防止安装期间凸轮轴变形。

壳体螺钉M6的拧紧力矩:10N·m。

调整仪表紧固螺钉M8 的拧紧力矩:23N·m。

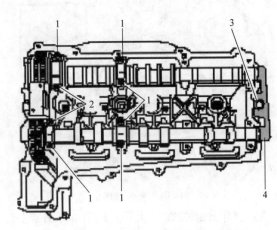

图21-37 壳体螺钉和安装的调整仪表

4)插入带新O形圈的导轨螺钉并拧紧(六角套筒M6,a/f 5)。用Optimol MP3润滑O形圈。拧紧力矩:10N·m。

5)安装链条张紧器,气缸4~6侧(六角套筒a/f 14)。带新的铝制密封圈安装链条张紧器并拧紧,见图21-38。拧紧力矩:80N·m。

◆ 在最终调节TDC标记正时前,将曲轴放

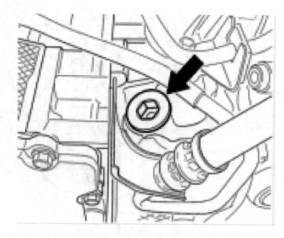

图 21-38 链条张紧器，4~6 缸

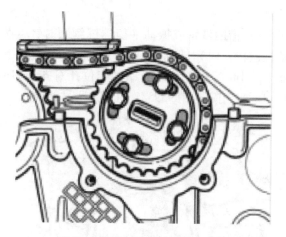

图 21-40 排气凸轮轴链轮已拧紧

在带轮或振动平衡器上方。

6）借助带轮或振动平衡器顺时针（发动机运转方向）转动曲轴至 TDC 标记，带轮/振动平衡器上的"TDC"标记应与曲轴箱中的定位孔对齐。用定位销 9595/1 固定，见图 21-39。

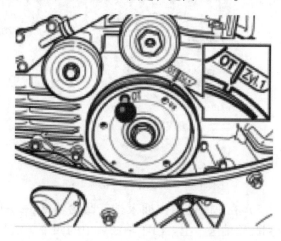

图 21-39 固定在 TDC 标记处的带轮

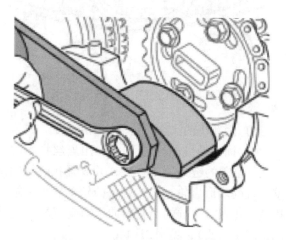

图 21-41 气缸盖装配孔上的端子排

7）将 4 颗 Torx M6 螺钉插入排气凸轮轴链轮，并按对角顺序均匀拧紧，见图 21-40。拧紧力矩：14N·m。

8）拧紧凸轮轴调整装置的中央螺钉。在中央螺钉中间件的六角上放置专用工具固位工具 9685。用手轻轻拧入中央螺钉，使松开的端子排刚好接触到吸油泵的装配孔。拧紧端子排上的六角头螺栓，见图 21-41。

◆ 在最终拧紧中央螺钉前，必须拆下专用工具调整仪表 9686。

9）分两个阶段拧紧中央螺钉。初拧至指定力矩，见图 21-42。初拧：50N·m。

10）拆下专用工具调整仪表 9686。松开 M8

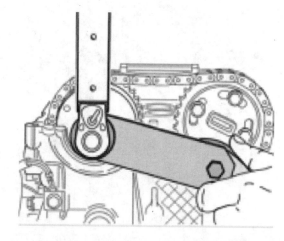

图 21-42 拧紧凸轮轴调整装置的中央螺钉

螺钉并拆下仪表。

11）用扭力扳手拧紧中央螺钉。最终拧紧力矩：再拧 110°。

（2）气缸 1~3 的装配

1）在装配支架上转动发动机，让气缸 1~3

垂直向上。

2）借助带轮或振动平衡器继续顺时针（发动机运转方向）转动曲轴，直至带轮/振动平衡器上的 U6 标记与曲轴箱中的定位孔对齐（TDC 前 60°）。用定位销 9595/1 固定，见图 21-43。

图 21-43　固定在 TDC 前 60°的带轮

3）用新机油涂抹凸轮轴的轴承表面。

4）插入进气凸轮轴 1～3。用焊丝将正时链条从气缸盖的链条罩中拔出，并放置在凸轮轴调整装置的环形齿轮上。然后将凸轮轴插入 1 缸的排气上止点（1 缸的凸轮斜向下对着气缸盖的外侧，图中箭头），见图 21-44。

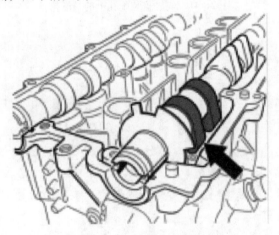

图 21-44　插入进气凸轮轴 1～3

5）放置进气凸轮轴的轴承套筒时，必须保证中心的盲孔垂直向上（箭头）（气缸盖的棱也应处在相对于轴承套筒的中心位置），见图 21-45。在这个位置，气缸盖轴承孔中的定位销将准确卡入偏心盲孔的对面。所有其他孔都是机油流通孔。确保进气凸轮轴轴承套筒的位置正确。

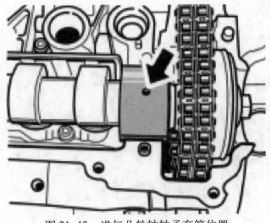

图 21-45　进气凸轮轴轴承套筒位置

6）插入排气凸轮轴 1～3。将正时链条放置在链条链轮的法兰上，然后在 1 缸的排气上止点处插入凸轮轴（1 缸的凸轮斜向下对着气缸盖的外侧），见图 21-46。

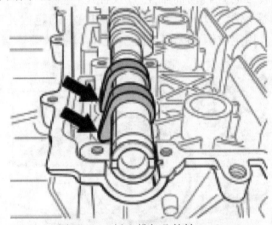

图 21-46　插入排气凸轮轴 1～3

7）在正时链条内插入排气凸轮轴链轮，并放到凸轮轴法兰上。凸轮轴法兰中的四个螺纹孔在链轮长圆孔弯曲处的左侧必须完全可见（箭头），见图 21-47、图 21-48，以便能刚好放置用来紧固链轮的 M6×12 Torx 螺钉。

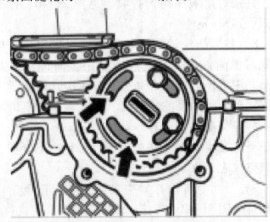

图 21-47　排气链轮 1～3 在 TDC 前 60°

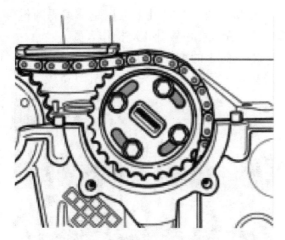

图 21-48　排气链轮 1~3，所有螺钉已安装

紧力矩：80N·m。

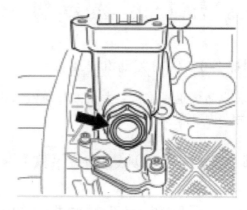

图 21-50　链条张紧器，1~3 缸

◆ 组装时，不要互换进气和排气凸轮轴的止推轴承；请遵照标识操作。

8）插入三个止推轴承和一个凸轮轴轴承套筒的壳体（箭头），以及正时链条的导轨，见图 21-49。

在调整正时后，应重新检查。

12）在曲轴处将发动机转动 360°并固定在 TDC 标记处。检查气缸 4~6 的凸轮轴位置，使用调整仪表 9686。然后进一步转动 360°并检查气缸 1~3 的凸轮轴位置，见图 21-51。

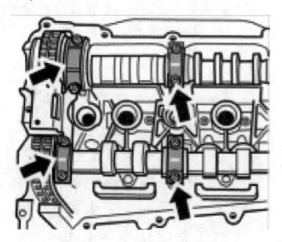

图 21-49　壳体的安装位置

图 21-51　凸轮轴重叠处槽位

21.5.4　保时捷 2.7L M96/25 发动机（2003—2008）

该发动机正时检查与调整和 M97/21 发动机一样，相关内容请参考 21.5.3 小节。

9）插入 8 颗壳体螺钉（Torx）：凸轮轴轴承和导轨用的 6 颗 M6×35 螺钉和 2 颗 M6×40 螺钉。仅用手均匀拧紧螺钉。

◆ 在最终调节 TDC 标记正时前，将曲轴放在带轮或振动平衡器上方。

◆ 在最终拧紧中央螺钉前，必须拆下专用工具调整仪表 9686。

10）气缸 1~3 与气缸 4~6 的最终正时调整类似。

11）在将曲轴转动至 TDC 标记之前，安装 1~3 侧（六角形 a/f 32）的链条张紧器。带新的密封圈安装链条张紧器并拧紧，见图 21-50。拧

21.5.5　保时捷 2.9L 发动机（2005—2009）

该发动机正时检查与调整和 M97/21 发动机一样，相关内容请参考 21.5.3 小节。

21.5.6　保时捷 3.2L M96/26 发动机（2005）

该发动机正时检查与调整和 M97/21 发动机一样，相关内容请参考 21.5.3 小节。

21.6　718（2016—2017年款）

保时捷 2.0T DDP 发动机（2016—）

该发动机正时维修与大众 CHHB 发动机相同，相关内容请参考 1.3.2 小节。

21.7　911（2004—2017年款）

21.7.1　保时捷 3.0T 发动机（2016—2017）

该发动机正时维修与大众 CGNA 发动机相似，相关内容请参考 1.1.5 小节。

21.7.2　保时捷 3.4L MA104 发动机（2012—2015）

1. 发动机正时设置

只能在活塞 1 或 4 在上止点的重叠位置中拆下凸轮轴。只有在此位置才能确保发动机转动时气门不会碰到活塞且不会受损。

1）在装配支架处转动发动机，以使要操作的气缸列位于顶部。

2）使用专用工具转动装置 9773 1 在减振器处将曲轴沿顺时针方向转动到气缸 1/4 上的 TDC 标记位置，见图 21-52。

使用定位销 9595/1 2 在锁紧孔的上方将减振器固定入位。

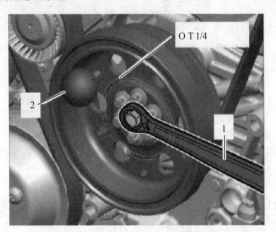

图 21-52　减振器处气缸 1/4 的 TDC 标记

3）检查气缸 1 和气缸 4 上的凸轮位置。

① 检查两个凸轮轴上数据矩阵编码的位置。编码必须在重叠位置处正对操作人员。

② 气缸 1 的重叠位置：凸轮必须朝下，与气缸盖壁成一定角度（箭头），见图 21-53。

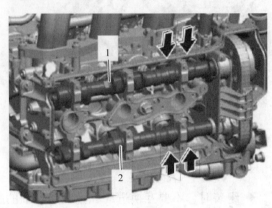

图 21-53　气缸 1 重叠处的凸轮位置
1—进气凸轮轴 1~3　2—排气凸轮轴 1~3

③ 气缸 4 的重叠位置（俯视图）：凸轮彼此相对，且与火花塞凹槽成小角度（箭头），见图 21-54。

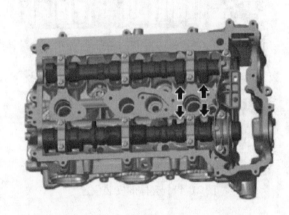

图 21-54　气缸 4 重叠处的凸轮位置（垂直俯视图）

2. 凸轮轴安装与正时设置（气缸列 4~6）

1）将曲轴顺时针（发动机的旋转方向）转至减振器处 TDC 前 60°的位置。

① 此位置在表面上标记为 U3/6，见图 21-55。

② 用一根长定位销 9595/1 1 加以固定。

2）在装配支架处转动发动机，以使要安装的气缸列位于顶部。

3）插入轴承鞍座的下部 1。检查匹配号码，见图 21-56。

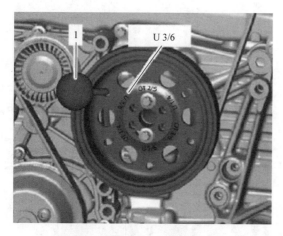

图 21-55　减振器上的 U3/6 标记

检查机油孔的位置，然后在定位销套筒上放置并安装该部件。

图 21-57　排气链轮中的摩擦片

图 21-56　轴承鞍座 4~6 的下部

图 21-58　排气凸轮轴和链轮（气缸组 1~3 视图）

4）用新机油涂抹凸轮轴的轴承表面。修配发动机时，在轴承上涂一层薄薄的 Optimol Optipit 润滑脂（零件号 000.043.204.17）。

检查所有的液压挺杆是否安装正确。

5）检查排气链轮中是否安装有新摩擦片 1，见图 21-57。

6）安装排气凸轮轴 1 和链轮 2，见图 21-58。

① 仅稍稍拧紧中央螺钉，使链轮仍能转动。

② 提起正时链条并将凸轮轴和链轮安放在气缸 4 的重叠位置。凸轮必须朝下，与火花塞凹槽成一定角度，且凸轮轴必须位于轴承位置，不用拧紧。

7）检查是否有新摩擦片 2 安装在凸轮轴控制器 3 中，见图 21-59。

8）插入进气凸轮轴 2。

图 21-59　凸轮轴控制器中的摩擦片

① 提起正时链条并将其接合，然后固定凸轮轴控制器 1，见图 21-60。将进气凸轮轴导入控制器中，并将其设置到气缸 4 的重叠位置。凸轮必

须朝下，与火花塞凹槽成一定角度，且凸轮轴必须位于轴承位置，不用拧紧。

② 用手将中央螺钉松松地拧入，使控制器仍能转动。

图 21-60 带有凸轮轴控制器的进气凸轮轴（气缸列 1~3 的视图）

9）再次检查气缸 4 的凸轮位置。凸轮必须朝下，与火花塞凹槽成一定角度（箭头），见图 21-61。

图 21-61 气缸 4 重叠处的凸轮位置

另一项特征是数据矩阵编码标记 1（在二面体旁重新修复的表面 3 上），见图 21-62。这些标记必须在重叠位置处正对操作人员。

10）使用手电筒检查正时链条 1 是否位于张紧轨和导轨上的导向销之间（箭头），见图 21-63。

11）用新机油涂抹凸轮轴的轴承表面。修配发动机时，在轴承上涂一层薄薄的 Optimol Optipit 润滑脂（零件号 000.043.204.17）。

12）安装轴承鞍座和轴承盖。

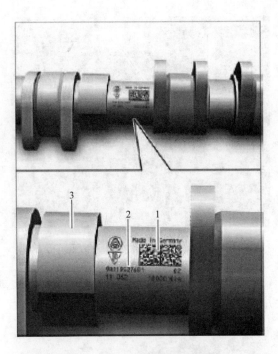

图 21-62 零件号和数据矩阵编码标记

图 21-63 张紧轨和导轨中的正时链条位置

① 安装轴承鞍座和轴承盖，安装时请遵循标记。

② 将四个外 Torx 螺钉（M6×55）安装在轴承鞍座上。

③ 在每个轴承盖上安装两个外 Torx 螺钉（M6×37）。

④ 安装螺钉并按照紧固顺序将其拧紧，见图 21-64。

初拧：5N·m；后续拧紧：最终再拧 50°。

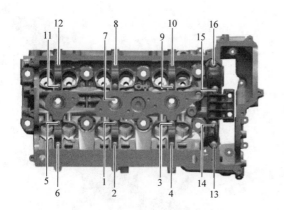

图 21-64 凸轮轴轴承盖的紧固顺序

以下步骤设置气缸列 4~6 正时：

13）通过拉动和按压凸轮轴控制器和链轮检查轴向轴承间隙。

必须存在可明显感觉到的间隙，否则必须再次重新安装轴。

14）拧入带有新密封件的链条张紧器并将其拧紧。紧固力矩：80N·m。

15）将锁紧工具 9772 放置在凸轮轴重新修复的二面体上，见图 21-65。

检查进气侧和排气侧的位置。

图 21-65　气缸列 4~6 锁紧工具的
安装位置（飞轮侧的视图）
A—排气　E—进气　1—调整装置
2—锁紧导向装置

16）将锁紧工具 1 安装在气缸盖和凸轮轴上，见图 21-66。

用 4 个螺钉 2 固定到气缸盖上（使用气缸盖罩的 M6×25 螺钉）。仅稍稍拧紧螺钉。

17）拧紧调节螺钉（箭头）（位于锁紧工具 1 上），方法是使用扭力扳手 2，见图 21-67。紧固

图 21-66　气缸列 4~6 的锁紧工具螺钉

力矩：10N·m。

图 21-67　锁紧工具上的调节螺钉

18）将曲轴顺时针（发动机的旋转方向）转至减振器处的 TDC 标记位置。

① 此位置在表面上标记为 TCD 1/4，见图 21-68。

② 用一根长定位销 9595/1 2 加以固定。

19）预拧紧链轮和凸轮轴控制器的中央螺钉。

① 对链轮上的中央螺钉进行初拧，执行此操作时，用固定扳手 9775 顶住。紧固力矩：5N·m。

② 对凸轮轴控制器上的中央螺钉进行初拧，执行此操作时，用一个长呆扳手（a/f 32）顶住驱动器。初拧 5N·m。在对中央螺钉执行最终拧

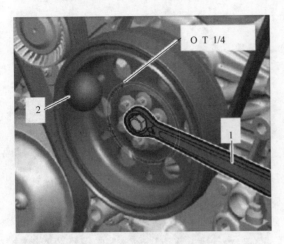

图 21-68 减振器处气缸 1/4 的 TDC 标记

紧之前,必须拆下专用工具锁紧工具 9772。

20)锁紧工具 9772 现在必须拆下。

① 松开调节螺钉。由于工具中存在张力,出现噪声完全正常。

② 拧下气缸盖上的紧固螺钉并拆下工具。

21)用扭力扳手 2 将链轮和凸轮轴控制器上的中央螺钉拧紧至规定的最终紧固力矩。

① 拧紧链轮上的中央螺钉,执行此操作时,用固定扳手 9775 1 顶住,见图 21-69。拧紧角度 65°。

图 21-69 松开或固定排气链轮

② 拧紧凸轮轴控制器上的中央螺钉,执行此操作时,用长呆扳手(a/f 32)1 顶住,见图 21-70。拧紧角度 90°。

图 21-70 松开或固定凸轮轴控制器

3. 凸轮轴安装与正时设置(气缸列 1~3)

1)继续将曲轴顺时针(发动机的旋转方向)转至减振器处 TDC 前 60° 的位置。

① 此位置在表面上标记为 U 3/6。

② 用一根长定位销 9595/1 加以固定。

2)在装配支架上转动发动机,直到气缸列 1~3 位于上部。

3)插入轴承鞍座的下部。检查匹配号码。

检查机油孔的位置,然后在定位销套筒上放置并安装该部件。

为了在起动发动机时使高压泵形成正确的压力,必须将排气链轮放置在正确的位置。

4)用新机油涂抹凸轮轴的轴承表面。修配发动机时,在轴承上涂一层薄薄的 Optimol Optipit 润滑脂(零件号 000.043.204.17)。

检查所有的液压挺杆是否安装正确。

5)检查链轮中是否安装有新摩擦片。

6)安装排气凸轮轴和链轮。

① 仅稍稍拧紧中央螺钉,使链轮仍能转动。

② 提起正时链条并将凸轮轴和链轮放置在气缸 1 的重叠位置。凸轮必须朝外,与气缸盖壁成一定角度,且凸轮轴必须位于轴承位置,注意不要太紧。

③ 另一个特征是二面体旁重新修复的表面上

的数据矩阵编码标记。这些标记必须在重叠位置处正对操作人员。

7) 安装排气凸轮轴后, 必须将链轮与高压燃油泵驱动器对齐。

垂直放置气缸盖: 放置链轮时, 必须通过驱动器上较深的凹槽 (13.5mm) 1。使链轮 2 朝向左上方, 并与气缸盖的密封面约成 15°, 见图 21-71。

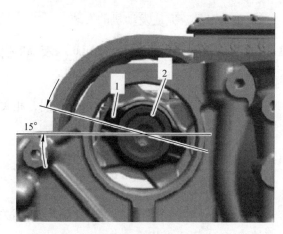

图 21-71　预先放置的高压燃油泵驱动器 (15°)

8) 检查是否有新摩擦片安装在凸轮轴控制器中。

9) 插入进气凸轮轴。

① 提起正时链条并将其接合, 然后固定凸轮轴控制器。将进气凸轮轴导入控制器中, 并将其设置到气缸 1 的重叠位置。凸轮必须朝外, 与气缸盖壁成一定角度, 且凸轮轴必须位于轴承位置, 注意不要太紧。

② 凸轮轴上的数据矩阵编码标记必须正对操作人员。

③ 用手稍稍拧紧中央螺钉, 使凸轮轴控制器仍能转动。

10) 安装轴承鞍座和轴承盖之前, 请检查气缸 1 的凸轮位置。凸轮必须朝外并与气缸盖壁成一定角度 (箭头), 见图 21-72。

再次检查排气链轮的位置 (高压燃油泵驱动器的位置)。

11) 使用手电筒检查正时链条 1 是否位于张紧轨和导轨上的导向销之间。

12) 用新机油涂抹凸轮轴的轴承表面。修配发动机时, 在轴承上涂一层薄薄的 Optimol Optipit 润滑脂 (零件号 000.043.204.17)。

13) 安装轴承鞍座和轴承盖。

图 21-72　气缸 1 重叠处的凸轮位置

① 安装轴承鞍座和轴承盖, 安装时请遵循标记。

② 将四个外 Torx 螺钉 (M6 × 55) 安装在轴承鞍座上。

③ 在每个轴承盖上安装两个外 Torx 螺钉 (M6 × 37)。

④ 按照规定的紧固顺序, 安装并拧紧轴承盖和轴承鞍座的螺钉 (与气缸列 4~6 的操作一样)。初拧: 5N·m; 最终拧紧: 再拧 50°。

14) 通过拉动和按压凸轮轴控制器和链轮检查轴向轴承间隙。

必须存在可明显感觉到的间隙, 否则必须再次重新安装轴。

15) 拧入带有新密封件的链条张紧器并将其拧紧。紧固扭矩: 80N·m。

设置正时, 气缸列 1~3: 设置气缸列 1~3 正时的方法与气缸列 4~6 相同。

16) 调节装置位于凸轮轴重新修复的二面体上。

检查进气侧和排气侧的位置。

17) 锁紧工具 9772 必须安装在气缸盖和凸轮轴上。

用 4 个螺钉固定到气缸盖上 (气缸盖的 M6 × 25 螺钉)。用手稍稍拧紧螺钉。

18) 拧紧锁紧工具上的调节螺钉。调节螺钉的紧固力矩: 10N·m。

19) 将曲轴顺时针 (发动机的旋转方向) 转至减振器处气缸 1 和 4 的 TDC 标记位置。

① 此位置在减振器上标记为 TDC 1/4。

② 用一根长定位销 9595/1 加以固定。

20）检查排气链轮的位置。

① 现在必须通过驱动器上较深的凹槽（13.5mm）1 将链轮 2 朝左上方放置，并与气缸盖的密封面约成45°，见图21-73。

② 如果与上述情况不符，则必须将排气凸轮轴与链轮重新对齐。

图 21-73　高压燃油泵驱动器的末端位置（45°）

21）预拧紧链轮和凸轮轴控制器的中央螺钉。

① 对链轮上的中央螺钉进行初拧，执行此操作时，用固定扳手9775顶住。紧固力矩：5N·m。

② 对凸轮轴控制器上的中央螺钉进行初拧，执行此操作时，用一个长呆扳手（a/f 32）顶住驱动器。初拧5N·m。

22）锁紧工具9772现在必须拆下。

① 松开调节螺钉。由于工具中存在张力，出现噪声完全正常。

② 拧下气缸盖上的紧固螺钉并拆下工具。

23）用扭力扳手将链轮和凸轮轴控制器上的中央螺钉拧紧至规定的最终紧固力矩。

① 拧紧链轮上的中央螺钉，执行此操作时，用固定扳手9775顶住。拧紧角度65°。

② 拧紧凸轮轴控制器上的中央螺钉，执行此操作时，用一个长呆扳手（a/f 32）顶住。拧紧角度90°。

24）然后再次检查两侧的凸轮轴位置（注意重叠位置）。

① 在锁紧工具9772处，必须能够用手拧入调节螺钉。

② 取出工具，完成发动机的安装。

21.7.3　保时捷 3.8L MA103 发动机（2005—2015）

该发动机正时设置与3.6T发动机相同，相关内容请参考21.1.2小节。

21.7.4　保时捷 3.8T 发动机（2004—2015）

该发动机正时设置与3.4L发动机相同，相关内容请参考21.7.2小节。

21.7.5　保时捷 4.0L 发动机（2015）

该发动机正时维修与MA104发动机相同，相关内容请参考21.7.2小节。

21.7.6　保时捷 3.6L 发动机（2004—2011）

该发动机正时维修与大众BHK相同，相关内容请参考1.1.7小节。

21.8　918（2011—2014 年款）

21.8.1　保时捷 4.6L 混动发动机（2014）

该发动机正时维修与MA104发动机相同，相关内容请参考21.7.2小节。

21.8.2　保时捷 4.0L 发动机（2011—）

该发动机正时维修与MA104发动机相同，相关内容请参考21.7.2小节。

第22章 玛莎拉蒂汽车

22.1 总裁（2003—2017年款）

22.1.1 玛莎拉蒂 3.0T M156C 发动机（2013—2017）

1. 发动机正时设置

1）摘掉配气系统前罩。

2）拿出曲轴锁定工具 900028263 并拧下 3 个紧固螺栓 1，见图 22-1。

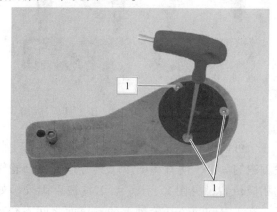

图 22-1 拧下曲轴锁定工具的螺栓

3）将专用工具置于发动机上，将销 1 对准衬套 2 插入，见图 22-2。零件 3 的位置对准曲轴上键 4，然后及时将其置于发动机缸体上，见图 22-3 和图 22-4。

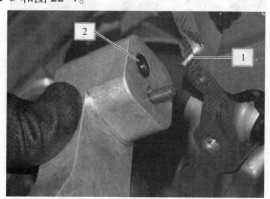

图 22-2 对准专用工具的安装位

4）用合适的扳手，向箭头方向旋转曲轴，见图 22-5，直到零件 1 的孔与零件 2 的孔对齐，见图 22-2。当键 4 位于上部时，如图 22-4 所示，则曲轴为正时状态。零件 1 上的压印点与零件 2 上的箭头对齐，见图 22-2。

图 22-3 对准安装位置

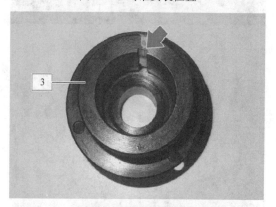

图 22-4 对准安装位置

图 22-5 用扳手转动曲轴

5）及时拧紧3个螺钉1和螺栓2，见图22-6、图22-7。

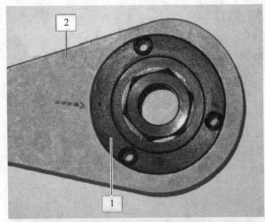

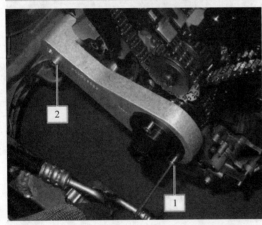

图22-6 拧紧专用工具的紧固螺栓

图22-7 螺栓上好后的工具

6）压紧滑块1，见图22-8。

7）取出如图22-9所示的凸轮轴锁定工具900028363，然后拧上2个螺栓，紧固好凸轮轴。

如果无法将相位调节工具安装凸轮轴上，则

图22-8 压紧正时链滑轨

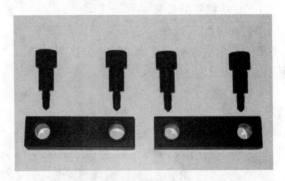

图22-9 凸轮轴固定专用工具

用一个可调扳手插入专用位置，稍微旋转几个凸轮轴中的一个，使其将两个工具螺栓拧到凸轮轴的相应位置，见图22-10。当工具被正确安装好后，在工具和两个凸轮轴上的支撑面之间不会存在任何间隙，见图22-11。

图22-10 安装凸轮轴固定工具

2. 正时链部件拆装要点

1）进行拆装工作前请设置好发动机正时。

图 22-11 工具安装平面无间隙

2）将一个合适的销 A 插入液压张紧器上的图 22-12 箭头指示的孔中，然后拧紧这两个螺栓 1，将张紧器取下。

图 22-12 设定张紧器

3）按所示方向将动块 1 从发动机上原位抽出，见图 22-13。

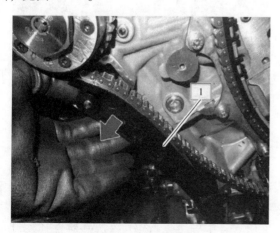

图 22-13 拆下张紧臂

4）拧下 3 个紧固螺栓 1，移除右调速系统传动链条定块 2，见图 22-14。

图 22-14 拆下右侧正时链定块

5）移动右调速系统传动链条 1，从发动机上原位移除，见图 22-15。

图 22-15 拆下右侧正时传动链

6）拧下两个螺栓，将左侧正时传动链定块 1 相对参照轴 2 抽出，见图 22-16。

7）向箭头方向插入以将左侧正时传动链动块 1 从原位抽出，见图 22-17。

8）用合适的螺钉旋具 A 拧松销 1，用第二个螺钉旋具 B 使销 2 向后移动，见图 22-18、图 22-19。

9）用合适的螺钉旋具压紧张紧器 1，将一个销 2 插入到液压张紧器上的孔中，然后拧松这两个紧固螺栓 3，将张紧器取下，见图 22-20、图 22-21。

10）重新安装张紧器时须更换两个螺栓 3，用合适的螺钉旋具尽量推进活塞，检查确保轴 1

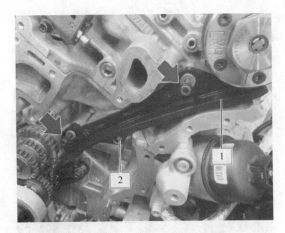

图 22-16　拆下左侧正时链定块

图 22-19　左侧正时链张紧器设置

图 22-17　拆下左侧正时链动块

图 22-20　拆下左侧张紧器

图 22-18　设置左侧张紧器

图 22-21　左侧正时链张紧器部件

与轴 2 连接，见图 22-22、图 22-23。

11）拆除左侧正时传动链条。

12）依箭头方向压紧液压张紧器 1，见图 22-24。

13）如图 22-25 所示，将一个合适的销 A 插入液压张紧器上的指示孔中，然后拧紧两个固定螺钉，将张紧器取下。

14）拧下固定螺钉 1，将传动链定块 2 从变速器上取下，见图 22-26。

15）安装发动机轴固定工具 1，见图 22-27。

图 22-22　左侧张紧器安装图示

图 22-23　左侧张紧器正常位置

图 22-24　压紧传动链张紧器

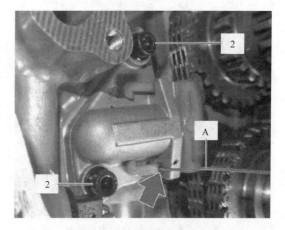

图 22-25　设置传动链张紧器

图 22-26　拆下传动链条定块

图 22-27　安装专用工具

16）用合适的扳手拧下螺钉2，见图22-28。

17）取下发动机轴固定工具，然后取下以下图22-29所示部件。

22.1.2　玛莎拉蒂 3.8T M156A 发动机（2013—2017）

1. 正时链单元部件

发动机正时链单元部件分布如图 22-30 所示。

图 22-28 拆下传动轴中央螺栓

2. 发动机正时设置

1）拆卸后正时盖。

2）旋下左缸组缸盖上的发动机正时检修盖的 2 个螺钉，见图 22-31。

3）拧下右缸组缸盖上的发动机正时检修盖的 2 个螺钉。

4）拆除 4 个发动机正时检查盖，见图 22-32。

5）使用阻尼器旋转工具 900028147，顺时针转动曲轴，直到从缸盖上的发动机正时检修孔中看到曲轴螺纹孔。

6）凸轮轴上螺纹孔出现如图 22-33 所示，是发动机置于正时位置的必要条件。

7）如果螺纹孔没有出现，见图 22-34，需转动曲轴一圈即 360°，从而带动凸轮轴旋转半圈（180°）。

8）在发动机正时检修孔内插入凸轮轴定位销，见图 22-35，如果定位销没有正确坐落在底座内，需顺时针或逆时针旋转曲轴以收紧链条产生的间隙。

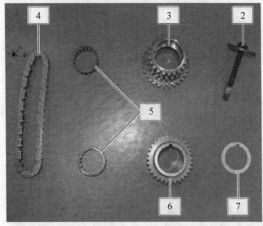

图 22-29 拆下传动链组件

2—传动齿轮台肩螺钉　3—传动齿轮　4—传动链条
5—传动齿轮滚珠支架　6—发动机轴的齿轮　7—传动齿轮支撑垫片

图 22-30 发动机正时链单元

图 22-31　拆下左列缸体上检修盖螺栓

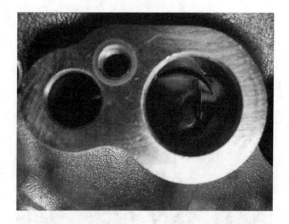

图 22-34　检修孔中凸轮轴螺纹不可见

图 22-32　发动机正时检修盖部件

图 22-35　安装凸轮轴定位销

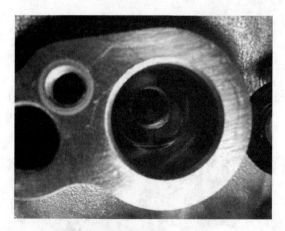

图 22-33　凸轮轴螺纹孔在孔中可见

图 22-36　右侧气缸凸轮轴定位销

9）将凸轮轴定位销完全旋到底，见图 22-36、图 22-37。

10）使用曲轴锁定专用工具 900028268 并将工具的 2 个螺钉插入阻尼器上指示的 2 个孔中，见图 22-38。

11）拧紧工具上的 2 个螺栓，同时将双头螺柱 A 接合至工具孔，见图 22-39。

12）确保工具定心孔 1 与发动机法兰定心销 2 对齐，见图 22-40、图 22-41。

13）紧固 2 个螺钉，然后用手拧并紧固发动机法兰双头螺柱上的螺母 3，见图 22-42。

14）曲轴和凸轮轴此时置于正时位置。

图 22-37 左侧气缸凸轮轴定位销

图 22-40 对齐工具定位孔

图 22-38 安装曲轴锁定工具

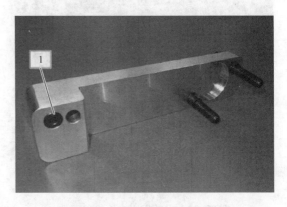

图 22-41 专用工具定位孔位置

图 22-39 安装锁定工具螺栓

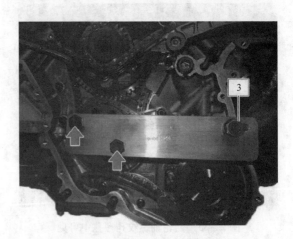

图 22-42 安装曲轴定位器螺栓

3. 正时链部件拆卸

此处以右侧气缸为例，左侧相同，可参考。

1）将发动机凸轮轴与曲轴置于正时位置。

2）压紧上部液压张紧器并用合适的销 1 使其固定，见图 22-43。

3）顺时针转动以松开正时调节器固定螺钉，见图 22-44。

4）拆下固定螺钉，见图 22-45。

图 22-43 设定上部张紧器

图 22-44 松开正时调节器螺栓

图 22-45 拆出固定螺栓

图 22-46 拆出正时调节器

图 22-47 正时链条实物

2）必须更换拆下的金刚石垫圈，见图 22-48。

图 22-48 金刚石垫圈

5）将正时调节器从正时链条上松开将其拆下，如图 22-46 所示。

6）拆下金刚石垫圈。

7）从外壳上拆下正时链条，见图 22-47。

4. 正时链单元安装要点

1）按照与拆卸相反的顺序进行安装。

3）将正时调节器紧固螺钉紧固至 120N·m（预扭力为 50N·m + 70°，紧固前用油脂涂抹螺钉。

4）检查图 22-49 所示密封件是否受损，必要时进行更换。

图 22-49 检查检修塞密封圈

5. 正时传动链拆装

1）拆下左侧正时链条。
2）拆下变速器链条固定器。
3）拆下变速器链条张紧器蹄。
4）拆下油泵链条。
5）取下固定螺钉1和2，见图22-50。

图 22-50 取出固定螺栓

6）将变速器链条与变速器链轮和曲轴链轮一起松开然后拆下，见图22-51。

图 22-51 拆出变速器链条组件

7）按与拆卸相反的顺序进行安装即可。
8）紧固固定螺钉1至17N·m，紧固固定螺钉2至8N·m。

22.1.3　玛莎拉蒂 4.7L M145 发动机（2008—2011）

1. 发动机正时设置

1）将千分表安装到右侧缸组第一个气缸的火花塞的支架上，见图22-52。

图 22-52 在气缸1安装千分表

2）使用工具900026590（上面有用螺钉紧固的适配工具900027680，并且能并排在一个1/2方头扳手）顺时针转动曲轴直到读取上止点位置，然后在找到的上止点位置重设千分表，见图22-53。

3）重新安装新的或原来的组件时，在拆卸阶段把发动机置于上止点上，这对之后的操作有帮助。

图 22-53 将曲轴置于上止点位置

4）把发动机置于上止点，检查前帽的刻度是否与排气和进气凸轮轴上的刻度相匹配，见图22-54。

图22-54　凸轮轴上止点标记

2. 正时链部件拆卸

1）使用适当的工具，锁住右侧缸组进气凸轮轴并保持住。

2）取一个30mm的扳手，整个外缘大小约为60mm，必须去掉任何多余部分，缩短至50mm（图中1），见图22-55。

3）为了能够使用扳手转动凸轮轴，必要的话锁住凸轮轴。

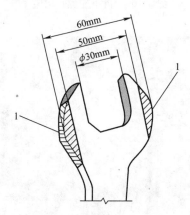

图22-55　设置扳手尺寸

4）将之前设计好尺寸的扳手放在凸轮轴下面六边形的支座上。

5）锁紧凸轮轴，并拧松固定正时变换器的螺钉，见图22-56。

6）检查凸轮轴和曲轴是否移动，即使是轻微的移动。

7）拧下两个紧固螺栓，并拆下右侧缸组的

图22-56　松开正时变换器螺栓

上部固定滑槽，见图22-57。

图22-57　拆右侧固定滑槽

8）拧松张紧装置1，直到活动滑槽2与气缸盖齐平，见图22-58。

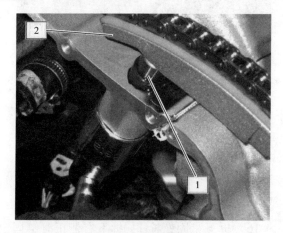

图22-58　设置张紧器

9）拧下将凸轮轴传动装置固定在右侧排气凸轮轴上的螺钉，见图22-59。

图 22-59 拆下排气凸轮轴链轮

图 22-61 拆下右侧正时链固定导轨

10）松开传动链，并卸下排气凸轮轴传动装置。

11）将右侧正时链从正时变换器啮合上取下。

12）用扳手锁定凸轮轴六边形支座，拧下紧固正时变换器的螺钉。

13）检查千分表和凸轮轴上的参考标记是否移动。

14）拆下右侧正时变换器。

15）拆下右侧正时链活动导轨：拧下紧固螺栓 1，拆下衬套 2 和右侧链活动导轨 3，见图 22-60。安装时螺栓紧固力矩为 10N·m。

图 22-62 拆下左侧正时链条

图 22-60 拆下正时链活动导轨

图 22-63 拆下右侧正时链条

16）拆下紧固螺栓 1，拆下右侧正时链固定导轨 2，见图 22-61。安装时螺栓力矩为 10N·m。

17）拆下左侧正时链条 1，见图 22-62。

18）拆下右侧正时控制链条 1，见图 22-63。

22.1.4　玛莎拉蒂 4.2L M139P 发动机（2003—2009）

该发动机正时维修与 M145 发动机相同，相关内容请参考 22.1.3 小节。

22.2 吉博力（2013—2017 年款）

玛莎拉蒂 3.0T M156B 发动机（2013—2017）

该发动机正时维修与 M156C 发动机相同，相关内容请参考 22.1.1 小节。

22.3 莱万特（2016—2017 年款）

玛莎拉蒂 3.0T M156E 发动机（2016—2017）

该发动机正时维修与 M156C 发动机相同，相关内容请参考 22.1.1 小节。

22.4 GT（2009—2017 年款）

22.4.1 玛莎拉蒂 4.7L M145T 发动机（2009—2017）

该发动机正时维修与 M145 发动机相同，相关内容请参考 22.1.3 小节。

22.4.2 玛莎拉蒂 4.2L M139P 发动机（2009—2013）

该发动机也搭载在总裁车型上，相关内容请参考 22.1.4 小节。

22.5 GC（2010—2017 年款）

玛莎拉蒂 4.7L M145 发动机（2010—2017）

该发动机也搭载在总裁车型上，相关内容请参考 22.1.3 小节。